조선 후기 시론사의 구도와 전개

인문사회과학총서 83

조선 후기 시론사의 구도와 전개

朝鮮後期詩論史 構圖 展開

정우봉

KU PRESS
고려대학교
출판문화원

이 책은 고려대학교출판문화원이 조성한
인문사회과학출판기금으로 만들어졌습니다.

책머리에

시란 무엇인가? 시는 어떻게 써야 하는가? 이 문제에 대해 동서고금에 걸쳐 수많은 이론적 논의가 이어져 왔다. 우리나라에서도 책에 쓰는 서문이나 발문, 다른 사람과 주고받는 편지, 시화나 필기 등의 저술, 그 밖의 시문 양식을 통해 시에 관한 다양한 논의들이 풍부하게 전개되어 왔다.

이 책에서 필자는 조선 후기 시론사를 전체적인 구도 속에서 조망해 보고자 하였다. 이를 위해 크게 두 가지 접근 방식을 택하였다. 조선 후기 시론사의 주요 개념과 범주에 대한 이론적 분석을 한 축으로 하고, 주요 시론가의 비평적 성과를 역사적 맥락 속에서 분석하는 것을 다른 한 축으로 하였다.

그동안 시론 방면에 관한 연구는 주로 개별 비평가를 중심으로 이루어져 왔으며, 시론상의 주요 개념과 범주에 대한 이론적 분석은 상대적으로 소홀하게 취급되었다. 비평가는 새로운 개념을 창출하여 문학에 대한 기왕의 통념적인 이해로부터 벗어나 진전된 인식의 지평을 개척하기도 하고, 때로는 이미 통용되는 개념을 원용하면서도 그것을 다른 문맥과 시각에서 재해석하기도 한다. 이 같은 개념의 창출과 변용의 과정 속에서 문학에 대한 새로운 인식이 이루어지며 그 이해의 정도가 심화된다. 특정한 개념과 범주의 기본적 함의와 그것의 역사적 맥락을 구체적으로 분석하는 작업이 비평사의 전개 과정을 체계적으로 해명하는 데 필수적으로 뒤따라야 하는 것이다. 특정한 용어나 개념이 어떤 특정한 비평가 혹은 특정한 시대에 널리 사용되는 것은 이 점에서 주목할 만하며, 또한 동일한 개념이라고 하더라도 비평가나 시대의 차이에 따라 그 이해의 편차는 다르게 나타나기 마련이다.

이 책에서는 조선 후기 시론상의 주요 개념과 범주로서 흥, 취, 형과 신, 신, 성령, 신운, 신과 경 등을 추출하여 이들 개념의 함의와 성격을 정밀하게 분석하고자 하였다. 동양의 비평 개념은 미적 사유 양식, 그에 상응하는 개념과 체계 그리고 그것을 운용하는 표현 방법에 있어 서구와는 사뭇 다르다. 동양 비평사의 중요 개념과 범주는 그 외연과 내포가 확정되어 있는 것이 아니라, 그것을 운용하는 주체와 문맥에 따라 매우 다층적인 함의를 가지고 있다. 이 점을 유의하면서 조선 후기 시론사의 주요한 비평 개념과 범주를 다루어 보고자 하였다.

조선 후기 시론사에서 사용된 주요 개념과 범주를 추출하여 해당 개념과 범주의 함의를 이론적으로 분석하는 작업은 조선 후기 시론사의 전체적 조망에 기여할 뿐만 아니라, 오늘날의 문학이론 연구에도 일정한 참조가 될 수 있을 것이다. 한문학 관련 자료를 접할 때 흔히 부딪히는 어려움 가운데 하나는 현대적인 비평 개념으로 쉽게 번역해 내기 어려운 고전 비평 용어나 개념을 어떻게 하면 정확하게 이해하고 분석하는가 하는 점이다. 그것들은 작품을 비평할 때 거론되는 수많은 풍격 용어에서부터 문학의 근본적인 문제를 다룰 때 동원되는 중요 개념이나 범주에 이르기까지 폭넓게 걸쳐 있다. 형과 신, 형사와 신사의 개념을 다루면서 작품의 현실감을 획득하기 위해 대상에 대한 작가의 세심한 관찰, 대상의 현상 자체가 아니라 그 속에 내재되어 있는 정신까지를 드러내고자 하는 안목, 그리고 대상을 살아 숨쉬게 하는 핍진하고도 생동감 있는 묘사 등에 대해 논의를 하였다. 이것들은 오늘날 현실주의적 창작관과 맥락이 닿아 있는 문제들이다.

또 하나 이 책에서는 조선 후기 시론을 역사적 맥락 속에서 접근하는 방식을 취하였다. 이를 위해 조선 후기 시론사의 전체적인 구도와 흐름을 개괄하고자 하였으며, 조선 후기의 대표적인 시론가의 비평적 성과를 인물별로 분석하였다. 17세기 인물로는 김춘택과 김창협, 18세기 인물로는 안석경, 이용휴, 박제가, 홍양호, 박제가, 그리고 19세기 성령론을 대표하는 최성환을 대상으로 하여, 그들의 시론 방면의 이론적 특징과 비평사적 성과를 중점적으로 다루었다. 이러한 분석 작업을 통해 조선 후기 시론사를 체계적으로 이해하는 데에 일정 정도 도움이 될 것으로 기대한다.

물론 조선 후기 시론사의 흐름을 파악하기 위해서는 이들 이외에도 중요한 인물들이 더 많이 다루어져야 한다. 원래 이 책의 구상은 필자가 박사학위논문으로 제출한 〈19세기 시론 연구〉를 함께 엮어서 조선 후기 시론사의 전체적인 흐름을 밝히고자 하는 것이었다. 하지만 조선 후기 주요한 시론가들의 비평 성과를 두루 포괄하여 다루는 작업이 제대로 진척이 되지 못하여, 일단 박사학위논문은 제외하고 그동안 필자가 관심을 갖고 써 왔던 글들을 다시 엮어서 이 책을 내게 되었다. 전근대 시기 한국의 고전 시론을 역사적으로 정리하는 작업은 추후의 과제로 남겨둔다.

이 책의 집필은 고려대학교 출판문화원의 인문사회과학출판기금을 지원받아 이루어졌다. 오랜 기간 원고를 기다려 주고 원고 교정과 색인 작업을 맡아준 출판문화원 편집진에도 감사를 드린다.

2021년 새해를 맞아
학교 연구실에서
정우봉

차례

책머리에 5

I부 조선 후기 시론의 주요 개념과 범주

1. 흥의 개념 ········ 13
2. 취의 개념 ········ 39
3. 형과 신의 개념 ········ 62
4. 신의 범주 ········ 87
5. 성령의 개념 ········ 116
6. 신운의 개념 ········ 131
7. 신과 경의 문제 ········ 140

II부 조선 후기 시론사의 전개

1. 북헌 김춘택의 시론 ········ 157
2. 농암 김창협의 시론 ········ 191
3. 삽교 안석경의 한시비평론 ········ 215
4. 혜환 이용휴의 시론 ········ 239
5. 금대 이가환의 시론 ········ 255
6. 초정 박제가의 시론 ········ 286
7. 이계 홍양호의 시론 ········ 301

8. 19세기의 성령론의 재조명 319

보론

1. 이규보의 미학사상 345
2. 조선 후기 민족어 문학에 대한 인식과 그 의미 365
3. 시와 선의 관계 379

참고문헌 395
찾아보기 408

I부

조선 후기 시론의 주요 개념과 범주

비평가는 새로운 개념을 창출하여 문학에 대한 기왕의 통념적인 이해로부터 벗어나 진전된 인식의 지평을 개척하기도 하고 때로는 이미 통용되는 개념을 원용하면서도 그것을 다른 문맥과 시각에서 재해석하기도 한다. 이 같은 개념의 창출과 변용의 과정 속에서 문학에 대한 새로운 인식이 이루어지며 그 이해의 정도가 심화된다.

이 점에서 문학사상이나 문학이론 연구의 주된 임무 가운데 하나는 비평사의 주요 개념, 범주, 명제—예컨대 조선 후기 시론에서 많이 쓰였던 흥(興), 취(趣), 형(形)과 신(神), 신(神), 성령(性靈), 천기(天機), 신운(神韻), 정(情)과 경(景), 의(意)와 경(境), 신(神)과 경(境)—의 정확한 함의와 그 변이 과정을 구체적으로 분석하는 작업이다. 즉 특정한 개념과 범주의 기본적 함의와 그것의 역사적 맥락을 구체적으로 분석, 파악하는 작업이 비평사의 전개 과정을 체계적으로 해명하는 데 필수적으로 뒤따라야 하는 것이다.

특정한 용어나 개념이 어떤 특정한 비평가 혹은 특정한 시대에 널리 사용되는 것은 이 점에서 주목할 만하며, 또한 동일한 개념이라고 하더라도 비평가나 시대의 차이에 따라 그 이해의 편차는 다르게 나타나기 마련이다. 19세기 시론사에서 중인층을 중심으로 한 성령론이 주목되는데, 성령이라는 비평 용어는 이미 17세기 이래 중요한 비평 개념의 하나로 여러 사람들에게서 사용되었다. 조선 후기 전체 시론사에서 성령 개념의 공통된 분모가 있을 터인데, 그럼에도 불구하고 역사적 변화의 과정 속에서 그 함의와 사용되는 문맥은 조금씩 달라졌을 것으로 보인다. 그리고 그 이외에도 신운(神韻), 천기(天機), 신(神)과 경(境), 형(形)과 신(神) 등의 용어 역시 대체로 조선 후기에 널리 쓰였던 용어로서, 그 개념과 범주의 함의 및 연관 개념, 변이 과정은 조선 후기 시론사의 이론적 구도와 전개 과정을 이해하는 데 필수적으로 구명되어야 할 것이다.

1. 흥의 개념

1. 문제 제기

흥(興)은 과거 동양의 고전문예이론에 있어 매우 중요한 개념 중의 하나이다. 공자가 말한 '흥기할 수 있다(可以興)'는 말과 《시경》의 '부비흥(賦比興)' 이래로 흥을 둘러싼 논의는 많은 학자와 문인들의 다기한 해석을 통해 매우 복잡한 양상을 띠며 전개되어 왔다. 그것은 단독으로 쓰이기도 하고, 비흥(比興)으로 병칭되기도 하며, 혹은 일련의 연관된 개념군을 형성하기도 한다. 그리고 단독으로 사용되는 경우에 있어서도 그 의미가 단일한 것이 아니라 여러 층위에 걸쳐 복잡한 변이와 운용 양상을 보이고 있어 그 구체적 함의와 특성을 파악하는 것이 용이하지 않다.[1]

그동안 흥(興)에 대한 연구는 부비흥(賦比興)을 중심으로 시의 작법(作法)의 차원에 주안점을 두고 그것들의 상호 관련과 차이를 규명하는 '시경학'의 관점에서 진행되었으며,[2] 다른 한편 특정 시조 작품 내의 흥의 성

1 이와 관련해 김종길, 〈중국 시이론에 있어서의 格의 개념〉, 《아세아연구》 41호(고려대 아세아문제연구소, 1971)은 과거 동양의 시론에 있어 중요 개념의 하나인 格의 문제를 다각도로 정밀하게 분석하여 주목된다.

2 시경론의 관점에서 흥의 문제는 '六義'의 범주 속에서 부분적으로 다루어졌다. 김흥규, 《조선 후기의 시경론과 시의식》(고려대 민족문화연구소, 1982); 최석기, 〈성호 이익의 시경학〉(성균관대 박사학위논문, 1992) 참조.

격을 고찰하거나 흥의 특성과 예술적 원리를 포괄적으로 다루기도 하였다.[3] 우리가 관심을 두고 있는 흥의 함의와 특성 역시 시 창작의 작법과 밀접한 연관을 맺고 있다. 그리고 크게 보아 작법으로서의 흥 개념이 점차 심미적 차원의 문제로 전변하여 온 것이 흥의 개략적인 역사라 할 수 있다. 그러나 《시경》에서의 흥에 대한 해석 문제는 별도의 과제로 다룰 성질이라고 생각되며, 여기에서는 시 창작의 본질과 특성을 해명하는 데 초점을 맞추어 흥의 문제를 다루고자 한다. 다시 말해 시 창작의 기본 동인과 근본 내용으로서의 흥의 함의와 특성을 통해 시에 대한 비평적 이해의 진전을 규명하는 '시학(詩學)'의 관점에서 접근하고자 한다. 다만 각 층위별 운용 양상과 관련하여 《시경》에서의 흥의 문제를 부분적으로 다룰 예정이다.[4]

이를 위해 우리는 조선 후기 시론 자료에 나타난 흥의 다양한 용례를 가능한 한 폭넓게 조사 · 수합하여 이를 체계적으로 분석함으로써 흥의 함의, 특성, 지위 및 흥과 연관된 일련의 개념군—흥회(興會) · 흥취(興趣) · 의흥(意興) · 흥상(興象)—을 상호 연계시켜 파악하고자 한다. 또한 우리는 흥의 구체적 운용 양상을 크게 네 층위—발생론 · 표현방법론 · 본질론 · 수용론—로 구분하여 각 층위별 맥락을 검토함으로써 흥의 함의와 특성을 보다 명료하게 파악하고자 하며, 이를 통해 조선 후기 시론사를 체계적으로 구명하는 데 도움이 되고자 한다.

---

3 김흥규, 〈어부사시사에서의 흥의 성격〉, 《한국고전시가작품론(2)》(집문당, 1992); 신은경, 〈흥의 미학〉, 《고전문학연구》 9집(한국고전문학연구회, 1994); 〈흥의 예술적 계층적 시대적 전개〉, 《한국고전연구》 1호(한국고전연구회, 1995) 참조.

4 한편 우리가 일상 생활에서 사용하는 말 가운데 '흥이 나다' '흥겹다' '흥을 돋우다' 등이 있다. 흥미로운 사실은 興 이외에 神, 氣와 같이 고전문학이론에서 중요한 비중을 차지하고 있는 용어들에서도 이러한 점을 엿볼 수 있다는 점이다. 이와 관련해 神의 구체적 함의와 특성에 대해 조선 후기 자료를 중심으로 살핀 바 있다. 본서 1부의 〈神의 범주〉 참조.

2. 조선 후기 시론에 있어 흥(興)의 함의와 특성

갑골문에서 '흥(興)'은 하나의 큰 쟁반(혹은 시루)을 여러 손으로 함께 높이 들어 올리고 있는 형상을 본뜬 것이다. 그래서 본래의 뜻은 '들어 올리다' '일으키다'이다. 《설문해자주(說文解字注)》에 의하면, 흥은 '기(起)'를 본의로 하여 '거(擧)', '성(盛)', '선(善)' 등의 뜻을 가지고 있다. 그리고 '힘을 합쳐 들다'는 뜻의 '여(舁)' 자의 본래 자형 역시 '흥'과 유사하다.[5] 그러나 그 차이점은 '흥'이 '여(舁)'에 비해 물건을 들고 있는 동작의 상태에 초점이 맞추어져 있다는 점이다.

한편 《석문(釋文)》에서는 '흥'을 '발(發)'로 풀이하고 있는데, 이는 '계발(啓發)'의 뜻으로 이해된다. 본래 '기(起)'와 '계(啓)'가 통용되던 가차자인 점을 고려할 때 두 글자가 별개의 개념이 아님을 알 수 있다. 이를 통해 볼 때 '흥'이 지닌 본래의 뜻은 '일으키다'를 본의로 하여, 물건을 들고 있는 동작의 상태에 초점을 맞추고 있음을 알 수 있다.[6]

그러면 문학 예술 방면에서 운용되는 흥의 기본적 함의는 무엇인가? 그것은 홍양호(洪良浩)가 '외물에 촉발되어 마음속에서 감발하는 것(觸於外而感乎中)'[7]이라고 지적한 데에서 알 수 있듯이, 외부 사물과 시인의 마음이 상호 접촉을 통해 감발 · 흥기하는 것을 뜻한다. '감발 · 흥기'를 기본 함의로 하는 흥을 네 층위로 나누어 살펴보고자 한다.

---

5 《說文解字注》, 권3. (許愼) 興, 起也. (段注) 廣韻日: 盛也, 擧也, 善也. 周禮六詩, 日比, 日興. 興者托事於物. (許愼) 從舁同, 同力也.

6 陸曉光, 〈論孔子詩可以興命題的歷史意蘊〉, 《古代文學理論研究》 17집(上海 : 上海古籍出版社, 1995) 참조.

7 洪良浩, 〈與宋德文論詩書〉, 《耳溪集》 권15, 《한국문집총간》 241책 261면. "所謂詩道者, 何也? 書日: '詩言志.' 子日: '興於詩.' 禮日: '溫柔敦厚, 詩之敎.' 夫言者, 發於心而矢諸口, 興者, 觸於外而感乎中, 出之以溫柔, 行之以敦厚, 可以化民, 可以觀政. 故在閭巷, 謂之風, 在朝廷, 謂之雅, 在宗廟, 謂之頌, 如是而已." 앞으로 한국고전번역원에서 간행한 《한국문집총간》에서 인용할 때에는 '《총간》 241, 261면'으로 약칭함. 《한국문집총간》 속집의 경우에는 《총간속》으로 약칭함.

(1) 발생론[8]—시 창작의 기본 동인으로서의 흥의 문제

조선 후기 이전 자료에도 시 창작의 기본적 동인 혹은 계기로서의 흥은 많이 언급된다.[9] 그 가운데 이황의 다음 자료를 예로 들어 본다.

> 뜻 가는 대로 소요하고 배회하다가 눈에 촉발되어 흥을 발하고 경물을 만나 흥취를 이룬다. 흥이 다하면 돌아 오니 방안이 적료하고 책들이 벽에 가득한데 책상을 마주 대하고 묵묵히 앉아 힘써 궁구하여 때때로 마음에 부합하는 바가 있으면 흔연히 밥 먹기를 잊었다.[10]

위의 인용문에 나오는 '흥이 다하여 돌아오다(興盡而返)'은 중국 위진남북조 시대 때 진나라의 왕자유의 고사로 유명하다. 왕자유가 눈이 내리던 밤 문득 친구인 대안도를 방문하러 배를 타고 그의 문 앞까지 갔다가 만나지 않고 다시 돌아 왔다는 일화이다.[11] '흥이 일어 갔다가 흥이 다하여 돌아온(乘興而行, 興盡而返)' 왕자유의 일화는, 비록 문학의 문제를 직접 다룬 것은 아니지만, 시인의 창작 충동과 욕구를 불러일으키는 시흥(詩興)과 관련해 많이 언급된다.[12] 김정희는 서에 창작과 관련하여 왕자유의 고사를

---

8 여기서 '발생론'은 시의 기원과 관련된 용어가 아니라, 시 창작이 구체적으로 진행될 때의 초기 단계를 가리킨다. 다시 말해 시인이 외부 대상과 만나 감정이 고양되고 상상력이 발휘되어 무언가를 표현해 내려고 하는 창작 욕구로 충만되어 있는 단계이다.

9 '遇興輒發', '寓興觸物, 必形於詩', '觸物生興', '卽事寓興', '觸興抽思' 등이 그것이다.

10 李滉, 〈陶山雜詠并記〉, 《退溪集》 권3, 《총간》 29, 103면. "隨意所適, 逍遙徜徉, 觸目發興, 遇景成趣. 至興極而返, 則一室岑寂, 圖書滿壁, 對案嘿坐, 兢存研索, 往往有會于心, 輒復欣然忘食."

11 《世說新語》, 〈任誕〉條. "王子猷居山陰, 夜大雪, 眠覺, 開室, 命酌酒. 四望皎然, 因起彷徨, 咏左思招隱詩. 忽憶戴安道, 時戴在剡, 卽便夜乘小船就之. 經宿方至. 造門不前而返. 人問其故, 王曰 : '吾本乘興而行, 興盡而返, 何必見戴?'"

12 金昌翕과 金昌協 형제의 산수 유람에 대한 태도의 차이점을 언급하고 있는 일화는 시 창작의 문제를 직접적으로 거론하고 있지는 않지만, 興의 기본적 성격과 관련하여 주목된다. 눈이 많이 내려 妙寂山 방문을 연기하려고 하자 이를 '興'이 없다고 김창흡이 책망하는 대목, 온몸에 눈을 맞고도 한 번도 눈을 털지 않고 계곡을 걸어가는 김창흡의 태도에서 우리는 자연스럽게 솟아나는 내발적 충동으로서의 興이 산수 유람의 근본적 동인으로 작용하고 있음을 알 수 있다. (申靖夏, 〈漫錄〉, 《恕菴集》 권16, 《총간》 197, 483면. "一日約與聖源訪妙寂, 來宿聖源湛華軒. 翌朝天寒欲雪, 聖源以雪辭之. 三淵大責以沒興, 獨自步出, 聖源不得已從之. 入谷, 雪大作鋪地一尺. 聖源則以袖頻拂其巾帽而行, 回顧三淵, 渾身皆雪, 帽壓欲摧, 而終不一拂, 怳然如琉

원용하면서 "고인이 글씨를 쓴 것은 바로 우연히 쓰고 싶어서 쓴 것이다"라고 하여 예술 창작의 직접적 계기 · 발동 요인으로 작용하는 흥에 주목한 바 있다.[13]

시인은 뜻 가는 대로 소요하고 배회하다가 특정한 경물을 눈으로 접촉했을 때 흥을 일으키게 된다. '눈 가는 대로 흥이 발하다(觸目發興)', '경치를 만나 흥취가 일어나다(遇景成趣)'에서 보듯, 흥은 시인과 외부 경물의 접촉을 통해 자연스럽게 발생하는 것이다. 요컨대 시 창작 과정과 관련해 흥은 외부 사물에 직접적으로 촉발되어 시인의 감정이 감발 · 흥기하는 것을 뜻한다. 그리고 그것은 달리 말해 시인의 감정의 발동을 밖으로 표현해 내고자 하는 강렬한 창작 충동이다. 이 점에서 흥은 시인의 감정과 외부 경물을 상호 결합시키는 동인 혹은 매개체로 작용한다. 비유적으로 말해 흥은 주객이 부딪힐 때의 일종의 불꽃으로, 창작을 지피는 최초의 점화이다.

그러면 발생론의 측면에서 시 창작의 기본 동인으로 작용하는 흥은 어떤 특성을 지니는가?

첫째, 흥은 주체와 객체의 '우연한' 혹은 '무의도적' 접촉에서 발생한다.[14] 그것은 시인이 외부 사물을 우연히 만날 때 마음속에서 자연스럽게 발동하는 것으로, 의지의 주재하에 자각적으로 사유를 운용한 결과가 아니다. 이 점에서 흥의 가장 흥다운 특징은 '우연'에 있다.[15] 이천보(李天輔)

璃光, 如來佛出世.")

13 金正喜, 〈雜識〉, 《阮堂集》 권8, 《총간》 301, 145면. "古人作書, 最是偶然欲書者, 書候, 如王子猷山陰雪棹, 乘興而往, 興盡而返, 所以作止, 隨意興會, 無所罣礙, 書趣亦如天馬行空. 今之要書者, 不算山陰之雪與不雪, 又强邀王子猷, 直向截安道家中去, 寧不大悶?"

14 시조 작품 가운데 "偶然이 興을 계워 시닉로 나려가니/水流上 魚躍도 됴커니와 層巖 絕壁에 長松이 더옥 됴타/그곳에 반기 리 업시니 다만 杜鵑花인가 ᄒᆞ노라"에서 '偶然이 興을 계워'가 興의 이러한 특징을 잘 보여 주는 한 예이다. 참고로 김흥규 교수가 구축한 데이터 베이스 자료인 〈컴퓨터 古時調全書〉를 검색한 결과, 시조 작품에 등장하는 興의 용례는 모두 140여 수였다.

15 徐復觀 교수는 比興의 차이를 규명하면서 '우연한 촉발이 比와 興을 가르는 분수령이다'라고 하였다. 그는 '賦比興' 가운데 '賦比'와 뚜렷이 구별되는 '興'의 고유한 특성을 '偶然'에서 찾았다. 이 점에 대해서는 '시의 作法으로서의 흥의 문제'에서 다시 논할 것이다. 徐復觀, 〈釋詩的比興〉, 《中國文學論集》(臺北: 學生書局, 1982), 100면 참조.

가 "말에 의도함이 없이 말이 나오는 것이 천하의 참된 말이며, 시에 의도함이 없이 시가 지어진 것이 천하의 참된 시이다"[16]고 한 언급 또한 의도적 목적을 가지고 경물과 만나는 것이 아니라, '경물로 인해 감정이 일어나고, 감정으로 인해 언어로 표현하다'(緣境而生情, 緣情而成言) 혹은 '경물로 인해 감정이 일어나고, 감정으로 인하여 언어로 표현하고, 언어로 인하여 법도가 생긴다(緣境生情, 緣情生語, 緣語生法)'[17]처럼 외부 경물과의 자연스러운 접촉과 흥의 발생 및 언어화 과정이 인위적 조작 없이 자연스럽게 진행되는 것이다. 이렇게 볼 때, 시인의 내심에서 저절로 우러나오는 자발적 동력인 흥은 작품 전체를 '천의무봉'하게 이루어지도록 하는 요인이 된다.

여기서 잠시 흥과 정의 관계를 살펴볼 필요가 있다. '경물로 인해 감정이 일어나다(緣境而生情)'에서 정 역시 주체가 객체의 우연한 촉발을 받아 발생한 감정상의 동요라는 점에서 흥과 같다. 홍양호가 말한 부분—'경물이 이르니 신이 도와주고, 감정이 이르러 절로 따르다(境到神應助, 情來必自隨)'[18]—에서 정 또한 흥과 크게 다른 의미를 띠지 않는다. 그렇기 때문에 '정흥(情興)'이라는 용어를 사용하기도 한다.[19] 다만 정이 정태적인 측면이 강한 용어라면, 흥은 동태적, 발생적인 측면이 강한 용어이다. 김려가 '시는 정에서 생기며, 흥에 따라 발하니, 발하여 성률을 이룬다'[20]고 한 언급은 시인의 내부에서 창작상의 결정적인 계기 혹은 동인으로 작용하는 흥의

---

16 李天輔, 〈題黙窩詩卷後〉, 《晋庵集》 권7. 《총간》 218, 253면. "竊觀汝精之爲詩, 緣境而生情, 緣情而成言, 亦惟曰: 無意於詩而已. 夫無意於言而言出者, 天下之眞言也. 無意於詩而詩作者, 天下之眞詩也."

17 申欽, 〈春城錄〉, 《象村稿》 권55, 《총간》 72, 359면. "詩要得意方佳, 緣境生情, 緣情生語, 緣語生法, 韻與格在四者之外."

18 洪良浩, 〈詩解〉, 《耳溪集》 권3, 《耳溪洪良浩全書》(민족문화사 영인본, 1982), 52면. "性癖非耽句, 文章不厭奇. 有時聊遣興, 開口便成詩. 境到神應助, 情來筆自隨." 한국문집총간본 《耳溪集》(全史字 간행본)에는 이 자료가 수록되어 있지 않음.

19 金昌翕, 〈答魚有鳳〉, 《三淵集》 권21, 《총간》 165, 432면. "洪郎記文, 點次入細, 往往如畵, 又情興逸發, 躍如毫楮之上, 眞奇筆也. 每恨東人文集罕見好遊記, 而今乃得之於後生, 亦一快事."

20 金鑢, 〈中秋日閉門塊坐, 雲坡老兄以詩相問, 且要和韻. 詩生於情, 隨興而發, 發之爲聲律. 今我頓沒興趣, 安得爲詩? 强疾走次, 盖難於拂其意也. 然從今喚我爲下劣詩魔有所不得辭君素借奚去今始來到. 故率爾書呈, 聊傳一粲〉, 《藫庭遺藁》 권2, 《총간》 289, 567면.

특징을 잘 보여 준다.

또한 흥은 시인이 외부 대상과 접촉할 때 마음속에서 강렬하고 왕성하게 솟아 나오는 바, 시인에게 억제할 수 없는 충동으로 작용한다. 김춘택(金春澤)이 "마음속에 온축되어 있는 것이 흥에 따라 발하니 스스로 그칠 수 없다"[21]고 한 언급이 그것이다. 달리 말해 흥은 순간적으로 발생하는 단기성 혹은 불안정성을 그 특징으로 하는바, 오랫동안 시인의 머릿속에 남아 있는 것이 아니라, 마치 전광석화처럼 어느 순간 왔다가 다시 사라지는 것이다.

이에 따라 흥은 '흥회(興會)', '흥도(興到)' 등의 개념으로 확대되어 시인의 감정이 순간적으로 고조된 상태를 지칭하기도 한다. 아래 인용문은 이 점을 잘 보여 준다.

> 바야흐로 흥이 이르러 시를 지으니 마치 바닷물이 갑자기 밀려오고 파도가 용솟음쳐 막을 수 없는 것과 같다. 곧바로 옆 사람에게 명하여 붓을 잡고 입에서 나오는 대로 불러 쓰게 하니 순식간에 장편 대작이 도도하게 쏟아져 나와 수천 마디의 말이 종이에 가득하였다.[22]

> 선배들이 전하는 바를 들으니, 공께서는 흥이 이르고 상상력이 발동할 때 문득 문을 닫고 손님을 물리친 채 옷을 풀어헤치고 책상다리를 하고 앉아 온 정신을 집중하다가 흔연히 종이를 펴고 세차게 붓을 휘두르니 손이 미처 멈추기도 전에 한 편이 이미 이루어졌다고 하였다. 대개 지극한 솜씨와 자득의 경지에는 신이 돕는 것이 있어 배워서 능히 할 수 있는 것이 아니다.[23]

---

21 金春澤, 〈論詩文〉, 《北軒居士集》 권16, 《총간》 185, 223면. "其自況, 則曰竹釵所揷之首, 長向於君, 布裳所着之身, 爲君而潔. 此尤恐其觸諱, 而然中心所蘊, 感興而發, 自不能已也."

22 洪世泰, 〈妙軒詩集跋〉, 《柳下集》 권10, 《총간》 167, 491면. "方其興到爲詩也, 如潮之驟至, 濤波奮湧, 而不可遏也. 卽命傍人, 握筆口號, 而使之書, 俄傾之間, 長篇大作, 滔滔累千百言, 已滿紙矣."

23 洪良浩, 〈五山集跋〉, 《耳溪集》 권16, 《총간》 241, 275면. "竊聞先輩相傳, 公於興到神會之時, 輒閉戸却客, 解衣盤礴, 專精注思, 已而欣然伸紙, 沛然縱筆, 手未停而篇已就云. 蓋其獨至之藝, 自得之境, 殆有神助, 非可學而能也."

홍세태는 흥이 시인의 가슴속에 도래하는 것(興到)을 바닷물이 갑자기 밀려 오고, 파도가 용솟음치는 것에 비유하였다. 그것은 외부 대상과의 순간적인 접촉을 통해 시인의 가슴속에 창작 욕구가 강렬하게 용솟음치는 심리 활동의 어떤 단계를 지칭한다. '흥이 이르고 신이 모이다(興到神會)' 또한 시인의 감정이 최대한 고조 · 흥분된 상태로서, 이때 시인은 자신도 억제할 수 없는 창작 충동을 체험하게 된다. 이를 통해 시인은 어디에 구속됨이 없이 자유분방한 창작 태도(解衣盤礴)로 외부의 간섭과 잡념을 끊어 버리고 대상을 향해 온 정신을 집중(專精注思)하게 된다. 이리하여 창작 대상과 창작 주체의 완전한 융합의 경지에 이르니, 그것은 언어로 형용할 수 없으며, 본뜨거나 아로새기는 '인공'의 흔적이 제거된 예술 창작의 최고의 단계이다.

회화에 있어서도 이러한 사정은 마찬가지이다. 이하곤(李夏坤)은 정선을 평하며 "흥이 도래할 때 손 가는 대로 휘둘러 흥취를 구할 뿐 형사(形似)를 구하지 않았다"[24]고 하였으며, 남태응(南泰膺)은 윤두서(尹斗緖)에 대해 "정신이 모이고 흥이 이른 뒤에야 그렸으니, 열흘에 물 하나를 그리고 닷새에 돌 하나를 그린다"[25]고 하였다. 두 사람 모두 일순간 고조된 흥에 따라 객관 사물의 형모에 집착하지 않고 예술가의 흥취를 표현하는 것을 중요하게 취급하고 있다.

앞서 살핀 '흥도(興到)' '흥도신회(興到神會)' '신회흥도(神會興到)' 등은 다른 말로 '흥회(興會)'라고 할 수 있다. 김창협은 박은의 시를 평하면서 "흥회가 이르자 천진스러움이 난만하고 힘이 넘치어 인력으로 범할 수 없는

24 李夏坤, 〈題一源所藏海岳傳神帖(長安寺)〉, 《頭陀草》 14책, 《총간》 191, 466면. "山暎樓前, 只有二三峰, 巉秀可愛, 此幅微似攢疊, 豈元伯興到時, 信手揮洒, 只求其趣, 不求其形似歟? 此乃畵家相馬法, 驪黃牝牡略之, 何害?"

25 南泰膺, 〈畵史〉, 《聽竹畵史》 "恭齋挾藝自高, 矜持太過, 求者盈門, 一切揮之. 間或應副, 而神會興到, 而後作, 如十日畵水, 五日畵石之爲."(이태호 · 유홍준 편, 《조선 후기 그림과 글씨》, 학고재, 1992에서 재인용)

것 같았다"[26]고 하였으며, 황현은 "흥회가 이르러 신묘한 깨달음이 갑자기 펼쳐지자 소매를 걷어 부치고 빠르게 써대니 필력이 더해져 몇 줄 안 되는 사이에 기가 용솟음쳐"[27] 나온다고 하였다. 흥회가 이를 때 시인의 창작 욕망이 특별히 강렬하고 왕성해지면서 생각이 막힘 없이 열리고 수많은 기묘한 구상들이 형성된다.[28] 다시 말해 흥회가 도래할 때 시인의 상상 활동이 가장 활발하게 전개되면서 온갖 생동하는 형상들이 쏟아져 나오는 것이다.

이처럼 강렬하고 왕성한 정황 속에서 '소매를 걷어 붙이고 빠르게 써대' 듯이 창작이 일순간 이루어질 때 예술적 경계가 인위적 수식에 얽매이지 않고 자연스럽게 형성될 수 있는 것이다. 이를 통해 보면 예술 창작의 성패에 있어 흥회는 매우 중요한 영향을 끼침을 알 수 있다.[29] 요컨대 '흥도(興到)', '흥도신회(興到神會)', '흥회(興會)' 등은 모두 시 창작상의 직접적 계기 혹은 동인으로서의 흥에서 파생된 연관 개념군으로, 흥이 도래할 때의 시인의 고조된 감정 상태인 바 오늘날의 비평 개념으로 영감에 가깝다.

한편 흥회(興會)가 이를 때 시인의 머릿속에는 어렴풋하게나마 작품 전체의 형상이 떠오르게 된다. 그런데 대부분의 사람들은 그러한 계기 자체의 인상을 잊어버리거나 희미하게 기억할 뿐이다. 따라서 창작의 강렬한 충동이 발생한 후 시인은 자신의 머릿속에 어렴풋하게 떠오르는 형상들을

---

26 金昌協, 〈雜識外篇〉, 《農巖集》 권34, 《총간》 162, 373면. "挹翠軒, 雖學黃陳, 而天才絕高, 不爲所縛. 故辭致淸渾, 格力縱逸. 至其興會所到, 天眞爛漫, 氣機洋溢, 似不犯人力. 此則恐非黃陳所得囿也."

27 黃玹, 〈答李石亨書〉, 《梅泉集》 권6, 《총간》 348, 495면. "興會所至, 悟解忽詣, 奮袖疾書, 筆力濟之, 卽寂寥數行, 眞氣坌涌, 足以爲自得之古."

28 이 점에서 興會는 陸機가 《文賦》에서 언급한 '應感之會'과 같은 의미이다. "若夫應感之會, 通塞之紀, 來不可遏, 去不可止, 藏若景滅, 行猶響起."

29 김정희는 "興會가 없는 것은 字體가 아름답더라도 기껏해야 글씨 잘 쓴 것에 불과하다"고 하여 興會가 서예 창작의 예술적 성패를 결정하는 중요한 관건임을 제시하였다. 金正喜, 〈雜識〉, 《阮堂集》 권8, 《총간》 301, 145면. "法可以人人傳, 精神興會, 則人人所自取. 無精神者, 書法雖可觀, 不能耐久索玩, 無興會者, 字體雖佳, 僅稱字匠. 氣勢在胸中流露於字裏行間, 或雄壯, 或紆徐, 不可阻遏. 若僅在點劃上論氣勢, 尙隔一層."

잡아 내어 다른 형상들과 연계시킴으로써 명료한 형태로 만들어 나가야 하는 바, 예민한 감수력이 요구되는 것은 이 때문이다.

이 점을 정약용은 '흥도(興到)' → '운의(運意)' → '의도(意到)' → '사지(寫之)'로 단계화하여 제시해 놓고 있다.[30] 여기서 '흥도'는 시인이 외부 경물과의 접촉을 통해 감흥이 흘러 넘치는 것을 가리키며, '운의'는 우연히 촉발된 시인의 감흥을 어떻게 표현할 것인가 하는 예술적 의도를 운용하는 것을 말한다. 전자가 무의식적, 우연적 과정이라면, 후자는 의식적 · 자각적 운용으로의 이행을 보여 준다. 이를 통해 시인의 창작 의도가 확립되면 언어 형식을 통해 가시화하는 단계를 밟게 된다. 이것이 '의가 이르면 곧바로 쓴다(意到卽寫之)'이다.[31]

(2) 표현방법론—시의 작법으로서의 흥의 문제

흥은 《시경》을 총괄하는 중요한 표현 방법의 하나이다. 시의 작법으로서의 흥을 어떻게 이해할 것인가 하는 문제는 대단히 복잡하다.[32] 여기에서는 흥의 함의와 특성을 중심으로 조선 후기 시론사를 체계적으로 이해하는 데 주된 목적을 갖고 있기 때문에, 육의(六義)의 해석 관점, 부비흥(賦比興)의 구별과 표기, 개별 작품에 대한 부비흥 판단 문제 등을 제외하고, '부비(賦比)'와 구별되는 흥의 특징 및 상이한 표현 방식에 대해 살펴보고자 한다.

---

30 丁若鏞, 〈老人一快事六首效香山體〉 제5수, 《與猶堂全書》 詩集 권6, 《총간》 281, 124면. "老人一快事, 縱筆寫狂詞. 競病不必拘, 推敲不必遲. 興到卽運意, 意到卽寫之. 我是朝鮮人, 甘作朝鮮詩."

31 예술창작 과정은 크게 네 단계로 구분할 수 있다. 예술가의 내면에 존재하는 감정적 발효상태에서 발버둥쳐 나오려는 '창작적 기분'의 단계, 작품 전체의 형상이 어슴푸레하게 떠오르는 '구상'의 단계, 뚜렷한 형태나 질서를 만들어나가는 '내면적 전개'의 단계, 물질적 소개와 기교에 의해 작품으로 완성하는 '외적 완성'의 단계가 그것이다. 竹內敏雄 편, 《美學事典》(東京 : 弘文堂, 1983), 172-173면 참조. 이를 다산의 논리에 대입해 보면, '興到'는 창작적 기분과 구상의 단계, '意到'는 내면적 전개의 단계, '寫之'는 외적 완성의 단계에 각각 해당된다고 하겠다.

32 《시경》에서의 흥 해석 문제를 시대의 변화에 따라 광범위하게 고찰한 논문으로 裵普賢, 〈詩經興義的歷史發展〉, 《詩經研讀指導》(臺北: 東大圖書公司, 1977)을 참조.

> 흥체(興體)에는 두 가지가 있다. 예컨대 징경이로 숙녀를 일으키고 기린으로 공자를 일으키는 것 등은 비(比)에 가깝다. '진펄에 감초와 산에 개암나무' 같은 것은 까닭 없이 흥에 촉발되어 일으킨 것이니, 일대일로 대응된다고 말할 수 없다. 그런데 주자는 흥이 일대일로 대응되지 않은 것(襯切)이 그 의미가 더욱 심장하다고 했으니, 진실로 이와 같다. 예컨대 '원수가의 구리때랑 풍수의 난초를 보고 님인가 여겼어도 차마 말하지 못하네' 등은 읽으면 읽을수록 길게 이어지는 여음이 있으니, 시를 가히 알 수 있다고 하겠다.[33]

여기서 우리가 주목할 점은 흥체의 두 가지 상이한 표현 방식이 실제 작품에 얼마나 적합하게 적용될 수 있는가 하는 문제보다 부비(賦比)와 구별되는 흥의 특성에 대한 이해이다. '까닭 없이 흥에 촉발되어 일으킨' 흥체의 두 번째 표현 방식에서 '까닭 없이(無端)'가 바로 작법으로서의 흥이 지닌 고유한 특성이다.[34] 그리고 이 점은 앞서 살펴본 시 창작의 기본 동인으로서의 흥의 특성인 '우연한 촉발'과도 연계된다.

김창흡은 흥체를 '비에 가까운 흥'과 '까닭 없이 촉발되어 일으킨 흥'의 두 가지로 구분하면서, 전자의 예로 〈관저(關雎)〉편과 〈인지지(麟之趾)〉편을 들었고, 후자의 예로 〈간혜(簡兮)〉편을 들었다. 이러한 분류는 주자가 말한 '취의(取義)한 흥'과 '불취의(不取義)한 흥'에 각각 해당된다.

주자는 《시경》의 흥의 작법을 〈관저(關雎)〉와 〈토저(兎罝)〉 두 유형으로 나누었다. 〈관저〉편처럼 흥구(興句, 다른 사물을 먼저 말하여 흥을 일으키는 구)가 비유적 · 상징적 또는 암시적 의미를 내포하고 있어 내용상 응구(應句, 주제를 끌어내어 읊는 구)와 관련을 갖고 있는 것을 '취의(取義)'한 흥이라고

33 金昌翕, 〈日錄〉, 《三淵集》 권33, 《총간》 166, 122면. "興體有兩般, 如以雎鳩興淑女, 以麟興公子, 則意近於比. 如隰苓山榛之類, 乃無端觸興而起, 非謂其襯切也. 朱子謂興之不襯者, 意味尤深長, 眞箇如此. 如沅有芷兮, 澧有蘭, 思公子兮, 未敢言, 讀之有繞梁之音, 詩其可知已."

34 徐復觀 교수는 시경에서의 比興을 구별하면서 "우연한 촉발이 比와 興을 가르는 분수령이다"고 하였다. 그의 해석에 따르면, 흥은 시인의 내적 감정이 우연히 어떤 사물의 촉발을 받아 형성된 감정상의 동요와 교류 속에서 온축된 감정과 직접 관계 있는 사물과 혼연일체를 이루는 것, 즉 시의 주제와 혼융을 이루는 것으로 보았다. 그는 賦比와 뚜렷하게 구별되는 흥으로서의 독자성을 '興感無端'에서 찾았으며, 이 '無端'이 시의 본질적 특성을 가장 잘 보여 주는 것이라고 하였다. 徐復觀, 〈釋詩的比興〉, 《中國文學論集》(臺灣: 學生書局, 1982), 100–108면 참조.

하였다. 이에 비해 〈토저〉편처럼 흥구가 단순히 작품의 첫머리를 열어 시의 흥을 돋우고 어세상 다음의 시구를 이끌어내는 작용만 할 뿐 내용상 그다지 긴밀한 관련을 갖지 않는 것을 '불취의(不取義)'한 흥이라고 하였다.[35] 주자의 분류를 김창흡의 논법에 대입하면, '비에 가까운 흥'은 전자에, '까닭 없이 촉발되어 일으킨 흥'은 후자에 해당된다.

또한 "흥은 일대일로 대응되지 않는 것(襯切)[36]이 그 의미가 더욱 심장하다"[37]는 말에 주목할 필요가 있다. 이 말은 시인의 이성적 여과를 통해 선택 묘사된 대상(彼物)과 시인의 표현 의도(此物)가 내면적 특성 혹은 외면적 현상에 있어서 동일하거나 유사한 점을 지니어 일대일의 적접적 대응관계를 형성하는 것을 가리킨다. 그렇기 때문에 비유한 의미를 파악하기가 비교적 용이하다. 그리고 이것은 주로 비의 작법에 관련된다.

이에 비해 흥의 작법에서는 이성적 여과를 통하기보다 감정의 즉물적 촉발에 의해 시의 첫머리를 열어 시인의 표현 의도(所詠之詞)를 연상시키고 이끌어낸다. 따라서 시인이 선택 묘사한 대상과 시인의 표현 의도가 일대일 대응관계를 이루지 않으며, 나아가 선택 묘사한 대상이 같다 할지라도 시를 쓸 당시의 감정에 따라 그것이 이끌어내는 시인의 표현 의도는 다양하게 나타난다.[38] 이런 점에서 흥은 '부비'와 비교할 때 더욱 '심원'한 심미적 효과를 창출하게 되는 것이다.

흥의 상이한 표현 방식 및 흥의 고유한 특성에 대한 논의는 정조, 정약

---

35 이재훈, 〈주자 시경학 연구〉(서울대 중문학과 박사학위논문, 1994), 76-77면.

36 '襯切'과 유사한 말로 '襯貼'이 있다. 이 말은 嚴羽의 《滄浪詩話》〈詩法〉에 나오는 "最忌骨董, 最忌襯貼"에 보인다. 襯貼에 대해 郭紹虞는 "過度刻劃, 過求貼切之義"라고 하였다. 즉 인위적으로 과도하게 꾸미고 맞추려고 한다는 뜻이다. 嚴羽, 《滄浪詩話校釋》(북경: 인민문학출판사, 1983), 122면 참조.

37 黎靖德 編, 《朱子語類》(북경: 중화서국, 1994) 권80. "比雖是較切, 然興却意較深遠. 也有興而不深遠者, 比而深遠者, 又係人之高下, 有做得好底, 有拙底."; "比是以一物比一物, 而所指之事常在言外. 興是借彼一物以引起此事, 而其事常在下句. 但比意雖切而却淺, 興意雖闊而味長."

38 이재훈, 〈주자 시경학 연구〉(서울대 중문학과 박사학위논문, 1994), 88면.

용, 서유구, 홍석주 등에서 공통적으로 발견된다. 정조 시대에 활발하게 이루어졌던 시경 강의 가운데 작법으로서의 흥에 대한 논의는 주로 '육의'의 해석 및 개별 작품에 관한 부비흥 판단의 적절성 문제를 중심으로 전개되었다. 정조가 강의와 책문에서 제기한 주요 항목들 가운데 "풍부비흥아송(風賦比興雅頌)의 육의를 주희는 삼경삼위(三經三緯)로 이해했으나 이와 다른 설이 있으며, 작품에 관한 부비흥의 판단에도 문제가 많으니 어떻게 보아야 하겠는가?" 하는 데 논의의 초점이 모아져 있는 것이다.[39]

작법으로서의 흥과 관련하여 논의되었던 작품 가운데 앞서 김창흡의 자료에서도 언급되었던 '패풍'의 〈간혜〉편[40]이 있다. 거기에 나오는 '산에 개암나무, 진펄에 감초'의 흥구를 장학룡(張學龍)은 "달고 맛있는 개암나무와 감초줄기가 각각 산과 진펄에 있는 것을 가지고 훌륭한 임금이 서주에 있음을 흥한 것"으로 보았다. '비를 겸비한 흥'으로 본 것이다. 이에 대해 정조는 흥체를 '비를 겸한 것'과 '단지 눈앞의 경물로 촉발되어 생각을 일으켜 영탄한 것'으로 나누면서, 이를 고려하지 않은 채 주제와 밀접한 관련을 맺는 방식으로만 《시경》의 구절을 해석하는 것에 의문을 제기하였다.[41] 정조의 이러한 문제 제기는 기본적으로 주희의 흥체 분류에 바탕을 둔 것이다. 주희는 흥을 설명하면서, "원래 그 일을 말하려고 하되 그냥 의

---

39 正祖 시대의 시경 강의와 관련해서는 김흥규, 《조선 후기의 시경론과 시의식》(고려대 민족문화연구소, 1982) 참조.

40 원문을 들면 다음과 같다. "山有榛, 隰有苓, 云誰之思, 西方美人, 彼美人兮, 西方之人兮." 이 시에 대해 주희는 興으로 규정하면서 이 점을 알면 興體를 알 수 있다고 하였다. 《詩傳》, 〈邶風〉〈簡兮〉"安城劉氏曰: 楚辭湘夫人歌曰: 沅有芷兮澧有蘭, 思公子兮未敢言. 越人歌曰: 山有木兮木有枝, 心悅君兮君不知. 秋風辭曰: 蘭有秀兮菊有芳, 懷佳人兮不能忘. 皆與此章起興之例同. 故朱子嘗曰: 知此, 則知興體矣."

41 徐有榘, 《毛詩講義(天)》, 日本大阪府立中之島圖書館 소장본. 〈邶風〉〈簡兮〉"御製條問曰: '山榛隰苓, 只是因所見而起興, 未必引物而爲喻也, 而竹房張氏以爲榛之實甘美, 而山有之, 苓之莖甘美, 而隰有之, 以興爲人之君而美好者, 惟西周有之. 此說雖似有味, 而恐反淺近. 夫詩之取興, 未必皆兼比意, 如楚辭湘夫人歌, 沅有沚兮澧有蘭, 何嘗以芷之淸蘭之香比公子之美耶? 漢武秋風辭, 蘭有秀兮菊有芳, 何嘗以蘭之秀菊之芳比佳人之德歟? 不過因時物觸目而起思, 遂咏嘆之也. 如朱子所謂虛用兩句, 咏起而接續去者, 是興體也. 此章山榛隰苓, 亦以虛景看, 則詩之意尤悠遠, 未知如何.'" 국립중앙도서관에 소장된 복사본을 이용하였으며, 이하 같음.

미없이 두 구로써 끌어 일으키고, 그에 따라 접속시키는 것"이라고 한 바 있다.[42]

정조의 문제 제기에 대해 정약용은 동의를 표시하면서 "두 구를 까닭 없이 사용하여 시상을 일으켜 본사와 전혀 무관한 것"이 오히려 작품 전체에 무한한 여운과 정취를 불러일으킨다고 하였다.[43] 즉 흥의 생성 방식은 흥구와 응구의 관계를 통해 나누어 볼 수 있는데, 앞에서 주제와 직접 관련없는 두 구를 까닭 없이 사용하여 시상을 일으킴으로써 오히려 더욱 생동감 있고 풍부한 함의를 지닐 수 있다고 본 것이다. 이러한 이해는 흥의 함축적이며 심원한 심미적 효과의 측면에서 '부비'와 구별되는 흥의 독특한 특성을 파악하는 것으로, 앞서 살핀 김창흡의 논의와 일맥상통한다.[44] 서유구 또한 "비흥에 얽매이지 않은 뒤에야 시를 말할 수 있다"고 하여《시경》에 수록된 개별 작품을 해석함에 있어 비흥의 구별, 또는 흥체의 상이한 표현 방식을 고려하지 않은 채 비유적 방식으로 일대일 대응시켜 획일적으로 이해하는 태도를 비판하였다.[45]

또 다른 실례로, '패풍'〈개풍(凱風)〉편의 1장과 2장을 주희가 비와 흥으

---

42 黎靖德 編,《朱子語類》(북경: 중화서국, 1994), 권80. "本要言其事, 而虛用兩句釣起, 因而接續去者, 興也."

43 丁若鏞,〈詩經講義〉,《與猶堂全書》經集 권17,《총간》282, 398면. "臣對曰 : 詩之取興, 多兼有比意者, 虛用兩句, 詠起而接續去者, 亦固有之, 而後生末學, 先著此意, 則讀詩便歸麤率, 最要精察而熟玩也. 至於此章之山榛隰苓, 却只是徒然取興, 與本事全不相關, 然後方有瀏亮動盪之妙, 閑遠瀰淪之趣. 然山榛隰苓, 各得其所, 賢者失志, 感羨萬物, 其亦言外之旨也. 竹房之說, 陋之甚矣."

44 참고로 趙沛霖은《興的源起》(북경: 중국사회과학출판사, 1987)에서 흥에 대한 해석을 '비의 성분에서 흥의 경계를 구획하는 관점' '物我의 관계에서 흥의 특징과 성질을 설명하는 관점' '예술적 효과의 측면에서 흥을 파악하는 관점'의 세 가지로 분류한 바 있다. 이 가운데 세 번째 관점은 주객, 물아의 관계에서 흥을 논하면서 부비와 구별되는 흥의 독특한 특성으로 심원함축한 심미적 효과를 강조하는 데 있다. 鍾嶸의〈詩品序〉에서 "文已盡而意有餘, 興也."라고 한 언급이 이 관점의 대표적 예이다.

45 徐有榘,《毛詩講義(天)》〈北風〉〈簡兮〉"臣有榘對曰: '此詩起興之義, 盖曰山則有榛矣, 隰則有苓矣, 而西方之美人, 則不可得而見矣. 猶之晨風之詩曰: 山有苞櫟, 濕有六駁. 未見君子, 憂心靡樂也. 張學龍之說辭, 雖可通意, 反巧鑿. 大抵宋明諸家之過推六義者, 皆此類也. 臣故曰: '不泥於象數, 而後易可以明, 不泥於比興, 而後詩可以言.'"

로 각각 나누어 규정한 것에 대해 정조가 의문을 제기한 것을 들 수 있다. 문제가 되는 〈개풍〉편은 자식이 어머님의 은혜를 생각하며 읊은 작품이다.[46] 1장은 따스한 남풍이 어린 대추나무를 자라게 하듯 어머님이 고생하며 자식들을 안아 길러 주셨음을 노래했다.

주자는 만물을 화육하는 '남쪽에서 불어오는 바람'을 자식을 기르는 어머니에, 가시가 많아 자라기 어려운 '어린 대추나무'를 '어린 자식'에 각각 비유한 것으로 보아 1장을 '비체(比體)'로 해석했다. 2장은 남쪽에서 불어오는 바람이 대추나무를 성장시켰듯이 어머니가 훌륭하게 자식들을 길러 주셨으나 자식들은 그렇지 못함을 자책한 것이다. 주자는 대추나무가 자랐지만 아름다운 목재는 아닌 것을 가지고 자식이 장성했으나 훌륭한 것이 없음을 흥한 것으로 보아, 2장을 '흥체(興體)'로 해석했다. 이 같은 주자의 해석에 대해 정조의 문제 제기는 어린 대추나무가 어린 자식을 비유했듯이, 대추나무 가지 또한 자식의 장성함을 비유한 것으로도 해석할 가능성이 많은데, 동일한 편 내에서 1장과 2장을 각각 비와 흥으로 구분한 이유가 무엇인가라는 점이다.

서유구는 허실(虛實)의 관점에서 비와 흥을 구별함으로써 이 문제를 해결하고자 하였다.

> 신 유구가 대답하기를 "대개 흥체는 반드시 위 구에서 아래 구의 정감과 생각을 형용하며, 아래 구는 위 구의 실제 사실을 가리켜 말한다. 한 번은 허(虛)하고 한 번은 실(實)하여 위아래로 대응을 이루는데, 만약 일관되게 비유하여 대응된 바가 없으면 비(比)가 된다.
>
> 지금 이 시를 통해 보건대, 위 장에서는 남풍과 대추나무의 어린 가지를 말하였는데, 아래에서 대응된 것이 없으므로 비에 속한다. 아래 장에서는 바람과 대추나무를 말했고, 아래에서 어머니와 아들로 대응을 하였으므로 흥에 속한다. 상하 2장에 혹은 흥이 되고 혹은 비가 되는 것은 오로지 대응하는가의 분별에서 말미암

46 원문을 들면 다음과 같다. "凱風自南, 吹彼棘心. 棘心夭夭, 母氏劬勞. 凱風自南, 吹彼棘薪. 母氏聖善, 我無令人."

은 것이요, 대추나무 어린 가지와 자란 가지의 뜻이 다른 것 때문이 아니다"고 하였다.[47]

그에 따르면 비와 구별되는 흥의 특성은 '위 구에서 아래 구의 정감과 생각을 형용하며, 아래 구는 위 구의 실제 사실을 가리켜 말한다. 한 번은 허(虛)하고 한 번은 실(實)하여 위아래로 대응을 이루는' 것이다. 이것은 달리 말해 위 구에서 시의 첫머리를 열어 흥을 일으키고 아래 구를 이끌어 그 사이에 어떤 특별한 비유적 의미가 개재되어 있지 않은 것으로, 앞서 정약용이 언급한 "두 구를 까닭 없이 사용하여 시상을 일으켜 본사(本事)와 전혀 무관한 것"과 상통된다.[48]

그리고 '허실이 위아래로 상응한다'고 했을 때, '허'는 외부 경물로서 주자가 흥을 설명하면서 언급한 '다른 사물(他物)'을 가리키고, '실'은 주관적 정감으로 '읊조리려는 말(所詠之詞)'를 각각 가리킨다. '다른 사물'이 앞에 위치하고, '읊조리려는 말'이 뒤에 위차혀 선후 구조에 따른 외형적 대칭 관계를 형성하게 되는 것이다. 이렇게 볼 때 2장은 1, 2구에서 바람과 대추나무를 말하여 흥을 일으킨 다음 시인의 표현 의도인 어머니와 아들을 말함으로써 선후 관계에 따른 대응을 이루고 있다는 점에서 흥이다. 이에 비해 비는 시인이 묘사하는 대상과 시인의 표현 의도가 서로 동일하거나 유사한 점을 가지고 직접적 대응 관계를 이룬다고 보았다.

---

47 徐有榘, 《毛詩講義(天)》〈北風〉〈凱風〉"御製條問曰: '棘心棘薪之一爲比, 一爲興. 安成劉氏雖有解說, 而終似可疑. 棘薪, 言其長而成也. 是言母之養育其子, 至於長成也, 與棘心之比於幼少時, 何異乎? 薪之爲言, 只是言長成之意, 未必有非美材之意, 而集傳解作興子之長大而無善, 何歟?' 臣有榘對曰: '大抵興之爲體, 必以上句形容下句之情思, 下句指言上句之實事, 一虛一實, 上下相應, 而若或一直托喩, 無所對應, 則爲比. 今以此詩觀之, 則上章言凱風棘心, 而下文更無對應, 故屬之比. 下章言風與棘, 而下文以母與子對應, 故屬之興. 上下二章之或爲興或爲比, 專由於相應不相應之分, 而非以棘心棘薪之異義也.'"

48 洪奭周 또한 흥의 표현 방식 가운데 '卽目寓境, 而無所托喩'에 주목하면서 작품의 구절 하나하나를 비유적 대응으로 해석하려는 경향에 반대하였다. 洪奭周, 〈鶴岡散筆〉, 《淵泉全書》(오성사 영인본, 1984) 7책. "然詩之起興, 亦有卽目寓境, 而無所托喩者. 箋疏家皆一一傅會穿鑿可厭. 朱夫子作集傳, 順文爲解, 不加一辭. 且以楚辭之沅有芷兮, 澧有蘭, 越人歌之山有木兮木有枝爲證, 謂其托物興辭, 初不取義."

이상에서 시의 작법으로서의 흥의 문제를, 주로 비흥의 구별 및 흥체의 상이한 표현 방식에 초점을 맞추어 살펴보았다. 그런데 여기서 말한 작법이란, 시인이 자신의 사상 감정을 표현하기 위해 운용하는 예술적 구상과 표현 방법을 가리키기 때문에, 서양 문학에서 말하는 수사법과 다르며 단순한 형식 기교의 문제도 아니다. 그렇기 때문에 시인이 예술적 구상과 표현 수법으로서의 흥을 운용하는 문제는 궁극적으로 표현하고자 하는 시의 본질적 국면과 연관되어 있다고 하겠다.

이시원(李是遠)이 〈육의론(六義論)〉에서 부비와 달리 "오직 흥만은 정감이 촉발하여 뜻이 형상 밖에 있다(獨興之爲言, 情感觸遇, 意在象表)"[49]고 한 언급에서 이 점을 확인할 수 있다. '뜻이 형상 밖에 있다(意在象表)'는 말은 흥의 표현 수법을 통해 작품 내에 직접 묘사된 형상 밖에서 함축된 무궁한 정취를 감지토록 하는 것이기 때문이다. 또한 흥의 흥다운 특성으로 지적되는 '우연한 촉발', '까닭 없는 시상 일으키기' 등은 앞서 언급한 시 창작의 기본 동인으로서의 흥이 지닌 특성과도 연계된다. 이렇게 보면, 시 창작의 기본 동인으로서의 흥, 시의 작법으로서의 흥, 시의 본질적 국면으로서의 흥이 밀접한 상호 연관 속에 존재한다고 하겠다.

(3) 본질론—시의 본질적 국면으로서의 흥의 문제

시의 본질론에 입각하여 흥을 고찰할 때, 흥은 시가 표현해야 할 근본 내용이다. 언어 형식을 빌려 옮기는 것은 이러한 흥을 표현하는 과정이라고 할 수 있다. 본래 '부비흥'의 한 범주 속에서 파악되었던 흥은 역사 발전에 따라 점차 하나의 독립된 개념으로 분화되었으며, 나아가 그러한 분화의 과정 속에서 흥과 연관된 일련의 개념들을 산출하였다. 흥취(興趣), 의흥

49 李是遠, 〈六義論〉, 《沙磯集》 4책, 《총간》 302, 148면. "蓋以賦是直陳, 比或近取理切義明, 無容指摘. 獨興之爲言, 情感觸遇, 意在象表, 時往事去, 意難領要. 故擧其難者, 略約示義, 置其易者, 俾人自得."

(意興), 흥상(興象), 흥경(興境) 등의 개념군은 시가 담아야 할 주된 내용, 즉 시의 본질적 국면으로 관심의 방향을 진전시켰다. 다시 말해 종래에는 작법이나 창작의 직접적 동인의 수준에서 이해되었던 흥이 이제는 독자적인 미적 특질을 지닌 개념으로 발전되면서 시가 담아내야 할 핵심적 내용 혹은 추구해야 할 심미적 경계로 그 논의가 심화되었다.

대체로 조선 후기 이전의 경우 흥과 연관된 일련의 개념군을 독자적으로 사용한 예는 거의 보이지 않는다.

먼저 흥취와 관련해 보면, '눈 가는 대로 흥이 발하고, 경치를 만나 흥취가 일어나다'[50]고 언급하거나, '흥이 일어나 취를 얻다'[51]고 한 이황의 발언에 주목할 필요가 있다. 여기서 우리는 흥과 취의 관계를 짐작해 볼 수 있는 바, 흥이 시인의 눈을 통해 외부 경물과 접촉할 때 감발, 흥기되는 것이라면, 취는 흥을 통해 발생하는 심미적 정취라고 할 수 있다.

그런데 흥과 취를 결합하여 흥취의 개념을 독립해서 운용한 것은 조선 후기에 이르러서이다. 허균[52]과 이수광[53]이 엄우의 《창랑시화》에 나오는 언급을 원용하여 흥취와 별취의 문제를 본격적으로 제기하였다. 여기서 흥취는 시인이 외부 경물과 접촉할 때 발생하는 심미적 정취를 뜻한다. 다시 말해 시인의 감정이 경물과 결합하여 경물 속에 용화된 것으로, 그 특징은 경물에 촉발되어 정감을 발생하고 사물에 즉하여 흥을 일으켜 정경이 혼융하여 '흔적이 없는 것'에 있다. 그리고 그것은 산문 장르와 구별되

---

50 李滉, 〈陶山雜詠并記〉, 《退溪集》 권3, 《총간》 29, 103면. "隨意所適, 逍遙徜徉, 觸目發興, 遇景成趣. 至興極而返, 則一室岑寂, 圖書滿壁, 對案嘿坐, 兢存研索, 往往有會于心, 輒復欣然忘食."

51 李滉, 〈遊小白山錄〉, 《退溪集》 권41, 《총간》 30, 429면. "余初得景遊遊山錄於白雲院有司金仲文處, 及到石崙, 則是錄也書于板掛壁矣. 余嘗其詩文之雄拔, 到處披詠, 若與紅顏白髮翁, 對語相酬唱於其間, 賴此發興而得趣者良多. 信乎! 遊山者不可以無錄, 而有錄之有益於遊山也."

52 許筠, 〈石洲小稿序〉, 《惺所覆瓿藁》 권4, 《총간》 74, 172면. "詩有別趣, 非關理也, 詩有別材, 非關書也. 唯其於弄天機奪玄造之際, 神逸響亮, 格越思淵爲最上乘. 彼蘊蓄雖富, 譬猶談教漸門, 其敢望臨濟以上位耶?"

53 李睟光, 《芝峰類說》 권9, 文章部 2, 詩. "嚴儀曰: '盛唐諸公, 惟在興趣, 無迹可求, 如空中之音, 相中之色, 水中之月, 鏡中之象', 可謂善形容矣."

는 시의 정수인바, 시 속에 직접적으로 묘사된 것 너머에 존재하여 명료하게 파악되거나 포착될 수 없는 특징을 지닌다.

의흥(意興) 또한 흥취와 유사한 의미로 사용된다.

오로지 의론을 위주로 하여	專主議論
그 시가 산문처럼 되었네	其詩也文
공력을 들인 것이 근실하다 하겠으나	用工雖勤
의흥은 들어 있지 않다네	意興不存[54]

이수광은 당시와 송시를 구별짓는 중요한 근거로 의흥과 의론을 들었다. 그에 따르면, 의론을 위주로 하는 송시는 산문과 같아서 아무리 공력을 들여도 시 본래의 고유한 특성이라고 할 수 있는 의흥이 없다. 그는 엄우의 관점을 빌려와 사변 · 의론 위주의 송시풍이 산문처럼 되어 시다운 특성을 잃어버렸음을 지적하였던 것이다. "당나라 사람은 시를 짓는데 오로지 의흥을 위주로 하였기 때문에 용사가 많지 않다. 송나라 사람은 시를 짓는데 오로지 용사를 숭상하여 의흥이 적다"[55]고 언급한 것 역시 당송시에 대한 구별 의식, 시의 본질적 특성에 대한 인식의 진전을 보여 준다.

여기서 주목되는 것은 산문과 다른, 시의 고유한 특질을 의흥에서 찾고 있는 점이다. 이 때 의흥은 의론과 대비되는 의미를 가지고 있다. 다시 말해 추상적 · 논리적 인식과 구별되는, 외부 경물과의 접촉을 통한 구체적 · 감성적 정취라고 할 수 있다. 엄우 또한 《창랑시화》에서 '의흥'을 '사(詞)', '이(理)'와 함께 시의 3대 요소의 하나로 보았는데,[56] '사'는 언어 형식

54 李晬光, 〈宋詩贊〉, 《芝峰集》 권21, 《총간》 66, 198면.

55 李晬光, 《芝峰類說》 권9, 文章部 2, 詩. "唐人作詩, 專主意興, 故用事不多. 宋人作詩, 專尙用事, 而意興則少. 至於蘇黃, 又多佛語, 務爲神氣, 未知於詩格如何. 近世此弊益甚, 一篇之中, 用事過半, 與剽竊古人句者, 相去無幾矣."

56 嚴羽, 〈詩辨〉, 《滄浪詩話》 "詩有詞理意興. 南朝人尙詞而病於理, 本朝人尙理而病於意興, 唐人尙意興而理在其中. 漢魏之詩, 詞理意興, 無迹可求."

을 가리키며, '이'와 '의흥'은 내용 방면에 속한다.[57] 그리고 의흥은 '이'와 구별된다. 작가의 주장, 의론이 직접적으로 노출되기보다 외부 경물 속에 주관적 정감이 융합하여 함축될 수 있어야 한다. 이 점에서 보면 의흥은 흥취와 같은 의미로 사용된다.[58]

앞서 살핀 이수광의 견해는 이후 김창협에 이르러 시의 본질적 특성을 외재적 측면(聲色과 氣格)과 내재적 측면(神情과 興象)으로 정식화하여 보다 진전되고 체계화된 형태를 취하였다.

> 읍취헌은 비록 황정견과 진사도를 배웠지만 천부적 재질이 빼어나 얽매이지 않았기 때문에 문사가 맑고 혼융하며 격력(格力)이 힘차다. 흥회가 이를 때 천진스러움이 난만하고 기운이 흘러 넘쳐 인력(人力)을 범하지 않은 듯하니, 이것이 아마도 황정견과 진사도에게 구속되지 않은 것이다. 내가 일찍이 생각해 보니, 읍취헌의 시는 안평대군의 글씨와 비슷하다. 안평대군의 글씨는 송설체를 본받았지만 필획은 왕희지와 왕헌지의 체이며, 읍취헌의 시는 황정견과 진사도를 본받았지만 신정(神情)과 흥상(興象)은 오히려 당나라 사람이다. 이것은 모두 천부적 재질이 빼어나기 때문이다.[59]

시에 묘사된 형상은 시인의 주관적 정감이 투영되어 상호 융합된 산물이다. 그것은 객관적으로 외부 현실에 존재하는 물상 자체가 아니라, 시인

---

57 이와 관련하여 黃玹과의 고문 논쟁으로 유명한 李定稷은 形神觀을 원용하여 "字句와 章篇은 시의 形이며, 詞氣와 義興은 시의 神이다"고 하여 시가 담아내야 할 근본 내용으로서의 義興에 대해 언급한 바 있다. 李定稷, 〈詩學證解序〉, 《石亭集》(고려대 소장본) 권4. "字句章篇, 詩之形也; 詞氣義興, 詩之神也. 形神足而詩能矣. 神之足, 由乎天, 形之足, 在於學. 今之爲詩者, 不求之形, 而遽求之神, 見其足乎形者, 疑其神之不寓, 欲神矣, 而形不具焉. 嗚呼! 豈有形不具, 而神存者乎?"

58 이를 구분한다면 意興은 작품의 차원에서, 興趣는 작가의 차원에서 각각 논의될 수 있다. 작품의 차원에서 논의된 意興의 예로 다음을 들 수 있다. 李秉成, 〈題宋聖章詩軸後〉, 《順菴集》 권5, 《총간속》 59, 102면. "桃源守送示官居諸作, 讀之如入勾漏旌陽, 可喜可喜. 其詩格力閑暇, 意興翩然, 如云亂吹書帙急風過, 時作韶勻黃鳥來, 余甚愛之, 未知良甫諸人以爲如何也."

59 金昌協, 〈雜識外篇〉, 《農巖集》 권34, 《총간》 162, 373면. "挹翠軒, 雖學黃陳, 而天才絕高, 不爲所縛. 故辭致清渾, 格力縱逸. 至其興會所到, 天眞瀾漫, 氣機洋溢, 似不犯人力, 此則恐非黃陳所得囿也. 余嘗謂挹翠之詩, 正與安平書相似. 安平書, 雖規摹松雪, 而其筆畫則二王也. 挹翠詩, 雖師法黃陳, 而其神情興象, 猶唐人也. 此皆天才高故爾."

이 외부 경물과 접촉할 때 흥기되는 정서의 고양 속에 움터 나온 것을 작품 속에 체현한 상(象)이다. 다시 말해 흥 속의 상, 흥상(興象)인 것이다. 이렇게 볼 때, 흥상은 작품 내에 함축되어 독자의 여운을 불러일으키는 심미적 형상이다. 이 점에서 김창협은 박은의 시를 평하면서 흥상이 작가의 정신, 감정과 함께 시의 형식적 외재적 요소인 격조나 성률 등에 비해 더욱 중요하고 본질적인 것으로 보았다.

황윤석(黃胤錫) 또한 '풍상의 상쾌함, 흥상의 드넓음, 음률의 맑음, 격조의 빼어남'이라고 하여 풍신·흥상과 음률·격조를 구분하였다.[60] 김창협과 황윤석의 논리를 연결시켜 볼 때, 격조와 성률은 시의 외재적 형식미이며, 흥상과 풍신은 시의 심층 구조에 내재하는 미적 특질이다.[61] 또한 홍석주가 "시가의 오묘함으로 흥경(興境)과 신회(神會)만한 것이 없다"[62]고 했을 때 '흥경'은 흥을 매개로 전개된 시 창작이 도달해야 할 심미적 경계를 뜻한다. 그 같은 경계는 "말로 비유할 수 없고, 다른 사람은 물론 작가 스스로도 확연하게 알 수 없다."

흥취, 의흥, 흥상, 흥경 등은 그 의미 내용이 약간씩 다르기는 하지만, 산문과 구별되는 시의 본질적 특성으로서 시가 담아내야 할 근본 내용 혹은 경계라는 점에서는 동일하다. 이들 개념군은 기본적으로 전통적 유가 시론의 중요한 한 부분인 비흥 혹은 흥이 지닌 감발·흥기의 작용에서 파생·발전되어 온 것이다. 흥의 발생은 대개 정감의 '직접적·우연한 촉발'

---

60 黃胤錫, 〈孤舟集序〉, 《頤齋遺稿》 권11, 《총간》 246, 242면. "若夫爲詩, 則其多爲最, 而雜言五言七言具焉, 古體絕句律詩該焉. 風神之爽, 興象之曠, 音律之淸圓, 格調之秀妍, 率以嘉隆諸子之評意, 其出入乎開元大曆之間."

61 胡應麟은 《詩藪》에서 作詩의 大要를 크게 '體格聲調'와 '興象風神'으로 나누었다. 이 점은 김창협이 '聲律', '格調'와 '神情', '興象' 등으로 대별하여 시의 심층적 미적 자질을 강조한 것과 관련된다. 김창협의 《雜識外篇》에 나타난 문학론과 호응린의 《詩藪》 사이의 유사성은 앞으로 더욱 면밀하게 검토되어야 할 것이다.

62 洪奭周, 〈鶴岡散筆〉, 《淵泉全書》 7책. "夫歌詩之妙, 莫尙乎興境與神會, 不期而得, 若有意存而言不容喩. 非惟佗人之不容言喩, 雖作者, 亦不能自言也. 若字字而求其意, 言言而實其事, 如俗所謂迷藏隱語者, 則風人之義, 埽地矣. 此紫陽詩傳, 所以卓然爲諸家之冠也."

로 말미암은 것인바, 시인의 주관적 정감과 객관적 경물이 상호 교융하는 가운데 심미적 정취를 느끼게 되며, 이를 통해 함축무궁한 형상으로서의 흥상을 작품 내에 창출하게 된다. 그리고 흥으로부터 분화된 이들 개념들을 둘러싸고 전개된 논의는 '서정시'의 창작 원리와 미적 효과에 부합되는바, 산문 장르와 구별되는 시의 고유한 특성에 대한 인식의 진전과 연결되어 있다.[63]

한편 '흥미(興味)'는 지금 우리 일상 생활에서 흔히 사용하는 말인데, 금성판 《국어대사전》에 따르면, '흥취를 느끼는 재미'로 풀이하였다. 시조 작품에 나오는 흥미와 이현보의 〈어부가서〉에 나오는 '흥미가 더욱 진실하여 게으름을 잊었다(興味尤眞, 亹亹忘倦)'의 흥미는 앞서 살핀 흥취, 의흥 등과 유사한 의미로 사용된다.[64]

(4) 수용론—시의 심미적 효과로서의 흥의 문제

동양의 고전 시론에 있어서 시의 창작과 수용 감상은 상호 연계되어 존재한다. 즉 시를 창작하고 감상하는 기초는 작자와 독자의 감발 · 흥기 작용을 강조하는 데 있다. 따라서 흥의 감발 · 흥기는 시 창작뿐만 아니라 수용론의 측면과도 연계되어 있다.[65] 이렇게 볼 때 '시 창작의 기본 동인으로서의 흥' 혹은 '시의 작법으로서의 흥'과 '시의 심미적 효과로서의 흥'의 문제는 별개의 독립된 영역으로 파악될 성질의 것이 아니라 상호 교류 · 소통되는 측면에서 이해되어야 한다.

공자는 '흥'을 가지고 《시경》을 최초로 논하였다. 그는 《논어》 〈양화〉편

63 蔡英俊, 《比興物色與情景交融》(臺北: 大安出版社, 1990), 117면 참조.

64 李賢輔, 〈漁父歌序〉, 《聾巖集》 권3, 《총간》 17, 416면. "余觀其詞語閑適, 意味深遠, 吟詠之餘, 使人有脫略功名, 飄飄遐擧塵外之意. 得此之後, 盡棄其前所玩悅歌詞, 而專意于此. 手自謄冊, 花鳥月石, 把酒呼朋, 使詠於汾江小艇之上, 興味尤眞, 亹亹忘倦." 참고로 김흥규 교수가 구축한 〈컴퓨터 古時調全書〉에 등장하는 興의 용례는 모두 139수인데, 그 중 '興味'가 등장하는 작품수는 9수이다.

65 葉嘉瑩, 〈中國古典詩歌中形象與情意之關係例說〉, 《迦陵談詩二集》(臺北: 東大圖書公司) 蔡英俊, 《比興物色與情景交融》(臺北 : 大安出版社, 1990), 145면에서 재인용.

에서 '시는 흥기할 수 있다(詩可以興)'고 하였는데, 이것은 시의 작법의 측면이 아니라 효용적인 측면에서 논한 것이다. 그런데 공자가 흥을 '흥관군원(興觀群怨)' 중에서 첫머리에 놓은 것은 마음속의 정감이 감발·흥기되지 않으면 그 나머지 관·군·원이 실현 불가능함을 지적한 것이다. 공자는 또한《논어》〈태백〉편에서 시를 통한 가르침과 예악을 통한 가르침을 통일적으로 파악하면서 시를 통한 가르침을 우선 순위에 놓았는데, 이는 시가 감동과 계발의 힘을 지니고 있어 인간의 인격 형성과 수양에 중요한 의의가 있음을 인식하였기 때문이다.[66]

'시가 흥기할 수 있다'의 해석을 둘러싼 공자의 시관은 이후 동양의 고전 시론에 있어 보편적으로 통용되었다. 다음의 홍석주 자료는 전통적인 유가의 시론을 수용하면서 그것들을 종합적으로 체계화하고 있다는 점에서 주목된다.

> 문은 교화를 밝히는 것을 근본으로 하며, 시는 사람을 감동시키는 것을 으뜸으로 한다. 공자가 시를 논하면서 '흥기할 수 있다'(可以興)는 말을 먼저 말했는데, 흥이라는 것은 감발하는 것을 말하며, 흥관군원 또한 그 귀결이 모두 사람을 감동시키는 데 있다. 시경 삼백 편이 그러하며, 초나라의 이소, 한나라의 고시, 당나라의 악부·가행 등은 강개하고 슬퍼하거나 흐느껴 울고 눈물 흘리게 하는 것이 있으며, 때로는 훌훌 정신을 자유롭게 노닐게 하고 가벼이 흥을 고조시키는 것도 있으나, 사람을 감동시킨다는 점에 있어서는 같다.[67]

홍석주는 공자의 '흥기할 수 있다'의 흥을 '감발'로 풀이(興也者, 感發之謂也)하였으며, 그 귀결처가 '사람을 감발하다(感人)'에 있다고 하였다. 그

---

66 郁元,《中國古典美學初編》(北京: 長江文藝出版社, 1986), 24-27면 참조.

67 洪奭周,〈鶴岡散筆〉,《淵泉全書》7책. "文以明敎爲本, 詩以感人爲尙. 夫子論詩, 首言可以興. 興也者, 感發之謂也. 且興觀群怨, 其歸皆感人也. 三百篇尙矣. 楚人之騷, 漢人之古詩, 唐人之樂府歌行, 尙有可以慷慨悱惻嗚咽而流涕者, 亦有可以僊然而神逞, 迴然而興會者, 其於感人, 猶庶幾焉. 若鋪錦錯繡, 媲白綴黃, 鬪險以爲工, 標新以爲異者, 雖麗如康樂, 奇如長吉; 巧如黃魯直, 博如錢謙益, 皆非吾所謂詩也."

가 생각할 때, 공자가 흥관군원 가운데 흥을 첫머리에 놓은 이유는 인간의 정서와 사상을 감동 · 계발시키는 흥의 심미적 작용 때문이다. 이와 관련해 그는 다른 자료에서 "사람은 느끼는 바가 있은 뒤에 감발할 수 있고 감발하는 바가 있은 뒤에 흥기할 수 있고 흥기하는 바가 있은 뒤에 선에 이를 수 있다"[68]고 하였다. 그는 사회에 미치는 시문의 거대한 영향이 독자에 대한 감발을 매개로 하여 도달하는 것으로 보았다. 즉 문학 작품은 먼저 사람을 감동시키고 사람의 정신 상태를 개변시킨 후 비로소 사회 정치에 대한 반작용을 하게 된다. 여기서 이른바 교화 혹은 감발이란, 시문이 지니고 있는 풍부한 미적 감염력, 계발의 요소를 거쳐 이루어지는 것이다.

수용론의 관점에서 흥에 대한 이해는 독자에 대한 감발 · 흥기 작용을 매개로 하여 시의 사회적 기능 · 효용에 맞추어 진행되었다. 그것이 구체적인 문맥 속에서 운용되는 양상은 크게 두 방향에서 나누어 볼 수 있다. 하나는 시의 사회 정치적 교화의 측면이고, 또 다른 하나는 시의 사회 정치적 비판의 측면이다. 전자의 예로 앞서 살핀 홍석주를 들 수 있다면, 후자의 예로 같은 시기의 인물인 이학규(李學逵)를 들 수 있다.

문학의 대사회적 비판 기능과 관련하여 이학규는 당시 농촌 사회의 실정을 고발 · 비판하고자 하는 의식에서 〈기경기사시(己庚紀事詩)〉를 창작하였다. 즉 통치자의 덕화를 찬미 · 칭송하려는 교화론적 관점에서가 아니라 통치자의 실정과 무능을 풍자 · 고발하려는 간서론(諫書論)의 관점에 서서 문학의 사회비판적 기능에 주목하였던 것이다.[69] 이를 통해 볼 때 '생각할 수 있고, 흥기할 수 있고, 꾸짖고 경계할 수 있다'는 말은 당대의

---

68 洪奭周, 〈題八家詩抄〉, 《淵泉全書》 3책. "蓋人唯有所動, 而後感發, 有所感發, 而後能興起, 有所興起, 而後可以進於善."

69 李學逵, 〈己庚紀事詩序〉, 《洛下生集》 8책, 《총간》 290, 341면. "余惟己巳之旱, 湖嶺惟均, 而犨翁於憂瘨鬱悒之中, 猶其著述卓卓, 可以思, 可以興, 可以懲創, 而有爲, 使當世之莅州縣者, 各抄一本, 用爲龜鑑, 則斯民其庶幾矣. 顧余所處止, 亦惟嶺外, 則天災民瘼, 蓋略同焉. 獨擣心永歎, 齎志泯默, 使夫天災民瘼之可警可恤可勸可懲者, 悉泯而不傳, 爲可惜也. 仍就所聞見, 撮其事有關於時政風敎者, 得十數條, 詩以諷詠之, 序以詳述之."

부조리한 현실에 대한 비판적 각성의 문맥 속에서 그 구체적 의미를 띠게 된다.

3. 마무리

흥은 본래 하나의 범주에 속해 있던 '부비흥'에서 점차 특수한 함의를 지닌 개념으로 독립·분화되었으며, 흥회·흥취·의흥·흥상·흥경 등의 개념군을 창출하였다. 이러한 다기한 분화 및 의미의 다층성을 효과적으로 파악하기 위해, 우리는 그것이 구체적으로 운용되는 양상을 크게 발생론, 표현방법론, 본질론, 수용론의 네 층위로 분류하여 각 층위에 운용되는 흥의 함의와 특성을 구체적으로 밝히고자 하였다. 그 결과 흥과 그로부터 파생된 일련의 개념군이 시 창작의 기본 동인, 시의 작법, 시의 본질적 국면, 시의 심미적 효과 등으로 각기 운용되는 양상과 그 특성을 밝혔다.

물론 여기서 분류한 네 층위는 별개로 독립되어 있지 않고 상호 소통과 연관 속에 존재한다. 시의 작법으로서의 흥이 지닌 특성인 '우연한 촉발' '까닭 없는 시상 일으키기' 등은 시 창작의 기본 동인으로서의 흥이 지닌 특성과 연계되며, 시인이 예술적 구상과 표현 방법으로서의 흥을 운용하는 문제 또한 궁극적으로 표현하고자 하는 시의 본질적 국면과 연계되어 있다. 아울러 시를 창작하고 감상하는 기초는 시인과 독자의 감발·흥기를 강조하는 데 있다. 이 같은 층위 간 상호 소통과 교류는 흥의 기본 함의인 '감발·흥기'에서 연유·파생한 것이다.

흥 개념이 각기 다른 층위에서 운용되는 양상은 비단 조선 후기에만 해당되는 것은 아닐 것이다. 그러나 흥 개념이 역사적으로 변화되어 온 과정을 전체적으로 조망해 볼 때, 각 층위별 운용이 다기한 양상으로 전개되는 것은 조선 후기에 이르러서이며, 특히 본질론과 관련된 일련의 개념들이 본격적으로 등장하는 것도 이때에 와서이다. 산문 장르와 구별되는 시 자체의 특질에 대한 인식이 진전 · 심화되는 것과 맞물려 흥을 둘러싼 제반 논의가 시의 본질적 국면으로 심화 · 발전하게 되었으며, 이와 관련하여 흥으로부터 파생 · 분화된 개념군 등이 적극적으로 활용되었던 것이다. 이를 통해 볼 때, 우리가 흥의 함의와 특성을 각 층위별로 구분하여 살펴본 작업은 조선 후기 시론사의 역사적 발전 양상을 해명하는 데 일정한 참조가 될 수 있을 것이다.

이 글은 조선 후기 시론 자료를 대상으로 시의 본질과 특성에 대한 비평적 이해의 진전을 규명하는 '시학'의 관점에서 접근하였기 때문에, 《시경》의 흥 해석 문제는 작법의 차원에서 부분적으로 언급할 수밖에 없었다. 앞으로 우리나라 시경론에 있어 비흥 해석의 역사적 전변 과정과 그 의미를 규명하는 작업이 필요하다. 또한 조선 후기 이전에 있어 흥의 운용 양상에 대한 검토를 통해 여기에서 다루지 못한 부분을 보완해야 할 것이다.

2. 취의 개념

1. 문제 제기

이 장에서는 조선 후기 문예이론에서 취(趣)와 그 연관개념의 함의, 특징, 시대적 의의를 살펴보고자 한다. '취' 개념 자체가 워낙 다양한 문맥에서 여러 의미를 갖고 운용되고 있기 때문에, 여기에서는 미학사의 주요한 이론적 시사점을 제공할 수 있는 측면에서 비교적 체계적 논술을 보이는 자료들을 중심으로 접근하고자 한다.

우리는 '취' 개념의 함의와 그 성격을 밝히는 데 있어 다음 두 가지 문제의식을 공유하고자 한다.

첫째, 취라는 미학 개념의 함의와 성격을 보다 체계적으로 분석 해명하는 것이 필요하다. 하나의 비평 개념, 미학 개념이 어떠한 문맥에서 어떤 함의를 갖고 운용되고 있으며, 그 성격은 무엇인지를 밝히는 작업은 현단계 비평사, 미학사 연구에서 요청되는 과제의 하나이다.[1] 이를 위해서는 관련 자료를 광범위하게 수집하고 이들 자료를 일정한 기준하에 분류한 다음, 해당 미학 개념이 운용되는 층위를 구분해서 각 층위별 함의를 밝히는 작업이 요청된다.

1 이와 관련해 興, 神, 形과 神 등의 비평 개념에 주목하여 이들 개념의 미학적 함의를 밝힌 바 있다.

이 글에서는 이 점에 유의하여 취 개념과 관련된 자료들을 대상으로 취의 기본적 함의와 특징을 밝히고자 하였으며, 아울러 취라는 개념이 단독으로만 사용되는 것이 아니라 다른 개념과의 조합을 통해 하나의 연관 개념군을 형성하고 있는 바, 흥취(興趣), 진취(眞趣), 정취(情趣) 등의 개념군을 함께 다루고자 한다. 이 같은 다각적 접근을 통해 취 미학 개념의 함의와 성격이 보다 구체적으로 밝혀지기를 기대한다.

둘째, 조선 후기 문예이론에서 운용되었던 많은 비평 용어들 가운데 '취'는 조선 후기의 새로운 미의식의 등장과 전개를 밝히는 데에 매우 유용한 개념의 하나라는 점이다. 특히 산수완상, 서화고동 감상 등의 취미 확산, 그리고 이에 따른 소품문의 발달에는 여기에서 언급하고 있는 '취' 개념이 하나의 이론적 논리를 제공하는 핵심 용어로 사용되고 있음에 주목하고자 한다. 달리 말해 조선 후기 문학과 예술 방면에서 일어났던 새로운 미적 지향들을 뒷받침하는 이론적 근거로서 '취' 개념이 널리 활용되었던 점에 유의하였다.[2]

이 글에서는 이들 두 가지 문제의식을 접목시켜 취 개념의 함의와 성격을 보다 입체적으로 분석하고자 한다. 취 개념의 미학적 함의와 성격을 밝히는 과정에서 이러한 문제 의식이 드러날 수 있도록 하고자 한다.

2 최근 들어 현대문학 방면에서 근대 이후의 趣味論에 관한 일련의 연구성과들이 제출되고 있다. 근대적 자아의 사적 취미와 취향 등을 중심으로 새로운 성과가 제출되고 있다. 이들 논문들이 趣味라는 개념에 착안하여 근대적 감성과 욕구의 경향을 밝히고 있다면, 여기에서는 '趣'라는 미학 개념에 주목하여 조선 후기의 새로운 감성과 욕구를 반영하는 측면을 부각시키는 동시에, '趣'의 미학적 함의와 성격을 그 운용되는 층위에 따라 구체적으로 분석하고자 한다. 현대문학 방면의 성과로 다음을 참조할 수 있다. 이현진, 〈근대초 취미의 형성과 의미 분화〉, 《현대문학의 연구》 30(한국문학연구학회, 2006); 천정환 이용남, 〈근대적 대중문화의 발전과 취미〉, 《민족문학사연구》 30(민족문학사학회, 2006); 이경돈, 〈취미라는 사적 취향과 문화주체 대중〉, 《대동문화연구》 57(성균관대 대동문화연구원, 2007) 등.

2. 조선 후기 문예이론에 있어 취의 함의와 성격

(1) 취의 기본 함의와 특징

취의 사전적 본의는 《설문해자》에 '취는 빠르다(趣, 疾也)'라고 하였듯이 '빠르다'는 뜻으로, 강렬한 심리적 움직임을 의미한다. 그리고 이러한 강렬한 심리적 이끌림은 자연스러운 즐거움과 기쁨을 동반한다. 이에 따라 어떤 대상을 좋아하고 그것에 이끌리는 마음의 작용, 혹은 어떤 대상에 대해 감촉되어 일어나는 흥취 등의 뜻으로 사용된다.[3] 오늘날 자주 하는 '취향(趣向)'이라는 용어에서 '취'에는 어떤 대상에 이끌리고 움직이는 함의를 지니고 있는 것이며, 자연스럽게 '향하다'는 말과 결합된 것이다. 전통시대 한문 문헌에서 많이 나오는 '출진지취(出塵之趣)', '유한지취(幽閑之趣)', '소요자적지취(逍遙自適之趣)', '원지화목지취(園池花木之趣)' 등의 용례에서 '취'는 한가로운 생활에서 느끼는 마음의 작용과 즐거움 혹은 그러한 한가로운 생활에 대한 강렬한 심리적 지향 등을 의미한다.

조선 후기 비평자료 중에서 '취' 개념의 함의를 설명해 놓은 것은 많지 않다. 그중에서 이학규의 다음 자료는 비교적 그 이론적 논의가 분명한 편이다.

> 전에 글을 지어 자네들에게 보냈을 때, 누군가 취(趣)에 대해 묻는 말이 있었네. 내가 이렇게 대답했다네. "말로 설명하기 어렵다네. 만약 외형에 얽매이지 않고 말 밖에서 깨달아 알면 될 걸세. 한유는 〈태학청금서(太學聽琴序)〉에서 '저물어서 물러나니 마음 가득히 얻은 게 있는 듯하다'고 하였네. 육유는 〈풍우야좌시(風雨夜坐詩)〉에서 '책을 덮으니 여운이 가슴속에 남아 있다'고 하였네. 그리고 원굉도는 '산의 색깔, 물의 맛, 꽃의 빛, 여인의 자태는 말을 아무리 잘하는 자라도 한 마디로

3 최근 중국 쪽 연구 성과로 제출된 胡建次, 《歸趣難求－中國古代文論趣範疇研究》(百花洲文藝出版社, 2005)에서는 '趣'의 미학적 함의를 크게 다섯 가지로 정리하였다. '旨趣, 意味', '情趣, 情致', '風致, 情態', '興趣, 興致', '志趣, 趣尙'이 그것이다. 趣 개념의 역사적, 통시적 함의를 전반적으로 다루고 있다.

표현할 수 없고 오직 마음으로 이해하는 자만이 알 수 있다'고 하였다네. 대개 취는 마음 가득히 얻은 게 있는 듯한 것이며, 여운이 가슴 속에 남아 있는 것이며, 색깔과 맛과 광태와 태깔을 한마디 말로 표현하지 못하는 것이라네. 자네들이 이 말을 들으면, 응당 한번 웃고 깨달아 알 걸세."[4]

개념적으로 정의하기 어려운 취를 설명하기 위해, 이학규는 한유, 육유, 원굉도의 서로 다른 언급을 한자리에 모아 놓았다. 그는 이들 세 사람의 논의를 종합하여 취의 심미적 특징을 설명하고 있다. 이를 요약하면, 취의 심미적 특징은 모호성, 자득성, 비실체성이다. 취는 어떤 단일한 의미로 개념 규정하기가 어려운 것(**모호성**)이며, 말로 설명하거나 논리적으로 전달할 수 없고 마음으로 깨달아 터득해야 하는 것(**자득성**)이며, 고정된 실체로 존재하는 것이 아니라 객관적 요소들 속에 체현되어 있는 것(**비실체성**)이다. 비유하자면, 산의 색깔, 물의 맛, 꽃의 빛, 여인의 자태와 같아서 마음으로 터득한 자(會心者)만이 알 수 있다.

취는 '형체에 얽매이지 않고 말 밖에서 깨달아 알아야 한다'는 말처럼, 심미주체의 마음속에서 감지되는 것이다. 작품의 선명한 예술적 형상이 독자의 정서에 부딪쳐 미적 정취를 일으키는 바, 취는 작품의 선명한 예술적 형상이 독자의 정서적 반응을 환기, 계발시키는 미적 정취이다. 그것은 미감과 의미의 함축이 풍부한 시정화의(詩情畵意)의 상태이며, 음영을 통해 체득되는 일종의 운치라고 할 수 있다. 이러한 점에서 '취' 개념은 '미(味)', '운(韻)' 등의 개념과 상통되는 함의를 지니고 있다. '운취(韻趣)', '취미(趣味)' 등의 용어는 이들 개념들(趣, 韻, 味) 간의 연관성을 잘 드러내 준다. 이학규에게 있어 '취'는 독자의 연상 과정을 거쳐 작품의 심원하고 무

4 李學逵, 〈與尹師赫朴思浩〉, 《洛下生集》 15책, 《총간》 290, 485면. "假作書付賢輩, 或有問趣之說. 予應之曰: "難言也. 苟勿拘於形, 而理會言外, 則可矣. 韓退之太學聽琴序云, '及暮而退, 充然若有得.' 陸務觀風雨夜坐詩云, '掩書餘味在胸中.' 袁石公有言曰: '山上之色, 水中之味, 花中之光, 女中之態, 雖善說者, 不能下一語, 惟會心者知之.' 盖趣者, 固充然若得者也, 餘味在胸中者也, 色味光態之不能下一語者也. 賢輩見此, 想當一笑領會也."

궁한 의미를 감득하게 하는 미감 작용으로서의 '운(韻)'과 매우 밀접한 관계를 지니고 있다.[5]

> 시도의 어려움은 말을 엮고 사실을 나열하는 데 있지 않으며, 말 밖에 취가 있고, 경물 밖에서 정이 생기도록 하는 데에 있다. 또한 이치의 정밀함과 거침, 문사의 우아함과 속됨은 안목을 갖춘 자가 아니면 쉽게 변별하지 못한다.[6]

> 시문은 자구에서 벗어나 취를 보아야 하며, 사람 또한 외형에서 벗어나 마음을 살펴야 한다.[7]

위의 두 인용문의 공통점은 형적, 외형에 구속되지 않는 '취'의 심미적 특징을 잘 보여 준다. 시 창작의 어려움은 문사를 엮는 데에 있지 않고, 말 밖에서 취를 느낄 수 있도록 하는 데에 있다고 하였다. 두 번째 인용문 또한 자구 너머에 존재하는 심미적 정취의 감지를 강조하고 있다. '비실체성'의 측면에서 보았을 때, 취는 객관적 사물에 반드시 체현되어야 하는 주관적인 것임을 의미한다. 이 같은 취의 특징을 다음 자료는 잘 보여 준다.

> ① 마음이 그윽하고 담담할 때에는 산수화를 그려야 하고, 정신이 생동할 때에는 인물화를 그려야 하며, 정감이 밝고 고울 때에는 화조화를 그려야 하고, 기상이 소탈하여 매임이 없을 때에는 대나무 바위 그림을 그려야 한다. 안타깝게도 나는 무언가를 표현하고자 하는 뜻이 있지만 그림 그릴 재주가 없어, 마음과 손이 서로 호응하지 못하여 흥취를 기탁하지 못하였다. 그러나 도연명의 거문고는 즐거움을 함축하여 드러내지 않았다. 무릇 일은 취가 있음을 귀하게 여길

---

5 趣는 韻과 함께 시의 본질적 美를 형성하는 심미적 개념이다. 이학규는 詩와 文의 내재적 차이에 주목하여 시의 본질적 특성(文以理勝, 詩以韻勝, 不易之法也. 詩須如水中月鏡中花)으로 규정하였다. 시는 이성적 인식을 주로 하는 저작과 달리 독자의 정서를 감발시킬 수 있는 言外之意가 있어야 하는데 이것이 시의 표현 방식상의 특징이며, 시의 예술적 경계의 특징이다. 그 특징이 바로 '水中月'과 '鏡中花'이다.

6 李廷爕, 〈答徐君受〉, 《樗村集》(규장각 소장본) 권4. "詩道之難, 不在乎屬辭比事, 而在乎言外有趣, 境外生情. 又其理之精粗, 辭之雅俗, 非具隻眼, 未易辨別."

7 桂德海, 〈文章〉, 《鳳谷桂察訪遺集》(규장각 소장본) "詩文須擺脫字句而見趣, 人亦須擺脫皮殼而相心."

따름이다.[8]

② 내가 한가한 날에 상선대에 오를 때면 거문고를 안고 타는 자가 있었다. 그 연주 소리가 높았다가 가늘어지고 우아하면서 맑고 운치가 있었다. 나는 평소 거문고를 좋아했는데, 거문고 연주 소리를 들으면 자못 마음에 흡족했다. 객이 묻기를, "그대는 거문고의 오묘함을 아십니까?"라고 하니, 내가 "아닙니다"라고 답했다. "그대는 거문고의 오묘함을 알지도 못하면서 거문고를 좋아하는 것은 무슨 까닭입니까?"라고 물으니, 내가 이렇게 해명했다. "옛날에 도연명은 북창 아래에 누워서 줄 없는 거문고를 연주했지요. 거문고인데 줄이 없었으니 거문고의 오묘함을 아는지 모르는지 여부를 어찌 논할 수 있겠습니까? 그러나 도연명은 손으로 연주를 하였으니 어찌 취를 기탁한 것이 아니었겠습니까? 나는 거문고에 대해 취를 사랑합니다. 내가 취를 사랑하는 것 또한 도연명의 뜻일 따름입니다." 객이 말하기를, "알겠습니다"라고 했다.[9]

③ 일찍이 악사 전만제는 거문고를 잘 탔다. 중현(中絃)을 연주하는데, 궁성 소리가 고요하고 화평하여, 마치 용이 깊은 못에서 울고 급류가 바위를 치는 듯하여, 듣는 사람들로 하여금 막히고 불평스러운 마음을 사라지게 했다. 이를 통해 옛날 사람들이 청묘에서 연주했던 문왕의 음을 가히 상상할 수 있다. 그러나 나는 그의 거문고에 법상(法象)이 없음을 좋아하지 않아서 전만제를 따라 거문고를 배우지 않았다. 하지만 거문고 연주를 할 줄 아는 사람이 있으면 공졸을 따지지 않고 들었으니, 요컨대 취를 기탁할 뿐이었다.[10]

위의 세 인용문은 공통적으로 거문고 연주와 관련하여 취의 기탁성, 우의성을 언급하고 있다. 도연명은 음률을 알지 못하여 줄이 없는 거문고(無

8 李鳳煥, 〈雨念齋文鈔箚記〉, 《雨念齋文鈔》(규장각 소장본) 권10. "意思幽澹時, 宜畫山水. 精神生動時, 宜畫人物. 情態明媚時, 宜畫花鳥. 氣格疎放時, 宜畫竹石. 恨余有畫意, 而無畫才, 心手不相應, 未能遇興寄致. 然淵明之琴, 含蓄峩洋. 凡事貴有趣耳."

9 兪晩柱, 〈琴解〉, 《通園稿》(규장각 소장본) 1책. "余暇日, 登上仙之臺, 有援琴而彈者. 其聲或高或細, 雅遠而有淸韻. 余素愛琴, 聞之殊愜意也. 客曰, '子知琴之妙乎?' 曰, '未也.' 曰, '子不解琴之妙, 而愛琴, 何也?' 余解之曰, '昔陶淵明卧北牕之下, 弄無絃之琴. 琴而無絃, 則解不解何論, 而淵明猶手弄之, 豈非以趣耶? 余於琴, 愛其趣, 余之愛之也, 亦淵明之意耳.' 客唯唯."

10 李麟祥, 〈贈彈琴李處士序〉, 《凌壺集》 권3, 《총간》 225, 515면. "嘗見樂師全萬齊善鼓玄琴, 撫按中絃, 宮聲穆然, 如龍吟深湫, 而風湍激石, 使聽之者散湮鬱不平之意, 卽古人所彈淸廟文王之音, 槩可以想像矣. 然余不喜玄琴之無法象, 不從萬齊學琴. 人有解彈琴者, 不問工拙而聽之, 要在寄趣而已."

絃琴)을 하나 마련해 두고 흥이 나면 무현금을 어루만지면서 자신의 뜻을 기탁하였다고 했다. 도연명의 고사는 취의 기탁성, 우의성을 부각하는 맥락에서 많이 원용되었다. 인용문 ①과 ②는 한 예이다.

거문고를 연주할 줄 아느냐의 여부, 거문고 연주를 잘 하느냐의 여부는 문제의 본질이 아니다. 문제의 핵심은 취가 있느냐의 여부, 그리고 그 취를 기탁하는 데에 있다. 논의를 확장해 보면, 문학에 있어 '취'는 객관적 실체로서 존재하는 것이 아니라, 작품 전체를 구성하는 여타 요소에 의존하여 기탁해 있는 존재이다.

(2) 취의 심미적 태도와 자세

김창협이 편찬한 《문취(文趣)》는 17세기의 새로운 미적 경향을 대변하는 문학선집으로 주목될 뿐만 아니라, '취'라는 미학 개념을 적극적으로 표방한 문학선집이라는 점에서도 주목된다.[11]

> 이 책은 6편으로, 중장통의 〈낙지론(樂志論)〉으로 시작하여 송나라, 명나라의 여러 작품들까지 200여 수가 수록되어 있다. 무릇 문장 중에서 말이 취가 있는 일에 관계가 되고 서문, 기문, 간찰, 제발 등의 장르로 드러난 것들은 모두 수록하였다. 때로는 한 마디 말, 한 글자 사이에서도 눈을 씹는 것보다 더 상쾌한 맛을 느끼었고, 때로는 한가한 말과 한만한 흥을 기탁한 속에서 사탕수수 씹는 맛보다 더 맛있는 것도 있었다. 베개를 괴고 천천히 읽어 보니 지루함을 잊어버렸다. 성원(聖源)은 내가 이 책을 좋아하는 것을 보고 나에게 서문을 써 달라고 했다.
>
> 나는 다음과 같이 생각한다. 사람의 취는 한가로움(閒)보다 나은 것이 없으며, 문장의 취는 담박함(淡)보다 깊은 것이 없다. 한가로움은 사람의 취를 열어 줄 수 있고, 담박함은 문장의 취를 낳을 수 있다. 지금 이 책에 선집된 글을 살펴보니, 모두 사람됨이 고고하고 한담하며 명예와 이익을 버리고, 깊숙한 산수 간에 스스로를 내맡긴 채 초동, 목동, 신선, 승려들과 더불어 지낸다. 그래서 그 말에 취가 있어 좋아할 만한 것이 이와 같으며, 그것을 알아 좋아하는 것 또한 오직 그 사람

11 《文趣》의 편찬에 관해서는 김영진, 〈스승의 뜻이 담긴 책, 문취〉, 《문헌과 해석》 24(문헌과 해석사, 2003) 참조.

> 일 뿐이다. 그러므로 오직 성원처럼 세속에 연루되지 않고 한가로운 자만이 이 책을 음미할 줄 알고 이 책을 소유할 수 있는 것이다.[12]

> 다만 이 책에 실려 있는 것은 왕왕 한담한 좋은 문장으로, 독자로 하여금 고상한 정(情)을 길러 줄 수 있으니, 《한정록》 같은 속된 책에 그치지 않을 것입니다. 집사께서 만약 등사하신다면 앞으로 이 책이 세상에 널리 전해지게 될 것입니다.[13]

신정하가 쓴 첫 번째 인용문은 조선 후기에 이르러 취에 대한 본격적 설명을 보여 주는 사례라는 점에서 의의가 있다. 그는 취의 발생 조건, 취와 문학장르의 상관성, 취를 인식 체험하는 방법, 취의 효과 등 여러 방면에서 취 개념을 분석했다.[14]

먼저 "한가로움은 사람의 취를 열어 줄 수 있고, 담박함은 문장의 취를 낳을 수 있다"는 언급이 주목된다. 취는 한가로움으로부터 발생하고, 그 같은 한가로운 경지에 처한 작가의 담박한 마음이 문학작품 속에 취를 표현할 수 있다고 하였다. 세속 명리로부터 벗어나 담박하고 고상한 마음의 경지에 처하는 것이 '한가로움(閑)'이다. 이 같은 한정으로부터 문학상의 심미적 정취가 산출될 수 있다고 보았다.

이와 관련해 일찍이 허균 또한 《한정록》을 편찬하면서 그 범례에서 "세속의 울타리를 벗어난 선비의 행실은 마음대로여서 법도가 없지만, 그 풍류와 아취는 속진을 씻거나 더러움을 맑게 하기에 족하다. 그러므로 제8

12 申靖夏, 〈文趣序〉, 《恕菴集》 권10, 《총간》 197, 361면. "其爲書也六編, 而文凡二百餘首, 起自仲長統樂志論, 以及於宋明諸作. 凡文之語涉趣事, 而見於序記書牘題識之流者, 悉收焉. 或片言隻字之間, 而爽逾嚼雪, 或閒辭漫興之寓, 而味深啖蔗. 支枕徐讀, 亹亹忘倦. 聖源以余之喜是書也, 而令余題其首. 余謂爲人之趣無過於閒, 而爲文之趣莫深於淡. 閒能發人之趣, 淡能生文之趣. 今以與是選者觀之, 皆其人高古閒淡, 遺外聲利, 好自放於泓淨崢嶸之會, 而與樵牧僊釋接. 故其言之有趣, 而可好者如此, 而其知而好之也, 亦惟其人而已. 故唯如聖源之無累能閒者, 可以知味此書, 而亦可以有此書也."

13 申靖夏, 〈與李加平〉, 《恕菴集》 권8, 《총간》 197, 318면. "但此書中見載者, 往往有閒淡好文字, 可令讀者長其高情, 不止閒情錄之爲俗書. 執事若果謄取, 自此可以廣傳於世矣."

14 신정하의 문학관과 관련해서는 강민구, 〈서암 신정하의 문학론에 대한 연구〉, 《한국한문학연구》 25(한국한문학회, 2000); 송혁기, 〈신정하의 문학 인식〉, 《문헌과 해석》 27(문헌과해석사, 2004) 참조.

임탄(任誕)으로 한다"고 하였다. 속세를 벗어나 있는 이들의 풍류와 아취를《한정록》편찬의 범례 기준으로 삼았던 것이다.

또 하나 위의 인용문에서 주목할 점은 취와 문학장르와의 상관성에 대한 언급이다. 신정하는 문학상의 취를 잘 표현할 수 있는 장르로 서문, 기문, 간찰, 제발을 들고 있다. 이들 장르는 조선 후기에 성행한 소품문의 중심 장르이기도 하다. 일찍이 유만주는《흠영》에서 "문장을 지을 때 서문, 기문, 발문을 반드시 지을 필요는 없다. 서문, 기문, 발문은 문장 중에서 허(虛)이다. 헛된 말과 빈 말을 짓지 않고자 한다면 오직 논(論)과 책(策)일 뿐이다"[15]고 한 바 있다. 유만주가 볼 때 서문, 기문, 발문은 내용이 공허한 폐단을 낳을 수 있다고 보았다. 개인의 사사로운 감정을 위주로 하며, 산수유람과 서화고동 등과 같은 개인적 취향을 위주로 하기 때문이다.

취를 인식 체험하는 방법과 관련해서는 세속에 연루되지 않고 한가로운 자만이 마음으로 이해하고 체득할 수 있다고 하였으며, 그러한 감상의 과정을 통해 독자는 고상한 정을 기를 수 있게 된다고 보았다. 전자와 관련해서 17세기 이후 산수유람이 활성화되면서 그 논의 또한 다양하게 전개되었으니, 취의 심미적 태도, 자세에 대한 인식의 진전을 보여 준다.

일찍이 율곡 이이는 산수 자연에 대한 인식 또는 관점을 크게 '눈으로 보는 것(目見)', '산수의 취를 아는 것(知山水之趣)', '도체를 아는 것(知道體)'의 세 유형으로 나누면서 '도체를 아는 것'을 최상의 것으로 평가한 바 있다.[16] 여기서 '눈으로 보는 것'은 산수 자연의 외형적 형식미에 대한 탐닉이라고 할 수 있으며, '산수의 취를 아는 것'은 그보다 한 걸음 더 나아가 산

15 俞晚柱,《欽英》(규장각 소장본) 2책, 556면. 1779년 11월 12일. "爲文, 不必作序記跋. 序記跋, 文之虛者也. 不欲爲空言虛詞, 則其惟論策乎."

16 李珥,〈洪恥齋仁祐遊楓嶽錄跋〉,《栗谷全書》권13,《총간》44, 273면. "天壤之間, 物各有理, 上自日月星辰, 下至草木山川, 微至糟粕煨燼, 皆道體所寓, 無非至敎, 而人雖朝夕寓目, 不知厥理, 則與不見何異哉? 士之遊金剛者, 亦目見而已, 不能深知山水之趣, 則與百姓日用而不知者無別矣. 若洪丈可謂深知山水之趣者乎! 雖然但知山水之趣, 而不知道體, 則亦無貴乎知山水矣."

수 자연의 아름다운 경관을 통해 촉발되는 미적 정취를 형상화하는 관점이다. 그것은 산수 자연미를 심미적 가치에 비중을 두어 접근하는 태도이다. 이이는 두 번째 태도나 관점에 일면 동의하면서도 그것에 만족하지 않고 '도체를 아는 것'이야말로 산수 자연을 완상하고 형상화하는 최상의 방법으로 평가했다.

이에 비해 김창협과 김창흡 등이 활동하는 17세기 후반에 이르면 산수 유람에의 취미가 더욱 확산되는 가운데 무한히 풍부하고 다종다양하게 변화하는 산수의 화려한 경관을 통해 무엇보다도 시인의 심신이 고양되는 미적 감흥과 정취를 발견하고자 하였다. 산수 자연은 온갖 다양한 형태를 현란하게 드러내고 있어 감상하는 사람으로 하여금 멀리서 바라보면 정신을 용솟음치게 만들며 가까이 접하면 마음을 화락하게 만든다고 하여 그것이 자연스럽게 흥기시켜 주는 일종의 미적 쾌감으로서 정취에 더욱 주목하였던 것이다.

다음 인용 자료는 이 같은 시대적 흐름과 취향을 극명하게 보여 준다.

> ① 예로부터 고상한 선비는 산수를 타고난 본성처럼 여기고 서화를 밥 먹고 차 마시는 일처럼 여기었으니, 그 맑고 시원하며 빼어난 기운에다가 나의 한가롭고 고요한 정취를 기탁하고자 할 따름이었다. 그래서 밝은 창가에서 책상을 깨끗이 하고 향불을 피워 놓고 차를 달이며, 마음이 맞는 사람과 산수에 대해 거리낌없이 이야기하며, 법서와 명화를 품평한다. 이것이 인생에서 가장 큰 즐거움이다. 무릇 이것을 행하는 자는 반드시 고상한 선비여야 하니, 고상한 선비가 아니면 이러한 즐거움을 알 수 없다.[17]

> ② 나는 나이 40세인데도 아직 금강산의 면모를 알지 못하니, 대개 우리나라의 고루한 자이다. 그러나 산수의 유람에서 얻기 어려운 것이 취이다. 취를 얻지 못

17 李夏坤, 〈題一源爛芳焦光帖〉, 《頭陀草》 18책, 《총간》 191, 562면. "自古高人韵士, 以山水爲性命, 以書畫爲茶飯, 盖欲資其清泠秀潤之氣, 以寄吾蕭散閑遠之趣耳. 故明窓淨几, 焚香瀹茗, 与意中人縱談山水, 評品法書名畫, 此爲人生第一至樂. 凡爲此者必高人韵士, 而非高人韵士, 亦不能知此樂也."

> 하고 늙어 명산에서 죽는다고 하더라도 산수를 유람하지 않은 것과 같다. 금강산은 참으로 우리나라의 명산이다. 그런데 내가 보기에 금강산을 유람한 자들은 금강산의 이름만을 헛되이 사모하여, 비록 때때로 속세에서 벗어나 산수 간을 자유롭게 돌아다녔지만 아름답고 기이한 볼거리를 다른 사람들에게 자랑하기에 힘쓸 줄만 알았지 산수의 취를 진정 얻은 자는 아직까지 한 사람도 만나지 못했다. 이른바 '취'라는 것은 강물에 비친 달빛, 거울 속에 비친 꽃의 모습과 같아서, 현묘한 경계에 마음을 쏟지 않고 겉모습에서만 구하니 취에서 더욱더 멀어지게 된다.[18]

두 인용문은 산수 유람과 서화 품평의 취미가 조선 후기에 이르러 사대부 생활의 면모로서 크게 부각되고 있음을 보여 준다. 이때 산수 자연의 유람을 통해 얻어지는 '취'는 어떠한 것이며, 그것은 어떤 심미적 태도와 자세를 요구하는 것인가?

이와 관련해 원경하는 '취'를 '강물에 비친 달빛, 거울 속에 비친 꽃의 모습'에 비유하고 있다. 앞서 인용한 이학규의 언급과도 연관되는데, '취'는 볼 수 없고 만질 수 없지만 느끼고 감지할 수 있는 존재이다. 그것은 심미 주체로 하여금 말로 표현할 수 없는 몽롱한 느낌을 갖게 하는 미감이다. 이때 중요한 것은 객관 대상의 외형 자체가 아니다.

삼연 김창흡의 시와 겸재 정선의 그림을 통해 금강산의 취를 얻었다고 한 원경하의 언급[19]을 미루어 볼 때, 그는 정신, 마음의 작용을 통해 객관 대상의 외형 너머를 관찰하고 음미하는 자세를 강조하고 있다. 감각기관의 작용에만 의지하지 않고, 객관 대상에 대한 미적 관조를 통한 정신활동

18 元景夏, 〈送李士浩時中往游楓嶽序〉, 《蒼霞集》 권7, 《총간속》 76, 126면. "余生年四十, 而尙未識楓嶽面目, 盖東人之陋者也. 然山水之觀, 難得者趣. 未得其趣, 老死名山水, 殆與不觀同也. 楓嶽固東國之名山, 而余見其往遊者, 徒慕楓嶽之名, 雖時有脫跡塵紛, 縱覽泓崢者, 只知以淸麗瑰奇之觀, 矜詑於人, 其眞得山水之趣, 亦未見一人. 所謂趣者, 如江月之光, 鏡花之態, 非注心玄妙之境, 是皆求之皮毛形色, 而去趣則愈遠也."

19 元景夏, 〈送李士浩時中往游楓嶽序〉, 《蒼霞集》 권7, 《총간속》 76, 126면. "余雖未見楓嶽面目, 而自謂眞得楓嶽之趣, 則世未有先我者. 盖嘗得於淵翁之詩, 鄭敾之畵, 不費凌躐登頓之勞, 而衆香萬瀑, 森然眼前, 閉戶隱几, 諷詠指點, 而此身常在於楓嶽, 卧遊名山, 眞不羡古人也. 其詩與畵, 更何論乎?"

의 산물로서 취를 파악하고 있는 것이다. 이 같은 점은 아래의 인용문에서 보다 정교한 논리로 설명되고 있다.

> 군자가 사물에 대해 취로써 살핀다면 사물은 모두 나에게 부림을 받지만, 완(玩)으로써 살핀다면 내가 도리어 사물에게 부림을 받는다. 취는 안에 있고, 완은 밖에 있기 때문이다. 지금 저 구름은 형체가 한결같지 않고, 새도 모양이 한결같지 않고, 사람이 그것을 보는 까닭도 한결같지 않다. 내가 나의 완으로써 살핀다면, 구름이 폈다 말렸다 함에 따라 나도 더불어 폈다 말렸다 하는 것 같고, 새가 훨훨 날아감에 따라 나도 더불어 훨훨 날아가는 것 같다. 잠시 후 내가 나의 취로써 살핀다면, 내가 담박하니 구름도 담박하고, 내가 고요하니 새 또한 고요하다.
>
> 예전에는 내가 구름을 따라 행하지도 않았고 새를 따라 행하지도 않았다. 그러한데도 저와 같은 것은 내가 사물에 부림을 받아 그러한 것이었다. 지금은 구름과 새가 또한 나를 따라 행하지 않는다. 그러한데도 이와 같은 것은 사물이 나에게 부림을 받아 그러한 것이다. 사령운이 노래한 바위 가 구름, 왕유가 읊은 산골의 새는 귀에서 들어 즐겁고 눈에 들어와 기쁘며 이에 따라 펼쳤다가 말기도 하고 이에 따라 날아다니기도 하는데 사물에게 부림받음을 면하지 못하였으니 취에서 멀다. 진나라 도연명의 경우에는 물가에서 지난날의 부끄러움을 깨닫고, 고향을 그리워하는 오랜 마음을 일으켜 오두미를 내버리고 세 갈래 길로 돌아와 무심하게 산 굴에서 나오니 구름이 나와 더불어 나오고, 날다가 지쳐 돌아올 줄 아니 새가 나와 더불어 돌아온다. 뜻을 사물에 기탁하고 시로 표현하였으니, 예로부터 구름과 새의 취는 오직 도연명만이 알고 있을 뿐이다.[20]

위의 인용문은 흥미롭게도 객관 대상에 대한 심미적 태도를 '완'과 '취'로 구분해 놓고 있다. 전자는 밖에 있고, 후자는 안에 있다는 언급을 미루

---

20 洪樂仁, 〈雲鳥齋記〉, 《安窩遺稿》 권5, 《총간속》 99, 82면. "君子於物, 以趣而觀之, 則物皆可以爲吾使, 以玩而觀之, 則吾乃反使於物, 趣在內而玩在外故也. 今夫雲者不一其形, 鳥者不一其狀, 人之所以觀之者, 亦不一. 吾以吾之玩觀焉, 雲之卷舒, 吾若與之卷舒, 鳥之翺翔, 吾若與之翺翔. 俄而吾以吾之趣觀焉, 吾爲之澹虛, 雲亦澹虛, 吾爲之幽靜, 鳥亦幽靜. 曩也吾未嘗隨雲爲也, 隨鳥爲也. 然而若彼者, 吾爲之使於物而然也. 今也雲與鳥, 亦未嘗隨吾爲也. 然而若是者, 物爲之使於吾而然也. 若康樂巖下之雲, 摩詰澗中之鳥, 聽於耳而娛, 觸於目而悅, 隨而卷舒, 與之翺翔, 不免爲物所使, 其於趣遠矣. 至若晉之淵明, 悟臨水之舊慚, 回念山之宿懷, 五斗抛棄, 三逕歸來, 無心出峀, 則雲與我出, 倦飛知還, 則鳥與我還, 寓意托物, 發於詞賦, 則從古雲鳥之趣, 惟淵明知之耳."

어 볼 때, 전자는 이목에 의한 감각적 쾌적감과 관련된다면, 후자는 정신적 사유 활동에 의한 물아일체의 즐거움과 관련된다. 그리고 이 두 가지 기준은 사령운, 왕유, 도연명의 산수전원시를 구분하는 척도로도 활용되고 있다. 사령운, 왕유의 산수전원시와 도연명의 〈귀거래사〉에 보이는 심미주체의 태도와 자세를 대비하고 있는 것이다.

위 인용문의 강조점 또한 심미적 대상과의 완전한 합일이라는 측면이다. 감각에 의존한 사물의 완상은 표피적, 부분적, 수동적이라면, 무심에 의한 사물의 취를 체험하는 것은 심층적, 전체적, 능동적이다. 유언호 또한 마음과 사물이 하나로 된 이후에야 이목이 제공하는 것이 자신의 마음과 뜻에 맞게 된다고 한 바 있다.[21] 그러면서 도연명의 사례를 언급하였으니, 거문고라는 존재 자체를 망각함으로써 거문고에 취를 기탁할 수 있다고 보았다. 이처럼 '취'는 무형 속에 기탁하는 것인 동시에, 무형(無形)을 통해 감지되는 것이기도 하다.

이와 관련해 조경은 산수 감상의 방법을 세 가지 유형으로 나누었다. '형을 얻은 것(得其形)', '취를 얻은 것(得其趣)', '신을 얻은 것(得其神)'이 그것이다. 여기서 형(形)은 산수경관의 겉모습만을 구경하는 사람들을 대표한다. 이에 비해 취는 산수경관 속에서 유유자적하며 마음을 닦고 생각을 펼치는 사람들을 대변한다. 그 대표적 시인으로 조경은 상자평과 사령운을 들고 있다.[22] 이에 더 나아가 산수를 감상하는 최상의 방법은 "서로 잊는 듯하고 육신과 정신이 다 융해되어 더불어 화하는 것이다."

---

21 俞彦鎬, 〈讀耕齋記〉, 《燕石》 2책, 《총간》 247, 16면. "是以善用物者, 乃忘己以觀物, 忘物以觀道. 盖心與物俱忘, 然後耳目之所供, 皆能爲吾之適耳. 有若陶淵明之好琴也, 忘其爲琴, 故能得琴之竗. 其愛菊也, 忘其爲菊, 故能得菊之趣. 不然, 其樂也奚能超乎物之外哉?"

22 趙璥, 〈送申師中李季浩遊金剛序〉, 《荷棲集》, 권6, 《총간》 245, 335면. "觀山水, 有三品, 一曰得其形, 二曰得其趣, 三曰得其神. 言某山如此, 某水如此, 峰壑曲折之詳, 路蹊險易之熟, 此得山水之形者, 衆人之遊是也. 俯仰趺宕, 逍遙自適, 玩心於流峙之賞, 暢懷於嘯詠之樂, 此得山水之趣者, 古之向子平謝康樂諸人是也. 至其境有所愜, 意有所會, 吻然若相得, 悠然若相忘, 形融而心解, 與之俱化, 此得山水之神者, 而余未見其人矣."

> 신은 매화에 있는 것이지만, 취는 나에게 있는 것이다. 대상물로써 대상물을 본다면 매화와 나는 일찍이 서로 같지 않다. 그러나 이치로써 대상을 본다면 나와 매화는 처음부터 다르지 않다. 나는 그것을 이해할 줄만 알았지 그 정신을 파악하지는 못했던 것이다. 그러나 내가 티끌로 뒤덮인 세상에서 마음속을 더럽히지 않는다면 매화의 상쾌하고 맑은 정신에게서 나의 정취를 북돋울 수 있을 것이다. 그리고 그 정취를 터득했다면 신묘한 깨달음이라고 할 수 있다. 신묘한 깨달음에 이른 사람은 매화에 대해 붓을 잡지 않고서도 할 수 있거늘 하물며 가지와 잎을 따지겠는가?[23]

권헌은 '대상물로써 대상물을 보는 것(以物觀物)'의 심미 태도와 '이치로써 대상물을 보는 것(以理觀物)'의 심미 태도를 구분하고 있는데, 후자의 의미는 매화의 정화(정신)가 모여 있는 부분을 구하고 매화의 정태와 성정을 취한다는 언급에서 짐작해 볼 수 있다.[24] 즉 매화의 정신, 개성, 기상이 온전하게 발휘된 것을 파악하여 매화의 형상을 생생하게 표현하는 것이다.

매화의 꽃술 · 꽃받침 · 가지 · 잎사귀 등을 관찰하는 것이 '물관(物觀)'이라면, 매화의 정신, 기질, 의태(意態) 등 개성적 특징을 찾으려는 것이 '이관(理觀)'인 것이다. 이때 이(理)는 성리학적 도나 이념의 의미가 아니라 객관 사물의 고유한 이치나 법칙 정도로 이해된다. 요컨대 고정된 하나의 실체로서 사물을 대하는 것이 아니라 그것에 내재한 고유한 이치나 법칙에 비추어 사물을 대하는 것이라고 할 수 있는데, 달리 표현하면 형에 그치지 않고 신을 포착고 이해하는 것이다.[25] 이처럼 사물의 내재적 이치 ·

23 權攇, 〈墨梅記〉, 《震溟集》(민창문화사 영인본, 1994), 권8. "神在於梅者, 而趣在我者也. 以物觀物, 梅與我, 未嘗不殊也, 以理觀物, 我與梅, 未始不同也. 我獨知其解, 而不得其趣者也. 然吾於世一塵之累, 不使汚其胸, 則其於梅神爽秀澈, 足以助吾趣, 其於趣旣得, 則謂之神解. 神解者之於梅, 不待握筆而後能, 況其枝葉乎?"

24 權攇, 〈墨梅記〉, 《震溟集》(민창문화사 영인본, 1994), 권8. "不爲枝葉, 獨求其精華所聚, 不拘蘂萼, 獨取於意態性情."

25 여기서 神은 사물 내부에 숨겨진 본질적 특징으로서, 앞서 말한 '以理觀物'의 理와 같은 의미로 이해된다.

법칙을 파악할 때 비로소 물아가 하나로 융합될 수 있으니, 곧 나와 매화는 서로 다른 것이 아니다. 이때 일어나는 미적 정취를 그는 '취'라고 표현했다. 권헌은 형신 문제와 물아 문제를 함께 거론하고 있는데, 매화의 외형으로부터 정신으로 들어가는 순간은 곧 물의 정신과 나의 정취가 합일된 순간인 것이다. 거기에는 더 이상 물아의 구분과 형신의 차별이 존재하지 않게 된다.

권헌이 언급한 것처럼, 취는 주관적인 것으로 '나'에게 있다. 하지만 그것은 객관적 대상에 온축되고 기탁되어 있기 때문에 심미 주체의 능동적 참여에 의해서만 드러날 수 있다. 이때 그 참여의 방법은 '이치로써 대상물을 보는 것'에 의한 심미대상과 심미주체의 혼연일체인 것이다.

이와 비슷한 맥락에서 여항문인 김진항(金鎭恒) 또한 매화를 감상하는 방법을 세 가지로 유형화하였다.[26] 매화로써 보는 방법, 친구처럼 보는 방법, 자신처럼 보는 방법이 그것이다. 매화로써 보는 방법은 꽃향기만을 맡을 때 매화의 '청고(淸苦)'를 알지 못한다. 친구처럼 보는 방법은 매화와 자신을 여전히 둘로 구분하는 병폐를 면하지 못한다. 자기처럼 보는 방법이 최상의 감상법인데, "평상시 거처하거나 잠잘 때 항상 어렴풋하게 떠올라 어느 것이 매화이고 어느 것이 자신인 줄을 알지 못하는 것이다."[27] 사물의 정신과 나의 정취가 합일되는 순간이다.

(3) 예술작품의 심미적 기준, 요소로서의 취

'취'가 운용되는 개념적 층위의 하나는 예술작품의 심미적 기준이다. 취는

26 金鎭恒, 〈要人賞梅書〉, 《糜山全集(上)》, 《여항문학총서》(여강출판사, 1986) 7책, 16면. "其潔已獨保之節, 豈可與俗人道哉? 非知其趣者, 不可以語其趣故也. 然觀梅有術, 有觀以梅自梅者焉, 有觀以如友者焉, 有觀以如己者. 夫以梅自梅觀者, 不過是彼花彼香, 而不知其花香之中, 別有淸孤之可愛. 以如友觀者, 對而愛之, 去而忘之, 猶不免梅與己爲二物. 若夫觀以如己者, 取其節以勵我心, 取其馨以勉我德, 常使依俙彷彿於起居夢想之中, 不知其何者爲梅, 何者爲我, 然後觀梅之妙, 方可得以言矣."

27 金鎭恒, 〈要人賞梅書〉, 《糜山全集(上)》, 《여항문학총서》(여강출판사, 1986) 7책, 16면. "常使依俙彷彿於起居夢想之中, 不知其何者爲梅, 何者爲我."

예술 작품을 구성하는 중요한 요소의 하나로 존재하며, 또한 작품의 예술성을 판단하는 중요한 기준의 하나로 활용된다. 유만주의 다음 언급이 주목된다.

> ① 성운(聲韻)을 조(調), 체법(體法)을 격(格), 색택(色澤)을 사(詞), 의미(意味)를 취(趣)라고 한다. 성당의 시는 음조가 화평하며, 격식이 전중하며, 사채가 빛나고, 운취가 유장하고 심원하다. 그래서 집대성하였다고 말한다. 중당과 만당에 이르러 점차 공교롭고 고운 것에만 힘써서 섬약하고 촉박해졌으니, 온정균과 이하 등과 같은 시인들이 송사의 연원을 열었다. 송나라 사람이 이를 교정하려고 하였지만, 그 폐단은 거칠고 탁하여 풍신이 없다. 심한 것은 주석이지 시가 아니며, 심하지 않은 것 또한 논이지 시가 아니다. 시도는 본래 이와 같지가 않다. 원나라 사람이 송시의 병폐를 교정하려고 하였지만, 도리어 부드럽고 섬약하여, 언급할 만한 조격사취(調格詞趣)가 다시는 없어졌다.[28]

> ② 시가에서는 혹 천기라고 말해 놓고 천기 이외에 조격사취(調格詞趣) 등과 같은 것을 전부 다 '안배'라고 여기기도 한다. 그러나 어린아이가 우물에 들어가는 것을 보고 구하는 것은 인의 단서이다. 그것을 가지고 스스로 자부하여 '나의 이런 마음은 곧 성인이 될 수 있는 것이다'고 말하고 다시는 그 마음을 확충하지 않으면 하나의 평범한 사내일 뿐이다. 천기에서 발하여 꾸미고 엮지 않는 것이 참으로 시의 본령이다. 그러나 이것을 가지고 스스로 자랑하며 시의 지극한 솜씨라고 생각해 자기 멋대로 함부로 써댄다면 곧 하나의 악시일 뿐이다.[29]

첫번째 인용문은 《흠영》 1779년 12월 12일(**영인본 2책, 577면**)에 쓴 일기에도 수록되어 있다. 유만주는 첫 번째 인용문에서 당시와 송시의 우열을 논하고 있다. 앞서 든 이학규의 예에서는 운과 취가 산문과 구별되는 시의

28 兪晚柱, 〈欽英雜記〉, 《通園稿》(규장각 소장본) 권5. "聲韵曰調, 軆法曰格, 色澤曰詞, 意味曰趣. 盛唐之詩, 其調和平, 其格典重, 其詞爛燁, 其趣悠遠, 斯可謂集大成矣. 及中晚而漸就工麗, 纖弱促迫, 如溫李諸子, 微開宋詞之源. 宋人矯之, 而其弊也頑濁, 而無風神. 甚者註而非詩, 不甚者亦論而非詩. 詩道本不如此. 元人矯宋詩之病, 反而爲纖䌷婉弱, 無復調格詞趣之可言."

29 兪晚柱, 《欽英》 2책, 577면. 1779년 12월 12일. "詩家或曰天機, 天機之外, 如調格詞趣, 盡擧以爲安排. 然見幼子入井而救之, 仁之端也. 遽以此自多, 曰吾之是心, 便可爲聖人矣云, 而遂不擴充, 則卽一凡夫. 發乎天機, 不假點撰, 固詩之本也. 然遽以此自大, 以爲詩之極工, 而橫竪放肆, 則卽一惡詩."

본질적 특성과 연관되었다면, 유만주의 언급은 시의 예술성을 구성하는 요소들 가운데 하나로 취를 다루고 있다. 음악적 요소인 조(調), 시의 법도와 격식으로 격(格), 언어적 표현으로서의 사(詞), 그리고 작품의 함축적 여운으로서의 취는 시의 예술적 요소로 구성하는 것들이다. 이들 요소가 효과적으로 융합되어 예술적 성취를 보인 것이 당시이며, 그 이후의 시들은 그 같은 요소를 제대로 이해하거나 활용하지 못하는 폐단을 낳았다고 보았다.

둘째 인용문 또한 그 연장선상에서 이해되는데, 보다 주목할 부분은 천기론의 폐단을 지적하고 있는 대목이다. 시의 본령이 천기의 발현임을 인정하고 있음에도, 유만주는 시의 예술성을 결정짓는 관건으로서의 네 요소를 여전히 중시하고 있다.

이와 관련하여 오광운 또한 취를 시의 예술성을 구성하는 하나의 요소로 파악하고 있다.[30] 그는 말하기를 "대개 시에는 여섯 가지 요소가 있으니, 격(格), 조(調), 정(情), 성(聲), 색(色), 취(趣)이다. 여섯 가지 중에서 하나라도 빠지면 시가 아니다. 요컨대 '취'는 시의 예술적 성취를 구성하는 핵심적 요소의 하나로서 간주되었다.

3. 취의 연관 개념과 그 의미—흥취, 진취, 정취

취와 연관된 개념들 중에서 조선 후기의 새로운 미적 지향을 반영하고 있는 것을 살펴본다. 취와 연관된 개념들이 나오는 문헌들을 취합하여 분석

---

30 吳光運, 〈詩指〉, 《藥山漫稿》 권11, 《총간》 210, 517면. "大抵詩有六物, 格也調也情也聲也色也趣也, 六者闕其一, 非詩也. 格欲如明堂制度也, 調欲如和鑾節奏也, 情欲如天地絪縕, 百卉含葩也, 聲欲如大鍾弘亮, 朱絃疏越也, 色欲如瑞日卿雲, 踈星朗月也, 趣欲如永晝爐薰, 鳥啼花落, 抱琴引睇閒雲倦鶴也. (…) 且世人多有認意爲情, 認味爲趣者非也, 情虛而意實, 情淸而意濁, 趣遠而味近, 趣高而味俗, 不可不辨也."

한 결과, 취와 연관된 개념군은 크게 세 방면으로 구분된다. 첫째는 시의 예술적 본질을 구명하는 측면에서 제출된 흥취(興趣), 별취(別趣) 등의 개념이며, 둘째는 창작 주체의 자연스럽고 개성적인 정취를 의미하는 계열(眞趣, 天趣, 活趣 등)이며, 셋째는 사람살이의 인정물태와 연관된 미적 정취를 의미하는 용어(情趣 등)들이다.

흥과 취를 결합하여 흥취의 개념을 독립해서 운용한 것은 조선 후기에 이르러서이니, 허균[31]과 이수광[32]이 엄우의 《창랑시화》에 나오는 언급을 원용하여 흥취(별취)의 문제를 본격적으로 제기하였다. 허균이 〈석주소고서(石洲小稿序)〉에서 제기한 흥취설은 시의 예술적 본질 및 그 특징에 대한 문제를 다루고 있다. '시란 무엇인가?', '뛰어난 시 작품은 어떠한 심미적 특징을 갖추고 있어야 하는가?' 등의 물음을 해결하는 데에 중점이 놓여져 있는 것이다.[33]

여기서 흥취는 시인이 외부 경물과 접촉할 때 발생하는 심미적 정취를 뜻한다. 그것은 시 작품이 엄밀한 논리, 추론, 의론에 의지하는 저술들과 달리 예술적 형상에 기탁된 정취를 통해 독자를 흡인, 감동시켜 미적 감흥을 일으키게 하는 것을 가리킨다. 이러한 점에서 흥취는 산문 장르와 구별되는 시의 정수인 바, 시 속에 직접적으로 묘사된 상(象)과 의(意) 밖에 존재하여 명료하게 파악되거나 포착될 수 없는 특징을 지닌다. 달리 말해 흥취는 시인의 감정이 경물과 결합하여 경물 속에 용화된 것으로, 그 특징은 경물에 촉발되어 정감을 발생하고 사물에 즉하여 흥을 일으켜 정경이 혼융하여 흔적이 없는 것(無迹可求)에 있다.

이러한 흥취의 특징은 영양이 뿔을 걸어 두어 찾을 수 없다고 하는 불교

31 許筠, 〈石洲小稿序〉, 《惺所覆瓿藁》 권4, 《총간》 74, 112면. "詩有別趣, 非關理也, 詩有別材, 非關書也. 唯其於弄天機奪玄造之際, 神逸響亮, 格越思淵爲最上乘. 彼蘊蓄雖富, 譬猶談教漸門, 其敢望臨濟以上位耶?"

32 李睟光, 《芝峰類說》 권9, 文章部 2, 詩. "嚴儀曰: '盛唐諸公, 惟在興趣, 無迹可求, 如空中之音, 相中之色, 水中之月, 鏡中之象', 可謂善形容矣."

33 顧易生 외, 《宋金元文學批評史(상)》(上海: 上海古籍出版社, 1996), 379-384면 참조.

의 비유에서 찾을 수 있다. 즉, 언어, 사상, 정감, 정취가 하나로 혼연일체가 되어 함축미를 갖춘 것이다. 그것은 특정한 경물과 하나로 합쳐져 경물 속에 용해되어 있는 것이기 때문에, 사물에 따라 변화무상하며 직접적으로 표시되지 않는다. 달리 설명한다면, 시의 예술적 형상은 하나의 혼연한 전체로서 존재하는 것이다.

다음으로는 창작 주체의 자연스럽고 개성적인 정취를 의미하는 계열을 들어본다.

> ① 나는 시에 있어 법도, 격률, 성용색택으로 하지 않으니 내가 다루는 것은 천기이다. 하늘의 상은 해, 달, 별, 바람, 비, 서리, 이슬이요, 땅의 상은 산, 강, 초목, 새, 짐승, 물고기이다. 누가 그것을 빚어 냈으며, 누가 그것을 갈고 닦아 빛나게 했으며, 누가 무위하며 찬연하게 이루어 냈는가? 사람에 있어서는 학사, 일민, 호협, 승려, 도사, 요염하게 꾸민 여인, 청상과부와 같은 사람의 노래, 말, 웃음, 울음에서 끝없이 흘러 나오는 것입니다. 천만 가지 붉고 푸른 만물이 난만하게 변하면서 자연스럽게 펼쳐지고 자연스럽게 움직이는 것들이 모두 색색이 천성이요 갖가지 천연의 정취(天趣)이다. 이것이 모두 감흥을 일으키고 관찰하고 무리를 짓고 원망하는 것이 아니겠습니까?[34]

> ② 시는 성정을 근본으로 하니, 꾸밈이 지나치면 본래의 면목을 잃게 된다. (…) 여러 공들의 시는 잘게 쪼개고 갈라서 공교롭게 만들고, 너울너울 화려하게 춤을 추니, 우아하고 아름답지 않은 것이 아니다. 진실한 정취가 흘러넘침을 구한다면 조금 양보하지 않을 수 없다.[35]

> ③ 첩자(疊字)도 연주(連珠)의 일종이다. 두보 시에서 '연연(娟娟)'으로 '편편(片片)'에 짝을 맞추고, '요뇨(裊裊)'로 '소소(蕭蕭)'에 대를 놓은 것이 있다. 대개 대구

34 申維翰, 〈筆園夜話有述五十韻 并序〉, 《靑泉集》 권1, 《총간》 200, 232면. "吾於詩, 不以規矩, 不以格律, 不以聲容色澤, 而所把翫者, 天機也. 天之象, 日月星辰風雨霜露; 地之象, 山川草木鳥獸魚鱉, 孰陶鑄是, 孰磨光是, 孰居無事, 粲然而成象? 其在人而爲學士逸民任俠僧胡冶女孀姬之歌言笑泣, 繹如班如者, 與夫物之千紅萬碧, 爛熳低昂, 自然而舒, 自然而動者, 色色天性, 種種天趣. 是皆可以興, 可以觀, 可以群, 且怨乎哉."

35 洪梓, 〈題海行酬唱錄後〉, 《并世集》(국립중앙도서관 소장본) "詩本性情, 斧藻太過, 便失面目. (…) 諸公之什, 劃劃造工, 蹁躚舞華, 非不嫺且絢矣. 求其眞趣溢發, 則不能無少遜焉."

하는 말의 음이 서로 비슷하면 울림이 부족하다. 그래서 옛사람의 시집에서 많이 볼 수 없는 것이지, 어떤 법칙을 세워 일부러 피한 것은 아니다. 문사는 천기를 귀하게 여기는데, 근래에는 금기를 많이 만들어서 활취를 손상시킨다. 어찌 옛사람의 뜻이겠는가?[36]

④ 눈 앞에 참된 정취 있는데 / 하필이면 먼 옛것을 취해야 하는가 / 한나라 당나라는 지금 세상 아니며 / 우리 민요는 중국과 다르다네/반고 사마천이 다시 태어난들 / 반고 사마천을 결코 모방하지 않으리.[37]

위의 인용문에 나오는 천취(天趣), 진취(眞趣), 활취(活趣)는 비슷한 맥락에서 사용되고 있다. 작가의 진실하고 자연스러운 감정의 유출을 중시하는 맥락에서 운용되고 있는 것이다. 그렇기 때문에 전대의 문학적 규범을 모방하거나 형식적 요소에 몰입하는 창작 행위는 배격되어야 한다.

위의 인용문에서 또 하나 주목할 점은 ①, ④ 인용문의 운용 층위이다. 이 두 인용문에서 우리는 눈앞의 현실 공간을 직시하고, 그 안에서 일어나는 일상인들의 구체적이며 다양한 삶의 양태에 주목하는 작가의 시선을 읽을 필요가 있다. 달리 말해 천취, 진취, 활취의 함의에는 작가의 개성에 대한 존중 의식과 함께 평범한 일상의 삶에 대한 중시가 깃들어 있는 것이다.

이 같은 점은 아래에 언급되는 '정취'의 함의와 연관된다. 취와 연관된 개념군 가운데 세 번째 층위는 사람살이의 인정물태와 연관된 미적 정취이다.

① 옛사람의 문집이나 다른 사람이 지은 시문을 읽다 보면 왕왕 격조와 기호가 나

---

36 洪吉周, 《睡餘放筆》上, 31則, 《縹礱乙幟》(연세대 소장본) "疊字, 亦連珠之類, 而杜詩有以娟娟片片, 裊裊蕭蕭爲對. 大抵對語, 音相近則欠響, 故古人集中, 自不多見, 非立法故避也. 文辭以天機爲貴, 近世廣設拘禁, 以傷活趣. 豈古人之意哉?"

37 朴趾源, 〈贈左蘇山人〉, 《燕巖集》 권4, 《총간》 252, 89면. 유만주의 《欽英》에 이 시가 수록되어 있음.

와 전혀 다른데도 내 입에서 나오는 것 이상으로 마음속으로 좋아하는 것이 있다. 이것은 아마도 체(體)는 비록 같지 않지만 정취 사이에서 자연스럽게 서로 교감하는 바가 있기 때문일 것이다. 문인 가운데 한 가지 법만을 고집하면서 자기와 다른 것을 배척하는 자는 바로 정취를 알지 못하기 때문이다.[38]

② 문장 또한 기이한 기술이나 음란하고 교묘한 것 중의 하나이다. 극히 기이하고 아름다워 왕왕 사람을 매혹시켜 헤어나지 못하게 만들기로는 여색보다 더함이 없다. 또한 백가의 각 체에는 장점이 있으니, 이것을 주장한다고 해서 저것을 헐뜯는 자라면 아직 철저히 깨닫지 못한 사람이다. 예컨대, 호색한 자는 아름다운 여자만 좋아하지 않는다. 촌색시나 시골 할멈도 매력이 있고, 물 긷는 하녀나 가겟집 할멈도 정취가 있다. 이것이 바로 송옥이 등도자를 호색한 중에서도 호색한이라고 한 까닭이다. 문장 또한 그러하다. 소품문이나 전기문, 세속적인 공문서에서부터 거리의 이야기나 배우들의 우스갯소리까지 모두 지극히 오묘한 데가 있다. 그러나 그런 것을 만나면 예전에 배운 것을 다 버리고 흉내를 내 보고 싶어 한다. 만약 먼저 본 것만을 힘써 주장하여 새로운 것을 사모하지 않는 자라면, 일가를 이루지 못한 자이거나 깨달음이 부족한 자이다.[39]

③ 문장에는 신기(神氣)의 문장과 정취(情趣)의 문장이 있다. 신기는 제자백가와 열전에 있으며, 정취는 소설가 일파에 있다. 소설가 가운데《서상기》와《금병매》는 천하의 정취문자이다. 내가 일찍이 이와 같이 말했었는데, 동생 태첨은 그렇지 않다고 하였다. 대개 그가 실제로 보지 않고 미리 배척하는 것이었다. 이에 나는 "만약 네가 보기만 한다면 부처 삶아 먹으려고 법당에 올라간다는 속담 꼴이 될 것이다"고 하면서, 함께 웃었다.[40]

---

38 洪吉周,《睡餘瀾筆續》上, 12則,《沆瀣丙函》(연세대 소장본) "每讀古人集及他人作詩文, 往往有格調好尙與我絕異, 而心愛之, 不啻若自其口出者. 蓋其體雖不同, 而情趣之間, 自然有相感者故也. 文人之膠守一法而斥異己者, 政坐不識情趣耳."

39 洪吉周,《睡餘瀾筆》上, 18則,《沆瀣丙函》. "文章亦奇技淫巧中一事也. 其極奇麗處, 往往迷惑人, 溺而不返, 甚於姣色. 且其百家各体, 俱有所長, 主此而訾彼者, 猶其未底乎悟者也. 假如好色者, 不唯好美色而已. 村粧野婆, 亦有媚態, 汲婢店媼, 亦有情趣. 宋玉所以以登徒子爲好色之尤者也. 文章亦然. 雖小品之文, 傳奇之文, 俗下簿牒之文, 以至衖謠俳謔, 無不有極妙處. 遇之, 未嘗不欲亟棄舊學而傚之也. 若其力主先入之見, 而不慕乎新者, 苟非成家, 決是寡悟."

40 沈魯崇,《山海筆戲》(연세대 소장본) 辛酉錄 37화. "文章有神氣情趣, 神氣在子傳, 情趣在稗家一派. 稗家類西廂記金甁梅, 天下之情趣文字. 余嘗語如此, 太瞻謂不然, 蓋渠實未見而逆斥也. 吾曰 : '使君見之者, 當如諺所稱烹食佛上法堂也.' 與之大笑."

위의 인용문은 공통적으로 '정취'라는 개념어를 활용하여 조선 후기에 이르러 새롭게 등장하는 문학 조류에 대해 긍정적 시선을 보내고 있다. 홍길주는 얼굴이 예쁜 미인만이 매력적인 것이 아니라, "촌색시나 시골 할멈도 매력이 있고, 물 긷는 하녀나 가겟집 할멈도 정취가 있다"고 하였다. 이에 나아가 그는 소품문, 전기문, 공문서, 속문학이 모두 저마다의 가치와 의미를 지니고 있음을 강조하였다. '정취'라는 용어가 문학 비평 개념으로 활용된 것은 아니지만, 문학 예술에 관한 새로운 인식의 한 단서를 포착할 수 있다.

마지막에 인용된 심노숭의 언급에서는 미학 개념으로서의 '정취'가 조선 후기의 새로운 미적 취향과 감성을 적극적으로 대변하는 용어로 운용되고 있음을 보여 준다. 특히 《서상기》와 《금병매》 등의 소설 장르를 그는 '천하의 정취문자'로 규정하였다. 심노숭은 사대부의 시문이 위주가 된 정통 문학을 '신기문자(神氣文字)'로 규정하였고, 신흥 장르로 부상한 소설 등의 속문학을 '정취문자'로 규정하였다. 소설, 희곡 등 조선 후기에 이르러 성행했던 비정통문학을 긍정하는 논리의 핵심 개념으로서 '정취'를 내세운 것이다. 여기서 정취는 세속 사람들의 감정을 잘 묘파함으로써 독자에게 미적 흥취를 불러일으키는 것을 뜻한다. '정취'라는 미학 개념은 소설과 희곡 창작이 활성화되어 가던 조선 후기의 새로운 미적 취향을 반영하고 있다는 점에서 주목된다.

4. 마무리

이상에서 조선 후기 문예이론에 있어 취 개념의 함의와 특징에 대해 살펴보았다. 취의 기본 함의와 특징, 취의 심미적 태도와 자세, 예술적 요소로서의 취, 그리고 취와 연관된 개념어 등을 다루었다. 이들에 대한 검토를 통해 조선 후기의 새로운 미적 지향을 추동하고 견인하는 데에 취 개념이 적극적으로 활용되었음을 확인할 수 있었다.

여타의 비평 개념이나 범주도 마찬가지겠지만, 특정 개념의 함의와 성격을 명료하게 파악하는 것이 어렵다. 미(味), 운(韻) 등의 개념을 취와 상호 대비하는 작업—그들의 공통점은 무엇이며, 차이점은 무엇인가—이 이루어지지 못하였으며, 취와 관련된 여타 자료에 대한 조사 작업도 앞으로 더 이루어져야 할 것이다. 앞으로 관련 자료를 더 조사하고 체계적으로 분석하는 작업이 필요하며, 개별 비평가에 대한 면밀한 자료 해석 및 실제 작품과의 매개 고리 등을 상호 연결시켜 미진하게 논의되었던 부분들을 보완해야 할 것이다.

3. 형形과 신神의 개념

1. 문제 제기

한문학 관련 자료를 접할 때 흔히 부딪히는 어려움 가운데 하나는 현대적인 비평 개념으로 쉽게 번역해 내기 어려운 고전 비평 용어나 개념을 어떻게 하면 정확하게 이해하고 분석하는가 하는 점이다. 그것들은 작품을 품평할 때 거론되는 수많은 풍격 용어에서부터 문학의 근본적인 문제를 다룰 때 동원되는 중요 개념이나 범주에 이르기까지 폭넓게 걸쳐 있다. 문제는 그러한 용어나 개념들을 작품과의 관련 속에서 정확하게 분석하고 체계적으로 이해하는 작업이라고 할 수 있는데, 이 글에서 다루고자 하는 형(形)과 신(神)의 범주 역시 이와 관련된다.[1]

특히 형신 범주는 정경(情景)·허실(虛實)·문질(文質)·진가(眞假)·통변(通變) 등과 마찬가지로 상호 모순 속에 통일적 관계를 이루고 있는 일련의 범주들 가운데 하나이다. 이처럼 서로 대립되면서 통일되는 모순 관계 속에 있는 비평 범주의 하나인 형신 문제는 한시·산문뿐만 아니라 회

1 지금까지 形神 범주를 다룬 논문은 많지 않다. 화론 방면에서는 중국 역대의 화론을 통해 형신론의 문제를 다룬 安永吉의 〈중국 역대화론을 통해서 본 형신론의 문제(1)〉, 《미학》 10집(한국미학회, 1985)이 있으며, 문학론의 측면에서 이덕무를 중심으로 다룬 최신호 교수의 〈이덕무의 문학론에 있어서의 형사와 사의 문제〉, 《고전문학연구》 5집(한국고전문학연구회, 1990) 등이 있다. 그리고 정우봉, 〈19세기 시론 연구〉(고려대 박사학위논문, 1992)에서 19세기의 시론 자료를 중심으로 형신 범주를 다룬 바 있다.

화 · 서예 · 소설 등에 이르기까지 예술 전 분야에 걸쳐 광범위하게 운용되었다. 이 글에서는 조선 후기의 비평 자료를 중심으로 형신 범주의 기본적 함의 및 그것의 구체적 운용 양상을 파악하며, 이를 통해 조선 후기 문예이론의 다기한 전개 양상을 체계적으로 이해하는 데로 나아가고자 한다.

'형'은 인물이나 사물의 외재적 · 표상적 · 구체적 · 가시적인 것이며, '신'은 그것의 내재적 · 본질적 · 추상적 · 비가시적인 것이다. 여기서 형은 신이 기거하는 곳이며, 신이 없으면 그 생명력을 잃게 된다. 반대로 신은 형이 없으면 존재하지 않는다. 이처럼 형과 신은 대립되는 관계이면서 통일적인 관계를 이룬다. 실제 현실 속에서 현상으로서의 형과 본질로서의 신이 실질적으로 불가분리적인 통일을 이루고 있는 것과 상통된다. 그런데 문제는 여타의 분야와 달리 예술 고유의 현실 반영이 갖는 특성상 형신 문제는 현실 세계와 다른 형태로 나타나게 되는 바, 이 점이 바로 문예이론의 기본 범주로서의 형신 문제가 다루어야 할 핵심 사항이다. 그것은 본질의 현상을 통해 현상의 본질을 파악하는 예술적 형상의 진실성 문제와 관련되며, 또한 대상의 개성적인 특징을 포착 · 표현해 내는 예술적 형상의 전형성 문제와도 연계된다. 그 밖에 현실을 현실로서 직시하고 대상의 진실된 면목을 분석 · 묘사하려는 창작 방법 등도 형신론과 관련된다.

형과 신의 문제에 대해 과거 동양의 전통적 문예이론에서는 그 둘 사이의 결합 · 통일을 추구하였지만, 실제 적용에 있어서는 다기한 양상으로 나타난다. 그것을 크게 나누어 보면, 생활의 본래적 모습에 부합하여 내재적 본질 특징을 반영할 것을 주장하는 길과 묘사 대상의 원래 모습에서 이탈하거나 또는 그것을 변형시켜 표현하는 길이 있을 수 있다. 전자가 현실주의에 가까운 것이라 할 수 있는바, 이 문제는 현재 우리 문학계에서 논의되고 있는 현실주의론과 무관치 않을 것이다. 더욱이 현실주의 논의가 새로운 차원에서 재조명되어야 할 필요성이 절실한 오늘의 시점에서 과거 동양에서의 문예이론 가운데 직간접적으로 연관된 문제의 소재처를 밝혀 보는 것도 의의가 있을 것으로 생각된다. 이와 관련해 토론석상에서 최원식 교수가 형신론의 가장 기본적이고 중요한 관점인 '형상으로써 정신을 그리다(以形寫神)'라는 말을 언급하면서 '신'을 제대로 해명하면 시와 리얼리즘의 관계에서 새로운 돌파구가 열릴 수 있다고 한 언급[2]은 이 점에서 시사하는 바가 크다고 하겠다.

이 글은 과거 문학의 예술 전통 속에서 중심 범주로 기능했던 형신 범주에 대한 해명이 오늘날 우리 문학계의 현실주의 논의에 일정한 시사점을 제공할 수 있다는 사실에 유념하면서, 조선 후기 문예이론을 중심으로 하여 형신 범주가 어떤 맥락에서 운용되었으며, 그 의미가 무엇인지에 대해 살펴보기로 한다.

2. 형과 신, 그 통합의 길

객관 사물을 형과 신으로 나누어 이해하는 것 자체에는 이미 형보다 신을 우위에 놓은 태도가 자리하거나, 적어도 그러한 결과를 도출한다. 왜냐하면 형을 통어 · 주재하는 것이 신이기 때문이다. 즉 형과 신이 모순하는 대립의 양 측면에서 신이 주요하고 주도적 작용을 하는 것이다. 이처럼 형에 대한 신의 주도적 우위 속에서 형과 신에 대한 논의는 일찍부터 있었는데, 중국의 경우 《장자》, 《회남자》 등의 제자서 등에 형신 관계에 대한 언급이 보인다. 특히 《회남자》에서 "서시와 같은 미인의 얼굴을 그리매 아름답기는 하지만 마음을 기쁘게 하지 못하고, 맹분과 같은 용사의 눈을 그리매 크게는 그렸지만 두려움을 느끼게 하지는 못하는 것은 형을 주재하는 정

2 〈좌담: 리얼리즘 · 포스트 모더니즘 · 민족문학〉, 《창작과비평》, 1992년 여름호.

신이 없기 때문이다"[3]라고 하여 회화 방면에서 전신(傳神)을 중시해야 하는 관점을 처음 제기하였다.

한편 철학의 영역에서 형신 범주는 인간의 형체와 정신 사이의 관계를 중심으로 유물론, 유심론 그리고 무신론, 유신론 사이의 대립과 논쟁의 형태로 지속되어 왔다.[4] 하지만 이들의 논의는 문학 · 예술의 심미적 문제를 핵심에 놓고 다룬 것은 아니었다. 형신 관계를 예술 영역으로 끌어 들여 본격적인 논의를 전개한 것은 동진 시대의 대표적 화가인 고개지(345-406)에 이르러서이다. 그는 전신, 즉 정신을 전하는 것의 중요성을 명확히 천명했으며, 형상으로써 정신을 그린다(以形寫神)는 관점을 제시하면서 "정신을 전하여 인물을 그리는 것은 바로 눈동자에 있다"고 하여 전신의 요체를 설명하였다.

특히 위진남북조 시기에 이르러 장자에게서 비롯된, '신을 중시하고 형을 중시하지 않는'(重神不重形) 사고가 인물 품평의 근거로 광범위하게 원용되면서 일대 성행을 하였다. 이 시기에 이르러 인물의 정신 · 풍모 등의 방면과 관련된 새로운 개념들—예컨대 신정(神情), 신기(神氣), 풍신(風神), 풍운(風韻), 풍골(風骨), 기운(氣韻)—이 대거 등장하였다. 당시 문인들은 이러한 인물 품평의 개념들을 문예 방면에로 적용하였는 바, 이들 비평 개념을 운용하여 작품의 예술적 평가를 결정짓는 중요한 기준으로 삼았다.[5]

3 《淮南子》, 〈說山訓〉. "畵西施之面, 美而不可悅, 規孟賁之目, 大而不可畏, 君形者亡焉." 俞劍華 編, 《中國畵論類編》 上册(북경: 중화서국, 1984), 6면에서 재인용.

4 이 문제에 대해서는 瑜力濤, 〈形與神〉, 중국철학사연구 편집부 편, 《中國哲學史主要範疇概念簡釋》(浙江人民出版社, 1988) 참조.

5 조선 후기의 시론과 산문론에 있어 형신 범주와 관련하여 神情, 神采, 風神 등의 용어가 자주 거론되고 있는데, 그것들은 모두 형 자체에 그치는 것이 아니라 신을 위주로 하여 형신겸비를 추구하는 사고와 연결되어 작가 혹은 대상 특유의 정신, 기질, 풍모, 운치 등과 서로 연관된 의미로 사용되는 것으로 보인다. 예컨대 農巖 金昌協이 聲色, 氣格에만 힘을 쏟는 明代 시의 병폐를 지적하면서 고인과 겉모습은 비슷할지 몰라도 神情과 興會는 비슷하지 않다(〈雜識〉 外篇)고 하였는데, 여기서 말하는 神情이란 작가 개인의 고유한 정신, 풍모로서의 개성적 특징을 의미한다.

고개지가 제창한 '이형사신'의 관점은 이후 문예 방면에 커다란 영향을 행사하여 회화뿐만 아니라 시문 · 서예 · 소설 등에 이르기까지 예술 전분야에 걸쳐 폭넓게 운용되면서 풍부한 발전을 거듭하게 되는 초석이 되었다. 그런데 그가 말한 '전신'은 반드시 형에 의존해야 하므로 형은 털끝만큼의 오차가 있어서는 안 된다고 하여 형사의 중요성을 강조한 것이었다.

이에 비해 남제(南齊) 때의 회화 이론가 사혁(謝赫)은 "비록 형사가 완전하지 못하여도 기운이 묘하게 생동한다(雖不諧備形似, 妙有氣韻)"고 하거나, "형색에 부족한 점이 있어도 신기를 자못 얻었다(雖略於形色, 頗得神氣)"고 하여 형사에 치중함으로써 신사에 이르지 못하는 것에 대해 경고하였다. 이에서 보듯이, 고개지 이래로 동양의 예술론에서는 형과 신의 겸비를 주장하였지만, 각 시대마다의 특색에 따라 그 주안점이 서로 달라지게 된다.

또한 형과 신은 형사(形似)와 신사(神似)로 이해된다.[6] 전자는 표현 대상의 외형에 대한 진실한 묘사를 가리키며, 후자는 표현 대상의 본질, 내재적 정신에 대한 진실한 묘사를 가리킨다. 형사가 대상의 외형적인 특징을 묘사하여 핍진하게 사람들의 감각에 직접 호소하는 것이라면, 신사는 형사의 기초 위에서 대상의 정신, 기질, 품격, 운치 등을 드러내어 작가의 사상 감정을 그 속에 투영시키는 것이다. 여기서 형사가 세부적 묘사의 차원에서 이해되어서는 곤란하다. 왜냐하면 세부적 묘사를 크게 문제 삼지 않는 서정시에 있어서도 형사는 줄곧 중요한 비중을 차지해 왔기 때문이다. 또한 위진남북조 시대에는 시에 있어 형사의 문제가 긍정적인 문맥에서 조명되었는데, 그때 형사란 주로 경물 묘사에 특장이 있는 것을 지칭한다.

---

6 대상의 형모와 정신에서 출발한 형신 범주는 문학예술의 형식과 내용의 차원으로 원용되기도 하였다. 예컨대 黃玹과의 고문 논쟁으로 유명한 李定稷의 다음 언급을 들 수 있다. 李定稷, 〈詩學證解序〉, 《石亭集》(고려대 소장본), 권4. "字句章篇, 詩之形也; 詞氣義興, 詩之神也. 形神足而詩能矣. 神之足, 由乎天; 形之足, 在於學. 今之爲詩者, 不求之形, 而遽求之神, 見其足乎形者, 疑其神之不寓, 欲神矣, 而形不具焉. 嗚呼! 豈有形不具, 而神存者乎?"

이 경우에는 형사가 신사와 대비되는 의미로 사용된 것이 아니라 정감의 표현을 위주로 하는 것(言志抒情)에 대비되어 경물을 묘사하는 것(體物)의 의미로 사용되었다.[7]

형사만으로 훌륭한 예술 작품을 산출할 수 없다고 했을 때, 그러면 이 둘은 어떻게 결합되고 통일될 수 있는가? 그것은 형사를 넘어서면서 또한 형사에서 벗어나지 않는 것으로 요약된다. 이 점에서 보면 생활 속의 형상과 예술 작품 속의 형상 사이의 관계를 중점적으로 다루고 있는—그러한 점에서 예술적 형상의 진실성 문제에 논의의 초점이 있는—형신 문제는 생활 현실과 작품 현실 사이의 관계, 즉 예술 창작에 있어서의 가상의 세계와 실제 현실 사이의 관계를 다루는 것과 직접적으로 연결된다.

예술은 기본적으로 생활 속의 이러저러한 사실들을 기계적으로 모사하거나 현상적으로 나열하는 데 그치지 않고 그것을 작가의 심미적 기준이나 취향에 의해 변형시켜 반영해야 한다. 그러나 예술적 형상의 창조는 생활의 진실한 면모에 기초하여 진행되는 것이기 때문에, 문제는 형에 벗어나지 않으면서 또한 그 형에 매몰되지 않는 것이 관건이 된다. 신을 얻기 위해서는 형을 초월하면서 또한 그 형을 잃어버리지 않아야 한다고 하겠는데, 그것은 시에 있어서는 '붙지도 않고 떨어지지도 않은 것'(不卽不離), '들러붙지도 않고 떨어지지도 않는 것'(不粘不脫)이다. 또는 '물 속에 비친 달이며 거울에 비친 꽃'(水月鏡花)이다.[8] 그림에 있어서는 '비슷하지 않으면서도 비슷해야 한다'(不似似之), '외형을 떠나 비슷함을 얻다'(離形得似)이다.[9] 외형 자체에 그치지 않고 그것을 뛰어넘어야 하기 때문에 물과 파도

7 劉勰, 〈物色〉, 《文心雕龍》. "自近代以來, 文貴形似. 窺情風景之上, 鑽貌草木之中. 吟詠所發, 志惟深遠, 體物爲妙, 功在密附."

8 흔히 작품에 체현된 예술적 형상 또는 경계를 두고 '물 속에 비친 달(水中月)', '거울 속에 비친 꽃(鏡中花)' 등의 비유를 사용하거나 불교의 '不卽不離' 등을 원용한다. 그 가운데 다음의 이학규의 언급을 들어 본다. 李學逵, 〈答朴思浩〉, 《洛下生集》 14책, 《총간》 290, 464면. "文以理勝, 詩以韻勝, 不易之法也. 詩須如水中月鏡中花, 覰之故在, 捉之不定. 內典所云, 不卽不離, 不粘不脫, 曺洞宗所云, 參活句是也. 至於議論序事, 自別定一體."

9 申緯, 〈爲羲世使君走筆自題墨竹八絶句〉(3), 《警修堂全藁》 28책, 《총간》 291, 611면. "坡翁

처럼 두 모양으로 갈라지는 것(不粘, 不卽)이며, 아울러 외형 자체에 그쳐서는 안 되지만 그렇다고 외형을 잃어버려서도 안 되기 때문에 물과 파도의 성품이 하나인 것(不脫, 不離)과 같다.

이 점은 '비슷하지 않다'(不似)와 '비슷하다'(似)의 관계와 같은 이치이다. 작품이 묘사하는 내용이 현실 생활과 서로 비슷하면서(似) 또한 서로 비슷하지 않은(不似) 가운데에 있다는 언급을 통해 확인해 볼 수 있다.[10] 즉 실제의 대상을 닮기도 했지만 어느 정도 실제의 대상을 닮지 않은 미묘한 표현 속에 화가의 심미적 변형 과정을 거쳐 더욱 심각하게 대상의 본질을 드러내는 예술 형상의 특징이 들어 있는 것이다.[11] 요컨대 단순한 현실의 재현도 아니며 그렇다고 심한 과장이나 왜곡도 아닌 그 가운데에 예술적 형상의 진실성이 담겨 있으며 작품을 생생하게 감동시키는 힘이 들어 있다. 그 힘이 바로 신운이라고 할 수 있는 바, 작품의 생기, 활력, 함축적 여운 등이 복합적으로 작용한 결과이다.

대체로 당나라까지 형사의 평어가 긍정적인 문맥에서 사용되었고 그것에 대한 폄의는 없었는데, 소식에 이르러 다른 양상을 띠게 되었다. 소식은 고개지의 이론 관점을 충실히 계승하면서 '시적 정취와 그림 같은 분위기'(詩情畵意), '가슴속에 대나무가 완성되어 있다'(胸有成竹) 등의 방면에서 그것을 한층 심화 · 발전시켰다. 물론 그가 형사를 부정하거나 무시했던 것은 아니다. 다만 형사의 수준에만 머물러서는 안 되며 형사에 기초해 신사를 추구할 것을 강조하였던 것이다.

형사와 신사의 겸비 내지 통일이 동양의 전통적인 심미 규준이라고 할 수 있는데, 결국 형사를 기초로 하여 신사에 이르는 것이 중요하다. 그러

畵竹訣, 離形而得似. 追神最妙悟, 少縱則逝矣." ; 申緯, 〈尹彦國樞密餉余竹笋, 爲作新篁解籜一幀以謝, 仍次香山食筍韻, 自題幀側〉, 《警修堂全藁》 10책, 《총간》 291, 209면. "求似於不似, 求生於已熟. 何處江南岸, 脩脩萬椽玉. 相在驪黃外, 得骨遺皮肉. 以後皆可略, 意得忘言足."

10 趙熙龍, 〈墨竹圖의 畵題〉, "放筆形似之外, 而極肖其形, 如傳神寫照, 所謂不似而似者歟!" 윤경란, 〈又峰 趙熙龍의 회화세계〉(홍익대 석사논문, 1984)에서 재인용.

11 葛路, 《中國繪畵理論史》, 강관식 역(미진사, 1990), 436면 참조.

나 그것이 공통의 심미적 이상이었다고 하더라도 실제의 실천 양상은 다르게 나타날 수 있으며, 이 같은 상충되는 의견의 공존으로 인해 그 논의가 더욱 진전되고 풍부해질 수 있었다. 형과 신을 어떻게 파악하며 어떻게 전달해야 하는가에 따라서 그 견해가 다양하게 나뉘게 되며[12] 형사와 신사의 겸비라는 공통의 대전제 하에 개인, 집단, 시대의 차이에 따라 그 주안점이 다르게 나타나는 것이다.[13]

3. 조선 후기 문예이론에 있어 형과 신의 문제

조선 후기 문예이론에 있어 형신 문제에 대한 본격적인 논의는 김창흡(1653-1722)에게서 비롯된다.[14]

> 두보의 시는 형신이 통일된 것이며, 이백의 시는 다만 신으로 행한 것이다. 그러므로 두보는 온갖 만상을 한데 통합해 형형색색 사물의 형모를 숨김 없이 표현하였으니, 경발한 시구를 뽑자면 이루 다 헤아릴 수 없다. 이백 시의 묘처는 대체로 광경이 영롱한 데 있으니 실로 뽑을 만한 경발한 시구가 많지 않다. 물태(物態)를 잘 묘사한 잠삼, 고적, 왕유, 맹호연 등을 이백과 비교한다면 이백이 한 수 위이

12 그것을 크게 形似의 기초 위에서 傳神을 추구하는 것(以形寫神)과 象外 · 言外에서 傳神을 추구하는 것(以神寫形)으로 나누어 볼 수 있다. 그 둘 모두 形과 神의 겸비를 주장하지만, 전자가 외형적 묘사의 충실성을 강조하면서 神이 形 안에 있음을 내세움에 비해 후자는 객관적 경물에 대한 사실적 묘사보다는 과감한 생략과 함축을 통해 표현 대상의 정신과 풍모를 적출해내는 데 중점이 놓여져 있다.

13 曾祖蔭은 중국 미학상에 있어 형신론의 형성과 그 발전 과정에 대해 다루면서 先秦-魏晉南北朝, 唐宋元, 明淸의 세 시기로 구분하여 각 시기마다의 형신 논의의 특징과 그 성과를 서술하였다. 《中國古代美學範疇》(武昌: 華中工學院出版社, 1986) 참조.

14 물론 그 이전에도 형신 범주에 대한 논의는 간헐적인 형태로 지속되어 왔다. 예컨대 李奎報와 許穆의 다음 자료를 그 예로 들 수 있다. ① 李奎報, 〈丁而安寫予眞自作贊〉, 《東國李相國後集》 권11, 《총간》 2, 239면. "形尙虛妄, 惟夢之似. 何況是影, 夢中夢爾. 五紀升沈, 區區一身. 八幅素中, 儼然似人. 寫心雖難, 微露于眞. 凡我子孫, 毋笑予醜. 但傳其心, 無忝祖考." ② 許穆, 〈寫影自贊〉, 《記言》, 권9, 《총간》 98, 62면. "貌有形, 神無形. 其有形者可模, 其無形者不可模. 有形者定, 無形者完. 有形者衰, 無形者謝. 有形者盡, 無形者去."

다. 그러나 형신이 통일된 두보에게 부끄럽기는 마찬가지이다.[15]

김창흡은 형신겸비·형신통일을 최고의 심미적 요구로 주장하면서 그것의 구체적인 실현 양상을 크게 세 가지로 구분했다. 형과 신을 통일한 경우, 신의 요소에 주력한 경우, 형의 요소에 주력한 경우가 그것이다. 그 가운데에서 두보의 시를 최상의 것으로 평가하는 근거로 든 것이 형신의 완벽한 조화이다. 온갖 만상의 형형색색을 숨김 없이 묘출해 내었는데, 이것은 비단 그 대상의 형태, 모습만이 아니라 그 정신, 풍모, 기질 등을 조화롭게 통일시킨 경우이다. 이백의 시가 잠삼·고적·왕유·맹호연 등에 비해 뛰어나지만, 두보만 못한 이유 역시 형신을 완벽하게 갖추고 있지 못하기 때문이라고 보았던 것이다.[16]

이처럼 형의 충실하고 진실된 묘사에 바탕하여 신을 추구할 것을 요구하는 것은 초상화의 기법과 흡사하다. 왜냐하면 다른 어떤 분야보다도 초상화는 특정한 개성을 지닌 특정한 인물을 대상으로 그리기 때문에 '닮음'이라는 외형적 충실성을 기본 요건으로 한다.[17] 그러나 형사는 초상화에서 꼭 있어야 할 요건이지만 그 자체로 충분한 것은 아니다. 대상에 대한 세밀한 관찰과 묘사 위에서 그 대상의 독특한 정신을 전해야 하기 때문이다. 즉 표현 대상의 외재적 형체를 핍진하게 묘사함으로써 그 대상의 정신적 풍모까지를 드러낼 수 있어야 하는 것이 중요한데, 이 점은 초상화와 시가 모두 지향해야 할 것으로 김창흡은 보았던 것이다.[18] 대상의 형모 자체에

15 金昌翕, 〈答士敬別紙〉, 《三淵集》, 권19, 《총간》 165, 392면. "子美之詩, 形神俱妙者也, 李白只神行者也. 所以子美牢籠萬象, 形形色色, 無所逃形. 故摘其警句, 亦不可勝數. 李白詩妙處, 多在光景玲瓏, 實無警句 可掇取者. 以岑高王孟善寫物態者, 較諸李白, 則李白固高一層矣. 然形神俱妙, 終愧子美, 則均焉."

16 형사와 신사는 대립적 통일 관계에 있기 때문에, 형사만을 추구하면 형식주의에 빠질 위험이 있으며, 신사만을 추구하면 대상의 본래 모습을 왜곡, 상실할 위험이 있다. 이 점에서 보면 형사와 신사의 통일은 예술이 추구하는 공통의 지향이며, 작품을 평가하는 중요한 기준이 된다.

17 조선미, 《한국초상화 연구》(열화당, 1989), 426-427면 참조.

18 金昌翕, 〈答士敬別紙〉, 《三淵集》, 권19, 《총간》 165, 392면. "寫眞貴得其神情, 只以形骨而已, 則便非其人. 作詩亦然. 與其摸形而遺神, 不若略其玄黃而得其神駿也." 이 점과 관련해 왕

머물러 그 내적 정신과 본질을 놓쳐 버려서는 안 되기 때문에, 예술가의 창조적 변용을 요구하게 되는바 '겨자씨 속의 수미산'(芥裏須彌), '눈 속의 파초'(雪中芭蕉)와 같은 예술적 형상을 창출할 수 있는 것이다.[19]

이상에서 살펴본 김창흡의 견해는 이하곤(1667-1724)과 이익(1681-1763)에게로 연결된다.

> 시는 성조의 높고 낮음, 자구의 공교함과 졸렬함을 막론하고 경물을 묘사한 것이 핍진하고 감정을 표현한 것이 진실해야 천하의 좋은 시라고 할 수 있다. 이백, 두보 이후로 백거이, 소식, 육유 등의 시는 성조가 반드시 다 고상한 것도 아니고 자구가 반드시 다 공교한 것도 아니었지만 핍진하지 않은 경물이나 진실하지 않은 감정을 묘사하거나 말하지 않아서 사람들이 읽으면 참으로 그 땅을 몸소 밟고 있는 듯하고 면전에서 그 말을 듣는 듯하였으니 천하의 좋은 시이다. 그러므로 내가 일찍이 말하였다. "시를 짓는 것은 화공이 초상화를 그리는 것과 같아서 한 터럭이라도 닮지 않은 것이 없은 뒤에라야 그 사람을 그렸다고 할 수 있다. 만약 한 터럭이라도 흡사하지 않으면 채색을 예쁘게 하여도 신정(神情)과는 무관하니 어찌 그 사람을 그렸다고 하겠는가?"[20]

시를 짓는 것이 초상화와 같다고 하였는데, 그것은 인물의 초상을 그릴 때 한 터럭이라도 흡사해야 하는 핍진한 묘사력을 통해서 비로소 그 인물의 정신, 곧 개성적 특징을 그려낼 수 있는 것과 마찬가지의 이치다. 그런데 주의해야 할 점은 대상을 그리고 본뜨는 데 중점이 놓여 있는—외형을

사정이 신운을 작품상에 잘 체현한 시인으로 왕유나 맹호연을 높이 평가하였고, 이와 비슷한 맥락에서 문인화적 취향이 짙게 배어 있는 김정희 역시 왕유나 맹호연의 시적 성과를 추숭하였다. 이에 비해 김창흡은 그들을 '物態'를 잘 표현한 수준 정도에 놓았다.

19 金昌翕, 〈何山集序〉, 《三淵集》, 권23, 《총간》 165, 484면. "夫詩何爲者也? 原於性靈, 假於物象, 靑黃之錯爲文, 宮商之旋爲律, 不可爲典, 要惟變所適, 神無方而易無體. 詩亦如之. 故象有所轉, 雪中芭蕉可也, 境有所奪, 芥裏須彌可也. 是豈可以安排拘滯爲哉?"

20 李夏坤, 〈南行集序〉, 《頭陀草》, 17책, 《총간》 191, 533면. "詩無論聲調高下, 字句工拙, 其寫境也眞, 道情也實, 斯可謂之天下之好詩也. 李杜之後, 如白樂天蘇子瞻陸務觀諸人之詩, 其聲調未必盡高, 字句未必盡工. 然亦未嘗寫不眞之境, 道不實之情, 使人讀之, 眞若身履其地, 而面承其言也. 盖亦天下之好詩也. 故余嘗曰 : '作詩正如畵工之寫眞, 一毛一髮, 無不肖似, 然後方可謂之寫其人矣. 苟或一毛一髮, 不能肖似, 則雖極丹靑之工, 而神情便不相關, 豈可謂之寫其人乎?'"

베끼는 것이 위주가 되는—그림과 정감의 표현에 중점이 놓여 있는 시에 있어서 형신 문제가 동일한 수준에서 다뤄질 수 있는 성질의 것이 아니라는 사실이다.

특히 초상화는 대상 자체의 외모를 충실하게 묘사함으로써 그 정신을 제대로 그릴 수 있기 때문에 창작 주체의 정감이나 심의의 표출이라는 측면이 상대적으로 약하지만, 시에 있어서는 창작 대상과 창작 주체 사이의 관계를 더 문제 삼기 때문에 대상에 대한 핍진한 묘사의 측면(眞境)과 함께 작가 자신의 정감 표현의 측면(實情)이 동시에 요구되는 것이다.

이익은 형과 신의 대립적 통일 관계를 분명하게 인식한 바탕 위에서 시와 그림에 있어 외부 경물에 대한 충실한 묘사의 중요성을 중시했는데, 그에 따르면 신은 그 자체로 독립해 있는 것이 아니라 형 속에 내재되어 있기 때문에 신을 전하기 위해서는 형체가 서로 비슷해야 하는 것이 우선적으로 요구된다.

> 소동파의 시에 이르기를 "형사로 그림을 논한다면 식견이 어린애 수준이라네. 시를 짓는데 이 시라야 한다면 정녕 시를 아는 이가 아니네"라고 하였다. 후세의 화가들은 이 시를 종지로 삼아 묽은 먹물로 거친 그림을 그리니, 본래의 참모습과 다르게 되고 만다. 만약 그림을 그리되 모습이 닮지 않아도 되고 시를 짓는데 있는 그대로 읊지 않아도 된다고 한다면 말이 되겠는가? (…) 동파가 이렇게 말한 것은 대개 모양은 비슷하게 그렸어도 정신이 나타나 있지 않고, 비록 눈앞의 경물이기는 하지만 광채가 없다는 뜻에서이다. 나는 다음과 같이 말하겠다. "정신이 나타나 있지만 모양이 닮지 않는 것보다 차라리 닮은 것이 더 나으며, 광채는 있지만 눈앞의 경물이 아닌 다른 것이 되는 것보다 차라리 눈앞의 경물을 표현하는 것이 더 낫다."[21]

---

21 李瀷, 〈論畵形似〉, 萬物文, 《星湖塞說》, 권5. "東坡詩云, '論畵以形似, 見與兒童隣. 賦詩必此物, 定非知詩人.' 後世畵家得以爲宗旨, 淡墨麄畵, 與眞背馳. 今若曰論畵形不似, 賦詩非此物, 其成說乎? (…) 此云者, 盖謂形似而乏神, 雖此物而無光彩也. 余則曰: '精神而形不似, 寧似; 光彩而他物, 寧此物.'"

그는 신이 형을 통해 나타난다는 형신의 불가분리성에 대한 인식에 기초하여 작품에 체현된 예술적 형상과 작품화되기 이전의 객관 경물의 형상 사이에 유사한 특성을 공유할 때 비로소 그 예술적 형상이 살아 움직이는 현실적 실감을 획득할 수 있다고 보았던 것이다. 요컨대 그림은 형상 밖의 정신, 운치를 전해야 하는 한편 물상 자체의 형태에 충실해야 하며, 시는 제목 또는 제재 밖의 의취를 전해야 하는 한편 눈앞의 경물 묘사에 충실함으로써 대상 자체의 진면목을 묘사해야 한다.

앞서 언급한 바 있듯이, 소식은 형사를 전신의 기초로 생각하였으며 그 가치와 중요성을 무시했던 것은 아니다. 다만 형사의 차원에만 머무르는 풍토를 비판하는 맥락에서 언급한 것인데, 이를 잘못 이해하여 형사의 기초를 무시한 채 신사만을 추구하는 잘못된 경향에 대해 이익은 지적하고 있는 셈이다.[22] 이 같은 이익의 견해는 정약용[23]과 박규수[24] 등에게로 이어졌지만, 19세기 초중반에 이르러 이 같은 형사에 기초한 현실감 획득의 노력은 일단 꺾이게 되고 추사 김정희로 대표되는 전형적인 남종문인화의 화풍이 화단 전체를 주도하게 되었다.

이 점과 관련해 1930년대 진보적인 좌파 지식인으로서 당대의 미술 평론을 대표하는 윤희순의 다음 발언에 주목해 볼 필요가 있다.

---

22 蘇軾에 따르면 그림에 있어 신사를 추구해야 하는데, 단지 형사만을 구한다면 유치한 것이다. 또한 시를 창작할 때에는 응당 題外之意, 言外之旨가 있어야 한다. 이 점에서 시와 그림은 공통의 예술적 요구를 지니고 있는 바, 詩中有畵, 畵中有詩를 추구한다.

23 정약용은 이익과 마찬가지로 형체가 그 본래의 진면목을 잃지 않은 다음에야 그 정신을 얻을 수 있다고 하여 형사의 핍진성을 거듭 강조한 바 있다. 丁若鏞, 〈跋神宗皇帝墨竹圖障子〉, 《與猶堂全書》《시문집》 권14, 《총간》 281, 303면. "右墨竹一本, 大明萬歷皇帝之手蹟也. 畵竹之妙, 在衆葉交加, 而尋之皆有條理, 令不相離而不相亂也. 相離, 非其形之眞; 相亂, 非其體之眞. 形與體, 不失其眞, 而後其神可得也."

24 박규수는 회화 창작에 있어 眞境實事에 충실할 것을 거듭 강조하면서 '寫意之法'이 성행하고 '指事象物之畵'가 사라져 가던 당대 화단에서의 문인화 풍조의 폐단을 지적하였다. 朴珪壽, 〈錄顧亭林先生日知錄論畵跋〉, 《瓛齋集》 권4, 《총간》 312, 370면. 今之爲畵者, 空寫半幅山水圖, 遠山一角, 老樹數株, 草屋半面, 便謂畵圖之法如此, 亦足以陶寫性情云爾者, 與彼何異哉? 學畵, 固小技也. 然其羽翼於爲學爲治之道甚大大. (…) 推是論之, 無論山水人物樓臺城市草木蟲魚, 唯是眞境實事, 究竟歸於實用, 然後始可謂之畵學矣.

이 근대적 자각은 비록 그 발현이 완수되지는 못하였으나 적어도 스스로의 자태를 응시하는 힘을 북돋아 주었다. (…) 여기서 종래의 사대분본주의(事大粉本主義)와 의탁적(倚託的)인 의취를 떠나서 현실생활로 깊이 파고들어 가려는 근대적 정서—자기 발현의 각성을 볼 수 있었다. 숙종조 이후의 부흥정신과 영정조 간의 탕평주의는 국민에게 소강(小康)을 주었고 따라서 여유 있는 정서는 이러한 자아표현의 화심(畵心)을 북돋아 주었다. 이리하여 고유한 조선 정조(朝鮮情調)가 개발되려 하였다. 그러나 충분히 그 광휘를 발휘할 수는 없었다. 이들은 정부가 요망하는 화공적(畵工的)인 화업(畵業)과 주관적인 예술적 정열과 문인화용필(文人畵用筆)의 질곡 등의 갈등당착 때문에 현실주의에 투철할 수 없었다.[25]

위의 인용문은 해방 후 출간된 윤희순의 저서《조선미술사연구》에 실려 있다. 여기서 그는 임병양란을 계기로 진경산수화와 풍속화 등의 새로운 개척 그리고 초상화의 독특한 신경지의 수립 및 화훼영모화의 사실 탐구를 통한 근대적 정서의 추구가 끝내 완성되지 못한 점을 지적하였다. 윤희순이 말한 '근대적 정서—자기 발현의 각성'이란 '현실 생활로 깊이 파고들어가려는' 곧 현실 생활에의 응시라는 현실주의 정신에 기반하고 있다. 그같은 근대로의 전환을 가능케 했던 힘을 꺾게 한 이유 중의 하나로 들고 있는 것이 문인화 용필의 질곡이다. 이 점은 앞서 이익이 지적한 바 실제 현실에 대한 충실한 묘사에 바탕하지 않은 수묵담채 위주의 남종 문인화풍이 지닌 폐단과 상통한다고 하겠다.

이익은 소식의 이론 관점을 잘못 수용한 당시대인들의 형신관을 비판하면서 정신이 깃들어 있으면서 형체가 비슷하지 않은 그림보다는 형체가 비슷한 것이 더 나으며, 제목에 충실하지 않으면서 신운이 감도는 시보다는 제목에 충실하여 눈앞의 경물을 핍진하게 그려 내야 한다고 주장하였다. 그림에 있어 작가의 심의나 정취만을 표현하는 데 치력하기보다 대상에 대한 세심한 관찰과 그에 대한 핍진한 묘사가 우선적으로 필요하며, 시에 있어서도 주어진 제목, 혹은 제재에 부합하는, 대상에 대한 충실한 묘

25 윤희순,《조선미술사》(서울신문사, 1946), 82-83면.

사가 선행되어야 하는 것이다. 요컨대 이익이 요구하는 것은 회화나 시의 창작에 있어 공히 사실성의 회복이라고 할 수 있다. 이 점과 관련해 소식이 주로 시와 그림의 공통된 예술적 지향에 초점을 맞추어 시에서의 화의(畵意)와 그림에서의 시정(詩情)을 추구했던 경향과는 구별된다. 이익은 대상에 대한 핍진한 묘사에 바탕하여 현실감을 획득하고자 사실성 회복의 차원에서 원용했던 것이다.

이상에서 살펴본 김창흡 · 이하곤 · 이익의 형신관을 지탱하는 창작 방법은 다름 아닌 '사물을 직접 마주 대하고 참모습을 그리다'(卽物寫眞)이다. 조영석이 말한 이 말은 작가가 마주 대하고 있는 현실을 현실로 직시하는 데에서 출발한다. 이익은 주어진 제목에 충실하여 눈앞의 경물을 핍진하게 그려 낼 것을 요구하였으며, 김창협과 김창흡은 경물 묘사의 핍진함을 강조했다.[26] 여기서 핍진함은 산수의 아름다운 경관을 직접 대면하고 있는 듯한 느낌을 받을 정도로 묘사하는 대상을 진실되고 생동감 있게 그려 내는 것을 의미한다. 이처럼 핍진한 경물 묘사를 통한 현장감의 획득을 요구하는 경향은 비단 시뿐만이 아니라 그림에 있어서도 중요한 하나의 흐름을 형성하였다.

김창흡의 문하에 출입했던 조영석은 일찍이 "그림을 보고서 그림을 베끼는 것은 잘못된 것이니, 사물을 직접 마주 대하고 참모습을 그려야 곧 살아 있는 그림이 된다"[27]고 하였다. 그리하여 그의 이 같은 현실주의적 창

---

26 ① 金昌協, 〈答任大仲〉, 《農巖集》, 권17, 《총간》 162, 71면. "然試就二端而論之, 景語簡妙眞切, 深於體物; 情語優游婉曲, 善於感人. 此詩之所以爲妙也."
② 金昌協, 〈泛翁集跋〉, 《農巖集》, 권25, 《총간》 162, 200면. "盖其句律精工, 而意度優閒, 描寫眞切, 而興寄沖遠, 讀之猶若見其把酒高吟冥心事物之外, 詩可以觀, 豈不信哉?"
③ 金昌翕, 〈上仲氏〉, 《三淵集》 拾遺, 권13, 166, 476면. "若乃情非鬱陶, 境非切觸, 而牽率應副, 苟以潦草發之, 則精神意思, 理宜不存, 結撰體度, 勢亦難備."

27 洪啓能 撰, 〈通政大夫敦寧府都正觀我齋趙公行狀〉(국립중앙도서관 소장본) "後生有請畵妙於公者. 公曰: '以畵傳畵, 所以非也. 卽物寫眞, 乃爲活畵.' 深於畵者, 以爲知言. 此非獨畵, 凡事皆然." 강관식, 〈관아재 조영석 畵學考(상)〉, 《미술자료》 44호(국립중앙박물관, 1989.12)에서 재인용.

작관에 대해 이규상(1727-1799)은 "물체 하나 형상 하나까지도 모두 조화를 그대로 뽑아 내었다"[28]고 평하였다. 또한 조영석은 주로 조선 중기의 회화를 지목하면서 상투적인 구도 형식에 조야한 수묵법으로 일관한 양식화 현상을 비판하였는데, 이 점 역시 사실성과 묘사성의 부족에서 기인하는 것으로 보았다.[29]

조선 후기 사실주의 회화를 선도한 윤두서(1668-1715)는 성호 이익의 집안과 친분이 두터운 관계에 있었는데, 그는 지도 · 공예 · 악기 · 무기 등 다방면에 걸친 박학적 학문 성향을 가졌으며, 사물의 개별적 속성을 하나씩 궁구하여 실사(實事)에 비추어 증험함으로써 실득(實得)에 이르는 학문 방법론을 취하였다.[30] 이 같은 학문 성향에 근거하여 윤두서는 말 그림을 그리기 위해 "마굿간 앞에 서서 종일토록 말의 모양과 의태를 꿰뚫어 보고 털끝만큼도 비슷함에 의심이 없은 다음에야 붓을 들었다"[31]고 하는데, 이 같은 사실성 획득의 자세는 위에서 언급한 조영석의 '사물을 직접 마주 대하고 참모습을 그려야 한다'(卽物寫眞)는 창작관과 같은 맥락에서 이해된다.

또한 18세기 후반 예단의 대표적 인물인 강세황(1712-1791)이 "닭이나 개를 그리기는 어렵고 귀신을 그리기는 쉽다"(畵鷄犬難, 畵鬼神易)는 《한비자》의 말을 인용하면서 그 이유를 눈으로 쉽게 볼 수 있는 것은 아무렇게나 꿰어 맞추어 사람을 속일 수 없다[32]고 설명한 것 역시 같은 연장선상에

28 李奎象, 〈畵廚錄〉, 《一夢稿》, 《韓山世稿》, 권30. "都正之畵, 以院法行儒畵之精采鋪敍, 又具有識意, 一物一像, 咸侔造化."

29 유홍준, 〈관아재 조영석〉, 《역사비평》, 1993년 봄호; 강관식, 〈관아재 조영석 畵學考(상)〉, 《미술자료》 44호(국립중앙박물관, 1989.12) 참조.

30 이익과 윤두서 사이의 학문적 성향의 유사성과 그에 기반한 윤두서의 풍속화 형성 배경에 대해서는 이내옥, 〈조선 후기 풍속화의 기원〉, 《미술자료》 49호(국립중앙박물관, 1992.6) 참조.

31 南泰膺, 〈畵史〉, 《聽竹畵史》. "畵馬則長年立廄前, 終日注目, 凡馬之狀貌意態, 了了心眼, 無有毫髮疑似, 然後發之於筆下." 유홍준 · 이태호 편, 《조선 후기 그림과 글씨》(학고재, 1992)에서 재인용.

32 姜世晃, 〈檀園記〉, 《豹菴遺稿》(한국정신문화연구원 영인본, 1979) 권4. "尤善於模寫我東人物風俗, 至若儒士之功業, 商賈之趨市, 行旅閨闥, 農夫蠶女, 重房複戶, 荒山野木, 曲盡物態,

있다. 아울러 세밀한 데까지 다 그려 내는 것을 산천의 신령은 싫어할 것이라는 지적에 대해 오히려 산천의 신령은 그들의 모습대로 그려 낸 것을 싫어하지 않고 꼭 닮게 그린 것에 대하여 즐거워할 것이라고 답변하는 언급[33] 역시 같은 맥락에서 이해된다.

조선 후기의 형신 문제는 이처럼 눈앞의 현실을 있는 그대로 직시하고 그로부터 대상의 진면목을 유감없이 표현해 내고자 하는 창작 방법에 힘입어 그 이론적 수준이 한층 발전·성숙되었다.

한편 '이형사신'의 관점에 서서 객관 대상을 묘사할 때 어떻게 해야 형을 통해 신을 전할 수 있으며, 형사를 통해 신사에 도달할 수 있는가 하는 점이 형신 범주 이해의 관건이 된다. 단순히 현실의 자료들을 세밀하게 관찰, 분석하여 현상적으로 나열한다고 해서 사람을 감동시키지는 못한다. 현실을 현상의 측면이 아니라 그 본질에 있어 생생하게 드러내기 위해서는 형사를 통해 신사에 도달할 수 있는 방법이 강구되어야 하는 것이다.

이 문제에 대해 김석주(1634-1684)는 고개지와 소식의 이론에 바탕을 두어 논의를 전개했는데, 회화뿐만 아니라 문학에까지 확대하여 적용함으로써 전신론의 함의를 풍부하게 발전시켰다. 그는 형사만을 추구하지 않고 상이한 인물과 사물의 상이한 특징을 잘 포착해야 비로소 상이한 인물과 사물의 특징을 표현할 수 있으며, 이렇게 해야 작품의 형상성과 생동성을 더욱 풍부하게 할 수 있다고 보았다.[34]

形容不爽, 此則古未嘗有也. 凡畵者皆能從絹素流傳者, 而學習積力, 乃可髣髴, 而創意獨得, 以至巧奪天造, 豈非天賦之異, 廻超流俗耶? 古人謂畵鷄犬難, 畵鬼神易, 以其目所易見者, 不可杜撰瞞人也."

33 姜世晃, 〈送金察訪弘道金察訪應煥序〉, 《豹庵遺稿》 권4. "或者謂山川有靈, 必嫌其模寫之曲盡搜剔, 殆無隱遁, 此有大不然者. 凡人之欲傳神寫照者, 禮邀良工, 若能極其傳摹, 無一髮不似, 則方得快意喜樂. 吾於是獨以爲山川之靈, 必不嫌其模寫之眞態, 而樂其傳神之酷肖也."

34 金錫冑, 〈題徐昌穀文集後示申瑞明〉, 《息庵遺稿》 권9, 《총간》 145, 265면. "東坡云, 傳神之難在目, 其次在顴頰. 目與顴頰似, 餘無不似者, 眉與鼻口, 可以增減取似. 又云, 凡人意思, 或在眉目, 或在鼻口. 優孟學孫叔傲, 抵掌談笑, 至使人謂死者復生, 此豈擧體皆似, 亦得其意思所在而已. 使畵者, 悟此理, 則人人可以爲顧陸."

> (동파가) 이 말을 한 것은 단지 초상화 그리는 묘결에 대해서만 말한 것이 아니고 문장을 짓는 사람들을 위해 그 해법을 설명해 놓은 것이기도 하다. 문장을 짓는 것 또한 반드시 그 의사가 있는 바를 얻은 다음에 신묘함을 운용할 수 있다. 그러므로 옛날에 문장을 잘했던 사람들은 사실과 정감을 그려 낼 때에 반드시 환히 꿰뚫어 보고 정수를 빼내었으니, 비록 기쁘고 슬프거나 화락하고 노여운 것이 사람마다 각기 다르지만 형용하여 핍진하게 표현해 낸 것은 정교함을 다하지 않음이 없었다.[35]

위의 인용문에서 핵심 용어인 '의사(意思)'는 대상의 외부 형체에 온축되어 있는 내재적 정신, 기질, 개성을 가리킨다. 그것은 달리 말해 대상의 개성적 특징이며 신이다. 따라서 대상의 신이 기탁한 소재처를 포착해 내는 것이 문장과 그림에 있어 관건이 된다. 형체는 사람마다 비슷하지만 정신은 대상에 따라 다르게 나타나는 바, 예컨대 인물화의 경우 어떤 사람은 코나 입에 있기도 하고 어떤 사람은 눈썹이나 눈에 있기도 하다. 그 '의사'가 기탁한 부분을 통해 전신을 추구할 때 비로소 대상은 살아 숨쉴 수 있는 것이다.

여기서 '의사'가 깃들어 있는 것은 바로 그 대상의 개성적 특징이 잘 구비되어 있는 곳을 의미한다. 이 점은 본질의 현상을 통해 현상의 본질을 추구하는 문학 예술의 현실적 반영이 갖는 특성에 부합하는 것이라 하겠다.[36] 그리고 이 때 비로소 작품에 구현된 예술 형상은 진실할 수 있으며, 사람을 감동시키는 힘을 발휘할 수 있다. 즉 선명한 개성과 특징을 지닌 예술적 형상만이 진실성을 안고 있으며 전형적일 가능성이 있는 것이다.

---

35 金錫胄, 〈題徐昌穀文集後示申瑞明〉, 《息庵遺稿》 권9, 《총간》 145, 265면. "其爲此言, 非特爲傳神之妙訣, 殆所以爲作文者發其解耳. 夫爲文章, 亦必得其意思所在, 而後可以運其妙. 是以古之善爲文章者, 當其摹畫事情, 必皆洞竅擢髓, 雖忻戚喜怒人人殊, 而其所以形容而指切者, 無不極於其工."

36 루카치는 과학적 반영의 객관적 경향이 본질과 현상을 명확히 분리하려는 있음에 비하여, 예술의 고유성은 본질이 완전히 현상에 동화되고 현상으로부터 분리되어 있는 자립적 형상은 존재할 수 없다고 지적하였다. 루카치, 《미와 변증법》, 여균동 역(이론과실천, 1988), 223-225면 참조.

여기에서 형과 신의 문제가 바로 예술적 형상의 진실성 문제 및 전형성 문제와 직접적으로 관련된 부분임을 짐작할 수 있다.

18세기 중반의 대표적인 현실주의 작가인 권헌(1713-1770)은 이 문제를 보다 발전 · 심화시켰다.[37] 그는 전신의 오묘함은 그 형상을 얻어 냄이 어려운 것이 아니라 그 신운을 그려 내는 것이 더욱 어렵다는 소식 이래의 형신론에 바탕을 두고 있었다.[38]

> 정신은 매화에 있는 것이지만, 정취는 나에게 있는 것이다. 대상물로써 대상물을 본다면 매화와 나는 일찍이 서로 같지 않다. 그러나 이치로써 대상을 본다면 나와 매화는 처음부터 다르지 않다. 나는 그것을 이해할 줄만 알았지 그 정신을 파악하지는 못했던 것이다. 그러나 내가 티끌로 뒤덮인 세상에서 마음속을 더럽히지 않는다면 매화의 상쾌하고 맑은 정신에게서 나의 정취를 북돋울 수 있을 것이다. 그리고 그 정취를 터득했다면 신묘한 깨달음이라고 할 수 있다. 신묘한 깨달음에 이른 사람은 매화에 대해 붓을 잡지 않고서도 할 수 있거늘 하물며 가지와 잎을 따지겠는가?[39]

그는 '대상물로써 대상물을 본다'(以物觀物)의 감상 태도와 '이치로써 대상물을 본다'(以理觀物)'의 감상 태도를 구분하였다. 여기서 후자의 의미는 매화의 정화(정신)가 모여 있는 부분을 구하고 매화의 정태와 성정을 취한다는 언급에서 짐작해 볼 수 있다.[40] 즉 매화의 정신, 개성, 기상이 온전

37 권헌은 임형택 교수가 《이조시대 서사시》(창작과비평사, 1992)에서 그의 현실주의 시편들을 처음 소개하면서 학계에 알려졌다. 그리고 권헌의 회화적 관점을 대표하는 자료들이 유홍준 · 안영길, 〈한국회화사의 새 자료(3)〉, 《가나아트》, 1991년 11, 12월호에 소개되어 있다.

38 權攇, 〈畵像說〉, 《震溟集》(민창문화사 영인본, 1994) 권8. "陳無已日: '六一畵像, 家本形似, 而眉山本韻勝形.' 形而不韻, 乃所謂畵 非傳神也. 傳神之妙, 非得其形像之爲難, 而狀其神韻之爲尤難也." 〈傳神論〉, 《震溟集》, 권9. "凡傳神如鏡花水月, 可以意得, 而不可以色相求也. 視人, 必得於眉睫之外, 則一毛一髮, 豈足以了吾之一生也? 惟其不拘牝牡, 而超然於玄黃之外, 庶可以得吾也."

39 權攇, 〈墨梅記〉, 《震溟集》 권8. "神在於梅者, 而趣在我者也. 以物觀物, 梅與我, 未嘗不殊也, 以理觀物, 我與梅, 未始不同也. 我獨知其解, 而不得其趣者也. 然吾於世一塵之累, 不使污其胸, 則其於梅神爽秀澈, 足以助吾趣, 其於趣旣得, 則謂之神解. 神解者之於梅, 不待握筆而後能, 況其枝葉乎?"

40 權攇, 〈墨梅記〉, 《震溟集》 권8. "不爲枝葉, 獨求其精華所聚, 不拘蘂蕚, 獨取於意態性情."

하게 발휘된 것을 파악하여 매화의 형상을 생생하게 표현하는 것이다. 매화의 꽃술 · 꽃받침 · 가지 · 잎사귀 등을 관찰하는 것이 '대상물로써 보는 것'이라고 한다면, 매화의 정신 · 기질 · 의태 등 개성적 특징을 찾으려는 것이 '이치로써 보는 것'인 것이다. 여기서 '이치'는 성리학적 도나 이념을 가리키는 것이 아니라, 객관 사물의 고유한 이치나 법칙 정도로 이해된다.

요컨대 '이치로써 대상을 본다'는 것은 고정된 하나의 실체로서 사물을 대하는 것이 아니라 그것에 내재한 고유한 이치나 법칙에 비추어 사물을 대하는 것이라고 할 수 있는데, 달리 표현하면 형에 그치지 않고 신을 포착 · 이해하는 것이다. 여기서 신은 사물 내부에 숨겨진 본질적 특징으로서, 앞서 '이치로써 대상을 본다'에서 말한 '이치'와 같은 의미로 이해된다.[41] 이처럼 사물의 내재적 이치 · 법칙을 파악할 때 비로소 물아가 하나로 융합될 수 있으니, 곧 나와 매화는 서로 다른 것이 아니다.[42] 이때 일어나는 미적 감흥을 그는 '취'라고 표현했다.

권헌은 앞서 언급한 김석주의 논의에서 진일보하여 대상의 신을 전하는 문제와 작가의 정취를 전하는 문제를 통일시켜 사고함으로써 작가의 정취를 잘 체현한 대상의 신을 포착하여 정경교융의 의경을 창출할 수 있다고 보았다.[43] 이때 신은 대상의 신인 동시에 창작 주체의 신이기도 하다. 권헌이 창작 주체의 신의 차이에 따라 대상의 신 역시 가변적일 수 있음을 말하고 있지는 않았다. 그는 일단 동양 일반의 예술론적 전통 속에서 대상

---

41 趙熙龍이 말하는 神理도 같은 맥락에서 이해된다. 《海外讕墨》(개인 소장본). "空梁燕屋, 草木池塘, 其神理, 豈在言語文字間? 書畵亦然, 原不在跡象之內. 此可與知者道也."

42 18세기 때의 인물인 趙瓛의 다음 언급은 대상의 정수 · 신을 포착하여 산수 자연과 작가가 하나로 합일되는 경지를 잘 보여 주고 있다. 趙瓛, 〈送申師中李季浩遊金剛序〉, 《荷棲集》 권6, 《총간》 245, 335면. "觀山水, 有三品, 一曰得其形, 二曰得其趣, 三曰得其神. 言某山如此, 某水如此, 峰壑曲折之詳, 路蹊險易之熟, 此得山水之形者, 衆人之遊是也. 俯仰跌宕, 逍遙自適, 玩心於流峙之賞, 暢懷於嘯詠之樂, 此得山水之趣者, 古之向子平謝康樂諸人是也. 至其境有所愜, 意有所會, 吻然若相得, 悠然若相忘, 形融而心解, 與之俱化, 此得山水之神者, 而余未見其人矣."

43 權攇, 〈墨梅記〉, 《震溟集》 권8. "崛錯之形, 偃蹇之容, 山石壓折之狀, 與心之所蘊, 寫之於紙, 不較其疎拙輕瑣, 而風神現於筆墨."

의 정신과 작가의 정취가 합일된 경지에 도달할 수 있음을 강조했다. 그리고 이 의경은 객관 사물의 모습을 잘 표현했을 뿐 아니라 작가의 정취를 투영시킴으로써 객관 사물의 정신과 작가의 운취를 융합시킨 고도의 예술적 경지이다. 즉 권헌은 형신 문제와 물아 문제를 함께 거론하고 있는데, 매화의 외형으로부터 정신으로 들어가는 순간은 곧 대상의 정신과 나의 정취가 합일된 순간인 것이다. 거기에는 더 이상 물아의 구분과 형신의 차별이 존재하지 않게 된다.

위에서 권헌은 매화의 가지, 잎 등의 형상과 그 정신을 구분하여 고정된 형체로써가 아니라 그 속에 내재하는 이치로써 매화를 감상할 것을 요구하였다. 이와 관련해 다음에 보게 될 위백규(1727-1798)의 언급 역시 이 문제와 상통한다.

> 대개 문장은 말뜻 밖에 풍부한 여운이 있는 것을 귀하게 여기며, 구절 밖에 함축된 의미가 있는 것을 고상하다고 여긴다. 예컨대 고인의 시 중에 "대나무 뿌리 땅으로 솟아나오니 휘어진 용의 허리 같고, 파초 잎사귀 창에 마주하니 기다란 봉황의 꼬리 같구나" 라는 구절은 흡사하게 묘사한 형상, 부드러운 말뜻, 정교한 구법 등이 어찌 아름답지 않겠는가? 그러나 대나무 뿌리는 대나무 뿌리일 뿐이요, 파초 잎사귀는 파초 잎사귀일 뿐이어서 더욱 여운과 신채가 없으며, 용의 허리와 봉황의 꼬리 같은 즉 용이 휘어지고 봉황이 긴 것일 뿐이어서 더욱 여운과 기격이 없다.[44]

위백규는 어떤 대상을 노래함에 있어 그 형상을 흡사하게 묘사하는 데 그치지 않고 그 특유의 정신과 풍모를 표현함으로써 말 밖에 풍부한 여운과 정취가 깃들도록 해야 한다고 했다. 대나무 뿌리와 파초 잎사귀의 형상을 용의 허리 · 봉황의 꼬리에 직접 비유하여 그 형상은 핍진한 듯하지만,

---

44 魏伯珪, 〈與金燮之〉, 《存齋集》 권4, 《총간》 243, 078면. "大抵文章以語意之外, 有淋漓餘韻者爲貴, 言句之外, 有含蓄餘意者爲高. 如古人詩, 有曰: '竹根迸地龍腰曲, 蕉葉當窓鳳尾長.' 其形象之模似, 語意之軟白, 作句之精巧, 豈不誠美矣哉? 但竹根則竹根而止耳, 蕉葉則蕉葉而止耳, 更無餘意神采, 如龍腰鳳尾, 則龍如而曲焉而已, 鳳如而長焉而已, 更無餘韻氣格."

대상의 특유한 개성 내지 정신이 들어 있지 않아 대나무 뿌리, 파초 잎사귀 그 자체의 모습만을 그리는 데 그쳤다고 하였다.

이에 따라 독자에게 무궁한 함축의 여운을 불러일으키는 생동감과 활력이 없게 되는데, 그 원인은 대상의 형을 모사했지만 대상의 신을 드러낼 수 없어서이다. 여기서의 신이란 대상 자체의 고유한 정신 · 풍모로서의 개성적 특징을 의미한다. 그것은 달리 신정(神情)과 의태(意態)로 사용되기도 한다. 매화시에 있어 매화의 정신과 의취를 색상의 밖에서 구해야 한다는 이규상(1727-1799)의 언급 역시 같은 맥락에서 이해된다.[45]

인물에 있어서 그 정신의 기탁처를 묘파해야 한다는 주장을 더 확대해 보면 모든 만물에도 적용할 수 있을 터인데, 이 점을 이덕무는 매우 선명하게 제시하고 있다.[46]

> 어린 아이가 울고 웃는 것이나 시장에서 사람들이 물건을 사고 파는 것 또한 족히 보고 느낄 수 있으며, 사나운 개가 서로 싸우는 것이나 교활한 고양이가 재롱을 떠는 것을 가만히 관찰하면 지극한 이치가 그 속에 있다. 봄 누에가 뽕잎을 갉아 먹는 것이나 가을 나비가 꿀을 채집하는 것에는 하늘의 조화가 그 속에 움직이고 있다. 많은 개미들이 진을 치고 행진할 때 깃대와 북을 빌리지 않아도 절제가 잡혀 균형을 이루며 수많은 벌집은 기둥과 들보가 없는데도 칸 사이의 규격이 저절로 고르게 되어 있다. 이것들은 모두 지극히 가늘고 미세한 것이지만 거기에는 지극히 오묘하고 조화로운 것이 있다.[47]

---

45 李奎象, 〈趙景瑞梅花詩序〉, 《一夢稿》, 《韓山世稿》(고려대 소장본), 권24. "在上世梅花不見遇焉. 雖以屈騷之取群芳, 梅花漏焉. 迨六朝唐宋之間, 始賞梅花. 有曰 : 惹袖尙憐香半日, 向人如訴雨多時. 有曰: 疎影橫斜水淸淺, 暗香浮動月黃昏, 皆題梅花之冠者也. 然惹袖之句, 施之杏花桃花, 亦可. 疎影之語, 只記標格焉, 則梅花之精神意情, 尙有未發揮者矣. 近有三淵翁, 乃能得梅花於色相之外."

46 이덕무의 문학론에 원용된 형신 문제에 대해서는 최신호, 〈이덕무의 문학론에 있어서의 形似와 寫意 문제〉, 《고전문학연구 5집》(한국고전문학연구회, 1990) 참조.

47 李德懋, 《耳目口心書(1)》, 《靑莊館全書》 권48, 《총간》 258, 354면. "嬰兒之啼笑, 市人之買賣, 亦足以觀感. 驕犬之相鬨, 黠描之自弄, 靜觀則至理存焉. 春蠶之飾葉, 秋蝶之採花, 天機流動. 萬蟻之陣, 不藉旗鼓, 而節制自整, 千蜂之房, 不憑棟梁, 而間架自均. 斯皆至細至微者, 而各有至妙至化之無邊焉."

18세기 후반기에 있어 형신관의 가장 뚜렷한 변화 가운데 하나로 지적할 수 있는 것은 그동안 하찮고 속된 것으로 치부되었던 인간의 시정적 삶을 포함하여 인간의 다종다양한 삶의 양태에 대한 긍정적 인식이 형신 논의와 결합되어 있다는 점이다. 지극히 미세한 부분에까지도 살아 있는 생명과 활력이 숨쉬고 있다는 언술은 시정적 공간에서 이루어지는 인간 삶의 다양한 욕망과 욕구에 대한 긍정적 · 적극적 인식에서 비롯된 것이다. 이것이 회화에서는 속태를 강조하는 풍속화로 나타났음은 주지의 사실이다.[48]

한편 회화에서 출발하여 시문의 영역으로 확대된 형신 논의는 소설에서의 인물 형상의 문제에도 적용되었다. 흔히 소설을 평하는 중요한 규준의 하나로 인정물태의 핍진한 묘사를 거론한다. 그것은 현실 생활의 본래적 모습에 입각하여 현실을 진실하게 반영하고, 이를 통해 현실의 본질적 면모를 드러낸다는 의미일 것이다. 이 점에서 소설을 중심으로 한 서사문학에서의 '핍진' 문제는 여기서 다루고 있는 형신 문제와 밀접한 관련을 가진다. 대상의 정신, 즉 개성적 특징을 가장 선명하게 드러낼 것을 요구하는 형신 문제는 서사문학에서의 인물 형상의 전형성 문제로 연결되는 것이다.

예컨대 〈광한루악부서(廣寒樓樂府序)〉에서 춘향의 용모 · 동작 · 표정 등의 여실한 묘사가 춘향을 빼어 닮은 초상화와 같아서 춘향이 빙그레 웃으며 얼굴을 가리고 부끄러워할 것이라는 언급[49]이나 춘향가를 들어 보니

48 예컨대 앞서 현실주의적 창작관을 견지하였던 조영석은 오동나무 아래에서 젊은 한 아낙이 다듬이질하는 모습이나 경강의 용산 길에서 벙거지를 쓴 사람이 땔나무 실은 말을 몰고 가는 모습에서 볼 수 있는 것처럼 지금 시속의 물상을 묘사함에 있어 꼭 닮게 그렸다고 한다. 李奎象, 〈畵廚錄〉, 《一夢稿》, 《韓山世稿》, 권30. "至都正始似大備獨立. 又描今俗物狀, 或肖之. 嘗見小幅畵, 一少婦搗衣梧桐下, 又京江龍山路戰笠人驅載柴馬."

49 尹瓊純, 〈廣寒樓樂府序〉, 《廣寒樓樂府》(규장각 소장본) "吾友壺山子, 好古博覽人也. 慨其事之無傳, 於是依其歌, 而作小曲百八疊以記之, 名之曰: 廣寒樓樂府. 噫! 其間一肌一容, 一笑一語, 一涕一沱, 無非爲香娘傳神, 而其喜也, 如春雨乍晴, 百鳥吟弄而自得, 其悲也, 如聞隴水嗚咽, 峽猿啼號, 不覺悽然而淚下, 其快也, 如公孫娘舞劍, 但見逗虹閃日, 天地爲之低昴, 此文章

인정물태를 핍진하게 묘사하여 재자가인의 풍류와 정취를 한 터럭도 어긋나게 하지 않았다는 언급[50] 등이 그것이다. 이처럼 인물 성격의 형상에 주목하여 예술적 진실성 · 전형성의 문제를 다루고 있는데, 이 점은 시문 · 서화에서 오랫동안 거론되어 왔던 형신 논의가 여타의 장르로 확대 · 원용된 한 예라고 할 수 있다. 《수산광한루기(水山廣寒樓記)》의 협비에 보이는 '살아 있는 그림'(活畵), '그림 속 사람'(畵中人), '형용을 잘하다'(善形容)', '자연스러운 미인도'(天然美人圖) 등의 평어 역시 인물의 정신과 성격의 개성적 특징을 생동감 있게 묘출한 것에 대한 지적이다. 요컨대 위에서 언급한 단편적인 자료들은 모두 형신 관점을 운용하여 그것을 작품 속의 인물 묘사의 성공 여부를 판별하는 중요한 기준으로 삼았음을 보여 준다.

4. 마무리

형(形)과 신(神)은 시뿐만 아니라 산문 · 회화 · 서예 · 소설에 이르기까지 예술 전 분야에 걸쳐 예술적 형상의 진실성과 전형성 문제와 관련하여 중심적인 범주로 기능해 왔다. '형'은 인물이나 사물의 외재적 · 가시적 · 구체적인 것이며, '신'은 내재적 · 비가시적 · 추상적인 것이다. 여기서 형과 신은 대립적 통일 관계에 있는데, 이 같은 형신 범주는 본질의 현상을 통해 현상의 본질을 파악하는 예술적 형상의 진실성과 관련되며, 대상의 개성적인 특징을 포착해 내는 예술적 형상의 전형성과 연결된다. 아울러 형신은 형사(形似)와 신사(神似)로도 사용된다. 전자는 표현 대상의 외형에

之妙境也. 若使香娘見之, 豈有不嫣然而笑, 背面而羞者乎?"

50 李啓五, 〈廣寒樓樂府序〉, 《廣寒樓樂府》(규장각 소장본) "閭巷風謠, 發於咨嗟詠歎之餘者, 採其自然之音響節族, 播之於歌, 協之於詩, 然後淸濁高低, 長短緩促, 莫不畢備. 不待鼓金擊石, 彈絲品竹, 曲暢旁通, 眼幻耳目. 使傍聽傍觀, 曉然知其所以然者, 而淨丑劇戲之場, 得其所謂香娘歌者, 顧其說, 則不過稗官俚語而止, 其人情物態, 咄咄逼眞. 這叫做才子佳人風流情種, 無一毫差爽, 雖古之優孟衣冠, 抵掌談笑, 謂叔敖復生, 亦蔑以加此."

대한 진실한 묘사를 가리키며 후자는 표현 대상의 본질 · 내재적 정신에 대한 진실한 묘사를 가리킨다.

그러나 형사만으로 훌륭한 예술 작품을 산출할 수 없다고 했을 때 형사와 신사의 결합은 어떻게 이루어질 수 있는가? 이 문제를 해결하기 위해서는 형사를 넘어서면서 또한 형사에서 벗어나지 않는 것이 관건이다. 그것을 다른 측면에서 보면, 문학 예술이 반영하는 객관 현실과 그것을 재창조해 낸 작품 속의 현실 사이의 관계와 연결된다. 우리가 어떤 작품을 평가하면서 흔히 '핍진'하다는 말을 사용한다. 여기서 핍진이라는 말은 생활의 본래적 모습에 입각하여 현실을 진실되게 반영하고 이를 통해 현실의 본질적인 면모를 드러내 주었다는 의미일 것이다. 즉 객관 현실을 있는 그대로 나열한 것이 아니라, 작가의 상상력에 의해 일정하게 변형 · 창조한 '가상'임에도 불구하고 그 안에는 풍부한 진실을 함유하고 있다는 의미이다.

이 같은 형신 범주의 기본 의미에 대한 이해를 바탕으로 조선 후기 문예론에 있어 형신 범주가 어떻게 운용되었는가를 살펴보았다. 과거 동양의 예술 전통 속에서 형사와 신사의 겸비를 공통적 심미 이상으로 여겼지만, 실제적으로 그 구체적인 적용 양상은 다기하게 나타났다. 그것을 거칠게 나누어 본다면, 형사의 기초 위에서 전신(傳神)을 추구하는 것과 상외(象外) 또는 말 밖에서 전신을 추구하는 것으로 나누어 볼 수 있다. 전자가 외형적 묘사의 핍진성 · 사실성을 중시하고 있는 데 비해서, 후자는 과감한 생략과 함축을 통해 표현 대상의 정신과 풍모를 적출해 내려는 데 중점을 둔다.

사실 형사 자체만을 추구할 것을 이론적으로 주장한 것이 없고 보면, 형사와 신사의 겸비는 예술가들이 지향했던 공통의 목표였던 셈이다. 그렇기 때문에 전자의 입장은 형사 자체를 강조하는 데 의미가 있었던 것이 아니라, 형사를 소홀히 한 채 신사에만 경도된 창작 경향 · 풍조를 비판하기 위해 제출된 것이었다. 특히 우리는 전자의 입장에서 현실을 현실로 직시하고 그 현실을 본질에 있어 생생하게 표현하려는 현실주의적 창작관을 읽어낼 수 있다. 작품의 현실감을 획득하기 위해 대상에 대한 작가의 세심한 관찰, 대상의 현상 자체가 아니라 그 속에 내재되어 있는 정신까지를 드러내고자 하는 안목 그리고 대상을 살아 숨쉬게 하는 핍진하고도 생동감있는 묘사 등을 거론하였다. 이것들은 현재 문학계에서 활발하게 진행되고 있는 현실주의 논의와 일정 정도 맥이 닿아 있는 문제들이다.

이 글은 조선 후기 문예이론을 중심으로 형신 논의의 다양한 입장을 크게 둘로 나누고, 그 가운데 형사에의 충실성을 기반으로 하여 묘사 대상의 현실적 미감을 추구하는 경향을 밝히는 데 주안점을 두었다. 따라서 그것과 대비되거나 상반되는 경향에 대해 충분한 논의를 펼치지 못했다. 아울러 형신 범주가 예술 전반에 걸쳐 중요한 비평적 기능을 수행했던 점을 고려하여 시문뿐만 아니라 회화 · 소설에 이르기까지 다양한 장르에 걸쳐 논의된 것들을 대상으로 하였는데, 이 과정에서 각 장르의 고유한 특성에 따라 그것이 서로 달리 운용되는 점에 대해서는 소홀하게 취급하였다. 이 점 역시 다음에 보완되어야 할 점이다. 그리고 대상에 내재한 신의 객관성 문제 그리고 그것을 인식 · 표현하는 주체의 신과의 합치 또는 간섭의 문제를 다루어야 이 글에서 다룬 형신 범주의 이론적 함의와 운용의 실제 양상이 보다 섬세하게 파악될 수 있을 것이다.

4. 신의 범주

1. 문제 제기

우리는 일상 생활에서 아름다운 그림이나 시를 보았을 때 그 솜씨가 '귀신 같다'고 하며, 인간이 도달한 최고의 경지를 지칭할 때 '입신'이라고도 한다. 혹은 '신이 나다', '신이 내리다' '신들리다'와 같은 말도 자주 사용한다. 일상 생활에서 흔히 쓰이는 이러한 말들은 예술 활동에서 구사되는 신(神) 개념과 일정 정도 관련을 가질 것이다.

신은 동양문화권에서 문학을 포함한 예술에 있어 최고의 미적 범주이다. 여타의 많은 범주들 가운데 신은 기(氣), 운(韻), 의경(意境) 등과 함께 가장 핵심적인 위치에 있는 바, 창작 주체 · 창작 대상 · 작품의 각 층위에서 신은 항상 최고의 지위를 차지한다. 이런 점에서 신 범주는 문학 창작과 감상의 영역에서 가장 심층적이며 본질적인 국면과 관련된다. 그리고 다른 여타의 범주 혹은 개념도 그러하겠지만, 신은 그것이 발현 · 운용되는 층위에 따라 각기 다른 의미를 갖고 있다.[1] 그것은 작가의 내재적 본질, 혹은 자유로운 정신 활동으로 사용되기도 하며, 때로는 객관 사물의 본질

1 이와 관련해 동양의 고전 문예이론에 있어 중요한 개념의 하나인 格의 문제를 정치하게 분석한 것이 이 방면의 선구적 업적이다. 김종길, 〈중국 시이론에 있어서의 格의 개념〉, 《아세아연구》 41호(고려대 아세아문제연구소, 1971) 참조.

적 국면을 지칭하기도 하고, 작품에 구현 · 반영된 신묘한 특질, 심미적 경계를 뜻하기도 한다. 창작 주체, 창작 대상, 작품에 이르기까지 '신'의 범주는 폭넓고 다양하게 사용되며, 각 층위 내에서의 의미 또한 단일하지 않다.

이 글에서는 조선 후기 문학이론 자료에 나타난 신의 용례를 가능한 한 광범위하게 조사 · 수합하여 이를 체계적으로 분석함으로써 '신'의 함의와 특성을 보다 면밀하게 검토하기로 한다. 다시 말해 신 개념이 문학 창작과 감상의 각 층위 내에서 어떤 의미로 사용되고 있으며 그 특성이 무엇인가를 살피고자 하는바, 이를 위해 시론과 산문론으로 구분하여 이 개념의 구체적 함의와 특성을 알아보도록 한다.[2]

2. 신의 함의와 층위

본래 갑골문에는 '신'자가 없는데, 《설문해자》에 '신은 신이다(申, 神也)'라고 하였듯, '신'은 '신(申)'과 통용된다. 신(申)의 자형은 번개칠 때 구름 사이로 나타나는 번갯불 모습을 본뜬 것으로, '번개(電)'과 같은 뜻이다. 이렇게 볼 때 '신(申)', '신(神)', '전(電)'은 동일한 의미를 가진 글자로 출발하였다. 옛날 사람들은 번갯불이 번쩍거리는 것이 신이 자신의 모습을 드러내 보이는 것이라고 여겼기 때문이다.[3]

'신(神)'을 '시(示)'와 '신(申)'으로 나누어 볼 때, 번개는 거대한 소리와 강

2 조선 후기 문학이론에 있어 神에 대한 연구는 形神 문제와 관련하여 다루거나, 이수광과 오광운 등 몇몇 개별 비평가를 대상으로 제한적으로 연구가 진행되었다. 개별 비평가를 대상으로 神의 범주를 다룬 논문으로 다음을 들 수 있다. 황의열, 〈이수광의 시론〉, 《태동고전연구》 3집(한림대 태동고전연구소, 1987); 박수천, 〈지봉유설 문장부 연구〉(서울대 박사학위논문, 1994); 장병한, 〈약산 오광운의 문학론에 관한 연구〉(성균관대 석사학위논문, 1988)

3 神의 語義에 대해서는 陳良運, 《中國詩學體系論》(북경: 중국사회과학출판사, 1992), 351-354면 참조.

렬한 빛이 동시에 일어나 만물을 진동 · 분발케 하며 그 위세와 영험함을 예측할 수 없고, 막을래야 막을 수 없는 것이라고 생각했기 때문에 '신(申)'을 따른 것이다.[4] 또한 천지 자연의 예측할 수 없고 기이한 현상을 주재하는 존재 역시 신이라고 생각하였다. 그리하여 만물을 주재하는 존재가 그러한 기이한 자연 현상을 현시하였다고 생각하였기 때문에 '시(示)'를 따른 것이다.[5] 이렇게 볼 때 신은 처음에는 번개와 같이 신비하고 기이한 자연 현상 혹은 그것을 주재하는 존재 혹은 신비하고 불가해한 힘을 지칭하는 것으로 사용되었다.[6]

이 같은 의미의 신이 철학과 문예 방면으로 전화되어 다양한 층위에서 풍부한 의미를 획득하게 되었다. 자연 현상의 신비함을 관찰하던 것에서 출발하여 철학 방면으로 응용 · 전화된 신은 객관 사물의 변화 발전의 법칙과 인간 주체의 내재적 정신 · 능력을 지칭하는 개념 등으로 사용되었으며,[7] 그 후 회화와 서예의 예술 부문에서 '형신' 범주를 중심으로 운용되었고 문학 분야에까지 폭넓게 확대되었다.

문학에 있어 신이 발현 · 구현되는 각 층위에 초점을 맞추어 크게 나누어 보면, 창작 주체의 신, 창작 대상의 신, 작품의 신으로 삼분된다.[8] 먼저

---

4 高樹藩 編, 《形音義綜合大字典》(臺北: 中正書局, 1979)

5 '示'는 원래 신에게 제사지낼 때 제물을 올려 놓는 돌로 만든 제단 모양을 본뜬 것이었다. 후에 와서 보이다의 뜻과 혼용되었다. 혹은 제단이 아니라 조상의 신을 모시는 신주 혹은 신성한 구역의 솟대로 보기도 한다. 그리하여 후에 '示'를 덧붙여 '神'을 만들었으며, '雨'를 덧붙여 '電'을 만들었다.

6 한편 神의 語義를 '조상'과 '신령'의 두 계통으로 구분하여 전자에서 파생된 '근본' '본원'이 형신 범주로 확장되었고, 후자에서 파생된 '신비하고 변화불측함'이 인간의 정신 활동 내의 특수한 현상—예컨대 연상, 상상, 영감—으로 확장되었다고 보기도 한다. 전자가 창작 대상의 신이라면, 후자는 창작 주체의 신에 해당된다. 吳琦幸, 〈說'神'〉, 《고대문학이론연구》 16집(상해: 상해고적출판사, 1992) 참조.

7 철학 방면에 사용되는 신 개념만 살펴 보아도 그 다양한 함의에 대해 짐작해 볼 수 있다. 참고로 최근에 출간된 方克立 主編, 《中國哲學大辭典》(北京: 中國社會科學出版社, 1994)에 수록된 神 항목을 보면, 그 함의가 (1) 神靈. 종교와 신화에서 인격적이며 의지를 갖고 있는 초현실적 존재이며, 제사, 신앙, 숭배의 대상 (2) 기묘막측한 변화 (3) 변화의 동력 (4) 淸陽之氣 (5) 形과 상대되는 정신의 약칭 등 다섯 가지로 구분되어 있다.

8 물론 이처럼 창작 주체, 창작 대상, 작품의 신으로 구분하였지만, 그들 사이에는 상호 소통

예술 창작의 주체인 작가에 내재한 신을 들 수 있다. 그것은 주로 작가가 창작 활동을 진행하는 국면과 관련된다. 그리고 작가가 외부 세계에 대한 잡념과 욕망을 배제하고 고요히 침잠할 때, 외부 경물과 우연히 접촉하였을 때 도래하는 특수한 정신 현상 혹은 활동으로 발현된다. 또한 신은 예술 창작의 주체인 작가가 대상을 파악 · 관찰함에 있어 그 대상의 외형을 넘어선 본질적 특징과 정신을 표출하고자 하는 국면과 관련된다. 이때의 신은 창작 주체에 내재한 신이 아니라, 창작 주체가 파악하고자 하는 대상에 내재한 신이다. 이것은 대체로 형신 범주 속에서 이해된다. 한편 신은 작품 내에 가장 본질적이며 심층적인 국면과 관련된다. 그것은 대체로 작품 내에 구현된 최고의 심미적 경계로서 파악된다. 이상을 정리하면 다음과 같다.

(1) 창작 주체의 신: 작가가 창작을 진행할 때 정신 활동 내의 특수한 현상을 가리킨다. 그것은 시인이 창작에 진입한 과정에서 정신이 고도로 응집되고 능동적으로 시공을 초월하여 활동하는 최상의 상태이다. 주체에 이러한 신이 깃들게 되면 시인은 스스로도 의식하지 않은 어느 일순간 신묘한 생각이 도래하게 되니, '신래(神來)' '신행(神行)', '신동(神動)', '하필여유신(下筆如有神)' 등이 그것이다.
(2) 창작 대상의 신: 작가가 대상을 묘사할 때 형에 상응하는 개념으로서의 신 혹은 신사(神似)를 요구하는 바, 형신 범주가 여기에 해당된다. 이 때의 신은 창작 주체에 내재한 신이 아니라 창작 주체가 파악하고자 하는 대상에 내재한 신이다.
(3) 작품의 신: 작품 내의 가장 본질적이며 심층적인 국면과 관련된다.

되는 측면이 많이 있다. 문맥에 따라 이들 구분이 모호하게 생각될 정도로, 한편의 글에서 주체, 대상, 작품의 층위에 모두 관여하는 경우도 있다. 하지만 여기에서는 신의 함의와 특성을 일단 명료하게 파악하기 위해서는 그것이 운용되는 층위를 세분하는 것이 필요하다고 생각되어 일단 세 방면으로 구분해 본 것이다.

그것은 대체로 작품에 구현된 최고의 심미적 특질, 경계에 해당된다. 입신, 신화(神化) 등이 여기에 해당된다.

이상에서 구분한 신의 세 가지 국면 가운데 창작 대상의 신은 형신 범주와 관련하여 이미 언급[9]한 바가 있으므로, 여기에서는 주로 창작 주체의 신과 작품의 신을 중심으로 논의를 전개하고자 한다.

3. 조선 후기 시론에 있어 신의 범주

조선 후기 문학이론에 있어 신의 문제를 다룰 때 우선 이수광을 주목하지 않을 수 없다. 그는 "문장은 신을 주로 삼는다"고 하였으며, 시론과 관련하여서는 '신래(神來)', '신여경회(神與境會)' 등을 언급한 바 있다.

이수광은 당나라 중기 때 비평가인 은번(殷璠)이 편찬한 《하악영령집(河岳英靈集)》의 서문을 인용하면서 시 창작 과정에 있어서의 '신래(神來)', '기래(氣來)', '정래(情來)'를 언급하였다.[10] 여기에서 '신래'는 시인이 창작을 진행할 때 일순간 신묘한 생각—오늘날의 비평 개념으로 영감에 가까움—이 일어나는 것으로 해석된다. 이 점은 다음 자료를 통해 보다 구체적으로 접근해 볼 수 있다.

> 정자와 주자의 설에서는 말하기를 "그 말이 바르고 마땅하기 때문에 아(雅)가 풍(風)보다 낫다"고 한다. 그러나 내가 생각하기에 천진스러움이 드러나 안배를 하지 않는 것은 대개 여항의 말투에 있다. 능숙한 사대부가 붓에 먹물을 적시고 초고를 쓸 때에 때로는 여러 차례 거듭해서 고치니 비록 문사가 바르고 마땅하기는

9 본서 1부의 〈형과 신의 개념〉을 참조.

10 李睟光, 《芝峰類說》, 권8, 문장부 1. "殷璠曰: '文有神來氣來情來, 有雅體野體鄙俗體. 能審察諸體, 委詳所來, 方可定其優劣.' 余謂於詩, 亦然. 以盛唐言之, 如王維, 是神來, 高適, 是氣來, 孟浩然, 是情來. 宋以下詩, 未知所來, 而體多鄙俗, 看得自別耳."

> 하지만 천기와 간격이 있게 된다. 이 때문에 동요는 터무니없는 것이지만 대개 영험함이 많으니 신이 와 안배를 하지 않기 때문이다. 풍과 아 사이에 허실상략의 중간쯤 있는 것이 소아이다.[11]

> 그림은 사물을 닮게 그리는 것을 지극한 경지로 치는데, 지금의 화가들은 물상을 안배하고 배치하는 것을 중히 여기니, 그릇된 것이다. 하늘이 산과 물과 초목을 만듦에 있어 어찌 일찍이 안배하고 배치하는 데 뜻을 두었겠는가? 그러므로 안배와 배치가 교묘하면 할수록 더욱더 닮지 않게 된다. 훌륭한 그림은 붓 가는 대로 써서 산을 이루기도 하고 물을 이루기도 하며 초목을 이루기도 한다. 산의 높고 낮음, 물의 넓고 좁음, 초목의 위치가 모두 나의 사사로운 지혜를 용납지 않고 오직 신이 행한 연후에야 비로소 조화를 빼앗았다고 말할 수 있다.[12]

김창흡과 조귀명의 위 자료에서 주목되는 비평 개념은 '신래(神來)'와 '신행(神行)'이다. 주희는《시경》의 '풍아송'을 작자 · 체재 · 곡조의 차이로써 설명하였다. 그는 "풍은 아랫사람에게서 많이 나왔고, 아는 사대부의 작이다. 아에는 비록 풍자가 있지만 말이 장중하여 풍과는 다르다"고 하여 일반 서민이 지은 풍과 사대부들이 읊은 아는 그 작자에 있어 다르고 시의 내용과 풍격 역시 달라지게 되는바, 이로 인해 풍아의 구별이 있게 되었다고 보았다.[13]

이에 비해 김창흡은 풍아의 우열 관계를 문제삼기보다 풍아를 구별짓는 기준의 하나로 '허실(虛實)'과 '상략(詳略)'의 원리를 제시하였다.[14] 이것

---

11 金昌翕, 〈日錄〉, 《三淵集》 권35. 《총간》 166, 159면. 12일자 기록. "程朱之說, 皆云雅勝乎風, 以其語皆正當, 而竊謂天眞呈露, 不容安排, 多在於街童巷女之口氣. 若老成士大夫濡毫起草, 容或有累次點竄, 則命辭雖當, 而稍與天機有間矣. 以是之故, 童謠沒巴鼻者, 概多靈驗, 以其神來而不安排也. 風與大雅之間, 虛實詳略之居中者, 爲小雅."

12 趙龜命, 〈題畵扇〉, 《東谿集》 권6, 《총간》 215, 124면. "畵以肖物爲至, 今之畵家, 重排布, 非也. 天之爲山爲水爲草木, 何嘗有意排布哉? 故排布愈巧, 而愈不肖. 夫至畵者, 信筆而寫之, 或爲山或爲水或爲草木, 而山之高低水之闊狹, 草木之位置, 皆不容吾之私智, 而唯神之行, 然後始可語奪造化爾."

13 이재훈, 〈주자 시경학 연구〉(서울대 중문과 박사학위논문, 1994), 138면 참조. 아울러 주자는 만년에 義理之學을 중시하여 풍아송의 구별에 있어 중요한 기준의 하나인 곡조의 차이를 폐기하기도 하였다.

14 여기서 實은 볼 수 있고 느낄 수 있는 구체적인 사물이며, 虛는 그 반대이다. 문학 작품 속에

은 일종의 창작 방식에 따른 구분으로, 허와 약, 실과 상으로 나누었을 때 풍은 전자에, 아는 후자에 치중한 것이며, 소아는 그 중간쯤에 해당된다고 보았다.[15]

이처럼 김창흡은 풍아의 우열 관계를 문제 삼지 않고 국풍시의 천진성, 자연스러움의 측면에 주목하여 논의를 전개했다. 여기서 우리가 주목할 점은 민간 가요의 하나인 동요가 아무 근거 없는 것이기는 하지만 대개 영험함이 많은 이유로 '안배를 하지 않고 신이 내렸기' 때문임을 들고 있는 점이다. 이를 통해 볼 때 '신래'는 창작 주체가 외부 경물과 접촉할 때 스스로 의도하거나 의식하지 않은 어느 순간에, 마치 신령이 부여해 준 것처럼, 영감이 도래하는 것을 가리킨다.[16]

이 같은 점은 두 번째 인용한 자료를 통해 다시 확인된다. '배포'는 회화에서 제재의 처리, 화면상의 적절한 배치 등 구도를 의미한다. '배포'가 미리 전체를 구상하고 각 요소들을 거기에 맞게 '의도하여' 안배하는 것이라면, '신래'는 외부 사물과의 '우연한 접촉' 속에서 촉발되는 감흥에 따라 자연스럽게 창작이 진행되는 것을 말한다.

바야흐로 정신을 집중하고 고심하여 생각에 몰두하면서 막연히 그림에 관심이 없

서의 實은 인물, 경물에 대한 구체적 묘사를 지칭하며, 虛는 형체로 볼 수 없는 정감, 경계 등이다. 이 둘은 상보적 관계를 형성하는 바, 虛만 있다면 작품은 추상적이며 맛이 없게 되고 實만 있다면 작품은 생기가 없게 된다. 그리고 詳과 略은 전자가 작품상의 상세하며 구체적인 묘사인 반면, 후자는 간략하고 함축적인 묘사를 가리킨다. 따라서 김창흡의 위의 지적은 風과 雅를 虛實 · 詳略의 상대적 관계 속에서 그 중점이 어디에 놓여 있는가에 초점이 있는 것이다.

15 김창흡의 風雅論과 比興觀에 대해서는 이종호, 〈삼연 김창흡의 시론에 관한 연구〉(성균관대 박사학위논문, 1991) 참조.

16 그 밖에 시인의 정감이 외부 사물에 우연히 촉발되어 일어나는 정신의 자유롭고 활발한 활동으로 '神動'을 언급하기도 한다. 申光洙와 李學逵의 다음 언급이 그 한 예이다. 申光洙, 〈與法正〉, 《石北集》, 권11, 《총간》 231, 420면. "要之朋友會合, 情景相値, 自然神動, 發之吟詠, 是亦天理流行中一事. 風蟬雨蚓, 得其候, 則鳴耳. 足下之言, 何爲此拘拘也?" 李學逵, 〈與〉, 《洛下生集》 10책, 《총간》 290, 361면. "近日見家書, 伯津時時寄詩, 數人者亦時時寄詩, 不覺情動神往, 或一日作數十詩, 或一詩易數三藁而不知止. 是猶飢者當食, 渴者當飮, 每每自不知其過量也."

는 듯하다. 옷을 풀어헤치고 걸터앉아 일필휘지하면 토끼와 송골매가 다투어 일어나고 비바람이 갑자기 몰아쳐 온다. 이것이 그림의 오묘한 경지이다.[17]

동파의 대그림 비결은	坡翁畵竹訣
형사를 넘어 신사를 얻는 것	離形而得似
신을 좇음 가장 묘오한데 있나니	追神最妙悟
조금이라도 방심하면 사라진다네	少縱則逝矣[18]

두 번째 인용문에서 신위는 동파의 회화관의 핵심을 '이형득사(離形得似)'에서 찾았다. '이형득사'는 본래 사공도의 《이십사시품》 중 〈형용〉에 나오는 말로, 사공도의 형신관을 집약한 명제이다. 그것은 고개지의 '이형사신(以形寫神)'의 전신관(傳神觀)을 발전시킨 것으로, 사물의 외재적 형상에 얽매이지 않고 변형과 과장 등의 수법을 통해 '상외지상(象外之象)'의 심미적 효과를 얻는 데 그 의미가 있다.

그런데 우리가 주목할 점은 "신을 좇는 것이 가장 묘오하니, 조금이라도 방심하면 사라진다네"는 3, 4구이다. 여기서 신은 4구와 관련시켜 볼 때 시인의 내심에 순간적으로 도래하는 영감에 가깝다. 소식은 "마치 토끼가 나타나니 송골매가 낚아채려 하듯 조금이라도 방심하면 사라진다"(如兎起鶻落, 少縱則逝矣)고 하여 시인의 영감이 순간적으로 도래했다가 사라져 그것을 포착하기가 어렵다고 지적한 바 있다.[19] 첫 번째 인용문에서 '토끼와 송골매가 다투어 일어나고 비바람이 갑자기 몰아쳐 온다'는 구절 또한 이를 가리킨다.

그리고 이 같은 영감의 도래는, 서우보의 자료[20]에서 보듯, 풍부하고 다

---

17 李晩秀, 〈題李仲熙北征錄〉, 《屐園遺稿》 권9, 《총간》 268, 406면. "方其鍊精研思, 經營意匠, 漠然若無所事於畵. 及夫解衣槃礴, 縱筆一揮, 兎鶻競起, 風雨驟至. 此畵之妙也."

18 申緯, 〈爲羲世使君走筆自題墨竹八絕句〉(3), 《警修堂全藁》 28책, 《총간》 291, 611면.

19 蘇軾, 〈文與可畵篔簹谷偃竹記〉, 北京大學哲學系美學教研室 編, 《中國美學史資料選編(下)》(北京 : 中華書局, 1981), 39면. "故畵竹必先得成竹於胸中, 執筆熟視, 乃見其所欲畵者, 急起從之, 振筆直遂, 以追其所見, 如兎起鶻落, 少縱則逝矣."

20 徐宇輔, 〈送尹雅士遊金剛山序〉, 《秋潭小藁》(규장각 소장본) 下册. "方其遇景紓懷, 境與神

채로운 예술적 형상을 동반하며, 작가 스스로 의도한 결과가 아니라 어느 한순간 움터 나온다는 특징을 가지고 있다. 그것은 일종의 무의식적인 황홀경의 상태이며, 《장자》에서 말한, 망아의 상태에서 오는 황홀의 도취경이다. 이때 작가의 머릿속에 떠오르는 예술적 형상은 이성적 사고를 통해 얻은 것이 아니다. 그것은 작가가 무심한 태도로 대상과 우연히 만날 때, 즉 '신(神)'과 '기(機)'의 결합에 의한 것이다.

아울러 한 가지 더 지적할 점은 허정(虛靜)과의 관련이다. 첫 번째 인용문에서 창작 주체가 모든 잡념으로부터 벗어나 마음을 고요하게 하고 무심한 태도로 대상에 온 정신을 집중하여 몰입할 것을 강조했다. 무심하게 대상에 정신을 몰입하는 것이 '토끼와 송골매가 다투어 일어나고 비바람이 갑자기 몰려오는 것(兎鶻競起, 風雨驟至)', 즉 영감 도래의 전제이다. 요컨대 허정의 심리 상태는 대상에 대한 고요한 관조 속에 예술적 감흥을 불러일으키는 바, 외부 세계를 향한 잡다한 움직임(動)으로부터 벗어나 하나로 정향화, 전일화된 고요함(靜)은 작가의 영감이 일순간 이르는 조건이 된다.

허정한 마음의 상태에서 어느 일순간 감흥이 일어난다고 하였을 때, 시인에게는 그것이 도래하는 순간 혹은 계기를 예민하게 포착·감수하는 능력이 요구된다. 이 점에서 신은 시인의 예민한 감수력과 관련되는바, '신과 기의 결합(神與機合)'이 그것이다.

> 사람 마음의 영묘함이 발하여 소리가 된다. 소리는 몸 안에 간직되어 있다가 어떤 계기에 접촉되어 생겨난다. 정신이 계기와 합쳐지니 음률에 응하여 문장을 이룬다. 하늘이 시인에게 빌려주니 그 울림이 조화롭다. 비유하자면 번개가 여름에 치고 벌레가 가을에 우는 것과 같다. 마치 명을 받은 것처럼 멈추지를 못한다. 그러므로 시라는 것은 때에 맞는 것을 말하며, 사람이 시를 짓는 것은 하늘과 더불어

會, 獸巘鬼嶂, 軒豁呈露, 驚濤駭浪, 灝漾後先, 天地之百靈千怪, 恍惚涌現于篇什之間. 蓋有不自知其然而然者."

진행된다.[21]

홍양호의 〈시해(詩解)〉는 그의 시론을 집약화한 글로 주목된다.[22] 시 창작 과정의 제반 문제를 다각도로 분석해 놓은 위의 자료에서 우리가 주목할 부분은 '정신이 계기와 합쳐지니 음률에 응하여 문장을 이룬다(神與機合, 應律成章)'이다. 시란 창작 과정 중에 우연히 촉발되는 어떤 계기를 포착하여 운율에 맞게 표현한 것이다.

먼저 '기(機)'에 대해 살펴볼 필요가 있다. 《주역》에 근거를 둔 '기'는 사물이 변화하는 시초에 나타나는 은미한 징조, 맹아상태를 가리킨다.[23] 그런데 그것은 있음과 없음, 움직임과 고요함 사이에서 명확한 실체를 아직 드러내지 않았기 때문에 일반 사람들은 제대로 파악하기 어려우며, 신묘한 지혜를 갖춘 군자만이 알 수 있다. 문학에 원용된 기는 객관 경물과 접촉하는 과정에서 작가에게 순간적으로 발현되는 창작상의 우연적 계기이다. 따라서 시인에게 요구되는 것은 그같은 사물의 은미한 변화를 섬세하게 감수하는 능력이라고 할 수 있다.[24] 이런 점에서 '신'은 작가의 정신 일반이라기보다 그 같은 사물의 미묘한 변화와 조짐을 예민하게 포착하고 감수하는 고도의 정신적 역량과 관련된다.[25]

---

21 洪良浩, 〈詩解〉, 《耳溪集》, 권17, 《총간》 241, 312면. "人心之靈, 發而爲聲. 聲藏於肉, 機觸而生. 神與機合, 應律成章. 天假之風人, 其鳴鏗鏘. 比如雷奮於夏, 蟲吟於秋. 若或命之, 不可得而休焉. 故詩之爲言, 以時而名, 人之爲詩, 與天偕行."

22 홍양호는 〈詩解〉라는 같은 제목으로 시와 산문 두 편을 썼다. 그리고 朴維則에게 보내는 편지글에 〈詩解〉를 짓게 된 동기, 과정 등을 기록해 놓았다.

23 "夫易, 聖人之所以極深而研機也. 唯深也, 故能通天下之志, 唯機也, 故能成天下之務, 唯神也, 故不疾而速, 不行而至."(《周易》〈繫辭上〉) "子曰, 知幾, 其神乎? 君子上交不諂, 下交不瀆, 其知幾乎! 幾者, 動之微, 吉之先見者也."(《周易》〈繫辭上〉)

24 정범조가 언급한 機神은 이 같은 홍양호의 사고와 밀접히 관련된다. 박무영은 기신을 창작 주체의 신묘한 발동능력으로 설명하였다. 박무영, 〈海左 丁範祖의 氣數論的 文學觀〉, 《한국한문학연구》 19집(한국한문학회, 1996) 참조. 丁範祖, 〈宋金元詩永抄序〉, 《海左集》 권19, 《총간》 239, 386면. "詩有榘度焉, 有機神焉. 榘度隨世而不定, 機神應物而不窮. 然則榘度未必皆同, 而機神不期同而同焉耳. (…) 至若機神之在人者則不然. 宇宙間風雲日月山川卉木蟲鳥, 物態之變常新, 而機神與之常新. 自十五國至漢魏, 漢魏至六朝, 六朝至唐宋元, 壹機神也."

25 이러한 관점에서 그는 '詩'를 종래 '志', '持', '承' 등으로 정의하던 것과 달리 '때에 맞다'는 뜻

'정신이 계기와 합쳐지는 것'은 어떤 우연하고 순간적인 창작상의 계기에 의해 촉발되어 일어나기 때문에, 누군가의 명령을 받아 그칠래야 그칠 수 없는 것처럼, 인공 혹은 인력으로 미칠 수 있는 것이 아니다. 그러한 점에서 그것은 조화의 신묘한 작용이며, '천기의 오묘함'이라고 할 수 있다.

한편 그것은 '닭이 알을 품고, 매미가 허물을 벗는 것처럼' 대상에 온 정신을 집중하여 그것과 일체가 됨으로써 스스로의 존재를 망각해 버리는—《장자》가 말한 '뜻을 한 가지에 집중하여 갈라지지 않아야 정신이 한 가지로 모인다(用志不分, 乃凝於神)'는 상태—것이 요구된다.[26] 그것은 주체가 모든 관심과 의욕을 초탈하여 순수하게 대상에 몰입하는 무의식 상태의 심리 체험이며, 욕망과 잡념으로부터 벗어나 마음의 상태를 고요하게 침잠할 때 일어나는 미적 관조의 상태이다.[27]

이렇게 볼 때 창작 대상에 대한 무심한 태도와 우연한 접촉을 통한 신의 발현은 천기와 인공의 융합에 의해 이루어진다고 하겠다.[28] 창작 주체의 신은 작가의 오랜 수양과 경험의 축적을 바탕으로 하여 허정한 마음의 상태에서 대상을 직시하는 가운데 우연한 계기 혹은 촉발을 통해 흥기되는 시인의 영감을 더함으로써 발현되는 것이다.[29]

의 '時'로 정의하였던 것이다. 그가 동일한 제목의 〈詩解〉라는 작품에서 "때에 맞으면 흥을 표현하니, 입을 열면 시를 이룬다네"라고 한 것 역시 이와 관련된다.

26 동양의 예술론에 있어 神의 범주는 《莊子》에 연원을 두고 있다. 참고로 《장자》에 나타난 신 범주의 의미는 크게 네 가지로 요약된다. (1) 天工을 교묘하게 빼앗고 자연스러움에 이르는 化境 (2) 인간의 기예가 합법칙에 부합하는 과정이나 활동 (3) 주관적 정신과 객과 대상 사이의 직접적 합일, 교융의 심리 활동 (4) 주체의 정신의 靜一不變한 상태. 劉紹瑾, 《莊子與中國美學》(廣東: 廣東高等教育出版社, 1989), 176-177면 참조.

27 莊子의 예술관에 대해서는 徐復觀, 〈中國藝術精神主體之呈現〉, 《中國藝術精神》(臺灣 : 學生書局, 1983)을 참조.

28 이와 관련해 吳光運은 '無心故一, 一故神'이라고 하여 창작 대상에 무심한 태도와 전일화된 집중을 통해 神이 발현된다고 한 바 있다. 吳光運, 〈無心齋記〉, 《藥山漫稿》, 권16, 《총간》 211, 65면. "柳公善畵竹, 造神境, 具眼者, 謂如李白之詩張旭之書, 以無心得之. 噫! 無心故一, 一故神, 藝固有之, 學亦然, 盍移之?"

29 이렇게 볼 때 天機 개념은 외부 경물과의 우연한 촉발을 통한 영감의 도래와 관련시켜 파악해 볼 필요가 있다.

바야흐로 정신을 집중하고 고요히 생각하며 정경을 묘사하는데 마치 목구멍에 물건이 걸린 듯 캑캑거리며 두려워하다가, 홀연히 솟구쳐 종이를 마주하니 붓과 혀가 하나가 되어 천기와 인공이 서로 교착해 곡절변화가 이르지 않음이 없다.[30]

정신을 집중하고 고요히 생각하는 것은 허정의 상태이다. 목구멍에 물건이 걸린 듯 표현하고자 하는 언어와 대상이 명료하게 파악되지 않다가 어느 순간 감흥이 흘러넘쳐 홀연히 정신이 솟구치게 된다. 이리하여 붓과 혀가 하나가 되어 천기와 인공이 교착하게 된다. 붓과 혀가 하나가 된다는 것은 '손짐작으로 터득하고 마음으로 응하는(得之於手, 而應之於心)' 경지이다. 달리 말해 기교를 부렸지만 그 기교 부린 것을 잊고 창조를 하였지만 그 창조하였음을 잊어 사물의 본성과 완전하게 합일된 경지이다.[31] 그것은 천기와 인공의 융합이라고 할 수 있다. 정신을 집중하고 고요히 생각에 잠기어 대상을 표현해 내고자 하는 것이 계속 진행되었을 때 어느 한 순간 자연스럽게 감흥이 일어나 주객이 물화된 경계에 이르는 것이다.

이와 관련해《고문통론》을 참조해 보면, "무심하게 만나고 우연하게 촉발하는 것'이 기(機)이며, '인공과 천기가 상호 융합한 것'을 신이라고 하였다.[32] 창작 주체가 무심히 대상을 접하고 우연한 계기로 촉발되어 작가의 머릿속에 예술적 형상들이 답지한다 하더라도 평상시 공력을 쌓고 마음을 집중하지 않으면 최고의 경계에 이를 수 없는 것이다. 달리 말해 인공과 천기의 상호 교섭을 통해 신은 발현된다고 할 수 있다.

---

30 李瀰, 〈梧村稿序〉,《竝世集》(국립중앙도서관 소장본), 文卷 2. "方其凝神靜思, 描寫情境, 喀喀鰓鰓, 如物之在喉, 乃忽踊躍臨紙, 筆舌爲一, 而天機人工, 交相組織, 曲折針線, 無所不到."

31 徐復觀, 〈中國藝術精神之呈現〉,《中國藝術精神》(臺灣: 學生書局, 1983), 70-75면 참조.

32 曾國藩,《日記》〈藝文類〉. "余昔年鈔古文, 分氣勢識度情韻趣味爲四屬, 擬再鈔古近體詩, 亦分爲四屬, 而別增機神之屬. 機者, 無心遇之, 偶然觸之. 妖姫傳所謂文王周公繫易彖辭爻辭, 其取象亦偶觸於其機. 假令易一日而爲之, 其機之所觸少變, 則其辭之取象亦少異矣. 余嘗歎爲知言. 神者, 人工與天機相湊泊, 如卜筮之有繇辭, 如左傳諸史之有童謠, 如佛書之有偈語, 其義在可解不可解之間." 馮書耕,《古文通論(하)》(臺灣: 國立編譯館中華叢書編審委員會, 1979), 1218면에서 재인용.

조선 후기의 대표적인 회화비평가인 남태응이 김명국의 화법을 평하면서 "앞 시대 사람의 자취를 답습하지 않고 미친 듯 자유분방하게 고정된 법식 밖에서 제멋대로이면서도 배포의 법도가 천기 아님이 없었다"고 한 언급[33] 또한 천기와 인공의 상호 교섭을 통한 최고의 예술적 경계를 뜻한다.

신광수의 다음 자료는 이 같은 천기와 인공의 상호 교섭을 통한 주객 융화의 예술적 경계와 관련하여 주목된다.

> 내가 아이들에게 시를 이야기하기를 "시에는 신묘한 경계가 있다. 그것은 무형 속에 깃들어 있다가 홀연히 이르고 홀연히 가 버린다. 그것을 만나면 마치 보는 듯하지만 가까이 가면 얻을 수 없다. 비유컨대 아지랑이와 안개가 곱고 부드러우며 아득하여 멀리서 바라볼 수 있지만 가까이서 보면 허공이다. 그러나 이것은 작자가 스스로 터득할 뿐이어서 언어로 형용하기 어렵다. 그러므로 아버지가 아들에게 전할 수 없고 형이 동생들에게 전할 수 없으며 다른 사람들도 함께할 수 없다.[34]

창작 주체와 창작 대상이 하나로 합일되어 일체화된 경지가 바로 신묘한 경계(神境)로, 인간의 기예가 도달한 최고의 예술적 경지이다. 그것은 멀리서 바라볼 수 있지만 가까이서 보면 허공과 같은 것이다. 그렇기 때문에 다른 사람에게 전하거나 언어로 형용할 수 없고 오직 작가 자신의 심미적 체험에 의해 감득될 수 있다고 보았다.

이와 관련해 신흠은 신과 경의 상호 교융은 작가가 일체의 잡념과 선입견을 끊고 객관 경물 속으로 자신을 완전히 융합, 일치시킨 상태로서, 인

---

33 南泰膺, 〈畵史〉, 《聽竹畵史》(이태호 · 유홍준 편, 《조선 후기 그림과 글씨》, 학고재, 1992 재인용) "金鳴國, 其畵中之鬼神乎! 其法不蹈前人跡, 猖狂自恣於繩墨之外, 而其排鋪規度, 無往而非天機也. 譬諸物, 則空裡天花, 眩恍難狀, 海上游龍, 變化莫測, 神駒歷塊, 脫銜而超驤, 健鶻橫霄, 張拳而搏擊, 變態無窮, 不滯一偏, 愈小而愈妙, 愈大而愈奇, 畵肉而兼畵骨, 畵狀而兼畵意."

34 申光洙, 〈贈申鵬擧序〉, 《石北文集》 권15, 《총간》 231, 486면. "余爲兒輩談詩曰 : 詩有神境. 是物也, 寓於無形之中, 忽然而來, 忽然而逝, 遇之而若可見, 卽之而無所得, 譬如野馬烟波, 嫋娜渺茫, 遠望可見, 而薄而視之, 則虛空也. 然此在作者自得之, 難以言語形容之也. 故父不得以與諸子, 兄不得以與諸弟, 他人無得以與也."

위적 조작이나 작위로 획득될 수 없는 최고 경지라고 하였다. 다시 말해 창작 주체와 창작 대상 사이의 간격이 사라져 버린 물아혼융의 경계로, 작가가 자신의 존재를 망각한 채 심미 대상 속에 몰입되어 있는 경지이다.[35] 작품을 창조하는 과정 중의 정신 활동인 신과 객관적 경물이 서로 합치, 융합되었을 때가 시를 포함한 예술이 추구하는 최상의 경지—회화론에서 말하는 신품—인 것이다.[36]

이수광 또한 '신과 경이 합치하여 홀연히 생각이 오고 저절로 이루어져서 찾아야 할 갈림길이나 계제도 없고 지칭할 만한 소리도 빛도 없게 된다'고 한 왕세정(王世貞)의 말을 인용하면서 허정한 마음의 상태에서 신과 경이 합치된 경지에 이르는 것을 시의 최상의 경계라고 하였다.[37] 그리고 이러한 경지는 작가의 즉각적인 심미 체험(頓悟)을 통해 자득하는 것이라고 하였다.[38] 신광수, 신흠, 이수광 등에 의해 언급된 시의 최상의 예술적 경계에 대한 논의는 나중에 살펴볼 산문 작품의 이상적 심미 경계인 신품과 연계된다.

> 시는 사람의 성정을 감발하는 것이다. 눈이 경물과 만나면 감발이 얕고, 마음이 경물과 만나면 감발이 깊다. 마음과 눈을 사용하지 않고 경물 밖을 뛰어넘어 있는 것은 오직 신뿐이다. 비유하자면, 거울이 비고 밝아서 사물이 와 비추니 삼라만상이 그 참모습을 숨길 수 없는 것과 같으니, 이것이 신의 오묘함이다. 신을 얻은 것

35 申欽,《晴窓軟談》(上),《象村集》,《총간》72, 334면. "詩必得無聲之聲無色之色, 瀏瀏郎郎, 澹澹澄澄, 境與神會, 神與筆應而發之, 然後庶幾不作野狐外道. 故歷觀往匠閑居之作, 勝於應卒, 草野之音, 優於館閣. 盖有意而爲之者, 不若得之於自然也."

36 申欽,〈贈李畵師楨詩序〉,《象村集》, 권22. "畵有絕品, 有妙品, 有神品. 人工極, 則絕與妙可能也. 唯神也, 非人工可及. 離乎色, 脫乎境, 然後迺可以語於神矣."

37 李睟光,《芝峰類說》, 권9, 문장부 2. "王世貞言西京建安, 似非琢可到, 要在專習凝領之久, 神與境會, 忽然而來, 渾然而就, 無岐級可尋, 無色聲可指. 余謂非獨西京建安, 凡詩文皆然. 若不如此, 則未可謂至者也."

38 李睟光,〈詩說贊〉,《芝峰集》, 권21, 총간 66, 194면. "先論才氣, 次觀韻格. 不取其肉, 唯取其骨. 淸新婉麗, 奇健精密. 豪而無雜, 淡而不俗. 有姿有味, 溫潤典雅. 頓悟而得, 神妙而化. 始盛爲宗, 晩宋爲下. 斯可言詩, 以俟知音."

은 시의 최상의 경지이니, 배움으로써 할 수 없다.[39]

눈으로 외부 경물을 만나면 시적 감동이 얕고, 마음으로 외부 경물과 만나면 시적 감동이 깊다고 하였다. 그런데 마음으로 대상을 구하는 것은 대상이 자기의 마음과 아직 거리가 있음을 의미한다. 그러므로 '마음과 눈을 사용하지 않고 경물 밖을 뛰어넘어 있는 것은 오직 신뿐이며, 신을 얻은 것이 시의 최상의 경지'라고 하였다.

여기서 신은 창작 주체와 작품의 양 국면에 연관되어 사용되었다. 먼저 창작 주체의 국면과 관련해 신은《장자》〈응제왕〉에 언급된, "지인의 마음의 작용은 거울과 같다. 사물을 보내지도 않고 맞아들이지도 않으며 사물에 따라 응하여 비춰 주되 감추지 않는다"[40]의 구절과 상통된다.[41] 또한《장자》에서 언급한 부분—눈 · 귀 등의 감각 지각과 이성적 사변을 초월한, 최고의 정신 활동—을 가리킨다. 어떤 욕망이나 이해 관계에 의해 영향을 받지 않은 고요한 정신 상태에서 대상을 직각적으로 인식하는 것이다. 이를 통해 작가는 외부 경물과 하나로 합일되는 미적 경계에 도달할 수 있으니, '신을 얻은 것이 시의 최상의 경지'라는 언급이 그것이다.

4. 조선 후기 산문론에 있어 신의 범주

조선 후기 문학이론에 있어 신의 개념을 거론할 때 이수광의 다음 언급에

39 金允植,〈蘭居詩草序〉,《雲養續集》권2,《총간》328, 580면. "詩者, 所以感發人之性情者也. 夫目與境遇, 其感也淺; 心與境遇, 其感也深. 若不用心目, 而超絕境外者, 惟神是已. 譬猶鏡之虛明, 而物來自照, 森羅萬象, 莫逃其眞, 此神之妙也. 得其神者, 爲詩家之上乘, 非可以學爲也."

40《莊子》,〈應帝王〉. "至人之用心若鏡, 不將不迎, 應而不藏, 故能勝物而不傷."

41 위에서 감각 기관을 통한 외부 경물의 파악, 마음을 통한 외부 경물의 파악, 신을 통한 외부 경물의 파악을 각기 나누어 살펴보는 것은 문자의 다음 언급과 관련해 참고할 필요가 있다. "上學以神聽之, 中學以心聽之, 下學以耳聽之."(《文子》·〈道德〉)

주목하지 않을 수 없다. 그는 "문장은 신을 주로 삼는다"고 하여 문학에 있어 신의 문제를 본격적으로 선도하는 데 중요한 역할을 하였다.

> 옛사람이 말하기를 "문장은 기를 주로 삼는다"고 하였다. 이 설은 오래된 것이다. 유종원에 이르러 "문장을 짓는 데 신지(神志)를 주로 삼는다"고 하였다. 내가 생각하기에 신이란 변화불측한 것을 말하며, 지란 기를 거느리는 것이다. 이미 지라고 하였으면 기는 말할 필요가 없는 것이고, 이미 신이라고 하였으면 지를 말할 필요가 없는 것이다. 그러므로 나는 단연코 "문장은 신을 주로 삼는다"고 한다.[42]

'문장은 기를 주로 삼는다'는 명제는 〈전론(典論) · 논문(論文)〉에서 조비(曹丕)가 제창한 이래 많은 사람들에 의해 거론되어 왔다. 동양 예술이론에 있어 중요 범주의 하나인 기는 사람 몸에 충만되어 있는 생리요소의 하나로서, 생리작용의 정신화인 양기의 과정을 거치게 된다. 이 때 기의 통솔자인 지는 생리 작용에 대한 정신의 지배력을 확충하게 된다.[43] 가치에 대한 일정한 지향성을 띠고 있는지에 비해 신은, 이수광의 언급에서처럼, 변화불측한 유동성 · 변화성을 특징으로 한다. 이수광은 '문장은 기를 주로 삼는다(文以氣爲主)'와 '문장은 신지를 주로 한다(文以神志爲主)'의 주장을 계승하면서 논리를 펼치고 있는 바, 신은 작가의 측면에서 일단 이해된다.[44] 그것은 기 혹은 신지에 비해 보다 자유롭고 변화불측한 측면을 강조

---

42 李睟光, 《芝峰類說》, 권8, 文章部 1. "古人謂文章以氣爲主. 其說尙矣. 至柳子厚, 乃曰: 爲文以神志爲主. 余以爲神者, 變化不測之謂. 志者, 氣之帥也. 旣曰志, 則氣不足言也, 旣曰神, 則志不足言也. 故余斷之曰: 文章以神爲主."

43 이동환, 〈회재의 도학적 시세계〉, 성균관대 대동문화연구원 편, 《이회재의 사상과 그 세계》(성균관대 대동문화연구원, 1992), 171면.

44 神의 개념에 대해 '작가의 내재적인 영감의 주체가 밖에 있는 대상과 만났을 때 아무런 작위적인 과정을 거침이 없이 저절로 발휘되게 하는 자질과 역량' 혹은 '작가적인 내적 역량이 작품으로 나타나는 변화불측의 신묘한 韻味' 등으로 해석하였다. 앞의 해석은 창작 주체의 방면에서, 뒤의 해석은 작품의 방면에 각각 주안점을 두고 신의 함의를 파악한 것이다. 또한 이수광이 氣와 志가 아닌 神으로 문장을 논하고 있는 것은 중국 桐城派 고문의 대표적 인물이었던 劉大魁와 方東樹의 논법과 흡사하다.

한 것이다.[45]

유종원은 작가의 충만한 정신, 태도, 강렬한 창작욕이 갖추어져 있을 때 좋은 작품을 산출할 수 있다고 생각했다.[46] 여기서 신지(神志)는 정신과 지기로서, 정신이 활발하게 움직이고 활동하는 상태이다. 그것은 문학 창작에 전심전력하여 마음을 집중하는 작가의 정신 상태이다. 이 점에서 유종원이 파악한 이 개념은 창작에 임할 때 작가가 갖추어야 하는 진지하며 엄격한 창작 태도, 충만하며 강렬한 창작 욕구 등을 포괄한다. 즉 정신과 지기가 왕성하여 창작 욕구가 왕성하게 움터 나오는 정신 상태이다.

이 같은 유종원의 이해를 다른 자료[47]와 연관시켜 볼 때, 그가 이해하고 있는 신은 오랫동안 마음을 한 곳에 집중하고 전념할 때 작가의 내심에서 활발하게 전개되어 나오는 것이다. 그리고 그것은 이수광 스스로 지적하듯 변화불측하여 시공의 제약을 받지 않고 자유롭게 진행되는 특성을 지닌다. 이 같은 변화불측한 작가의 자유롭고 활발한 정신 활동을 통해 외부 경물과 자연스럽게 하나로 합치되어 최고의 단계에 이르니, 이것이 바로 찾을 길도 없고 가리킬 소리와 빛깔도 없는 심미적 경계이다.

조선 후기 산문론에 있어 신 범주의 논의는 주로 의(意), 법(法)과의 상호 연관 속에서 다루어졌다. '도(道) · 법(法) · 신(神)', '의(意) · 법(法) · 신(神)', '법도(法度)'와 '신화(神化)' 등이 그것이다.

> 천하의 지극한 문장은 능히 신(神)이 있으니, 신이 있으면 변하고 변하면 화하고 변화가 지극하면 통하지 않음이 없으며 통하지 않음이 없으면 성(聖)이다. 그러므

---

45 이와 관련해 劉大魁의 神氣觀이 참고가 된다. 그는 "문장을 지을 때 신이 주가 되고 기는 그것을 돕는다(行文之道, 神爲主, 氣輔之)"고 하였으며, "氣는 神을 따라 움직여 神이 渾然하여 전일하며 氣도 그득하여지고, 神이 멀어지면 氣도 드높이 움직이고, 神이 커지면 氣도 높아진다"고 하였다.

46 吳小林, 《柳宗元散文藝術》(山西: 山西人民出版社, 1989), 29면 참조.

47 李睟光, 《芝峰類說》, 권9, 文章部 2, 詩 5. "王世貞言, '西京建安, 似非琢磨可到, 要在專習凝領之久, 神與境會, 忽然而來, 渾然而就, 無岐級可尋, 無色聲可指.' 余謂非獨西京建安, 凡詩文皆然. 若不如此, 則未可謂至者矣."

로 문장은 신에서 시작하여 성에서 끝난다. 신은 문장의 생명을 주관하는 것이다. 우맹이 손숙오의 관을 쓰고 1년이 넘도록 초나라 왕과 좌우 신하들이 구별하지 못한 채 손숙오가 다시 살아났다고 여겼다. 피부, 손톱, 수염, 머리카락이 어찌 손숙오와 진짜 같았겠는가? 오직 신을 얻었을 따름이다. 그러므로 문장을 잘 짓는 사람은 옛것을 배우되 형적에 얽매이지 않고 도에 근본하여 신에서 발출하기 때문에 신이 움직이어 천(天)이 뒤따른다.

천은 자연스러움이다. 문장이 자연스러움에 이르면 아름다움이 지극해진다. 그러므로 신이 먼저 정해지지 않으면 문장이 혼란스러우며, 문장이 혼란스러운 것은 마음이 미혹되었기 때문이다. 그러므로 문장의 오묘함은 신에 달려 있다. 신이 꺾이지 않음은 마음을 다스리는 데 달려 있는데 도가 마음을 다스리는 것이다. 그러므로 문장을 잘 짓는 자는 도에 근본을 하고 신으로 발출하는 것이다.[48]

《장자》에 나오는 '정신이 활동하면 자연이 절로 따르는(神動而天隨)' 미적 관조를 통해 승화된 예술정신의 성스러운 순간으로, 여기서는 문장이 도달한 심미적 이상 경계에 해당된다. 이 같은 이상적 심미 경계에 도달하는 과정을 심익운은 '신(神)' → '변(變)' → '화(化)' → '무소불통(無所不通)' → '성(聖)'으로 단계화하였다.[49] 이 같은 과정상에서 중요한 역할을 하는 것이 바로 신이다.

심익운[50]은 산문 창작의 제문제를 체계적으로 분석하였다. 그는 문장의 구성 요소를 크게 도(道), 법(法), 신(神)으로 구분하고, 그것을 각각 체(體), 기(器), 용(用)으로 파악하였다. 바꾸어 말하면 도는 사람의 근본이며, 법

---

48 沈翼雲, 〈說文四神〉, 《百一集》(규장각 소장본), 2책. "惟天下之至文, 爲能有神, 神則變, 變則化, 變化至則無所不通, 無所不通則聖. 故文始於神, 而終於聖. 神者, 文之司命也. 優孟爲孫叔敖文冠, 歲餘而楚王左右不能辨, 以爲叔敖復生也. 彼其膚爪鬚髮, 豈眞盡如叔敖哉? 惟得其神而已矣. 故善爲文者, 學古而不泥於迹, 本之以道, 發之以神, 故神動而天隨. 天者, 自然也. 文至於自然, 而美極矣. 故神不先定者, 其文亂, 其文亂者, 其心惑也. 故文之至妙, 在乎神. 神之不撓, 在乎治心, 道所以治其心也. 故善爲文者, 本之道, 而發之神."

49 참고로 張載는《周易》〈乾卦〉를 풀이하면서 "變言其著, 化言其漸"라 하여 變과 化를 명확하게 구분하여 이해했다. 주자는 化를 완만한 양적인 변화의 과정으로, 變을 홀연히 일어나는 질적인 변화의 과정으로 각각 나누어 이해했다.

50 沈翼雲(1734-1777)은 자가 鵬汝, 호가 芝山으로 1759년에 문과에 甲科로 합격했으나 沈益昌의 사건으로 黜科되었다. 문집으로《百一集》이 전한다.

은 사람의 외모 · 형체이며, 신은 사람의 지각 · 운동하는 정신에 비유될 수 있다. 그리고 이들 세 요소 중 도가 항상 주재하는 위치에 있으며, 법과 신이 선후 관계 · 결합 양상에 따라 정(正)과 기(奇)로 나누어진다고 생각하였다. 즉 문장이 정대하거나 기이한 것은 법과 신의 결합 양상에 달려 있는 것이다.[51]

법, 신보다 상위의 자리에서 그것들을 주재 · 통괄하는 도는 문학이 담아내야 할 내용적 측면과 관련된다. 유학의 이념, 사상 감정, 주제 의식, 수양을 통해 함양된 인격 등을 포괄한다. 이에 비해 법은 자법 · 구법 · 장법 · 편법 등 작품 창작에서 지켜야 할 법도 · 규범이다.[52] 그런데 문제는 그것을 준수하면서도 그것에 얽매이지 않고 작품상에 기복변화를 불어넣는 것이다. 그래서 그는 "문장을 잘 짓는 사람은 법을 다루면서도 법을 다루지 않는다"(善爲文者, 致法而不致於法)고 하였으니, '변통의 도'를 효과적으로 운용해야 하는 것이다.

그러면 신은 무엇인가? 심익운이 이해하는 신의 함의는 작가와 작품 양 방면에 모두 관련된다. 그것은 대상의 심층 깊숙이 내재한 본질을 파고드는 작가의 신으로, 의(意)와 법(法)을 장악하여 자유자재로 운용하는 고도의 역량과 관련된다. 그렇기 때문에 그는 "신이 먼저 확립되지 않으면 문장이 혼란스럽게 된다"고 생각하였다. 동시에 신은 이 같은 작가의 주관적 정신 역량을 기초로 하여 작품 전체를 변화감 있게 하는 심미적 특징이기도 하다. "법은 신이 깃드는 곳으로, 비유하자면 인간의 정신이 형체에 깃

51 문장의 正大함에 비추어 보면, "사람으로서의 이치가 먼저 있은 다음에 형체가 생기고 그 후에 정신이 발하는 것처럼 道가 먼저 있고 그 뒤로 法과 神이 차례로 따르는 경우이다." 이에 비해 문장의 기이함에 비추어 보면, "형체에 깃들어 있는 정신이 없으면 형체가 단지 쓸모없는 것에 불과한 것처럼 神이 法보다 앞서는 경우이다." 沈翼雲, 〈說文一原〉, 《百一集》(규장각 소장본), 2책. "爲文之術, 大約有三, 曰道, 曰法, 曰神. 道者體也, 神者用也, 法者其器也. 比之一人之身, 道其爲人之本乎, 法其耳目鼻口形骸之不可變易乎, 神其知覺運動之靈明乎. 故道以本其學, 法以正其質, 神以妙其解. 道常爲之主, 法與神迭相爲後, 而奇正分焉."

52 沈翼雲, 〈說文三法〉, 《百一集》, 권2. "故文之法, 集字而句, 集句而章, 集章而篇, 起其首也, 止其尾也, 節其更端也, 枝其餘波也. 字有虛實, 句有短長, 章有先後, 篇有大小."

들어 있어야 하고 만약 그러한 정신이 깃들어 있지 않으면 무용한 것에 불과하다"고 한 말에서, 신은 도와 법을 완벽하게 장악하여 그것을 변통할 때 작품에 구현된 생기 혹은 생명력으로서의 미의 본질이다. 그래서 그는 '신은 문장의 생명을 주관하는 것이다(神者, 文之司命也)'고 하였던 것이다.

심익운의 이러한 이해는 유한준(兪漢雋)과 관련시켜 이해할 필요가 있다.[53]

> 다섯째, 중앙의 자리(中位). 바른 위치에서 시작하여 기이함을 자유자재로 출입하니, 기이하면 신묘하고 신묘하면 변하고 변하면 화하고 화하면 성스럽다.
>
> 문장이 덕을 항상 지니며 의(義)를 중히 여기는 것은 정(正)의 작용이다. 문장이 산악처럼 고요하기도 하고 바다처럼 움직이기도 하며 불처럼 일정하지 않기도 하고 음양의 변화처럼 알 수 없기도 한 것은 신의 작용이다. 정(正)이 있지 않으면 문장은 펼 수 없고, 기(奇)가 감추어져 있지 않으면 문장은 광채를 내지 못한다. 신의 지극히 오묘함은 늘리기도 하고 줄이기도 하여 귀신도 헤아릴 수 없다.[54]

유한준은 "바른 위치에서 시작하여 기이함을 자유자재로 출입하니, 기이하면 신묘하고 신묘하면 변하고 변하면 화하고 화하면 성스럽다"고 하여 앞서 살핀 심익운과 유사한 논법을 보여 준다. 그는 〈문결(文訣)〉이라는 글에서 문장을 짓는 법을 크게 아홉 가지로 구분하였는데, '강기질용화관신무거(綱基質用和觀愼懋去)'가 그것이다.[55] 여기서 '강(綱)'은 '이도사물(理道事物)'이며, '기(基)'는 박학(博學), 변시비(辨是非), 정(精), 전(專), 수(守)이며, '質(질)'은 자구편장(字句篇章)이다. 작가는 축적 · 함양된 바탕 위에서

---

53 심익운과 유한준의 교유는 두 사람의 문집 속에서 확인할 수 있다.

54 兪漢雋, 〈文訣〉, 《自著》 권26, 《총간》 249, 418면. "五, 中位. 肇位于正, 出入于奇, 奇乃神, 神乃變, 變乃化, 化乃聖. 今夫文克恒厥德, 克重厥義, 是其惟正之用. 今夫文靜惟山岳, 動惟河海, 不定惟火, 難知惟陰, 是其惟神之用. 正惟不居, 文乃不舒, 奇惟不藏, 文乃不光. 夫神之至妙, 是嬴是縮, 鬼神其不能測."

55 兪漢雋, 〈文訣〉, 《自著》 권26, 《총간》 249, 418면. "文之大法, 其類有九. 凡文先立綱, 既立綱, 不可以無田地也, 故受之以基. 基者, 田地也, 又質也. 有質, 然後可以布實也, 故受之以用. 用者, 運也, 正以經之, 神以緯之也, 故受之以中位. 中位也者, 處於中, 上以包綱基質用, 下以括和觀愼懋去者也. 文不可以乖反也, 故受之以調. 調者, 平也協也."

작품의 대강을 세우고 이를 자구편장의 형식에 담아내게 된다. 이때 문장이 막히지 않고 통하게 하도록 신의 적절한 운용이 필요하다. 크게 보면 의와 법, 혹은 도와 법을 그 중간 위치에서 변통하는 것이다.

여기서의 신 역시 문장의 기이한 변화를 가져오게 만드는 생기로 파악된다. "산악처럼 고요하기도 하고 바다처럼 움직이기도 하며 불처럼 일정하지 않기도 하고 음양의 변화처럼 알 수 없기도 한 것이 신의 작용"이라는 언급에서 신이 문장을 광채나게 하며 신운을 감돌게 하는 미적 자질로 사용되고 있음을 알 수 있다.

심익운의 '도법신(道法神)'에 대한 논의는 그의 족숙인 심낙수의 경우 '의법신(意法神)'으로 변형되어 나타났다.[56]

> 의(意)를 표현하되 속됨에 빠지지 않고 법(法)을 준수하되 얽매이지 않으니 의와 법이 융합하여 문장을 이룰 수 있다. 그런데 의가 공교로울수록 법이 절로 이루어져 홀연 이름할 수 없고 의와 법 사이에서 얻어지는 것을 신(神)이라 한다. 고인이 문장을 지음에 신을 얻은 것이 적었으니, 장자 · 사마천 · 한유 · 구양수 · 소식 등 몇 사람일뿐이었다. 내가 일찍이 생각건대, 《태현경》의 간핵(簡劾)함은 배울 수 있지만 《장자》 우언의 황홀함은 배울 수 없고, 반고의 근밀(謹密)함은 배울 수 있지만 《사기》의 질탕함은 배울 수 없다. 유종원의 참각(劖刻)함은 배울 수 있지만 한유의 혼호(渾浩)함은 배울 수 없고, 왕안석의 전아함과 증공의 순후함은 배울 수 있지만, 구양수의 풍채와 소식의 종횡무진함은 모두 배울 수 없다. 다른 이유 때문이 아니라, 의와 법은 배워 능히 할 수 있지만 신은 힘으로 이르게 할 수 없기 때문이다.[57]

---

56 沈樂洙는 沈翼雲의 族叔이다. 〈答族叔〉이라는 편지글에서 심익운의 산문 작품에 대해 평하기를 "體立用具, 根於十翼五千言之中, 而深得其運用之妙, 始知其未易得也."라 하였음(沈樂洙, 《恩坡散稿》, 권7)

57 沈樂洙, 〈神不可力致〉, 《恩坡散稿》(규장각 소장본), 권4. "寫意而不失於流, 循法而不至於泥, 意與法瀜會, 可以爲文. 然意愈工而法自成, 忽然不可名狀, 而得之於意與法之間者, 曰神. 古人爲文, 得其神者亦少, 不過莊周司馬遷韓愈歐陽修蘇軾數人而已. 余嘗謂太玄之簡劾可學, 而寓言之恍惚不可學, 班固之謹密可學, 而史記之跌宕不可學, 柳州之劖刻可學, 而韓愈之渾浩不可學, 半山之典雅, 南豊之淳厚可學, 而六一之風采, 東坡之縱橫, 皆不可學也. 無他, 意與法可學而能, 而神不可力致也. 世所謂巫平居蕭然一弱女耳, 而方其掣鈴而拊鼓, 其言如歌如哭如笑如罵, 決江海而懸河漢, 言出於口, 不自知其爲言, 巧辯之士欲效, 而且不可得, 此其能得乎神

문장의 기본 구성 요소는 의와 법이다. 의가 작가가 표현하고자 하는 주제, 내용 방면과 관련된다면, 법은 표현 형식과 기법에 해당된다. 앞서 살핀 자료에서, 심익운이 도를 체(體)에, 법을 기(器)에 각각 비정한 것과 유사한 논법이다. 의와 법이 상호 결합하여 문장이 이루어진다는 점에서, 문장의 기본 요소인 동시에 문장을 평가하는 기준이 되기도 하는바, 심낙수는 이 둘의 기준에 의거해 조선 시대의 문장을 개괄적으로 평하였다.[58]

의만을 주로 한다면 속됨 혹은 비속하고 천박한 폐단에 빠지게 되며, 법만을 주로 한다면 변통을 하지 못하고 자득의 묘가 없게 된다고 하였다. 따라서 의와 법의 어느 한쪽에 편중되지 않고 이것들을 결합, 통일시키기 위해서는 일단 작가의 뛰어난 기량과 능력이 필요하다.[59]

그러면 신은 무엇인가? 그에 따르면, 신은 "의가 공교로울수록 법이 절로 이루어져 홀연 이름할 수 없으니, 의와 법 사이에서 얻어지는 것"이라고 하였다. 여기서 우리는 심낙수의 다른 자료인 〈해동무문장(海東無文章)〉이라는 글에 주목할 필요가 있다. 그는 이 자료에서 구양수와 소동파의 문장을 평하면서 자구 등의 법식에 얽매이지 않고 "신채(神彩)가 작품 중에 은은히 비쳐 빛난다"고 평하면서 이것이야말로 "문장으로 지극히 신묘한 기를 얻은 것"이라고 하였다.[60] 그리고 우리나라는 문장을 잘 짓기는 하지만 진정한 문장이 없다고 하면서, 그 이유를 "말에 미비한 점이 많고

也. 我國文人無得其所謂神者, 此余所謂無文章也."

58 沈樂洙, 〈國朝前後文體之異〉, 《恩坡散稿》 권4. "所謂文章, 只觀其意與法而已. 國初諸公爲文, 只以寫意爲主, 不復循以法度. 故其文淋漓優長, 而類皆俚俗淺陋. 宣廟以後, 蘇齋簡易, 始皆斬然自持以法, 欲去俚俗淺陋之弊, 往往簡重可讀, 而過於矜持, 或局而不通, 或澁而多滯, 無悠然自得之意. 前後文體, 皆失於意與法過不及之間也."

59 沈樂洙, 〈近世文弊〉, 《恩坡散稿》 권4. "爲文有二弊, 只主乎意, 其弊流, 只循乎法, 其弊泥, 二者固難得中, 流則千言萬語, 無非衍辭, 泥則隻字片句, 都是死法. 苟非英邁才識, 無以折衷於其間也"

60 沈樂洙, 〈海東無文章〉, 《恩坡散稿》 권4. "如歐蘇之只治文詞者, 亦自有神會心融, 發言爲文, 皆有形容不得之妙. 故讀其文, 必有一段神彩, 隱隱映徹於篇中, 非直苟然字句而已. 此所謂文章而得之至神之氣也. 大凡文章, 要其易言者論之, 亦惟其語意之無鄙瑣, 字句之無衍複, 而我東之文, 鮮知此義. 若所謂神彩, 尤不可論."

문장에 신채가 없기 때문"이라고 하였다.[61]

이렇게 볼 때 위 인용문에서 사용되는 신의 함의는 작가의 창작과정상의 국면보다 작품상의 어떤 측면에서 주로 이해된다. 즉 도와 법이 완벽하게 결합될 때 구현되는 작품상의 신묘한 운치(神彩)가 바로 신인 것이다. 작품 속에 감추어져 있으면서 독자에게 '말은 다하여도 뜻은 다함이 없는' 미적 효과를 감지케 하는 심미적 특징으로서의 신은 이러한 점에서 신채(神彩) 혹은 신운(神韻)과 상통된다.

그리고 신은 작품 내의 심층 구조 속에 온장되어 언어 형식 바깥에 숨어 있는 것이기 때문에, 배워서 도달할 수 있는 의 · 법과 달리 힘써 이르게 할 수 있는 것이 아니라고 하였다. 이 같은 신의 특성을 심낙수는 "평소에는 연약한 한 여자일 뿐이지만, 한번 방울을 흔들며 굿을 할 때에는 신명이 절로 나와 자신도 모르게 말을 쏟아내는 무당"[62]의 굿에 적절히 비유하여 설명하였다.

이 같은 논의의 연장선상에서 김택영의 산문관을 살펴볼 필요가 있다. 그는 '체법묘기(體法妙氣)', '신(神)', '이(理)' 등을 통해 신의 함의와 특성에 대해 논의하였다.

> 신이라고 하는 것은 입과 귀로 암송하고 박학함을 자랑하는 것을 말함이 아니요, 기이한 취향과 음조로 망령되고 허탄함을 즐겨함을 이름이 아니다. 오직 진부하고 썩은 말을 깨끗하게 제거하고 장단고하와 선후심천이 각기 제자리를 잡아 뜻을 캐어 보면 이치가 진실하고 당겨 보면 맛이 이어지며, 읊조려 보면 운치가 끊어지지 않아서 사람들에게 읽게 하면 자신도 모르게 손을 들고 춤추며 발을 굴러 춤추게 되는 것이다.[63]

61 沈樂洙, 〈海東無文章〉, 《恩坡散稿》 권4. "大凡文章, 要其易言者論之, 亦惟其語意之無鄙瑣, 字句之無衍複, 而我東之文, 鮮知此義. 若所謂神彩, 尤不可論. (…) 余嘗謂海東文人, 有可謂善屬文者, 而無可謂文章, 盖由其語多罅漏, 文無神彩故也."

62 沈樂洙, 〈神不可力致〉, 《恩坡散稿》 권4. "世所謂巫平居蕭然一弱女耳, 而方其掣鈴而拊鼓, 其言如歌如哭如笑如罵, 決江海而懸河漢, 言出於口, 不自知其爲言, 巧辯之士欲效, 而且不可得, 此其能得乎神也. 我國文人無得其所謂神者, 此余所謂無文章也."

63 金澤榮, 〈金晦汝文稿序〉, 《韶濩堂文集》 권3, 《총간》 347, 263면. "夫所謂神者, 非口耳記誦

> 고문의 묘처는 오직 신으로 행하는 데에 있다. 신(神)하기 때문에 얕은 것을 깊게 할 수 있고 약한 것을 강하게 할 수 있으며, 평이한 것을 복잡하게 할 수 있고 작은 것을 크게 할 수 있으니, 어찌 난삽한 문구를 일삼겠는가? 그러나 신은 그냥 이르지 않으니 이(理)에 달려 있다. 이것을 살피지 않으면 안 된다.[64]

김택영은 한유가 말한 '작가의 정신과 도덕이 성대하면 언어가 마땅하다(氣盛則言宜)'와 유종원이 말한 '신으로써 행하다(行之以神)'를 연계시켜 산문 창작에 있어 신의 중요성을 언급하였다.[65] 먼저 한유가 말한 '기성즉언의(氣盛則言宜)'는 설명하고자 하는 것에 대해 자신감에 차 있고 시비를 분명히 가리며 혹은 강렬한 감흥으로 충만되어 있는 작가의 정신 상태가 작품 내의 성조의 억양과 구절의 장단을 적절하게 만든다는 의미이다.[66] 즉 창작에 임할 때 작가가 지녀야 하는 태도, 정신과 관련된다. 유종원이 말한 신의 의미 또한 앞서 이수광의 자료를 살필 때 살펴보았듯이, 창작에 임할 때 작가가 갖추어야 하는 진지한 창작 태도, 강렬한 창작 욕구 등을 포괄한다.

한유와 유종원의 신에 대한 견해를 수용하면서 김택영은 주로 작품의 국면과 관련시켰다. "오직 진부하고 썩은 말을 깨끗하게 제거하고 장단고하와 선후심천이 각기 제자리를 잡아 뜻을 캐어 보면 이치가 진실하고 당겨 보면 맛이 이어지며, 읊조려 보면 운치가 끊어지지 않아서 사람들에게 읽게 하면 자신도 모르게 손을 들고 춤추며 발을 굴러 춤추게 되는 것"이

夸矜富博之謂也, 非奇趣異調樂爲妄誕之謂也. 惟在於陳言腐辭, 淨然鏟去, 長短高下, 先後淺深, 各職其職, 繹之而理眞, 掣之而味厚, 詠之而韻永, 使人讀之而不知其手舞足蹈者也."

64 金澤榮, 〈雜言〉, 《韶濩堂文集》 권8, 《총간》 347, 320면. "古文之妙, 惟在乎行之以神. 苟神矣, 淺可使深, 弱可使强, 易可使亂, 小可使大, 安用艱文澁句爲哉? 然神不徒至, 要在於理. 此不可不察."

65 金澤榮, 〈金晦汝文稿序〉, 《韶濩堂文集》 권3, 《총간》 347, 263면. "韓文公之論文曰 : '氣盛, 則言之短長與聲之高下者, 皆宜.' 柳子厚之言曰: '古文者, 行之以神.' 夫合二公之言而觀之, 其於言也, 宜短而長之, 宜長而短之, 其於聲也, 宜高而下之, 宜下而高之, 是猶八音之奪倫, 而不可以和神人. 吾惡乎見其神?"

66 王運熙 · 楊明, 《隋唐五代文學批評史》(上海: 上海古籍出版社, 1994), 498면.

신이라는 언급이나, "얕은 것을 깊게 할 수 있고 약한 것을 강하게 할 수 있으며, 평이한 것을 복잡하게 할 수 있고 작은 것을 크게 할 수 있"다는 언급 등은 작가의 신이 작품에 구현되어 보다 생동감 있게 운치 있는 여운을 창출하여 독자를 감동시키는 심미적 자질로서 신을 거론한 것이다. 이 점에서 신은 작품의 가장 심층적이며 본질적인 요소로서 신운, 신채 등과 상통한다.[67]

또한 신운, 신채로서의 신은 문장 내에서 기의 작용에 의해 실현된다. 김택영은 문장의 구성 요소로 '체법묘기(體法妙氣)'를 들고 있는데, 이 중 가장 기본적이며 중요한 것은 기이다. 여기서 기는 작가의 기질, 정신 역량이라기보다 작품 내의 기세, 역량이다. 그러나 이 기는 억지로 생기는 것이 아니라 평소 축적, 함양된 재질의 기에 바탕을 하여 법(法)과 묘(妙)를 적절하게 구사할 때 형성되는 것이다. 그리고 이 같은 기의 발현이 작품상에 구현되어 나타난 심미적 특징을 신이라고 할 수 있다. 이렇게 볼 때 작품 내의 기세 혹은 내재적 역량으로서의 기가 곧 신의 표현 형태인 셈이다.

그런데 김택영은 "신은 그냥 이르지 않으니 이(理)에 달려 있다"고 하였는 바, 여기서의 이(理)는 문리(文理)를 가리키는 것으로 보인다.[68] 그는 문장의 기본 구성 요소인 '체법묘기'가 모두 문리에 바탕을 둔다고 하면서, 그 문리는 학문의 본원, 시비판단의 준거, 운취의 발생 근거, 묘오의 기틀이라고 하였다.

다른 한편 신은 작품이 도달한 이상적 심미 경계인 신품(神品)으로도 사

67 이 같은 점은 김택영이 시의 신운을 언급한 자료와 연결시켜 해석할 수 있다. 그는 시에서 '理致精工'은 힘써 도달할 수 있지만, 神韻은 힘써 이를 수 없는 것이라고 한 바 있다. 金澤榮, 〈雜言〉, 《韶濩堂文集》 권8, 《총간》 347, 318면. "詩之理致精工者, 苦思可以致之. 至於神韻, 非苦思之所可致. 雖作者, 亦有時乎不自知其所以然. 余嘗與尹愚堂賞蛾眉山紅牡丹花六十一本, 笑言曰: "彼其光氣神采, 可模捉乎? 王貽上之詩, 似之." 愚堂聞之, 欣然述爲一說."

68 金澤榮, 〈答人論古文書〉, 《韶濩堂文集》 권1, 《총간》 347, 236면. "雖然抑有一言. 夫所謂文章者, 簡而言之, 則不過曰文理. 理也者, 學文之源本, 是非之準繩, 趣味之所生, 解悟之所機括也. 故凡彼體法妙氣之屬, 皆不能不資乎理, 如魚之不能不資乎水."

용된다.

> 사마천이 말하기를 "걸어도 발자취가 보이지 않고 종횡으로 내달려도 그 형적을 볼 수 없는 것이 마치 용이 변하고 우레가 치듯이 홀연히 높고 커다란 산을 이루고 홀연히 강과 바다의 파도를 이루어 멀리 바라보매 누대가 연이어 나오고 가까이 가 보매 풍우가 갑자기 이르러 천지와 더불어 조화에 합치하고 사계절과 더불어 그 운동에 참여하니, 이것이 문장으로서 신품에 해당하는 것이다."[69]

한유가 꿈속에 사마천을 만나 문장의 삼품(三品, 神品 · 聖品 · 豪品)에 대해 질문하는 형식으로 되어 있는 위의 글에서 신품은 앞서 시론에서의 신을 다룰 때 언급한 신경(神境)에 해당된다. 조선 후기의 대표적인 회화비평가인 남태응은 문장가에서 말하는 신품 · 법품 · 묘품을 원용하여 김명국, 윤두서, 이징의 화풍과 예술적 성과를 상호 대비하여 설명하기도 하였다.[70] 회화의 경우 신품보다 상위의 등급으로 일품(逸品)을 설정하기도 하지만, 시문서화를 품평하는 등급의 하나인 신품은 인간의 기예가 도달한 최고의 경계이다.

이 같은 신품에 대한 이해는 '법도(法度)'와 '신화(神化)'의 관계로 바꾸어 볼 수 있다. 신화는 예술 창조 활동에서 법도, 격식 등을 사용하면서 그것에 구속되지 않고 작가 개인의 독특한 개성으로 자유롭게 운용, 변통하는 것을 뜻한다.[71] 이와 관련해 황현과의 고문 논쟁으로 유명한 이정직은 법

---

69 李義肅, 〈文章編〉, 《頤齋集》 권8, 《총간속》 93, 689면. "韓愈夢遝太史遷. 遷曰 : '今子以文聞世, 知夫文章有三品乎?' 愈曰 : '愈也, 寡謏聞, 安知夫三品者哉? 願因先生而承教.' 遷曰 : '噫! 有神有聖有豪, 是曰三品.' 愈乃起攝衽而拜請曰 : '所謂神者, 可得聞乎?' 曰 : '步而不武, 縱橫而不見其形, 如龍變如雷忽, 忽焉而爲崇嶠鉅嶽, 忽焉而爲江海烟波, 望之樓臺疊出, 卽之風雨驟至, 與天地合乎造化, 與四序參其推? 此文而神者也.'"

70 南泰膺, 〈三畫家喻評〉, 《聽竹畫史》. "文章家有三品, 曰神品, 曰法品, 曰妙品. 譬之於畫家, 則蓮潭近乎神品, 虛舟近乎法品, 恭齋近乎妙品. 蓮潭如海上蜃樓, 結構窈冥, 機巧神變, 其制作不可詳也. 浮遊無定, 見滅無常, 其方所不可知也. 望之而有, 卽之而無, 其遠近不可測也. 如是者, 摸捉而莫得, 荒忽而難狀, 其可學乎?" (이태호 · 유홍준 편, 《조선 후기의 그림과 글씨》, 학고재, 1992에서 재인용)

71 神化에서 神은 陰陽二氣가 통일된 상태하의 신묘불측함을 뜻하며, 化는 陰陽二氣가 상호

도를 준수하되 그것에 얽매이지 않아야 신화의 경지에 이를 수 있다고 하였다.[72] 또한 김택영은 법도와 신화가 모두 극치를 겸비한 뒤에라야 작가의 대열에 설 수 있다고 하면서, 법도가 확립되었지만 신화가 이르지 못하면 문사가 평범하여 정채가 없으며, 반대로 법도가 없으면 기강이 무너진 군대가 사방으로 도망하는 것과 같다고 하였다.[73] 요컨대 인공으로부터 나오지만 자연스러움에 부합되는 신품은 "손이 마음에 상응하고 거기에 표출된 것이 곧 주객합일의 정신을 통해 만들어진 것으로, 마치 조물주가 만들어 낸 생생한 만물과 같은 것이지 작가가 기존의 어떤 사물을 모방해 낸 것이 아니다." 그것은 작가의 탁월한 예술 창조력의 결과이며, 인간의 기예가 도달할 수 있는 최상의 심미적 경계이다.

5. 마무리

고전 비평 자료에 자주 사용되는 개념 혹은 범주는 무척 다양한 의미로 사용되어 현대 연구자들이 그 구체적 함의와 특성을 파악하기가 용이하지 않다. 동양 예술론에 있어 최고의 범주 중의 하나인 신 또한 그것이 운용되는 층위에 따라 매우 다채로운 함의를 가지고 있다. 이를 보다 면밀하게 분석하기 위해서 이 글에서는 조선 후기 문학이론 자료에 등장하는 신의 용례를 광범위하게 조사·수합하여 실제 문맥 속에서 어떤 함의를 갖고 있으며 그 특징이 무엇인가 하는 점을 중점적으로 살펴보았다.

운동하는 미묘한 변화를 뜻한다.

72 李定稷, 〈文辨〉, 《燕石山房未定文藁》 권1. "夫法而必法, 斯所以未化也, 古而必古, 斯所以贋也."

73 金澤榮, 〈麗韓十家文鈔序〉, 《麗韓十家文鈔》 "必以獨稟之氣用專一之工, 言旣本於六經, 法度神化, 兼極其致, 然後可以與於作者之林. 若經術富矣, 而修辭無法, 則與野戰失紀之師, 散亂潰決, 而莫可戢, 無可也. 法度立矣, 而神化不至, 則語皆板實, 而精光微昧, 無可也. 譬如衣木偶以錦繡, 雖俱儀刑, 而無動作屈伸之節. 夫其難也如此."

먼저 구체적인 논의에 앞서 신이 발현 · 운용되는 국면을 크게 창작 주체, 창작 대상, 작품으로 구분하여 각 국면 내에서 특징적 면모를 개략적으로 다루었다. 물론 이들 세 국면은 획일적으로 파악될 성질의 것이 아니라, 상호 교섭 · 소통하는 측면에 주목할 필요가 있다. 그리고 이어서 시론과 산문론으로 나누어 논의를 전개하였는데, 시론에서의 신 범주는 시인이 창작 대상을 무심히 만나고 우연히 접촉할 때 흥기되는 예술적 감흥으로서의 영감 혹은 시공을 초월하여 자유롭게 노니는 정신 활동 등으로 사용되기도 하며(神來, 神行) 아울러 창작상의 우연적 계기를 예민하게 포착 · 감수하는 고도의 정신적 역량과 관련된다. 또한 허정의 심리 상태는 대상에 대한 고요한 미적 관조 속에 예술적 감흥을 불러일으키는바, 외부 세계를 향한 잡다한 움직임(動)으로부터 벗어나 하나로 정향화 · 전일화된 고요함이 시인의 청명한 주체를 확립케 하고 예술적 감흥을 도래하는 조건으로 작용함을 살펴보았다. 이러한 점에서 신은 인공과 천기의 상호 융합에 의해 발현되며, 이 둘의 상호 교섭을 통한 혼융의 경지가 시의 최상의 경계인 것이다.

산문론에 있어 신의 범주는 주로 의(意) · 법(法) · 신(神), 도(道) · 법(法) · 신(神), 법도(法度)와 신화(神化)을 중심으로 논의를 진행하였다. 여기서 신은 의와 법 혹은 도와 법을 장악하여 자유자재로 운용하는 고도의 정신 역량과 관련되며, 다른 한편 그 둘이 완벽하게 결합될 때 작품에 구현되어 독자에게 풍부하고 심원한 효과를 감지케 하는 심미적 특징이기도 하다. 이러한 점에서 신은 "작품 중에 은은히 비쳐 빛을 발하는" 신운이라고 할 수 있으며, "문장의 생명을 주관하는 것"이다. 김택영의 신에 대한 논의 역시 이러한 맥락에서 상호 연결되어 있는 것으로 파악하였다.

여타의 비평 개념이나 범주도 마찬가지겠지만, 특히 신의 문제는 그 함의와 특성을 명료하게 파악하는 것이 어렵다. 여기에서 논의한 결과 역시 의미가 불분명하거나 미흡한 부분이 많이 있다. 앞으로 관련 자료를 더 조사하고 체계적으로 분석하는 작업이 필요하며, 개별 비평가에 대한 면밀한 자료 해석 및 실제 작품과의 매개 고리 등을 상호 연결시켜 미진하게 논의되었던 부분들을 보완해야 할 것이다.

5. 성령의 개념

중국 문학비평사에서 성령(性靈)은 논자에 따라 상이한 이해를 보이기도 하는데,[1] 공안파와 원매에 이르러 그 체계적인 이론 형태를 갖추었다. 우리나라의 경우 성령이라는 용어는 조선 후기 이전 자료에서도 산견되지만,[2] 시 창작의 핵심 개념으로 성령이 본격적으로 비평사에 거론된 것은 대략 17세기 이후의 일이며, 19세기 중반에 이르러 최성환, 정지윤, 조희룡 등 중인층을 중심으로 하여 하나의 이론 체계를 비교적 갖춘 성령론으로 발전되었다. 19세기 중반기의 성령설을 정확하게 이해하기 위해서는 우선 그 이전 시기에 이루어진 성령 논의를 살펴볼 필요가 있다.

성령은 본래 인간이 지니고 있는 영묘한 마음, 심령을 뜻한다. 박제가가 '이 마음의 영묘함은 고금이 없다'(是心之靈, 無古無今)[3]고 한 언급이나,

---

1 중국문학비평사에서 성령에 대한 해석은 논자에 따라 매우 다양하게 나타난다. 우선 성령을 개인의 사상과 감정으로 이해하면서 성령설의 핵심을 주관적 정감으로 파악하는 입장이 있다. 또한 창작 주체의 활발한 영감의 작용으로 성령을 이해하기도 한다. 이에 따르면 성령은 심과 물의 상호 교융에 의한 일종의 심미적 감발 작용이다. 때로는 성령을 성정의 영묘하고 신선한 상태를 지칭하는 것으로 보거나 성정과 영감의 두 요소를 아울러 강조하는 입장도 있다. 원매의 성령설을 중심으로 하여 진실한 감정, 개성, 시적 재능의 세 요소를 포괄하는 것으로 성령을 이해하기도 한다. 이처럼 성령에 대한 이해가 상이하게 나타나는 것은 연구자의 관점 차이에서 기인하는 것일 뿐만 아니라, 기본적으로는 성령의 실질적 함의가 비평가에 따라 상이하게 운용되는 것에서 비롯된다.

2 예컨대 鄭士龍의 다음 자료를 그 예로 들 수 있다. "詩本陶性靈, 引酒以相配. 曠士喻詩鉤, 愛之欲無對."(〈酒闌不寐, 以酒渴愛江淸爲韻, 用寓戒酒之意, 錄奉希正〉, 《湖陰雜稿》 권2, 《총간》 25, 61면)

3 朴齊家, 〈祭李士敬文〉, 《貞蕤閣全集》 권3, 《총간》 261, 641면.

조희룡이 '심향(心香) 한 줄기가 고금이 아닌 사이에서 나온다'(心香一縷, 出於非古非今之間)[4]고 한 '영묘한 마음', '심향'과 같은 말이다. 때로는 영두(靈竇), 영심(靈心)으로 쓰이기도 하며, 실지로 조선 후기 비평 문헌에는 이와 유사한 용어가 시 창작과 감상의 중요한 기준으로 사용되었다.

조선 후기 시론사에서 성령 개념의 일차적 함의는 시인의 진실하고 자연스러운 감정이다. 그 말은 진정, 성정과 같은 뜻으로 쓰이는데, 전 시대의 규범과 격식을 추숭하기보다 각자의 성령을 표현하는 것이 시 창작의 관건이 된다. 이 점에서 성령은 모방, 답습을 거부하고 시인의 자유롭고 진실한 감정을 표현하려는 반모의적 개성주의의 흐름과 연관된다. 그런데 또 하나 주목할 점은 성령이 예민한 감수성과 직관력 등 시인의 총명한 재기(才氣)와 관련되어 사용된다는 점이다. 조선 후기 비평 문헌에 보면 총명, 슬기를 뜻하는 혜(慧), 식(識), 혜식(慧識), 혜오(慧悟) 등의 용어가 자주 보이는데, 성령 개념과 유관한 것으로 보인다. 이에 대한 자세한 설명은 이덕무 등을 다루면서 하기로 한다.

조선 후기 성령 논의와 관련하여 먼저 다룰 인물은 김창흡(1653-1722)이다. 그는 성령을 시 창작의 특징을 해명하는 중심 개념의 하나로 분명하게 사용하였으며, 또한 그의 논의가 이덕무에게로 이어지고 있다는 점에서 조선 후기 성령 논의를 살필 때 중요하게 거론될 만한 인물이다.

> 대체 시란 어떻게 짓는 것인가? 성령에 바탕을 두고 물상에 가탁하는 것이지 청색과 황색을 울긋불긋하게 섞어 아름답게 꾸미고 궁성과 상성을 교대로 하여 성률로 삼는 것은 법이 될 수 없다. 오직 변화하는 데 맞추어서, 신이 일정한 방향이 없고 역(易)도 일정한 체가 없으니 시 또한 이와 같은 것이다. 그래서 상(象)은 변화하기에 따라서는 눈 속의 파초도 가능하고 경(境)은 바뀌기에 따라서는 겨자씨 속의 수미산도 가능하니 어찌 안배하고 얽어서 될 것이겠는가? 우리나라의 시는 연원이 얕아 모범으로 삼을 만한 것이 없는데 유독 기피하는 것에만 밝고 모방과 답

---

4 趙熙龍, 《石友忘年錄》(개인 소장본).

습에 익숙하여 실로 삼백 년의 폐단이 되었다.[5]

김창흡은 시 창작을 성령과 물상의 양 측면에서 이해하였는데, 시를 기본적으로 마음(혹은 마음의 영묘한 측면으로서의 성령)과 사물(혹은 경)의 결합의 산물로 보면서, 그 둘의 상호 관계에 주목하였다. 이때 성령은 객관 경물과의 상호 관계 속에서 그 의미를 지니게 된다. 즉 성령을 단순한 주관적 정신의 측면에 가두지 않고 마음과 사물 혹은 마음과 대상의 유기적 통일의 측면에서 새로운 의미를 부여하였다. 이 점에서 김창흡의 성령 개념에는 창작 주체와 창작 대상 사이의 상호 교융에 의해 일어나는 일종의 심미적 감발 작용, 즉 예민한 감수성의 요소를 포함하고 있는 것으로 짐작된다. 이와 관련해 다른 자료에서는 성령이 온축된 바가 영롱투철하여 외부 경물과 서로 간격 없이 합치되었을 때 문사를 이룰 수 있다고 보았는데[6] 작가 내면에 온축된 심적인 생동감, 활발한 감발 작용이 몸 안에 충만되어 외부 경물과 일체를 이룬 상태에서 자연스럽게 밖으로 유출된 것이 시 작품인 것이다.[7]

이처럼 정경결합의 관점에서 성령을 이해한 김창흡은 고정된 법식과 격률에 얽매이는 것을 비판하면서 객관적 경물을 임의로 변형, 과장시켜 새로운 예술적 형상을 창출할 것을 요구하였다.[8] 그렇기 때문에 현실 세계

5 金昌翕, 〈何山集序〉, 《三淵集》 권23, 《총간》 165, 484면. "夫詩何爲者也? 原於性靈, 假於物象, 靑黃之錯爲文, 宮商之旋爲律, 不可爲典要, 惟變所適, 神無方而易無體, 詩亦如之. 故象有所轉, 雪中芭蕉可也, 境有所奪, 芥裏須彌可也. 是豈可以安排拘滯爲哉? 我東爲詩, 淵源旣淺, 無復憲章之可論, 而獨其詳於忌諱, 狃於仍襲, 實爲三百年痼弊.

6 金昌翕, 〈西浦集序〉, 《三淵集》 권23, 《총간》 165, 476면. 今有處乎富貴, 而不爲富貴所囿, 行乎患難, 而不爲患難所窒, 沖乎其不盈, 悠乎其與逝, 以此終其身而無累焉, 則豈非得天地淸通之氣者乎? 若然者其性靈所蘊, 必其玲瓏穿穴, 與物靡隔, 而其發爲文辭, 亦將有動觸天眞, 不期工而自工者矣.

7 성령이 온축된 것이 영롱하다는 김창흡의 언급은 19세기 중인층의 성령론을 대표하는 鄭芝潤이 〈作詩有感〉이라는 글에서 가장 영롱한 곳에서 성령을 찾을 수 있다(最玲瓏處性靈存)고 한 언급과 상통한다. 鄭芝潤, 〈作詩有感〉, 《夏園詩鈔》, 《총간》 312, 531면.

8 이와 관련해 김창흡은 감정 표현에 있어서는 은미하면서 완곡하게, 그리고 경물에의 기탁은 '神變'할 것을 주장하였다. 金昌翕, 〈雩沙集序〉, 《三淵集》 권23, 《총간》 165, 481면. "且所謂

에는 실제로 존재하지 않더라도 시에서는 눈 속의 파초(雪中芭蕉)와 겨자씨 속의 수미산(芥裏須彌)과 같은 형상 창출이 가능하게 되는 것이다. 요컨대 시 창작에 있어 중요한 것은 체재, 법식에 고정되거나 얽매이지 않고 정경결합의 관점에서 객관 경물을 시인의 주관적 정서에 맞게 변형시킴으로써 새로운 예술적 형상을 창조하는 데 있다. 여기서 성령은 주관적 정서에 맞게 객관적 경물을 주관적, 능동적으로 창조, 변형시킴으로써 하나의 예술적 형상으로 전환하게 되는 것이다. 결국 객관 경물을 통해 자연스럽게 일어나는 심미적 감발 작용에 따라 시인의 진실한 감정을 표현할 것을 요구하였으며, 그의 이 같은 견해는 법식과 성률의 구속에 얽매인 당대 시단의 몰개성적이며 몰주체적인 시풍을 일소할 것을 목표로 하였다.

김창흡에게서 단초를 보인 조선 후기 성령 논의는 18세기 후반과 19세기 중반에 걸쳐 다양한 형태로 발전되었다. 18세기 후반기 성령 논의와 관련하여 가장 중요한 인물은 이덕무이다.[9] 그는 허균과 김창흡의 이론적 성과를 흡수하는 동시에 중국 시단의 새로운 이론—공안파와 원매의 성령설, 왕사정의 신운설 등—을 섭취하여 자신의 독특한 이론 체계를 구성하였다.

> 봄날에 자흠(子欽, 邊日休)을 만났더니 자흠이 그가 지은 두어 연구를 외웠다. (…) 나는 "예전에는 바로 원중랑이더니 근래에 들으니 치천(稚川, 朴相洪)이 중랑을 본다 하더라" 하였다. 이어 자흠과 더불어 두어 편을 지었는데 갑자기 한 격조가 진보한 듯하였다. '봄은 전부 드러내기 싫어서 먼 저 버들에 달려 들고, 구름은 의지할 데 없음이 구슬퍼 삼나무를 넘어가네' 하는 것이 있었으니, 자흠은 정신을 수양한 공부가 없지 않았다. 자흠이 웃으며 "중랑의 서원을 지어 나를 배향하겠는가? 하나의 중랑은 없을 수 없지만 근래에 백여 명의 중랑을 만드는 것은 너무 지나친

文章, 亦何物哉? 取諸襟抱, 達于事境, 不失其天眞, 可矣."; 金昌翕, 〈與拙修齋趙公〉, 《三淵集拾遺》, 권15, 《총간》 66, 505면. 且夫函情微婉, 假物神變, 有異乎敍述之直體者, 詩之所以爲詩也.

9 앞에서 인용한 김창흡의 글(〈何山集序〉)은 李德懋의 《耳目口心書》에 전재되어 있어 김창흡의 성령 이해가 이덕무에게로 연결되고 있음을 알 수 있다.

것이 아닌가?"하였다.[10]

> 일민(逸民, 邊日休)의 시는 근체시를 잘하였는데 천부적인 재질이 특히 뛰어났으며 책도 많이 읽었다. 그러므로 의경을 만든 것이 그윽하고 아득하였으며 사실을 부리는 것이 날래었으니, 원류를 소급한다면 검남(劍南, 陸遊)과 우산(虞山, 錢謙益) 사이에서 구해야 할 것이요 서청등(徐靑藤, 徐渭)에 비유한다면 진실로 일민이 배우기를 원했던 바가 아닐 것이다. 시를 논하매 성령을 위주로 하고 반드시 책을 많이 읽을 필요는 없다고 말한 것이 어떤 설인지 나는 알지 못한다. 수백 년 이래 포의의 시로서 일민과 같은 자가 의당 나오지 않은 것은 아는 사람과 이야기할 수 있을 뿐이다.[11]

이덕무는 의고와 창신의 통합적 입장에 서서 서위, 원굉도, 원매 등 중국 성령설의 대표적인 이론가의 성과를 일정 정도 수용하는 한편 성령설의 시적 특질로 지적할 수 있는 초탈(超脫), 창신(創新), 험괴(險怪), 신기(新奇)에의 일방적 경사를 아울러 견제하였다. 그는 어느 특정한 풍격과 시풍에 집착하기를 거부하면서 '자득'과 '묘해투오(妙解透悟)'의 시 학습 방법을 통해 창신만을 위주로 한 병폐를 지적하였다.

그런데 성령 논의와 관련하여 살펴야 할 점은 이덕무, 유득공 등이 남긴 글을 통해 18세기 후반에 이르러 성령 논의가 더욱 확산되는 추세에 있었으며, 중국 공안파와 원매의 성령설을 비교적 정확하게 이해하면서 그것을 적극적으로 받아들여 자신들의 창작 지침으로 삼은 일군의 시인 집단까지 형성되었다는 사실이다. 성령을 위주로 한 작품은 대체로 시인 주변의 경물을 잘 포착하여 표현의 생동성, 참신성을 발휘한 것들이다. 변

---

10 李德懋, 《耳目口心書(5)》, 《靑莊館全書》 권52, 《총간》 258, 436면. "春日逢子欽, 子欽誦其數聯. (…) 余曰: "故是袁中郞! 近聞稚川觀中郞集." 仍與子欽作數篇, 頓進一格. 有曰 : '春嫌全露先侵柳, 雲 無依竟度杉' 子欽不無存神之化也. 子欽笑曰: '立中郞書院, 以吾爲配享耶! 一中郞雖不可無, 近者散作百中郞, 無乃太濫耶!'"

11 柳得恭, 〈雪癡集序〉, 《泠齋集》 권7, 《총간》 260, 114면. "逸民詩長於近體, 天才特高, 讀書尤多. 故造意幽渺, 隸事飛動, 遡源沿流, 當求諸劍南虞山之間, 比之徐靑藤, 則固非逸民之所願學也. 論詩而以性靈爲主, 謂不必多讀書者, 吾未知其何說也. 數百年來布衣詩, 宜無出逸民若者, 可與知者道耳."

일휴[12]의 시에서 이를 짐작해 볼 수 있다.

> 노란 싹 푸른 꼬투리 아이처럼 움직이고
> 주름진 물, 문 채 나는 이내는 고운 명주와 같네
> 물 따뜻하니 오리새끼 물거품에 노닥이고
> 절 비워서 암여우가 부처 앞에 참례하네
> 黃芽綠莢如孩動, 縐水紋嵐似縠纖.
> 水暖鳧雛泡影嬲, 寺空狐女佛光參.[13]

이 같은 작품은 우선 시인의 자연스러운 감정을 꾸밈없이 드러냄으로써 가능하며, 또한 학식의 축적만을 통해 도달될 수 있는 성질의 것이 아니라 시인의 예민한 통찰력과 감수성에 상당 부분 의존하는 것이다. 이 점은 청대 성령설의 대표적인 인물인 원매의 "시경 이래 지금까지 전하는 시들은 모두 성령을 표현한 것으로 전고를 늘어놓는 것과 관계되지 않는다"고 한 언급과 상통한다.[14]

유득공의 언급을 통해 성령을 위주로 한 일군의 문인들 사이에서 책을 많이 읽을 필요는 없다는 식으로 성령설을 이해하고 있었던 사정을 알 수 있다. 사실 학식의 축적과 독서 행위는 성령과 대립되는 것이 아니라 상호 보완될 수 있는 성질의 것이다. 문제는 풍부한 학식에 바탕하여 전고를 늘어놓고 수식만을 일삼아 시인의 독특한 감정과 감수성을 효과적으로 표현하지 못하는 데에 있다. 원매 역시 성령을 표방하였지만 정심한 노력을 강조하였으며, 정지윤 역시 오묘한 경지에 이르기 위해서는 용문산을 뚫는 공이 필요하다고 하였다. 위의 두 자료에서 당시 성령설을 이해하는 관점

12 邊日休(1740-1778)은 字가 逸民, 若淳, 子欽이며, 號는 雪癡, 呵呵生으로, 18세기 후반의 시인이다. 李奎象의《并世才彦錄》(《韓山世稿》29,《一夢稿》)을 보면 "邊日休字逸民, 寒家子, 落拓, 登進士, 客夭於統營, 才情溢發."이라 하였다.

13 李德懋,《耳目口心書(5)》,《青莊館全書》권52,《총간》258, 436면.

14 袁枚,《隨園詩話》, 권5. 人有滿腔書卷, 無處張皇, 當爲考据之學, 自成一家. 其次, 則 體文, 盡可鋪排, 何必借詩爲賣弄? 自三百篇至今日, 凡詩之傳者, 都是性靈, 不關堆 .

에 약간의 편차가 있었음을 확인할 수 있다.

> 문장은 깨달은 바가 있어야 근거를 세울 수 있는 것이니, 중랑을 말세의 괴이한 것이라 하여 업신여기지 말고 마음을 전일하게 가져 고요히 생각을 모은다면 반드시 영대가 환히 밝아져 한번 눈을 굴리면 만물이 모두 나의 문장일 것일세. 그대의 재주가 질박하기 때문에 이런 방법으로 구제하네. 그러나 어찌 일체 이러한 것에만 빠져서 제자리로 돌아오기를 잊어서야 되겠는가? 언제나 이런 무리는 손의 예로 대우해야 하지, 나의 집에 불러들여서 도리어 주인으로 섬겨서는 아니 되네.[15]

> 어린 아우 정대의 나이가 아홉 살인데 타고난 성품이 둔하였다. 그가 갑자기 말하기를 "귓속에서 쟁쟁하고 우는 소리가 납니다" 하기에, 내가 묻기를 "그 소리는 무슨 물건과 같으냐?" 하니 대답하기를 "그것은 둥근 별과도 같아서 보일 것도 같고 잡을 것도 같습니다" 하였다. 내가 웃으면서 말하기를 "형상을 가지고 소리에 비유하니 이것은 무의식중에 타고난 혜식(慧識)이다. 예컨대 어린이가 별을 보고 달가루라 하는 것과 같다. 이런 종류의 말은 예쁘고 고와서 때 묻은 세속을 벗어났으니 속된 사람이 할 수 있는 일은 아니다"라 하였다.[16]

앞의 인용 자료에서 이덕무가 박상홍(朴相洪)의 질박한 성품(古質)을 고치기 위한 방법으로 원굉도의 시풍을 일정하게 수용할 필요가 있다고 하였다. 성령을 직접 언급하고 있지는 않지만, 적어도 성령이 질박과는 다른 성질을 지니고 있음을 짐작할 수 있다. 이 같은 지적은 원매의 "사람은 질박할 수 있지만, 시는 질박할 수 없다"[17]고 언급한 것과 유사하다. 이덕

---

15 李德懋, 〈與內弟朴稚川宗山書〉, 《雅亭遺稿》 권8, 《青莊館全書》 권16, 《총간》 257, 238면. "文章有悟處, 然後立脚. 勿以中郎爲末季怪品侮之. 齋心靜會, 必透得玲瓏竇, 一轉眼, 則萬物皆吾文章也. 君才古質, 故以此救之. 然豈一切沈 於是物, 流宕忘返也乎哉? 每當以此輩賓禮待之, 不可喚入我室, 反以主人事之也."

16 李德懋, 《耳目口心書(1)》, 《青莊館全書》 권48, 《총간》 258, 354면. "稚弟鼎大方九歲, 性植甚鈍, 忽曰: '耳中鳴錚錚.' 余問: '其聲何似何物?' '團然如星, 若可覩而拾也.' 余笑曰: '以形比聲, 此小兒不言中根天慧識. 古有一小兒見星曰: '彼月屑也.' 此等語姸鮮起脫塵氣, 非酸腐所敢道."

17 袁枚, 《隨園詩話》 人可以木, 詩不可以木.

무나 원매에게 있어 '고질(古質)' 혹은 '목(木)'은 적어도 성령과는 구분되는 뜻으로 사용되고 있다. 그리고 마음을 전일하게 하고 고요히 생각을 모으는 것은 시인이 객관 경물을 통찰하고 관조하는 행위를 가리킨다. 그 같은 과정에서 시인의 심령이 환하게 밝아져 모든 만물이 나의 문장으로 될 수 있는 것이다. 즉 성령은 객관적 경물을 통찰하고 관조하는 과정에서 더욱 활발해지고 영롱해지는 것이다.[18]

'만물이 모두 나의 문장(萬物皆吾文章)'이라고 한 이덕무의 언급이나 '천하에 가득 찬 만물이 모두 시가 된다(盈天地者, 皆詩)'고 한 박제가의 언급은 모두 객관 대상 속에 내재한 이치를 깨달을 수 있는 시인 특유의 예민한 통찰력과 감수성에 주목한 것이다. 그들은 종래의 심미적 관점에서 보면 하찮고 비속하고 쓸모없는 것에도 지극한 이치가 깃들어 있다고 보았는데,[19] 그 지극한 이치를 간파하고 시로 형상화하기 위해 필요한 것이 바로 이성적 사고로 설명하거나 논리적으로 추론할 수 없는, 시인의 예민한 감성과 직관력이다. 이 점에서 시인에게는 속된 잡념과 편견에서 벗어나 어린 아이와 처녀와 같은 순수한 진정,[20] 무의식중에 타고난 명민한 분별력(慧識)이 필요하다. 가식이 없이 순수한 마음으로 사물의 참모습을 깊이 성찰함으로써 기성의 관습과 허위의식을 벗어 던지고 사물의 자연스러운 모습과 생동감을 표현하게 되는 것이다. 지극히 미세한 곳에 지극히 오묘한 경지가 있음을 간파하여 어린 아이의 울음과 웃음, 시장 상인의 외치는 소

18 李德懋가 이언진의 〈海覽篇〉을 높이 평가하면서 그의 황홀영롱한 재주와 靈妙慧悟한 이치를 주목하였던 것도 객관 경물을 통찰하고 관조하는 과정에서 활발해지는 영롱한 성령의 작용에 주목한 것이었다. 李德懋, 《耳目口心書(4)》, 《青莊館全書》 권51, 《총간》 258, 420면. "涉筆於太史之貨殖, 獲墨於昌黎之南山, 挾之以恍惚玲瓏之才, 透之以靈妙慧悟之理."

19 李德懋, 《耳目口心書(1)》, 《青莊館全書》 권48, 《총간》 258, 354면. "嬰兒之涕笑, 市人之買賣, 亦足以觀感. 驕犬之相鬪, 點描之自弄, 靜觀則至理存焉. 春蠶之飾葉, 秋蝶之採花, 天機流動. 萬蟻之陳, 不藉旗鼓, 而節制自整, 千蜂之房, 不憑棟梁, 而間架自均. 斯皆至細至微者, 而各有至妙至化之無邊焉."

20 李德懋, 〈嬰處稿自序〉, 《青莊館全書》, 권3, 《총간》 257, 59면. "娛之至者, 莫如乎嬰兒, 故其弄也靄然天也. 羞之至者, 莫如乎處女, 故其藏也純然眞也. 人之嗜文章, 至娛弄至羞藏者, 亦莫如乎余."

리, 개가 싸우는 것, 고양이가 장난치는 것 등등이 모두 시인에게 감동을 가져다주는 것이다. 결국 시인으로 하여금 모든 만물의 각가지 현상에 흥분과 감동을 가지고 다가갈 수 있게 하는 것은 시인의 감수성과 통찰력이며, 그것은 바로 이덕무가 말한 '혜식'이다.

성령은 진실한 감정 이외에 학식의 축적만으로 가능하지 않은, 시인의 총명하고 명민한 재기의 요소를 아울러 지니고 있는 것으로 보인다. 조선 후기 비평 문헌에서 시인의 뛰어난 자질, 속성으로 혜오(慧悟), 혜식(慧識) 등을 자주 언급하는 것 역시 이 같은 성령 이해와 관련된다.[21]

> 무릇 지혜로우면 자유롭게 유동하고 자유롭게 유동하는 것이 지극하면 취가 생기니 천하의 취는 총명함으로부터 생기지 않은 것이 없다. 산의 영롱한 다채로운 자태, 물의 물결치고 다채로운 모습, 꽃의 생동하고 다채로운 정치, 이것은 모두 천지 사이에 있는 일종의 총명한 기가 이룬 것이기 때문에 진실로 사람들에게 진기하게 감상되는 것이다.[22]

> 일찍이 원중랑의 척독을 보았습니까? 영묘한 마음과 총명함은 왕세정, 이반룡에 비할 것이 아니지만 대체로 문장 중에서 요사한 것이어서 점염되기가 쉬우니 대나무를 보듯이 눈을 가까이 해서는 안 됩니다.[23]

---

21 '慧'와 관련된 자료를 몇 가지 들면 다음과 같다.

① 申靖夏, 〈答柳默守〉, 《恕菴集》 권8, 《총간》 197, 315면. "今姪以爲道情素語山水, 則不可不用歐蘇之間, 論說義理, 不可不用考亭之密, 未知如何. 曾見袁中郎短簡否? 靈心慧竅, 雖非王李之比, 而大抵是爲文之妖, 易被浸染, 不宜令近眼如看竹."

② 南公轍, 〈雅亭集序〉, 《金陵集》 권11, 《총간》 272, 203면. "爲文章, 心眼慧而性靈巧, 不爲執縛之論, 亦不爲鄙俚之詞. 曰: '兩漢自有文, 不必賈董馬班也. 唐宋自有詩, 不必李杜黃陳也.'"

③ 南公轍, 〈李君詩序〉, 《金陵集》 권11, 《총간》 272, 200면. "李亶田閭巷人也. 少學唐詩, 旣而盡焚其藁, 下學徐袁鍾譚. (…) 其詩有靈心慧識, 時又發之以困窮不平之言. 故如嗔如笑, 如寡婦之夜哭, 羈人之寒起, 雖未成一家, 而亦自有可取焉."

22 袁中道, 〈劉玄度集句詩序〉, 國立編譯館 編, 《明代文學批評資料彙編(下)》 (臺北: 成文出版社, 1979), 704면. "凡慧則流, 流極而趣生焉. 天下之趣, 未有不自慧生也. 山之玲瓏而多態, 水之漣漪而多姿, 花之生動而多致, 此皆天地間一種慧黠之氣所成, 故信爲人所珍玩."

23 申靖夏, 〈答柳默守〉, 《恕菴集》 권8, 《총간》 197, 315면. "曾見袁中郎短簡否? 靈心慧竅, 雖非王李之比, 而大抵是爲文之妖, 易被浸染, 不宜令近眼如看竹."

> 대개 문장은 반드시 혜식을 위주로 합니다. 그러나 산란한 마음이 안정되는 것을 근본으로 함이 없이 앞에 나타나 빛나는 것은 선가에서 광혜(狂慧)라고 하니, 도끼를 버린 채 수수방관하면서 달고 쓰며 빠르고 느린 사이를 고요히 관조하고 성찰하는 자는 없었습니다. 그러므로 배우는 것을 귀하게 여깁니다. 교화가 순정치 못하고 학술이 분열되어 문장이 퇴락하기는 이탁오에 이르고 음란하기는 전겸익에 이르고 추하고 패악하기는 김성탄에 이르러서는 다시 진흥할 수 없습니다.[24]

첫 번째 자료는 중국 공안파의 한 사람인 원중도(袁中道)의 글이고, 두 번 째와 세 번째 자료는 공안파의 성령설을 부정하는 관점에 서서 쓴 신정하(申靖夏, 1680-1715)와 이충익(李忠翊, 1744-1816)의 글이다. 그러나 성령설을 부정하는 논점 속에서 성령설의 핵심적 특징 중의 하나인 시인의 총명하고 영민한 재기(才氣 또는 慧識)의 요소를 간취해 볼 수 있다. 이 점에서 위의 세 자료는 모두 성령과 혜(慧 또는 識)의 관계를 짐작케 해 준다. 중국 공안파의 성령설은 시인의 총명, 재기를 성령, 취(趣)와 관련시켜 이해하였다. 그들에 따르면 일종의 심미적 정취, 미감인 취는 인간의 총명한 기의 유동에 의해 생기는 것이며, 또한 사람의 자연스러운 성령의 표현이기도 하다. 요컨대 예술가의 작품에는 '취'가 있어야 하는데, 그러기 위해서는 작가 자신의 희로애락, 취향, 욕망, 총명 등을 자유롭게 표현해야 하는 것이다.[25]

신정하는 원굉도의 성령설을 왕세정, 이반룡의 의고주의와 비교하면서 '영심혜두(靈心慧竅)'의 측면에서는 뛰어나지만 요사한 문장이기 때문에 가까이 해서는 안 된다고 하였다. 여기서 영묘한 마음과 지혜가 원굉도의 성령 개념을 잘 요약하고 있는 것이다. 이충익의 경우에는 시가 기본적으로 혜식을 위주로 하면서 배움을 통해 보완되어야 한다고 하였다. 그는 이

---

24 李忠翊, 〈答韓生書〉, 《椒園遺藁》 2책, 《총간》 255, 508면. "蓋文必以慧識爲主. 然無正定爲之本, 而現前煜煜者, 禪家謂之狂慧, 從未有輟斤袖手, 而默觀冥悟於甘苦疾徐之間者也. 是故貴夫學也. 敎化不醇, 學術壞裂, 文之傾譑至於李贄, 淫靡至於錢謙益, 醜悖至於金人瑞, 而淩遲不可復振矣."

25 葉郎, 《中國美學史綱》(臺北: 滄浪出版社, 1984), 346면.

지, 전겸익, 김성탄 등 중국 성령설과 관련이 있는 인물들의 문학적 성과를 부정적인 각도에서 보면서 배움과 혜식의 상호 보완적 관계를 강조하였다.

이상의 결과를 종합하여 우리는 성령이라는 개념을 시인의 자연스럽고 진실한 감정의 요소 이외에 예민한 감수성과 통찰력 등의 재기의 요소를 아울러 포함하고 있는 뜻으로 이해한다. 물론 논자에 따라 전자의 측면만으로 성령을 사용하기도 하지만, 그 이외에 성령을 감수성, 통찰력 등과 관련시켜 이해하였다고 할 수 있다. 나중에 살피겠지만, 조희룡에게서 성령이 재력(才力), 취와 밀접한 관련을 가지고 사용되는 것도 이 같은 성령 이해의 연장선에서 파악될 수 있다.

중국 공안파와 원매의 성령설이 본격적으로 수용되기 시작하였던 18세기에는, 그것을 긍정적으로 바라보든, 부정적인 시각에서 조명하든, 대체로 성령을 진정과 재기(혹은 慧識)의 두 요소를 포함한 것으로 이해하였다. 그리고 이 같은 성령 개념을 적극적으로 활용하여 격식과 체재의 구속에 얽매인 모의주의적 시풍을 일신하고 온유돈후를 미학적 표준으로 하였던 종래의 진부하고 상투적인 창작 경향에서 벗어날 수 있었는데, 이러한 개성주의적 시풍은 19세기 중반에까지 이어져 최성환, 정지윤, 조희룡을 중심으로 한 중인층의 성령설을 형성케 하는 원동력이 되었다. 한편 성령설에 대한 편향적 이해를 극복하기 위해, 또는 성령설을 부정적으로 보는 관점에 서서 학식을 통한 상호 보완적 관계를 주목하기도 하였는데, 이 점은 19세기에도 기본적으로 이어지고 있었다.

19세기에 들어와 성령 논의는 전 시기에 비해 폭넓게 운용되는 경향을 보이면서, 다른 한편으로는 상호간의 이해의 편차가 더욱 심하게 나타나는 현상을 보이었다. 때로는 그들 사이에 성령 이해가 상호 소통될 수 있는 여지가 있기도 하지만, 경우에 따라서는 상호 배타적이고 이질적인 성향을 보이기도 하였다. 이 점은 이 시기 시론의 전반적인 추이 및 특징과 관련하여 주목된다.

이 시기에 들어 오면 성령이라는 용어는 김정희와 일군의 중인 출신 문인인 최성환, 조희룡, 정지윤, 장지완 등에게서 보일 뿐만 아니라 홍석주, 조두순, 이익회, 이만수, 이유원, 김택영 등 여러 문인의 비평 문헌에서 확인할 수 있다. 물론 그들 사이에서도 이해의 편차가 심하고 어떤 인물의 경우에는 성령이 중심되는 개념으로 활용되기도 하고 어떤 인물의 경우에는 그렇지 않은 경우도 있어서 일률적으로 말하기는 어렵지만, 전체적으로 보아 성령이 시 창작의 특징을 해명하는 중심 개념의 하나로 폭넓게 확산되고 확고한 자리를 차지하였음을 알 수 있다. 이러한 점은 조선 후기 비평사의 핵심 개념의 하나인 천기와 대조된다. 천기 개념의 경우에는 물론 19세기에 이르기까지 널리 사용되고 있지만, 그 개념을 얼마나 많이 사용했느냐 하는 빈도수가 절대적으로 중요한 것은 아니다. 그 개념이 문학에 대한 관념과 인식을 추동하고 전진시키는 데 어느 정도의 역할을 하였는가 하는 점을 고려할 때 대체로 천기 개념은 17, 18세기에 이론적 참신성과 활력을 가졌다면, 성령 개념은 18세기 후반과 19세기 중반에 걸치는 기간 동안에 그 활력을 유지하였다고 할 수 있다.

그리고 또 하나 중요한 점은 이 시기에 들어와 전 시대에 비해 성령(설)을 수용하고 해석하는 양상이 보다 더 다양하게 분화되고 있었다. 그것이 때로는 상호간 소통될 수 있는 측면도 지니고 있었지만, 때로는 이질적이고 혹은 배타적인 경우도 있었다. 이 점에서 중인층의 성령설은 강한 형태로 결속되어 있다기보다는 다소 느슨한 상태로 묶여져 있었다.

최성환과 정지윤을 중심으로 한 중인층의 성령설이 주목되는 이유는 시 창작과 평가의 핵심 개념으로 성령을 적극적으로 표방하였으며, 이를 이론적 출발점으로 삼아 비교적 일관되고 정연한 형태의 체계를 구성하였다는 점이다. 그러나 그들 내부에는 적지 않은 이질적 성향도 포함하고 있어 그들의 성령 이해 역시 결코 단일한 것만은 아니다.

최성환은 방대한 분량의 중국 시선집인 《성령집》을 편찬하면서 진실하고 자연스러운 감정, 심령을 시 평가의 가장 중요한 척도로 삼았다.[26] 고와 금을 상호 대립적이고 상반되는 것으로 파악하는 상고주의적 인식태도에서 벗어나 고와 금을 동등한 것으로 파악하는 상대주의적 인식 관점을 견지하면서 고인의 작품을 감상, 선별함에 있어서도 나의 성에 부합하는 것만을 채택하였다. 그렇기 때문에 격조와 기백은 시 평가에 있어 부차적인 것으로 보았다.

이에 비해 김정희는 성령의 자유스러운 표현을 일면 강조하면서도 그것의 분방한 표출을 억제하기 위해 격조를 통해 성령을 제어, 조정할 것을 요구하여 최성환과 대조되는 입장을 취하였다.[27] 그렇기 때문에 성령과 격조의 배합을 요구하는 입장을 보였는데, 일종의 절충주의적 종합화의 관점에서 어느 일방에 치우치지 않으면서 각각의 장점을 취합하고 단점을 수정, 보완하고자 하였다. 그의 성령 이해 역시 이 같은 그의 기본적인 시문관에서 비롯된 것이었다. 최성환과 가장 가까운 성향이라고 할 수 있는 정지윤은 가장 영롱한 곳에 있는 성령을 자연스럽게 표현함으로써 대가의 울타리에 기대지 않고 시인 자신의 개성과 독창성을 발휘할 수 있다고 하였다. 이 두 사람의 성령 이해는 18세기 후반기의 개성주의 흐름을 비교적 뚜렷하게 이어받고 있는 경우로 볼 수 있다. 이와 달리 흔히 중인층의 성령설을 대표하는 인물로 분류되는 장지완의 경우에는 성령이라는 말을 사용하고 있기는 하지만, 성리학적 성정관에 침윤된 형태로 희석화되었다.

조희룡의 성령 이해는 두 차원에서 이해된다. 하나는 시인의 재기와 연

26 崔瑆煥, 〈性靈集序〉, 《性靈集》(국립중앙도서관 소장본) 권1. "是集也, 專主性靈而後格調捨氣魄, 是固我之性有所以相近者也, 是固爲我之詩集也. 覽是集者, 以各體之未備爲責, 則非是集之制度也, 以語意之多創爲言, 則非是詩之本旨也."

27 金正喜, 〈題彝齋東南二詩後〉, 《阮堂集》 권6, 《총간》 301, 119면. "噫! 東南二詩, 所以工焉耳. 然性靈格調具備, 後詩道乃工. 然大易云, 進退得喪, 不失其正. 夫不失其正, 以詩道言之, 必以格調裁整性靈, 以免乎淫放鬼怪, 而後非徒詩道乃工, 亦不失其正. 況於進退得喪之際乎?"

결되는 문맥이고,[28] 또 하나는 산수유기와의 문맥(趣)에서이다. 그는 성령의 표현을 산수 경관의 활발하고 생동한 심미적 정취에서 찾았는데, 이 점은 특히 중국 성령설의 대표적인 주창자인 원굉도의 산수유기 창작과 관련하여 이해될 수 있다. 고금 명산의 자연 경관을 생동감 있는 필치로 묘사한 산수 유기 작품 속에서 고인의 성령을 엿볼 수 있다는 그의 언급을 통해 이를 확인할 수 있다.[29] 그림과 글씨와 같은 예술 활동은 수예(手藝)이기 때문에 작가의 고매한 인격과 품성보다 예술적 재능과 기교가 더욱 중요시된다고 하여 그는 시인의 재능, 역량의 측면에 특히 주목하였고, 또한 자연 경관을 감상할 때의 순수한 미감, 미적 정취를 성령과 연결시키고 있다는 점에서 그가 이해한 성령은 학식과는 별개의 영역에 위치해 있다고 할 수 있다. 이 점에서 그의 성령 이해는 진실한 감정과 총명한 재기의 요소를 포괄하여 성령을 이해하였던 18세기의 성령 논의를 계승하였다고 하겠다.

최성환, 정지윤, 조희룡 등의 성령 이해는 사대부 문인이었던 김정희, 조두순과 구별된다. 최성환이 격조와 기백보다 성령을 더 중시하는 심미적 관점을 보인데 비하여 김정희는 격조에 의한 성령의 조정과 보완을 강조하였다. 시 창작에 있어 격조와 성령의 지위를 이처럼 서로 다르게 파악하는 것은 그들의 심미적 취향이 기본적으로 다른 데에서 비롯된 것이다.

김정희는 원매를 비판하면서 '검속함이 없다(無檢)'하다고 하였는데, 이것은 그가 원매의 성령설의 세 요소 중에서 특히 재능, 재기의 측면에 거부감을 보이고 있는 것이다.[30] 원매의 성령설이 지닌 진실한 감정과 개성

28 趙熙龍, 《石友忘年錄》(개인 소장본) "凡爲詩, 每未免掇拾餖飣, 自出機杼, 獨標性靈者, 凡幾人. 目短一世, 欲度越前人. 譬如阿修羅, 具大神通, 擧足攪海, 引水摘月, 而但恐翟曇氏出世, 作獅子吼也. 以有此才力之人, 猶復如是, 況其下之哉? 其爲詩之難, 盖如是."

29 趙熙龍, 《石友忘年錄》(개인소장본) "名山一部記, 常罫座右, 未嘗暫離. 古人遊記, 各具手眼. 模山範水, 各極其致, 未嘗輕着一筆. 古人文字何限, 至名山遊記, 以其心性所好, 極力寫出, 皆存空前絕後之想. 故其奇想所到, 大有異於他凡文字, 欲觀古人性靈所在, 當於是書求之."

30 중국의 학자 王英志는 袁枚의 성령설을 크게 眞情, 個性, 詩才의 세 측면으로 나누어 그 상호 관계를 다각도로 분석하고 있어 우리나라의 성령설 수용을 이해하는 데에도 일정 정도 참고

의 두 측면을 인정하는 한편, 그는 시적 재능의 요소에 있어서는 학식의 축적, 인품의 성숙이 전제되어야 한다고 보았다. 이 점은 조두순의 경우에도 마찬가지이다. 그 역시 당시 중인층의 한시 활동을 비판적으로 언급하는 한편[31] 성령과 재기의 측면 이외에 독서를 통한 학식의 측면을 강조하였다.[32] 이 점에서 '시는 특별한 재능이 있어야 하니 서적과 관련되지 않는다'(詩有別才, 非關文也)는 엄우의 말이 나무꾼이나 규방의 여인네들이 지어낸 한두 구절에나 해당됨직 한 것이라고 하였다.

김정희와 조두순은 성령의 가치와 의의—주로 진실한 감정과 개성의 측면에서—를 일면 긍정하면서도 학식의 축적—주로 서적의 열람을 통한—으로 상호 보완되어야 함을 강조하였다. 김정희가 문자향, 서권기와 같은 학식과 인품의 성숙을 예술 창작의 관건으로 보았음에 비해 조희룡은 예술가의 손끝, 즉 예술적 재능과 기량에 그 핵심이 놓여 있다고 본 것 역시 이와 관련되어 이해될 수 있다.[33]

된다. 王英志, 《淸人詩論硏究》(揚州: 江蘇古籍出版社, 1986). 이에 따르면 김정희, 조두순 같은 사대부 문인들은 대체로 성령설의 眞情과 個性의 측면을 긍정적으로 파악하는 대신 詩才의 측면에 대해서는 일정한 거리를 두고 있다.

31 趙斗淳, 〈風謠三選序〉, 《心庵遺稿》 권28, 《총간》 307, 568. "夫詩, 天機也, 性情也. 愉悅憂怨, 皆得夫自然之天, 而發於性情之正, 則豈閥閱家世所獨專, 而區以域乎其間者哉? (…) 雖然余聞近世閭巷聰明才儁之人, 或耽於內典, 自憙游方之外, 駸駸有儒名墨行之懼, 豈亦有不平之氣, 屯悒佗傺, 無所發舒而然歟? 審如是, 偭規矩而詭經破道者, 有之矣. 其於詩敎, 適奧而北其轅, 非細故也. 勉之哉. 詩三百, 一言蔽之曰, 思無邪."

32 趙斗淳, 〈對山集序〉, 《心庵遺稿》 권28, 《총간》 307, 574면. "嚴羽曰 : '詩有別才, 非關文也.' 此畸人閨秀羽流木客一二冥合之謂也. 多讀萬卷書, 有抑有發, 無所往而不爲吾使用, 然後始可給也. 挽近世輒曰: '詩不古若若爾.' 自夫勅天五子之歌二南國風雅頌以降, 遂無詩已乎? 機其性靈, 標厥材智所詣, 隨其所可能而能之也. 故漢魏三唐 于今, 詩未嘗熄於天壤之內, 何以故? 各有以究其性靈材智所可極而然. 苟非然者, 非所以廣詩道於天下也."

33 趙熙龍, 《石友忘年錄》(개인 소장본) "書與畵, 俱屬手藝, 無其藝, 雖聰明之人, 終身學之, 不能. 故曰 : '在於手頭, 不在胸中.'"

6. 신운의 개념

신운(神韻) 개념은 왕사정의 신운설 이전에도 이미 폭넓게 사용되었는데, 대체로 육조 시대에 이르러 인물 품평과 관련하여 기운(氣韻), 신운 등의 용어가 사용되었다. 우리나라의 경우에도 왕사정의 문집이 들어왔던 18세기 후반 이전에 이미 신운이라는 비평 개념이 사용되고 있었다. 광범위하게 문집을 섭렵하지 못한 형편에서 이 자리에서는 신운 개념의 대체적인 의미를 파악하고자 그것이 사용되는 문맥에 따라 몇 가지의 유형으로 나누어 살펴보고자 한다.

신운은 작가의 독특한 정신적 풍모, 기풍을 뜻하는 것으로 사용된다. 박종채(朴宗采)가 부친 박지원의 풍채, 신운을 언급하거나[1] 박규수가 이인상의 그림을 통해 그의 신운을 상상할 수 있다고 한 언급[2]을 통해 이를 짐작해 볼 수 있다. 요컨대 신운은 풍채, 금기(襟期) 등과 상통하는 개념으로, 인간의 외형 밖에서 풍기는 정신적 풍모, 기품을 의미한다. 초상화에서 인간의 형체를 모사하면서 그 대상의 내면적 정신까지도 표현할 것을 요구하였던 전신(傳神)과 같은 맥락이다.

1 朴宗采, 《過庭錄》 권1. "若欠愼重, 而未敢輒事刪削者, 以先君之風采神韻, 猶或可想見於此等處. 覽者或恕之歟!" 《한국한문학연구》 6집(한국한문학연구회, 1982) 영인자료 참조.

2 朴珪壽, 〈題凌壺畫幀〉, 《瓛齋集》 권11, 《총간》 312, 512면. "凌壺處士, 淸標高節, 爲當時師友推重. 所從遊盡鉅公名儒, 一代風氣, 殆與東京諸君子作先後進, 書畫翰墨, 特餘事耳. 然於此有可以像想神韻, 領略襟期."

위에서 말한 신운은 본격적인 비평 개념이 아니라 어떤 인물의 내면적 정신과 풍모를 품평하는 맥락에서 사용된 것이다. 그것이 시를 포함한 예술 일반의 심미적 특징을 해명하는 비평 용어로 자리를 잡으면서 작품의 생기, 활력 그리고 함축적 여운이 복합된 개념으로 전이되어 사용되었다. 초상화의 비유를 다시 끌어 오면, 작가의 외모를 핍진하게 묘사하였다고 하더라도 그 표현 대상의 내면에 숨어 있는 정신을 그려내지 못하면 사진과 같이 실물을 복사해 놓은 것과 같아서 예술적 감동을 줄 수 없다. 그런 점에서 인물의 특징적인 면모를 포착하여 그 정신을 묘출해 낼 수 있어야 한다.

마찬가지로 시에서도 객관 경물을 묘사함에 있어 작가의 일정한 심미적 관점과 취향에 따라 그 대상을 변형시켜 하나의 예술적 형상을 창출함으로써 비로소 독자에게 풍부한 연상을 불러일으킬 수 있는 것이다. 그러할 때 작품의 생기가 감돌고 함축적 여운이 빛을 발하게 되는 것이다. 이 점에서 신운은 생기와 여운이 통일되어 있는 상태라고 할 수 있다.[3] 대상을 핍진하게 묘사하는 형사(形似)와 대립되는 의미로 신운을 사용하는 것도 이러한 맥락에서이다. 서영보(1759-1816)가 옛 사람의 글씨를 배울 때 형사를 버릴 수 없지만, 신운을 얻는 것을 더욱 귀하게 여긴다고 한 언급이나[4] 김윤식(1835-1922)이 경물 묘사의 묘처는 형사가 아니라 신운에 있

3 生氣와 餘韻의 통일로서 神韻을 이해할 수 있는 자료로 다음을 들 수 있다.

① 李晩秀, 〈書竹石夢泉菴記後〉, 《屐園遺稿》 권9, 《총간》 268, 408면. "此記綽約, 如藐姑仙人, 比楓嶽記, 更覺神韻. (…) 此記中, '望之若無涯涘, 瀰漫平恬, 微瀾淪漣如也', 十六字直使人心醉. 信乎! 文章之妙悟, 丹靑之所未到也."

② 朴珪壽, 〈與申幼安〉, 《瓛齋集》 권11, 《총간》 312, 478면. "便來承謄示文字奉玩之際, 不覺高聲, 大讀此文. 他家之作, 亦多見之, 從未有此氣力, 有此神韻, 有此義理, 有此排鋪."

③ 李奎象, 《并世才彦錄》, 《韓山世稿》 29, 《一夢稿》. "畵技超群絶倫, 筆畵無不精麗, 排置一掃俗冗畵, 與排置之外, 神韻精彩, 燁燁奕奕. 蓋畵家有兩派, 一俗稱曰院法, 卽畵員之供國畵者法也. 一曰儒法, 以神韻爲主, 筆畵之整疎不顧. 畵於院者外, 率居儒畵."

4 徐榮輔, 〈書品〉, 《竹石館遺集》 7책, 《총간》 269, 539면. "書以格品神韻爲貴, 亦復大有俊氣. 學古人書, 固不可舍其形似, 而尤貴得其神韻, 可與知書者道爾."

다고 한 언급들이 그것이다.[5]

위의 신운 개념이 일반적 함의를 뜻하는 것이라고 할 수 있는데, 이 같은 일반적 함의를 공유하면서 특정한 의미를 지니기도 하는데 그것은 대체로 두 가지로 나누어 볼 수 있다. 그리고 이 같은 특정한 의미를 갖는 신운 개념은 왕사정의 신운설과 관련되며, 우리나라의 경우에는 특히 19세기에 널리 사용되었다. 다시 말해 신운은 일반적인 함의를 지닌 용어로 광범위한 시대에 걸쳐 사용되기도 했지만, 왕유, 맹호연, 위응물 등의 시적 풍격과 관련되어 특정한 함의를 지닌 용어로 사용되기도 하였다. 이것은 19세기에 들어와 신운 개념을 보다 협소하게 해석하려는 경향과 관련되는데, 신위와 김정희가 그같은 경향을 대표하며, 홍석주는 그것을 당대 시단의 가장 큰 병폐로 지적하였다.

특정한 함의를 지닌 신운 개념의 경우에는 대체로 두 가지 문맥에서 사용되었다. 먼저 신운은 특정한 예술적 풍격을 지칭하는 것으로 사용된다. 성대중, 신석우, 성해응의 언급을 그 근거로 들 수 있다.[6] '위맹지신운(韋孟之神韻)' '당인지신운(唐人之神韻)' '신운수일(神韻雖逸)' 등의 용례는, 사용되는 문맥을 고려할 때, 모두 신운을 특정한 풍격으로 이해하고 있음을 보여 준다. 당시 가운데 특히 왕유, 맹호연, 위응물 등 산수 전원시를 즐겨 지었던 시인들의 작품들에 보이는 청원하고 담박한 시적 풍격이 신운으로 이해되고 있는 셈이다. 이 점은 특히 왕사정이 신운을 시 창작의 중심 개

---

5 金允植, 〈書七絕洞七景帖〉, 《雲養集》 권12, 《총간》 328, 453면. "詩家寫景之難, 如畵師之繪人面. 數人以外, 皆一樣面目, 無復辨別, 如落照漁火, 處處有之, 何能以寸毫各臻其境耶? 故寫景之妙, 不在形似, 在得其神韻, 如裵楷之頰上三毛, 便覺精神倍加. 此畵中之三昧也."

6 ① 成大中, 〈林和靖詩集序〉, 《青城集》 권5, 《총간》 248, 429. "余於宋人詩酷愛和靖, 非徒爲其詩之妙, 盖重其人之高潔也. 然其詩簡而放, 澹而遠, 襲陶柳之標格, 而捨其亢; 斂韋孟之神韻, 而削其腴. 覽其詩, 亦足以知其人也."

② 申錫愚, 〈紫霞軟譚〉, 《海藏集》 권17, 《총간속》 127, 601면. "余日 : '漁洋大家, 但粉澤之氣稍勝, 飣餖之意甚多, 是可恨也.' 紫霞日: '漁洋初年全襲唐人神韻, 老來專用故事, 而神韻則滅. 故老年諸作, 味如嚼蠟.'"

③ 成海應, 〈東詩畵譜序〉, 《研經齋全集》 권13, 《총간》 273, 312면. "自晉唐以來, 詩畵之俱盡其妙者, 稱王摩詰. 彼神韻雖逸, 氣力常遜."

념으로 내걸면서 외형적 묘사에 대한 집착을 버리고 상외(象外), 언외(言外)의 허경(虛境)을 통해 표현되는 청원, 충담한 시적 풍격을 요구하였던 것과 연관된다. 이처럼 왕사정은 왕유, 맹호연, 위응물의 시를 청원한 풍격을 보유한 신운의 대표적인 예로 제시하면서 신운을 특정한 몇몇 부류의 작품들에 한정된 풍격으로 협소하게 이해하였는데, 이에 대해 18, 19세기의 문인 지식인들은, 그 내부적 편차가 상이함에도, 대체로 비판적인 입장을 취하였다.

또한 특정한 시적 풍격으로 신운을 이해하지 않고 간략한 필치를 활용하여 독자로 하여금 풍부한 연상을 불러일으키는 심원한 예술적 경계로 신운을 이해하기도 한다. 예컨대 '맛 밖의 맛이 신운이다'고 하여[7] 작품의 문면에 묘사된 예술적 형상(實境)과 그 형상 밖에서 형성되는 무형의 허경(虛境)이 결합되어 산출되는 일종의 심미적 경계, 혹은 의경(意境)으로 신운을 파악하는 것이 그것이다. 김정희가 조선 후기 사실주의 회화의 선구적 인물인 윤두서의 회화를 비판하면서 신운지경(神韻之境)이 부족하다고 지적한 것 역시 이 같은 신운 이해에 바탕한 것이다.[8]

이덕무, 홍한주, 김윤식 등의 자료에서 조선 후기 시론사와 한시사에서 중국의 신운설이 수용된 과정을 개략적으로 살펴볼 수 있다. 그들의 기록을 종합해 보면 도곡 이의현(1669-1745)이 왕사정(1634-1711)의 《잠미집(蠶尾集)》을 얻어 보았으며, 그 후 이병연(1675-1735)이 왕사정의 영향을 받아 진부한 시풍에서 탈피하였다고 하지만,[9] 당시로서는 그 영향력이 극히 제

7 李敏應, 〈集諸家燕巖集評〉, 《燕巖關係資料》, 《한국한문학연구》 11집(한국한문학연구회, 1988), 160면 재인용. "古人云, 梅止於酸, 鹽止於鹹, 大羹之美兼酸鹹, 而美在酸鹹之外. 此說古文之妙也. 夫鹹酸之外者, 味外味也. 味外味者, 神韻也. 文之有神韻者, 余於太史昌黎之後, 今又見燕翁也."

8 許維, 《夢緣錄》, 林明德 編, 《韓國漢文小說全集》(臺北: 中華民國中國文化學院, 1980) 권3, 202면. "每朝問寢于大廊, 朝夕喫飯外, 長在大廊, 聽公畵品之論, 見公筆法之妙. 一夕微笑而語曰: '畵道難矣哉. 君認以畵已得格乎? 君之初入手, 乃尹恭齋畵帖也. 我東之學古畵, 果自恭齋始也. 然至於神韻之境乏矣. 鄭謙齋沈玄齋皆有盛名, 而卷帖所傳, 徒亂眼目, 切勿閱看.'"

9 李德懋, 〈王阮亭〉, 《淸脾錄》 권3, 《靑莊館全書》 권34, 《총간》 258, 46면. "陶谷李相國集,

한된 범위에 그쳤다. 그러다가 이병연이 소장하고 있던 왕사정의 문집이 이서구에게로 넘어 오고, 1770년대 무렵에 왕사정의 전집과 《어양산인정화록(漁洋山人精華錄)》이 유입되면서 이서구, 이덕무, 박제가 등을 중심으로 하여 본격적으로 수용되기에 이르렀다.[10]

그 중에서도 이서구는 왕사정의 신운설을 추종하여 '동국의 왕사정'으로 칭해지기도 하였으며, 왕사정의 시가 오랑캐에서 나왔다고 하더라도 반청의 명분 때문에 그의 시까지 거부할 필요는 없다고 청조 문물의 수용 논리로 제기하였던 북학론을 시론에까지 연결시켰다.[11] 또한 이덕무는 왕사정의 신운설이 도입된 경위를 상세하게 설명하는 한편 그 시의 미적 특징으로 '청수하고 한아하며 담담하면서 유려하다(淸秀閒雅, 澹靜流麗)'를 지적하는 등 비교적 정확한 이해의 바탕 위에서 신운설을 섭취하고 있었다.[12] 중국 격조설의 대표적인 인물인 심덕잠이 왕사정의 시에 대해 문장이 바르지만 웅혼한 기상과 힘찬 기력이 없음을 비판한 것에 대해 이덕무는 기본적으로 동조하면서 아울러 그의 시가 그렇게 될 수밖에 없었던 이유를 청나라 옹정 연간의 안정된 정치적 상황과 결부시켜 이해하였다. 요컨대 그는 왕사정 시의 심미적 특징과 그 시대적 배경, 당시 중국 쪽의 시단 동향 등을 소상하게 파악하고 있었다.

始現蠶尾集, 王士禎著, 而不知其詩之如何, 李槎川嘗得邵子相選本三册, 而爲帳中之秘. 故槎川之詩, 能脫凡陋之習, 良有以也. 槎川沒後數十年, 其書流落爲薑山所藏. 帶經堂全集之來東, 纔二十餘年, 而藏之者, 不過二三家, 亦不識其爲何人."

10 洪翰周, 〈王士禎〉, 《智水拈筆》(아세아문화사 영인본, 1984), 312면. "及英宗末年, 全集與精華錄始來我國. 李惕齋及李雅亭朴楚亭諸人, 見而驚歎之, 以爲漁洋之死幾五十年, 且隔一鴨江衣帶水, 今始知世間有王阮亭, 相與亟稱之不已, 東人之固陋如是矣." 李德懋, 〈王阮亭〉, 《淸脾錄》, 권3 참조.

11 李德懋, 〈王阮亭〉, 《淸脾錄》 권3, 《青莊館全書》 권34, 《총간》 258, 46면. "善乎李薑山之言曰: 東國人, 心麤眼窄, 類不能知詩, 而至於淸, 則不問其人之賢否詩之高下, 動輒以胡人二字, 抹摋之. 果如是, 則趙吳楊, 俱不得爲中原風雅之主, 終未免於蒙古女眞之産矣. 故地之相去, 隔一衣帶, 而如貽上者, 至今猶不識其爲何狀人也. (…) 余酷嗜貽上詩, 嘗以爲非徒有明三百年無此正聲, 求諸宋元, 亦罕厥儔. 雖上路唐家極盛之際, 必不下於岑儲韋孟之席. 知詩者, 亦不以爲過也. 薑山爲詩, 心摹力追, 登堂入室. 余嘗推轂爲東國漁洋, 以贈詩曰 : 薑山明澹且研哀, 僞體詩家別有裁. 眉宇上升書卷氣, 漁洋流派海東來."

12 李德懋, 〈王阮亭〉, 《淸脾錄》 3, 《青莊館全書》 34, 《총간》 258, 46면.

이 같은 그의 이해는 신운설의 단점으로 기력과 기골의 부족함을 거론하였던 19세기의 그것과 상통한다. 당시 이덕무, 이서구, 박제가 등은 연암을 중심으로 형성되었던 법고창신의 개성주의적 시풍에 동조하면서 의고주의의 진부한 시풍에 젖어 있던 시단을 혁신하고자 하는 목적하에 신운설을 일부 수용하였다는 점에서 공통적이다. 그리고 그들과 활발한 교유를 맺고 있었던 남공철 또한 왕사정의 시를 특히 애호하여 이백과 두보에 버금가는 것으로 높이 평가하기도 하였다.[13] 왕사정의 신운설 및 그의 작품과 당시 시단 사이의 상호 관계에 대해서는 앞으로 더 따져야 할 문제가 많지만, 한 가지 지적할 수 있는 것은 일단 '시필성당(詩必盛唐)'을 기치로 내건 진부하고 상투적인 시풍에서 벗어나려는 일련의 움직임을 촉진시키는 활력의 하나로 작용했을 것으로 보인다.

김윤식이 지적한 것처럼 왕사정의 신운설은 우리나라에 유입된 이후 상당한 영향력을 행사하였는데,[14] 특히 19세기에 이르면 많은 문인들 사이에서 광범위하게 수용되기에 이르렀다. 그런데 18세기 후반에는 비교적 공통된 관심에 따라 수용되었던 것이 이제는 각자의 상이한 사상적, 심미적 제반 관점에 따라 그 수용과 해석의 방향 또한 서로 간의 편차를 노정하고 있었다. 홍석주가 당대 시단의 폐단을 모의주의적 경향이 아닌 신운설적 경향에서 찾아야 할 정도로[15] 신운설이 이 시기에 와 폭넓게 확산되는 추세 속에서 그 수용 양상 또한 서로 상이하게 나타나는데, 그것을 크

13 南公轍, 〈與李元履〉, 《金陵集》 권10, 《총간》 272, 180면. "近讀漁洋詩, 酷好之, 却欲把筆操墨, 模倣一二. 譬如百丈之井, 操尋常之綆以汲之, 愈讀愈不及, 喘不可望也. 乃知李杜之外, 別有如此奇種文字. 近日學盛唐人, 何故伎倆如此迂闊, 殊可怪歎. 菽粟雖常嗜, 不信有龍肝鳳髓耶."

14 金允植, 〈答沈鍾山書〉, 《續陰晴史》上(국사편찬위원회, 1969), 202면. "淸初王漁洋諸人, 厭明人模擬之習, 一洗弇陋, 參用唐宋之長, 自謂得其精髓. 我東百年以來, 詩人亦多倣之. 然盖體裁有餘, 而氣格不足, 此固世級之不侔也."

15 洪奭周, 《鶴岡散筆》 권4, 《淵泉全書》(오성사 영인본, 1984) 7책, 115면. "後世之論詩者, 以唐人爲主, 宗神韻而出議論, 尙空趣而鄙直致. (…) 若是者, 可謂之神韻乎? 抑可不謂之直致乎? 如此詩者, 幸而出於杜耳. 若出於宋以後者, 嚴儀卿胡元瑞之徒, 尙肯正目而視乎?"

게 나누어 보면 다음과 같다.

첫째는 철저하게 정통적인 유가 시론의 기본 정신을 재확립하고자 하는 입장에서 출발하여 당대 시풍의 폐단을 신운설에서 찾아 그것을 격렬하게 비난하는 관점을 들 수 있는데, 홍석주가 대표적인 경우이다. 그는 독자에 대한 심미적 감염력(感人)을 시의 본질적 특징으로 규정하면서 시의 사회적 교화 작용을 강조하였는데, 이 때문에 신운은 그에게 있어 부차적이고 지엽적인 문제에 불과하였다.

그는 정경(情景)과 의론(議論), 신운(神韻)과 절제(切題), 공취(空趣)와 직치(直致) 등의 대립된 두 쌍의 개념들을 동원하여 전자에만 치중한 채 후자를 소홀히 하는 점이 당대 시단의 병폐라고 주장하였다. 그리하여 17세기 이후 당송시의 차별적 특징을 거론하면서 송시의 결점 가운데 하나로 흔히 지적되어 왔던 의론의 요소를 그는 오히려 더 중요하게 취급하였으며,[16] 칠언 고시의 환운법 사용이 왕사정에게서 비롯되었다고 하면서 근래의 고시 창작이 형식적 수식과 조탁에 치중하게 된 점을 비판하기도 하였다. 유가의 교화를 강조하는 상용주의적(尙用主義的) 시관에 입각한 그의 이 같은 이해는 신운설 비판의 한 극단을 보여 주는 것이다.

둘째로는 신운설의 의의와 가치를 일면 긍정하면서도 그 단점으로 기골과 기력의 요소가 부족함을 강조하는 경우인데, 그 대표적인 인물로 정약용, 홍한주, 신석우, 김택영, 김윤식 등을 들 수 있다. 정약용은 시도의 성쇠가 시대 운세에 따라 변화한다는 관점에 입각하여 왕사정의 작품을 원굉도와 서위 등으로 대표되는 공안파의 기괴첨신한 시풍을 일변시킨 것으로 평가하면서 그 특징으로 아름답고 곱기는 하지만 골육이 부족함을

16 이 같은 홍석주의 지적은 신운설의 이론적 연원을 嚴羽와 胡應麟에게서 구하는 그의 기본적인 관점에서 기인한다. 嚴羽의 興趣說은 송시의 의론성을 비판하는 논거로 흔히 사용되어 왔는데, 홍석주는 반대로 의론의 요소를 일차적으로 강조하고 신운을 그 다음으로 놓는 입장을 취하였다.

지적하였다.[17] 홍한주, 김윤식 역시 왕사정의 시가 신운 방면에서는 뛰어나지만, 기력과 기격(氣格) 등의 방면에서는 부족함을 지적하였다.[18]

셋째로는 왕사정의 신운설을 적극적으로 수용하여 자신들의 시 창작의 중요한 이론적 기반으로 삼으면서 그 폐단을 '일부' 수정, 보완하는 경우를 들 수 있는데, 신위와 김정희가 그 대표적인 인물이다. 신운설을 자신들의 중요한 이론적 근간으로 받아들이고 있다는 점에서 첫 번째, 두 번째 유형과 차이가 있다. 신위와 김정희는 왕사정의 신운설을 대폭 수용하고는 있지만, 그것의 단점과 결함을 보완하고자 하였다. 그리하여 신운을 청원(淸遠)한 시적 풍격으로 이해하였던 왕사정이 당나라 시인 중에서 두보, 백거이보다도 위응물, 왕유, 맹호연 등을 더 높게 평가한 것에 대해 반대하는 입장을 취하였다.

신위는 신운—청원한 풍격으로서의—만으로 당시 전체를 재단할 수 없다고 하여 실사(實事)를 강조하였으며,[19] 왕사정의 만년 시를 지나친 고사, 전고의 사용으로 말미암아 신운이 감퇴한 것으로 보았다.[20] 그리고 김정희는 성령, 격조, 신운 가운데 어느 일방에 치우치는 경향을 비판하면서 학식의 축적 및 인품의 성숙을 기본 전제 조건으로 하여 그것들 상호간의 보완과 절충을 시도하거나, 묘오와 침사(沈思) 중 어느 하나를 소홀히 할 수 없다고 하여 일종의 비판적 종합을 지향하였다.

이처럼 19세기에 들어와 신운설이 일군의 문인 지식인들 사이에서 폭

---

17 丁若鏞, 〈古詩二十七首〉(12), 《與猶堂全書》 詩文集 권4, 《총간》 281, 73면. "異哉隆萬詩, 枯澁如槁木. 袁徐轢雪樓, 罵誶如奴僕. 淸人又一變, 嫩艶勻骨肉. 雖乏崛强態, 猶能有含蓄. 盛衰隨世運, 春溫必秋肅."

18 洪翰周, 〈王士禎〉, 《智水拈筆》(아세아문화사 영인본, 1984), 312면. "然阮亭詩, 專主神韻. 故趙秋谷執信, 以膚廓譏之, 紀曉嵐亦以爲模山範水, 處處可移. 盖其詩雖穴氣骨, 已終亦不失爲大家也." 또한 金允植, 〈答沈鍾山書〉, 《續陰晴史》上(국사편찬위원회, 1969), 202면 참조.

19 申緯, 〈奉叡旨選全唐近體訖, 恭題卷後, 應令作八首〉(6), 《警修堂全藁》 15책, 《총간》 291, 331면. "神韻論唐恐未臻, 罔聞實事詎知眞. 王韋韓杜難偏廢, 共是開門合轍人."

20 申錫愚, 〈紫霞軟譚〉, 《海藏集》 권17, 《총간속》 127, 601면. "余曰: '漁洋大家, 但粉澤之氣稍勝, 飣餖之意甚多, 是可恨也.' 紫霞曰: '漁洋初年全襲唐人神韻, 老來專用故事, 而神韻則減. 故老年諸作, 味如嚼蠟.'"

넓게 사용되는 경향을 보이면서 각자의 심미적 관점에 따라 다기한 수용과 해석의 양상을 띠었으며, 또한 당시의 시풍 형성에 적지 않은 영향을 끼치고 있다는 점에서 주목된다.[21] 단순히 신운이라는 말을 얼마나 많이 사용했느냐의 문제가 아니라, 창작 방향을 이끌어 주고 시풍 형성에 일정한 작용을 했다는 점에서 중요하다는 것이다. 그리고 신운 개념이 시뿐만 아니라 산문, 회화, 서예 등의 영역에까지 확대되어 작품을 창작, 감상하는 중요한 비평 기준으로 폭넓게 사용되었던 것 역시 이 시기의 특징으로 지적될 수 있다.

---

21 ① 洪翰周, 〈南園唱酬集〉, 《智水拈筆》, 468면. "澹湖長於尺牘及七言近體. 其詩主神韻, 專學晚唐溫許, 得意處往往有絕唱. 其警語傑句, 世多傳頌."
② 尹定鉉, 〈永明尉洪公紙受几杖序〉, 《梣溪先生遺稿》 권4, 《총간》 306, 112면. "詩尤卓然成家, 澹雅秀麗, 不失中和之音, 專以神韻行之, 譬如冠冕玉佩, 揖讓於樽俎, 而德氣盎溢. 詩可以觀人性情天賦敦厚, 斯其爲致福之本也歟."

7. 신과 경의 문제

조선 후기 시론에서 신(神)은 다양한 의미 차원에서 사용된다. 우선 신은 작품에 묘사된 예술적 형상 내부의 본질, 정신을 뜻한다. 이것은 형과 신의 관계에서 신에 해당한다. 둘째로 신은 창작 주체의 심미적 정신 활동을 뜻한다. 여기서 살필 신과 경(境)의 관계에서 신이 여기에 해당한다. 때로는 신이 그같은 창작 주체의 정신 활동을 통해 도달된 최고의 예술적 경지를 뜻하는 용어('入神', '神品', '神而化之')로 쓰이기도 하며, 혹은 영감을 지칭하는 경우도 있다.[1]

본래 신은 인간의 마음의 영묘하고 불가사의한 작용을 가리키는 것으로 쓰이는데, 마음은 인간의 육체를 주재하는 것이며, 신은 마음을 주재하는 것으로 보았다.[2] 서영보(徐榮輔)와 김윤식(金允植)이 지적하였듯이 신은 일차적으로 마음의 오묘하고 변화불측한 작용을 말한다.[3] 또한 홍경모(洪敬謨)는 눈, 귀와 같은 감각 기관과 정신을 정밀한 것과 조야한 것으로

---

1 神이 영감의 의미로 쓰이는 예로 金昌翕의 다음 자료를 들 수 있다. 金昌翕, 〈日錄〉, 《三淵集》 권35. 《총간》 166, 159면. 12일자 기록. "程朱之說, 皆云雅勝乎風, 以其語皆正當, 而竊謂天眞呈露, 不容安排, 多在於街童巷女之口氣. 若老成士大夫濡毫起草, 容或有累次點竄, 則命辭雖當, 而稍與天機有間矣. 以是之故, 童謠沒巴鼻者, 概多靈驗, 以其神來而不安排也."

2 金安國, 〈清神堂記〉, 《慕齋集》 권11, 《총간》 20, 199면. "夫心者, 一身之主, 而神者, 一心之宰也."

3 徐榮輔, 〈紅葉帖序〉, 《竹石館遺集》 2책, 《총간》 269, 367면. "心, 馭形者也. 妙于心而爲言曰神. 神之爲用也, 運乎瞬息之頃, 攝乎毫芒之內, 執之而莫測端倪, 察之而不見形聲. 是故其神凝者, 不期而至, 不誓而信, 不言而喻. 愛莫厚於親戚也, 而朋友之相與深者, 反密焉神會也."

구분하면서 정신을 얻는다면 눈과 귀는 찌꺼기에 불과하다고 하였다.[4] 형(形)을 통어하는 마음의 변화불측한 작용으로서의 신은 이목구비의 감각기관의 작용과는 달리 시공간의 제약을 초월하여 자유자재로 활동하며, 무의식적이고 우연적인 계기에 의해 도래할 수 있다. 비유하자면 맑은 거울과 같아서 모든 만물의 세세한 부분까지 비출 수 있는 것이다.[5] 이 같은 신의 영묘한 작용은 문학 창작과 관련하여 영감, 상상력을 포함한 심미적 정신 활동을 의미하는 것으로 사용된다. 신과 경의 관계에서 신이 여기에 해당되는 것이다.

조선 후기 시론에서 신과 경에 대한 논의는 창작 사유 과정에서 객관 물상과의 혼연한 일치에 이른 작가의 심리적 상태, 경지를 중심으로 진행되었다. 이 점에서 신과 경에 대한 논의는 정과 경에 대한 논의와 구분된다. 즉 신과 경의 상호 융합이란 정과 경의 상호 접촉을 전제로 하여 작가의 정신이 고도로 상승, 집중된 상태 혹은 그를 통해 도달된 최고의 예술적 경지를 의미하는 것이다. 그것은 작가 자신의 주관적 선입견과 잡념을 일체 배제함으로써 창작 주체와 창작 대상 사이의 간격과 거리가 사라져 버린 물아 혼융의 경계(神境)이다. 이에 대한 논의를 여기에서 '신경설(神境說)'로 부르기로 한다. 요컨대 '신경설'은 물아 혼융의 경지에 이르렀을 때에 작가에게 일어나는 심리적 상태, 그리고 그를 통해 도달된 작품상의 최고 경지가 지닌 심미적 특징을 중심으로 그 논의가 진행되었다.

신경설은 조선 후기에 들어와 활발하게 논의되었는데, 각 시기별로 대체적인 특징을 지적하면, 17세기는 신경설이 본격적으로 형성된 시기이며, 18세기는 다양한 발전을 보인 시기이며, 19세기는 보다 성숙해지고 정

---

4 洪敬謨, 〈題老山居士涅槃記〉, 《始有集》(규장각 소장본) 7책. "神, 精也, 耳目, 粗也. 苟得其精, 粗乃糟粕."

5 金允植, 〈蘭居詩鈔序〉, 《雲養續集》 권2, 《총간》 328, 580면. "詩者, 所以感發人之性情者也. 夫目與境遇, 其感也淺; 心與境遇, 其感也深. 若不用心目, 而超絕境外者, 惟神是已. 譬猶鏡之虛明, 而物來自照, 森羅萬象, 莫逃其眞. 此神之妙也. 得其神者, 爲詩家之上乘, 非可以學爲也."

치해지는 시기였다. 그것은 형성, 발전, 성숙의 과정을 거치면서 조선 후기 시론을 더욱 풍부하고 다채롭게 하는 역할을 하였는데, 특히 영감, 상상력 등의 심미적 주체 활동과 예술적 형상 및 경계의 창출 등에 대한 인식의 진전을 보여 주었다. 이 점에서 시를 포함한 예술의 창작과 감상 과정에서 일어나는 심미적 활동, 그리고 그 과정에서 형성, 창출되는 예술적 형상과 경계가 지닌 심미적 특징에 대한 인식의 발전 과정을 파악하는 데 신경설은 매우 중요한 지위를 차지한다.

신경설은 신흠(申欽, 1523-1597)과 이수광(李睟光, 1563-1628)에 의해 본격적으로 진행되었는데, 그 두 사람은 조선 후기 비평사에서 정과 경, 신과 경의 상호 관계 및 그 심미적 특징에 대한 논의의 단서를 마련하였다.[6] 시 창작을 구성하는 주요 요소를 크게 경(境), 정(情), 어(語), 법(法)과 운(韻), 격(格)으로 구분한 신흠은 전자의 상호 관계를 계기적, 순차적으로 파악하면서 운과 격이 그 네 요소의 바깥에 존재한다고 하였다.[7] 시인의 감정은 객관 경물과의 접촉을 통해 형성되며, 시인은 그 주관적 감정에 적합한 시의 언어를 선별하게 된다. 즉 시인이 언어를 구사하는 행위는 객관 경물을 통해 흥기된 시인의 정서가 형성된 이후의 일이다. 그리고 법은 시인 자신이 선택한 시적 언어를 일정한 체재와 격식에 적합하게 운용하는 것을 말한다.

정과 경, 어와 법의 상호 관계에 대한 인식을 발전시켜 신흠은 신과 경, 신과 필(筆)의 완정한 결합을 통해 시의 이상적 경지에 이를 수 있다고 보았다.[8] 신과 경의 상호 교융은 작가가 일체의 잡념과 선입견을 끊고 객관 경물 속으로 자신을 완전히 융합, 일치시킨 상태로서, 인위적 조작이나 작

---

6 申欽의 문학론에 대해서는 우응순, 〈조선중기 사대가의 문학론 연구〉, 고려대 박사학위논문, 1990 참조.

7 申欽, 《求正錄(上)》, 《象村稿》 권55, 《총간》 72, 359면. "詩要得意方佳, 緣境生情, 緣情生語, 緣語生法, 韻與格在四者之外."

8 申欽, 《晴窓軟談(上)》, 《象村稿》 권50, 《총간》 72, 330면. "詩必得無聲之聲無色之色, 瀏瀏郎郎, 澹澹澄澄, 境與神會, 神與筆應而發之, 然後庶幾不作野狐外道."

위로 획득될 수 없는 '무성지성(無聲之聲)'과 '무색지색(無色之色)', 혹은 '색깔에서 벗어나고 경물에서 벗어난 것(離乎色, 脫乎境)'의 최고 경지이다. 다시 말해 창작 주체와 창작 대상 사이의 간격이 사라져 버린 물아혼융의 경계로, 작가가 자신의 존재를 망각한 채 심미 대상 속에 몰입되어 있는 경지이다. 작품을 창조하는 과정 중의 정신 활동인 신과 객관적 경물이 서로 합치, 융합되었을 때가 시를 포함한 예술이 추구하는 최상의 경지—화론에서 말하는 신품—인 것이다.[9] 그같은 최상의 정신적 경계 이후에 진행되어야 할 것이 신과 필의 상호 호응에 의한 작품으로의 전화 과정이다. 즉 '정감에 인연하여 말을 나오고 말로 인연하여 법이 생기는 것(緣情生語, 緣語生法)'의 과정이 그것이다.

이수광은 '신과 경이 합치하여 홀연히 생각이 오고 저절로 이루어져서 찾아야 할 갈림길이나 계제도 없고 지칭할 만한 소리도 빛도 없게 된다'고 한 왕세정의 말에 동조하면서 작가 자신의 내부에서 터져 나오는 영감의 순간적인 도래를 통해 신과 경이 합치된 무색지색(無色之色), 무성지성(無聲之聲)의 경지(神而化之)를 시의 최선이라고 하였다.[10] 그는 특히 주관적 정신 활동으로서의 신의 작용에 주목하여 '시는 신을 위주로 한다'고 하였다.[11]

18세기에 들어와 신경설은 전 시대의 이론적 성과를 계승하면서 그 논의가 더욱 확산되고 발전되었다. 엄계흥(嚴啓興, 1728-1793)은 '작가의 정

9 申欽, 〈贈李畫師楨詩序〉, 《象村稿》 권21, 《총간》 72, 7면. "畵有絕品, 有妙品, 有神品. 人工極, 則絕與妙可能也. 唯神也, 非人工可及. 離乎色, 脫乎境, 然後迺可以語於神矣."

10 李睟光, 〈文章部 二〉, 《芝峰類說》 권9. "王世貞言西京建安, 似非琢可到, 要在專習凝領之久, 神與境會, 忽然而來, 渾然而就, 無岐級可尋, 無色聲可指. 余謂非獨西京建安, 凡詩文皆然. 若不如此, 則未可謂至者也."

11 황의열은 이 점에 주목하여 이수광의 시론을 '主神論'으로 명명하였는데, 조선 후기 전체의 시론사에서 그 의미와 그 이후의 발전 과정을 살피는 데까지 나아가지는 못하였다. 그리고 '神'을 작가의 내재적인 영감의 주체가 밖에 있는 대상과 만났을 때 아무런 작위적 과정을 거치지 않고 저절로 발휘하게 되는 자질과 역량으로 이해하였다. 〈이수광의 시론〉, 《태동고전연구》 3집(한림대 태동고전연구소, 1987) 참조.

신(神)이 경물에 따라 함께 모이고 의(意)와 이(理)가 서로 합치되는'(神隨境俱凝, 意與理相値) 주객합일의 물화된 경지에 주목하였다.[12] 그처럼 신과 경이 고도로 융합된 경지에 도달하기 위해서 그는 '묘오'와 '언어운용'이 필요하다고 보았는데, 작품을 구상하고 그 구상의 과정 속에서 시인 내부의 심리적 체험의 비약적 상승(妙悟)이 동반되면서 신과 경의 완전한 합일이 가능하게 되는 것이다.

신광수(申光洙, 1712-1775)는 이 점을 보다 명료하게 인식하고 있었다. 그는 영감이 맹렬하게 발현되는 시기에 펼쳐지는 예술적 형상 혹은 경계—신광수가 신경(神境)이라고 말한—의 심미적 특징을 보다 상세하게 지적하였는데,[13] 그 특징으로 우연성, 순간성, 일회성을 들었다. 즉 '신경'은 작가의 기억 속에 갑자기 나타났다가 갑자기 사라지는 것이어서 마치 아지랑이와 부연 물결처럼 멀리서 바라볼 수 있지만 가까이서 보면 허공과 같은 것이다. 그렇기 때문에 다른 사람에게 주거나 언어로 형용할 수 없고 오직 작가 자신의 심미적 체험에 의해 감득될 수 있다고 보았다. 이처럼 영감이 도래할 때 작가에게 현시되는 예술적 형상과 경계는 섬광과도 같이 순간적으로 왔다가 사라지기 때문에 그 시기를 놓치지 않고 예민하게 포착하는 것이 창작의 관건이 된다. 이 같은 생각은 홍양호에게서도 나타난다.

홍양호(洪良浩, 1724-1802)는 흥이 이르고 정신이 집중되는(興到神會之時) 감정의 흥분된 상태—오늘날의 비평 용어를 빌리면 영감—가 도래한 순간 작가의 머릿속에 현시되는 예술적 형상 및 경계를 기민하게 포착하

12 嚴啓興, 〈夫詩者言志而已…〉, 《菊山集》, 《여항문학총서》(여강출판사, 1986) 2책, 82면. "排鋪貴自然, 穿鑿非實地. 進工由妙悟, 運匠在引類. 神隨境俱凝, 意與理相値. 涓涓如泉達, 冉冉如火熾. 然後乃下筆, 粲焉體制備."

13 申光洙, 〈贈申鵬擧序〉, 《石北文集》 권15, 《총간》 231, 486면. "余爲兒輩談詩曰: 詩有神境. 是物也, 寓於無形之中, 忽然而來, 忽然而逝, 遇之而若可見, 卽之而無所得, 譬如野馬烟波, 婀娜渺茫, 遠望可見, 而薄而視之, 則虛空也. 然此在作者自得之, 難以言語形容之也. 故父不得以與諸子, 兄不得以與諸弟, 他人無得以與也."

는 것이 창작의 핵심적 관건이라고 하였다.[14] 그는 이 점에 착안하여 '시'의 본질적 특징을 '시(時)'라고 규정하였다. 즉 "시라는 말은 '때에 맞춘다'는 것으로 이름한다"[15]고 하거나 "시라는 것은 때에 맞춘 뒤에야 말로 표현하는 것이다"[16]고 하였다.

전통적으로 시에 대한 정의는 《모시》 〈대서〉의 언급[17]이나 《상서》 〈순전〉의 언급[18]에서처럼 '지(志)'로 풀이하는 것이 일반적이었으며, 그 이외에 '지(持)' 또는 '승(承)'으로 풀이하는 것도 있었다.[19] 물론 '지'에 대한 해석 여하에 따라 각기 상이한 시의식으로 변화, 발전되어 왔지만, 홍양호의 경우에서처럼 '시(詩)'와 '시(時)'의 유사한 발음에 착안하여 시 창작의 핵심적 특징을 '때에 맞는다'는 의미를 가진 '시'로 정의한 방법은 중국이나 우리나라에서 별로 찾아볼 수 없는 매우 독특한 것이라고 할 수 있다.

또한 그는 신과 경이 결합하는 순간에 도래하는 영감의 작용에 특히 주목을 하여 신과 기(機)의 합치를 주장하였다. 전자가 신과 경의 완미한 결합에 의해 창출되는 심미적 형상 및 경계에 초점이 있다면, 후자는 그같은 결합의 찰나적 순간을 포착하는 것에 더 큰 중점이 놓여 있다. 기(機)는 객관 경물과 접촉하는 과정에서 작가에게 우연적, 순간적으로 발현되는 조

14 洪良浩, 〈五山集跋〉, 《耳溪集》 권16, 《총간》 241, 275면. "竊聞先輩相傳, 公於興到神會之時, 輒閉戶却客, 解衣盤礴, 專精注思, 已而欣然伸紙, 沛然縱筆, 手未停而篇已就云. 蓋其獨至之藝, 自得之境, 殆有神助, 非可學而能也."

15 洪良浩, 〈詩解〉, 《耳溪集》 17, 《총간》 241, 312면. "人心之靈, 發而爲聲. 聲藏於肉, 機觸而生. 神與機合, 應律成章. 天假之風人, 其鳴鏗鏘. 比如雷奮於夏, 蟲吟於秋. 若或命之, 不可得而休焉. 故詩之爲言, 以時而名. 人之爲詩, 與天偕行."

16 洪良浩, 《近取篇》, 《耳溪外集》 권10, 《총간》 242, 322면. "詩者, 時然後言."

17 《詩經》 〈毛詩大序〉 "詩者, 志之所之也. 在心爲志, 發言爲詩."

18 《尙書》 〈舜典〉 "詩言志, 歌永言."

19 중국에서는 일찍이 詩에 대한 사전적 정의가 세 가지 있었다. 《禮記》 〈內則〉의 '詩負之'에 대한 鄭玄의 注에 '詩之言承也'라는 말이 있고, 《尙書》 〈舜典〉의 '詩言志, 歌永言'이 있으며, 《詩緯》 〈含神霧〉에는 '詩者持也'라는 풀이가 있다. 이들 세 가지 정의 방식은 정현의 말처럼 시가 창작의 교화적 작용을 강조하는 측면에서는 동일한 내용을 가진다. 중국의 대표적 문예 이론가였던 유협은 《文心雕龍》 〈明詩〉 편에서 '詩言志'와 '詩者持也'의 두 정의를 동시에 취하면서 美刺의 관점에서 시문 창작의 효용적 가치(詩教說)를 강조하는 한편, 개인적 정감의 발현이라는 관점에서 전대의 緣情說을 계승, 발전시켰다.

짐, 계기이다.[20] 그 기의 촉발에 따라 이루어지는 작가의 정신적인 창조 활동은 마치 여름날에 우레가 치고 가을에 벌레가 우는 것과 같아서 외부적 힘에 의해 멈춰질 수 있는 것이 아니다. 그것은 어디부터 오는지를 알 수 있는 것이 아니며, 누가 주재하고 하는 것도 아니라고 하여(孰知其自, 孰宰其功. 爲我問之, 無倪之翁) 자연스럽고 무의식적이며 자발적인 특징을 강조하였다. 그는 사람의 영묘한 마음(性靈)과 천기의 오묘함은 자득하는 데에 있다고 하면서 천기를 작가의 내부에서 자연스럽게 솟구쳐 나오는 감정의 흥분된 상태, 즉 영감의 측면을 강조하였는데,[21] 여기서 말하는 천기는 위에서 말한 '정신이 기와 더불어 합치하다(神與機合)'의 '기'와 흡사한 개념인 것으로 보인다. 이처럼 인위적으로 제지하거나 조작할 수 없는 영감이 순간적으로 도래할 때 풍부하고 생동하는 예술적 형상이 창출되기 때문에(天機不得已, 無處不生生)[22] 자연스럽게 현시되는 예술적 형상의 포착이 창작의 관건이며, 이 점에서 시는 '인'이 아니라 '천'과 더불어 행하는 것이다.[23]

신과 기 혹은 신과 경의 상호 융합에 대한 논의는 18세기 후반의 성호계

---

20 洪良浩, 〈詩解〉, 《耳溪集》 권17, 《총간》 241, 312면. "聲藏於肉, 機觸而生. 神與機合, 應律成章." 機는 본래 사물이 변화하는 시초에 나타나는 은미한 조짐, 징조를 뜻한다. 周易에 연원을 둔 機는 문학 창작과 관련하여 작가의 심미적 정신 활동 과정에서 우연적으로 일어나는 계기, 조짐 등으로 쓰이었다. 周易의 〈繫辭 上〉에 보면 機와 관련된 다음 언급들이 참조된다. "夫易, 聖人之所以極深而研機也. 唯深也, 故能通天下之志, 唯機也, 故能成天下之務, 唯神也, 故不疾而速, 不行而至." 혹은 "子曰, 知機其神乎? 君子上交不諂, 下交不瀆, 其知機乎! 機者, 動之微, 吉之先見者也."

21 洪良浩, 〈與宋德文論詩書〉, 《耳溪集》 권15, 《총간》 241, 261면. "然人心之靈, 天機之妙, 亘萬世而不息不變, 有在自得之耳. 孟子曰: '樂則生, 生則烏可已也, 烏可已, 則不知手之舞之足之蹈之.' 此天機之動於人心者也. 學詩之道, 盡於是矣."

22 洪良浩, 〈雨中獨坐〉, 《耳溪集》 권3, 《총간》 241, 43면.

23 이처럼 '天'과 '人'의 대립적 논법을 빌어 시 창작의 특징을 설명하는 방식은 여러 사람에게서 나타나는데, 조선 후기 天機論과 연결된다. 대체로 天은 인공적 수식이나 조작에 얽매이지 않는 天工, 自然과 상통하는 개념으로, 人은 작위적 노력이 지나치게 개입된 人僞와 상통하는 개념으로 쓰인다. 홍양호의 '人之爲詩, 與天偕行'은 이 같은 창작 과정에 있어서의 天과 人의 대립적 논법을 극명하게 보여 주는 예이다. 이후 그의 견해는 洪奭周에게로 이어져 나타난다.

문인 지식인이었던 이용휴(李用休, 1708-1782)에게서도 찾아 볼 수 있다.[24] 그는 반모의적 개성주의에 입각하여 '자가성정(自家性情)', '신심사기(信心師己)'의 독창적 시문 표현을 강조하였는데, 신과 기의 합치 그리고 신과 경의 합일된 경지를 창출함으로써 생동감 있고 풍부한 미적 효과를 발휘할 수 있다고 보았다.

19세기에 이르면 신경설은 시뿐만 아니라 산문(특히 산수유기), 회화, 서예 등 예술 일반으로까지 확산되면서 다양하게 운용되었으며, 또한 그 논의가 보다 정치해지고 성숙되는 특징을 보인다.

> 바야흐로 경물을 만나 가슴속의 생각을 펼치어 대상과 정신이 합치하매 짐승과 귀신 모양의 산봉우리가 우뚝 드러나고 사납게 몰아치는 파도가 앞다투어 이르러 하늘과 땅의 온갖 괴이한 영령들이 작품의 편폭 사이에서 황홀하게 용솟음치니 그러한 줄 스스로 알지 못하는데도 그러한 것이 있는 것이다.[25]

> 스스로 시를 지을 때에 경물에 인연하여 생각을 펴는 데 막히어 통하지 않으면 닭이 계란을 품고, 과녁 한가운데를 맞히고자 하는 것처럼 하고 혼자 고요히 있기를 흙과 나무로 만든 육체인 양한다. 대상과 정신이 합치하는 데 이르러서는 구절이 따르고 글자가 원만하며 가락이 잘 조화를 이루어 막힘이 없은 뒤에 높이 읊조리고 크게 노래하며 즐거이 만족하게 된다.[26]

서우보와 김이양은 주관적 정신과 객관적 경물이 혼연한 일치를 이룬

---

24 李用休, 〈李華國遺草序〉, 《惠寰雜著》(국립중앙도서관 소장본) 2책. "詩無不詩唐詩者, 近日之弊也. 效其體, 學其語, 幾乎一管之吹. 是猶百舌終日嚶嚶, 無自己聲, 余甚厭之. 今觀李君華國遺草一卷, 而弧膽宕筆, 不襲迹, 不借喉, 欲自覇者也. 豈與世之佩退鋒之熟劍以耀人者比哉? 且其間情與境會, 神與機觸者, 往往如水之鳴磵, 風之縈木, 幽雋該焉, 使人讀之, 有十步九廻之思."

25 徐宇輔, 〈送尹雅士遊金剛山序〉, 《秋潭小藁》(규장각 소장본) 下册. "方其遇景紓懷, 境與神會, 獸 巘鬼嶂, 軒豁呈露, 驚濤駭浪, 灝瀼後先, 天地之百靈千怪, 怳惚涌現于篇什之間. 蓋有不自知其然而然者."

26 金履陽, 〈玄同李公詩集序〉, 《金履陽文集》(국립중앙도서관 소장본) 3책. "至其所自爲詩也, 緣境屬思, 憤悱不達, 則如鷄伏卵, 如射志鵠, 塊然若土木形骸. 及其境與神會, 句隨字圓, 律呂諧和, 沛然無礙, 然後始乃高詠大唱, 怡然自得."

미적 경계가 형성될 때의 정신적 상태, 그리고 그것의 심미적 특징을 비교적 상세하고 정확하게 묘사하고 있다. 우선 신과 경의 완전한 합일에의 도달(神境)은 정과 경의 상호 접촉을 전제로 한다. 이 점에서 신경의 창출은 정과 경의 접촉을 기초로 한다. 정과 경의 상호 접촉이 창작 과정에서 필수적으로 뒤따르는 것이지만, 그것을 더욱 성숙시키고 한층 고양된 단계로 끌어올려야 한다.

이때 필요한 것은 첫째, 오랜 기간 객관 대상을 깊이 있게 관찰하고 그것에 스스로를 몰입시키는 것이다. 닭이 계란을 품고 있듯이, 과녁의 정중앙을 맞히고자 하는 것처럼 작가의 온 정신을 대상에 몰입시키는 것이 일차적으로 진행되어야 할 것이다. 둘째로는 그같은 몰입과 집중의 과정 속에서 대상과 일체가 되어 자기 스스로의 존재를 망각해 버리는 상태에 이르는 것이다. 자신의 주관적 선입견과 잡념을 배제하고 흙과 나무처럼 대상과 하나로 물화된 상태로 진입하는 것이다. 그것은 작가 자신도 의식하지 못하고 의도적으로 조작할 수 없는 일종의 무의식적인 환각 상태와 같다.

그 과정에서 성난 파도와도 같이 풍부하고 다채로운 예술적 형상들이 순간적으로 황홀하게 용솟음치게 되는데, 그것은 작가가 의도적으로 조작한 것이 아니라 무의식적인 상태에서 섬광과도 같이 도래하는 것이다. 짐승과 귀신 모양의 산봉우리가 우뚝 드러나고 사납게 몰아치는 파도가 앞다투어 이르는 듯한 착각을 불러일으키면서 작가에게는 생동하고 활발한 예술적 형상과 경계가 용솟음치게 된다. 하늘과 땅의 괴이한 영령들이 작품의 편폭에서 황홀하게 움터나는 것이 바로 그것이다. 그러한 과정은 작가 자신도 의식적으로 제어하거나 조작할 수 없는, 자연스럽고 순간적인 특징을 지니고 있다. 이처럼 신과 경이 고도로 융합된 경지에 이르렀을 때 물이 막힘 없이 흐르듯 작품이 쓰일 수 있는 것이다.

유가의 교화론적 관점을 견지하였던 홍석주 역시 이 점에 주목하여 시 창작의 묘처를 '흥경(興境)'과 '신회(神會)'에서 찾았다.[27] 즉 시의 최고의 경지는 의식하거나 의도하지 않은 가운데(不期而得) '언외지의'가 풍부한 경지(意存而言不容喩)로서, 다른 이에게 설명하거나 전달할 수 없으며, 작가 자신도 알 수 없다고 하였다.

> 그러나 눈으로 접촉한 것은 입으로 말할 수 없고 귀로 들은 것은 마음으로 깨달을 수 없다. 마음으로 깨달을 수 있는 것은 그림으로 그릴 수 없으며 입으로 말할 수 있는 것은 글로 다할 수 없다. 그러하니 맑고 빛나는 기운과 영묘하게 변화하는 정취는 옥여(玉汝, 金啓溫의 자)의 마음과 눈에 영롱하게 비출 것이니 말과 형상으로 전할 수 있는 것이 아니다. (…) 이치가 알지 못하는 사이에 합치하는 데에 있으며 신명과 관계되니 나는 장차 말과 형상의 바깥에서 오헌(寤軒, 金啓溫의 호)을 구할 것이다.[28]

> 경(境) 밖에 상(象)이 있고 상 밖에 빛이 있고 빛 밖에 운(韻)이 있고 운 밖에 신(神)이 있다. 온갖 묘한 것이 향기를 내고 영묘한 천뢰가 가락에 합치하여 가볍기는 열자가 바람을 타는 것과 같고 찬연하기는 천녀가 꽃을 뿌리는 것과 같다. 함지의 대악은 들을 수는 있지만 악보로 기록할 수가 없고, 페르시아의 갖가지 보물은 완상할 수는 있지만 이름 지을 수는 없으니 그림이 이를 수 있는 것이 아니다.[29]

위의 두 자료는 모두 19세기 전반기의 시인이었던 김계온의 작품에 붙인 글로서 시의 묘처가 언어와 형상 밖에 있음을 지적하였다. 이만수(1752–1820)는 경(境) – 상(象) – 광(光) – 운(韻) – 신(神)의 상호 관계를 통해 구체적, 유형적, 표층적인 것에서 점차 추상적, 무형적, 심층적인 것으로 옮아 가는 과정에 주목하였다. 즉 시의 묘처는 시의 표층 구조—언어의 형식미, 형상—에 있는 것이 아니라 심층 구조—표층 구조를 통해 연

27 洪奭周, 《鶴岡散筆》 권4, 《淵泉全書》(오성사 영인본, 1984), 7책, 115면. "夫歌詩之妙, 莫尙乎興境與神會, 不期而得, 若有意存而言不容喩. 非惟他人之不容言喩, 雖作者, 亦不能自言也."

28 申綽, 〈題金剛帖後〉, 《石泉遺稿》 권2, 《총간》 279, 540면. "然目之所觸, 口不能言; 耳之所聞, 心不能喩. 心能喩者, 畵不能寫; 口能言者, 書不能盡, 則其淸瑩寶氣, 靈變韻態, 玲瓏映澈於玉汝心目, 而非言象所能傳也. (…) 理在冥契, 關於神明, 吾將求寤軒於言象之表也."

29 李晩秀, 〈寤軒臥遊帖序〉, 《屐園遺稿》 권9, 《총간》 268, 400면. "境外有象, 象外有光, 光外有韻, 韻外有神. 衆妙生香, 虛籟合律, 泠然若列子之御風, 粲然如天女之散花. 咸池大樂, 可聞而不可譜, 波斯百寶, 可玩而不可名, 非畵之所能及也."

상, 감지할 수 있는 일종의 여백—에 있는 것이다.

경이 객관적으로 존재하는 외부 경물이라면, 상은 작가의 주관적 감정과 정서가 개입된 예술적 형상이다. 광은 그 형상을 통해 분출되어 나오는 작가의 풍모, 개성적 특징을 가리키는 것으로 보인다. 이 광의 의미는 서유구가 말한 광괴(光怪)의 개념과 흡사하다. 서유구는 시를 '성정지영(性情之榮)'으로 보아 작가 내부에 온축되어 있던 기와 지가 외부로 분출되어 나타난 심미적 산물을 광괴로 이해하였다.[30]

운 역시 상을 통해 감지할 수 있는 심미적 운취, 미감이다. 이것은 이학규가 시와 산문의 차이를 설명하는 자리에서 시의 본질적 특징으로 지적한 운과 흡사하다.[31] 그가 볼 때 운은 물상 자체를 완전히 떠나 있지 않으면서 또한 그것에 집착하거나 전적으로 의존하지 않는 특징을 가지고 있다. 그것은 물 속에 비친 달과 거울 속에 비친 꽃과 같이 고정된 하나의 실체로 존재하는 것이 아니라 감상자의 직관, 상상을 통해 체험할 수 있는 성질의 것이다. 이 점에서 보면 광과 운은 서로 상통하는 개념인데, 여기에서는 무형적, 추상적인 측면에서의 정도를 기준으로 서로 구분하였다. 마지막으로 신은 시가 도달할 최고의 심미적 경지, 상태를 지칭한다. 앞서 언급한 신과 경의 완미한 결합에 이른 최상의 상태를 말한다.

시의 묘처에 이르기 위해서는 우선 시인 자신의 망상과 잡념을 배제한 채 정신을 집중하고 대상을 고요히 관조하는 것이 필요하다고 보았다. 앞서 본 김이양의 언급과 상통한다. 마음속으로 묵묵히 합치하고 깨닫는 것(默契而妙悟)이 있을 때, 즉 심미적 관조 속에서의 비약적인 상승 체험을 동

---

30 徐有榘, 〈海居齋詩鈔序〉, 《金華知非集》 권3, 《총간》 288, 357면. "詩光怪也. 藍田之玉, 日暖生烟; 甓社之珠, 天和吐耀. 其精氣符彩, 苞孕於依微慌惚之間, 而望氣者一見, 知其下之有寶焉. 詩出於性情, 亦如斯已矣. 靈秀淸淑之氣, 奇偉卓犖之志, 涵蘊于中, 而噴射于外, 輪囷捲撐, 遇隙萌吐. 於是乎形之爲聲韻, 繹之爲體裁, 而精氣符彩, 固已隱暎浮漾于聲韻體裁之外, 似神而非神, 可望而不可寘于眉睫之間, 故足寶也.

31 李學逵, 〈答朴思浩〉, 《洛下生集》 14책, 《총간》 290, 464면. "文以理勝, 詩以韻勝, 不易之法也. 詩須如水中月鏡中花, 覰之故在, 捉之不定. 內典所云, 不卽不離, 不粘不脫, 曺洞宗所云, 參活句是也. (…) 至於議論序事, 自別定一體."

반할 때 비로소 풍부하고 다채로운 예술적 형상 및 경계가 시인에게 떠오르게 되는 것이다. 그 순간은 주관과 객관, 자아와 세계 사이의 경계가 무화된 황홀하고 몽롱한 상태이다. 이 점을 그는 예술 창작의 묘처로 파악하고 있는 것이다. 그리고 그와 같은 순간에 산출된 예술적 형상과 경계는 고정된 실체로 존재하지 않고 또 논리적으로 분석하거나 추론할 수 있는 것이 아니어서 마치 함지의 대악(大樂)처럼 들을 수는 있지만 악보로 기록할 수 없고, 페르시아의 갖가지 보물처럼 완상할 수는 있지만 이름 지을 수는 없는 것이다. 그것은 이치가 알지 못하는 사이에 합치하는 데에 있으며 신명과 관계되는 것(理在冥契, 關於神明)이어서 언어로 형용할 수 없고 고정된 형상으로 존재하지 않는다.

> 그림의 이치가 선(禪)과 통하는 것은 왕마힐의 그림이 삼매의 경지에 들어간 것과 같다. 노능가, 거연, 관휴과 같은 무리는 모두 신이 통하여 노닌 것이다. 그 비결에 '길이 끊어지려다가 끊어지지 않고 물이 흐르려다 흐르지 않는다'는 것은 선지(禪旨)의 오묘함이다. '물이 다한 곳에 발걸음이 이르고 구름이 일어나는 때를 앉아서 본다'라고 한 구절은 경과 신이 녹아 있다. 시의 이치, 그림의 이치, 선의 이치가 머리 머리마다 원만하여 화엄누각을 손가락으로 한번 튀김에 솟아남이요, 해인(海印)이 모습을 드러냄이니, 그림의 이치를 드러내고 있는 것이 아님이 없다.[32]

김정희(1786-1856)는 시서화선(詩書畵禪)의 일치라는 관점에서 시를 포함한 예술의 창작이 추구해야 할 가장 고도의 경지(境與神融)는 불교, 특히 선종의 그것과 일치한다고 보았다. 세속적 욕망과 번뇌를 초탈한 선적인 깨달음의 경지에 비견되는 최상의 예술적 심미 경계는 왕유의 전원 산수시에서 보이는 것과 같이 평범한 일상적 삶의 공간에 투영된 시인 내면의

32 金正喜, 〈示雲句〉, 《阮堂集》 권7, 《총간》 301, 141면. "畵理通禪, 如王摩詰畵入三昧, 有若盧楞伽巨然貫休之徒, 皆神通遊戲. 其訣云: 路欲斷而不斷, 水欲流而不流者, 是禪旨之奧妙也. 至於行到水窮處, 坐看雲起時一句, 又境與神融. 詩理畵理禪理, 頭頭圓攝, 華嚴樓閣, 一指彈出, 海印影現, 無非畵理之互現耳."

넉넉하고 자유로운 정신 경계와 일치한다. 위의 자료에서 인용된, 왕유의 〈종남별업(終南別業)〉에 나오는 시 구절(行到水窮處, 坐看雲起時)은 평범한 인간의 생활 단면을 담담하게 그리고 있지만, 그 내면에는 현실 세계의 일체의 속박과 제약을 초탈해 있는 작가의 정신적 자유의 기쁨이 깃들어 있다. 즉 아름다운 자연 경물의 형상 속에 시인 내면의 유유자적하는 정신적 기품이 고도로 융합되어 표현된 경지라고 할 수 있다.

한편 이계 홍양호의 손자인 홍경모(洪敬謨, 1774-1851)는 신과 경의 결합에 주목하면서 아울러 신경을 시문 창작의 중요한 요소의 하나로 들었다.[33] 그는 시 창작에 있어 이치(理致), 재격(才格), 신경(神境)의 요소가 통일적으로 결합되어 있는 경지를 가장 이상적인 것으로 보았다. 이때 이치는 학습의 과정을 통해 형성되며, 재격은 창작 주체의 기품과 정신에 달려 있으며, 신경은 산천 자연의 수려한 경관을 유람하는 과정에서 형성된다.

> 옛날에 마제백(馬第伯)이 중원 원년(기원전 149년)에 태산에 제사지내는 것을 따라갔다가 황제의 명에 응하여 기술한 말을 취하여 〈봉선의〉를 지었다. 그 문장이 기이하고 빼어나며 신묘한 경지가 있어 마침내 천고의 산수 유기의 원조가 되었다. 뒤를 이어 이름 있는 것으로는 유주 유종원의 영주기(永州記), 방옹 육유의 입촉기(入蜀記)가 있는 데, 그 문장이 유동하고 스스로 이치를 내었다. 장자위의 만유록(漫遊錄)과 서하객의 기행문 또한 세상에 능히 일컬어졌다. 대개 중국의 산은 오악산, 팔진산, 천태산, 아미산, 무이산, 안탕산, 초나라와 월나라 사이에 있는 산을 막론하고 평범한 구릉이라도 모두 깎아지를 듯하고 석골이 쌓여 있다. 그래서 올라가 바라보는 자로 하여금 먼저 기이한 경관을 만들어 주어 그 기록함에 있어서 신경으로 이치를 낳고 이치와 신경이 합쳐져 문을 이루매 저절로 유동한 지경에 이른다. (…) 가는 곳마다 신경 아닌 곳이 없어 경과 신이 만나매 기이하면서도 또한 화려하여 독특한 맛을 자아내고 비단을 두른 듯하고 찬연하게 입을 기쁘게 하

33 洪敬謨, 〈書青邱題詠印本七帖〉, 《冠巖全書》 26책, 《총간속》 114, 137면. "蓋詩者, 理致也才格也神境也. 一不備, 則不成. 理致生於學; 才格生於人; 神境生於山川風土."

고 눈을 현혹시키니 확실하고 공교하다고 이를 만하다.[34]

홍경모는 신과 경이 융합되는 심미적 경계의 창출을 위한 전제 조건으로 빼어난 산수 자연의 유람을 특히 강조하였다. 기이한 경관을 완상하고 관찰하는 과정에서 작가의 기상이 길러질 뿐만 아니라 이치와 신경이 합쳐져 생동하고 활발한 심미적 경계를 창출하기에 이른다고 주장하였다. 산수 자연의 유람이 문학 창작에 중요한 작용을 가한다는 점은 일찍부터 논의되어 왔는데, 홍경모에게서 주목되는 점은 그같은 논의를 단지 작가의 기상과 작품 풍격에 국한시키지 않고 신과 경이 융합된 심미적 경계의 창출로 끌어올려 이해하고 있다는 사실이다.

그리고 이 같은 인식의 진전은 이 시기에 들어와 더욱 활발해지는 산수유기의 작품 창작과 관련되는 것으로 보인다. 이만수(李晩秀), 서기수(徐淇修), 송지양(宋持養) 등은 우리나라 산수유기 작품이 유종원의 〈영주팔기(永州八記)〉나 육유의 〈입촉기(入蜀記)〉의 테두리에 갇혀 일정과 기후를 기술하는 데에 그치는 등 상투적이고 진부한 창작 경향에서 벗어나지 못하였다고 비판을 가하였다. 송지양은 한유, 유종원의 산수기는 '기사(紀事)'에 그치었고 송나라 이후에는 의론을 치우쳤다고 하면서 우리나라의 산수기는 그러한 작품의 격식에 빠져 몇 줄 읽다가 졸음이 난다고 혹평을 하였다.[35] 이만수는 유종원의 산수유기는 산경지지(山經地志)와 같고 육유의 산

34 洪敬謨, 〈衆香漫筆序〉, 《冠巖全書》 12책, 《총간속》 113, 328면. "昔馬第伯以中元元年從封禪泰山應詔, 取其紀述之語, 以作封禪儀. 其文奇峭, 最有神境, 遂爲千古山水遊記之祖. 嗣而名者, 柳州之永州記, 放翁之入蜀記也, 而其文流動, 自生理致. 至如張子偉之漫遊錄徐霞客之紀行文, 亦能見稱於世. 盖中國之山, 無論五嶽八鎭天台峨嵋武夷雁宕楚越之間, 尋常臯壤, 皆拔地峭竪, 石骨犖确. 故使其登眺者, 先作奇觀, 而其爲記也, 以神境而生理致. 理致與神境合, 文成而自至於流動. (…) 無之而不神境, 而境與神遇, 獵英纈葩, 奇而且縟, 飣餖別味, 錦繡雜綵, 爛然悅口而衒目, 可謂核且工矣."

35 宋持養, 〈蓬萊紀跋〉, 《朗山文稿》(규장각 소장본) 1책. "海東無山水記, 非記無記得記體鮮耳. 年月以繫之, 雨暘以參之, 程里以括之, 鞋藜登降, 盤飧早晏, 條連一編, 靡細不該, 敍事未畢, 評議層生, 炫然入蜀記之筌套, 而華嶽巖題名之濫觴也. 展卷才數行, 輒令人欠伸思睡, 如經陳師道冷眼, 不以爲今之記乃論者也幾稀. (…) 夫記之體尙矣. 其盛自唐始, 韓柳唯紀事耳. 自宋以下, 不免涉議論."

수유기는 날짜와 그 날의 사건을 기술하는 데 그쳤다고 하면서 우리나라의 경우에는 산수유기가 없다고까지 하였다.[36] 단정 지을 수는 없지만, 적어도 이 시기에 들어와 성해응, 홍경모, 서영보, 이만수, 서기수, 송지양 등을 중심으로 하여 종전의 창작 경향에서 벗어나려는 움직임이 전개되었음을 주목할 필요가 있다. 그리고 이 점은 18세기 후반 연암과 그 주변 문사들이 창작한 소품체의 그것과 어떻게 같고 다른지를 분석할 필요가 있으며, 이를 통해 양 시기의 문학적 특징을 변별적으로 파악하는 데 일정한 보탬이 될 것이다.

36 李晩秀, 〈書竹石楓嶽記後〉, 《屐園遺稿》 권9, 《총간》 268, 407면. "柳州似山經地志, 放翁爲繫日屬事, 于鱗又詭怪不經. 東國無山水記, 玉磬子始有此四百年有數文字."

II부

조선 후기 시론사의 전개

1. 북헌 김춘택의 시론

1. 문제 제기

조선 후기에 이르러 허균, 홍만종, 김만중 등에 의해 송강 정철의 가사 작품이 높은 평가를 받으면서 그 논의가 심화, 확산되는 가운데 우리 민족어 문학의 예술성과 그 가치에 대한 인식이 제고되어 갔다. 또한 이 시기에 이르러 본격적으로 발달하기 시작하는 소설의 성행과 관련하여 종래의 소설 배척론에서 벗어나려는 움직임이 활발하게 전개되었다. 이 글에서 다루고자 하는 북헌(北軒) 김춘택(金春澤, 1670–1717, 字 伯雨)은 김만중이 지은 《사씨남정기》의 소설적 가치와 의의, 그리고 송강 가사의 예술적 특성과 주제에 대한 올바른 인식을 보여 주고 있으며, 자신이 직접 〈별사미인곡〉의 가사 작품을 쓰고 《사씨남정기》를 번역하기도 하였다. 비록 단편적인 형태이기는 하지만 이처럼 국문시가와 국문소설 등에 대해 정당한 비평적 관심을 보이고 있을 뿐만 아니라 산문에 대한 그의 이해에 있어서도 우리 민족의 주체적 인식 태도 등을 표명하고 있는 바 국문시가와 소설, 한시, 산문 등의 전 분야에 걸쳐 전개된 그의 문학관은 조선 후기 비평사에서 중요하게 취급할 가치가 있다.

하지만 그동안 김춘택에 대해서는 연구자의 특정한 관심에 따라 단편적이며 산발적으로 언급되고 있는 실정이어서, 국문소설, 가사, 한시문 등을 포괄하여 그의 비평 의식의 전체적인 면모를 밝히는 데까지 이르지는 못하였다.[1] 이에 김춘택이 남긴 비평 자료들을 통합적으로 조망하면서 그의 문학관의 전체상을 규명하고 이를 통해 17세기 비평사의 한 동향을 점검해 보고자 한다.

현재 파악한 김춘택의 저술은 아래와 같다.

① 《北軒居士集》, 20권 7책, 활자본, 규장각 등 소장.
② 《北軒遺稿》, 12책, 필사본, 국립중앙도서관 소장.
③ 《蘆山醉筆》, 1책, 필사본, 시립 종로도서관. (잡록류의 글)
④ 《靑氈舊業》, 1책, 필사본, 국립중앙도서관 소장. (후대에 김춘택의 시를 모아놓은 책)
⑤ 《虩諺南征記》 1책, 필사본, 개인 소장.
⑥ 《정경부인한산이씨행록》, 1책, 국문 행장.
⑦ 《先獻世藏》, 2책, 共編, 필사본, 규장각 소장. (선친인 金鎭龜의 言行別錄)
⑧ 〈별사미인곡〉(국문가사), 시조 4수.

그 이외에 영남대 도서관에 소장된 《오륜행사(五倫行詞)》(필사본, 1책)가 있는데, 현재로서는 그것이 김춘택의 저술인지는 확실치 않다.

2. 북헌 김춘택의 생애와 학문

북헌 김춘택은 1670년(현종 11)에 부친인 판서 김진구(金鎭龜)와 광직공(光

1 김춘택을 독립해서 그의 유배 한시를 다룬 논문으로 양순필, 〈북헌 김춘택의 제주유배 한시고〉, 《백록어문》 6(제주대 국어교육연구회, 1989)가 있다.

稷公)의 따님 이씨 사이에서 8남 3녀 중 장남으로 태어났다.[2] 어려서 그는 증조모 윤씨와 종조부인 김만중으로부터 학문과 문장을 배웠으며, 문곡 김수항이 시험 삼아 장률을 짓게 하자 해가 지기 전에 여덟 편을 모두 지을 정도로 문사에 뛰어난 재능을 보였다. 그는 잘 알려져 있듯이 《구운몽》과 《사씨남정기》의 저자인 김만중의 종손으로서, 당시 외척 가문의 하나였던 광산 김문을 가문적 배경으로 하여 성장하였다. 광산 김씨 가문은 숙종 연간에 청풍 김씨, 여흥 민씨 가문과 더불어 삼척(三戚)으로 지목되었는데, 병권과 경제권을 비롯한 국정 전반에 걸쳐 막대한 실력을 행사하였다.

그의 생애의 대부분을 보낸 숙종 연간(1675-1719)은 그 이전까지의 붕당정치가 변질되면서 새로운 정치 형태인 탕평정치로 넘어가는 과도기로서 정국이 매우 급격하게 변환하고 있었던 시기였다. 남인과 서인 사이의 정국 교체가 거듭 일어났던 시기에 그는 자신의 가문이 정치적으로 패퇴하여 실세하고 다시 집권하게 되는 것을 경험해야 했다.[3] 이 같은 정국의 급격한 변환은 당시 유수한 가문의 명망 있는 자제였던 그의 삶의 전반을 규정짓는 중요한 계기를 이루었다.

그의 나이 18세(1683년, 숙종13) 때에는 조사석(趙師錫)의 상소 사건에 연루되어 종조부 김만중이 평안도 선천으로 유배를 가게 되었으며, 2년 뒤에는 장희빈의 왕비 책봉과 관련하여 서인이 정계에서 축출되는 기사환국이 일어나자 부친인 김진구는 제주도로 유배되고, 중부 김진규와 숙부 김진서는 각각 거제도와 진도로 유배되었으며, 조부 김만기는 훈적(勳籍)에서 삭제되는 등 그의 집안은 일시적으로 실세하게 된다. 이때 그는 조모를 모시고 서울에서 지내면서 유배지를 왕래하였는데, 반대 당파로부터 끊임없는 감시와 견제 속에 놓여 있었다.

---

2 그의 생애와 관련하여 부록에 작성된 北軒年譜를 참조.

3 숙종 초년의 換局에 대해서는 홍순민, 〈숙종초기의 정치구조와 환국〉, 《한국사론》 15(서울대 국사학과, 1986) 참조.

이러한 가운데 그가 한중혁 등과 은화를 모아 서인 가문의 민비를 복위하려고 한 혐의로 문초를 받는 함이완의 고변사건이 일어났다. 이와 관련해 숙종 초년에 권력의 핵심에서 정국을 주도하였던 김석주가 그에게 자신의 정치적 술수를 전수하고 또 《수호전》을 읽게 하여 평생 기량이 그 책으로부터 나왔다고 하는 언급이나,[4] 권모와 술수에 능하며 임금의 뜻을 잘 헤아려 《사씨남정기》로 숙종을 깨닫게 했다는 언급[5] 등은 그것 자체의 사실 여부를 떠나 김춘택이 훈척의 자손(그의 조부 김만기는 숙종의 비인 인경왕후의 아버지임)으로서 당대의 정국 변동에 깊이 간여하고 있음을 짐작케 한다.

당시 정국을 주도하고 있던 남인 측에서는 서인을 정계에서 완전히 몰아 내려고 하였지만 결국 실패로 돌아가게 된다. 처음에는 국문을 허락했던 숙종은 옥사가 확대되자 역으로 남인들을 삭직 또는 유배시키는 정국 변동의 조치를 내리었다. 이것이 바로 노소 연합의 서인이 재집권하게 되는 갑술환국이다. 그러나 노소 연립정권은 남인에 대한 처리 문제를 둘러싸고 대립과 반목을 거듭하게 되는 바, 이미 노소 분기는 숙종 9년에 당시 광산 김씨, 청풍 김씨, 여흥 민씨 가문 및 송시열을 중심으로 한 노론에 대한 소론측의 비판과 견제로부터 비롯되었는데, 이 시기에 오면 두 정파 사이의 상호 배척과 비방이 더욱 심하여졌다.

이 같은 노소 분립의 와중에서 김춘택은 훈척의 자손으로 무뢰배들과 사귀고 민비복위를 모의하면서 은화를 사용했다는 소론 측의 상소로 말미암아 황해도 금천으로 첫 유배를 가게 되었다. 이후 그의 일생은 유배와 투옥으로 점철되게 되는데, 모두 다섯 차례의 유배와 세 차례의 투옥[6]이

---

4 黃德吉, 〈南桐巢記金春澤事〉, 《朝野信筆》 권3, 《조선당쟁관계자료집》(여강출판사, 1983) 1책. "春澤十許歲時, 金錫胄夜到其家, 與春澤之祖光城萬基, 在密室中謀事. 春澤在窓外聽之, 遽開戶入曰: '所謀者, 何等事, 而不防窓外有人? 兒幸聽之, 若他人, 則豈不殆哉?' 錫胄由是大奇之, 盡以其術授之, 又令看水滸傳. 春澤一生伎倆, 皆從此書中出來."

5 金澤榮, 《韓史綮》, 권4 장11. "甲戌二十年, 時張后色衰, 王侍之稍稍疎, 又厭其族之微. 有金春澤者, 萬基之孫也. 豪俠有權數, 察知王意, 乃爲廢后作一書, 假託閨房寃恨之事, 名曰謝氏南征記, 使所善韓重赫康萬泰等, 因宮人以進. 因以微言讒張后. 王見其書感悟, 欲復廢后之位."

6 金民澤, 〈伯氏北軒府君行狀〉, 《竹軒集》 권3, 《총간속》 62, 54면. "故凡伯氏之發言處事, 一於

그를 기다리고 있었다.

황해도 금천 유배에서 풀려난 그는 2년이 지나 옥사에 연루되어 전라북도 부안으로 유배를 갔으며, 그 이듬해에 유배지에서 풀려났다. 1706년 그의 나이 37세 때에는 부친의 상을 마치기도 전에 전남 해남으로 유배되었다가 임보의 무고로 서울에 올라와 심문을 받고 다시 절해의 고도인 제주도로 이배되었다. 그 이듬해에는 서울로 이송되어 재심문을 받고 다시 제주도로 돌아갔는데, 이곳 유배지에서 그는 가사 작품인 〈별사미인곡〉을 지었으며, 1709년에는 《사씨남정기》를 한문으로 번역하는 일을 마치었다. 그 이듬해에 민진후의 상소로 전라북도 옥구군 임피로 유배지를 옮기었으며, 이곳에서 송강 정철의 〈장진주사〉를 한문으로 번역하기도 하였다. 얼마 뒤에는 김상현의 무고로 문초를 받고 풀려나는 일을 겪었다.

이처럼 그는 소론 측으로부터 끊임없는 견제와 비판 속에서 평생 벼슬길에 나가지 않았음에도 불구하고 모두 다섯 차례의 유배와 세 차례의 투옥으로 30여 년 동안 하루도 편할 날이 없을 정도였다.[7] 그리하여 "하루라도 서울에 있으면 하루의 근심이 있다"(一日在京, 有一日之憂)[8]는 비방을 받을 만큼 반대 당파로부터의 모해와 배척을 받아 청장년기의 대부분을 유배와 투옥으로 점철되는 생애로 일관하였다. 벼슬에 나가지 않은 신분이었음에도 불구하고 그가 이처럼 정국의 핵심에 위치하여 반대당파로부터 계속되는 모략과 비방을 견뎌내야 했던 것은 자신이 당시 대표적인 외척가문이었던 광산 김씨가의 중심 인물이었기 때문이다.

30여 년간의 오랜 유배에서 풀려난 그는 나이 46세 때 처자를 이끌고 선친의 묘소가 있는 경기도 광주로 돌아갔다. 이때 공신적장(功臣嫡長)의

誠實而惟恐或近於俗, 又其所守確然, 自視苟無歉, 則雖死生在前而無少沮. 以此五遷嶺海, 三入牢狴, 而從容整暇, 不慴不撓."

7 金民澤, 〈伯氏北軒府君行狀〉, 《竹軒集》 권3, 《총간속》 62, 54면. "乃於三十年之間, 流離危辱, 萬死一生, 曾不得不一日安於家."

8 金民澤, 〈伯氏北軒府君行狀〉, 《竹軒集》 권3, 《총간속》 62, 54면. "判義禁趙相愚曰: '此人素號凶人, 一日在京, 有一日之憂.'"

예에 따라 대호군의 봉록을 받았는데, 얼마 뒤 일생을 마치었다.

그는 김장생-김집-송시열로 이어지는 학풍의 전통 속에서 성장하였는데, 특히 그의 5대조인 김장생은 율곡의 학문을 계승하여 조선 예학의 태두로 알려졌으며, 그 후 아들인 김집과 그 제자인 송시열에게로 그 학풍이 전승되면서 기호학파의 일군을 형성하였다. 그리하여 그는 당시 노론의 종주였던 우암 송시열의 정치적, 학문적 노선을 고수하는 입장에 서 있었으며, 같은 송시열 문하인 김창협, 김창흡의 가문과도 긴밀한 관계를 유지하였다. 그가 김창흡으로부터 《박연록(朴淵錄)》의 평을 받는 등 두 사람 사이의 교유가 있었던 것 역시 이 같은 학풍과 정치적 입장의 공유에서 비롯된 것이었다.

김장생-김집-송시열로 이어지는 학문적 배경에서 성장한 그는 송시열의 인품과 절의를 추앙하면서 모름지기 글을 지을 때에는 주자서를 근본으로 해야 한다고 주장하였다. 그러나 그는 주자를 절대화하여 맹목적으로 추숭하는 것에 대해 비난하였으며, 제자백가서, 불교, 소설 등에 대해 폭넓은 관심과 이해를 가지고 있었다. 제자백가서와 관련하여 그는 현재 전하지는 않지만 《제자통선(諸子通選)》이라는 책을 편찬하였으며, 필사본 《북헌유고(北軒遺稿)》에는 각각 그 평을 적어 놓기도 하였다.

> 이로 말미암아 보건대 육상산은 말할 것도 없고 주자 역시 초년에 조금 치우치는 폐단을 면하지 못하였다. (…) 퇴계 이래로 도통이 전해지니 진실로 폐단이 없었는데, 근래 말을 배운 아이들조차 朱子는 옳고 육상산은 그르다고 하니 어찌 유독 육상산뿐이겠는가? 또한 정자도 그르고 주자가 옳다고 말한다. 그러나 이른바 노선생과 명망있는 유자들이 입으로 걸핏하면 주자가 옳다고 말하는 것은 주자가 올바른 까닭을 진실로 아는 것이 아니다.[9]

9 金春澤, 〈東湖問答〉, 《北軒居士集》 권18, 《총간》 185, 246면. "由此觀之, 陸固無論, 朱亦初不免少偏矣. (…) 退溪以來, 道統相傳, 固宜其無弊, 而若至近日學語小兒, 莫不是朱而非陸, 豈惟陸也? 殆亦曰程子非朱子是. 然所謂老師宿儒, 口則言朱子是者, 未必眞知朱子之所以爲是."

김춘택은 주자를 절대적, 맹목적으로 추숭하는 태도에 비판하면서 주자에게도 잘못된 부분이 있음을 인정해야 비로소 주자의 참다운 실질을 정확하게 이해할 수 있다고 주장하였다. 또한 주자를 옳다고만 주장할 뿐 그 실질적 이유를 간과하고 있는 당시의 풍토를 비판하면서 주자에게도 그릇되고 치우친 부분이 있다[10]고 하였으며, 이를 제대로 파악해야 주자를 참되게 알 수 있다고 역설하기도 하였다.[11]

이러한 그의 주장은 선조들이 주자가 옳다고 말했다고 해서 그 점에 대해 추호의 의심도 없이 주자를 무비판적으로 떠받들기만 할 것이 아니라, 공자로부터 정주의 여러 저술에 이르기까지 자신이 직접 독서하는 과정을 통해 그것의 사실 여부를 객관적으로 검증해 나가는 것이 무엇보다 중요함을 강조한 것이다. 그렇기 때문에 잘못된 점이 있는 데도 '주자가 옳다'라고만 할 것이 아니라 그릇된 점을 지적, 비판하는 보다 합리적이고 유연한 학문적 태도를 요구하였으며, 한쪽으로 치우치는 폐단을 갖게 됨은 주자 역시 피할 수 없는 것이라고 하였다. 그가 주자학의 심성론에 대해 부정하지는 않았지만, 강설을 통해 스스로 고상하다고 여기는 학자들의 공허한 관념적 성향에 대해 부정적인 태도를 취한 것도 이 같은 맥락에서 이해된다.[12]

> 어떤 사람이 저에게 비난하기를 "만필은 참으로 고상하고 아름답습니다. 그러나 의심할 만한 것이 있으니 강론한 말 중에 때때로 선유(先儒)와 차이가 있고 또 불

---

10 金春澤, 〈答李士復書〉, 《北軒遺稿》(국립중앙도서관 소장본) 4책. "愚固非謂朱子初年, 全不用工於尊德性, 又非謂其晩年因象山, 而乃覺悟, 卽惟曰: '初少偏, 而後覺悟而已. (…) 愚之所疑, 終在於朱子之不明言.'"

11 金春澤, 〈朱子是說贈宋正相〉, 《北軒居士集》 권20, 《총간》 185, 278면. "周程張子所以爲周程張子, 朱子所以爲朱子, 其不同之說, 程子所以必不可從, 朱子所以必可從, 而終必曰, 朱子是者, 則顧吾與爾之所猶不知, 而亦不可不知者也. 請姑不敢曰, 吾祖云云, 而惟先讀吾祖所讀之書, 自孔曾思孟, 及於程朱諸書, 而求以自知焉而已. 讀而知之, 苟不善矣, 則其或不曰朱子是, 而妄謂容或有非矣. 然旣能自知, 則亦當去其不善, 而進於善, 然後始謂眞知朱子是, 而眞能學吾祖者矣."

12 金民澤, 〈伯氏北軒府君行狀〉, 《竹軒集》 권3, 《총간속》 62, 54면. "常以爲使君臣父子得其道, 則是學也, 不知此, 而徒以講說相高, 則乃賊也. 然於性理諸書, 無不浸灌而研索. (…) 又手書易經, 以玩理, 其於吉凶悔吝之幾, 有自得之妙."

가에 관련된 듯합니다. 왜 그렇습니까?"라 하였다. 제가 대답하기를 "그렇기도 하지만 그렇지 않기도 합니다. 정주가 경전을 풀이하는 데에는 서로 다른 것이 많습니다. 주자가 연평에게서 친히 배웠지만 서로 논란을 벌여 해결하지 못한 것도 있으며, 주자 자신 또한 초년과 만년의 차이가 있습니다. 만약 옛날의 순자, 명나라의 왕양명, 근래의 윤휴와 같이 경전에 반대를 하고 그것을 업신여기며 사사로움을 다하여 이기려고 하기만을 힘쓴다면 진실로 죄이겠지만, 그렇지 않고 혹 서로 다른 차이가 나는 것은 선유들도 이미 면하지 못한 것입니다. 그러니 선생에 대해 어찌 의심을 두겠습니까? 지금 세상 사람들은 말을 배우면서부터 불가를 배척하곤 하는데 이른바 노선생과 명망 있는 유자라도 불가가 어떤 것인지를 반드시 알 수 있는 것은 아닙니다"라 하였다.[13]

어떤 사람이 김만중의《서포만필》이 앞선 유자들과 차이가 있고 불교적 성향이 짙다는 이유를 들어 비난하자, 이에 대해 반박하는 형식으로 되어 있는 위의 글에서 김춘택은 경전 이해에 있어 세 가지 사실을 들고 있다. 첫째로 주자학의 대표적 인물인 정자와 주자 역시 서로 다르게 경전을 해석한 곳이 있으며, 둘째로 주자와 그의 스승 사이에서도 해결하지 못한 부분이 있어 논란을 벌이기 하였고, 셋째로 주자 자신의 경우에도 초년과 만년에 차이가 있었음을 지적하였다.

이 점에 바탕하여 경전 해석상에 있어 서로 다른 편차는 불가피하고 당연한 것임을 입증하였다. 요컨대 주자를 맹목적으로 추종하는 경직된 학문 풍토 속에서 그는 불교, 제자서 등에 폭넓은 관심과 이해를 보이는 한편, 상이한 경전 해석의 가능성을 용인하면서 주자 내부의 잘못된 부분에 대해 비판하는 보다 합리적이고 객관적인 학문적 태도를 견지하고자 하였다.

13 金春澤, 〈西浦遺事別錄〉, 《北軒居士集》 권16, 《총간》 185, 221면. "或有難小子曰: '漫筆誠高矣美矣, 但有可疑者. 其講論之說, 時與先儒有異同, 又似汎濫釋氏, 何也?' 小子應之曰: '唯唯否否. 程朱釋經, 多相不同. 朱子親學於延平, 有相難而不決者, 朱子且自有初晩之異. 苟或反背慢誣, 逞私務勝, 如古之荀況明之王守仁近日之尹鑴, 則固罪也, 而不然而或有異同, 卽先儒之所已不免. 於先生又何疑焉? 今世之人, 自其學語, 便能排釋氏, 而所謂老師宿儒, 未必能知釋氏之爲何物.'"

3. 북헌 김춘택의 문학관

(1) 국문시가와 국문소설론

김춘택이 남긴 비평 자료 중에서 가장 중요한 부분이 바로 국문시가와 국문소설에 대한 비평이다. 전자에 대해서는 그 자신이 지은 〈별사미인곡〉과 같은 미인곡계의 가사를 다루면서 부분적으로 언급되었는데, 그의 창작 관점과 관련하여 문학관을 검토한 일은 본격적으로 다루어진 바 없다. 그리고 후자에 대해서는 김만중의 소설 작품, 특히《사씨남정기》및 이 시기 소설론의 발전과 관련하여 일찍부터 주목되어 온 바 있다.

> 우리나라 사람들이 혹 옛 사람을 본받아 가사를 짓지만 분별할 줄 아는 것은 사성(四聲) 뿐이고 그 가운데 청탁과 허실에 대해서는 어두워 알지 못하니 어찌 중국의 악률과 합치할 수 있겠는가? 우리나라 말로 지은 것은 우리나라의 악률에 합치하는지 안 하는지의 여부를 막론하고 그 표현과 내용을 보면 유장하고 완곡, 절실함이 많아 진실로 사람의 귀와 마음을 감동시킨다. 그것은 옛날의 가사를 본뜨는 것보다 나을 뿐이 아니라 시문의 여러 작품과 비교해도 또한 능가하니 다른 이유가 있는 것이 아니라 참과 거짓의 분변에서 연유하는 것이다. 여러 가사 작품 중에서도 정송강의 〈전후사미인곡〉 같은 것이 가장 뛰어나다.[14]

김춘택은 위의 자료에서 우리나라 말로 지은 시가 작품이 한자로 기록된 가사나 시문보다 더 우수함을 지적하였다. 그 구분의 분기점이 바로 진(眞)과 가(假)이며, 이것은 서포가 정철의 가사 작품을 평가하면서 언급한 것과 상통하는 부분이기도 하다.[15] 여기서 진과 가의 대립적 논리 구도는

---

14 金春澤, 〈論詩文〉, 《北軒居士集》 권16, 《총간》 185, 223면. "東人或效古人爲歌詞, 而所辨惟四聲, 其中淸濁虛實, 則昧然不知, 何能與中華樂律相合哉? 其以本國言語爲之者, 不論其自合於本國樂律與否, 就其辭意, 或多悠揚婉切, 眞可以動人聽感人心者, 不惟勝於效古之歌詞, 其視詩文諸作, 又不시過之, 無他, 眞與假之分也. 諸詞中如鄭松江前後思美人詞, 又其最勝者."

15 金萬重, 《西浦漫筆》, 《西浦集》(경인문화사, 1974), 652면. "今我國詩文, 捨其言而學他國之言, 設令十分相似, 只是鸚鵡之人言, 而閭巷間樵童汲婦이啞而相和者, 雖曰鄙俚, 若論眞贋, 則固不可與學士大夫所謂詩賦者, 同日而論. 況此三別曲者, 有天機之自發, 而無俗鄙俚, 自古左

두 가지 차원에서 그 의미를 해석할 수 있다.

먼저 진은 창작 주체의 자유롭고 활달한 감정과 개성을 중시하는 창작 경향을 의미한다. 이 점은 격식과 체재에 대한 모방과 답습에 치중하던 모의주의적 창작 태도에 대한 거부로 연결된다. 김춘택 자신이 유배의 고통과 울분을 토로한 가사 작품인 〈별사미인곡〉의 창작 동기를 설명하는 자리에서 마음속에 쌓인 바를 억제하지 못하여 창작하게 되었다고 언급한 사실에서 이 점을 짐작케 한다.

> 내가 오늘 처한 것으로 이같이 드러내니 감추고 침묵하는 도리가 아닐까 두렵다. 또한 가사(김춘택이 지은 〈別思美人曲〉) 중에서 당시 사람을 가리켜 '초나라의 가는 허리, 연나라의 아름다운 얼굴, 긴 소매 맑은 소리가 좋지 않은 것은 아니지만 어찌 모두 정성이 있겠는가'라고 말하였으며, 스스로 비유해서는 '대비녀 꽂은 머리 길이 임금에게 향해 있고 베옷 입은 몸 임금 위해 고결하다'고 하였다. 이것 또한 시휘에 저촉될까 두려우나 마음속에 쌓여 있는 바를 흥에 따라 표현해 내니 스스로 그만둘 수가 없다.[16]

〈별사미인곡〉을 지은 북헌의 가장 중요한 창작 동기는 시휘에 저촉될까 두려워하여 감추고 침묵하는 것을 능사로 여기기보다 오히려 자신의 불운한 처지와 울울한 심사를 숨김 없이 드러내고자 하는 것이었다. 〈별사미인곡〉에 대해서는 그동안 사미인곡계의 가사 작품들 속에서 비교 연구되어 왔는데,[17] 여기서 우리가 주목할 부분은 그 작품 내에 표명되어 있는 북헌 자신의 창작 의식이다. 관련된 부분을 그의 가사 작품에서 옮겨 보면 다음과 같다.

海眞文章, 只此三篇."

16 金春澤, 〈論詩文〉, 《北軒居士集》 권16, 《총간》 185, 223면. "以余今日所處, 如是攄發, 恐非晦默之道. 且詞中指時人則日, 楚之纖腰, 燕之美貌, 長袖淸音, 非不好矣, 而豈盡有精誠乎? 其自況則日, 竹釵所揷之首, 長向於君, 布裳所着之身, 爲君而潔. 此尤恐其觸諱, 而然中心所蘊, 感興而發, 自不能已也."

17 徐元燮, 〈思美人曲系 歌辭의 비교연구〉, 《경북대논문집》 11집(경북대, 1967) 참조.

초나라 가난 허리　　연나라 고은 얼골
긴 사매 말근 소래　　어수선 될서이고
광치야 됴타마난　　명셩이야 다이실가
대빈혀 꼬잔 머리　　님의 손대 향하엿고
뵈치마 매온 몸이　　님의후 됴화 잇내
어려서 이래한가　　미쳐서 이러한가
마암이 절노 나니　　뉘라서 금할손고[18]

'초나라의 가난 허리'와 '연나라 고은 얼골'은 당시 사람, 구체적으로는 반대당파의 실권자를 비유하며, '대빈혀 꼬잔 머리'와 '뵈치마 매온 몸'은 북헌 자신을 비유한다. 극명한 인물의 대비를 통해 그는 자신의 울울한 심사와 군주에 대한 충정을, 그리고 자신을 몰아낸 무리들의 무도함에 대한 비난을 숨김 없이 표현해 내고자 하였다. 따라서 음조가 송강의 것에 비해 더욱 괴롭고 장황한 사설이 길게 이어지는 것은 기본적으로 '마암이 절노 나니 뉘라서 금할손고'라는 북헌 자신의 창작 의식에서 비롯된 것이다. 주체할 수 없는 작가 내부의 울분과 고뇌를 거침없이 펼쳐내는 데 주력하기 때문에[19] 평생토록 벼슬길에 나가지 않은 몸으로 이리저리 유배를 당해야 하는 자신의 고달픈 처지와 기구한 운명, 그리고 그것에 굴하지 않는 우국충정의 절절한 심정이 더욱 실감 있게 전달될 수 있다고 보는 것이다.[20]

이것을 더욱 뒷받침하기 위해서 그는 〈별사미인곡〉의 전체 구성을 현실적 처지가 극명하게 대비되는 두 여인의 문답 형식으로 하였다.[21] 그리

18 金春澤, 〈別思美人曲〉 이 가사 작품은 이병기 교수에 의해 처음 발표되었다. 이병기, 〈별사미인곡과 속사미인곡에 대하여〉, 《국어국문학》 15(국어국문학회, 1956) 참조.

19 金春澤, 〈論詩文〉, 《北軒居士集》 16, 《총간》 185, 223면. 此尤恐其觸諱, 而然中心所蘊, 感興而發, 自不能已也.

20 이 점은 김춘택의 행장을 쓴 金民澤의 다음 언급에서도 확인된다. 金民澤, 〈伯氏北軒府君行狀〉, 《竹軒集》 권3, 《총간속》 62, 54면. "伯氏竄逐桎梏, 殆無虛歲, 卽古所謂人方刀俎, 我方魚肉者, 而我聖主終始生之, 則益感泣眷係, 至托意男女之際, 作歌詞數百言, 以寓其誠, 不翅若離騷之三致意者, 則其心可謂苦矣."

21 金春澤, 〈論詩文〉, 《北軒居士集》 권16, 《총간》 185, 223면. "其命意措辭, 若兩娘子相遇而答問者然."

하여 한 낭자는 비록 쫓겨났어도 임금의 총애를 영원히 잃지 않는 데 비해, 북헌 자신을 가탁한 한 낭자는 '원앙침 비취금의 뫼셔본 적 바히 없'어 '인연은 없고 이별만 있는'[22] 인물로 등장하고 있다. 즉 임금과의 인연은 한 번도 없고 오직 끝없는 이별만을 강요당하는 한 여인의 비극적 삶에다가 평생토록 포의의 신분임에도 다섯 차례의 유배를 감내해야 했던 김춘택 자신을 가탁함으로써 그 자신의 감정과 상황을 보다 효과적으로 표현할 수 있었다.

이 같은 의미 층위에서 한 걸음 더 나아가 진과 가의 대립 구도가 가진 두 번째의 의미 층위는 한자와 한글의 표기 수단의 차이와 연관지어 우리말로 창작된 문학 유산에 대한 적극적인 평가로 이어지고 있는 점이다. 중세의 공식적인 문자 체계인 한문으로 기록된 문학과 대비되어 민족어 문학의 우수성과 그 참된 가치를 옹호하는 논리적 근거로서 진과 가의 대립 구도가 그 의미를 갖고 있으며, 이 점은 서포의 그것과 기본적으로 동일하다. 김만중은 문자 체계의 차별성에 대한 인식에 바탕하여 민족어 문학의 개별성 문제를 보편적 수준으로 끌어올려 논의를 심화시키고 있는데, 북헌의 국문시가론은 그것에 상당 부분 힘입고 있다.

김춘택이 김만중의 이른바 '자국어 선언'을 보다 발전적으로 이론화시키는 데까지 나가지는 못하였지만, 자신이 직접 국문가사 작품을 창작하는 한편 그와 같은 실천 경험에 비추어 국문가사, 특히 송강 가사에 대한 평가를 보다 풍부하게 진행하고 있다는 점이 주목할 만하다. 즉 자신의 현실적 처지, 정치적 입장과 연관시켜 작품을 통해 서포의 이론적 천명을 구체화시키고 있는 것이다. 아울러 국문시가의 옹호를 떠받치고 있는 근거가 그의 국문소설 옹호에까지 연결되어 하나의 일관된 이해를 보여 주고 있다는 점이 중요하다. 그것은 문자 체계의 차별성에 대한 인식, 국문 작품이 지닌 정서적 감염력에 대한 중시, 그리고 연군과 충정의 주제사상이

22 金春澤, 〈論詩文〉, 《北軒居士集》 권16, 《총간》 185, 223면. "無因緣, 而有離別."

다. 첫 번째 사항과 관련해 그는 《사씨남정기》를 번역한 글에서 우리글과 한문의 차이점에 대해 언급하였으며,[23] 또한 《사씨남정기》의 원작이 국문으로 이루어져 있어 한문의 번역을 통해서는 그 글의 문채를 온전하게 드러낼 수 없다고 한 데에서도 이를 짐작할 수 있다.[24] 그리고 후자와 관련해서 그가 송강 정철의 가사와 《사씨남정기》를 평가하면서 공통적으로 굴원의 초사를 끌어들이고 있는 점이 주목된다.

아울러 김춘택은 국문시가의 예술적 특성에 대해서도 비교적 정확한 분석을 하였다. 그는 우리 가사 작품이 지닌 예술적 특성을 변화곡절의 풍부함, 완곡하면서도 절실한 주제 사상의 표현, 정서적 감염 효과에서 찾고 있다.[25] 유장하면서도 굴곡, 변화를 동반하는 국문가사 특유의 정조와 가락, 그리고 남녀의 애정 관계에 가탁하여 외로운 신하의 울울한 심사를 표현하는 방식[26]을 지적하였다.

이것은 그가 송강 정철의 〈사미인곡〉을 평하면서 한 말 중에서 '그 마음이 충성스럽고 그 뜻이 고결하며 그 절의가 곧고 그 문사가 우아하면서 곡조가 있으며 그 가락이 비장하면서 정아하다'[27]고 언급한 것과 연결시켜 볼 수 있다. 가사 작품의 주제사상적 측면과 그러한 주제사상을 형상화하는 표현 방식의 양 측면이 균형 있게 결합됨으로써 듣는 사람으로 하여금 정서적으로 고양, 감동시키는 심미적 효과를 불러일으키는 것이다. 김춘택은 위에서 언급한 가사 양식의 예술적 특성과 그 정서적 감염력에 대한 올

---

23 金春澤, 〈飜諺南征記凡例〉, 《飜諺南征記》(개인 소장) "諺與文有異, 故所飜字句辭語之間, 或多不同於原本."

24 金春澤, 〈論詩文〉, 《北軒居士集》 권16, 《총간》 185, 223면. "會謫居無事, 以文字飜出一通, 又不自揆, 頗增刪而整釐之. 然先生特以其性情思致之妙, 而有是書. 故於諺之中, 猶見詞采. 今愚所飜, 反有不及焉者."

25 金春澤, 〈論詩文〉, 《北軒居士集》 권16, 《총간》 185, 223면. "就其辭意, 或多悠揚婉切, 眞可以動人聽感人心者. 不惟勝於效古之歌詞, 其視詩文諸作, 又不啻過之, 無他, 眞與假之分也."

26 金春澤, 〈論詩文〉, 《北軒居士集》 권16, 《총간》 185, 223면. "因其放逐鬱悒, 以君臣離合之際, 取譬於男女愛憎之間."

27 金春澤, 〈論詩文〉, 《北軒居士集》 권16, 《총간》 185, 223면. "其心忠, 其志潔, 其節貞, 其辭雅而曲, 其調悲而正."

바른 인식에 근거하여 우리 민족의 감성과 정조를 담은 가사 작품이 한문으로 창작된 시문보다 더욱 우수한 가치를 지니고 있어 해, 달과 빛을 다툴 만하다고 보았던 것이다.[28]

17세기에 이르면 규방에서 소설에 대한 요구가 확대되면서 오락물의 성격을 넘어 여성들에 대한 교양적 의미까지를 지닌 이른바 규방소설이 성립, 유행하게 된다.[29] 김만중이 어머니 윤씨를 위해 소설을 지었다는 이야기는 널리 알려져 있는데, 김춘택 역시 어머니 이씨를 위해 이야기를 들려주었다는 다음의 기록이 남아 있다.

> 어머니의 곁에 모시고 있으면서 위로하고 보호함이 이르지 아니함이 없었으며, 때때로 패어(稗言)와 이어(俚語)로 좌우에서 이야기를 해 드려 웃음거리로 삼았다.[30]

《구운몽》과 《창선감의록》을 창작한 직접적인 동기가 자기의 어머니를 위함에 있다고 한 사실은 널리 알려져 있는데, 위의 자료 역시 효행의 하나로서 늙으신 어머님의 소일거리로 소설을 수용하고 있음을 엿볼 수 있다. 그러나 더 중요한 사실은 김춘택이 《사씨남정기》를 설명하는 자리에서 여항의 부녀자로 하여금 읽고 감발하게 하는 소설의 교육적 측면을 언급하고 있는 데에서 짐작되듯이[31] 국문 장편 소설이 규방의 여성들의 요구

28 여기서 한 가지 더 지적할 것은 송강 정철의 가사를 높게 평가하는 그의 비평의식의 이면에는 자신의 정치적 입장이 개재되어 있다는 점이다. 〈별사미인곡〉에는 북헌 자신의 언급에서 짐작할 수 있듯이 노론 벌열 가문의 일원으로서 그가 지녔던 정치적 입장이 투영되어 있다. 아울러 그가 김만중의 《사씨남정기》를 한문으로 번역하여 사대부 사회에 통용코자 했던 것 역시 그를 포함하여 자신의 가문 전체를 정쟁의 소용돌이로 몰아 넣었던 민비폐위 사건에 그 직접적인 이유가 있었다.

29 규방소설의 성립과 그 의미에 대해서는 임형택, 〈17세기 규방소설의 성립과 창선감의록〉, 《동방학지》 57집(연세대 국학연구원, 1988) 참조.

30 金民澤, 〈伯氏北軒府君行狀〉, 《竹軒集》 권3, 《총간속》 62, 54면. "侍府夫人側, 其慰安扶護, 靡不至. 間以稗言俚語, 談說左右, 資其一笑."

31 金春澤, 〈論詩文〉, 《北軒居士集》 권16, 《총간》 185, 223면. "然先生之作之以諺, 蓋欲使閭巷婦女, 皆得以諷誦觀感, 固亦非偶然者, 而顧無以列於諸子, 愚嘗病焉."

에 부응하여 창작, 수용되고 있다는 점이다. 위의 자료 역시 이 같은 맥락에서 이해할 필요가 있다.

또한 그의 종고조인 신독재 김집이 많은 소설들을 수장하고 있었으며, 종조부인 김만중은《구운몽》과《사씨남정기》를 직접 창작하는 등 그의 가문에서는 일찍부터 소설에 대한 관심이 컸었다. 이 같은 가정의 분위기에서 성장한 그는 서포에게서 어려서 학문과 문장을 수업받으면서 그의 영향을 많이 받게 되었다.

> 소설은《태평광기》의 아려함,《서유기》와《수호전》의 기변함은 물론이고 굉박하기가《평산냉연》같은 작품도 또한 얼마나 풍치가 있는가? 그러나 결국은 무익할 뿐이다. 서포께서 우리말로 소설을 많이 지으셨는데, 그 가운데《남정기》는 등한하게 취급할 것이 아니어서 내가 문자로 번역하였다.[32]

《태평광기》,《서유기》,《수호지》,《평산냉연》과 같은 중국의 소설 작품이 일정한 가치를 지니고 있기는 하지만 무익한 것인 데 비하여, 서포의《사씨남정기》는 등한하게 취급할 성질의 것이 아니어서 자신이 직접 한문으로 번역을 한다고 하였다.[33] 북헌은 1709년 제주도의 유배지에서《사씨남정기》의 한문 번역본인《번언남정기》를 완성하고 쓴 글에서 그 자세한 설명을 아래에서 하고 있다.[34]

> 패관소설의 경우는 허황하거나 아니면 부박하고 화려하니, 인륜을 돈독히 하고 세상 교화에 보탬이 될 수 있는 것은 오직《남정기》뿐이다.《남정기》는 본래 우리 서포 선생께서 지은 것으로 그 이야기는 남의 부부와 처첩의 관계를 다루었다. 그러나 읽는 사람이 모두 탄식하며 눈물을 흘리는 것이 어찌 사씨가 위난에 처하여 지킨 절의와 유한림이 허물을 뉘우치고 고친 아름다움이 모두 천성에 근본하고 성정에 갖추어져 그러한 것임에 감동한 것이 아니겠는가? 눈자위가 찢어질 정도

32 金春澤,〈論詩文〉,《北軒居士集》권16,《총간》185, 223면. "小說無論廣記之雅麗, 西遊水滸之奇變, 宏博如平山冷燕, 又何等風致? 然終於無益而已. 西浦頗多以俗諺爲小說, 其中所謂南征記者, 有非等閒之比. 余故飜以文字."

33 김춘택을 포함한 이 시기의 소설 논의는 오춘택,〈한국고소설 비평연구〉(고려대 박사학위논문, 1991) 참조.

34《飜諺南征記》에 대해서는 정규복,〈飜諺南征記攷〉,《연민이가원박사육질송수기념논총》(범학도서, 1977) 참조.

로 분통해 하는 것 또한 교씨와 동녀의 악함 때문이 아니겠는가?[35]

김춘택이 《사씨남정기》를 여타의 소설과 구분짓는 근거는 인륜을 두텁게 하고 세상 교화를 돕는 것에 있다. 부부 처첩간의 관계를 묘사한 것이지만, 그 소설을 읽으면 탄식을 하며 눈물을 흘리지 않은 자가 없다고 하면서 소설 양식이 독자에게 미치는 감염력의 측면과 그것의 사회적 교화 작용을 강조하였다. 사씨가 온갖 역경을 겪고 이겨 낸 절조와 유한림이 자신의 허물을 고친 아름다운 행위가 모두 타고난 천품에 근본하고 성정에 구비되어 있어서 감동을 받은 것이며, 눈자위가 찢어질 정도로 분통해 하는 것은 교채란과 동청의 악한 행동 때문이라고 하여 선인과 악인의 대립적 구도에 의한 권선징악적 감발 작용에 주목하였다. 즉 《사씨남정기》를 특별히 높이 평가하고 그것을 여타의 소설과 구분짓는 것이 인간에게 갖추어져 있는 본성을 감발하여 권선징악의 교훈을 준다는 점이다.[36] 그가 《사씨남정기》를 한문으로 번역하면서 소설투의 혐의가 있는 부분을 삭제한 것 역시 통속소설과 구분시키려는 의도와 관련된다.[37]

대개 만년의 두보 시는 문산(문천상)이 한데 모았다. 이처럼 사람을 감동시키는 것은 모두 다 초사에서 나왔기 때문이다. 주자가 초사를 논하면서 눈물을 닦으며 읊

35 金春澤, 〈論詩文〉, 《北軒居士集》 16, 《총간》 185, 223면. "至稗官小記, 非荒誕, 則浮靡. 其可以敦民彝裨世教者, 惟南征記乎! 記本我西浦先生所作, 而其事則以人夫婦妻妾之間. 然讀之者, 無不咨嗟涕泣, 豈非感於謝氏處難之節, 翰林改過之懿, 皆根於天, 具於性而然者? 其憤痛裂眦, 又豈不以喬董之惡哉?"

36 소설의 교훈성과 그 사회적 감화 작용에 주목한 이 같은 소설 인식은 기본적으로 주자의 문학관에 기초한 것이다. 이 같은 인식은 〈楚辭集註序〉에 나타난 주자의 견해를 이어받고 있다. 朱熹, 〈楚辭集註序〉, 《漢文大系》 22. "竊嘗論之, 原之爲人, 其志行雖或過於中庸, 而不可以爲法, 然皆出於忠君愛國之誠心. 原之爲書, 其辭旨雖或流於跌宕怪神怨대激發, 而不可以爲訓, 然皆生於견권惻달不能自已之至意. 雖其不知學於北方, 以求周公仲尼之道, 而獨馳騁於變風變雅之末流, 以故醇儒莊士或羞稱之. 然使世之放臣屛子怨妻去婦문淚謳吟於下, 而所天者幸而聽之, 則於彼此之間, 天性民彝之善, 豈不足以交有所發, 而增夫三綱五典之重? 此予之所以每有味於其言, 而不敢直以詞人之賦視之也."

37 金春澤, 〈飜諺南征記凡例〉, 《飜諺南征記》(개인소장) "所飜粗欲爲史家文體, 如原本湘靈之瑟聲微矣, 洛浦之仙步杳然者等, 嫌於小說口氣, 故謹刪之."

> 조리매 천품과 인륜이 서로 발하는 바가 있다고 말하지 않았는가? (…) 대저 눈물을 흘리지 않는 것에 대해서는 논할 것도 없지만, 눈물을 흘리는 것에는 여러가지가 있다. 또한 일이 천성과 인륜에서 나왔지만 의당 지나친 것이 있어서는 안 된다. (…) 소설 가운데 도적 송강과 음녀 왕취교 일의 경우도 그 글을 읽고 감흥을 일으키게 된다. 선과 악은 인간의 천성으로서 성정에서 발하여 다른 이의 성정을 감발시키는 것에 어찌 끝이 있겠는가? 내가 어렸을 때 눈물을 잘 흘리는 습관이 있었다. 서포옹께서 자주 칭찬하시면서 "더불어 학문과 문장을 할 수 있다"고 말씀하셨다. 그런데 지금에 이르도록 얻은 것은 없고 다만 눈물을 흘리는 데에도 지나쳐서는 안 됨을 알았을 뿐이다.[38]

서포 김만중이 눈물을 잘 흘리는 것이 학문, 문장을 하는 데 일정한 기여를 한다고 여긴 것은 문학 작품이 지닌 정서적 감염 효과에 주목한 것이다. 이 같은 서포의 가르침은 북헌이 문학의 본질과 그 특성을 이해하는 데 영향을 미쳤을 것으로 보인다. 김춘택은 두보의 만년 작품이 독자에게 눈물을 흘리게 할 정도로 감동을 주는 것은 그것이 초사에 연원하기 때문이라고 보았다. 이처럼 인간이 타고난 품성과 인륜을 감발시키는 문학적 역량은 비단 한시뿐만 아니라 국문가사, 소설 등이 모두 지니고 있는 것이다. 그렇기 때문에 독자가 수호전을 읽을 때 감흥을 일으켜 인간 본성에 구현된 권선징악의 교훈을 불러일으킬 수 있다고 보아 그것의 긍정적인 측면을 부각시키었다. 즉 소설의 정서적 감염 효과는 독자의 취향에 영합하는 통속화된 방식이 아니라, '추류인의(推類引義)'의 방식을 통해 독자에게 권선징악의 교훈을 전달함으로써 소설이 일정한 교육적 기능을 담당하게 만든다.[39]

---

38 金春澤, 〈答士復書〉, 《北軒遺稿》(국립중앙도서관 소장본) 4책. "盖杜老之詩, 文山集之, 而其感人如此者, 是皆出於楚辭故也. 朱子之論楚辭, 不曰抆淚謳吟, 而天性民彝, 交有所發耶? (…) 夫不淚下者, 固無論, 而淚下者, 當亦多矣. 且事雖出於天性民彝, 亦不宜有所過矣. (…) 至如小說中宋江盜賊王翠翹淫女之事, 亦或有覽其詞, 而爲之興感者矣. 善惡皆性, 發於性情, 而感人之性情, 豈有窮哉? 愚於兒時, 有善淚下之習. 西浦翁亟稱之曰: '可與爲學問文章', 而至今無所得, 但知淚下之不宜過而已."

39 金春澤, 〈論詩文〉, 《北軒居士集》 권16, 《총간》 185, 223면. "不惟如是, 推類引義, 將無往而非教人者, 所謂放臣怨妻與所天者, 天性民彝, 交有所發, 則如楚辭所謂感發人之善心, 懲創人

특히 김춘택은 여항의 부녀자들에게 미치는 대중 교육적 기능에 주목하여《사씨남정기》를 이해하였다. 이 같은 이해는 17세기에 이르러 규방소설의 성립과 유행을 반영하는 것으로, 소설을 단순한 흥미 위주의 소일거리나 인륜과 풍속을 해치는 것으로 치부하지 않고 그것이 지닌 정서적 감동력과 교양적 측면을 높게 평가하였다는 데에서 그 의의를 찾을 수 있다.

(2) 시론

김춘택은 국문시가와 한시 모두 작가의 진실한 감정을 자연스럽게 토로, 유출하는 방식에 의해 창작되는 측면을 중시하였다. 모름지기 실정(實情)과 진경(眞境)을 묘사해야 하는 시는 가슴속에 품은 생각을 억제할 수 없어 밖으로 표출된 것으로 보았는데,[40] 그렇기 때문에 자구의 연탁, 수식에 힘을 쏟기보다 시인의 뜻 가는 대로 자유롭게 창작하는 것이 오히려 시의 바른 이치에 합당하다고 하였다.

> 제주에 있을 때 바다의 달을 감상하다가 시를 지으며 아름다운 한 연을 얻고자 하여 자구를 다듬고 취사하기를 오래한 뒤에 이루니 "푸른 바다 혼연히 한 점의 구름도 없고 긴 바람 홀로 달과 함께 오는구나"라 하였다. 당시에는 득의하다고 여기었는데, 뒤에 보니 자못 맞지를 않았다. 하루는 집에 앉아 있다가 우연히 눈을 들어 뜻 가는 대로 입에서 나오는 대로 읊조리니 "낙엽은 가이 없이 떨어져 애오라지 멀리 바라보노라니 뜬 구름은 무슨 마음으로 또 남쪽으로 가는가?"라 하였다. 바야흐로 경물과 마음이 만남을 깨달아 시의 바른 이치를 얻으니 조탁하는 것에 걸려 도리어 막힌 것을 면하지 못한 앞의 연에 비할 게 아니었다.[41]

之逸志, 則又庶幾乎詩. 是烏可與他小說同日道哉? 然先生之作之以諺, 盖欲使閭巷婦女, 皆得以諷誦觀感, 固亦非偶然者."

40 金春澤, 〈答鄭時諧書〉, 《北軒遺稿》 5책. "拙詩, 寫情而已. (…) 俯仰愴傷, 懷不能已, 所以發而爲詩." 金春澤, 〈論詩文〉, 《北軒居士集》 권16, 《총간》 185, 223면. "詩須寫出實情眞境."

41 金春澤, 〈看書雜說〉, 《北軒居士集》 권18, 《총간》 185, 240면. "在耽羅因賞海月爲詩, 要做一佳聯, 鍊琢取舍, 久然後成曰 : '碧海渾無雲一點, 長風獨與月俱來.' 當時自謂得意. 後見之, 殊不愜. 一日坐寓舍, 偶擧目率意信口而吟曰 : '落木無邊聊遠望, 浮雲何事又南征.' 方覺其境與心

김춘택이 자신의 한시 창작 경험을 술회한 위의 글에서 '자구를 다듬고 취사하다(鍊琢取捨)'는 자구와 성률의 수식, 조탁에 치중하는 것을 가리키며, '뜻 가는 대로 입에서 나오는 대로(率意信口)'는 시인의 내발적 창작 충동의 자연스러운 표현에 중점을 둔 것이다. 이 두 가지 중에서 시의 바른 이치를 얻은 것이 후자임을 자신의 시작 경험에 비추어 설명하였다. 외부 경물과 시인의 내심이 일체를 이루는 좋은 시는 자구의 연마로써만 달성되는 것이 아님을 보여 주고 있다. 그렇다고 전자의 측면을 무시하거나 배제하는 것이 아니지만, 적어도 그가 보기에 시의 본질적인 핵심은 후자에 놓여 있다고 생각하였다.[42]

이 점은 뒤에 설명할 '형색(形色)'과 '형색지외(形色之外)', '법(法)'과 '재(才)'의 대비와 연관된다. 즉 시의 법도와 격식은 지켜야 하지만, 그것 자체에 속박되어 작가의 자유로운 창작 개성을 발휘하지 못해서는 안 된다. 따라서 시의 외재적 형식미에 얽매이지 않고 그것을 넘어선 심층적이고 내면적인 측면에 주의를 기울여야 한다.[43]

김춘택이 당대 시단의 가장 심각한 병폐로 '아로새기고 꾸미는 것을 솜씨 있다고 여기는(以雕飾爲工)' 모의주의적 창작 경향을 지적한 것은 이러한 맥락에서이다. 그렇기 때문에 그는 정두경의 시를 명나라 시인의 '궤도'에서 벗어나지 못했다고 비판하였으며,[44] 왕세정과 이반룡에 이르러 극점을 이룬 명대 시문의 병폐가 양명학의 폐해보다 더 심하다고 지적하였다.[45]

會, 得詩之正理, 不比前聯之坐鍊琢, 而反不免滯礙者."

42 김춘택이 조선의 시인 중 朴誾을 가장 높게 평가하고 앞선 세대의 鄭斗卿을 낮게 평가하는 이유 역시 이 같은 맥락과 연결된다.

43 시의 외재적 형식미와 내재적 심층미에 대한 분변 및 이에 기반하여 당대 시단의 병폐를 치유하고자 하는 점은 비슷한 시기를 살았던 農巖 金昌協의 그것과 유사한 점을 가지고 있다.

44 金春澤, 〈論詩文〉, 北軒居士集 권16, 《총간》 85, 223면. "東溟, 其亦傑出矣, 而要不出明人軌度耳. 其他又鮮有可觀."

45 金春澤, 〈東文問答〉, 《北軒居士集》 권18, 《총간》 185, 246면. "明之詩文, 莫盛於弇州滄溟, 亦莫弊於弇州滄溟. 其禍如洪水滔天, 殆甚於陸王之彌滿, 而然旣有厭之者, 又遂能矯之矣."

아울러 그는 명대 시문의 변화를 발전적인 각도에 서서 파악하고 있는데, 명대 의고주의 시풍을 일소한 전겸익과 그 이후의 창작 경향을 '가슴 속 시문(胸中之詩文)'이라고 하여 긍정적으로 평가하였다.

> 일찍이 양대학(楊大鶴)이라는 사람의 〈검남시서(劍南詩序)〉를 보았는데, 그 글은 갑자 연간에 쓴 것이다. 그 사람은 지금 혹 살아 있을 것이다. 그가 논한 '가슴속의 이백과 두보', '종이 위의 이백과 두보'라는 말을 살펴보니 어찌 왕세정과 이반룡의 폐해를 고치려고 한 것이 아니겠는가? 생각건대 지금 저 중국에서 문장을 하는 자들은 거의 다 목재(牧齋)의 여파들로서 시가 흉중에서 나오는 것을 귀하게 여기니 양대학의 의론과 반드시 같을 것이다. 우리나라 사람은 어리석게도 누가 과연 가슴 속 시를 짓는지를 아직도 알지 못하니 그 문장 또한 목재와 같을 수 있겠는가?[46]

시가 '가슴속에서 나오는 것을 귀하여 여기는 것(以詩之出於胸中爲貴)'은 앞서 살핀 '뜻 가는 대로 입에서 나오는 대로(率意信口)'의 창작 방식과 상통한다. 시인 내면의 자연스러운 생각과 감정에 따라 진솔하고 자유롭게 표현하는 것이 중요한데, 국문가사를 논하면서 '마음속에 쌓인 것을 흥이 일어 표현한다(中心所蘊, 感興而發)'고 한 것이나, 고문 창작에 있어 '펼쳐내다(攄發)', '직서(直書)'를 강조하였던 그의 창작 관점과 모두 연결된다. 그렇다고 하여 북헌 자신이 평소의 학습과 수양, 그리고 시문 형식의 요소를 무시한 것은 아니다. 오히려 그는 그것들이 시문 창작에서 차지하는 중요성을 십분 이해하고 있었다.[47]

---

46 金春澤, 〈東文問答〉, 《北軒居士集》 권18, 《총간》 185, 246면. "抑嘗見楊大鶴者劍南詩序, 其文卽甲子年間所作, 其人今或尙在矣. 觀其所論胸中李杜紙上李杜之語, 亦豈不爲矯王李之弊者耶? 竊意方今彼中爲文章者, 多是牧齋之餘, 而其以詩之出於胸中爲貴, 又必如大鶴之論矣. 我東之人, 愚未知誰果爲胸中之詩, 其文又豈能有當於如牧齋者?"

47 예컨대 다음 두 자료를 그 예로서 들 수 있다. ① 金春澤, 〈看書雜說〉, 《北軒居士集》 권18, 《총간》 185, 240면. "然作詩, 苟無從前鍊琢之工, 則率意就之, 亦未必如此." ② 金民澤, 〈伯氏北軒府君行狀〉, 《竹軒集》 권3, 《총간속》 62, 54면. "其勤學積工, 實有寸寸而尺尺者, 雖單詞隻句, 不敢以易心發之."

> 시는 송나라에 이르러 이미 당나라에 미치지 못하였고 명나라는 송나라의 폐단을 고치고자 하였으나 도리어 거기에 미치지 못하였다. 그러니 우리나라의 시가 비루하고 쇠퇴함을 어찌 족히 말하겠는가? 오직 읍취헌 한 사람만이 있는데, 타고난 재주가 뛰어나기는 하나 법식이 비천함을 안타깝게 여긴다. 고죽과 동명은 법이 높기는 하지만 재주가 미치지 못하고 체재가 갖추어지지 않아 모두 다 한쪽에 빠짐을 면하지 못하였다.[48]

> 우리나라의 시는 읍취헌 박은을 가장 으뜸으로 친다. 다만 젊어서 지은 것이어서 때로는 거칠고 경솔한 병통이 있다. 더 오래 살았다면 동파보다 뛰어날 수 것이니, 그 재주가 그러해서이다. 그러나 나는 (그가) 법식을 취함이 고상하지 아니함을 안타깝게 생각한다. 어떤 사람은 스스로 법식이 고상하다고 생각하는데 재주가 이르지 못하니 소재(노수신)처럼 하루종일 법도와 격식에 부지런히 힘쓰지만 구방고가 말을 살펴볼 줄 아는 기술을 모르는 것과 같다. 동명은 또한 걸출하기는 하지만 명나라 사람의 법도에서 벗어나지 못하였다. 그 이외에 다른 사람 중에서는 볼 만한 것이 드물다.[49]

우리나라의 시문 중 중국에 보낼 만한 것이 어떤 것이냐에 대한 물음에 답하는 글에서 역대 시문에 대한 김춘택의 평가를 엿볼 수 있다. 그는 고려 시대의 시인 중 이규보를 낮추어 보았으며, 조선 시대의 시인 중에서는 읍취헌 박은을 가장 높게 평가하였다.[50] 비록 법식과 체재를 온전하게 구비하지 못하여 거칠고 경솔한 병통(粗率之病)이 있기는 하지만, 격식에 구속됨이 없이 자신의 천부적인 시재를 탁월하게 작품으로 승화시키고 있다

---

48 金春澤, 〈西浦遺事別錄〉, 《北軒居士集》 권16, 《총간》 85, 221면. "詩至宋, 而已不及唐, 明欲矯宋, 而反不及焉, 則如我東之衰陋, 尙何足道哉? 惟挹翠一人, 而竊恨其稟才高, 而取法卑. 孤竹東溟, 法非不高, 而才不逮體不備, 皆不免墮於一邊."

49 金春澤, 〈論詩文〉, 《北軒居士集》 권16, 《총간》 185, 223면. "東方之詩, 翠軒爲最, 但以其少時所作, 或病粗率, 使假之年, 當勝東坡, 其才然也. 然余恨其取法不高. 或有自以謂法高者, 才又不逮, 如蘇齋終日矻矻於繩墨之間, 而似不知九方皐相馬之術者. 東溟, 其亦傑出矣, 而要不出明人軌度耳. 其他又鮮有可觀."

50 金春澤, 〈東文問答〉, 《北軒居士集》 권18, 《총간》 185, 246면. "盖麗代諸詩, 惟李奎報外, 大抵多可取. 我朝則翠軒至矣, 當取其百累十篇, 或幾乎全帙, 而然有粗率之病. 且東人未有能作七言長篇者, 而翠軒獨能焉, 此又可賞. (…) 其或麤豪以自大, 雕飾以爲工, 而爲世俗之所稱者, 皆可略也. 東溟可謂出流輩, 而必見譏以紙上于鱗矣."

는 점에서 다른 시인을 능가하고 있는 것으로 보았다. 이에 비해 앞선 시대의 대표적인 시인인 동명 정두경을 '종이 위의 이반룡(紙上于鱗)'[51]이라고 비판하였는데, 그 이유는 명대 이반룡의 의고주의 시풍을 그대로 본뜨고 있기 때문이었다. 그가 당대 시단의 가장 큰 병폐의 하나로 '아로새기고 꾸미는 것을 솜씨 있다고 여기는(以雕飾爲工)' 것을 지적한 점 또한 이 같은 이유에서이다.

그는 법(法)과 재(才)의 두 요소 가운데 후자를 더 중요하게 취급하여 소재 노수신의 경우 법도와 격식에 힘을 쓰지만, 박은에 미치지를 못한다고 보았다.[52] 그 두 요소가 그에게는 역대 시인들의 예술적 성과를 판가름하는 중요한 잣대가 되었던 것이다. 그가 박은과 노수신의 시를 대비하면서 그 비교의 근거로 내세운 것이 '법'과 '재' 그리고 '형색(形色)'과 '형색지외(形色之外)'이다. 이 두 가지 중에서 더욱 본질적이고 의미 있는 것은 후자이다. 즉 시의 법도와 격식은 지켜야 하지만, 거기에 구속되지 않고 그것을 창조적으로 운용하는 것이 중요한 관건이 된다. 그리고 그 관건의 열쇠는 바로 '구방고가 말을 감별하는 기술'을 터득하는 일이다. 자구와 성률은 말의 형색과 같이 외재적인 것이며, 시인의 자연스러운 성정과 천부적인 재능이 시의 내재적인 미를 형성하는 결정적 요소이다.

따라서 '형색'과 '형색의 밖'은 시 작품의 심천을 결정짓는 것이기 때문에 형색에의 구속에서 벗어나야 한다. 그것은 마치 말을 잘 볼 줄 아는 구방고(九方皐)가 말의 외형과 색깔에 얽매이지 않았던 것과 같은 이치이다. 그가 시를 논하는 당대의 평자들이 말의 형태와 색깔에 매이지 않고 말을

51 金春澤, 〈東文問答〉, 《北軒居士集》 권18, 《총간》 185, 246면. "東溟可謂出流輩, 而必見譏以紙上于鱗矣."

52 김춘택이 박은의 시적 성과를 높이 평가하는 또 다른 이유로 불우하게 반대파의 모함을 받아 자신의 기량을 제대로 발휘하지 못하였던 것을 들 수 있다. 金春澤, 〈贈朴休文序〉, 《北軒居士集》 권19, 《총간》 185, 257면. "自古卓犖奇偉之士, 不幸不遇於時, 或至於遇禍, 而若挹翠先生之慘, 又未有比也. 平生竊仰先生之爲人, 每三復遺篇而太息, 以爲天旣生之, 而又縱人之殺之也."

관찰할 줄 아는 구방고의 말 감별법을 잘 알지 못한다고 비판한 것은 이처럼 자구, 성률의 연마에 의해 가능한 시의 외재미에 집착하여 시를 이해, 감상하려고 한 점을 두고 한 말이다.[53]

(3) 고문론

김춘택은 당시 우리나라 고문의 폐단을 명대의 문장을 본받아 자구를 꾸미는 모의주의적 창작 경향에서 찾았다.

> 북헌은 시와 산문을 모두 잘하였는데 그 중에서도 특히 산문에 능하여 당시에 문장의 대가로 일컬어졌다.[54]

> 김창흡은 한문 사대가의 한 사람으로 일컬어지는 택당 이식보다 더 뛰어나다고 평하면서 동국의 일인이라고까지 극찬하기도 하였다.[55]

> 오직 우리나라에는 하나의 문맥이 있으니 천박하고 고루한 자질을 가지고 명나라 사람의 찌꺼기를 조금 사용하여 자구를 꾸미면서 스스로 고문을 지었다고 자부하는 자들은 반드시 중국 사람에게 비웃음을 받을 것이다. 스스로 이치가 뛰어나다고 하지만 황폐하고 졸렬한 것은 또한 족히 볼 것도 없다.[56]

김춘택은 우리나라 고문가들이 명대의 의고주의 문장을 본받아 자구를 도습하고 꾸미는 형식주의적 병폐만을 가지고 있다고 하여 당시 우리 문단의 창작 풍토를 극도로 폄시하는 태도를 보이었다. 기본적으로 그의 이

---

53 金春澤, 〈與鄭守深書〉, 《北軒遺稿》(국립중앙도서관 소장본) 5책. "然弟常怪人之論詩, 鮮有得於九方皐相馬之法, 區區於形色, 而未能超然於形色之外. 其如淺深之分, 何哉? 雖然, 豈獨詩而已? 凡於本末名實之所在, 率多顚倒, 弟實傷之."

54 李天輔, 〈竹軒集序〉, 《晉菴集》 권6, 《총간》 218, 239면. "今之談文者, 必稱北軒金公, 以爲近世大家. 公以布衣積困於世, 非嶺海則犴狴, 怨家仇人, 殆半一世. 至於文章, 則莫不誦傳焉."

55 金民澤, 《先獻世藏》(규장각 소장본) "金三淵昌翕嘗評隲古今人文章. 人或問伯氏與澤堂孰優, 則乃曰 : '以金君十一, 足可敵澤堂. 未知視古人, 果何居, 而盖東國, 則惟金君一人也.'"

56 金春澤, 〈東文問答〉, 《北軒居士集》 권18, 《총간》 185, 246면. "惟我東有一文脈, 以淺陋之本資, 而稍用明人糟粕, 飾其字句, 以自命爲古文者, 必爲華人所笑. 其自謂理勝, 而荒蕪拙弱者, 又無足觀矣."

같은 입장은 당대에 통용되는 언어를 가지고 문장에 사용해야 한다는 창작 관점에 근거하고 있다. 그렇기 때문에 명나라 문장과 우리나라 문장은 다 같이 당시에 통행하는 말로 문장을 지을 수 없었다는 점에서 동일하다는 평가를 내리었다.

> 명나라 사람과 우리나라 사람은 문장에 있어 비록 각기 다르지만 말로 문장을 지을 수 없다는 점은 같다. 명나라 사람은 꾸미었으니 문장이라고는 할 수 있지만 말이라고는 할 수 없다. 우리나라 사람은 문장도 아니고 말도 아니니 그 형세가 마땅히 이와 같다. 명나라 사람은 문장 짓는 것을 마치 귀신과 교룡을 잡는 것처럼 사람이 항상 하지 않는 일로 본다. 우리나라 사람은 여항의 천한 사람처럼 거짓으로 문자의 모양을 아는 척하지만 부끄러워 머뭇거리면서 입에서 나오는 대로 말로 표현해 낼 수 없는 것과 같다.[57]

여기서 말하는 '말로 문장을 짓는다(以言爲文)'의 언급은, 뒤에 다시 언급하겠지만, 당대에 통용되는 평상적인 언어를 기본 재료로 하여 고문을 창작한다는 의미이다. 명대 의고주의 문장의 폐단은 이 점을 간과한 채 문장 짓는 것을 귀신과 교룡을 잡는 것처럼 사람들이 평소에는 하지 않는 별스러운 일로 여기어 기괴하고 험벽한 문자를 의식적으로 선택하여 가식하는 데에 있다고 보았다. 그러므로 그것은 문장(文)이라고는 할 수 있지만, 말(言)이라고는 할 수 없다.

그리고 우리나라 고문가들은 입에서 나오는 대로 자연스럽게 글을 지을 줄을 몰라 천박하고 비루한 자질로써 명대 문장의 찌꺼기만을 모아 자구를 꾸미려고만 하기 때문에 더욱 그 폐단이 심하다고 할 수 있다. 그러므로 그것은 문장도 아니고 말도 아니라고 보았다. 우리나라 문장가들 중

---

57 金春澤, 〈論詩文〉, 《北軒居士集》 권16, 《총간》 185, 223면. "明人東人之於文, 雖各不同, 其不能以言爲文則同. 明人假飾, 可謂之文, 而不可謂之言. 東人非文, 亦非言, 其勢固宜如此. 明人之視爲文, 如捕神鬼捉蛟龍, 人所不常爲之事. 東人如閭巷賤人, 陽爲知文字之狀, 而羞澁不能信口發言者."

바른 것을 지킨다고 하는 자들은 대개가 지리하고 힘이 없으며, 기이함을 숭상하는 자들은 명나라 사람의 찌꺼기를 모아 자구를 가식한다고 비판하는 것 역시 이와 마찬가지이다.[58]

> 명나라의 시문은 엄주(왕세정)와 창명(이반룡)보다 성함이 없지만, 엄주와 창명보다 폐해가 심함도 없다. 그 화는 마치 큰물이 하늘에까지 넘쳐 흐르는 것과 같아서 거의 육상산과 왕양명이 세상에 가득찬 것보다 심하다. 그러나 그것을 싫어하는 자가 있어 마침내 그것을 고칠 수 있었다. (…) 대개 (명나라의) 문장은 초기에 잠계(송렴)와 손지(방효유)가 있었는데, 그것을 고치니 엄주와 창명이 되었다. 그 후 백 년 동안 형천(당순지), 순암(왕신중), 진천(귀유광) 등의 무리가 있었지만 그 폐단을 고치지는 못하였다. 말엽에 와 고치니 목재(전겸익)였다. 목재의 문장은 진실로 지극한 것은 아니지만 왕세정, 이반룡보다 훨씬 뛰어나다.[59]

김춘택은 명나라의 문학사를 왕세정(1526-1590), 이반룡(1514-1570)으로 대표되는 의고주의적 문풍이 성행하는 가운데 그것에 대항한 반의고주의가 점차 세력을 확대해 나온 과정으로 인식하였다. 그는 전시대의 문학 전통을 일정 부분 계승하면서 그것의 폐단을 비판, 극복해 나가는 과정으로 문학사를 이해하는 바탕 위에서 명대 문학사의 발전 과정을 기술하였다.[60] 명대 초기의 문학가인 송렴(1310-1381)의 뒤를 이어 등장한 것이 왕세

58 金春澤, 〈論詩文〉, 《北軒居士集》 권16, 《총간》 185, 223면. “東人之文, 大率傷於四書註疏. 其自以守正者, 多支離煖弱, 其尙奇者, 以支離煖弱之資地, 而稍取明人糟粕, 以假飾其字句而已.”

59 金春澤, 〈東文問答〉, 《北軒居士集》 권18, 《총간》 185, 246면. “明之詩文, 莫盛於弇州滄溟, 亦莫弊於弇州滄溟. 其禍如洪水滔天, 殆甚於陸王之彌滿, 而然旣有厭之者, 又遂能矯之矣. (…) 盖文始有潛溪遜志, 矯之則爲弇州滄溟, 百年之間, 雖有荊川遵巖震川輩, 而無以救焉. 晩而矯之, 則爲牧齋. 牧齋之文, 固非至者, 而其勝於王李, 則遠甚.”

60 여기에서 우리는 북헌이 문학을 발전의 관점에서 보고 있음을 추측해 볼 수 있다. 다른 자료에서 역대 문장의 변천 과정을 文과 道의 완전한 합일에서 분화로 이행해 온 과정을 運氣人事와 관련시켜 이해하는 것 역시 북헌이 지난 과거의 문학사를 시대, 사회의 변화에 의해 필연적으로 분화, 발전해 온 것으로 인식했음을 알 수 있다. 金春澤, 〈論詩文〉, 《北軒居士集》 권16, 《총간》 185, 223면. “文本於道, 一而已. 道莫尊於孔孟, 故文亦莫盛於孔孟. 自孔孟以後, 則文有韓歐, 道有程朱, 文與道, 始分焉. 此殆天地間一大欠事. 謂韓歐未達於道, 故其文猶不至, 則固可也, 謂程朱之有歉於文, 或由於其不深乎道, 則不可也. 然思文與道之所以分, 其亦出於古

정과 이반룡 등으로 대표되는 후칠자이다. 왕세정은 만년에 자신의 주장을 수정하였지만, 익히 알고 있듯이 후칠자는 '문장은 반드시 진한이어야 한다(文必秦漢)'와 '시는 반드시 성당이어야 한다(詩必盛唐)'라는 복고적, 모의적 문학 노선을 주창하였다.

이에 반해 당송파 중의 한 인물인 귀유광(1507-1571)은 왕세정의 무리를 '망용거자(妄庸巨子)'로 비난하였으며, 왕신중(1509-1559)은 처음에 후칠자와 같은 주장을 펼쳤다가 후에 구양수와 증공의 문장을 추숭하는 당송파의 대표 인물의 하나가 되었다. 하지만 북헌은 이 같은 당송파의 반의고주의적 창작 경향이 육상산, 왕양명 등 양명학의 폐해보다도 더 큰 후칠자의 폐단을 극복하는 데까지 나가지는 못한 것으로 보았다. 그는 명말청초의 대표적인 문학가인 전겸익(1582-1664)에 이르러 이반룡의 '간사한 마음과 추태(姦情醜態)'가 남김없이 드러나 의고주의적 창작 풍토를 비로소 청산할 수 있었다고 보았다. 명대의 의고주의 문풍에 대한 그의 이러한 비판은 반의고주의를 표방한 17세기 고문론의 연장선상에서 이해될 수 있는 것이다.[61] 특히 그가 목재 전겸익에게서 반의고의 논리를 빌려 오는 것은 김창협의 그것과 유사하다.[62]

이처럼 김춘택이 명대의 의고주의 문풍을 격렬하게 비난하는 것은 그가 고문 창작에 있어 '자연스러움(自然)', '직서(直書)' 등을 강조하고 당대에 통용되는 언어문자를 취하여 문장을 지을 것을 요구하는 그의 고문관에서 비롯된다.

今之變運氣人事之致然者哉!"

61 17세기 고문론의 전반적 흐름과 성격에 대해서는 우응순, 〈17세기 고문론의 배경과 역사적 성격〉, 《어문논집》 30집(고려대 국어국문학연구회, 1991) 참조.

62 金昌協, 〈雜識外篇〉, 《農巖集》 권34, 《총간》 162, 373면. "明之文弊, 始於李何, 深於王李, 轉變於鍾譚而極矣. 近看錢牧齋文字, 論此最詳." 金昌協, 〈雜識外篇〉, 《農巖集》 권34, 《총간》 162, 373면. "近觀牧齋有學集, 亦明季一大家也. 其取法不一, 而大抵出於歐蘇, 其信手寫去, 不窘邊幅, 頗類蘇長公, 俯仰感慨, 風神生色, 又似乎歐公."

> 무릇 문장을 지을 때 좋아야 하고 또한 자연스러워야 한다. 대개 자연스러우면서 좋아야 참으로 좋은 것이다. 자연스럽게 하려고 하는 것은 좋으려고 하는 것이다.[63]

> 맹자와 사마천의 문장은 자연스럽게 이루어졌으며, 그 이후로는 오직 구양수만이 거기에 가깝다. 창려(한유)가 맹자를 배운 곳은 진실로 좋지만 또한 양웅을 좋아했기 때문에 자연스러움이 혹 부족하다. 내가 생각하기에 좌구명, 사마상여, 양웅이 후세에 해를 끼친 것이 적지 않다. 장주와 굴원이 이 세 사람보다 뛰어난 것은 대개 장주는 맹자에 가깝고, 굴원은 사마천에 가깝기 때문이다.[64]

김춘택은 문장을 지을 때 좋아야 하고 자연스러워야 하는 것은 필수적인 전제 조건들로서 상호 보완적인 관계에 있는 것으로 보았다. 이 두 가지의 조건이 충족되었을 때 비로소 훌륭한 작품을 만들어 낼 수 있는 것이다. 그가 육경을 최고의 전범으로 놓고 그 이후로는 맹자와 사마천, 그리고 한대에는 유향을, 송대에는 구양수를 추숭하는 까닭도 여기에 근거를 두고 있었다. 유향과 구양수의 문장을 높이 평가하는 것은 그들이 맹자와 사마천의 글을 제대로 배워 소화했기 때문이다. 서한 시대의 문장가 중에서 북헌은 사마천을 최고로 보았으며, 그 다음으로 평이한 가운데 작가의 심후한 사상 감정을 표현하여 당송 고문에 영향을 준 유향을 가의나 동중서보다 높게 평가하였다.[65] 그리하여 문장을 '편정진가(便正眞假)'로 나눌 때 그는 육경, 맹자, 사마천, 유향, 구양수를 정(正)과 진(眞) 혹은 그것에 근접한 것으로 보았으며, 좌구명, 사마상여, 양웅 등을 편(便)과 가(假)에 귀속시키었다.[66] 그리고 당대 고문가의 대표적 인물인 한유의 문장을 일정

63 金春澤, 〈論詩文〉, 《北軒居士集》 권16, 《총간》 185, 223면. "凡爲文, 不能不要好, 又不可不要自然. 盖自然而好, 方眞好. 其要自然, 乃所以要好."

64 金春澤, 〈論詩文〉, 《北軒居士集》 권16, 《총간》 185, 223면. "孟子史遷之文, 若行其所無事者. 其後惟六一, 殆庶幾焉. 昌黎學孟子處固好, 而亦好揚雄. 故或欠自然. 愚謂左丘明司馬相如揚雄之爲後人害不少. 若莊周屈原, 勝於三人, 盖莊近孟子, 屈近史遷."

65 金春澤, 〈論詩文〉, 《北軒居士集》 권16, 《총간》 185, 223면. "六經之後, 有西京, 西京之中, 史遷爲最. 賈傅粗率, 董相迂緩. 惟劉更生醇深典則, 諸儒之所不及."

66 金春澤, 〈論詩文〉, 《北軒居士集》 권16, 《총간》 185, 223면. "爲文, 亦不可一切欲行其所無事,

부분 긍정적으로 평가하면서도 자연스러움이 부족하다고 하였는데, 이는 '근본이 없다(無本)', '부화'하다고 비난받는 양웅의 문장을 본받았기 때문이다. 이에 비해 장주와 굴원은 맹자와 사마천에 각각 가깝기 때문에 좌구명, 사마상여, 양웅보다도 뛰어나다고 평가하였다.

김춘택은 더 나아가 작가의 감정과 사상을 당시의 통행하는 문자를 사용하여 표현하는 것이 중요하지, 의식적으로 험괴하고 기이한 문자나 고상한 말을 늘어놓는 것은 문장의 병통이 된다고 보았다.

> 반경과 오고를 사람들은 험괴하다고 하지만 사실 험괴한 것이 아니다. 옛날 사람의 언어가 본래 그와 같은 것이니 곧 이천이 말한바 마음속의 생각을 펼쳐 이루어낸 것이다.[67]

그는 《서경》의 〈반경(盤庚)〉편과 〈오고(五誥)〉편 등을 험괴하다고 여기는 통상적 이해를 거부하고 고인의 언어가 본래 그러한 것이며, 그같은 언어를 '펼쳐낸 것(攄發)' 것에 지나지 않는다고 보았다. 여기서 '펼쳐낸 것(攄發)'은 작가의 사상 감정을 꾸밈없이 표현한다는 뜻으로 정명도(程明道)의 말을 빌려 온 것이다. 하지만 이 말이 문장을 다듬고 고치는 작업까지를 배제하고자 한 것으로 쓰이지는 않았다. 여기서 우리가 주목해야 할 부분은 일상적인 언어 문자가 설사 비루하고 속되다고 하더라도 작품에 그것을 '직서(直書)'해야 한다는 그의 창작 관점이다. 이 점에서 '마음속의 생각을 펼쳐내는 것'이 의미를 가진다. 따라서 우리나라의 지명이나 인명을 중국의 것으로 바꾸어 쓰는 것은 이 같은 창작 원칙에 위배되는 것이다.

觀於易詩書可知. 然揚雄自謂學周易, 而未見其能學周易也. 且深究而極論之, 易詩書, 亦不可謂不行其所無事者. 大抵便正眞假而已, 如揚雄之類, 便爾假爾. 雖然不善學孟子史遷者, 又未見其能正爾眞爾. 愚故謂劉更生歐陽修, 儘難得."

67 金春澤, 〈論詩文〉, 《北軒居士集》 권16, 《총간》 185, 223면. "盤庚五誥, 人謂險怪, 其實非險怪. 古人言語, 本自如此, 卽伊川所謂攄發而成者."

> 우리나라 사람이 글을 지을 때에도 이 방법(換字法과 減字法)을 사용한다. 그러나 글자를 줄이는 법(減字法)의 경우는 그렇게 심하지 않지만 글자를 바꾸는 법(換字法)은 자못 부끄러워할 만하다. 그리고 지명은 말할 것도 없고 평범한 행간 사이에서 분명하고 의당 써야 할 글자의 경우에도 모두 다 쓰지 않고 반드시 생면부지의 기발한 글자를 취하여 꾸미면서 古文을 지었다고 자부하지만 도리어 거칠고 속된 말이 혹 자연스러운 데 가까운 것만 못하다. 대개 우리나라의 문장에는 거친 말과 속된 이야기가 매우 많으며 그렇지 않으면 이 두 가지 길 밖을 벗어나는 것이 드물 뿐이다. 지명에 있어 예컨대 수원(水原)을 수성(隋城)이라고 칭하거나 전주(全州)를 완산(完山)이라고 부르는 것과 같은 것이 그것이다. 감자법(減字法)과 환자법(換字法)의 글이 모두 성행하여서 거장과 명가들 또한 면하지 못한다.[68]

고문 창작에 있어 감자법(減字法)이란 호주(湖州)를 호(湖)로 쓰는 것과 같은 경우이고, 환자법(換字法)이란 호주(湖州)를 삽상(霅上)이라고 고쳐 쓰는 것과 같은 경우이다. 이에 대해 일찍이 주자가 세속의 문장에는 이 두 가지 방법밖에 없다고 비난하였는데, 이를 북헌은 우리나라의 고문 창작에 적용하였다. 김춘택이 생각할 때 우리나라에서 고문가로 자처하는 사람들은 대개가 생면부지의 기발한 문자만을 골라 쓰고 있는데, 이는 사용하는 문자가 거칠고 속되지만 자연스러운 것에 가까운 것보다도 못하다. 그렇다고 '조야하고 속된 말'을 무조건 써야 한다는 것이 아니다. 문세의 흐름에 따라 자연스럽게 표현하는 것이 중요하지, 의당 써야 할 글자가 비루하고 조야하다고 해서 그것을 다른 문자로 대체할 필요가 없다는 것이다. 그렇기 때문에 수원(水原)을 수성(隋城)으로, 전주(全州)를 완산(完山)으로 바꾸어 쓰는 것은 고문 창작의 올바른 방법이 아니다.

> 내개 생각하기에 주현(州縣)을 옛 명칭으로 부르는 것은 시에 있어서는 무방하지

---

68 金春澤, 〈論詩文〉, 《北軒居士集》 권16, 《총간》 185, 223면. "東人爲文, 亦有用此法者. 然減字法, 不至甚, 惟換字法, 殊可惡. 且無論地名, 卽於尋常行語間分明宜下之字, 却都不下, 必取生面意外之字以飾之, 自命爲古文, 而反不如粗言俚說之或近自然. 盖東文粗言俚說甚多, 不然又是換字法, 鮮有出此兩塗之外者耳. 其於地名, 則如水原稱隋城, 全州稱完山者. 兩塗之文, 皆盛爲之, 鉅公名家, 亦所不免."

> 만 또한 그렇게 하지 않을 수밖에 없는 곳도 있다. 문장에서는 옳지 못한데, 잡문(雜文)의 경우에는 혹 가할지 모르지만 묘도문자의 경우에는 더욱 옳지 못하다. 묘도문자는 마땅히 사체(史體)를 취해야 하니 문장이 《춘추》보다 높은 것이 없는데 거기에 쓰여진 지명 가운데에는 괴이하고 놀랄만한 것이 매우 많다. 이것은 오직 사실에 의거한 것으로 사체(史體)가 그러한 것이다.[69]

우리나라의 지명을 바꾸어 쓰는 것은 시에서 무방할 수도 있지만, 그것 역시 부득이한 경우에만 국한된다. 고문, 특히 묘지문과 같은 경우에 있어서는 '사실에 의거하여 직서'하기 때문에 '환자법'은 더욱 불가하다고 보았다. 《춘추》에도 기괴하고 이상한 지명이 많이 나오지만, 그것 역시 사실에 근거하여 쓴 것이므로 문제가 되지 않는다. 《서경》의 〈반경〉편과 〈오고〉편에 험괴한 말들이 많이 나오는 것을 이상하게 여길 필요가 없는 것과 마찬가지이다.

고문 창작에 있어 문제의 핵심은 당대에 통용되는 언어 문자에 즉하여 그것을 문장에 사용하여 직서하는 것(擧世通行, 取用於文)이다. 그렇기 때문에 그는 우리 민족의 언어 문자 가운데 조야하고 비루한 것이라고 하더라도 중국의 문자로 고쳐 쓰지 않고 필요하다면 마땅히 써야 한다고 주장하였다.

> 우리나라 문장에서 흔히 판서(判書)를 상서(尙書)로, 참판(參判)을 시랑(侍郎)이라고 부른다. 이것은 때론 무방하지만 또한 거짓이 아니라고 말할 수 없다. 《사기》와 《한서》 가운데에는 한 시대의 제도와 사물은 말할 것도 없고 시속에서 사용하는 명칭, 이적과 외국의 별 뜻 없는 이름에 이르기까지 모두 다 직서(直書)하였다. 그러나 문장의 고아함과 예스러움에 어찌 해가 되었겠는가? 예컨대 우리나라에서 관직이 높은 자를 대감(大監), 영감(令監)이라고 부르고 주장(主將)을 사또(使道)라고 일컫는 것은 세상에서 널리 통용되는 것을 가지고 문장에 취하여 쓴 것으로

69 金春澤, 〈論詩文〉, 《北軒居士集》 권16, 《총간》 185, 223면. "竊謂州縣之稱古號, 於詩則無妨, 亦有不得不爾處. 於文則不可, 於雜文猶可, 於墓文, 尤不可, 墓文當取史體. 文章莫高於春秋, 而其所書地名怪駭者甚多, 此惟據實, 而史體然也."

> 옳지 않음이 없다. 서찰에서 형님(兄主), 숙부님(叔主)을 쓰는 것 역시 글을 지을 때의 병통이 됨을 아직 보지 못했다.[70]

김춘택은 《사기》와 《한서》에도 제도와 사물뿐만 아니라 시속의 칭호, 이민족의 이름 등이 '직서(直書)'되어 있음을 들어 우리나라 고유의 관직명인 판서와 참판을 중국의 관직명인 상서(尙書)와 시랑(侍郞)으로 각각 고쳐 쓰는 것은 거짓(假)이 아닐 수 없다고 하였다. 그것이 설사 시에서는 무방할지 모르지만, 거짓인 점에서는 마찬가지이다. 대감, 영감, 사또, 형님, 숙부님 등 우리 민족 고유의 명칭은 널리 통용되는 것이므로 문장에 취하여 사용하는 것은 아무런 문제가 되지 않는다고 보았다. 이처럼 문장의 고아함과 예스러움은 시속에 통행되는 문자를 사용하는 것과 별개의 문제인 것이다.

4. 마무리

그동안 북헌 김춘택의 문학관은 국문소설론을 중심으로 단편적, 산발적으로 다루어졌다. 여기에서는 김춘택의 문학관을 여타 다른 분야를 포괄하여 전체적으로 조망하고자 하였다. 그리하여 국문소설론뿐만 아니라 국문시가론, 한시론, 고문론 등을 대상으로 하여 그 전반적인 비평 양상을 검토하는 데 주력하였다.

아직까지 김춘택의 생애와 사상을 다룬 논문이 없어 문학관의 각 측면들을 나누어 살피기에 앞서 그의 삶의 궤적과 학문관을 추적해 보았다. 그

---

70 金春澤, 〈論詩文〉, 《北軒居士集》 권16, 《총간》 185, 223면. "東文多稱判書爲尙書, 參判爲侍郞. 此或無妨, 而亦不可謂非假也. 史漢中無論一代制度名物, 至於時俗稱謂與夫夷狄外國無意義之名號, 皆直書之, 何害於其文之高且古哉? 如我國之稱官高者, 爲大監令監, 稱主將爲使道者, 乃擧世所通行, 取用於文, 無所不可, 如書札之用兄主叔主之稱, 亦未見其爲文之病."

는 병권과 경제권 등 국정 전반을 장악하고 있던 광산 김씨 가문에서 태어나 평생토록 포의의 신분이었음에도 불구하고 반대 당파의 끊임없는 견제와 비방 속에서 모두 다섯 차례의 유배와 세 차례의 투옥으로 청장년기의 대부분을 보냈다. 이 같은 불우한 삶 속에서 그는 많은 양의 시문을 남기었을 뿐만 아니라, 《사씨남정기》를 한문으로 번역하는 한편 자신이 직접 국문가사 작품인 〈별사미인곡〉을 짓기도 하였다.

김춘택은 민족어 문학에 대한 관심이 점차 고조되어 가던 시기에 자신의 종조부인 서포 김만중의 이른바 자국어 선언을 이어 받아 자신의 실제 창작 경험에 바탕하여 그 논의를 보다 구체화시키었다. 그의 논의가 서포의 그것을 보다 발전적으로 심화시켜 이론상의 진전을 보이는 데까지 나가지는 못하였지만, 적어도 단편적으로 지적된 그의 언급들에서 국문가사가 지닌 예술적 특성, 주제 사상, 정서적 감염력 등에 대해 다방면의 풍부한 인식을 보여 주고 있다는 점이 주목된다. 한편 그는 규방소설이 성립, 유행하는 시대적 조건과 소설을 두루 접할 수 있는 가정적 환경에 힘입어 이전처럼 단순한 흥미 위주의 소일거리로 치부하거나 아니면 인륜과 풍속을 저해하는 금기의 대상으로 소설을 바라보는 것이 아니라 소설 양식이 지닌 교훈적 성격 및 교양적 기능에 대한 적극적인 인식을 보여 주었다.

당대의 대표적인 문장가 중의 하나였던 그는 반의고주의를 표방한 17세기 고문론의 흐름 속에서 명대 후칠자의 의고적 창작 경향에 대해 비판하는 한편, 고문 창작에 있어 '자연스러움(自然)'과 '직서(直書)'를 강조하여 당시 통용하는 언어 문자에 즉하여 '직서'할 것을 요구하였다. 그리하여 흔히 우리 민족의 언어 문자 가운데 조야하고 비루하다고 하여 고문에서 꺼리는 것들을 필요하다면 과감히 수용해야 한다고 주장하였다. 요컨대 문장의 고상함의 여부와 시속에 통용되는 문자를 사용하는 것은 별개의 문제인 것이다. 그리고 명대의 의고주의에 대한 격렬한 비판은 시와 문장 모두에 공통되는데, 모의와 도습을 일삼는 창작 풍토를 쇄신하기 위한 방법으로 제시한 것이 '가슴속의 시문(胸中之詩文)'이다. 법식과 체재에 구속되거나 전대 시문의 형식만을 모의하는 것에 반대하여 시인 내면의 자연스러운 감정을 꾸밈없이 토로할 것을 요구하는 것은 국문가사를 논하면서 '마음속에 쌓은 것을 흥에 따라 표현한다(中心所蘊, 感興而發)'고 한 언급과도 상통한다.

부록 북헌 김춘택 연보

1670년(현종 11, 1세) : 판서 鎭龜를 父로, 光稷公의 女 李氏를 母로 하여 8남 3녀의 장남으로 태어남(閏 2월 4일) 어려서 증조모 윤씨에게서 학업을 배우기 시작하였으며, 종조부 西浦公으로부터 문장을 배웠음. 글 짓는 재주가 있어 西浦公은 글을 지으면 보여 주곤 할 정도였으며, 金壽恒이 長律을 짓도록 시험하자 날이 어두워지기 전에 여덟 편을 모두 지었다고 함.

1687년(숙종 13, 18세) : 조부 瑞石府院君 萬基 서거. 從祖父 西浦公 宣川에 유배.

1689년(숙종 15, 20세) : 장희빈의 왕비 책봉과 관련하여 서인이 정계에서 축출되는 己巳換局이 일어남. 父 鎭龜, 仲父 鎭圭등이 節島로 유배. 조모를 모시고 서울에서 지냄.

1694년(숙종 20, 25세) : 韓重赫 등과 은화를 모아 민비복위를 모의하다가 咸以完의 고변으로 투옥을 당함.(3월) 이때 서인을 정계에서 완전히 몰아내려는 남인의 정책이 실패하여 甲戌換局이 일어나 서인이 재집권하게 됨. 이때 옥에서 풀려남.

1697년(숙종 23, 28세) : 훈척의 자손으로 무뢰배들과 사귀며 민비복위 시 은화를 사용했다는 소론측의 상소로 충청도 金川에 유배됨.

1699년(숙종 25, 30세) : 金川 유배에서 풀려남.

1701년(숙종 27, 32세) : 辛巳獄에 연루되어 전북 扶安에 유배됨.

1702년(숙종 28, 33세) : 전북 부안의 유배에서 풀려남.

1704년(숙종 30, 35세) : 父 鎭龜 서거.

1706년(숙종 32, 37세) : 전남 해남으로 유배, 동년 팔월에 임보의 무고로 심문을 받고 제주도로 이배됨.

1707년(숙종 33, 38세) : 제주도에서 서울로 불려와 심문을 받고 다시 제주도로 돌아감. 이곳 유배지에서 가사 작품인 〈별사미인곡〉을 지음.

1709년(숙종 35, 40세) : 〈謝氏南征記〉를 한문으로 번역.

1710년(숙종 36, 41세) : 閔鎭厚의 상소로 전북 옥구군 臨陂(鷲城이라고도 함)로 이배됨. 이곳 유배지에서 松江 鄭澈의 〈將進酒辭〉를 한문으로 번역함.

1712년(숙종 38, 43세) : 유배에서 방면됨.

1714년(숙종 40, 45세) : 金象鉉의 무고로 투옥되었다가 그 해에 출옥.

1715년(숙종 41, 46세) : 처자를 이끌고 선친의 묘소가 있는 경기도 광주로 돌아감. 전에 祖父 瑞石府院君이 만든 서실에 거처함. 이때 功臣嫡長의 예에 따라 大護軍의 祿을 하사받음. 《蘆山醉筆》을 저술.

1717년(숙종 43, 48세) : 경기도 광주 廬山에 묻힘.

2. 농암 김창협의 시론

1. 문제 제기

조선 후기로 가는 길목에 위치한 17세기는 우리 문학사에 있어 그 이전까지의 문학적 성과를 일정 부분 계승하면서 18세기 이후 활발하게 전개되었던 일련의 새로운 변화들을 배태하고 있었던 시기라는 점에서 중요한 의미를 지닌다. 시론에 국한시켜 볼 때 천기론의 본격적인 대두, 시 창작의 내부적 관계를 구성하는 두 요소인 정(情)과 경(景)의 관계에 대한 논의의 확산, 문장과 구분되는 시의 고유한 특성에 대한 논의, 작가의 천부적 재능과 관련하여 문학 창작의 독자적 가치를 적극적으로 이해하려는 시도, 당시와 송시의 차별적 인식을 통한 시 창작의 심미적 특질에 대한 인식의 진전 등 새로운 변화의 움직임이 활발하게 이루어지고 있었다. 문학의 내적 가치와 미적 특질에 대한 관심, 문학 창작의 자유와 개성의 해방 등에서 보이는 변화의 초기적 단계가 17세기이며, 그 중에서도 17세기 후반은 개성 해방과 조선풍으로 특징되는 18세기와 관련하여 주목을 요한다. 그러나 이 시기에 나타나는 변화의 실상에 대한 분석적인 접근과 체계적인 인식은 이제 시작되고 있는 형편이다.

이 글은 17세기 후반기의 문학사와 문학비평사에서 중요한 위치를 점하고 있는 농암 김창협(金昌協, 1651-1708)에 주목하여 그의 시론에 나타난 중요한 특징과 그 성과를 살펴보고자 한다. 특히 김창협을 주목하는 이유는 그와 그의 동생인 김창흡(金昌翕)을 중심으로 형성되었던 일군의 문인, 예술가들—대표적인 인물로 홍세태, 정내교, 이병연, 신정하, 신방, 정선, 조영석, 이하곤 등—이 18세기 전반기의 문학과 예술의 새로운 흐름을 주도해 나갔다는 점에서이다.[1] 문장에 있어 김창협 형제와 서화에 있어 윤두서로부터 새로운 예술적 전환이 이루어졌다고 평한 조귀명의 언급[2]에서도 짐작되듯이 이 시기 문학 이론과 창작의 양 방면에서 심대한 영향력을 행사한 농암 김창협의 시론을 중심으로 하여 그 특징과 성과를 살핌으로써 앞으로 이 시기의 연구에 보탬이 되고자 한다.[3]

2. 김창협 시론의 주요 특징과 그 성과

(1) 시의 외재미와 내재미—성색기격과 신정흥상

김창협 시론의 가장 중요한 이론적 성과 가운데 하나는 시의 예술성의 문제를 외재적 측면과 내재적 측면으로 정식화하여 그 특징에 대한 인식을 논리적으로 체계화하고 있다는 점이다. 그는 외재적 측면으로 성색기격

1 이 가운데 洪世泰와 鄭來僑는 중인문학과 관련하여 일찍부터 다루어졌으며, 정선, 조영석, 이하곤은 회화 방면에서 집중적으로 거론되었다. 최근 이하곤의 문학관, 기행록 등에 관한 다양한 연구가 이루어져 참고가 된다.

2 趙龜命, 〈題柳汝範家藏尹孝彦扇譜帖〉, 《東谿集》 권6, 《총간》 215, 130면. "我國文藝雖盛, 崛强海外可耳, 進之中州, 則趙客之玳簪也. 文章自金農巖兄弟, 書畵自尹孝彦, 始探精奧而趨雅道, 然後彬彬質有其文, 可與中州人揖讓先後矣. 彼以耳食者, 輒言古今不相及, 何足道哉?"

3 지금까지 金昌協에 대한 연구는 주로 古文에 집중되어 있는 형편이다. 시론의 경우에는 일찍이 조종업 교수의 연구 논문이 나온 이후 문학 사상, 문학 이론에 대한 관심이 고조되면서 부분적으로 언급되어 오다가, 김창협의 문학이론 전반을 다룬 김진영 교수의 논문이 최근에 나왔다. 조종업, 〈농암 시론 연구〉, 《유교학논총》(동교민태식박사 고희기념논총 발간위원회, 1972); 김진영, 〈김창협의 문학이론〉, 《동악한문학논집》 4집(동악한문학회, 1988) 그 외에 김창협의 시론을 부분적으로 다룬 논문으로 장원철, 〈조선 후기 문학사상의 전개와 천기론〉(한국정신문화연구원 석사학위논문, 1983) 및 민병수, 〈조선 후기 시론 연구〉, 《한국문화》 11(서울대 한국문화연구소, 1990) 등이 있다.

(聲色氣格), 격률성운(格律聲韻), 고사의론(故事議論) 등을, 내재적 측면으로 신정흥상(神情興象), 성정흥기(性情興寄) 등을 구분하여 설명하였다. 이 가운데 김창협은 시의 본질적이고 심층적인 미를 신정과 흥상에서 찾고 있는 바, 이것은 성색기격과 같은 외재적, 표층적 방면에 집착하는 당대의 형식주의적, 모의주의적 시풍을 일소하는 데에 이론적 계기를 마련해 주었다. 이를 통해 우리는 김창협이 전대, 특히 16세기 이래 17세기 전반까지의 이론적 성과를 계승하면서 이룩한 진전을 살펴볼 수 있을 것이다.

> ①시는 성정의 발현이며 천기의 발동이다. 당나라 사람의 시가 이것을 얻었기 때문에 초당, 성당, 중당, 만당을 막론하고 대개 자연스러움에 가깝다. 지금은 이를 알지 못하고 오로지 성률과 색택을 본뜨고 모방하며 기격(氣格)에 힘을 기울여 옛 사람을 추종하고자 하니 목소리와 얼굴 모습은 혹 비슷하더라도 신정(神情)과 흥회(興會)는 모두 같지 않다. 이것이 명나라 사람의 잘못이다.[4]

> ② 나는 시라는 것이 성정으로부터 발현된 것이라고 생각한다. (그런데) 오직 천기에 깊이 통한 자만이 그것을 잘 할 수 있다. 만약 악착같고 미혹된 사람이 한갓 성병(聲病)과 격률에 구구하게 힘써 속마음을 애써 끄집어 내고 아로새기며 다듬는 것에서 공교로움을 보이면서 스스로 시인으로 자부한다면 어찌 다시 시라는 것이 있겠는가?[5]

시 작품은 성정을 발현한 것인데, 천기에 깊이 통한 자만이 훌륭한 작품을 산출할 수 있다는 점에서 천기가 작동한 결과이기도 하다. 여기서 문제가 되는 것은 성정의 의미, 천기의 의미, 그리고 성정과 천기의 관계이다. 천기의 발동에 가까울 때 성정의 진실한 면모를 살필 수 있다는 언급 등을

---

4 金昌協, 〈雜識外篇〉, 《農巖集》 권34, 《총간》 162, 373면. "詩者, 性情之發, 而天機之動也. 唐人詩有得於此. 故無論初盛中晩, 大抵皆近自然. 今不知此, 而專欲摸象聲色, 黽勉氣格, 以追踵古人, 則其聲音面貌, 雖或髣髴, 而神情興會, 都不相似, 此明人之失也."

5 金昌協, 〈松潭集跋〉 권25, 《총간》 162, 199면. "余謂詩者性情之物也. 惟深於天機者能之, 苟以齷齪顚冥之夫, 而徒區區於聲病格律, 掐擢胃腎, 雕鏤見工, 而自命以詩人, 此豈復有詩也哉?"

고려할 때 성정과 천기를 일단 구분하여 사용하고 있음을 알 수 있다.

천기는 형식적 조탁, 인위적 조작에 집착하는 창작 과정과 대립적으로 사용되고 있다. 성색(聲色)을 본뜨거나 기격(氣格)에 힘쓰는 것, 또는 격조에 얽매이거나 전대의 전범에 속박되는 것 등이 모두 천기와 대립되는 것들이다. 즉 천기는 작위적이고 의도적인 창작 과정에 대립되는 것으로, 객관 경물에 촉발되어 작가의 기상이 호탕하게 분출될 때가 천기의 발현에 가깝다고 보았다.

그가 볼 때 시는 기본적으로 시인이 객관 경물과의 접촉을 통해 흥기되는 미적 감흥을 자연스럽게 표현할 뿐이다.[6] 따라서 시 창작의 가장 핵심적인 관건은 시인이 자연 경물을 통해 순간적으로 일어나는 미적 흥취를 잘 포착하는 일이다. 이때 미적 감흥의 산출은 어떤 인위적인 노력이나 의도에 의해 이루어진 것이 아니라 자연 경물과의 접촉 과정을 통해 자연스럽게 흥기되는 것이며 이 점이 바로 천기와 직접 연결되는 부분이다. 또한 그러한 미적 감흥을 언어를 매개로 표현하는 데 있어서도 형식적 조탁이나 꾸밈이 없이 이루어지는 것을 최상으로 여겼다. 이처럼 훌륭한 시 작품은 자연 경물을 통해 흥기되는 미적 감흥의 순간을 잘 포착하여 그 포착된 감흥을 인력으로 조작하거나 의도적으로 천착할 수 없는 그 어떤 것의 작동에 의해 표현하는 것이다.

'천기'라는 용어는 장유가 '시는 천기이다'[7]라는 명제 이후 본격적으로 문학 창작과 관련된 중요한 비평 개념으로 사용되었다. 천기 개념을 둘러싸고 전개된 일련의 논의는 조선 후기 비평사의 새로운 흐름을 반영하는 것으로 일찍부터 주목되어 왔다. 그러나 비교적 많은 연구 성과가 축적되어 있음에도 천기 개념에 대한 규정은 논자에 따라 약간씩의 편차를 보이

6 金昌協, 〈雜識外篇〉, 《農巖集》 권34, 《총간》 162, 373면. "夫詩之作, 貴在抒寫性情, 牢籠事物, 隨所感觸, 無乎不可."

7 張維, 〈石洲集序〉, 《谿谷集》 권6. 《총간》 92, 113면. "詩, 天機也."

고 있어 그 개념의 통일적 이해에까지는 이르지 못한 실정이다.[8] 물론 논자에 따라 천기 개념이, 항용 고전 비평 개념이 그러하듯이 단일한 의미로만 사용되지는 않았으며 경우에 따라서는 그 이해의 편차가 매우 크기도 하겠지만, 적어도 천기 개념의 기본적인 함의와 그 대체적인 성격에 대해서는 논의가 더 필요하다.

그동안 천기 개념을 인위적인 수식, 조작이 가해지지 않은 자연 상태의, 본래적 순수성을 지닌 마음으로 이해하는 것이 일반적이었다. 욕심에 얽매이기 이전의 자연 그대로의 인간의 마음의 상태, 혹은 인공이나 욕심으로 과장되지 않은 인간의 자연스런 마음의 상태, 형과 기를 품부받은 각각의 생명체에서 각기 자신의 타고난 천성을 통하여 저절로 유출되는 감정의 표현 등등이다. 그리하여 창작 주체의 내면적인 정서의 순수성과 순진성에 주목하여 논의가 진행되어 왔다.

그러나 천기가 사용되는 문맥을 놓고 보면, 물론 전부 그러한 것은 아니고 비평가에 따라 사정이 달라지겠지만, 천기는 창작 주체의 내부에 본래부터 갖추어진 순연한 상태의 마음, 소질, 능력을 가리키는 것이 아니라 창작 주체와 창작 대상이 서로 관계를 맺고 창작 활동을 진행하는 문맥에 그 초점이 놓여 있다. 즉 천기는 창작 이전 단계부터 작가에게 내재되어 있는 어떤 정서, 마음, 감정, 소질이 아니라, 창작을 진행하는 과정 속에서 문제되는 것이다. 이 점에서 심의 차원에 가두어 천기의 의미를 해명하려는 기존의 해석 방식은 재고할 필요가 있다고 생각한다. 이 같은 문제점을 지적하면서 최근 천기를 마음의 미묘한 움직임으로서의 영감 또는 그것에 가까운 의미로 해석한 연구 성과가 제출되어서 새로운 해석의 가능성을 제시해 주었다.[9] 천기 개념의 이해를 넓히기 위해 김창흡(1653-1722)과 홍

8 天機의 개념 규정에 대한 지금까지의 논의를 요약하면 다음과 같다. ① 인위적인 수식, 조작이 가하여지지 아니한 자연 상태의 마음, 천성(김흥규, 장원철, 우응순, 최석기, 이경수) ② 하늘의 비밀, 조화의 신비(정연봉) ③ 영감(윤재민)

9 윤재민, 〈홍세태의 문학사상〉, 일정송민호박사 고희기념논총간행위원회 편, 《한국문학사상

양호(1724-1802)의 자료를 먼저 살펴보기로 한다.

> ① 정자와 주자의 설에서는 말하기를 "그 말이 바르고 마땅하기 때문에 아(雅)가 풍(風)보다 낫다"고 한다. 그러나 내가 생각하기에 천진스러움이 드러나 안배를 하지 않는 것은 대개 여항의 말투에 있다. 능숙한 사대부가 붓에 먹물을 적시고 초고를 쓸 때에 때로는 여러 차례 거듭해서 고치니 비록 문사가 바르고 마땅하기는 하지만 천기와 간격이 있게 된다. 이 때문에 동요는 터무니없는 것이지만 대개 영험함이 많으니 신이 와 안배를 하지 않기 때문이다.[10]

> ② 그러나 사람 마음의 영묘함과 천기의 오묘함은 만세토록 쉬지도 않고 변하지도 않았으니 스스로 얻는 데에 있을 뿐이다. 맹자가 "즐거우면 (효제를) 실천할 생각이 나오고 그러면 그만둘 수 없게 된다. 그만둘 수 없으니 자기도 모르게 손과 발을 흔들고 춤을 추게 된다"고 하였으니, 이것이 천기가 사람의 마음에서 움직이는 것이다. 시를 배우는 도는 모두 여기에 있다.[11]

위에 인용된 김창흡과 홍양호의 자료를 통해 우리는 일단 천기가 시인 자신도 모르게 감정을 격동시키고 활발하게 움직이게 하는 작용을 하고 있음을 짐작할 수 있다. 그만둘 수 없어서 자기도 모르게 손과 발을 움직이고 춤을 추게 하는 것이 천기이다.[12] 그리고 김창흡은 ①번 자료에서 신

사》(계명문화사, 1991), 506면.

10 金昌翕, 〈日錄〉, 《三淵集》 권35. 《총간》 166, 159면. 12일자 기록. "程朱之說, 皆云雅勝乎風, 以其語皆正當, 而竊謂天眞呈露, 不容安排, 多在於街童巷女之口氣. 若老成士大夫濡毫起草, 容或有累次點竄, 則命辭雖當, 而稍與天機有間矣. 以是之故, 童謠沒巴鼻者, 槪多靈驗, 以其神來而不安排也."

11 洪良浩, 〈與宋德文論詩書〉, 《耳溪集》 권15, 《총간》 241, 261면. "然人心之靈, 天機之妙, 亘萬世而不息不變, 有在自得之耳. 孟子曰, 樂則生, 生則烏可已也? 烏可已, 則不知手之舞之足之蹈之. 此天機之動於人心者也. 學詩之道, 盡於是矣."

12 이 점은 조선 후기의 시론 자료에 등장하는 천기 개념에 공통된 특징이라고 할 수 있다. 이처럼 조선 후기 시론사에서 천기 개념이 지닌 공통된 함의를 추출해 내는 작업은 앞으로 더 세심하게 따져져야 함은 물론이거니와, 아울러 필요한 것은 그것이 어떤 문맥에서 쓰이고 있으며, 또한 어떠한 시대적 맥락 속에 놓여 있는가 하는 구체적 실질을 규명하는 일이다. 이와 관련하여 사회적 교화에 궁극적 목적을 두고 원시 유가의 시론 관점을 종합적 재구성하여 그 기본 정신을 재천명하고자 하여 그 전대의 天機 개념을 적극 활용하였던 洪奭周가 좋은 대비를 이룬다. 정우봉, 〈19세기 시론 연구〉(고려대 박사학위논문, 1992) 참조.

이 자연스럽게 의식하지 못하는 사이에 찾아와 안배를 하지 않았기 때문에 아무렇게나 읊은 동요에 비해 사대부가 초를 잡아 여러 번 고친 작품이 오히려 천기에서 멀어져 있다고 하였다. 신이 찾아와 안배를 하지 않은 것, 자신도 모르게 손발을 움직이고 춤을 추게 한 것은 모두 시인의 내심에서 자연스럽게 격동하는 감정의 흥분 상태를 가리키며, 이 점에서 천기는 오늘날의 비평 용어를 빌면 영감과 상통하는 개념으로 짐작된다.[13]

이렇게 볼 때 김창협이 앞서 인용한 자료에서 제기한 '시는 성정의 발현이며 천기의 발동'이라는 언명은, 시라는 것이 성정의 발현이되 그것을 발현하는 과정에서 인위적인 조작이나 의도적인 흔적이 개입되지 않고 자연스럽게 저절로 움직이는 천기의 작동에 의해 창작 활동이 진행된다는 뜻이다. 그러므로 '천기의 지극한 오묘함은 거짓으로 이를 수 없다.[14] 천기의 작동에 의해 시 창작이 이루어질 때 비로소 '천진(天眞)', '천자(天者)' 등 작가의 개성적 특질이 선명하게 드러날 수 있으며, 자연스러움, 즉 최상의 풍격에 도달할 수 있는 것이다. 당시가 자연스러움, 즉 어떤 꾸민 흔적이 보이지 않는 경지에 가까울 수 있었던 것 역시 천기의 작동 덕택이다.

이처럼 시의 창작 과정에서 천기의 발동을 강조하는 것은 당시, 송시 그리고 명나라 시에 대한 그의 평가와 관련되며, 뒤에 살펴보게 될 흥회(興會), 흥상(興象), 흥기(興寄) 등의 개념과도 연결된다.[15]

송나라 사람의 시는 고사와 의론을 위주로 하였으니 이것은 시가의 큰 병통이다.

---

13 天機가 현대 비평 용어인 영감에 상당히 근접하는 개념임에는 분명한데, 단지 그 둘을 일치하는 것이라고까지는 단정지을 수 없다. 그 둘 사이의 변별성과 상통성에 대한 분석은 다음 기회로 미루고자 한다. 필자가 보기에 영감은 뒤에 살피게 될 興會와 일치한다.

14 金昌協, 〈送最良兄宰歙谷序〉, 《農巖集》 권21, 《총간》 162, 135면. "此天機之至妙, 而不可以僞爲也."

15 이 점은 이수광이 당시의 예술적 특성을 설명하는 자리에서 '議論'과 구별하여 '意興'을 거론하고 있는 것과 상통한다. 《芝峰類說》, 〈文章部 2〉 권9. "唐人作詩, 專主意興. 故用事不多; 宋人作詩, 專尙用事, 而意興則少." 〈宋詩贊〉, 《芝峰集》 권21, 《총간》 66, 198면. "專主議論, 其詩也文. 用工雖勤, 意興不存."

> 명나라 사람이 그것을 공격했으니 옳다. 그러나 스스로 행한 것이 반드시 그것을 능가하지는 못하였고 때로는 혹 그것에 미치지도 못하였으니 왜 그런가? 송나라 사람은 고사와 의론을 주로 하였지만 축적되어 있는 학문과 쌓여 있는 뜻이 (외부 경물에) 느끼어 접촉하니 밖으로 내뿜고 쏟아내기도 하여 격조에 구애를 받지 않고 전범에 속박되지도 않았다. 그렇기 때문에 기상이 호탕하고 힘이 넘쳐 때때로 천기의 발현에 가까운 것이다. 그것을 읽어 보면 오히려 성정의 진실함을 볼 수 있다. 명나라 사람은 지나치게 법도에 얽매이고 걸핏하면 모방을 하여 남의 흉내나 내느라 천진스러움이 없었다. 이것이 송나라 사람보다 오히려 못한 까닭이다.[16]

송시의 사변성과 서술성에 대립하여 당시를 학시의 전범으로 내세우는 것은 허균 이래 여러 비평가들에 의해 논의되면서 17세기 문학비평의 한 흐름을 이루어 왔다. 김창협은 이러한 흐름을 이어 받으면서 다른 한편으로는 당대 시단의 병폐—그 이전까지 학시의 전범으로 기능하여 왔던 당시가 이제는 오히려 창작의 구속으로 작용하였던—를 일소하고 새로운 시풍을 진작하고자 하는 입장에서 시인의 개성적 창출을 강조하고 명나라 시의 모의적 성향을 극력 반대하였다.

이 점에 근거하여 그는 시의 병통으로 여겼던, 고사와 의론을 위주로 하는 송시에 대해 부분적으로 긍정적인 평가를 내렸던 것이다. 이제 당시와 송시의 변별적 특징을 가르는 것 자체보다 개성과 모방의 문제가 더 큰 비중을 차지하게 되었던 것이다.[17]

16 金昌協, 〈雜識外篇〉, 《農巖集》 권34, 《총간》 162, 373면. "宋人之詩, 以故實議論爲主, 此詩家大病也. 明人攻之, 是矣. 然其自爲也, 未必勝之, 而或反不及焉, 何也? 宋人雖主故實議論, 然其問學之所蓄積, 志意之所蘊結, 感激觸發, 噴薄輸寫, 不爲格調所拘, 不爲塗轍所窘. 故其氣象豪蕩淋漓, 時有近於天機之發, 而讀之猶可見其性情之眞也. 明人太拘繩墨, 動涉摸擬, 效顰學步, 無復天眞. 此其所以反出宋人下也歟!"

17 17세기 전반에는 唐詩와 宋詩의 차별적 특징에 대한 논의를 통해 시의 예술적 특성에 대해 새로이 인식하게 되었으며, 17세기 후반에 오면 여기에 덧붙여 당풍 모의에 대한 비판과 독창적 개성을 중시하게 된다. 그 후 18세기 중반 무렵에는 당시와 송시의 가치를 동등하게 취급하는 것으로 전환된다.

> 시는 마땅히 당을 배워야 하지만 또한 반드시 당과 비슷해서도 안 된다. 당나라 사람의 시는 성정과 흥기를 위주로 하고 고사와 의론을 일삼지 않았는데 이것은 본받을 만하다. 그러나 당나라 사람은 당나라 사람이며 지금 사람은 지금 사람이다. 천백여 년을 떨어져 있으면서 성음과 기조(氣調)를 하나라도 같게 하고자 한다면 이것은 이치와 형세상 있을 수 없는 것이다. 억지로 비슷하고자 한다면 사람 모양을 본떠서 나무로 인형을 만들거나 진흙으로 상을 만드는 것과 같을 뿐이다. 그 형체는 근엄한 것 같아도 그 자연스러움은 있지 않으니 어찌 귀하겠는가?[18]

김창협은 당시의 예술성을 성정과 흥기(興寄)에서 찾을 수 있다고 하였다. 외부 경물과의 접촉을 통해 자연스럽게 흥기되는 시인의 진실한 정감을 직설적으로 드러내는 것이 아니라 경물에 대한 세밀한 묘사 속에 감추어 표현하는 데 당시의 매력이 있다. 그렇기 때문에 논리적 추론과 의론 또는 고사의 과도한 사용과 같은 현상을 당시에서는 찾아볼 수 없다. 그렇다고 해서 당시를 그대로 본뜨거나 모방해서는 안 된다고 하였다. 왜냐하면 각 시대마다 성음과 기조(氣調)는 제각기 달라서 억지로 모방하다 보면 겉모양만 흡사할 뿐 자신의 모습, 개성을 상실하기 때문이다.

요컨대 김창협은 시의 예술적 측면을 성정흥기(性情興寄)와 성음기조(聲音氣調)로 구분짓고, 그 본질적이고 진정한 측면을 전자에서 찾았다. 전자를 시의 내재적 미라고 한다면, 후자는 시의 외재적 미라고 할 수 있다. 시의 예술적 미의 본질은 소리와 모양과 같은 외재적 형식미에 있지 않고 흥회, 흥상 등 시의 예술적 가치를 평가하는 미적 자질에 있었기 때문에, 시인 자신이 체험했던 미적 감흥을 창조적으로 표현하는 일이 매우 중요하다.

여기서 한 걸음 더 나아가 김창협은 당나라 사람은 당나라 사람일 뿐이

---

18 金昌協, 〈雜識外篇〉, 《農巖集》 권34, 《총간》 162, 373면. "詩固當學唐, 亦不必似唐. 唐人之詩, 主於性情興寄, 而不事故實議論. 此其可法也. 然唐人自唐人, 今人自今人, 相去千百載之間, 而欲其聲音氣調, 無一不同. 此理勢之所必無也. 强而欲似之, 則亦木偶泥塑之象人而已. 其形雖儼然, 其天者固不在也, 又何足貴哉?"

고 지금 사람은 지금 사람일 뿐이라고 하였다. 그는 시의 예술적 가치를 외재적 형식미에서 찾지 않고 시 창작의 개성적 운용과 창조적 표현을 중요한 기준으로 새롭게 내세웠다.

> ① 세상 사람들은 우리 본조의 시가 선조 때만큼 성대한 적이 없었다고 말한다. 그러나 나는 시도의 쇠퇴가 사실은 그때부터 시작되었다고 생각한다. 대개 선조 이전의 시를 짓는 자들은 모두 송(宋)을 배웠다. 그래서 격조가 아순하지 않은 게 많고 음률에 조화롭지 못한 게 많지만 대체로 소루, 노둔하며 질박, 순질하고 심후노건하여 꾸미거나 다듬지 않아 각각 일가의 말을 이루었다.[19]

> ② 선조 때에는 문사가 많이 나왔고 당시를 배우는 이가 많았다. 그리고 중국 왕세정과 이반룡의 시가 점차 우리나라에 들어와 사람들이 본떠 모방하려고 했으며 정밀하고 공교롭게 힘썼다. 이 이후로는 본받는 것이 한결같고 음조가 비슷하여 천질이 다시 있지 않았다. 이 때문에 선조 이전의 시를 읽으면 그 사람을 볼 수 있지만 선조 이후의 시를 읽으면 그 사람을 볼 수 없다. 이것이 시도가 성하고 쇠하는 분변이다.[20]

목릉성세라고 일컬을 정도로 많은 시인이 배출되었던 선조 시대를 김창협은 오히려 시단의 쇠퇴를 보여 주는 시발점으로 파악하였다. 그가 당시를 학시의 전범으로 인정하면서도 학당의 시풍이 주류를 이루었던 선조 이후보다 학송의 시풍이 강하였던 선조 이전의 시들을 높이 평가하는 것 역시 당시와 송시의 구별보다 천(天), 천진(天眞), 천질(天質) 등 시인의 독창적 개성의 확립이 더욱 중요한 과제로 제기되었기 때문이다.[21] 달리 말

---

19 金昌協, 〈雜識外篇〉, 《農巖集》 권34, 《총간》 162, 373면. "世稱本朝詩, 莫盛於穆廟之世. 余謂詩道之衰, 實自此始. 蓋穆廟以前爲詩者, 大抵皆學宋. 故格調多不雅馴, 音律或未諧適, 而要亦疎鹵質實, 沈厚老健, 不爲塗澤艶冶, 而各自成其爲一家言."

20 金昌協, 〈雜識外篇〉, 《農巖集》 권34, 《총간》 162, 373면. "穆廟之世, 文士蔚興, 學唐者寖多. 中朝王李之詩, 又稍稍東來. 人始希慕倣效, 鍛鍊精工. 自是以後, 軌轍如一, 音調相似, 而天質不復存矣. 是以讀穆廟以前詩, 則其人猶可見, 而讀穆廟以後詩, 其人殆不可見. 此詩道盛衰之辨也."

21 시 창작에 있어 그가 강조한 독창적 개성이 18세기 후반에 현저하게 고조되는 개체의 해방으로까지 확대, 발전되지는 못한 것으로 보인다. 그 방증 자료로 중국 성령파의 중심 인물이었

해 이전 시대 장유의 천기론, 송시의 사변성과 서술성을 비판하였던 17세기 전반기의 논의를 일정 부분 계승하면서 당대의 상투화된 당풍 모의의 창작 태도를 쇄신하기 위한 논리적 근거로서 활용하였다.

아울러 그의 천기에 대한 논의는 조선 후기 문학이론사에 있어 하나의 분수령을 이루는 것으로 짐작된다. 한편으로는 자신과 그의 동생인 김창흡을 중심으로 형성되었던 문인 집단과 직접적인 교류를 맺었던 홍세태, 정내교에게로 연결되어 중인층 한시 창작의 가치와 의의를 내세우는 논리로 발전하며, 다른 한편으로는 신정하, 이천보, 홍양호, 홍석주 등 문인 사대부들에게로 광범위하게 확산되어 갔다.[22]

① 읍취헌(박은)은 황정견과 진사도의 시를 배웠지만 천부적 재질이 뛰어나 얽매이는 바가 없었다. 그래서 말이 맑고 혼후하며 기력이 흘러넘쳤다. 흥회가 이름에 이르러 천진스러움이 난만하고 힘이 넘치어 인력으로 범할 수 없는 것 같았다. 이것이 아마도 황정견과 진사도에 얽매이지 않은 것이다.[23]

② 읍취헌의 시가 황정견과 진사도를 본받았지만 신정과 흥상은 당나라 시인과 같다. 이것은 모두 천부적 재질이 뛰어나기 때문이다.[24]

③ 천기에서 발동한 것이 얕아서 흥상이 심원하지 않으며 사물을 다루는 것이 거칠어서 묘사가 진실하지 않다.[25]

던 袁宏道에 대한 그의 격렬한 비판을 들 수 있다. "明末文士, 開口弄筆, 動談禪理. 其實皆浮浪無根, 於禪亦何嘗有得? 今讀中郎集, 一邊說禪談佛, 一邊耽酒戀色. 此如屠沽兒誦經, 直是可笑."(金昌協, 〈雜識外篇〉, 《農巖集》 권34, 《총간》 162, 373면)

22 18세기 이후 전개되는 이 두 흐름이 병존하고 있는 것이 천기 논의를 비롯한 김창협 시론의 독특한 면모라고 할 수 있다. 이에 대한 구체적인 분석과 평가의 작업은 천기 개념의 역사적 발전 과정과 조선 후기 문학이론사에 대한 보다 진전된 이해가 이루어짐으로써 가능할 것이다.

23 金昌協, 〈雜識外篇〉, 《農巖集》 권34, 《총간》 162, 373면. "挹翠軒, 雖學黃陳, 而天才絕高, 不爲所縛. 故辭致淸渾, 格力縱逸. 至其興會所到, 天眞爛漫, 氣機洋溢, 似不犯人力. 此則恐非黃陳所得囿也."

24 金昌協, 〈雜識外篇〉, 《農巖集》 권34, 《총간》 162, 373면. "挹翠詩雖師法黃陳, 而其神情興象, 猶唐人也. 此皆天才高故爾."

25 金昌協, 〈雜識外篇〉, 《農巖集》 권34, 《총간》 162, 373면. "其動乎天機也淺, 而興象不遠, 命乎事物者粗, 而描寫不眞."

④ 대개 구법과 성률이 정세하고 공교하면서도 풍모가 우아하며 묘사가 진실하고 절실하면서도 흥기가 심원하다. (…) 그러나 깊이 이르고 스스로 터득한 것은 천기에서 많이 나왔다.[26]

흥회(興會), 흥상(興象), 흥기(興寄) 등은 흥으로부터 유추, 발전된 개념으로, 김창협에게서 전 단계의 성과를 한 차원 끌어 올렸다. 17세기 이전에는 대체로 흥이라는 용어만이 주로 사용되었는데, 이때는 탁물우의의 창작 수법과 관련된 문제이거나 인물기흥(因物起興)과 같이 객관 경물과의 접촉을 통한 심미적 감흥으로 이해되었다. 이황이 흥에 대해 언급한 구절[27]에서 볼 수 있듯이 17세기 이전 시기에도 흥이 단순히 수사적 차원에서만 논의된 것이 아니라 미적 감흥의 수준에서 활발히 논의되었다. 그러나 이 때까지만 하더라도 흥은 시 창작의 한 동인으로서의 역할에 머물렀을 뿐이었고, 그것 자체가 시의 본질과 성격을 규정하는 결정적 요소로 작용하지는 않았다.

김창협은 흥을 시 창작의 중요한 동인으로 이해하였을 뿐만 아니라, 시가 담아야 할 주된 내용이라고 생각하였으며, 흥과 관련된 일련의 개념들을 동원하여 시의 심미적 특질에 대한 이해에 보다 심화된 인식의 진전을 보여 주었다. 종래에는 수사적 기법이나 창작의 한 동인 정도의 수준에서 이해되었던 흥이 이제는 독자적인 미적 특질을 지닌 개념으로 발전되면서 창작의 결정적 동인이며, 시의 핵심적 내용으로 부각되었던 것이다.

흥회는 '흥회소도(興會所到)'라는 말에서 짐작되듯이 시인이 객관 경물을 바라볼 때 자연스럽게 일어나는 미적 감흥의 고양된 순간이다. 그것은 오늘날의 비평 개념을 빌면 영감에 가깝다. 인력으로 의도하거나 조작할 수 없는, 일종의 무의식적 정신 상태이다. 그리고 또한 그것은 시인이 또

26 金昌協, 〈泛翁集跋〉, 《農巖集》 권25, 《총간》 162, 200면. "蓋其句律精工, 而意度優閒, 描寫眞切, 而興寄沖遠. (…) 然其深造自得, 多出於天機."
27 李滉, 〈和子中閒居二十詠〉 중 〈吟詩〉, 《退溪集》 권3, 《총간》 29, 110면. "詩不誤人人自誤, 興來情適已難禁."

렷하게 의식하지 않은 상태 속에서 순간적으로 도래한다는 점을 놓고 볼 때 천기와 흡사하다. 그러나 천기는 작품의 구상과 표현 과정에 두루 관여하면서 시 창작의 성패를 좌우하는 결정적 관건이라고 한다면, 흥회는 작품 창작의 중요한 계기임에는 틀림없지만 외부 경물에 의해 순간적으로 고양되는 작가의 정신 상태에 한정된다.

창작 주체와 창작 대상 사이의 접촉을 통해 순간적으로 고양되는 것을 통해 비로소 작가의 진실된 면모와 개성적 자질로서의 천진이 드러날 수 있다. 즉 천진, 성정의 진실함 등은 흥회의 과정을 거쳐 작품 속에 드러나는 미적 특질이다. 이 점에서 흥회는 시 창작의 중요한 계기로 작용할 뿐만 아니라, 시의 외재적 형식미와 구별시켜 주는 구실을 한다. 명나라의 시는 '성음면모(聲音面貌)'의 측면에서 당나라 시와 흡사할지 몰라도 '신정흥회'에 있어서는 같지 않기 때문에 당나라 시보다 떨어진다고 언급하는 데에서 이를 확인할 수 있다. 흥회는 시 창작의 계기일 뿐만 아니라, 시의 예술성을 평가하는 중요한 미적 자질이기도 한 것이다.

흥상(興象)은 일종의 상(象)인데, 객관적으로 존재하는 물상이 아니라 시인의 주관적 정감에 의해 윤색, 변화된 상이다. 시인의 정감과 생각이 깃들어 있는 상이 곧 흥 속의 상, 흥상인 것이다. 그것은 시의 형식적 요소, 즉 격률, 성운 등에 비해 더욱 중요하고 본질적인 것이라고 할 수 있다. 이 점에서 시의 외재적 형식미라고 할 수 있는 성음면모, 격률성운 보다 심층에 내재하고 있는 미적 특질이 흥회, 흥상이라고 할 수 있다. 그렇기 때문에 격률과 성운을 같게 하기는 쉬워도 흥상과 흥회를 비슷하게 하기는 어렵다. 그러한 흥회와 흥상은 쉽게 간취하거나 획득될 수 없는 성질의 것이어서 시인의 천부적 자질이 요구된다고 보았다. 박은의 예술적 탁월성을 신정과 흥상으로 요약하면서 김창협은 그 근거로서 박은 개인의 뛰어난 천재성을 들고 있다. 결국 흥회나 흥상은 시인의 남다른 자질과 능력을 바탕으로 하는 것들이다.

또 하나 위의 언급에서 주목할 것은 흥상이 심원하지 못한 것—자연 경물의 묘사 속에 작가의 느낌과 생각이 잘 녹아 있지 못한 것—은 천기의 작동이 얕아서라고 한 부분이다. 우리는 이 언급을 통해 천기와 흥상의 상호 연관성을 추정할 수 있다. 천기가 얕다는 말과 관련하여 앞의 자료에서 시는 성정의 표현물이지만 천기에 깊이 통한 자만이 능히 할 수 있다고 지적한 것이 있었다. 결국 천기의 작동이 작품의 성패를 결정하는 관건이라고 할 수 있는데, 천기에 깊이 통한다는 의미는 그같은 천기의 작동이 갖는 중요성을 정확하게 인식해야 한다는 것으로 풀이된다. 그것을 얼마나 깊이 이해하고 운용하느냐가 작품의 예술적 성과를 가름하게 되는 것이다.

한편 흥기(興寄)는 작가의 심회나 정감을 객관 경물에 기탁하여 표현한다는 의미로 쓰이는 데, 화려한 수식을 동원하여 자연 경물 자체만의 아름다움을 묘사하려는 태도와 달리 자연 경물에 대한 세밀한 묘사 속에 작가의 심회나 정감을 기탁할 것을 강조하는 말이다. 시 창작의 핵심은 객관 대상의 외부적 실상을 그대로 재현하는 것도, 작가의 윤리적 각성을 직설적으로 토로하는 것도 아니다. 그것은 자연 경물의 묘사와 정감 표현의 통일에 있는 것이다. 이 점에서 김창협은 경물 묘사와 정감 기탁의 통일(情景統一)을 주장하였다.

> 이른바 경물을 묘사하고 사실과 정감을 논하는 것이 시의 쓰임이다. 이 두 단서는 시경 삼백 편을 살펴 보면 또한 알 수 있다. 그러나 벌레, 물고기, 새, 짐승, 풀, 나무의 모습과 바람, 비, 해, 달, 눈, 서리, 추위, 더위의 변화를 말하는 것은 단지 경물에 빠져 있는 데 그치는 게 아니다. 요컨대 흥을 일으키어 가탁, 비유하여 기쁨, 유쾌함, 원망, 괴로움, 울분, 슬픔, 즐거움 등의 감정을 표현하는 것이니 처음부터 그것이 판연히 둘인 것은 아니다. 그러나 시험 삼아 두 단서를 가지로 논한다면 경물을 묘사하는 말은 간략하고 미묘하며 진실하고 절실하여서 경물을 깊이 체득해야 한다. 그리고 정감을 묘사하는 말은 우아하고 완곡하여서 사람을 잘 감동시켜야 한다. 이것이 시가 오묘한 까닭이다.[28]

28 金昌協, 〈答任大仲〉, 《農巖集》 권17, 《총간》 162, 71면. "蓋所謂描寫景物論說事情, 詩之爲

김창협은 위의 자료에서 시의 두 가지 쓰임을 '경물을 묘사하는 것'과 '사실과 정감을 논하는 것'으로 요약하고 있다. 그 두 가지는 별개의 이질적인 것이거나 주종적인 관계에 있는 것이 아니기 때문에, 자연 경관의 다채로운 변화를 묘사하는 것이 단순하게 그것의 외부 형식미에 빠지는 것은 아니다. 요컨대 그 둘은 서로 통일적인 관계를 형성하면서 '흥에 기탁하고 비유하는 방법(起興託喩)'을 통해 인간의 다양한 정감을 표현하는 것이다. 그러나 시인이 경물 묘사(寫景)와 정감 표현(言情)을 운용함에 있어 그 둘을 나누어 살필 수는 있다. 경물을 묘사하는 말은 외부 대상의 이치를 깊이 드러내기 위해 간략하고 오묘하며 진실하고 절실해야 한다. 그리고 시인의 정감을 묘사하는 말은 시적 감염력을 높이기 위해 우아하면서 완곡해야 한다. 그 둘을 적절하게 구사, 운용하는 것이 시의 묘처라고 할 수 있다.

그런데 이를 무시한 채 경물을 묘사하는 것만을 최상으로 놓는다면 이는 그릇된 것이라고 할 수 있다. 이러한 논의는 흡사 중국 송나라 때의 엄우(嚴羽)의 그것과 같이 보이지만, 실은 잘못 이해한 데에서 오는 오류에 불과하다고 하였다. 엄우 역시 경물 묘사와 정감 표현 모두 시의 묘처는 시의 미감이 영롱하게 빛나서 마치 물 속에 비친 달과 거울에 어린 물상처럼 말 밖의 함축적 여운이 풍부한 데에 있다고 하였다. 따라서 경물 묘사에 집착하는 것은 이 같은 시의 운용 원리와 묘미를 잘못 이해한 데에서 비롯된 것이다. 임륭에게 보낸 위의 편지글을 통해 김창협은 경물 묘사와 정감 표현의 통일적 심미 관계 속에서 시의 본질과 원리 및 그 성격을 규명하려고 했음을 다시 한 번 확인할 수 있다.

김창협은 흥회, 흥상, 흥기 등 흥과 연관된 일련의 비평 개념 및 천기

用. 惟此二端, 觀於三百篇, 亦可見矣. 然其言蟲魚鳥獸山川草木之狀, 風雨日月雪霜寒暑之變, 非止以留連光景而已. 要以起興託喩, 以發其歡愉怨苦感憤哀樂之情, 則初未嘗判而爲二也. 然試就二端而論之, 景語簡妙眞切, 深於體物, 情語優游婉曲, 善於感人, 此詩之所以爲妙也."

를 함께 사용하였는데, 천기의 자발적 작동에 의한 창작 활동을 강조하는 입장은 시인이 자연 경물을 즉하였을 때 순간적으로 일어나는 흥취, 감흥—그것은 시인이 스스로 의도하지 않았으며 때로는 자신도 의식하지 않은 사이에 이루어지는—의 문제와 연결된다. 또한 천기의 작동에 의해 시 창작이 진행되는 원리를 깊이 이해하고 인식할 때 작품 속에 드러나는 흥상 역시 심원할 수 있다는 언급에서 천기와 흥상 사이의 상호 연관성을 짐작할 수 있다. 흥기 역시 작가의 심회와 정감을 자연 경물에 기탁하여 함축적으로 표현한다는 점에서 천기의 작동과 관련이 있다. 요컨대 세 개념 모두 천기의 작동을 통해서 제 몫을 다할 수 있는 것이다. 천기의 자연스러운 작동 과정속에 강렬한 미적 충동의 정신 상태가 도래하기도 하며, 시인의 정감이 담겨 있는 흥상의 표현이 보다 깊이 있게 되고, 또한 자연 경물의 묘사 속에 시인의 정감을 기탁할 수 있는 것이다. 천기의 작동은 이 세 가지 활동에 일관되게 관철되는 것이다.

그러면서도 이 세 가지 개념은 약간씩 그 의미가 다르게 사용되고 있다. 흥회가 작가의 차원에 관련된 문제로서 미적 감흥의 순간적인 고양이라면, 흥상은 작품 속에 구현된 예술적 형상이며, 흥기는 자연 경물의 묘사 속에 깃들어 있는 작가의 정감이다. 그러나 또한 이들 개념은 그 공통적 특질을 아울러 지니고 있다. 흥회, 흥상, 흥기는 흥으로부터 유추, 발전된 개념들로서 그 이전까지 논의되었던 흥에 대한 단편적, 일면적 이해를 극복하면서 한 단계 높은 수준으로 끌어올렸다. 창작 구상에 있어서 영감의 작용에 대한 통찰, 시의 심미적 특질에 대한 인식의 진전, '정감 표현'과 '경물 묘사'의 통일적 관계에 대한 정당한 이해 등이 그것이다. 그들 세 개념들은 시의 본질과 원리를 해명하는 결정적 요소로서 시의 예술적 가치를 판명하는 미적 자질인 동시에 시가 응당 담아야 할 핵심적 내용이라고 할 수 있다. 이들 개념을 통해 김창협은 시의 심미적 가치와 특질을 보다 논리정연하고 체계 있게 이해하였다. 다시 말해 김창협은 그 전대까지 부분적, 단편적으로 논의되었던 것을 일관된 체계 속에서 재정립하고자 하였다. 그가 이룩한 이론적 성과의 한 축이 바로 천기를 중심으로 하여 흥회, 흥상, 흥기 등 흥과 연관된 일련의 개념들이라면, 다른 한 축은 자연 경물에 즉한 사실적 표현의 획득 및 이를 통한 산수 자연미의 재발견이다.

(2) 언어 표현의 사실성과 의경의 창출

우리는 앞에서 시의 예술성을 외재미와 내재미로 정식화함으로써 산문과 구별되는 시만의 독특한 심미적 특징에 대한 인식의 체계적인 접근을 시도하였으며, 아울러 이를 통해 당대의 형식주의적, 모의주의적 시풍을 청산하고자 하였던 점에 대해 살펴보았다. 그 가운데 흥회, 흥상, 흥기 등 시의 심미적 가치를 결정하는 비평 용어에 주목하여 그는 자연 경물의 세밀한 묘사의 중요성을 강조하였다.

자연 경관은 시인의 정감을 표현, 기탁하는 매개적 역할을 수행한다고 할 수 있는데, 단순히 그 외형적 형식미에 탐닉해서도 안 되지만, 그렇다고 그것을 단순히 정감 표현의 보조적 배경 정도로 처리해서도 곤란하다. 문제는 자연 경관의 세세한 관찰과 체험의 과정을 통해 걸러지는 시인의 드높은 미적 정취를 어떻게 표현, 전달하는가에 있다. 따라서 산수 자연은 그 나름의 개성적 면모와 특징을 간직하면서 시인에게 다가올 수 있으며, 시인은 그러한 산수 자연의 다종다양한 변화를 예리하게 관찰, 목도하면서 순간적으로 일어나는 미적 감흥을 포착할 수 있어야 한다. 그가 제시한 방법이 바로 경물에 즉하여 언어 표현을 진실되게, 의경을 참신하게 하는 것이었다.

산수 자연은 예로부터 한시의 주된 소재였는데, 그것을 바라보는 시선과 입장은 시대와 역사의 변화에 따라 서로 다르게 나타났다. 여기에서는 16세기 사림파의 그것과 대별될 수 있는 김창협의 산수 자연미에 대한 인식에 대해 먼저 살펴보기로 한다.

> 천지 사이에 모든 만물은 각기 이치를 가지고 있어서 위로는 해, 달, 별에서부터 아래로는 초목, 산천에 이르기까지 그리고 미세하기로는 술지게미와 타고 남은 재에 이르기까지 모두 도체가 깃들어 있고 지극한 가르침이 아님이 없다. 그러나 사람들은 아침저녁마다 그것을 눈으로 보면서도 그 이치를 알지 못하니 보지 않은 것과 무엇이 다르겠는가? 금강산을 유람한 선비들 또한 눈으로만 볼 뿐 산수의 정취를 깊이 알지 못하니 백성들이 매일 쓰면서도 그것이 무엇인지 모르는 것과 다를 게 없다. 그런데 홍장(洪丈, 洪仁祐)은 산수의 정취를 깊이 아는 자라고 할 만하다. 비록 그러하지만 산수의 정취만을 알 뿐 도체를 알지 못하니 산수를 아는 데 귀할 게 없다.[29]

율곡 이이는 위에서 산수 자연을 바라보는 인식 또는 관점을 크게 '눈으로 보는 것(目見)', '산수의 취를 아는 것(知山水之趣)', '도체를 아는 것(知道體)'의 세 유형 혹은 단계로 구분하면서 '도체를 아는 것'을 최상으로 평가하였다. '눈으로 보는 것'은 산수 자연의 외형적 형식미에 대한 탐닉이라고 할 수 있으며, '산수의 취를 아는 것'은 그보다 한걸음 더 나아가 산수 자연의 아름다운 경관을 통해 촉발되는 미적 정취를 완상함을 말한다. 그것은 산수 자연의 아름다움을 심미적 가치에 비중을 두어 접근하는 태도이다.

그런데 이이는 두 번째 태도나 관점에 일면 동의하면서도 그것에 만족하지 않는다. 그가 볼 때 '도체를 아는 것'이야말로 산수 자연을 완상하고 형상화하는 최상의 방법인 것이다. 이것에 따른다면 산수 자연은 미적 감흥과 쾌락을 구하는 장소로서가 아니라 내면적 심성 수양과 우주적 철리의 구현을 위한 장으로 기능한다. 산수 자연관에 관한 이이의 분류에 의한다면 다음에 제시된 김창협의 자료는 두 번째 유형에 가깝다.

> 시가의 오묘함은 산수와 서로 통한다. 맑고 멀며 험하고 울창하며 기이하고 화려

29 李珥, 〈洪耻齋仁祐遊楓嶽錄跋〉, 《栗谷全書》 권13, 《총간》 44, 273면. "天壤之間, 物各有理, 上自日月星辰, 下至草木山川, 微至糟粕煨燼, 皆道體所寓, 無非至敎, 而人雖朝夕寓目, 不知厥理, 則與不見何異哉? 士之遊金剛者, 亦目見而已, 不能深知山水之趣, 則與百姓日用而不知者無別矣. 若洪丈可謂深知山水之趣者乎! 雖然但知山水之趣, 而不知道體, 則亦無貴乎知山水矣."

하며 그윽하고 장엄하여 그 형태는 다채로우며 그 경계는 다함이 없고 바라보면 정신이 용솟음치고 가까이 가면 마음이 혼융해진다. 이것이 산수의 빼어남이요, 시가 또한 그러하다. 그러므로 이 둘이 서로 만나매 정기가 흐르고 경취가 발하니 이것은 그러하지 않으려 해도 그러한 것이 있는 것이다. 그러나 조물주는 모든 사물을 다 완벽하게 만들지 않으며 사람의 재주에는 치우친 것이 있어서 천하의 산수를 모두 다 뛰어나게 할 수는 없으며, 사람이 시가에 있어서 또한 오묘함에 이르는 것이 드물다. 그러므로 평범한 경관을 유람하면서 기묘하고 빼어난 말을 구하니 강산의 보탬이 없고, 속된 솜씨를 가지고서 기괴하고 화려한 경관을 묘사하니 흡사할 리가 없다.[30]

김창협은 무한히 풍부하고 다종다양하게 변화하는 산수의 경관을 통해 무엇보다도 시인의 심신이 고양되는 미적 감흥을 발견하고자 하였다. 산수 자연은 온갖 다양한 형태를 현란하게 드러내고 있어 그것을 감상하는 사람으로 하여금 멀리서 바라보면 정신을 용솟음치게 만들며 가까이 접하면 마음을 화락하게 만든다. 이처럼 그에게 있어 산수 자연은 기본적으로 심신을 평안하게 하고 심리적 쾌감을 가져다주는 데 초점이 놓여 있다. 이 같은 언급만으로 '도체를 아는 것'과의 확연한 구별을 찾기에 어려운 점이 있지만, 그의 다른 언급 등을 고려할 때 그는 산수 자연에 있어 심미적 가치를 보다 중시하는 관점에 서 있었던 것으로 보인다.

이 같은 관점에서 그는 산수 자연의 경관을 문학적으로 형상화함에 있어 기암괴석의 장려한 경관을 갖추고 있는 산수—그곳은 시인이 살고 있는 주변의 자그마한 경관이 아닌—를 직접 관찰, 체험하고, 그리고 어느 한 순간 솟아오르는 고조된 감흥을 핍진하게 그려 내는 것이 특히 중요하다고 보았다. 산수의 다종다양한 변화와 그에 따른 심신의 쾌감은 시 창작

30 金昌協, 〈俞李二生東遊詩序〉, 《農巖集》 권21, 《총간》 162, 139면. "詩歌之妙, 與山水相通. 夫淸迴峻茂奇麗幽壯, 其爲態多變, 其爲境難窮, 望之而神聳, 卽之而心融. 此山水之勝也, 而詩歌亦然. 故二者相値, 而精氣互注焉, 景趣交發焉. 是固有莫之然而然者矣. 然造化無全功, 人才有偏蔽. 故宇內之爲山水者, 不能皆勝, 而人之於詩歌, 亦鮮造妙. 是以踐常境而求奇雋之語, 則無助; 操哇音而寫瑰麗之觀, 則未肖."

활동의 풍부한 미적 정취 및 효과와 기본적으로 동일하다는 인식에 근거하여 그는 시인의 직접적 체험과 관찰 그리고 세부적 묘사의 사실성을 시 창작의 핵심적 문제로 새롭게 부각하였다.

> 대개 시도가 쇠퇴한 지가 오래되었다. 우리나라에서 산수를 말한다면 금강산이 으뜸이어서 전에부터 시인들이 노래하고 읊조린 것이 많이 있다. 그러나 금강산의 빼어난 경관을 닮게 표현한 말을 한 마디라도 구하려 했지만 끝내 얻을 수 없었다. 무릇 조물주는 신이하고 빼어나며 맑고 화려한 기를 이 산에 모이게 하여 기이한 봉우리와 깎아지른 절벽을 만들기도 하고, 맑은 샘과 깊은 골짜기를 만들기도 하며, 아름다운 나무, 기이한 꽃, 금빛 모래, 은빛 자갈 등을 만들기도 하였다. 그 뛰어남이 이같이 오묘한데도 세상에서 시를 짓는 이들은 비루하고 천근한 것을 즐겨 익히며, 비루하고 진부한 것을 답습하여 일찍이 한번도 깊은 생각을 불러 독창적인 말로 표현해 내지 못하였다. 천기에서 발동함이 얕아서 흥상이 심원하지 못하고, 경물을 다루는 것이 거칠어서 묘사가 진실하지 못하다. 이것을 가지고 산수에 나가니 어찌 제대로 표현할 수 있겠는가?[31]

위의 자료는 앞에 인용한 글의 바로 뒷 부분에 해당한다. 금강산을 소재로 한 한시는 그 이전부터 줄곧 창작되었지만, 김창협이 볼 때 전대 작품은 관습화된 시적 장치를 답습함으로써 독창성이 결여되어 있다. '비루하고 천근한 것을 즐겨 익히며, 비루하고 진부한 것을 답습'한 것이 금강산을 노래한 많은 작품들이 지닌 심각한 문제점이었다고 보았다.

김창협은 앞선 작가들이 천기의 작동에 의해 창작이 진행되는 원리를 제대로 터득하지 못하여 작품 내의 흥상이 심원하지 못하다고 하였다. 작가의 정감이 윤색되어 있는 흥상에 깊이가 없으므로 시적 감동의 힘은 떨어질 수밖에 없는 것이다. 또한 객관 경물을 다루고 처리하는 거칠고 조야

31 金昌協, 〈俞李二生東遊詩序〉, 《農巖集》 권21, 《총간》 162, 139면. "蓋詩道之衰久矣. 語山水於東方, 金剛爲大, 而自前世詩人歌詠甚多. 然求一言之克肖其勝, 卒不可得. 夫造物者, 專以神秀淑麗之氣, 鍾之於是山, 以而爲奇峰峭壁, 以而爲淸泉邃谷, 以而爲嘉木異卉金砂銀礫. 其爲勝亦妙矣, 而世之爲詩者, 方且樂習卑近, 因陋而襲陳, 未嘗一致其深思以發獨創之語. 其動乎天機也淺, 而興象不遠, 命乎事物者粗, 而描寫不眞. 以此而之乎山水, 夫安能有所發?"

하여 묘사하는 것이 진실하지 못함을 지적하였다.

앞 시대의 문학적 전범을 학습하거나 도덕적 내면 수양에 힘쓰는 행위 등은 부차적일 뿐이다. 시인이 바라보는 자연 경물에 나아가 그것을 세밀히 관찰하고 분석하는 접근 태도가 필요하다. 시 창작의 현실적 기초가 객관 자연에 있음을 올바르게 인식한 바탕 위에서 나온 발언이라고 할 수 있다. 그것을 어떻게 관찰하고, 그리고 그러한 체험의 과정을 통해 시인의 내심에서 일어나는 미적 정감을 어떻게 표현하는가가 시인의 중심 과제이다. 그렇기 때문에 자기 이전 시기에는 기이한 봉우리, 깎아지를 듯한 절벽, 맑은 샘, 깊은 계곡 그리고 아름답고 기이한 초목, 밝게 빛나는 돌 등 금강산의 빼어난 절경을 핍진하게 묘사한 작품이 한 편도 없다고 단언하였던 것이다.

이와 같은 시단의 병폐를 개혁하기 위해 그가 대안으로 제출한 것이 '사물에 즉하여 말이 모두 진실하고 경물을 좇아서 의경이 문득 참신하'도록 해야 하는 것이다.

> ① 지금 이 기행록에 수록된 수백 편을 살펴보니 모두 다 뜻 가는 대로 붓 가는 대로 쓴 것들이다. 사실에 즉하여 경물을 묘사하니 말이 모두 진실하고 훌륭한 시편과 빼어난 구절이 그 사이에 뒤섞여 있다. 시가 이와 같으면 족하니 어찌 공교롭고 화려한 것만을 지나치게 구할 필요가 있겠는가? 스스로 자부하는 것이 너무 심해서 때때로 뛰어난 경관을 만나도 입을 다물고는 한 마디 말도 내지 못하는 자들은 모두 다 명예를 좋아하는 것이 지나친 것이다.[32]

> ② 내가 유명악과 이몽화의 동유시를 보니 기이할 만하다. 두 사람이 시를 전공함에 있어 본받은 법이 매우 예스러웠다. 이것은 내가 아는 것이지만 사물에 즉하여 말이 모두 진실하고 경물을 좇아서 의경이 문득 참신하여 그윽한 경관과 빼어난 자태가 또렷하게 빛나 이 산을 일찍이 본 사람으로 하여금 황홀하게 다

32 金昌協, 〈李樂甫西遊錄跋〉, 《農巖集》 권25, 《총간》 162, 203면. "余觀此錄數十百篇, 大抵皆率意信筆之作, 卽事寫境, 語皆眞實, 而佳篇秀句, 未嘗不錯落其間. 詩如是足矣, 何必過求工麗? 彼矜持太甚, 往往對境遇勝, 噤不能出一語者, 要皆好名之過耳."

시 보는 것같이 하였으니 나는 또한 그 두 사람이 여기에 이를 줄은 생각하지도 못하였다.[33]

김창협은 '뜻 가는 대로 붓 가는 대로(率意信筆)'와 같이 시의 격식이나 규범에 얽매이지 않고 시인이 느끼는 바에 따라 자유롭게 창작할 것을 강조하였다. 그리고 그때그때 만나는 시적 대상에 즉하여 경물을 묘사함으로써 언어 표현의 진실성을 획득할 수 있다고 보았다. 따라서 언어의 형식적 조탁과 수식에 애쓸 필요가 없는 것이다.

이를 좀 더 구체적으로 제시한 것이 '사물에 즉하여 말이 모두 진실하고 경물을 쫓아서 의경이 문득 참신하다(卽物而語皆眞, 逐境而意輒新)'이다. 전자는 언어 표현의 핍진성, 즉 실제로 산수의 경관을 접촉하고 있는 듯한 느낌을 받을 정도로 생동감 있고 살아 있는 형상의 창조를 의미한다. 후자는 이를 통해 판에 박은 듯한 진부한 표현을 일신하고 작가의 개성적 풍모가 흘러 넘치는 독창적인 내용을 창출해야 함을 의미한다. 그 둘은 모두 시인의 직접적 관찰과 체험의 현장성, 그리고 세부적 묘사의 충실성 등의 방법을 통해 가능한 것들이다. 따라서 시를 창작할 때 중국의 산수 자연을 머릿속으로 그려 보거나 자기 주변의 자연 경물에 만족하지 않고 조선 산천 중 기이한 곳과 빼어난 경관을 직접 관찰, 목도하는 것이 필요하며, 천태만상의 묘미를 감추고 있는 그곳 산수의 절경을 구체적이고 생동감 있는 예술 형상을 통해 핍진하게 그려내야 한다.

이러한 세부적 묘사의 사실성을 중시하는 창작 의식은 18세기 이후 김창흡, 김창협의 제자였던 이병연, 조영석, 이하곤 등으로 이어지면서 하나의 조류를 형성하며 발전하여 갔다. 조영석(1686-1761)은 현장성, 사생성, 생동성을 핵으로 하는 사실주의적 회화관을 견지하였는데, 이 같은 의

33 金昌協, 〈俞李二生東遊詩序〉, 《農巖集》 권21, 《총간》 162, 139면. "及余覩俞李二生東游詩, 可異焉. 二生之治詩歌, 其師法甚古. 此自余所知, 而若其卽物而語皆眞, 逐境而意輒新, 幽觀勝態, 的皪燦發, 使嘗見是山者, 怳然如復見焉, 則余亦不圖其至於是也."

식은 문학 창작에까지 이어져 핍진한 경물 묘사를 통한 생동감 있는 현장감을 그려 낼 것을 요구하였다.[34] 그리고 이하곤(1667–1724)은 시 창작에 있어 세부 묘사의 사실성을 특별히 중시하였다.[35] 여기에서 조선 산천의 장려한 경관이 시의 중심 소재로 적극 끌어들여지게 되며, 그것의 생생한 사실적 묘사를 중시하는 새로운 창작 경향이 활발하게 진행되고 있었음을 알 수 있다.

3. 마무리

지금까지 김창협의 시론 가운데 중요한 특징에 대해 살펴보았다. 천기, 신정, 흥회, 흥상 등의 비평 개념을 중심으로 하여 시의 예술적 특성 에 대한 새로운 인식, 반모의적 개성주의의 확산, 그리고 산수 자연에 대한 태도의 변화에 따른 시 창작 방법에 있어서의 사실적 경향의 진전 등에 대해 살펴보았다. 요컨대 그의 시론은 장유의 천기 논의, 이수광의 의흥 논의 등을 일정 부분 계승한 바탕 위에서 산문과 구별되는 시의 예술적 아름다움을 외재적 측면(聲色과 氣格)과 내재적 측면(神情과 興象)으로 정식화함으로써 시 창작 과정의 특수한 심리적 활동에 주목하여 시인의 독특한 감수성과 영감의 요소, 예술적 형상 창조에 대한 보다 진전되고 체계화된 이해를 보였다.

이 같은 인식상의 진전은 비흥을 중심으로 진행되었던 전 시대의 이론적, 실천적 성과를 한 단계 끌어올린 결과이다. 유가 시론의 중요한 한 부

34 趙榮祏, 〈丹丘酬唱詩序〉, 《觀我齋稿》(한국정신문화연구원, 1984), 권2. "今年閏秋余與寒田翁及李德甫, 往觀龜潭仙巖島潭諸勝, 庚辰發行, 丙戌始還, 首尾盖七箇日. 其相與唱酬律詩絕句, 合一百十二篇, 皆卽事寫景率意信筆之作也. 故其言近, 其旨淺, 無幽玄精巧之思."

35 李夏坤, 〈南行集序〉, 《頭陀草》 17책, 《총간》 191, 533면. "作詩正如畵工之寫眞, 一毛一髮, 無不肖似, 然後方可謂之寫其人矣."

분인 비흥의 문제를 더욱 확대, 발전시킴으로써 김창협은 시의 심미적 특질과 가치를 사상시킨 채 도덕적 내면 수양에 치우쳤던 그 이전 시기의 한계를 명실상부하게 극복할 수 있었으며, 당대의 상투화된 당풍 모의의 창작 풍토를 일신하고 새로운 시풍을 창도하는 데 확고한 이론적 발판을 마련하였다. 흥과 관련된 일련의 개념을 처음으로 도입하여 시의 창작 과정과 심미적 특질에 대한 이해를 새로이 진전시켰으며 시 창작의 내부적 관계를 형성하는 정과 경에 대한 논의를 심화시켰다. 그리고 그는 경물에 즉하여서 대상을 사실적으로 표현할 것을 요구하였다. 시인이 직접 관찰하고 경험한 바탕 위에서 외부 경물을 진실하고 절실하게 그려 낼 때 생동감 있고 참신한 예술적 형상을 창조할 수 있다고 하였다. 즉 직접적 관찰과 체험의 현장성, 세부적 묘사의 충실성 등의 방법을 통해 조선의 산수 자연을 구체적이고 생동감 있게 표현해야 한다고 하였다.

이러한 그의 주장은 형식에 대한 섬세한 조탁, 관습화된 시구나 정조의 답습, 전고나 의론의 과도한 사용 등에 따른 시풍의 폐단을 쇄신하기 위한 이론적 근거로써 작용하였다. 17세기 후반기와 18세기 전반기에 산수 자연의 경관에 대한 사실적 묘사를 위주로 한 새로운 시풍이 형성되었는데, 김창협의 시론은 그러한 한시사의 새로운 변화를 뒷받침하는 역할을 하였다. 아울러 그의 시론은 홍세태, 정내교 등 중인층 한시인들이 중인문학의 독자적 가치와 의의를 옹호하는 논리로 발전되었으며, 다른 한편 신방, 이하곤, 홍양호와 홍석주 등 일군의 사대부 문인 지식인들에게 계승되었다.

3. 삽교 안석경의 한시비평론

《삽교예학록》을 중심으로

1. 문제 제기

이 글은 《삽교예학록(霅橋藝學錄)》에 나타난 한시 비평의 구체적 양상을 검토하고, 이를 통해 18세기 중후반 비평사의 주요 국면을 탐색하는 것을 목적으로 한다. 안석경(安錫儆, 1718-1774)이 저술한 《삽교예학록》은 다음 몇 가지 점에서 주목된다.

첫째, 비평 대상이 되는 작품이 매우 방대하다는 점이다. 한시의 경우 〈이소〉로부터 송나라 때의 황정견에 이르는 주요 작품들에 대해 평하고 있으며, 산문의 경우에는 《좌전》으로부터 명나라 사대가, 즉 방효유(1357-1402), 왕수인(1472-1529), 왕신중(1509-1559), 당순지(1507-1560)[1]에 이르는 주요 작품들을 평하였다. 현재 전하는 것들보다 더 많은 작품들에 대해 비평을 하였다. 그리고 산문의 경우에는 우리나라의 산문 문장가 세 사람—이색, 최립, 장유—의 문장에 대한 비평도 함께 남겼다. 이처럼 《삽교예학록》은 우선 중국 역대 시문의 중요한 작품들을 대거 비평 대상으로 설정하고 있다는 점에서 주목된다.

1 여기서 말하는 四大家는 《삽교예학록》에서 명나라의 대표적인 문장가로 네 사람을 묶어서 '皇明四大家'로 명명한 것이다.

둘째, 《삽교예학록》은 양적인 면에서 주목될 뿐만 아니라, 더욱 중요한 것은 그것이 취하고 있는 비평 방식이다. 그것은 일종의 평점(評點) 방식이라고 할 수 있는데, 개별 작품 하나하나의 실제 원문에 즉하여 편장 구성, 언어 수사, 어세와 문세, 자법과 구법 등의 문제를 매우 세밀하고 정치하게 분석하고 있다. 종래 한시의 경우 시화 방식의 비평이 있었고, 기타 서발, 서간, 논설 등에서 한시 비평이 이루어졌다.

그런데 《삽교예학록》의 경우에는 구체적인 개별 낱낱의 작품을 대상으로 하여 매우 구체적이며 세부적인 국면을 분석적으로 접근하고 있다는 점에서 주목된다. 평비는 주표(朱標)와 평(評)으로 나뉘어지는데, 전자는 시문의 잘된 부분이나 시문 전환 등을 표시하는 데 사용되며, 평은 작품 전체평, 편장자구의 특정 부분에 대한 평 등으로 나뉘어진다.[2] 현재 전해지는 《삽교예학록》에는 주표는 남아 있지 않고, 다만 그것의 종류를 설명해 놓은 부분이 있다. 고문에 사용하는 '동비십일법(彤批十一法)'을 소개하였는데, 그것의 기능은 작품의 문맥, 구성, 그리고 그 변화를 표시하기 위함이라고 하였다. 안석경은 그것을 크게 두 가지로 나누어 각각의 특정한 부호를 적어 놓았다.[3] 작품의 문맥, 구성 및 그 변화를 표시하는 주표가 현재 전하는 《삽교예학록》에는 남아 있지 않다.[4]

---

2 批는 위치에 따라 首批(편의 머리), 尾批(편의 끝), 眉批(책 위의 공간), 旁批(자구의 옆), 夾批(원문의 구절 중간)로 구분하며, 그 가운데, 首批, 尾批, 眉批는 한편 작품에 대한 비평이다. 點은 文句의 옆에 圈點의 형식을 사용하여 문장 가운데에서 정채있는 부분이나 중요한 부분을 표시하거나 또는 제목 아래에서 수준의 高下를 표시하기도 한다. 《삽교예학록》은 이러한 비와 점을 온전하게 갖춘 評點本은 아니다. 다만 여기서 강조하고자 하는 것은 이러한 평점본의 비평 방식을 원용하여, 시문 작품에 대한 매우 정밀하고 세세한 분석을 보여 주고 있다. 기본적으로 현재 전하는 《삽교예학록》은 평점본 형태의 시문선집으로서가 아니라, 안석경이 자신의 부친이 가르쳤던 내용을 체계적으로 정리하는 데 중점을 두었다.

3 安錫儆, 〈藝學錄自序〉, 《霅橋藝學錄》, 《霅橋集》(下)(아세아문화사 영인본, 1985), 377면. "嘗於古文用彤批十一法, 以點切其命脉指向繩墨布置轉摺關鎖奇正變化之槩: 日大票●, 日次票○, 日小票 者, 標其意脉機神; 日大句ㄱ, 日次句 , 日小句△, 日小切ㄴ, 日大切▬, 日交 , 日小結□, 日大結■者, 標其排置裁製." 앞으로 아세아문화사 영인본 《삽교집》을 인용할 때에는 '《霅橋集》(下), 377면'으로 표시.

4 안석경의 부친인 安重觀의 문집 《悔窩集》도 본래는 朱標가 있었던 것으로 짐작된다. 《悔窩集》은 안중관의 6대 종손인 安鍾學, 安鍾弼 등이 外孫 李種元(본관 德水)과 협력하여 1904년에 간

셋째, 《삽교예학록》은 작품의 주제, 풍격, 수사 기교, 구성과 조직, 자법과 구법 등 다방면에 걸쳐 매우 정밀한 논의를 펼치고 있는데, 그 중에서도 특히 한시 작품의 편장 구성에 주목하고 있다. 비평 대상이 되는 작품 중 절구는 없으며, 율시도 많지 않으며 고시가 대부분이며 장편 고시도 상당 부분이다. 이 점은 산문 비평의 경우 더욱 두드러진다고 할 수 있는데, 《삽교예학록》을 중심으로 산문비평의 양상을 살펴보는 작업은 다른 논문을 통해 다루어 보고자 한다.

위에 언급한 세 가지 점에 주목하여, 《삽교예학록》에 나타나 있는 한시 비평론을 살펴보는 작업은 18세기 중후반의 비평사의 주요 국면을 밝히는 것인 동시에, 오늘날 한시를 분석, 감상하는 이들에게 유용하게 참고할 만한 방법적 개념을 제공해 준다는 점에서 그 의의를 찾을 수 있을 것이다. 《삽교예학록》에서 동원되고 있는 다양한 한시 비평의 용어와 개념들은 앞으로 한시 작품 분석의 유용한 개념들로 적극 활용될 필요가 있다.

2. 《삽교예학록》의 구성과 내용

《삽교예학록》은 안중관(安重觀, 1683-1752)이 그의 제자들을 대상으로 하여 경사자집에 대해 가르친 것들 가운데 문학에 관련된 내용을 아들인 안석경이 자기 나름대로 체계적으로 정리한 것이다. 본래는 경사자집, 문학 등 다방면에 걸쳐 이루어졌는데, 그 가운데 도학과 경제 방면의 것은 제외

행한 것이다. 문집을 간행할 때 安鍾學이 '品第以標之'한 원고에서 가려 뽑아 詩 557수, 文 126수를 모아 原集 8권으로 만들고, 詩 1,035수, 文 198수는 後集과 續集으로 만들었으며, 散筆은 총 1,568條로 따로 하나를 만들었다고 하였다. 그러나 현재 규장각에 전하는 《悔窩集》은 朱標는 보이지 않고, 原集 8권만이 전한다. 그리고 나머지 저술은 현재 그 행방을 알 수 없다. 그리고 안석경과 교유가 있는 李明夏(字 悔叔)는 《古文百選集解》을 편찬하였는데, 이 책은 金錫冑의 《古文》을 바탕으로 하여 속편으로 성격으로 편찬된 것이다. 여기에는 諸家의 註說을 모으고, 字句의 난해처를 풀이하고 體裁變化의 대강을 표시하였다고 하는데, '체재변화의 대강을 표시하였다'는 것은 바로 평점 방식의 비평에 대한 관심을 반영하는 것이다.

하고 문장과 시에 해당되는 것을 모아 천지인 3책으로 만든 것이다.[5]

안석경은 자가 숙화(淑華)이며, 호가 완양(完陽) 또는 삽교(霅橋)로서, 본관은 순흥이다. 농암 김창협 형제의 문인이었던 안중관의 둘째 아들로 태어난 그는 현재까지 한문 단편 작가의 한 사람으로 널리 알려져 왔다.[6] 이 글에서는《삽교예학록》의 주요 내용을 검토함으로써, 18세기 중후반을 대표하는 시문비평가로서의 면모를 확인해 보고자 한다. 그는 과거에 세 번 응시하였지만 번번이 낙방하였으며, 1752년 아버지의 죽음 이후 강원도 횡성의 삽교에 은거하면서 저술에 힘썼다.

《삽교예학록》 앞에는 안석경의 서문이 있고, 바로 이어서 문장을 구성하는 기본 요소와 평점 방법을 밝혀 놓았다. 이들 자료를 통해 안석경이 생각하는 문장관 및 평점 의식의 일단을 살펴볼 수 있다. 중국 역대 한시 및 산문 작품을 시대순으로 배열하여 놓았는데, 좌전으로부터 명대 문장가에 이르기까지의 작품들을 망라하여 비평 작업을 행하였다. 요컨대 선진시대로부터 명대에 이르는 기간의 주요한 시문 작품 및 작가를 대상으

5 《삽교예학록》 이외에 현재 전하지 않는《散筆》,《文宗》,《文府琬琰》 등의 저술 또한 주목된다.《散筆》은 安錫儆의 부친인 安中觀의 저술로서, 그 분량이 총 1,568조에 달한다. 그 구체적 내용은 알 수 없지만,《삽교예학록》의 저술 안에 "前後出師表는 散筆에 기재되어 있으므로, 여기서는 따로 적지 않는다"는 언급 등이 있는 것으로 보아,《散筆》 속에는 역대 시문에 대한 비평을 담고 있는 부분이 상당히 수록되어 있을 것으로 짐작된다.《文宗》은 '主理', '所宗乎文者, 純乎道也'의 관점에서 宋나라 주렴계, 장재, 정이천, 정명도, 주희 등의 글을 모아 편찬한 선집이다. 주렴계의 〈태극도설〉, 장횡거의 〈서명〉, 정명도의 〈십사봉사〉, 정이천의 〈역전서〉, 〈춘추전서〉, 주희의 〈중용서〉, 〈무신봉사〉 등을 수록해 놓았는데, 이들 7편의 글을 상하 2편으로 삼고, 그밖에 제갈공명의 〈출사표〉, 한유의 〈논불골표〉, 유거화의 〈태화대책〉, 호방형의 〈청참삼인소〉 등의 4편을 따로 1편으로 만들어 총 1권으로 편찬하였다. 이 선집 또한 지금 그 행방을 알 수 없다. 그리고《文府琬琰》은 '主辭'의 관점에서 선집한 것으로, 〈呂相絕秦辭〉(左丘明), 〈제물론〉(莊子), 〈論逐客書〉, 〈過秦論〉(가의), 〈諫伐閩越書〉(회남자), 〈貨殖列傳〉(사마천), 〈刺客列傳〉(사마천), 〈遊俠列傳〉(사마천), 〈秦表〉(사마천), 〈楚表〉(사마천), 〈越表〉(사마천), 〈諫不受單于調書〉(양웅), 〈原道〉(한유), 〈答孟簡書〉(한유), 〈祭鰐魚文〉(한유) 및 〈報燕惠書〉(낙창국), 〈前後出師表〉(제갈량) 등을 수록하였다. 이 선집 또한 지금 그 행방을 알 수 없다.

6 이명학, 〈한문단편 작가로서의 삽교 안석경〉,《이조후기 한문학의 재조명》(창작과비평사, 1982)에서 처음 삽교 안석경에 대해 검토한 바 있다.《삽교만록》에 수록된 한문 단편에 대한 연구는 있어 왔지만, 아직까지《삽교예학록》을 포함한 안석경의 다른 저술을 대상으로 분석한 연구 논문은 없다.

로 하여 매우 구체적이며 분석적인 비평 작업을 체계적으로 집성하였다고 하겠다.

안석경은 하나하나의 작은 것들이 모여서 커다란 하나의 전체를 형성한다는 원리에 입각하여 문학이라는 것 또한 하나의 글자와 단어들의 축적을 통해 형성되는 것이라고 하였다.[7] 이 같은 그의 생각은 "매편마다 종지가 있는데, 편이라는 것은 장이 모여 이루어진 것이고, 장이라는 것은 구가 모여 이루어진 것이며, 구라는 것은 글자가 모여 이루어진 것이다"라고 언급과 상통된다.[8] 그리고 이러한 생각은 글을 구성하는 각 단위들 간의 상호 유기적 관계를 중시하여 문장의 편장법에 특히 주목하는 그의 비평적 입장과 연관된다. 문장 일반 및 작품 편장의 중요성에 대한 그의 의식을 다음 자료는 잘 보여 준다.

> 문에는 의(意), 체(體), 법(法), 사(辭), 기(氣)가 있다. 대개 뜻을 확립하는 것은 바른 도에 합치하기를 힘쓰고, 체모(體貌)는 의당 위치를 잘 살펴야 하며, 법도는 정연하고 조밀하면서도 원만한 것을 귀하게 여기고, 사령(辭令)은 간명하면서 고아하려고 해야 하며, 기백은 창달하고 굳센 것을 숭상한다. 무릇 도는 체이고 문은 쓰임이다. 문과 도가 어긋나 쓰임이 체에 어그러진다면, 되겠는가? 그러므로 문장을 지을 때에는 크고 작음에 관계없이 도를 밝히는 것을 위주로 한다. 문의 쓰임은 신분이 높고 낮은 사람, 크고 작으며, 가깝고 소원하며, 멀고 가까운 사이에 있어 올리며 응대하며 깨우치고 훈계하고 칭양하고 기술하며 포폄하고 의론하는 데에

---

7 安錫儆, 〈藝學錄自序〉, 《雪橋集》(下), 377면. "文之爲文, 交錯其形. 故日 : 物相親爲文. 皆物事之聚, 衆理之會, 而群言之交互者, 是謂之文耳, 固與單言隻辭有不同者. 然積葉而爲樹, 積隊而爲陣, 積夫單言隻辭而爲文. 葉之理, 如樹之枝而葉, 隊之勢, 如陣之部而隊. 雖單言隻辭, 其理與勢, 豈誠異於所謂文者耶? 苟有以通悟, 則其於巨篇大册之作, 約而易裁, 要而易制, 與開單言而製隻辭無異矣."

8 安錫儆, 〈積小成大〉, 《雪橋漫錄》, 《雪橋集》(下), 56-57면. "有物之大者, 莫尙於天地, 而地之土石, 其脈理細密, 天氣之濟於地也, 亦見其纖如絲髮, 盖合其纖細而爲至大也. 故天氣地形之所凝, 而爲動植之林林者, 無非聚纖而爲洪, 積小而成大. 至於人之道德事業文章, 亦皆然也. (…) 文之爲物也, 每篇皆有宗旨, 而篇者章之所積也, 章者句之所積也, 句者字之所積也. 句不冗, 而章則遒, 章不錯而篇則完. 自古文章大家, 未有不精於使字者, 良以此也. 搆大厦者, 無木不治, 織重錦者, 無絲不察. 大田之苗, 上農逐根而培之, 廣園之樹, 場師逐幹而修之. 凡爲大者莫不謹於小, 爲成者莫不詳於細, 是皆循天地自然之理也."

있으니, 그 체모가 각기 마땅한 바가 있어 정연하여 옮기거나 바꿀 수 없다. 무릇 사물이 생겨날 때에 맥락이 없지 않고, 사물이 이루어질 때에 조리가 없지 않고, 사물이 모일 때에는 품절(品節)이 없지 않으니, 유독 문장만이 그것과 다르겠는가? 맥락이 없으면 흙으로 빚은 인형에 불과하고, 조리가 없으면 뒤엉킨 실과 같으며, 품절이 없으면 궤멸된 군졸과 같다. 맥락이 유통하여 호응이 상응하고, 조리가 분명하여 빈주에 어그러짐이 없고, 품절이 엄정하여 가고 옴에 어그러짐이 없다. 이것들은 모두 지극한 법도이니 소홀히 할 수 없다. 한유가 말하길, '사람이 소리 중에서 가장 정밀한 것이 말이며, 문장은 말 중에서도 또한 가장 정밀한 것이다'고 하였다. 군자는 일상적이며 평범한 말에서도 비루한 것들을 멀리하고 지루하고 허탄한 것을 경계하였는데, 하물며 문사에 있어서랴? 간략하면 전달하기에 쉽고 분명하면 알기에 쉬우며, 예스러운면서도 우아하면 남들에게 버려지지 않는다.

도로써 뜻을 확립하고 쓰임에 있어 체모를 얻고, 법도에 어긋남이 없으며 문사가 비루하지 않음에도, 시집 온 지 3일 된 새색시의 나긋나긋한 말과 같다면, 사람의 이목을 끌고 천하에 크게 행해질 수 있겠는가? 그러므로 옛날에 글을 짓는 자에게는 기를 창성하게 하는 설들이 있었으니, 이 또한 힘쓰지 않을 수 없다.[9]

안석경은 문장 창작의 주요 구성 요소를 크게 다섯 가지로 제시하였다. 명의(命意), 체모(體貌), 법도(法度), 사령(辭令), 기백(氣魄)이 그것이다. '명의'는 주제 설정, 구상에 해당되며, '체모'는 시문의 각 용도, 목적, 제재에 따라 작품에 구현되는 풍모, 형상이다. 다시 말해 각 문체별 목적, 제재 및 용도에 적합하게 구현된 작품상의 풍모를 가리킨다. '의(意)'는 비교적 추

---

9 安錫儆, 〈藝學錄自序〉, 《雪橋集》(下), 377면. "嘗曰 : 文有意有體有法有辭有氣. 蓋命意務合於正道, 體貌宜審乎位序, 法度貴乎整密而周圓, 辭令欲其簡明而古雅, 氣魄尙其暢達而健擧. 夫道爲體, 而文其用也. 文與道違, 而用悖於體, 可乎? 故爲文, 無大無小, 當以明道爲主. 文之爲用, 在於尊卑大小親疎遠近之間, 敷奏應對, 告諭戒飭, 稱揚記撰, 褒貶議論之際, 其爲體貌各有攸當, 井井乎不可移易. 凡物之生, 莫不有脈絡, 凡物之成, 莫不有條理, 凡物之聚, 莫不有品節. 獨於文, 可以異乎哉? 無脈絡, 則土偶也; 無條理, 則亂絲也; 無品節, 則潰甲敗轍也. 脈絡流通, 而呼吸相應, 條理分明, 而賓主不錯, 品節嚴整, 而往復無差. 凡此皆有至法不可忽也. 韓子曰 : '人聲之精者爲言, 而文者之於言, 又其精者也.' 君子之於庸言恒語, 務遠鄙悖而戒支誕. 況於文辭乎? 簡則易傳, 明則易知, 古而雅, 則不爲人之所鄙棄. 使以道而命意, 在用而得體, 以法則無乖, 以辭則不陋. 然且厭厭若三日新婦語, 其能足人瞻聆而興行於天下乎? 故古之爲文者, 又有昌氣之說, 是亦不可以不力者也."

상적인 작가의 주관적 사상 감정 및 관점 경향인 동시에 작품 중에 작가의 주관적 의도를 포함한 구체적 현실 생활 내용을 가리킨다. 의를 확립하는 것이 무엇보다도 가장 중요하며 선결되는 과제라고 할 수 있는데, 《삽교예학록》의 한시비평에 보이는 이와 관련된 용어 혹은 개념으로 종지(宗旨), 본지(本旨), 주의(主意), 입제(立題), 두뇌(頭腦), 대지(大旨), 대의(大意), 지의(旨意) 등을 들 수 있다.

법도는 시문창작의 규칙과 기법을 총칭하는 용어로서, 특히 시문창작상의 구성, 안배, 조직을 가리킨다. 결구(結構), 조직(組織), 포치(布置), 장법(章法) 등의 용어를 사용했다. 이것은 문장의 편장에 대해 계획하는 일로서, 문장의 구상 단계에서 제재를 선택하고, 구조를 설계하고, 내용을 배치하고 기법을 운용하는 일에 대해 세심하게 고려해야 한다. 그 목적은 문장의 사상 내용을 표현하기 위해 적절한 형식과 기교를 찾는 것인데, 구체적으로 줄거리와 맥락, 서두와 결말, 상세한 묘사와 간략한 묘사, 층차(순서, 단계)와 단락, 과도(過度)와 조응, 축세(蓄勢)와 점제(點題), 표제(標題)와 체식(體式) 등을 포괄한다.

안석경이 《삽교예학록》에서 실제 작품 분석을 할 때 법도, 즉 작품의 구성과 조직의 측면을 특히 주목하였는데, 다음 자료는 그 점을 잘 보여 주고 있다.

> 예전에 정윤경(정내교)이 말하길, "문장가에게는 반드시 전문적인 사법(師法)이 있지 않았다. 옛날 사람들은 말을 드러내어 문장을 이루었을 따름이니, 어찌 법도가 있었겠는가?"라 하였다. 내가 답하길, "옛날 사람이 말을 드러내어 문장을 이루매 저절로 법도를 이루었다. 후세 사람들은 그것을 배워 문장을 지었으니, 그것이 이른바 전문사법이다"고 하였다. 윤경이 말하길, "문장이 어찌 반드시 법도가 있어야 하는가?"라 하였다. 답하길, "북두성이 그 가운데 자리한 가운데, 하늘과 땅과 사람이 솥발처럼 붙어 있고, 28수가 수레바퀴통처럼 둘러 있고, 해와 달, 그리고 화수목금토의 다섯 별이 왕래하는데 어느 별 하나도 질서를 어그러뜨리는 것이 없는 것은 천문에 법도가 있는 것이다. 신주가 대지의 한가운데에 자리잡고 있

> 고, 오악이 자기 자리를 바로 하고 사독이 흐르고, 그 나머지 명산 대천이 빙 둘러 모여서 서로 이끌고 끌어당기어 조리가 찬연하니, 이는 지문(地文)에 법도가 있는 것이다. 오전(五典)을 날줄로 하고, 오례(五禮)를 씨줄로 하며 오복(五福)으로 그 덕을 드러내고 오형(五刑)으로써 그 죄를 주며, 육사(六師)로써 그 성대함을 빛내고 육악(六樂)으로써 그 조화로움을 밝히고 육서(六書)로써 기록하고 구수(九數)로써 구별하는 것은 인문(人文)에 법도가 있는 것이다.[10]

여기서 안석경이 강조하는 것은 두 가지이다.

첫째 문장의 법도는 고인의 경우에는 저절로 법도를 이루었던 데 비해, 후세 사람은 그것을 본받아 문장을 이루었다. '전문사법(專門師法)'이란 바로 후세 사람이 그 이전 시대 사람들의 '자위법도(自爲法度)'에 의거하여 발전시킨 것이다. 이러한 생각은 중국 당송파의 대표적 인물의 하나인 당순지가 선진양한의 문장은 "법도가 없는 것 같으면서도 법도가 있고", 당송 이후의 문장은 "의거해야 할 법도가 있다"고 한 언급과 상통한다. 농암 김창협의 비평관을 계승한 도곡 이의현 역시《도협총설》에서 선진양한과 당송의 문장을 '무법지법(無法之法)'과 '유법지법(有法之法)'으로 구분하였다. 안석경이 위의 인용문에서 언급한 고인과 후세의 법도 문제 또한 이러한 인식을 공유하고 있다.

둘째, 천문, 지문, 인문에 법도가 있는 만큼, 인문의 하나인 문장에도 당연히 법도가 있어야 한다. 천문, 지문, 인문 등 삼라만상의 제현상들이 모두 하나의 전체 속에 질서정연한 체계와 짜임새를 갖추고 있듯이, 문장 또한 이러한 법도를 갖추고 있어야 한다고 주장하였다. 여기서 주목되는

10 安錫儆,《雪橋漫錄》,《雪橋集》(下), 221-222면. "昔者鄭胤卿曰 : '文章家, 未必有專門師法. 古之人, 發言成章而已. 何法度之有哉?' 余答曰 : '古之人, 發言成章, 自爲法度. 後之人, 學乎此以爲文章, 所謂專門師法也.' 胤卿曰 : '文章何須有法度?' 答曰 : '北辰居其中, 三元鼎足而附之, 二十八宿輻輳而環之, 七曜往來而緯之, 無一箇星亂次者, 天文之有法度也. 神州之中於地, 而有五嶽以正其位, 四瀆以紀之, 其餘名山川之環嚮奏集, 而爲之包絡控引者, 條理燦然, 是地文之有法度也. 五典以經之, 五禮以緯之, 五服以章其德, 五刑以討其罪, 六師以耀其盛, 六樂以暢其和, 六書以識之, 九數以辨之者, 人文之有法度也."

것은 문장 또한 법도가 있어야 한다는 필연성뿐만 아니라, 그 법도의 실질적 의미가 바로 문장에 있어 편장 구성과 조직을 가리킨다는 점이다. 시문 또한 하나의 중심을 향해 작품 내의 각 단위와 요소들이 유기적으로 통일되어 질서정연한 구성과 조직을 갖추어야 하는 바, 그것이 바로 시문에서 요구하는 법도인 것이다.

다시 앞에 언급하였던 문제로 돌아가, 명의와 체모, 그리고 법도 다음으로 제시된 사령(辭令)은 문사(文辭)라고도 할 수 있는데, 문장 표현 및 수사 기교를 가리킨다. 안석경은 글이 자구편장의 각 단위간의 결합에 의해 구성된다고 보고 있으며, 글을 구성하는 최소 단위인 자와 구에 대한 정련이 중요함을 강조하였다. 한시비평과 관련하여 여기에 해당되는 용어 혹은 개념으로는 격발지사(激發之辭), 직부(直賦), 격어(激語), 냉어(冷語), 불공어(不恭語), 자해어(自解語), 목전어(目前語) 등이 사용되고 있다.

마지막으로 들고 있는 기백은 작품상에 구현된 작가의 정신적, 생리적 역량 혹은 기상이라고 할 수 있다. 문장의 기세를 힘차게 전개시켜 나가는 힘이라고 할 수 있다.

3. 《삽교예학록》에 나타난 한시 비평의 양상

앞서 검토한 명의, 체모, 법도, 사령, 기백의 다섯 방면에 기초하여 《삽교예학록》에 나타나 있는 한시비평론의 주요 국면 및 용어를 세분해 보면 다음과 같다.

① 命意(작품의 주제 확립)와 관련된 비평 용어: 宗旨, 本旨, 主意, 立題, 頭腦, 大旨, 大意, 旨意, 立意奇妙

② 體貌와 관련된 비평 용어: 體貌, 臣子頌君之體貌

③ 法度(작품의 구성, 조직)과 관련된 비평 용어: 錯綜最可法, 首尾連續, 承上起下, 結上起下, 血脈相通, 前後得其次序, 脈絡分明, 照應吞吐伸縮轉摺之妙, 一意相貫, 前後呼吸, 脈絡相通, 呼吸相關, 結搆精緻, 收結關鎖

④ 辭令(문사의 표현 기교와 방법)은 다시 둘로 나누어 볼 수 있다.

– 字句의 표현 및 수사와 관련된 비평 용어: 激發之辭, 激語, 冷語, 不恭語, 句法, 譏諷之語, 自解語, 目前語, 用字法

– 賦比興의 표현 방법과 관련된 비평 용어: 賦, 直賦, 托而賦, 比, 興

아래의 자료는 위에 말한 비평 방식을 잘 보여 주는 예의 하나이다.

〈병거행〉에서 '수레는 덜컹덜컹 말은 히잉히잉 / 떠나는 이 활과 화살 허리에 찾도다'는 눈앞의 일을 적은 말(目前語)이다. '아비와 어미 처자식'으로부터 '하늘에 닿는다'까지는 집에 살던 이들이 몹시 애통해 함을 말한다. '길을 지나던 이'로부터 '변방에서 수자리합니다'까지는 길을 지나던 이의 슬픔과 원망을 말한다. '변방의 흐르는'으로부터 '동서가 없답니다'까지는 이번 전쟁이 부득이한 것이 아님을 말하였다. 중원을 비워두고 변방을 도모하느라, 집에 살거나 길을 지나던 이들로 하여금 이러한 지경에 이르게 하였으니 무엇때문인가? '하물며 다시금'으로부터 '한을 펼 수 있겠습니까'까지의 4구는 전쟁을 벌이지 않을 수 있는데 백성을 괴롭히기를 닭과 개처럼 하여 그들의 생명을 돌아보지 않는 것은 무엇때문인가? 백성들의 고통을 잘 어루만져주는 훌륭한 장수에게도 오히려 출정나온 이들의 호소를 펼 수 없거늘, 하물며 폭악스럽고 잔인한 장수에 있어서랴! 현종이 변방을 개척한 것은 군주의 뜻이고, 백성을 개와 닭 몰 듯 몰아붙이는 것은 장군의 명령이다.

'또한 금년 같은 경우'로부터 '어디서 나오겠습니까'까지는 '산동의 고을들에 형극과 구기가 자라고, 건장한 아낙이 호매와 쟁기를 잡는' 뜻에 호응을 하였으며, 또한 위로는 '아비와 어미, 처자식들이 전송하느라 길에서 통곡하는' 뜻에 호응하였다. 대개 나라에 있어 폐해가 이러한 지경에 이르렀음을 말하였다. '진실로 알겠네'로부터 '온갖 잡초 따를 뿐입니다'까지는 '진나라 병사가 힘든 전투 잘 이겨낸다 하고, 역부가 감히 한을 펴겠는가'의 뜻에 호응을 하였으며, 또한 위로는 '열다섯에 황하를 지키고 머리 희어 변방 지키는' 뜻에 호응하였다. 대개 가정에 있어 폐해가 이러한 지경에 이르렀음을 말하였다. '그대는 보지 못했습니까, 청해 주변에'로부터 '훌쩍훌쩍 우는 소리'까지는 나라와 가정의 폐해는 차치하고 사람의 목숨이 지극히 소중한데도 죽은 자들이 이와 같으니 슬퍼할 만하다는 것이다.

'무황(武皇)'이라고 하고, '한가(漢家)'라고 한 것은 감히 지적하여 비난하지 않았기 때문이다.[11]

안석경은 두보의 대표적인 작품의 하나인 〈병거행(兵車行)〉을 분석함에 있어 시의 각 단위들을 나누고 그리고 그것들의 주요한 내용에 대해 자세하게 설명하였다. "수레는 덜컹덜컹 말들은 히잉히잉 / 출정 나가는 이들 활과 화살 허리에 찼도다"는 눈앞의 광경을 시인이 직접 목도하고 쓴 말임을 지적하였다. 그리고 이어 묘사되는 대목을 크게 출정 나가는 이들의 가족과 작자 자신의 애통한 심정을 각기 담아 낸 것으로 해석하였다. 이것은 이 작품이 기본적으로 '출정 나가는 이'와 '작가' 사이의 대화를 기조로 하여 구성된 것과 관련된다. 이 두 사람 사이의 대화를 기조로 하였기 때문에, 먼저 출정 나가는 사람과 그들 가족의 애통한 심정을 노래하고, 이어서 그들이 처한 상황에 대한 작자 자신의 애통한 심정을 노래하였다. 이어서 백성들을 괴롭히고 더 나아가 죽게까지 만드는 전쟁의 부당함에 대해 노래하였다.

안석경은 작가가 목도한 장면 제시에서 작품이 시작되어, 출정 나가는 이들의 가족과 작자 자신의 애통한 심정을 노래한 다음에, '출정 나가는 이'의 말을 빌어 전쟁의 부당함을 토로하는 구성을 취하고 있음을 작품의 진행 순서에 따라 분석적으로 설명하였다.

---

11 安錫儆, 《雪橋藝學錄》, 《雪橋集》(下), 521면. "兵車行, 車轔轔馬蕭蕭, 行人弓箭各在腰, 目前語也. 爺孃妻子, 至干雲霄, 居者痛迫也. 道旁過者, 至還戍邊, 過行者哀怨也. 自邊庭流, 至無東西, 言此兵非不得已者也. 虛中國而事荒外, 使居者行者, 至於此極, 何也? 自況復, 至伸恨四句, 言可以無戟之戰, 殘民如鷄犬, 不血其生, 何也? 就有良將善撫, 猶不能伸役夫之訴告之言矣. 況猛暴殘忍之將乎? 武皇開邊, 君意也. 被驅不異大與鷄, 將令也. 自且如至何出, 應山東荊杞健婦鉏犁之意, 又上應爺孃妻子相送道哭之意. 盖於國而害至此極也. 自信知至白草, 應秦兵苦戰役夫敢伸之意, 又應十五防河頭白戍邊之意. 盖於家而害至此極也. 自君不見青海頭, 至聲啾啾, 且置國家之害, 顧人命至重, 而死者如此, 其可哀也. 曰武皇, 曰漢家, 不敢指斥故也."

또한 안석경은 시 전체의 문맥을 특히 고려하여 평을 하고 있다. "또한 금년 같은 겨울에/관서 사졸의 일 아직 마치지도 않았는데/관리들은 급하게 조세 독촉하니/조세가 어디서 나오겠습니까"의 4구는 그 앞부분에서 "한나라 때 산동의 고을이 전쟁 때문에 황폐해지고 아낙네들이 고생스럽게 농사짓는 대목"과 상호 연관되어 있는 동시에, 더 거슬러 올라가 "출정 나가는 이의 가족들이 길 위에서 통곡하는 대목"의 뜻과 호응을 이룬다고 보았다. 이들 대목에서는 모두 전쟁으로 인해 국가의 폐해가 극에 이르렀음을 드러내고 있다는 점에서 작품 전체가 내재적 연관성을 획득하여 유기적 짜임새를 갖추고 있다고 보았다.

《삽교예학록》에서 한시 작품을 평할 때 많이 거론하고 있는 말은 '맥락이 서로 통하다(脈絡相通)', '혈맥이 서로 통하다(血脈相通)', '호흡이 서로 관련되다(呼吸相關)' 등이다. 이와 마찬가지로 "정말로 아들 낳으면 나쁜 일이요/오히려 딸 낳아야 좋은 일임을 알았습니다/딸을 낳으면 이웃에 시집이라도 갈 수 있지만/아들 낳으면 매몰되어 온갖 잡초를 따를 뿐입니다"라는 대목은 앞서의 "전란으로 고통받으면서도 호소 한번 제대로 할 수 없는 것"과 "평생토록 전란터에 끌려다닌 것"을 노래한 대목의 뜻과 호응된다고 하였다. 이는 가정이 전란으로 인해 풍비박산된 폐해를 드러낸다는 점에서 공통적인 의미 맥락을 형성한다. 즉 전자가 '국가의 폐해가 극도에 달하였음'을 공통적으로 함유하고 있다면, 후자는 '가정의 폐해가 극도에 달하였음'을 공통적으로 함유하고 있다는 점에서, 각각은 작품의 앞뒤에서 상호 호응을 이루고 있는 것이다. 안석경은 바로 이 점에 주목해서 그 상호 연관성을 지적하였던 것이다. 이러한 지적은 시 작품 전체를 일관되게 관통하며 끊어지지 않고 이어 나가며 하나의 흐름을 이루는 것, 즉 전체를 관류하는 의미의 내재적 연계에 주목한 것이라고 할 수 있다. 이와 유사한 용어인 의맥(意脈), 맥락(脈絡), 결맥(結脈), 어맥(語脈), 혈맥(血脈) 등을 《삽교예학록》에서는 자주 접할 수 있다.

마지막으로 자법과 관련하여 안석경은 특정 글자의 사용에 주목하고 있다. 즉 〈병거행〉에서 사용된 '무황(武皇)'과 '한가(漢家)'라는 용어는 당나라 현종의 무모한 변경 확장 정책으로 인해 초래된 당시 사회의 비참한 상황을 그려 냄에 있어, 이를 직접적으로 적시하지 않고, 한나라 무제의 일에 의탁하고자 하는 작가의 의도가 깃들어 있음을 나타내는 것으로 보았다. 즉 두보 당시의 군주였던 당나라 현종을 직접적으로 드러내지 않고자 하는 의도에서 한나라 무제와 한 왕조로 대체시킨 것이다.

두보시에 대한 안석경의 평 가운데 '자법'과 관련된 다른 예를 들어 본다.

> 〈등악양루〉의 함련에서 물은 오나라와 초나라의 동남쪽에 있기 때문에 탁자(坼字)를 쓴 것이 정확하고 적합하니, 이것이 글자를 쓰는 법이다. 공의 배율 중에 "대지는 평탄하여 강물은 촉땅을 흔들고, 하늘은 공활하여 나무 그림자 진땅에 떠 있도다"에서 '동(動)'과 '부(浮)' 두 글자가 아니면, 이 두 구는 전혀 개성이 없게 된다. 그러므로 한 편의 오묘함은 때로는 한 글자에 의지하기도 하니, 이러한 유가 그것이다.[12]

위 인용문에서 말한 배율은 〈봉화엄중승서성만조십운(奉和嚴中丞西城晩眺十韻)〉을 가리킨다. 이 시는 엄무가 지은 〈서성만조〉에 화답하여 지은 것으로, "대지는 평탄하여 강물은 촉 땅을 흔들고, 하늘은 공활하여 나무 그림자 진 땅에 떠 있도다(地平江動蜀, 天濶樹浮秦)"에서 '동(動)'과 '부(浮)' 두 글자의 쓰임에 주목하였다. 이에 대해서는 《두시상주》에서도, "땅이 평탄하고 하늘이 광활하다는 것은 성 밖의 멀리 보이는 경관이다. 황생의 주에, '동'자는 물이 세차게 용솟음치는 모습을 형용하였고, '부'자는 아득하고 먼 모습을 형용하였다"고 하였다. 〈등악양루〉의 함련, '오나라와 초나라가 동남으로 갈라지다(吳楚東南坼)'의 '탁(坼)'자와 함께 두보시의 뛰어난

---

12 安錫儆, 《雪橋藝學錄》, 《雪橋集》(下), 540면. "岳陽樓頷聯, 水居吳楚之東南, 故坼字下得精切, 此用字法也. 公排律有日: '地平江動蜀, 天濶樹浮秦', 非動浮二字, 則此兩句全無神精矣. 故一篇之妙, 或須一字, 此類是也."

글자 운용의 한 예라고 할 수 있다.

> 〈전출새(前出塞)〉는 "서글퍼 고향을 떠나"로부터 "종군한 지 십여 년"에 이르기까지 모두 9장인데, 한 가지 뜻으로 일관되어 있고, 굽어보고 우러러보며 강개하는 가운데 곡절이 다채로워 크게 조화가 있다. 〈후출새(後出塞)〉는 "남아가 세상에 태어나서"로부터 "나는 본디 양민의 아들"에 이르기까지 모두 5장인데, 한 가지 뜻으로 일관되어 있으며 또한 굽어보고 우러러보며 강개하고 곡절이 다채로운 속에 조화가 흐르고 있다.
>
> 또한 〈전출새〉 9장과 〈후출새〉 5장은 또한 한가지 뜻으로 꿰어 있어 앞뒤로 호흡하고 혈맥이 관통하니, 마음을 비우고 읊조려 보면 알 수 있다. 작품의 주제는 크게 세 가지이니, 하나는 민생을 슬퍼하는 것이며, 또 하나는 병사들을 가여워 하는 것이며, 다른 하나는 국가를 걱정하는 것이다. 모두 변방으로 나간 병사의 말들이 반복곡절하며 매우 진실되고 절실하며 조화에 출입하여 쉽게 엿볼 수 없다.[13]

〈전출새(前出塞)〉는 두보가 천보 말년에 지은 총 9수의 연작 5언 고시이다. '출새(出塞)'는 본래 악부시의 시제로서, 출정 나간 병사의 변경에서의 전투 생활을 제재로 하였다. 두보는 이 옛악부의 제목을 빌려와 당나라 현종 천보 연간에 빈번한 전쟁의 와중에서 종군하는 병사의 고통을 노래하였는데, 〈전출새〉는 모두 9수로 되어 있고, 〈후출새〉는 모두 5수로 되어 있다.

안석경이 여기서 관심을 갖고 있는 부분은 〈전출새〉와 〈후출새〉 각편 및 그 두 작품 상호간의 주제적 일관성이다. 〈전출새〉는 모두 9장으로 나뉘어져 있지만, 그 각각이 독립된 한 편인 동시에 그 전체가 "한 가지 뜻으로 일관되어 있다"는 것이다. 이 점은 5장으로 이루어진 〈후출새〉의 경우

---

13 安錫儆, 《雪橋藝學錄》, 《雪橋集》(下), 532면. "前出塞, 自戚戚去故里, 至從軍十餘年, 凡九章, 貫以一意, 俯仰曲折, 大有造化. 後出塞, 自男兒生世間, 至我本良家子, 凡五章, 貫以一意, 亦流造化於俯仰曲折之中. 又前出塞九章, 與後出塞五章, 亦一意相貫, 而前後呼吸, 血脈貫通, 虛心諷詠可見矣. 若其旨意所注, 則有三條, 一是哀民生也, 一是憐兵徒也, 一是憂國家也. 摠之爲兵徒出塞者之言, 反覆曲折, 十分眞切, 出入造化, 殆未易窺測."

도 마찬가지이다. 그리고 “우러르며 굽어보고 곡절이 많다”는 것은 이 두 작품이 모두 변방에 출정나간 병사들이 자신들의 입을 통해서 그들이 느끼는 여러 가지의 심정—고향에 돌아가고픈 마음, 공을 세울 길이 없음을 탄식, 혹한으로 인한 고초, 나라를 위한 충정 등—을 감개 어린 어조로 토로하는 동시에, 그러한 감개어린 감정의 토로에 곡절변화가 풍부함을 가리킨다. 이상이 〈전출새〉와 〈후출새〉 두 편의 상호 연관된 구성 방법, 즉 법도에 대한 평이라면, '명의' 방면과 관련해서는 두 작품의 주제를 크게 민생을 슬퍼하는 것, 병사들을 가여워하는 것, 국가를 걱정하는 것으로 대별하였다.

위의 인용문에서 특히 주목되는 비평 용어가 '혈맥관통'이다. '혈맥'은 전체 문장을 관통하는 핵심으로서, 작가의 생각을 체현하는 흐름이라고 할 수 있다. 근맥, 명맥이라고도 하는데, 인체에서 혈맥과 경락이 전신을 관통하는 것과 마찬가지로, 시문에 있어 그것은 흩어진 재료들을 하나의 유기적 전체로 조성하는 역할을 수행한다. 혈맥은 작품 내의 각 구성 요소와 단위들을 하나로 계통화하고, 묘사하는 사물, 경물, 인물, 사실 등을 유기적으로 구성케 한다. 그런데 그 혈맥은 '마음을 비우고 읊조려 보면 알 수 있다'는 말에서 짐작되듯이, 겉으로 드러나 있는 것이 아니라 작품 내에 숨겨져 있는 것이다.

이와 관련해 남송 때 여조겸(呂祖謙)은 “형체가 있는 것은 강목이며, 형체가 없는 것은 혈맥이다”[14]라고 하였고, 청나라 사람 방동수(方東樹)는 《소매첨언(昭昧詹言)》이라는 저술에서 “장법은 사람 몸의 뼈이다. 맥은 그것을 세밀하게 묶어 주는 것이다. 장법은 밖에서 볼 수 있지만, 맥은 볼 수 없다”[15]라고 하였다. 여기서 혈맥은 공통적으로 작품 내에 감추어진 것, 형

---

14 呂祖謙, 《古文關鍵》(臺北 : 鴻學出版事業有限公司, 1989) “有形者綱目, 無形者血脈.”

15 方東樹, 《昭昧詹言》(北京: 人民文學出版社, 1984) “章法, 形骸也, 脈所以細束形骸者也. 章法在外可見, 脈不可見.”

체가 없는 것이라는 특징을 갖고 있는 바, 강목 혹은 기승전결과 같이 뚜렷하게 작품에서 간취될 수 있는 것이 아니다.

연작시를 대상으로 하여 각편 상호간의 내재적 흐름에 주목한 평으로 다음의 예를 하나 더 들 수 있다.

> '가난한 선비를 노래함' 7장은 수미가 이어져 있어 그 순서를 바꾸어서는 안 된다. '만물이 각기 의탁하는 곳이 있는데'로 시작하는 제1수에서, 구름은 무심함을 비유하고 새는 게으름을 비유한다. 무심하고 게을러 춥고 배고프게 된 것은 스스로를 노래한 것이다. 그리고 '지음조차 실로 없으니/어찌할 수 없구나 무엇을 슬퍼하리오?'는 지금 세상 사람들 중에 나를 알아주는 이가 없으니 마땅히 천년 전의 벗을 사귀어야 함을 뜻한다. '추위 속에 해가 저무는데'로 시작하는 제2수는 제 1수의 뜻을 되풀이한 것인데, '어떻게 나의 심사 위로하리오/그 옛날 어진 이들에게 의지하려네'라고 하여, 이하 다섯 수를 일으켜 근심으로 삼은 것이다.
>
> '영계기 늙어 새끼줄을 띠고 하고'로 시작하는 제3수는 영계기(榮啓期)와 원헌(原憲)을 노래하였다. '순임금 시대 나와 멀리 떨어졌고/가난한 선비는 대대로 이어졌네'는 공과 영계기가 뜻을 같이 함을 뜻하는 것이다. '안빈하여 천함을 지키는 이/예로부터 검루(黔婁)가 있었네'로 시작하는 제4수는 검루를 노래하였다. '도가 아니어서 근심하지 않았고'와 '저녁에 죽은들 다시 무엇을 구하리'는 또한 공이 자신의 뜻을 말한 것이다. '원안(袁安)이 쌓인 눈을 보았는데'로 시작하는 제5수는 원안과 완적을 노래하였다. '장중울(張仲蔚)이 빈궁한 거처를 사랑해'로 시작하는 제6수는 장중울을 노래하였다. '옛날 황자렴(黃子廉)이 있어'로 시작하는 제6수는 황자렴을 노래하였다. '두려운 것은 배고픔과 추위가 아니네', '즐거운 것은 곤궁과 형통이 아니었네' 그리고 '장부가 비록 뜻이 있다 하나/실로 아녀자에게 근심 준다네'는 또한 공이 의탁하여 말한 것이다. 맨 끝에 '곤궁을 지키기 어렵다고 누가 말했던가/아득하구나, 선현들의 수양이여'라고 말하였으니, 작품 전체를 총결한 것이다.[16]

16 安錫儆, 《雪橋藝學錄》, 《雪橋集》(下), 497면. "詠貧士七章, 首尾連續, 不可移易其次. '萬族各有託'章, 雲比無心, 鳥比懶惰, 無心而惰, 所以寒饑, 此自詠也. 日: '知音苟不存, 已矣何所悲', 謂今世之人, 無知我者, 當尙友於千載之上矣. '凄厲歲云暮'章, 申首章之意, 而日 : '何以慰吾懷, 賴古多此賢', 便起下五章, 而爲其惱. '榮叟老帶索'章, 榮叟及原憲也. '重華去我久, 貧士世相尋', 公與榮叟之所同也. '安貧守賤者'章, 黔婁也. '非道固無憂, 夕死復何求', 亦公自說其志也. '袁安見積雪'章, 袁安與阮籍也. '仲蔚愛窮居'章, 張仲蔚也. '昔在黃子廉'章, 子廉也. '所懼非饑寒', '所樂非窮通', '丈夫雖有志, 固爲兒女憂', 亦公之託而言者也. 末日 : '誰云固窮難, 邈哉此

〈영빈사(詠貧士)〉 7수는 도연명이 만년의 나이인 62세 때 지은 것으로, 1수와 2수에서 도연명 자신의 만년의 삶을 노래하고, 3수부터 6수까지는 가난한 삶을 살았던 역사적 인물을 회고하였다. 여기서 안석경은 7수 전체의 수미일관성에 주목하여 작품을 분석하였다. 1수에서 만년의 삶을 노래하고, 이어서 2수에서 그것을 되풀이하였는데, 2수에 나오는 '어떻게 나의 심사 위로하리오/그 옛날 어진 이들에게 의지하려네'의 구절은 그 이후에 나오는 다섯 수의 시상을 미리 예비하는 성격을 담고 있다. 그리고 작품 마지막에 '곤궁을 지키기 어렵다고 누가 말했던가/아득하구나, 선현들의 수양이여' 라고 하여 작품 첫머리와 수미일관하게 작품이 짜여져 있음을 지적하였다. 이것은 글의 첫 부분과 끝 부분의 상호 연결을 나타내는 것으로, 수미상응 혹은 수미조응이라고 한다. 그것은 문장의 혈맥을 관통하게 하여 혼연일체를 이루게 하는 역할을 하는데, 문장 속에서 여러 차례 전환이 마치 물고기가 파닥거리며 활발하게 노는 듯하게 하더라도 수미가 상호 조응을 이루어야 관통하게 되는 것이다.

> 〈장유(壯遊)〉는 읽는 자의 마음속을 크게 열어 놓으니, 혹 그것을 알 만하다. 이 편은 대개 유람, 출처, 떠돎의 경개를 씨줄로 하고, 지식과 문장과 기절의 서술을 날줄로 하며, '지난날 십오 세'로부터 '속물들이 모두 망망하다'에 이르기까지가 두뇌가 된다. '동쪽 아래 고소대'로부터 편의 끝까지가 팔다리에 해당한다.[17]

두보가 지은 〈장유(壯遊)〉는 총 112구의 장편 고시이다. 두보가 대력 3년(766) 기주에서 자신의 지나온 삶의 역정을 다루고 있는 일종의 자전적인 작품이라고 할 수 있다. 작품 안에는 지난 시절의 다양한 경험과 그리

前修', 總結之也."

17 安錫儆, 《雪橋藝學錄》, 《雪橋集》(下), 529면. "壯遊, 讀之者, 大開心胸, 或可以知之. 此篇盖以遊覽出處遷徙之槩爲經, 而以志識文章氣節之敍爲緯, 而自往者十四五, 至俗物都茫茫, 爲頭腦, 東下姑蘇臺以下至篇末, 爲肢體."

고 파촉에서의 생활 등이 서술되어 있다.[18]

112구에 걸쳐 두보 자신의 인생 역정을 다루고 있는 이 작품에 대해 안석경은 먼저 해당 작품의 주요한 구성 방식을 지적해 놓았다. "유람, 출처, 떠돎의 경개를 씨줄로 하고, 지식과 문장과 기절(氣節)의 서술을 날줄로 하여" 작품이 교직되어 있음을 지적하고, 이어서 이 작품의 가장 핵심처가 되는 부분이 작품의 앞부분인 "지난날 십오 세"로부터 "속물들이 모두 망망하다"까지에 해당된다고 하였으며, 그 이후의 부분은 팔다리에 해당된다고 하였다. 즉 유람과 출처와 떠돎을 시간적 순서로 하여 작품이 순차적 구성을 밟고 있는 동시에, 지식과 문장과 기절을 그것과 상호 교직되게 배치함으로써 두보 자신의 곡절 많은 자전적인 일생을 요령 있게 구조화하고 있음을 지적하였다. 이것이 작품 전체의 구성이 지닌 기본 틀이라고 한다면, 112구에 달하는 작품 전체 분량에서 앞의 14구가 두뇌, 즉 작품의 주지를 담고 있는 핵심 부분이고, 그 이후부터 작품 끝까지는 그것의 확대 발전이라고 하였다.

여기서 두뇌는 한 편의 글 전체에서 가장 핵심이 되는 주지를 가리킨다. 주뇌(主腦), 총뇌(摠腦)라고도 하는데, 청나라 때 유희재(劉熙載)는 다음과 같이 설명한 바 있다.

> 무릇 한 편의 글을 짓는 데 중심 생각을 한 마디 말로 요약할 수 있다. 확대하면 천 마디 만 마디 말이 되지만, 요약하면 한 마디 말이 되니, 이른바 주뇌라는 것이 바로 이것이다.[19]

두뇌 또는 주뇌는 재료의 취사 가공 및 언어의 정련 운용, 구성의 조직

---

18 《杜詩詳注》에 나오는 劉克莊은 "이 시는 오십 여번 압운을 하였는데, 오언고시 중에서 특히 비장한 말이 많다. 荊軻가 노래를 부르고, 雍門周가 거문고를 연주하고, 高漸離가 축을 두들긴다 하더라도 그 音調 節奏가 이것의 질탕호방함만 못할 것이다."라 평하였다.

19 劉熙載, 〈文概〉, 《藝概》(上海 : 上海古籍出版社, 1978) "凡作一篇文, 其用意俱要可以一言蔽之. 擴之則爲千萬言, 約之則爲一言, 所謂主腦者是也."

안배 등에 결정적 작용을 한다고 할 수 있다. 요컨대 두뇌는 작품 전체의 중심이 되는 생각으로, 작품의 전개와 구성에 결정적 영향을 끼친다고 하겠다. 위에 인용된 〈장유〉의 경우 작품 앞 부분에 등장하는 부분이 해당 작품 전체의 주지를 담고 있으며, '동쪽 아래 고소대' 이하 부분은 그것을 중심 기둥 삼아 확대 발전된 것이라고 하겠다.

다음의 예는 문사 표현과 기교 방면 중 부비흥의 수사 방법에 대한 것이다.

〈귀전원거(歸田園居)〉에서 '어려서 세속과 어울리지 못하니'로 시작하는 제1수는 부(賦)이다. '들밖에는 세상일 드물고'로 시작하는 제2수는 부이면서 비(比)이다. '서리와 싸락눈 내려, 뽕과 삼 그리고 초목이 모두 다 시들어버렸다'는 것은 세상에 난리가 일어나자 군자와 야인들이 모두 화를 면하지 못함을 비유한 것이다. '남산 아래 콩 심으니'로 시작하는 제3수는 비이다. '풀이 무성하고'는 소인을 비유한 것이고, '콩싹'은 군자를 비유한 것이다. '새벽에 일어나 김을 매고'와 '달빛 받고 호미 매고 돌아오네'는 몸소 한번 나가 국사를 다스리고 호연히 벼슬 그만두고 옛 은거지로 돌아오고자 하는 것을 비유한 것이다. '길은 좁은데 초목이 웃자라'와 '저녁 이슬에 내 옷 적시네'는 작은 조정에서 소인들이 이미 전권을 농단하고 있으니 군자들이 국사를 다스리다 화에 이르지 않을 수 있겠는가를 비유한 것이다.

'옷이 젖는 것이야 아깝지 않으나/다만 어긋남이 없기를'은 윗글을 이어받아 진실로 한번 나아가 다스리기를 말한 것으로, 이것은 자신에게 화가 닥쳐도 사양하지 않음을 뜻한다. '오래도록 산과 못에 노닐고'로 시작하는 제4수는 부이다. '하루아침에 세상이 달라지고'에서부터 '끝내 공허함으로 돌아가리'까지는 군자와 소인, 옛 나라와 새로운 나라가 모두 허깨비가 아님이 없어 끝내 공허함으로 돌아가는 것을 말하였다. '슬퍼서 홀로 지팡이 짚고 돌아와'로 시작하는 제5수는 앞 수(제4수)의 뜻을 이었는데, 부이면서 비이고 또 부이다. '슬퍼서 돌아오니 또한 어찌할거나, 산골 물은 맑고도 얕으니, 내 발을 씻을만 하구나'는 대개 눈앞의 일을 서술한 것인 동시에, 애오라지 자신을 깨끗이 하고자 할 따름임을 비유한 것이다. '술을 거르고 닭을 잡아 이웃 불러' 전원의 즐거움을 삼는 것은 부이다. 대개 이 다섯 수는 혈맥이 서로 통하는데, '오래도록 산과 못에 노닐고'로 시작하는 제4수와 '슬퍼 홀로 지팡이 짚고 돌아와'로 시작하는 제5수는 더욱 더 서로 연결되어 있으니,

따로 보아서는 안 된다.[20]

〈귀전원거(歸田園居)〉 5수는 도연명의 나이 42세(406년)에 지은 작품이다. 팽택령을 사직하고 돌아와 전원에서 살아가는 작가의 한적한 삶을 질박하면서 평이한 언어 속에 담아 놓은 전원시의 걸작으로 손꼽힌다. 이 작품에 대해 안석경은 부비흥의 표현 수법 및 작품 간의 의미 맥락에 초점을 맞추어 비평하였다.

전통적으로 부비흥에 대한 정의 및 그 구분에 대해서는 여러 논의가 있어 왔는데, 시인이 자신의 사상 감정을 표현하기 위해 운용하는 예술적 구상과 표현 방법으로서의 부비흥은 한시 작품을 분석하는 매우 중요하면서도 유효한 분석 도구이다. 안석경은 〈귀원전거〉의 다섯 수를 부비흥의 관점에서 세분하여 파악하고 있는데, 1수는 부, 2수는 '부이면서 비', 3수는 비, 4수는 부, 5수는 '부이며 비이며 부'이다. 눈앞의 일을 묘사하는 동시에, 작가의 비유적 의미를 함유하고 있는 구절에 특히 주목하였다.

그리고 "대개 이 다섯 수는 혈맥이 서로 통하는데, '오래도록 산과 못에 노닐고'로 시작하는 제4수와 '슬퍼 홀로 지팡이 짚고 돌아와'로 시작하는 제5수는 더욱 더 서로 연결되어 있으니, 따로 보아서는 안 된다"고 하여 4수와 5수의 내재적 연계에 더욱 주목하였다. 이것은 "군자와 소인, 옛 나라와 새로운 나라가 모두 허깨비가 아님이 없어 끝내 공허함으로 돌아가는"(4수) 상황으로부터 "애오라지 자신을 깨끗이 하고자"(5수) 고향으로 돌

20 安錫儆, 《雪橋藝學錄》, 《雪橋集》(下), 500면. "歸田園居, '少無適俗韻'章, 賦也. '野外罕人事'章, 賦而比也. 霜霰之至, 桑麻草木, 同其零落, 以比世之亂作, 君子野人俱不可免也. '種豆南山下'章, 比也. 草盛, 比小人; 豆苗, 比君子. 晨興之理, 帶月之歸, 比身欲一出, 而整理國事, 浩然休致歸於舊隱也. 道狹草長, 夕露沾衣, 比小朝廷之中, 小人已專擅盛長, 寧容君子之得以整理, 而不之禍乎. '衣沾不足惜, 但使願無違', 承上文而言誠得一出, 而有以整理者, 此身之禍, 亦所以不辭. '久去山澤游'章, 賦也. '一朝異朝市', 至'終當歸空無', 言君子小人, 舊邦新國, 無非幻化, 而終歸空無者也. '悵恨獨策還'章, 承上章之意, 賦而比又賦也. 悵恨而還, 亦復奈何, 山澗清且淺, 可以濯吾足, 盖賦卽事, 而亦比聊以自潔吾身而已. 漉酒烹鷄, 招呼隣屬, 且爲田舍之懽, 則賦也. 盖此五章, 血脈相通, 而久居悵恨二章, 尤爲連屬, 不可別看."

아와 "술을 거르고 닭을 잡아 이웃 불러 전원의 즐거움을 삼는"(5수) 일련의 과정 속에 〈귀원전거〉 전체의 의미 맥락이 더욱 선명하게 형성된다고 보았기 때문이다.

> '푸르고 푸른 강가의 풀들/빽빽이 늘어선 동산의 버들'은 대개 '곱고 고운 누각의 여인'을 일으키면서도 실은 비의 뜻을 겸하고 있다. '푸르고 푸른', '빽빽이 늘어선'은 재주를 품고 있지만 펴지 못하는 뜻이다. 대개 이 편은 모두 다 비인데, '강가의 풀들'과 '동산의 버들'은 비 중에서 흥이면서 비이다. '옛날엔 창루의 여인'은 은거할 뜻이 없음을 비유한다. '지금은 탕자의 아내'는 출사하여 용렬한 임금의 신하가 되었음을 비유한다. '빈 방을 홀로 지키기 어렵구나'는 배반하려고 하는 뜻이 아니고, 어세가 저절로 격해져서 그러한 것이다.[21]

위의 작품은 〈고시십구수〉의 대표적 작품 가운데 하나로, 청루의 여인이 결혼한 뒤 멀리 떠난 남편을 기다리는 마음을 읊은 시로서, 작품은 다음과 같다.

푸르고 푸른 강가의 풀들	青青河畔草
빽빽이 늘어선 동산의 버들	鬱鬱園中柳
곱고 고운 누각의 여인이	盈盈樓上女
환하고 깨끗한 얼굴 창가에 기대 섰네	皎皎當窗牖
어여쁘게 붉은 분으로 단장하고	娥娥紅粉粧
섬섬옥수를 하늘거린다	纖纖出素手
옛날엔 창루의 여인	昔爲倡家女
지금은 탕자의 아내	今爲蕩子夫
탕자는 가서 아니 돌아오니	蕩子行不歸
빈 방을 홀로 지키기 어렵구나	空床難獨守

21 安錫儆, 《雪橋藝學錄》, 《雪橋集》(下), 473면. "青青河畔草, 鬱鬱園中柳, 盖以興盈盈樓上女, 而實兼比意, 青青鬱鬱, 懷才不得展之意也. 盖此篇全體爲比, 而河草園柳, 比中之興而比也. 昔爲倡家女, 比身無隱居之意也. 今爲蕩子婦, 比出爲庸君之臣也. 空床難獨守, 非欲背之意也, 語勢自激而然矣."

이 작품을 안석경은 재주를 품고 있으면서도 용렬한 임금 밑에서 신하 노릇 하느라 그것을 펼쳐 내지 못함을 청루의 여인이 결혼한 뒤 멀리 떠난 남편을 기다리는 것에 비유하여 노래한 것으로 파악하였다. 그래서 그는 이 작품 전체를 비로 보았다.

그러면서 1, 2구를 '흥이면서 비'라고 하였는데, 1, 2구는 3, 4구의 시상을 일으키는 흥의 역할을 하면서, '재주를 품고 있으면서도 펴지 못하는 뜻'을 비유하고 있는 것으로 보았던 것이다. 주희는 흥을 설명하면서, "원래 그 일을 말하려고 하되 그냥 의미 없이 두 구로써 끌어 일으키고, 그에 따라 접속시키는 것"이라고 한 바 있다.[22] 그리고 《시경》의 흥의 작법을 '관저형'과 '토저형'의 두 유형으로 나누었던 바, 〈관저〉편처럼 흥구(興句, 다른 사물을 먼저 말하여 흥을 일으키는 구)가 비유적 · 상징적 또는 암시적 의미를 내포하고 있어 내용상 응구(應句, 주제를 끌어내어 읊는 구)와 관련을 갖고 있는 것을 '취의(取義)한 흥'이라고 칭하고, 〈토저〉편처럼 흥구가 단순히 시의 첫머리를 열어 시의 흥을 돋우고 어세상 다음의 시구를 이끌어 내는 작용만 할 뿐 내용상 그다지 긴밀한 관련을 갖지 않는 것을 '불취의(不取義)한 흥'이라고 칭하였다.[23] 주자의 분류에 따르면, 1, 2구는 '취의한 흥'에 해당된다고 하겠다.

4. 마무리

이 글은 삽교 안석경의 《삽교예학록》에 나타나 있는 한시 비평의 구체적인 양상을 검토함으로써 18세기 중후반의 비평사의 새로운 국면을 탐색하

22 黎靖德 編, 《朱子語類》(북경: 중화서국, 1994) 권80. "本要言其事, 而虛用兩句釣起, 因而接續去者, 興也."
23 이재훈, 〈주자 시경학 연구〉(서울대 중문학과 박사학위논문, 1994), 76-77면.

는 것을 목적으로 하였다. 안석경은 《삽교예학록》에서 명의, 체모, 법도, 사령, 기백 등의 다섯 방면을 시문 창작을 구성하는 핵심 요소로 파악하였으며, 이에 기초하여 실제 작품의 원문에 즉하여 매우 구체적이며 세심한 분석을 가하였다.

이 같은 비평 방식은 종래 시화서에 나타나 있는 시비평 방식과 다르며, 서발류나 서간류 혹은 잡저류 등에서 행해졌던 것과도 구분되는 것이다. 그것을 평점 방식의 비평이라고 부를 수 있는 바, 중국 역대의 대표적인 한시 작품을 대상으로 하여 각 개별 한시 작품의 의미 단위 구분, 각 단위 간의 상호 연결, 작품 이면의 내재적 의미 맥락, 자법과 구법, 부비흥의 작법 등 매우 구체적이며 실제적인 층위에 걸쳐 세심한 분석적 비평을 가하였다. 한시와 산문 모두 세부 단락을 나누고, 각 단락의 주된 내용을 설명하고, 그리고 각 단락 간의 상호 연관을 기본적으로 다루고 있다고 할 수 있다. 이러한 비평 방식은 초학자들의 시문 학습에 중점을 두고 부친인 안중관이 가르쳤던 내용을 체계적으로 재정리하였던 데에서 그 원인의 일단을 찾을 수 있다. 시문 학습의 실제적인 모범과 법식을 제공해 주는 측면에 강조점이 있었기 때문에, 해당 작품의 기본적인 구성과 각 단위와 요소들간의 유기적 연관에 중점을 두었다고 하겠다.

그런데 다른 한편 이러한 비평 방식 및 그에 관류하는 문학 의식은 옛 문장에서 본받아야 할 것이 자구 차원의 그것이 아니라, 편장 구성의 법도에 있음을 자각하고 명나라 전후칠자의 모의적 창작 풍토를 교정하고자 하였던 당송파의 비평관을 수용, 발전시킨 것으로 짐작되며, 아울러 중국 송나라 때 《고문관건》 등의 평점본 선집이 본격 등장하고 이후 명대에 이르러 평점 형식의 비평 방식이 산문뿐만 아니라, 한시, 소설 등 문학의 제 분야로 더욱 발전하면서 대량의 평점본 선집들이 출현하는 동향과도 밀접한 연관을 맺고 있는 것으로 보인다.

우리나라의 경우 농암 김창협의 《농암잡지》에서 당송파의 수용을 통해 문장의 조직 구성과 그 다채로운 변화법에 대한 본격적인 논의가 이루어진 바 있고, 도곡 이의현에 이르러 계승되었는 바, 이후 18세기 중후반에 이르러 그 계승의 한 국면으로 안석경과 그의 부친인 안중관을 주목할 필요가 있다. 안석경의 부친인 안중관이 농암의 문하에 출입하였고 안석경 또한 김창협 형제들의 문학 창작과 사상을 계승하고자 하는 입장에 있었다. 이러한 점에서 농암 이후 전개되어 온 시문비평론의 맥락을 조망하면서 《삽교예학록》에 나타난 비평론의 위상을 검토할 필요가 있다.

4. 혜환 이용휴의 시론

1. 문제 제기

이 글은 혜환(惠寰) 이용휴(李用休, 1708-1782)의 문학론의 주요 특징을 그의 양명학적 사유와 연관시켜 살펴봄으로써 여러 갈래의 흐름이 병존했던 조선 후기 문학비평사의 한 국면을 해명하고자 하는 한 시론이다. 이용휴는 성호가학(星湖家學)을 계승한 토대 위에서 양명학, 불교, 도가 등 폭넓은 사상적 관심을 보인 재야 문인지식인이었다. 그는 1736년에 생원시에 합격한 후 벼슬을 단념한 채 평생을 문학 창작에 전념하였는데, 아들인 금대 이가환과 함께 18세기 이후의 새로운 시풍의 창도자로 평가되었다.[1]

한국의 양명학은 정주적 교학 체계의 엄격한 통제 아래에서 하곡 정제두를 비롯한 몇몇 소론계 학자들을 중심으로 연구되었다. 성호학파의 학자와 문인 중에서는 녹암 권철신만이 양명학에 대해 적극적인 관심을 보였을 뿐이며,[2] 대부분 학자들은 이단으로 배척하였음을 고려할 때 이용휴의 양명학 수용은 일단 특이하다고 하겠다.

하지만 이미 허균, 장유, 이수광에게서 양명학적 수용 양상이 나타나

---

1 창강 김택영은 영조 이후 문풍이 일변했다고 지적하면서 그 주요 인물로 李用休와 李家煥 부자, 후기 한문학 四大家를 꼽았다. 金澤榮, 〈申紫霞詩集序〉, 《韶濩堂文集》 권2, 《총간》 347, 251면.

2 安鼎福, 〈答權旣明書 丙戌〉, 《順菴文集》 권6, 《총간》 229, 450면.

며,[3] 이익과 안정복에게서, 비판적인 입장이지만, 양명학에 대한 부분적 접근이 시도되고 있었던 것으로 보아, 이용휴의 양명학적 사유 방법으로의 전환이 결코 기이한 것만은 아닐 것이다.

이에 이 글에서는 조선 후기 문학비평사의 사상적 근거를 양명학에로까지 확대하고자 하는 의도에서 이용휴의 문학론에 한정하여 논의를 진행하고자 한다. 이용휴의 문학론이 양명학적 사고로부터 출발하여 형성되었다고 주장하는 것은 아니다. 그의 문학론의 형성에는 양명학적 사고뿐만 아니라, 당대 문단에 대한 문제의식, 현실인식, 전시대의 비평 전통 등이 복합적으로 작용하였다. 다만 여기에서는 이용휴의 문학론에 초점을 맞추어 조선 후기 문학비평사의 사상적, 정신적 근거의 하나로서 양명학을 밝혀 보고자 한다.[4]

지금까지 현존하는 이용휴의 저작은 다음과 같다.

① 惠寰雜著, 국립중앙도서관 소장, 6책(10책 중 4책 낙질), 필사본
② 惠寰詩集, 국립중앙도서관 소장, 2책, 필사본
③ 惠寰詩鈔, 국립중앙도서관 소장, 1책, 필사본
④ 惠寰集鈔, 고려대도서관 소장, 2권 1책, 필사본
⑤ 탄만집, 규장각 소장, 1책, 필사본
⑥ 諸子鈔選, 장서각 소장, 2권 1책, 필사본

3 유명종 교수는《한국의 양명학》(서울: 동화출판공사, 1983)에서 허균, 장유, 이수광, 박지원, 박제가의 양명학적 수용 양상을 다룬 바 있다.

4 중국문학에 있어 양명학과 明代 公安派 문학의 관계에 대한 연구로 다음을 참고할 수 있다. 山下龍二, 〈袁中郎論〉, 《東方學》 7집(日本東方學會, 1953) 및 目加田誠, 〈陽明學と明代の文藝〉, 《陽明學入門》, 荒木見悟 외편(東京 : 明德出版社, 1971) 참조.

2. 이용휴의 양명학적 사고

주자학적 사유체계에 의하면, 이(理)는 인간이 태어나면서부터 갖추고 있는 본연의 성이다. 하지만 기의 작용에 의해 성현과 어리석은 사람의 구별이 생기며, 기질지성의 혼탁에 의해 정욕과 악이 발생한다. 따라서 인간의 감각적 욕망을 억제하고 인간 본래의 도덕적 본성에 따라야 하는데, 이러한 준엄한 엄격주의가 형식화, 교조화될 때 인간의 자연스러운 정감과 자율적 의지는 통제받지 않을 수 없다.

이에 비해 이용휴는 양명학적 사유체계로의 전환을 통해 있어야 할 것, 규범적인 것을 인간의 주관 속으로 통합시킴으로써 심(心)의 근원적 우월성을 강조했다.

> ① 그렇다면 남들을 따라야 하는가? 마땅히 이치를 따라야 한다. 이치는 어디에 있는가? 마음에 있다. 모든 일은 반드시 마음에 물어보아야 한다. 마음이 편안하면 이치가 허락하는 것이니 그것을 행하고, 마음이 불안하면 이치가 허락하지 않는 것이니 그것을 그만둔다. 이와 같이 한다면 좇아 행하는 것이 올바르고 하늘의 법칙에 저절로 합치할 것이니, 한결같이 마음에 따라 행동한다고 하더라도 기수(氣數)와 귀신이 모두 그 뒤를 따를 것이다.[5]

> ② 그대의 자는 성능(聖能)으로, 자신이 그렇게 말하였고 다른 사람이 그렇게 부른 지가 오래되었다. 지금 갑자기 계능(季能)으로 바꾸면서 "성이라는 것은 공자도 거하지 않았거늘 내가 어찌 감히 거하겠는가?"라고 말하였다. 아! 이것이 바로 양지와 양능이 갖추어 있는 것이니, 성인에 들어가는 기틀이다. 편안하면 행하고 불안하면 버려서 환히 빛나고 바로 판단하고 결정하니, 어찌 헤아리고 재어서 제이념으로부터 발하는 것을 용납하겠는가?[6]

---

5 李用休, 〈隨廬記〉, 《惠寰雜著》(국립중앙도서관 소장본), 4책. "然則惟從衆歟否? 當從理. 理何在? 在心. 凡事必問之心, 心安則理所許也, 爲之. 不安則所不許也, 已之. 如是則所隨者正, 而自合天, 則壹隨心, 而氣數鬼神皆隨之矣."

6 李用休, 〈趙聖能改字季能說〉, 《惠寰雜著》 6책. "子之字聖能, 已以是稱之, 人以是呼之, 久矣. 今忽改以季能, 曰聖, 孔子不居之, 吾敢居之. 噫! 此即良知而良能該焉, 入聖之機也. 安則

이용휴는 성과 정으로 구분되어 논의되어 온 심을 혼연한 일체로 파악했으며, 인간의 마음속에 이(理)가 내재해 있다고 보았다. 이것은 있어야 할 것보다 현재에 있는 것이 중요하며, 현실의 인간에 갖추어 생동하는 심을 중시하는 태도이다. 이때 심은 성정이 분화되지 않은 상태이며, 양지(良知)와 양능(良能)은 그러한 심의 영묘한 작용이다. 여기서 양지와 양능은 추상적인 성으로 존재하는 것이 아니다. 그것은 현실의 인간에서 생동하는 생명력, 즉 현실적이며 구체적인 도덕적 활력이다.

인간은 그러한 양지의 본래 자태를 자각하고 발현할 뿐이다. 이처럼 규범적인 것, 원리적인 것보다 인간 내면의 심을 근원적인 것으로 파악하고 그것의 주체적 발출을 강조하는 것은 바깥(外)에 대한 안(內)의 확립, 안의 근원적 우월성에 대한 확신이었다.[7] 이러한 입장에 설 때 직각적인 체험을 통한 양지의 주체적 발현이 경전의 학습을 통한 객관적 원리와 법칙의 궁구보다 중요시될 수 있는 것이다.

> 혈기가 있는 생물은 많은데 유독 우리 인간만이 가장 귀한 것은 무엇때문인가? 인의 등의 윤리규범이 있기 때문이다. 인의 등의 윤리규범은 누구의 말인가? 하늘의 말이다. 하늘이 스스로 말했는가? 하늘이 스스로 말한 것이 아니라, '천약왈자(天若曰者)'가 말한 것이다. '천약왈자'는 누구인가? 성인이다. 성인은 어디에 있는가? 성인은 이미 갔고 그 말이 경전에 있다. 그 말이 경전에 있는 것을 어떻게 알 수 있는가? 그 말은 경전에 실려 있지만, 그 이치는 마음에 있으니, 마음으로써 경전을 증험하여 알 수 있는 것이다. 대개 마음에 있는 이치를 다하여 경전과 합치된 자는 성인이 되고, 경전과 합치함이 많고 합지하지 않음이 적은 자는 현인이 되며, 합치하지 않음이 많고 합치함이 적은 자는 어리석은 사람이 되고, 전부 합치하지 않으면 인간의 무리에서 쫓겨나 금수의 길로 들어간다. 그러니 경전은 인간이 되는 증표이다.[8]

行之, 不安則去之, 光明直截, 豈容商度較量, 從第二念發耶?"

7 島田虔次, 《中國における近代思惟の挫折》(東京: 筑摩書房, 1970), 39면 참조.

8 李用休, 〈抱經齋記〉, 《惠寰雜著》 3책. "含生有血氣者衆, 獨我人一類爲最貴者, 何? 以有仁義倫常也. 仁義倫常者, 誰之語也? 天之語也. 天自語之耶? 天不自語, 有天若曰者語之. 天若曰者, 誰? 聖. 聖安在? 聖已往, 其語在經. 何以知其語在經? 其語在經, 其理在心, 以心驗經而知

주자학의 실천 윤리는 주관적인 내성(內省)의 방법과 객관적인 궁리(窮理)의 방법을 상호 연계시키는 것이었다. 하지만 이용휴에게 있어 학문 수양의 목표인 성인이 되는 길은 오직 인간 내면의 주관적 방법에 의해서 가능하다. 그는 경전의 가르침을 인간의 주관 속으로 포섭하여 실천하는 데 중점을 두었다. 그것은 인간 내심의 도덕적 활력으로서의 양지를 주체적으로 실천하는, 직각적인 체험의 방법이었다.[9]

따라서 인간 본심의 본래성과 자연성을 직각적으로 체득하는 돈오의 입장이 중시되고, 독서의 중요도는 상대적으로 감소하게 된다. "경전은 사람의 주석이다(經者人之註脚)",[10] "육경은 사람의 주석이다(六經人註脚)"[11] 등의 언급은 육상산(陸象山)이 말한 "육경은 모두 나의 주석이다"라고 한 것을 원용한 것으로, 이용휴의 주관주의적 실천의 입장을 단적으로 보여준다. 육상산은 경전의 말뜻을 자세하게 주석하지 않고, 경전에서 가르친 뜻을 그대로 실천에 옮겨 체험적으로 그 진실성을 증명하고자 하였다. 이처럼 유교 경전의 권위를 나의 주관 속으로 포섭하여 그것의 자각적 실천을 강조할 때 궁리와 사색을 통한 분석적인 경전 연구는 이차적일 수밖에 없으며, 불교와 도가 등에 대해서도 포용적 태도를 가질 수 있는 것이다.[12]

이러한 학문 방법의 주관주의적 실천의 입장은 우상화된 경전의 권위를 인간의 측면으로 전환시켰다는 점에서 인간의 주체적인 자기 확립에

之. 盖盡在心之理, 與經合者爲聖, 合多不合少者爲賢, 不合多合少者爲愚, 全不合, 則黜於我人類, 入禽畜道. 然則經者是人之劵也."

9 이용휴가 覺과 悟의 차이를 구분하면서 悟를 보다 중용시한 것도 직각적인 체험의 방법을 강조하는 것과 연관된다. 李用休, 〈悟過庭記〉, 《惠寰雜著》 8책. "人有知覺, 故有過亦能改過, 而其機則在悟. 悟與覺, 同而小異, 覺從見, 悟從心, 有外內淺深之別. 凡覺有過而復過者, 爲未悟也."

10 李用休, 〈抱經說〉, 《惠寰雜著》 3책.

11 李用休, 〈與群從晤語有作〉, 《惠寰詩鈔》(국립중앙도서관 소장본)

12 이용휴의 도가사상에 대한 관심은 儒家 13종, 道家 10종을 초록한 《諸子鈔選》(2권 1책, 장서각 소장본)을 통해서 짐작해 볼 수 있다. 그리고 불교에 대한 관심은 〈鷲嶺山文殊寺南聖菴重修記〉(《惠寰雜著》 8책), 〈用太白古事洒翰贈金道人〉(《惠寰詩鈔》) 등 여러 자료에서 확인할 수 있다.

로의 사상적 전환의 한 증좌이다. 이것은 심의 근원적 우월성에 입각한 아(我)의 자기 확립에 다름 아니다.

> 나와 남을 비교하면 나는 친하고 남은 소원하다. 나와 사물을 비교하면 나는 귀하고 사물은 천하다. 세상에서는 도리어 친한 존재가 소원한 존재를 따르고, 귀한 존재가 천한 존재에게 부림을 당한다. 왜 그러한가? 욕심이 밝음을 가리고, 습관이 참됨을 어지럽히기 때문이다. 이에 좋아하고 미워하며 기뻐하고 노여워하는 감정, 가고 멈추며 굽어보고 우러러보는 행동 등을 모두 남을 따라서 하느라 스스로 주도하지 못한다. 심지어는 말하고 웃거나 얼굴 표정과 자세까지도 저들의 희롱거리가 되어, 정신과 사고, 땀구멍과 뼈마디 어느 하나도 나에게 속한 것이 없어져버리니, 부끄러운 일이다. (…) 훗날 내가 처사를 방문하면 我菴 앞의 늙은 나무 아래에 함께 앉아서 '만인과 나는 평등하다(人我平等)'라는 뜻과 '만물은 하나의 몸이다(萬物一體)'는 뜻을 다시금 이야기해 보리라.[13]

'아'(我, **특수한 개체**)는 '인'(人, **보편화된 인간**)과 '물'(物, **객관세계의 사물**)보다 근원적인 것으로, 그것들과는 독립적으로 자존하는 주체이다. 이러한 '나'의 주체성에 대한 강조는 바깥에 대한 안, 인과 물에 대한 '나'의 근원적 우월성을 보여 주는 것이며, 자아 중심의 개체적 세계인식을 반영한다. 종래에는 천리의 조화로운 운행에 순응하면서 인간 본래의 도덕적 본성에로의 끊임없는 수양과 계발을 중시하였던 것에 비해서, 여기에서는 개체적 자아로서의 아의 주체적이며 자발적인 자각과 운용의 측면을 강조하였다. 따라서 '내가 귀하다', '내가 친하다'는 언급은 우주 만물의 중심적 존재로서의 '나'의 근원적 능동성을 주체적으로 자각한 발언이다.

이러한 '나'의 자각적 실천은 다름 아니라 양지의 본래 자태인 밝음(明)과 참됨(眞)을 가리고 있는 욕심과 습속을 제거하는 것이다. 욕심과 습속

---

13 李用休, 〈我菴記〉, 《惠寰雜著》 2책. "我對人, 我親而人疎, 我對物, 我貴而物賤. 世反以親者聽於疎者, 貴者役於賤者. 何? 欲蔽其明, 習汨其眞也. 於是有好惡喜怒, 行止俯仰, 皆有所隨而不能自主者, 甚或言笑面貌, 以供彼之玩戲, 而精神意思, 毛孔骨節, 無一屬我者, 可恥也已. (…) 他日我訪處士共坐菴前老樹之下, 當更講人我平等萬物一體之旨矣."

은 결코 근원적인 것이 아니라, 인간 본래의 마음을 가리고 있는 우연적인 것에 불과하다. 따라서 본래적 양지를 직각적인 체험의 과정을 통해 자각하고 이를 실천하는 것이 핵심적 문제이다. 이와 같은 나를 향한 자기 정립은 주자학적 권위주의의 폐쇄된 학문 풍토 속에서 특수한 개체로서의 '나'의 존엄성에 대한 자각이라는 점에서 그 의의를 인정할 수 있다.

한편 이용휴가 양명학적 사고를 수용하게 된 것은 그의 현실적 처지와 관계가 있다. 그는 주자학적 이념 체계가 점차 와해되어 가던 18세기에 생존했던 남인계 문인지식인이었다. 1694년 갑술옥사 이후 남인은 권력에서 철저히 소외되었고, 그 내부적 분열상까지 노정하고 있었다. 그의 집안(여주 이씨) 역시 본래 문한대가로 이름이 높았지만, 성호 이익의 둘째 형 이잠이 역적으로 몰려 고문 끝에 사망한 사건이 일어난 이후 정계 진출의 길이 차단되었다. 이에 따라 이용휴는 일찍이 벼슬길을 단념한 채 독자적으로 학문 세계를 구축하였다.

> ① 세상의 문벌 자제들은 아름다운 비단옷을 입고 주육을 실컷 먹으며 생을 마치도록 안락한 곳에서 편안히 지낸다.[14]
>
> ② 비록 그렇지만 현달한 관료는 조정에서 국가의 대사를 의론하느라 밭을 갈 여가가 없으며, 궁핍한 재야인은 전야에서 땀을 흘리느라 또한 배울 수가 없다. 오직 본업에 힘을 쏟으면서 이 일에 뜻을 돈독히 하는 것은 사민 가운데 그 두 가지를 겸할 수 있는 자가 할 수 있다. 나의 친구인 남처사가 바로 그 사람이다.[15]

문벌가문 자제들의 문란한 사회 기강은 주자학의 이념적 통제가 무력해지고 규범적인 것, 윤리적인 것이 점차 의심받게 되는 중세 해체기의 역

14 李用休, 〈贈姨弟李虞卿序〉, 《惠寰雜著》 7책. "夫世之官閥子弟, 蒙以綺彩, 食酒飽肉, 終其生, 安於軟溫窠裡."

15 李用休, 〈二耕窩記〉, 《惠寰雜著》 3책. "雖然達而在上者, 謀猷廊廟, 不暇耕窮, 而在下者, 霑塗田野, 亦不暇學也. 惟用力本業, 篤志此事, 四民之中, 兼有其二者能之, 吾友南處士, 即其人也."

사적 현실을 반영해 준다. 이러한 양반사회 내부의 분열은 소수 독점적 벌열의 강화와 사의 경제적 몰락의 촉진으로 현실화되었다. 노동을 통해 직접 생산에 종사하지 않을 수 없게 된 사의 현실적 위치를 새로이 인식한 것은 주자학으로 무장된 양반지배 체제의 심각한 모순과 분열을 반증해 주는 것이다.

이처럼 사대부 사회를 단단하게 묶어 주었던 중세적 예교 윤리가 그 효력을 상실할 때 개인의 자기 주장이 보다 강하게 나타날 수 있을 것이다. 조선 후기 사회의 특징적 변화 가운데 하나인 서민 문화의 대두는 이러한 개인의 자아 각성에 의해 가능하였다.

이용휴의 양명학적 사고로의 전환은 이 같은 시대적 분위기 속에서 독자적으로 자기 의식을 정립하고자 하는 모색의 일환이었다. 그는 형식화된 예교 윤리에 의해 속박되었던 개인의 자아의 근원성을 탐구함으로써 자신의 현실적 위치를 새로이 정립하고자 하였던 것으로 보인다. 그는 양반 사대부 사회의 내부적 통일이 이완, 파탄되는 사회 역사적 현실 속에서 자신을 새롭게 위치지우고자 하였다. 이 같은 자기 의식의 정립이 양명학적 사고의 수용을 가능케 하였던 것이다.

3. 이용휴의 문학론

(1) 문학론의 논거

광국은 성품이 너그럽지만 유독 시에 있어서만은 지론이 매우 엄격했으니 대개 문장은 상제가 가장 아끼고 비장하는 것이기 때문이다. (…) 그러므로 다른 사람의 시를 볼 때마다 여러 사람을 따라서 헐뜯거나 칭찬하지 않았으며, 스스로 시를 짓는데 있어서는 자구를 갈고 다듬어 반드시 고인의 법식에 합치된 뒤에야 내보였다. 그래서 체재가 바르고 음운이 조화로워 세상에서 웃음과 울음이 함께 나오고 금과 축이 잡스럽게 연주되는 것과 같지 않으니, 단연코 작가가 됨에 틀림없

> 다. 다만 전에는 옛것과 합치되는 것을 오묘한 것으로 취하였는데, 지금은 옛것으로부터 벗어나는 것을 신묘한 것으로 취급하니 이것이 최상의 비결로서 그 사람을 기다리는 것이다. 내가 이것을 광국에게 말해 준다.[16]

'옛것과 합치되는 것(合古)'은 고전적 전범에의 합치이며, '옛것으로부터 벗어나는 것(離古)'은 그러한 전범으로부터의 이탈이다. 전자가 창작 활동의 근간이 되는 전통의 계승이라면, 후자는 그것의 창조적 변혁이라고 할 수 있다. 이 두 가지의 상이한 태도 중에서 이용휴는 후자를 더 중시했는데, 거기에는 고전의 가치를 전적으로 부정하는 것이 아니라 규범화된 격식에 안이하게 기대려는 몰개성적 태도를 경계하고자 하는 의도가 숨어 있다. 따라서 후자는 고전의 형식화된 틀을 거부하고 고전의 가치를 나의 정신으로 전환하고자 하는 주체적인 창작 정신이라고 할 수 있다. 이용휴의 문학론은 이러한 '옛것으로부터 벗어나는 것'로의 전환을 그 논거로 하였다.

(2) 반모의적 개성주의

이용휴는 '옛것과 합치되는 것'에서 '옛것으로부터 벗어나는 것'을 향한 주체적인 창작 정신에 입각하여 반모의적 개성주의 문학론을 전개하였다.

> 시라고 하면 당시만을 시로 하지 않음이 없는 것이 근래의 폐습이다. 그 체재를 본받고 그 말을 배워 하나의 피리에서 연주되니, 그것은 마치 때까치가 하루종일 앵앵거려도 자기의 소리가 없는 것과 같다. 나는 그것을 매우 싫어한다.[17]

위의 자료에서 보듯이, 그는 당시의 형식적 측면만을 모방하고 답습하

16 李用休, 〈題族孫光國詩卷〉, 《惠寰雜著》 3책. "光國性平恕, 獨於詩, 持論甚嚴. 盖以文章者上帝之所最寶惜者. (…) 故每見人詩, 未嘗隨衆譽毁, 其所自爲詩, 則字鍊句琢, 必合古人之法, 然後乃出. 故體裁正, 音韻諧, 非如世之啼笑並發, 琴筑雜奏者, 斷其爲作家, 無疑也. 第昔取合古爲妙, 今取離古爲神者, 此太上之訣, 以待其人者, 吾以語光國."

17 李用休, 〈李華國遺草序〉, 《惠寰雜著》 2책. "詩無不詩唐詩者, 近日之弊也. 效其體, 學其語, 幾乎一管之吹. 是猶百舌終日嚶嚶, 無自己聲, 余甚厭之."

던 당대의 모의적 창작 풍토를 신랄하게 비판하였다. 이러한 비판을 통해 17세기 이래 당시 일변도의 몰개성적이며 획일적인 시풍을 새롭게 전환하고자 하였다. 이것이 그의 문학론의 주된 관심사의 하나였다.

그가 당시와 송시의 문학적 가치를 동등하게 파악하는 것도 이러한 당시 존숭적 창작 현실에 대한 자각적 반성의 소산이었다.

> 당시와 송시는 비유하자면 한 개의 별과 같으니, 아침에 보이는 것을 계명성이라고 하고 저녁에 보이는 것을 장경성이라고 하는 것과 같다. 그리고 원나라의 시는 별똥별과 같다. 세상사람들은 (이것을) 모르고 망명되게 분별을 하여 펴거나 누르니 가소롭다.[18]

당시에의 편향적 태도를 거부하고 당시와 송시의 가치를 동등하게 인식함은 각 시대 문학의 독자적인 가치를 옹호하는 것이다. 그는 당시, 송시, 원시를 가치 개념에 의한 우열 판단을 배제한 채 시간의 선후 관계에 따라 그 동등한 가치를 비유적으로 설명하였다. 이러한 인식은 당시만을 최상의 고전으로 이상화, 절대화하였던 당대 시단의 일반적 통념에 대한 도전이었다. 여기에서 우리는 그의 문학론의 목표가 당시를 유일한 전범으로 존숭하던 형식적 의고주의자들의 만성적 병폐를 일소하는 데 있었음을 확인할 수 있다.

다음 자료는 그의 문학론의 일관된 특징을 다시 한 번 보여 준다.

> 당이라고 해서 높은 것 아니며 한이라고 해서 깊은 것 아니니
> 자신의 성정을 자신이 읊조린다네
> 혼미한 때에는 발걸음이 모두 막히게 되지만
> 깨달은 뒤에는 진흙과 모래가 모두 금이라네
> 점차 좋은 경계로 들어감은 사탕수수의 끝에서부터이며

---

18 李用休, 〈題宋元詩鈔〉, 《惠寰雜著》 2책. "唐宋詩, 譬如一星. 朝見曰啓明, 夕見曰長庚, 若元, 則星之流灼者. 世人不知, 妄生分別, 加伸抑焉, 可笑."

겹겹이 껍질을 벗겨 파초의 중심에 이르네
갑자기 귀에 못 박힌 기름때를 씻으려 하니
꾀꼬리 수풀 사이에서 아름다운 소리 보내네

唐不爲高漢不深	自家性情自家吟
迷時步武皆成梗	悟後泥沙盡是金
漸漸入佳從蔗尾	層層解裏到蕉心
猛然思洗油了耳	黃鳥林間送好音[19]

이용휴는 형식적 의고주의자들의 핵심적 주자인 '시는 반드시 성당이어야 하고, 문장은 반드시 진한이어야 한다(詩必盛唐, 文必秦漢)'를 전적으로 거부하면서, 본래부터 타고난 성정의 자연스러운 표출을 중요하게 보았다. 또한 그는 한나라와 당나라의 시문을 모방하고 답습한 시는 시도 아니라고까지 주장하였다.[20] 이러한 반모의적 개성주의 시문관은 한당과 진한의 형식적 규범에의 구속을 타파하고 성정의 본원적 가치에 대한 자각적 인식의 결과였다. 따라서 문학 창작활동의 제일 요건은 자연 그대로의 성정을 진솔하게 표현하는 것이었다.[21]

여기에서 한 가지 주목할 점은 민간에서 널리 불려지던 민요에서 진실한 정감의 발현을 발견했다는 사실이다.[22] 이것은 정의 측면이 억제되었던 종래의 도학가적 문학론에서의 성정 개념(性情之正)이 아니라 인간의 자연스러운 정감으로서의 성정지진(性情之眞)에 대한 자각으로서, 문학 창작행위에 있어 정감 영역의 확대이었다. 이처럼 진실한 감정의 발현으로서 민요의 가치를 재인식하는 발언은, 비록 단편적인 예에 불과하지만, 이용휴의 개성주의적 시의식의 적극적인 측면의 하나라는 점에서 주목할

19 李用休, 〈聞德順與幼選談詩老人動觀獵之喜作近體詩寄德順兼示幼選〉 1수, 《惠寰詩鈔》
20 李用休, 〈聞德順與幼選談詩老人動觀獵之喜作近體詩寄德順兼示幼選〉 2수, 《惠寰詩鈔》 "模擬爲詩豈是詩."
21 李用休, 〈論文有感作〉, 《惠寰詩鈔》 "人人原有自家粮, 塗飯何須乞漢唐."
22 李用休, 〈聞德順與幼選談詩老人動觀獵之喜作近體詩寄德順兼示幼選〉 3수, 《惠寰詩鈔》 "周鼎商彝多僞物, 春歌耕曲儘眞情."

만하다.

이용휴는 이상에서 살핀 반모의적 개성주의 시문관에 입각하여 당대의 고루한 시풍을 일신할 새로운 시문창작의 가능성과 활력을 여항인들의 활발한 문학활동에서 찾았다.

> ① 시문에는 남을 좇아 견해를 세우는 것과 자기를 좇아 견해를 세우는 것이 있다. 남을 좇아 견해를 세우는 것은 비루하므로 논할 것도 없다. 자기를 좇아 견해를 세우는 것이라도 고루하고 편벽된 것을 뒤섞지 않아야 참된 견해가 되며, 또한 반드시 참된 재주를 가지고 그것을 보충한 다음에야 시문의 성취를 보게 된다. 나는 이것을 여러 해 동안 찾다가 송목관주인 이우상 군을 만났다.[23]

> ② 그의 시는 범상치 않은 것을 품고 있으며 속때를 씻고자 힘썼다. 그래서 세상과 합치함이 적었고, 현묘한 생각과 기이한 말에는 왕왕 다른 사람이 말하지 아니한 것이 있었다. (…) 지금 내가 사징(士澄, 金𪼛의 字)에게 서문을 써 주는 것은 비단 사징 한 사람만을 펴려는 것이 아니라, 장차 사징과 같은 사람들을 아울러 펴고자 하는 것이다. 이것은 또한 사징의 뜻이기도 하다.[24]

첫째 인용문은 그의 애제자였던 이언진(1740-1766)의 문집에 붙인 서문이다. 이용휴는 시문의 유형을 '남을 좇아 견해를 세우는 것(從人起見)'과 '자기를 좇아 견해를 세우는 것(從己起見)'의 둘로 나누어서 진정한 문학작품의 성립과정을 서술하였다. 주체적인 자기 정립과 뛰어난 재질의 합치에 의해서 참된 작품이 창출될 수 있다고 하였다. 따라서 남의 의견을 좇아 자기를 상실한 몰개성적 시문은 몰가치한 것이다. 이용휴의 반모의적 개성주의 시문관의 지향점은 타고난 성정의 진솔하고 자연스러운 표현을

23 李用休, 〈松穆館集序〉, 《松穆館燼餘稿》, 《총간》 252, 487면. "詩文有從人起見者, 有從己起見者, 從人起見者, 鄙無論, 卽從己起見者, 毋或雜之固與偏, 乃爲眞見, 又必須眞才而輔之, 然後乃有成焉. 予求之有年, 得松穆館主人李君虞裳."

24 李用休, 〈萍窩集序〉, 《惠寰雜著》 3책. "其詩襟步不凡, 務湔俗濤, 故與世寡合, 而玄思奇語, 往往有不經人道者. (…) 今余之序士澄者, 非惟伸士澄一人, 將以併伸諸如士澄者, 此亦士澄之志也."

통해 개성적 시문세계를 구축하는 것이었다.

두 번째 인용문에서는 여항인들의 현실적 처지에 공감하면서 그들의 참신하고 독특한 문학적 가치를 높이 평가하였다. 그는 당대의 의고적 문학 병폐를 신랄하게 비판하는 동시에 여항문인, 소외된 지식인들의 새로운 시풍을 적극적으로 옹호하였다. 이때 그는 두 가지의 상반되는 창작 방법을 극명하게 대조시킴으로써 그의 일관된 문학론의 입장을 보다 강화하였다. 이를 통해 그는 개성적, 독자적 시문에로의 강한 지향을 실천해 나갔다. 여기에는 또한 그의 공정한 비평적 안목과 객관적 비평 의식이 자리하고 있어 그의 입장을 보다 객관화해 준다.[25]

(3) 개성적 시문 세계의 구축

이상에서 논한 이용휴의 반모의적 개성주의 시문관의 지향점은 타고난 성정의 진솔하고 자연스러운 표현을 통해 개성적인 시문 세계를 구축하는 것이었다.

> 지금 이 원고를 살펴보니 대개 스스로 운용하고 스스로를 귀하게 여기고자 하는 것이다. 옛날 대가에게 기대거나 그들을 본뜨지 않고 참된 소리와 빛깔과 맛이 있다. 비유하자면 좋은 차는 용연향과 사향을 섞지 않아도 저절로 참된 향기가 되는 것과 마찬가지이다.[26]

위에서 '스스로 운용하고 스스로 귀히 여긴다(自運自貴)'는 말은 기성의 격식에 구속되지 않고 자기 본래의 정감을 독자적으로 표출하고자 하는 개아에의 추구이다. 이에 반해 '본뜨고 기대다(模擬依附)'는 말은 고전의 형식적 법칙에로의 몰아적 자기 투입이다. 개아에의 추구는 '참된 소리(眞

25 李用休, 〈壯窩集序〉, 《惠寰雜著》 5책. "將序人詩文, 而先問其官位世閥萃顯, 則奉兩漢三唐以獻之, 否則等之于蟬鳴虫吟, 此近世集序之絕少佳者也. 余則異於是, 只就其所作而定評."

26 李用休, 〈壯窩集序〉, 《惠寰雜著》 5책. "今閱此稿, 盖欲自運自貴者, 不摸擬依附于古昔大家, 而有眞聲眞色眞味, 譬如好茶, 不雜龍麝, 自有眞香也."

聲)', '참된 빛깔(眞色)', '참된 맛(眞味)' 등 성정의 개성적 표현미가 풍부한 독창적 작품 세계를 산출한다. 그것은 내면의 진실된 정감이 온전하게 드러나 독자적인 것으로 형성된 개성적 시문 세계이다.

여기에서 한가지 주목할 점은 이용휴의 문학론에 '참된 소리', '참된 빛깔', '참된 맛', '참된 감정', '참된 견해', '참된 재주' 등과 같은 용어가 자주 등장하는데, 이 때 '참되다(眞)'의 의미는 본래의 모습, 상태 혹은 본래적인 핵심을 뜻하며, 인위적 가식의 위(僞)와 대립되는 용어이다. 이 같은 의미의 '진'을 비교적 자주 거론하는 것은 자신에게 진실한 것, 본래적인 것, 자연스러운 것을 진지하게 탐구, 표현하려는 노력의 일환이었다. 이러한 입장 속에는 형식적 의고주의자에 속하는 시인들과의 첨예한 대결 의식이 반영되어 있으며, 아울러 형식적 모의주의자들에 대한 비판과 함께 개성적 시문세계로의 강렬한 지향이 담겨 있었던 것이다.[27]

> 시는 진실로 기이해야 뛰어난 것이다. 그러나 만약 기이함만을 오로지 힘쓴다면 그 폐단은 두묵처럼 격률이 맞지 않게 된다. 두묵이 지은 가행은 때때로 광대, 익살꾼, 꿈, 주문과 같아서 독자가 시구를 풀이하기 어려우니 어찌 옳겠는가? 오직 격조가 예스럽고 기운이 빼어나며 뜻이 원숙하고 말이 참신해야 시의 명수일 따름이다.[28]

조선 후기의 시사적 특징은 주자학적 관념 문화의 해체에 따른 상대 현상으로서 경험과 감각이 강조되어, 종래의 시가 대체로 풍웅고화(豊雄高華)의 취향을 보이는 반면에 후기의 시는 기궤, 첨신의 미학이 지배적이었다.[29] 이러한 시풍상의 변화와 함께 이용휴의 문학에 대한 당대의 평가[30]를

27 眞의 용어가 조선 후기의 문학비평사에 많이 등장하는 것은 새로운 시의식의 변화를 반영한다. 박지원, 박제가, 이가환, 이학규, 이옥 등 조선 후기의 여러 문인들의 비평적 저술 속에 眞이 자주 사용되었다.

28 李用休, 〈題家姪詩稿〉, 《惠寰雜著》 7책. "詩固以奇爲勝. 然若壹於務奇, 則其弊爲杜默. 默之所爲歌行, 往往如伶諢夢呪, 讀者難句, 惡可哉? 惟格古氣逸意圓語新者, 乃詩家射鴨手耳."

29 이동환, 〈漢詩〉, 《동아대백과사전》(동아출판사, 1986) 참조.

30 이용휴의 문학에 대한 당대의 평가를 몇 가지 들어 보면 다음과 같다. ① 丁若鏞,「貞軒墓誌

아울러 고려하면서 위의 자료를 검토할 때, 기이함은 그가 추구하고자 하는 새로운 시적 경향을 집약적으로 드러낸 용어라고 할 수 있다. 이용휴는 기이한 것에의 지나친 경도를 일정하게 비판하면서도, 바른 것과 대립되는 기이함을 시 평가의 중요한 기준의 하나로 설정하였다. 이것은 고전적 표준에의 합치를 요구하던 종래의 전아한 시적 취향과 달리 일종의 개성주의에 입각한 독창적인 시문을 적극적으로 평가 수용하려는 사고의 일단이었다.[31]

4. 마무리

지금까지 우리는 이용휴의 양명학적 사고와 문학론의 주요 특징을 살펴보았다. 이 두 가지는 다음과 같은 점에서 서로 연관되어 있다.

첫째, 있어야 할 것, 규범적인 것의 거부라는 이용휴의 양명학적 사유는 형식적 의고주의자들의 고전적 전범인 한나라, 당나라 시문에의 맹목적 추종을 비판한 그의 문학사상과 상통한다. 둘째, 마음의 근원적 우월성에 입각한 나의 존엄성에 대한 자각은 성정의 자연스러운 발현을 통한 개성적이며 독자적 시문 세계의 구축을 모색하고자 하였던 이용휴의 문학 실천과 상통한다.

銘〉,《與猶堂全書》《시문집》 권15,《총간》, 281, 325면. "其爲文, 奇崛新巧, 要不在錢虞山袁石公之下." ② 朴齊家,〈戲倣王漁洋歲暮懷人六十首〉 26수,《貞蕤閣初集》,《총간》 261, 469면. "惠寰超妙出清新, 譬似蓮花不染塵. 一自詞家開法眼, 東方無箇讀書人." ③ 李德懋,「李虞裳〉,《清脾錄》 권3. "惠寰洞洗凡陋, 別具靈異, 橫堅今昔, 眼珠如月."

31 이용휴의 문학론의 주요 특징과 公安派 사이에는 서로 비슷한 점이 많다. 宋詩에 대한 새로운 가치 인식, 시문변천의식, 民謠眞詩論, 개성의 강조 등은 그들 사이의 유사성을 보여 준다. 이용휴는 袁宏道와 徐渭 등의 문집을 읽었으며, "公安妙訣無人解"(李用休,〈復疊前韻寄白門詩社〉,《惠寰詩鈔》)라고 하여 공안파 문학에 대해 많은 관심을 표명하였다. 또한 이용휴가 양명학적 사고를 수용할 수 있었던 통로의 하나로서 양명좌파인 이탁오와 관계 있는 공안파 문인의 문집을 들 수 있다.

이러한 점에서 이용휴의 반모의적 개성주의 문학론은 그의 양명학적 사고를 그 사상적, 정신적 근거로 하여 보다 촉진되고 강화될 수 있었다. 이용휴의 문학론을 그의 양명학적 사고와 관련시켜 살펴본 이상의 논의를 통해 우리는 양명학이 조선 후기의 개성주의적 시문관의 사상적, 정신적 근거로서 작용하였음을 확인할 수 있다.

5. 금대 이가환의 시론

1. 문제 제기

금대(錦帶) 이가환(李家煥, 1742-1801)은 성호가학을 계승한 토대 위에서 서양의 과학문명을 선택적으로 섭취한 기호 남인학파의 일원이었으며, 18세기 후반기의 새로운 문풍을 발전시킨 문인으로 평가되었다.[1] 뛰어난 기억력과 풍부한 학식에 기반하여 박물학적 학문 세계를 구축하였던 그는 과거제의 개선, 금은 등의 광업자원개발, 천문학의 진흥 등을 통하여 민생 안정과 왕권 강화에 관심을 두었다. 그러나 그는 당시 집권세력이었던 노론의 끊임없는 모함과 비난으로 여러 차례에 걸쳐 좌천, 찬축되는 비운을 겪었다.

이가환은 문학 창작의 원천으로 정(情)과 성정(性情)을 내세웠으며, 창작과정에 있어 깨달음(悟)을 중요하게 인식하였다. 정과 성정을 거론하고, 깨달음을 강조한 사실은 그의 문학 해명의 기본적 입장이 창작 주체의 내면적인 정신 작용에 근거해 있음을 알려준다. 추후에서는 이러한 사실에 주목하면서 정과 성정의 문제, 깨달음을 중심으로 한 문학의 본질과 이상

1 滄江 金澤榮은 영조 이후의 문풍이 일변하였다고 지적하면서, 그 주요 인물로 李用休와 李家煥 부자, 후기 한문학 사대가를 꼽았다. 金澤榮, 〈申紫霞詩集序〉, 《韶濩堂文集》 권10, 《총간》 347, 251면.

적 경지의 문제를 차례대로 살펴보고, 이 두 가지의 문제를 연관시켜 이가환의 문학론의 전체적인 모습을 파악해 보고자 한다.

2. 문학창작의 원천

금대 이가환은 문학 창작의 원천으로 창작 주체의 정과 성정을 내세웠다. 문학 창작의 원천으로서 정과 성정을 표명한 사실에서 이가환이 생각한 바 문학 창작의 기본적 근거가 객관적 대상이나 도덕적인 효용에서 일단 벗어나 있음을 짐작할 수 있다. 다시 말해 문학의 근본적인 제재와 근원은 창작 주체의 주관적인 정과 성정에 달려 있는 것이다.

> 시는 인간의 정감에 따라 마음속에 있는 근심 등을 토로하였는데, 그 풍격이 청원하고 한담하다.[2]

> 정감에 따라 유려하게 표현하는 것은 육조 시대의 사람들이 잘한다. 그러므로 오래 전하여도 변하지 않을 만하다.[3]

이가환은 육조(六朝) 시대의 연정설(緣情說)의 관점을 긍정적으로 수용하면서, 창작 주체의 풍부한 정감을 문학 창작의 기본적 근거로 인식하였다. 연정설은 도덕적, 정치적 의취를 중시한 한나라 때의 언지설(言志說)을 지양하고 작가의 정감을 창작의 근원으로 존중한 문학론이다.[4]

위의 글에서 이가환이 말한 연정(緣情)은 객관적 사물과의 접촉을 계기

2 李家焕,「通訓大夫行弘文館副校理兼經筵侍講官春秋舘記注官知制教天一齋洪公行狀〉,《詩文艸》(국립중앙도서관 소장본) 권3. "詩緣情陶寫, 淸遠閒澹."

3 李家煥,「綺園記〉,《《詩文艸》 권2. "緣情流麗, 六代人能之, 差可以傳而不變."

4 緣情을 처음 제기한 陸機에 대해 이가환은 다음과 같이 언급하였다. 李家煥, 〈寶愚子金默欽字景言〉,《詩文艸》 권1. "子敬舊氈存, 士衡文賦殊." 緣情說과 言志說의 대립에 대해서는 林田慣之助,《中國中世文學評論史》(東京 : 創文社, 1979) 참조.

로 창작 주체의 정이 밖으로 발동됨을 의미한다. 이때 정은 인간의 내부에 온장된 상태로 존재하다가 외부 대상과의 접촉을 통해 밖으로 촉발된다. 그것은 뒤에 논의할 깨달음(悟)과 함께 미적 체험의 본질적 계기를 이룬다. 그리고 전통적인 유가의 비평론에서 정이 도덕적 구속성과 정치적 효용성에 의해 부당하게 낮은 차원에서 다루어졌다면, 연정의 정은 인간의 풍부한 감수성 내지 정감을 폭넓게 긍정한 상태이다.[5] 따라서 정은 도덕적, 정치적 교화론의 입장으로부터 벗어나 있다고 할 수 있다.

또한 이가환은 문학 창작의 본원적, 근원적 자질로서의 성정을 거론하였다.

> 천하에 성정이 없는 사람이 없으니 시가 없는 사람이 없다. 그러므로 사람마다 모두 시를 지을 수 있는 것이다. 오직 성정이 막히기 때문에 시가 망하게 된다. 성정을 막히게 하는 것 가운데 부귀만큼 심한 것이 없다. 성정이 막히게 되면 비록 재조가 높고 언어가 공교롭다고 하더라도 말단일 따름이니, 어찌 다시 시가 있겠는가?[6]

이가환은 인간이면 누구나 성정을 가지고 있기 때문에 모든 인간이 시인이 될 수 있다고 명언하였다. 여기서 성정은 다음과 같은 중요한 특질을 갖고 있다.

성정은 ① 인간에게 선천적으로 내재한 본원적 가치이며, ② 인간이 보편적으로 공유하는 문학의 표현 자질이며, ③ 재조(才調)의 인위적 가식과 언어의 형식적 제약이 가해지기 이전의 자연스러운 상태로 존재한다. 특히 ③의 특질은 다음 글과 연결시켜 볼 때 내발적 순수성으로 이해된다.

---

5 林田愼之助, 앞의 책, 34면.

6 李家煥, 〈風謠續選序〉, 《詩文艸》 권2. "天下無無性情之人, 則無無詩之人, 故人皆可以爲詩. 惟性情梏, 而詩亡矣. 梏性情者, 莫甚於富貴. 性情, 則雖其才調之高, 言語之工, 末而已. 豈復有詩哉?"

> 내가 솔경시(率更詩)를 얻어서 이러한 법으로 구하여 시가 되는 까닭을 얻어 보니 담(淡)과 소(素)이다. 이것들은 몽매한 사람이 가까이하고 쉽게 여기는 바요, 식자들은 놀라는 바이다. '담'은 맛이 없고 '소'는 빛깔이 없으니, 그것들을 쉽게 여기는 것도 마땅하다고 할 수 있다. 그러나 담이라는 것은 땅으로부터 흘러나오는 샘물과 같고, 소라는 것은 누에고치의 실과 같다. 그러므로 천하에 담을 만들어 내는 주방이나 소를 염색하는 직방이 없어도 자연스럽게 얻을 수 있으니, 힘과 지혜로써 구하거나 천착하여 미칠 수 있는 바가 아니다. 그대는 이미 이러한 자질을 가지고 있으니 다섯 가지 빛깔과 맛이 모두 이로부터 나오는 것이다.[7]

위의 글에서 짐작되듯이, 성정의 진솔한 상태는 담(淡)과 소(素)이다. '담'과 '소'는 무색, 무미한 상태이지만, 다섯 가지 색깔과 다섯 가지 맛으로 변화할 수 있는 내적 특질을 갖고 있다. 성정은 '담'과 '소'처럼 순수한 상태로 존재하지만, 그 속에는 샘물과 누에 고치의 실과 같이 안으로부터 자발적으로 표현되는 특질을 내재하고 있다. 따라서 성정은 본원성, 보편성, 내발적 순수성을 그 특질로 하는 개념이라고 할 수 있다.

이가환은 이러한 성정의 개념을 근거로 여항문학의 독자적인 가치를 옹호하였다. 그는 성정과 부귀의 대립 관계를 전제로 하여 여항시의 존재를 인간의 보편성이라는 차원에서 긍정하였다.[8] 또한 그는 성정의 내발적 특질에 주목하여 형식적 기교와 조탁 그리고 과장된 표현을 배격하였던 것으로 짐작된다. 성정의 자연스러운 유출, 즉 성정의 내발적 계기에 충실함으로써 시적 진실성에 이를 수 있는 것이다.

하지만 이가환은 성정의 본원적, 보편적, 내발적 특질을 폭넓게 주장하면서도, 성정의 자유롭고 방만한 유출을 적극적으로 용인하지는 않았다.

---

7 李家煥, 〈率更詩序〉, 《詩文艸》 권2. "余得率更詩, 以是法求之, 得其所以爲詩者, 淡而素. 此味者所押而易, 識者之所驚也. 淡者無味, 素者無色, 易之固宜, 然淡如趵突之泉, 素如園客之絲. 故天下無造淡之庖, 染素之坊, 得之自然, 非力求智鑿之所及也. 君旣有是質, 則五色五味, 皆從自出."

8 김홍규, 《조선 후기 시경론과 시의식》(고려대 민족문화연구소, 1982), 175면.

> 그러나 가난한 데에서 나왔기 때문에 흔히 감분뇌소의 언사가 많아 군자가 이를 애석하게 여겼는데, 이 선집에서만 오직 온유돈후하며, 흥관군원의 뜻을 잃지 않았다. 이것이 이 선집을 소대의 풍요가 되게 하는 까닭인 것이다. 대개 성정은 사람에게 있고, 성정을 계도하는 것은 윗사람에게 있다.[9]

그는 성정의 개념에 근거하여 여항시의 독자적인 가치를 인정하면서, 다른 한편으로는 성정의 무절제한 표현을 경계하는 사대부적 품격을 견지하였다. 그는 성정의 표현 과정에 있어 일정한 순화와 절제를 요구하였으며, 이러한 사실은 성정의 무분별한 표현을 억제하고자 하는 시적 조화의 인식에 근거하는 것이다.[10]

이상에서 검토한 이가환의 성정에 대한 논의는 16세기 사림파의 성정론과 비교할 때에 다음 두 가지 점에서 주목된다.[11]

첫째, 16세기 사림파는 성정을 도덕적 차원에서 다루었던 반면에, 이가환은 그것을 인간의 본원적 차원에서 취급하였다. 전자가 성정이 문학의 근원이라는 점을 일면 긍정하면서도 그것의 도덕적, 윤리적 합당성을 강조하였던 데 비하여, 후자는 성정을 인간에게 생득적으로 내재한 문학의 표현 자질이라는 점에 주목하였다.

둘째, 16세기 사림파는 대체로 성정의 당위론적 측면에서 도덕적 덕성의 함양을 통해 기질지성과 그에 관련된 정욕을 배제한 순연한 상태의 성정을 강조하였다. 그것은 끊임없는 도덕적 수양과 계발을 통해 귀일되는 성정지정으로서 성정이었다. 이에 비하여 이가환은 성정의 존재론적 측면

9 李家煥, 〈風謠續選序〉, 《詩文艸》 권2. "然既出於窮者, 故例多感憤牢騷之辭. 君子痛之, 而是集獨能温柔敦厚, 不失興觀群怨之旨, 效其所以爲昭代之風也. 蓋性情在人, 所以導其性情在上."

10 김흥규, 앞의 책, 176면.

11 16세기 사림파의 성정에 대한 논의는 장원철, 〈조선 후기 문학사상의 전개와 천기론〉(한국정신문화연구원 석사학위논문, 1983); 임형택, 〈16세기 사림파의 문학의식〉, 《한국문학사의 시각》(창작과비평사, 1984) 참조. 최신호 교수는 성정의 개념을 主性的 性情과 主情的 性情으로 나누어 그 차이를 설명했다. 최신호, 〈조선 후기 시론의 몇가지 성격〉, 《민족문화연구》 18(고려대 민족문화연구소, 1984) 참조.

에서 성정의 본원성과 보편성 그리고 내발적 순수성을 부각시켰다. 여기서 도덕적 효용성을 배제하고, 인간의 풍부한 정감을 강조하는 연정(緣情)과 위에서 거론된 성정의 문제를 관련시켜 보면, 이가환이 성정에 대하여 도덕적 규범에의 합일을 요구하지는 않았던 것으로 생각된다.

이러한 점에서 이가환이 말한 연정(緣情)의 정과 성정은 주자학적 문학관의 폐단이었던 도(道)의 절대성, 배타성, 내향성, 규범성으로부터 벗어난 개념이라고 할 수 있다. 하지만 이가환은 성정의 일정한 순화와 절제를 요구하는 유보적 입장을 취하였다. 이때 순화와 절제의 의미가 16세기 사림파의 경우에서처럼 인간의 정욕을 끊어버린 본연의 성을 요구하는 것 같지는 않다. 그렇다고 그가 성정의 자유롭고 발랄한 표현을 전적으로 긍정하였던 것은 아니었다.

지금 이 자리에서 이가환의 성정 개념을 명확하게 규정하기는 어렵지만, 적어도 그가 말한 성정은 '성정지정(性情之正)'보다는 '성정지진(性情之眞)'에 가까운 개념이라고 할 수 있다.[12]

3. 문학의 본질과 이상적 경지

이가환은 문학의 본질이 언어로 표현되기 이전의 창작 주체의 깨달음(悟)에 있다고 주장하였다.

> 문장은 마음에서 깨달은 바를 마음으로 전하며, 자손은 세대에서 세대로 전한다. 세대를 전하는 일은 쉽지만 마음을 전하는 일은 어렵다. (…) 어찌 시가 마음에서 연유하여 깨달음이 이루어지고 말 밖에 뜻이 있는 것이어서 그것을 전함이 문장

12 性情之正과 性情之眞에 대한 논의는 徐復觀, 〈傳統文學思想中詩的個性與社會性問題〉, 《中國文學論集》(臺北: 學生書局, 1982) 참조.

보다 더욱 어려운 것이 아니겠는가?[13]

이가환은 문학의 전승이 세대의 계승보다 어려우며, 문학 가운데에서도 특히 시가 더욱 어렵다고 하였다. 위의 글에서 '마음에서 연유하여 깨달음이 이루어지는 것'은 언어화되기 이전의 작가의 미묘한 정신적 활동이다. 이때 깨달음(悟)은 경험 대상의 전모와 본질을 직접적이고 순간적으로 통찰하여 사물의 깊숙이 내재해 있는 오묘한 이치를 여실히 발견해 내는 직각적 감응이다. 그것은 미적 대상을 표면상 외관(外觀)하는 각(覺)과 달리[14] 그것을 내면적으로 현전(現前)하게 하는 내관(內觀)이라고 할 수 있다. 다시 말해 깨달음(悟)은 대상적인 것에 주관이 깊이 침투하여 고조된 감정 상태 안에서 내면화가 이루어지도록 하는 미적 체험의 본질적 계기이다.

이러한 깨달음의 미묘한 심리적, 정신적 작용을 통하여 시인의 주관적인 심상과 사물의 객관적 형상이 상호 교섭하여 융합, 합일될 수 있는 것이다. '마음에서 연유하여 깨달음이 이루어지는 것'은 내적 세계와 외적 세계가 순간적으로 융합하고 교감하는 과정을 의미하며, 이 같은 점에서 정조의 순간적인 고조를 띤 대상의 내면화라고 하는 서정시의 본질과 상통한다.[15]

그리고 문학의 본질적 국면이 언어로써 작품화되기 이전의 작가의 미묘한 정신적, 심리적 활동이기 때문에 언어는 부차적인 요소에 불과하다. 문학의 창작 과정에 있어 중요한 것은 표현 매개로서의 언어 문자가 아니라, 작가의 깨달음을 통해 이루어지는 작품의 풍부한 의미 함축(意在言外)

---

13 李家煥, 〈廣平世稿序〉, 《詩文艸》 권2. "文章傳心, 子孫傳世, 傳世易, 傳心難. 豈非詩者, 悟由心遇, 意在言外, 傳之尤難於文也."

14 李用休, 〈悟過庭記〉, 《惠寰雜著》 8책. "悟與覺, 同而小異. 覺從見, 悟從心, 有內外淺深之別. 凡覺有過而復過者, 爲未悟也."

15 볼프강 카이저, 《언어예술작품론》, 김윤섭 역(대방출판사, 1982), 521-523면.

이다. 여기서 '의재언외'는 주관적 심상과 객관적 형상이 상호 침투하여 순간적으로 합치된 상태로, 풍부한 암시성적 기분 내지 정조를 의미한다. 그것은 직감적인 경험과 감수를 통해 주관적 정감과 객관적 사물이 융합됨으로써 심(心)과 물(物)의 구분이 모호해진 문학 작품의 미묘한 경지이다. 따라서 '의재언외(意在言外)'는 문학의 표현상 객관적 물상에의 지나친 집착을 경계해야 하는 문제(興在意外含蓄)와 연결되며, 이러한 점에서 이가환이 말한 '색상지외(色相之外)'와 상통한다.

요컨대 이가환에게 있어 문학은 언어 문자를 표현 수단으로 하면서, 작가의 직각적인 깨달음의 작용을 통해 무궁한 의미의 함축이 가능한 한 존재(神物)이다.

> 시는 신묘한 존재이다. 자가 모여서 구가 되고, 구가 모여서 장이 된다. 이러한 장구가 아니면 시라고 이름할 수 없는 것이다. 그러나 시가 될 수 있는 본질은 항상 장구의 바깥에 있다. 그리하여 작가가 혹시 스스로 알지 못하여도 독자가 그것을 알 수 있는 것이다.[16]

이가환은 문학의 표현 매개로서의 언어의 필요성을 인정하면서 문학의 본질적 영역은 언어를 넘어선 곳에 있음을 강조하였다. 언어는 문학의 창작 과정에 있어 필요 조건이지만, 충분 조건은 아닌 것이다. 그리고 위의 글에서 보듯이, 작품화되기 이전의 작가의 정신적, 심리적 활동과 그것의 표현 결과로서의 작품을 구분하였다. 문학의 본질은 작가의 순간적인 깨달음에 의한 직각적 체험이며, 작품은 그러한 정신적 활동의 산물인 것이다.

다음에는 문학의 본질에 대한 논의에 이어 이가환이 추구하고자 한 문학의 이상적 경지에 관해 알아보도록 하겠다.

16 李家煥, 〈率更詩序〉, 《詩文艸》 권2. "詩, 神物也. 積字而句, 積句而章, 非章句, 無所謂詩者. 然所以爲詩者, 常在章句之外, 作者或不自知, 而觀者知之."

> 비록 고명(高明)과 화려함에 있어서는 조금 뒤지지만 믿는 것에 따라 사실대로 써서 새기고 갈고 다듬고 꾸미는 습속이 전연 없으며, 색상의 바깥에서 신(神)과 이(理)가 거의 합치되었다.[17]

> 한원(漢源, 盧兢의 자)은 문장을 짓는 데 있어 (…) 무릇 세상의 어리석고 비루하며 천박하고 잡스러운 습속을 모두 쓸어버리고 제압하여 하늘 한가운데 월협(月脇)의 사이를 출입하였다.[18]

이가환이 지향하고자 한 문학의 구극적 경지는 '신리핍사(神理逼似)'이다. 그것은 창작 주체의 내면 세계에서의 즉각적인 깨달음을 계기로 작가의 높은 정신과 경험 대상의 오묘한 이치가 하나로 합치된 세계이다. 달리 말하여 '신리핍사'는 주관적 정감과 객관적 경물이 융합된 정경합일의 경지이다. 또한 그것은 사물의 생명에 파고들어 그 정신과 본질을 순간적으로 포착해 내는 입신(入神)과 통하는 말이다.[19]

그리고 이러한 문학의 이상적 경지는 형식적 조탁과 기교가 말끔하게 제거된 천공(天工)의 상태이며, '색상지외(色相之外)'에서 알 수 있듯이, 미감 내지 함축이 풍부한 묘처이다. '색상지외'와 '천심월협지간(天心月脇之間)'은 단순히 외부 사물의 사실적 묘사나 재현이 아니라, 시인의 정감이 객관적 경물에 투영된 내면적 정조의 표현을 의미한다.[20] 그것은 문학의 표현상 객관적 물상에의 지나친 집착을 경계하여 시정화의(詩情畵意)가 풍부한 묘처이다.

따라서 '신리핍사'의 신묘한 경지는 과학적 진리처럼 논리적으로 설명

---

17 李家煥, 〈海山勝遊序〉, 《詩文艸》 권2. "雖高華稍遜, 而信信直寫, 絕無雕琢藻繪之習, 色相之外, 神理逼似."

18 李家煥, 〈盧漢源墓誌銘〉, 《詩文艸》 권4. "漢源於爲文, (…) 凡世之蒙陋鄙俚拘攣蕪穢之習, 一切擺去而籠挫, 出入於天心月脇之間."

19 李家煥, 〈遣悶〉, 《詩文艸》 권1. "可憐詩句還欺我, 本擬間吟轉入神." 劉若愚, 《The Art of Chinese Poetry》, 이장우 역, 《중국시학》(동화출판공사, 1984), 115면.

20 色相之外에 대한 논의는 다음을 참조. 敏澤, 《中國文學理論批評史(上)》(北京: 人民文學出版社, 1981), 421-428면.

될 수 없으며 말로 표현, 전달되기 어렵기 때문에, '전심(傳心)'[21], '심인신수(心印神授)'[22]와 같이 즉각적 감응에 의해 체득될 수 있는 것이다. 이가환이 단순한 외형 묘사를 의미하는 형사(形似)보다 미적 대상의 진수를 표현하는 것을 뜻하는 전신(傳神)을 문학의 중요한 특성으로 강조한 것도 이러한 맥락에서 이해될 수 있다.[23]

끝으로 지금까지 살펴본 문학 창작의 원천으로서의 연정의 정과 성정의 문제, 깨달음을 중심으로 한 문학의 본질과 이상적 경지의 문제를 하나로 묶어 이가환의 문학론의 전체적인 모습을 밝혀 보도록 하겠다.

이가환의 문학론의 전체적인 성격과 지향은 창작 주체의 정과 성정에 토대하는 것이다. 그는 정과 성정의 방만한 유출을 경계하면서 그것의 일정한 순화와 절제를 요구하였던 바, 정과 성정 그 자체의 자유로운 표현을 문학의 이상적 경지로 받아들이지 않았다. 그는 작가의 내면적 정신과 객관적 세계의 원리가 합치된 상태를 문학의 구극적 경지로 인식하였다. 작가의 직각적인 깨달음을 본질적 계기로 비로소 문학의 이상적 경지인 '신리핍사'의 창조적 세계가 되는 것이다.

요컨대 이가환의 문학론의 전체적인 모습은 창작 주체의 정과 성정에 기반을 두면서 작가의 직각적인 깨달음을 미적 체험의 본질적 계기로 하여 내적 세계와 외적 세계가 하나로 합일된 '신리핍사'를 문학의 이상적 경지로 지향하는 것이다.

---

21 李家煥, 〈廣平世稿序〉, 《詩文艸》 권2. "文章傳心, 子孫傳世, 傳世易, 傳心難. 豈非詩者, 悟由心遇, 意在言外, 傳之尤難於文也."

22 李家煥, 〈海山勝遊序〉, 《詩文艸》 권2. "有唱必和, 心印神授."

23 李家煥, 〈宗人熙天東遊録後跋〉, 《詩文艸》 권3. "凡爲文字, 如傳神, 惟其似而已." 傳神과 形似에 대한 문제는 徐復觀, 《中國藝術精神》(臺北 : 學生書局, 1981), 154-214면. 敏澤, 《中國文學理論批評史(上)》(北京 : 人民文學出版社, 1981), 124-137면 참조.

4. 문학의 표현방법

이가환은 문학작품을 평할 때 청(淸)과 신(新)의 용어를 많이 사용하여 주목된다.

① 녹주(綠酒)는 먼저 취하게 만들고/청시(淸詩)는 뭇사람에 비해 뛰어날 만하네.[24]

② 신시(新詩)가 마치 옥쟁반 같고/그대를 생각할 때면 길게 읊조리네.[25]

'청(淸)'은 '맑고 깨끗하다'는 어의를 갖고 있으면서, 구법, 시상, 내용 등이 부화한 습속과 기교를 말끔하게 제거한 시적 상태를 가리킨다. 동시에 '청'이라는 용어는 작가의 풍모와 품격의 청아(淸雅)함을 반영한다는 의미를 함축한다.[26] 청은 창작 주체의 청아한 기상이 투영된 시적 상태이며, 이 점은 청시(淸詩)의 용례를 통해 짐작할 수 있다.

'청시'는 작가의 고아한 정신 내지 품격과 작품 사이의 밀접한 내적 연관에 근거한 용어이다. 신시(新詩) 역시 이와 비슷하게 사용된다. 요컨대 청은 작품이 표현하는 바 물상이 분명하며, 창작 주체의 시사(詩思)가 고결한 시적 상태를 뜻한다.[27]

또한 이가환은 청(淸)과 신(新)을 묶어 청신(淸新)의 개념으로써 작품의 뛰어난 풍격을 평가하였다.

① 시 약간 편은 청신완약(淸新婉約)하고 풍인(風人)의 지취를 얻었으니 읽는 사람

---

24 李家煥, 〈疎軒夏日〉, 《詩文艸》 권1. "綠酒容先醉, 淸詩許出群."
25 李家煥, 〈酬李承宣見贈韻〉, 《詩文艸》 권1. "新詩如玉案, 思子即長吟."
26 大矢根文次郎, 〈六朝の詩における淸と麗〉, 《早稻田大學教育學部學術研究》(人文科學) 18집(早稻田大學教育會, 1969); 沼口勝, 〈淸新と老成(上)〉, 《中國關係論說資料》 15책(上)(中國關係論說資料保存會, 1973) 참조.
27 鈴木虎雄, 《中國詩論史》, 洪順隆譯(臺北 : 商務印書館, 1972), 165면.

은 그 사람을 상상해 볼 만하다.[28]

② 문사에 마음을 기울여 홀로 청신경발(清新警拔)한 데에 이르렀다.[29]

③ 귀밑털이 어느새 짧고 작아지는데/시구는 변하여 청신하게 되네.[30]

④ 지팡이 짚고 멀리까지 걸어가며/아침저녁으로 음갱과 하손을 마주하네.[31]

⑤ 배체(俳體)는 근심을 덜어 주는 데 좋아/수고로움 없이 유신과 서릉에 거니네.[32]

①의 예에서처럼 청신은 시인의 정신적 품격을 반영하는 말이다. 또한 청신은 언어의 형식적인 기교와 수식이 지나쳐 미문주의에 빠져버린 부화한 시풍을 맑고 깨끗한 언어 감각과 표현 수법으로써 쇄신한 시풍의 풍격을 가리키는 것으로 짐작된다. ②에서는 '문사에 힘을 기울인다'는 말을 하여, 청신의 시적 경계와 언어 표현 사이의 관계를 암시하였다. 그리고 ③의 예에서 보듯이, 이가환 자신이 청신한 시풍을 추구하였으며, ④와 ⑤의 예처럼 그는 육조 시대의 새로운 시풍을 연 하손(何遜, ?-517?), 음갱(陰鏗, 陳人), 유신(庾信, 513-581) 등의 풍격에 동조하였다. 그들은 대체로 정치한 표현 수법과 참신한 비유 및 언어 감각 등을 통하여 전시대의 형식주의적 시풍을 일신하였다고 평가받는 인물이다.[33] 이러한 점과 함께 이헌경(李獻慶)[34]과 이학규(李學逵)[35] 등의 이가환 문학에 대한 평가의 예를 아울러 고

28 李家煥, 〈松隱許公壎篪稿小傳〉, 《詩文艸》 권3. "詩若干篇, 清新婉約, 得風人之旨."
29 李家煥, 〈鶴州許公〉, 《詩文艸》 권3. "文辭匠心, 獨詣清新警拔."
30 李家煥, 〈贈光國〉, 《詩文艸》 권1. "鬢毛渾短少, 詩句轉清新."
31 李家煥, 〈疊柏谷酬朴生爾素〉, 《詩文艸》 권1. "杖藜恣遠步, 早晩對陰何."
32 李家煥, 〈花江漫興〉, 《詩文艸》 권1. "俳體消愁好, 無勞步庾徐."
33 高木重俊, 〈庾信の詩について〉, 《中國關係論說資料》 16책(상)(中國關係論說資料保存會, 1974); 山田英雄, 〈何遜の詩風〉, 《中國關係論說資料》 14책(하)(中國關係論說資料保存會, 1972) 참조.
34 李獻慶, 〈和李承旨花江謫中見眎二十八韻〉, 《艮翁文集》 권8, 《총간》 234, 160면. "邃學窮天地, 清文動鬼神. 校書登祿閣, 覔句倒漳濱."
35 李學逵, 〈寄呈內舅錦帶翁是岸亭寓居〉, 《洛下生集》 1책, 《총간》 290, 216면. "觀魚水濶無炎暑, 射鼂人居少是非. 怪道澄江暎秀句, 知公詩接謝玄暉."

려해 볼 때, 이가환이 추구하고자 하는 청신은 작가의 높은 정신적 기품을 반영하는 동시에, 참신한 비유와 언어 감각을 동원하여 부화한 문학 성향을 깨끗이 씻어낸 시풍의 풍격을 지칭하는 것으로 파악된다.

한편 이가환은 '신(新)' 그 자체를 위한 맹목적 추구를 비판하였다.

> 지금 사람은 반드시 옛사람을 사모하고 추종한다. 그러나 옛사람으로 비교하여 보아도 옛사람 또한 지금 사람이라고 생각하였지, 스스로 옛날이라고 여기지는 않았다. 지금 사람이 옛날에 미칠 수 없는 까닭에는 다른 것이 없다. 처음에 후배들이 선배들을 진부한 말이라고 보아 스스로 낫다고 여기며, 바야흐로 아침 꽃이 지고 저녁 꽃이 피려고 할 무렵에도 볼 만한 것이 있으나, 후배들이 또 후배들을 선배로 여겨 번갈아가며 새로운 것을 구하여 오래도록 쌓여 마침내는 매번 아래에 이르게 된 후에야 아득하여 미칠 수 없음을 깨닫게 된다.[36]

이가환은 고와 금의 대립을 전제로 하여 그 상대적 연관성을 강조하였다. 고는 그 자체로 고가 아니며, 금 역시 고와 무관한 것이 아니기 때문에, 금은 고와의 관련성 위에서 그 존재 의의를 확보할 수 있는 것이다. 따라서 신 자체의 맹목적 추종은 저급한 수준으로의 타락을 초래하는 것이다.

이러한 '신'에 대한 논의에 이어 이가환은 문학창작에 있어 표현의 정확성 또는 진실성을 강조하였다.

> 옛날의 군자는 다른 사람의 미덕을 칭찬할 때 그 문사가 오직 마땅하였으며, 많은 말을 사용하지 않았다. 그렇기 때문에 전함이 멀어도 더욱 믿을 수 있었다. (…) 후세의 사람들은 그 말을 덧붙여서 바꾸고, 바꾸기 때문에 많아지고, 많기 때문에 사실을 다할 수 없고, 사실을 다할 수 없기 때문에 사람들이 믿지 않게 된다. 말이 있어도 믿지 않는데도 오히려 말이 많지 않음을 걱정하니, 미혹된 일이 아니

---

36 李家煥, 〈雲來亭集序〉, 《詩文艸》 권2. "今人必忻慕古人, 然自古人親之, 古人亦今人, 未嘗自以爲古也. 今人所以不及古者, 無他, 其始後輩視前輩爲陳言, 自以爲勝之. 方其謝華啓秀, 固亦可觀, 而其後輩又視輩爲前輩, 遞求其新, 迨積之既久, 終於每下, 然後始覺其邈然不可及."

겠는가?[37]

이가환은 문학의 표현이 올바로 되기 위해서는 언어의 정확성과 간결성이 선행 조건이라고 생각하였다. 이러한 조건이 충족되어 표현의 균형을 이룰 때 과장과 수식 등에 의한 문학의 허위성을 극복할 수 있는 것이다. 그런데 후세 사람들은 이러한 사실을 간과한 채 문사를 많이 사용하려고만 한다고 하였다. 그는 후세인들이 '말을 보탬(益)' → '말을 바꿈(易)' → '말이 많아짐(多)' → '내용의 진실성 상실(不實)' → '신뢰도 부족'이라는 표현 방법의 악순환만 되풀이한다고 지적하였다. 문학의 표현 방법에 있어 문사의 과도한 사용을 절제하기 위해서는 언어 표현의 간결과 정확성이 긴요한 문제이다.

① 문장을 짓는 데 아려하면서 법도가 있고 본원이 가깝고 깊어서 글쓰는 이들이 미칠 수 있는 바가 아니다.[38]

② 뜻을 세우고 문사를 조직하는 데 정밀하고 절실하여 아름다움이 있다.[39]

③ 시 약간 편은 청신하며 그윽하고 완약하여 풍인(風人)의 지취를 얻었다.[40]

위에서 말한 법도, 완약(婉約), 정절(精切) 등은 모두 문학의 표현 방법에 있어 과도한 문사의 사용을 절제할 것을 강조한 말이다. 요컨대 이가환은 문학의 표현 방법에 있어 청신과 함께 간약(簡約)을 중요하게 생각하였다.

37 李家煥, 〈松潭遺事序〉, 《詩文艸》 권2. "古之君子, 稱人之美, 其辭惟其當, 不惟其多, 故傳遠而愈信. (…) 後世其言益以易, 易故多, 多故不能盡實, 不能盡實, 故人不信, 有言不信, 而尚患其言之不多, 非感歟."

38 李家煥, 〈伊溪集序〉, 《詩文艸》 권2. "爲文章, 雅麗有法度, 源近本深, 非佔畢者所能及也."

39 李家煥, 〈金士吉皇明樂府跋〉, 《詩文艸》 권3. "立意遣辭, 精切有美."

40 李家煥, 〈松隱許公壎篪稿小傳〉, 《詩文艸》 권3. "詩若干篇, 清新婉約, 得風人之旨."

무릇 문자를 짓는 일은 전신(傳神)과 같아서 오직 비슷할 따름이고, 의율(議律)과 같아서 오직 마땅할 따름이다.[41]

이가환은 문학이 전신(傳神)과 의율(議律)의 속성을 함께 갖고 있음을 지적하였다. '의율'은 죄상을 논하여 형법을 따라 처벌을 결정하는 것을 말한다. 여기서 '전신'이 문학의 표현 과정의 문제라면, '의율'은 문학의 표현 방법의 문제이다. 문학은 표현 과정에 있어 경험 대상의 외양이 아닌, 그것에 내재한 오묘한 이치를 순간적으로 포착하는 신묘한 존재인 동시에, 표현 방법에 있어 정확성을 생명으로 하는 의율과 같은 존재이다. 문학에 있어 전신의 속성과 의율의 속성이 상호 보완하는 긴밀한 관계를 유지할 때 참다운 문학이 성립될 수 있는 것이다.

그러나 그가 말하는바 문장은 다듬고 꾸미는 것을 모두 제거하고 심순무박(深醇茂樸)하니 모두 절박한 다음에 응한 뜻이 있다. 내가 그것을 읽어 보고 단정하여 진실하다고 생각하였다. 이러한 점은 속인과 더불어 말하기 어려운 것이다.[42]

이가환은 창작 주체의 자발적인 내적 충동을 통해 한 개인의 독특한 면모를 구현한 상태를 참되다고 하였다. 여기서 '진실함(眞)'은 한 개인의 진실한 면모와 특성의 충실한 발현(眞情表現) 이라는 의미에서 시적 진실성과 상통한다. 문학의 표현 방법에 있어 진(眞)은 형식적 기교와 조탁을 배제하고, 정감과 성정의 진솔한 표현 내지 자연스러운 유출을 강조하는 말이다. 또한 그것은 창작 충동의 내발적 계기에 충실함으로써 작가의 의도적 조작이나 작위를 멀리함을 뜻한다.

---

41 李家煥, 〈宗人熙天東遊録後跋〉, 《詩文艸》 권3. "凡爲文字, 如傳神, 惟其似而已, 如議律, 惟其當而已."

42 李家煥, 〈眞愚艸序〉, 《詩文艸》 권2. "然其所謂文, 絕去雕飾, 深醇茂樸, 皆有迫而後應之意. 余讀之終篇, 斷而爲眞, 此殆難與俗人言也."

다른 사람의 문자를 보고 자못 그 진위를 판별할 수 있는데, 그 판별의 방법에 별다른 것이 없다. 오직 유의(有意)와 무의(無意)일 뿐이다. '무의'는 그칠 수 없어서 말을 한 것으로, 그칠 수가 없어서 말을 한 것인즉 그 말을 적게 여길 수 없고, 적게 여길 수 없으니 반드시 전해질 것이다. '유의'는 (말을) 그칠 수 있는데도 그치지 않은 것으로, 그칠 수 있는데도 그치지 않은 즉 보는 사람이 싫어할 것이고, 다른 사람들 또한 싫어할 것이다. 게다가 자구를 공교롭게 하는 것을 구하여 다른 사람들을 기쁘게 하려고 하면 그 방법은 더욱 어그러지게 된다. 이것을 가지고서 (진위를) 판별하면 백 가운데 하나도 놓치지 않는다.[43]

위의 글에서 '무의(無意)'는 창작 주체의 정신과 경험 대상이 합치될 때까지 모든 방심과 잡념을 배제하고 그 대상에 완전히 몰입된 상태이다. 다시 말해 그것은 작가의 내면적 정신을 외부 세계와의 순간적 융합에로 고양함으로써 표현 대상에 대한 작위적이며 인위적인 목적 의식을 배제한 상태이다. 이가환은 이러한 무의 상태를 문학의 표현 방법에 있어 가장 높은 단계를 생각하였다. 그는 창작 주체의 의도성 여부를 근거로 하여 시적 진위의 정도를 '무의' → '유의' → '공어자구(工於字句)'로 구분지었다. 미감과 의미의 함축이 풍부한 신리핍사(神理逼似)의 이상적 경지는 작가의 인위적인 기교와 조작이 말끔하게 가셔진 무의를 통해 구현된다.

이에 반하여 '유의'는 작가의 섣부른 의도적인 성향이 창작 충동의 자발적인 계기를 압도한 경우로서, 의식적인 기교와 조작이 지배적이다. 특히 다른 사람의 이목을 집중시키기 위하여 내발적인 창작 충동의 성숙을 무시한 채 자구의 가식적인 조탁과 도습에만 힘쓰는 것이 문학의 표현 방법에 있어 가장 낮은 단계이다.

내가 금강산 기행문을 많이 보았는데 과장이 심하여 진실함(眞)을 잃어버린 것이

43 李家煥, 〈眞愚艸序〉, 《詩文艸》 권2. "見人文字, 頗能辨其眞爲. 辨之之術, 無他, 惟曰有意無意. 無意者, 不得已言. 不得已而言, 則其言不可少, 不可少, 斯必傳. 有意者, 可已而不已也. 可已而不已, 則觀者厭之, 人且厭之, 而求工於字句, 以求悅人, 其術愈左. 以此衡之, 殆百不失一也."

열에 아홉이었다. (…) 흔히는 기발한 논의를 만들어 내어 기이함을 추구하였으며, 그들의 시와 기문은 한편의 작품을 가지고 전 시대의 사람들을 넘어서려는 데에만 힘을 썼다. (…) 지금 희천(熙天)의 〈동유록〉을 보니 산문은 기이함을 깊이 구하지 않았고, 시는 공교로움을 깊이 구하지 않았으니 오직 진실할 따름이다. 이것이 그의 〈동유록〉을 귀하게 여기는 까닭이다. 기이함과 공교로움은 그 가운데 있는 것이다.[44]

이가환은 문학의 표현 방법에 있어 진실함(眞)의 실현이 중요하며, 기이함(기이한 내용)과 공교로움(형식적 기교)은 부차적인 것으로 간주하였다. 왜냐하면 진실함은 기이함과 공교로움을 포섭하는 관계에 있기 때문이다. 다시 말하여 진실함과 기이함, 공교로움은 대등한 위상에 있지 않고, 부분 집합의 관계로 설명할 수 있는 차등 관계에 있는 것이다. 따라서 기이함과 공교로움만의 추구는 필연적으로 시적 진실성의 상실을 가져온다.

이상에서 살펴본 바와 같이 이가환은 문학의 표현방법에 있어 청신과 간약(簡約)을 두 축으로 하여 창작 충동의 자발적 계기에 충실한 진실함(眞)과 무의(無意)의 상태를 중요하게 생각하였다.

5. 문학론의 위치와 의의

지금까지 우리는 이가환의 문학론에 대해 살펴보았다. 이를 토대로 이 자리에서는 이가환의 문학론의 위치와 의의를 알아보고자 한다. 이 문제를 올바로 구명하기 위해서는 이가환을 전후로 한 시기의 문인들의 문학론에 관한 본격적인 연구가 뒷받침되어야 할 것이다. 하지만 현재의 연구 실정

44 李家煥, 〈宗人熙天東遊錄後跋〉, 《詩文艸》 권3. "余觀風嶽録多矣, 大率夸而失眞者十九, (…) 多欲創爲奇論而求異也. 記若詩, 則務欲以一篇突過前人. (…) 今見熙天東遊錄, 文不求甚異, 詩不求甚工, 惟其眞而已. 此其所以爲可貴也, 異與工存其中矣."

이 이를 해결하여 줄 만큼 폭넓게 진전되어 있지 않기 때문에 이가환의 문학론의 위치와 의의에 관한 지금의 논의는 가설적 수준에 머무를 수밖에 없다.

이가환의 문학론의 위치와 의의를 고찰하기 위하여 이용휴, 신광수, 신광하, 이학규를 잠정적으로 선택하였다. 그 이유는,

첫째, 문학론상으로 비슷한 특징이 비교적 많이 발견되며,

둘째, 네 사람 모두 성호 이후 남인계 문인이며, 이가환과 문학적 교유가 활발하여 그 영향관계를 추측해 볼 수 있다는 점이다.

혜환(惠寰) 이용휴(李用休, 1708-1782)는 이가환과 함께 18세기 후반의 새로운 시풍을 발전시킨 인물로 평가되었다. 그는 성호가학의 토대 위에서 폭넓은 학문에의 관심을 보였으며, 일생 동안을 재야에서 지내면서 자구의 도습만을 일삼던 당대의 고루한 시단을 새롭게 변화시키는 데 주력하였다.

이용휴는 당대의 문학 풍토가 당시만을 문학의 전범으로 고집하여 시의 개성을 상실하였다고 비판하였다.

> 시라고 하면 당시만을 시로 하지 않음이 없는 것이 근래의 폐습이다. 그 체재를 본받고 그 말을 배워 하나의 피리에서 연주되니, 그것은 마치 때까치가 하루종일 앵앵거려도 자기의 소리가 없는 것과 같다. 나는 그것을 매우 싫어한다.[45]

이용휴는 당대 시단의 폐습이 법식에 구속되고 자구를 힘써 도습하는 데 있다고 하였다. 그는 다른 글에서 법식은 여러 사람의 점괘와 같이 다양하게 변화할 수 있으며, 체재는 저울대와 같이 균형을 이루어야 한다고 말하였다.[46] 그는 문학 창작에 있어 법식이나 체재와 같은 것 역시 고정불

45 李用休, 〈李華國遺草序〉, 《惠寰雜著》 2책. "詩無不詩唐詩者, 近日之弊也. 效其體, 學其語, 幾乎一管之吹. 是猶百舌終日嚶嚶, 無自己聲, 余甚厭之."
46 李用休, 〈復疊前韻寄白門詩社〉, 《惠寰詩鈔》 "法似衆占多有變, 體如平準少無攲."

변의 절대적 규범이나 격식이 아님을 강조하였던 것이다. 특히 그는 위의 글에서 보듯이, 당시의 체재와 언어만을 본받고 꾸미는 모의적 문학 성향을 극력 배척하였다. 이같이 당대의 문학 풍토가 당시의 체재와 언어만을 절대적 규범으로 신봉하였다고 진단한 그는 이러한 모의적 문학 풍조를 일신하기 위하여 작가의 개성을 강력히 주장하였다.

> ① 당이라고 해서 높은 것 아니며 한이라고 해서 깊은 것 아니니
> 자신의 성정을 자신이 읊조린다네.[47]
>
> ② 모의하여 시를 짓는 것이 어찌 시라 하리오
> 원기활법은 마음을 스승으로 하는 것이네.[48]

위의 글을 통해 알 수 있듯이, 이용휴는 성정의 개념을 근거로 하여 각 시대마다의 독자적인 문학의 가치를 중시하였다. 그는 '옛것을 숭상하고 지금의 것을 그르다고 여기는(崇古非今)' 가치 인식을 반대하였으며, 작가의 성정의 표현을 무시한 채 자구의 외면만을 꾸미고 다듬는 몰개성적인 문학을 배격하였다. 그가 '참신한 뜻을 창출하다(創出新意)', '스스로 주재하고 운용하다(自主自運)', '자기를 믿고 마음을 스승 삼다(信己心師)' 등 창작 주체의 개성에 입각한 문학적 표현을 뜻하는 말들을 자주 사용하였다는 사실에서도 짐작되듯이, 이용휴는 법식과 체재 등을 고정불변의 형식적 규범으로 인정하는 문학 성향을 비판하고, 인간의 고유한 성정에 근거하여 문학의 개성적 표현을 적극적으로 주장하였다. 작가의 개성적 표현을 강력히 표방한 그는 정치권력으로부터 소외된 재야지식인과 여항문인의 참신한 시풍을 긍정적으로 인식하였다.

---

47 李用休, 〈聞德順與幼選談詩老人動觀獵之喜作近體詩寄德順兼示幼選〉 1수, 《惠寰詩鈔》 "唐不爲高漢不深, 自家性情自家吟."

48 李用休, 〈聞德順與幼選談詩老人動觀獵之喜作近體詩寄德順兼示幼選〉, 《惠寰詩鈔》 "模擬爲詩豈是詩, 圓機活法有心師."

① 그러므로 좋은 어구를 짜내는 공교함과 제재를 활용하는 박식함은 실로 전문 대가들과 다툴 수 없다. 그러나 마음이 담백하고 깨달음이 깊은 것은 왕왕 세상의 상상 밖에 있은 즉 도리어 저들보다 현명하다는 것은 아는 사람은 알 것이다.[49]

② 또한 정감과 경물이 만나고 정신과 계기가 접촉한 것은 왕왕 물이 산골짜기에서 울고 바람이 나무를 두르는 듯하다.[50]

③ 그러나 그의 득의처는 왕왕 청경신특(淸警新特)하니, 비유컨대 외로운 봉우리, 떨어진 산골짜기의 물과 같다.[51]

④ 그의 시는 마음속이 범상하지 않고 세속을 씻어냈기 때문에 세상과 합함이 적고, 현묘한 생각과 기이한 말은 왕왕 남들이 말한 적이 없는 것이 있었다.[52]

위의 글을 통해 알 수 있듯이, 이용휴가 생각한 바 당시의 새로운 문학적 풍격은 청신과 기특(奇特)으로 요약될 수 있다. '청신'은 시인의 청안한 정신 세계를 근간으로, 언어 표현이 참신한 시적 상태를 말한다. 그리고 '기특'은 봉건적 윤리 규범에 예속되지 않은 내용의 일탈적 표현으로 이해된다. 요컨대 청신과 기특은 작가의 청아한 정신적 기반 위에서 참신한 시어와 언어 표현 그리고 내용의 경이로움을 통해 구현된 문학의 개성적 풍격을 의미한다. 그것은 모방과 도습만을 일삼던 시풍과 대조되는 참신한 시적 풍격이다.

또한 위의 글에서 '청신'과 '기특'을 논하면서 정경일치(情景一致), 신기접촉(神機接觸)이라는 말을 사용한 것에 주목할 필요가 있다. 여기서 이 두

49 李用休, 〈槐谷遺稿序〉, 《惠寰雜著》 2책. "故其鍊句之工, 取材之博, 固不能與專門大家爭也. 然其白意玄悟, 往往世想之外, 則反有賢於彼者, 知者知之矣."

50 李用休, 〈李華國遺草序〉, 《惠寰雜著》 2책. "且其間情與境會, 神與機觸者, 往往如水之鳴磵, 風之縈木."

51 李用休, 〈鶴洲詩集跋〉, 《惠寰雜著》 8책. "然其得意處, 往往淸警新特, 譬如孤峰別磵."

52 李用休, 〈萍窩集序〉, 《惠寰雜著》 3책. "其詩襟步不凡, 務湔俗滀. 故與世寡合, 而玄思奇語, 往往有不經人道者."

용어는 시인의 주관 속으로 경험 대상을 순간적으로 융합시킨 상태이다. 그것은 객관적 사물(景)과 주관적 심상(情)이 상호 침투하여 하나로 합치된 직감적 경지이다. 달리 말하여 정경일치는 시가의 내부에 자리한 정과 경의 두 가지가 하나로 합일되어 감정의 고양화가 이루어진 경지이다. 이러한 경지는 작가의 내면적인 정신 작용으로서의 깨달음(悟)을 본질적 계기로 한다.

① 때를 혼미한 발걸음은 모두 막히게 되지만
깨달음 뒤의 진흙과 모래는 모두 숲이 되네.[53]

② 깨달음의 경지는 언어를 따라 찾을 수 없으니
서로 바라보고 한번 웃으니 손바닥이 마주 응하네.[54]

이용휴는 문학의 창작 과정에 있어 깨달음을 중요시하였다. 문학에 있어 깨달음(悟)이란 작가의 주관적인 정감과 사물의 객관적인 형상을 하나의 통일된 세계로 융합시키는 미적 체험의 본질적 계기이다. 이러한 깨달음을 계기로 한 문학의 신묘한 영역은 표현 매개인 언어문자를 통해 탐색될 수 없으며, 모래와 진흙이 숲으로 변하고, 하늘과 들판이 막힘 없이 탁 트인 창조적 세계이다.

그러나 그 역시 기본적으로 유자로서의 기본 소양을 바탕으로 당대의 현실적 모순을 해결하려는 실학적 사고를 소유하고 있었다. 그렇기 때문에 그는 깨달음에 의해 도달되는 신묘한 시적 경지가 작가의 풍부한 학습과 체험을 통해 이루어져야 함을 강조하였던 것이다.

① 문학을 공부하는 것은 등산과 같아 끝을 다함이 무한하고 굿은 길을 돌고 돈 다

53 李用休, 〈聞德順與幼選談詩老人動觀獵之喜作近體詩寄德順兼示幼選〉, 《惠寰詩鈔》 "迷時步武皆成梗, 悟後泥沙盡是金."

54 李用休, 〈題尹曾若詩卷〉, 《惠寰詩鈔》 "悟境不從言語索, 相看一笑掌中中."

음에야 산꼭대기가 바야흐로 나오게 된다.[55]

② 모든 과일이 한번 맛을 보면 그 맛을 다하는데 오직 감람은 매우 떫은 것을 먹는 것 같다가도 오래도록 씹으면 맛이 돌아와 저절로 달게 된다. 무릇 학문과 문장이 모두 이런 경계가 있어 몸소 체험한 자가 그것을 안다.[56]

이용휴는 문학의 공부를 등산에 비유하면서, 창작상의 고된 훈련과 경험을 거친 뒤에야 최고봉에 올라 한눈으로 끝없이 펼쳐진, 새롭고 구극적인 경지에 이를 수 있다고 하였다. 또한 그는 감람을 오래도록 씹어 먹듯이 문학의 심오한 경지는 작가 자신의 오랜 탐색과 체험의 과정을 통해 터득된다고 말하였다. 이것은 모두 창작 과정에 있어 깨달음의 이상적 경지는 작가의 풍부한 학습과 체험의 소산물임을 강조한 말들이다. 따라서 그의 창작 방법은 체험에의 집착을 타기하는 돈오(頓悟)보다도 경험의 누적을 중시하는 점수(漸修)에 더 가깝다고 할 수 있다.

또한 이용휴는 실학적 사고에 입각하여 문학의 효용적 가치를 논의하였다.

① 그러나 문학과 정사는 두 가지가 아니다. (…) 무릇 문장은 그 쓰임이 나라를 빛내고 재능을 발휘하며, 임금을 높이고 백성들을 보호할 수 있다.[57]

② 글자에 풍월이 닿지 않고 말에 술잔이 미치지 않아
오직 맡은 일만 이야기하면 그것을 참 문장이라 하네.[58]

이용휴는 문학과 정사(政事)의 긴밀한 관계를 상기시키면서, 문학의 현

55 李用休, 〈題吉甫文稿〉, 《惠寰雜著》 4책. "學文如登山, 消盡無限, 厄路迴經, 然後方出上頂."
56 李用休, 〈題橄欖卷〉, 《惠寰雜著》 2책. "諸果一嘗, 可盡其味. 惟橄欖如食甚澁, 咀嚼久之, 回味自甘. 凡學問文章, 皆有此境, 身親歷者知之."
57 李用休, 〈送蔡司徒出按關西序〉, 《惠寰雜著》 2책. "然文學政事, 非二物也. 夫文者, (…) 其用可以華國而煥猷, 尊主而庇民."
58 李用休, 〈送申使君之任連川〉, 《惠寰詩鈔》 "字不着風月, 語不及盃觴. 惟說職所管, 是謂眞文章."

실적 효용을 강조하였다. '백성을 보호하다'는 말에 주목해 볼 때, 그는 종래 백성들의 현실적 삶과 유리된 음풍농월식의 문학 행위를 부정하는 대신, 사(士)의 입장에서 올바른 법도를 노래하고, 백성들의 실생활의 구체적인 모습들을 반영하는 문학 활동을 적극적으로 주장하였음을 알 수 있다. ②에서 강조한 참 문장(眞文章) 역시 이것과 연결된다. 그는 방아노래(舂歌), 밭 가는 노래(耕曲)를 인간의 진실한 감정(眞情)을 표현한 것이라 하면서, 백성들의 현실 생활과 밀착된 참 문장을 문학의 올바른 방향으로 내세웠던 것이다.[59]

이상에서 이용휴의 문학론에 대하여 대략적으로 살펴보았다. 이가환의 문학론과의 상통점은 다음 세 가지로 요약된다.

첫째, 성정을 근거로 하여 자구의 도습에 힘쓰던 모의적 문학 풍토를 비판하였으며, 재야 지식인과 여항문인의 새로운 문학적 경향을 옹호하였다.

둘째, 작가의 즉각적인 깨달음을 미적 체험의 본질적 계기로 하여 내적 세계와 외적 세계가 융합된 '정경일치'의 경지를 중요하게 인식하였다.

셋째, 문학의 표현 방법에 있어 청신, 진(眞) 등을 강조하였다.

석북(石北) 신광수(申光洙, 1712-1775)는 문학에 관한 글을 많이 남기지 않아 그의 문학론의 전모를 파악하는 데 미흡한 실정이다. 여기서는 '신붕거에게 주는 글(贈申鵬擧序)'과 '법정에게(與法正)' 두 글을 통해 신광수의 문학론의 대략적인 특징을 살펴보도록 하겠다.

신광수는 문학에는 쉽게 파악할 수 없는 한 경지(神境)가 있음을 강조하였다.

59 李用休, 〈聞德順與幼選談詩老人動觀獵之喜作近體詩寄德順兼示幼選〉, 《惠寰詩鈔》 "周鼎商彝多僞物, 舂歌耕曲儘眞情."

> 시에는 신묘한 경계가 있다. 그것은 무형 속에 깃들어 있다가 홀연히 이르고 홀연히 가 버린다. 그것을 만나면 마치 보는 듯하지만 가까이 가면 얻을 수 없다. 비유컨대 아지랑이와 안개가 곱고 부드러우며 아득하여 멀리서 바라볼 수 있지만 가까이서 보면 허공이다. 그러나 이것은 작자가 스스로 터득할 뿐이어서 언어로 형용하기 어렵다. 그러므로 아버지가 아들에게 전할 수 없고 형이 동생들에게 전할 수 없으며 다른 사람들도 함께할 수 없다.[60]

신광수는 문학에 있어 신경(神境)은 형체 없이 왔다가 홀연히 사라지는 신묘한 경지라고 하였다. 아지랑이와 안개 낀 물결의 비유에서도 짐작되듯이, '신경'은 인간이 쉽게 접할 수 없는 신비한 영역에 자리한다. 또한 그것은 작가가 스스로 체득해야 할 것이기 때문에, 문학의 표현 매개인 언어로써 형용하기 어려운 상태라고 하였다. 즉 '신경'은 쉽게 접하거나 이해할 수 없는 불가시한 경지로서, 작가가 체득해야 할 신묘한 곳이다. 이러한 점은 이가환이 문학을 신물(神物)이라고 한 사실과 비슷한 발상이다. 이때 '신경'은 작가의 내면적 정신 작용으로서의 신을 통하여 도달된 문학의 본질적 영역이다.

> 요컨대 친구들과 회합하여 정감과 경물이 서로 만나면 자연스럽게 신이 발동되어 그것을 읊조린다.[61]

신광수는 문학에 있어 '신경'을 정경합일의 경지로 생각하였다고 짐작된다. 여기서 '신(神)'은 작가가 자연 경물을 마주할 때 발현되는 일종의 상상력으로 이해된다. 상상력의 자연스러운 발현을 통해 시인의 주관적 감정(情)과 자연의 객관적 형상(景)이 융합될 수 있는 것이다. 그가 문학을 창

---

60 申光洙, 〈贈申鵬擧序〉, 《石北文集》 권15, 《총간》 231, 486면. "詩有神境. 是物也, 寓於無形之中, 忽然而來, 忽然而逝, 遇之而若可見, 即之而無所得. 譬如野馬烟波, 嫋娜渺茫, 遠望可見, 而薄而視之, 則虛空也. 然此在作者自得之, 難以言語形容之也. 故父不得以與諸子, 兄不得以與諸弟, 他人無得以與也.

61 申光洙, 〈與法正〉, 《石北文集》 권11, 《총간》 231, 420면. "要之朋友會合, 情景相值, 自然神動, 發之吟詠."

작할 때 '고요한 가운데 그윽하게 생각함(靜處玄思)'을 언급[62]한 것도 정경합일에로 이르는 상상력의 준비 단계로 짐작된다. 요컨대 신광수는 시인의 상상력적 발동을 통하여 문학의 신묘한 영역이 개시(開示)되며, 이러한 '신경'은 작가 개인적으로 체득되어야 하기 때문에 언어로써 표현 전달하기가 매우 어렵다고 하였다.

이가환의 문학론과의 상통점은 다음 두 가지로 요약된다.

첫째, 문학의 본질적 영역은 표현 매개인 언어로써 전달하기 어려운 묘처이다.

둘째, 그것은 시인의 주관 속으로 대상 세계를 포섭하여 융합된 상태이다.

진택(震澤) 신광하(申光河, 1729-1796)는 신광수의 동생으로서 당대 문단에서 사문장가의 한 사람으로 지칭되기도 하였다.[63] 그는 자신의 친형인 신광수의 문학을 다음과 같이 평가하였다.

> 항상 병이 많으나 상상력(神思)이 발휘되면 거의 사물과 더불어 잊어버리고자 하였다. (…) 그러나 골격과 풍모는 한유와 구양수에 가장 가깝고, 시는 오로지 두보를 존숭하였고 왕유와 맹호연 등을 출입하였으며, 마음에서 얻고 정신에서 만난 것은 진실한 감정으로 표현하였다.[64]

신광하는, 위의 글에서 보듯이, 신광수의 문학적 경지를 '사물과 더불어 잊어버리다(物與相忘)' 또는 '마음에서 얻고 정신에서 만난 것(得於心而會於神)'이라고 표현하였다. 그것은 시인의 정감과 객관 사물이 하나로 합

---

62 申光洙, 〈與李叔果〉, 《石北文集》 권11, 《총간》 231, 423면.

63 이가원, 〈숭문연방집 해제〉, 한국한문학연구회 편, 《崇文聯芳集》(탐구당, 1975) 四文章家로 당시 알려졌던 인물은 震澤 申光河, 海左 丁範祖, 艮翁 李獻慶, 餘窩 睦萬中이다.

64 申光河, 〈行狀〉, 《石北文集》 권16, 《총간》 231, 506면. "常多疾, 神思沈遠, 殆欲物與相忘. (…) 然其骨格風神, 最近於韓歐, 詩專尙少陵, 出入王孟諸家, 得於心而會於神者, 發之以性情之眞."

일된, 고도의 직감적 정서의 상태이다. 그리고 이러한 경지는 시인의 상상력적 비상(神思)을 통해 이루어진다고 하였다. '신사'란 외부 사물에 촉발된 시인의 정감을 정경융합의 상태로 끌어올리는 시인의 내면 세계의 활발한 작용 내지 힘으로 이해된다. 이러한 상상력의 활발한 작용 내지 힘으로 이해된다. 이러한 상상력의 활발한 작용을 계기로 시인의 정신 속으로 경험 대상이 침투하여 감정의 고조화가 이루어지는 주객합일의 경지에 도달하는 것이다.

신광하는 또한 정경일치에 의해 체득된 시인의 높은 정신적 상태를 진실한 감정을 통해 표현한다고 하였다. 이때 진실한 감정(性情之眞)은 내적 세계와 외적 세계의 융합에 의한 직감적 정서의 고양화를 통해 주객이 교융된 상태의 성정이다.[65] 다시 말해 인간의 정욕을 배제해 버린 순연한 상태의 성정지정(性情之正)이 아니라, 순간적인 감정의 고조화가 이루어진 상태의 성정을 의미한다.

이가환의 문학론과의 상통점은 다음과 같다.

첫째, 문학 창작의 근원은 '성정지진'으로서의 성정이다.

둘째, 문학의 높은 경지는 표현 주체의 정감과 표현 대상의 형상이 작가의 내면 세계의 영묘한 작용을 통해 하나로 합치된 정경합일의 상태이다.

낙하생(洛下生) 이학규(李學逵, 1770-1834)는 혜환 이용휴의 외손자로서, 다산 정약용과 금대 이가환의 문학적 영향을 받은 인물이다. 또한 그는 19세기 전반기의 실학자였으며, 기속시(紀俗詩)와 죽지사(竹枝詞) 등 당대 사회의 저변적 삶을 제재로 한 많은 시작품을 남기기도 하였다.

그는 엄우(嚴羽)와 불경의 말을 빌어 문학에 있어, 특히 시의 신묘한 경지를 설명하였다.

65 徐復觀, 《中國文學論集》(臺北: 學生書局, 1982), 49-52면과 88-90면.

> 산문은 이(理)를 위주로 하고, 시는 운(韻)을 위주로 하는 것은 바꿀 수 없는 법칙이다. 시는 모름지기 물속의 달과 거울 속의 꽃과 같아 그것을 엿보면 짐짓 있는 듯하지만 포착하려면 일정하지 않다. 불경에서 말한 바 '붙지도 않고 떨어지지도 않으며' '들러붙지도 않고 떨어지지도 않음'이다.[66]

이학규는 시와 산문의 차이를 운(韻)과 이(理)로 나누어 설명하였다. 그는 운이 승한 시는 물 속에 비친 달, 거울 속의 꽃과 같이 쉽게 포착할 수 없다고 하였다. 그가 인용한 말—물 속에 비친 달, 거울 속의 꽃, 붙지도 않고 떨어지지도 않는 것, 들어붙지도 않고 떨어지지도 않는 것—은 모두 좋은 시의 미감 작용을 지칭한 것으로, 시가 묘사하는 바의 허(虛)의 방면을 강조한 말이다.[67] 달리 말하여 그것은 자연 경물을 관조할 때 고무된 시적 흥취라고 할 수 있다.[68]

'취(趣)'에 대한 다음의 언급도 이러한 맥락에서 이해될 수 있다.

> 누군가 취(趣)에 대해 묻는 말이 있었네. 내가 이렇게 대답했다네. "말로 설명하기 어렵다네. 만약 외형에 얽매이지 않고 말 밖에서 깨달아 알면 될 걸세. (…) 대개 취는 마음 가득히 얻은 게 있는 듯한 것이며, 여운이 가슴속에 남아 있는 것이며, 색깔과 맛과 광태와 태깔을 한마디 말로 표현하지 못하는 것이라네. 자네들이 이 말을 들으면, 응당 한번 웃고 깨달아 알 걸세."[69]

이학규에게 있어 '취(趣)'는 말로 표현하기 힘들며, 창작 주체의 직각적 감응을 통해 이해되어야 할 대상이다. 그것은 미감과 의미의 함축이 풍부한 시정화의(詩情畫意)의 상태이며, 음영을 통해 체득되는 일종의 운미(韻

---

66 李學逵, 〈答朴思浩〉, 《洛下生集》 14책, 《총간》 290, 46면. "文以理勝, 詩以韻勝, 不易之法也. 詩須如水中月鏡中花. 覰之故在, 捉之不定. 內典所云, 不卽不離, 不粘不脫."

67 敏澤, 《中國文學理論批評史》(北京: 人民文學出版社, 1981), 上册 588-590면 및 下册 894면.

68 劉若愚, 《중국문학이론》, 이장우 역(동화출판공사, 1984), 85-86면.

69 李學逵, 〈與尹師赫朴思浩〉, 《洛下生集》 15책, 《총간》 290, 485면. "或有問趣之說. 予應之曰: "難言也. 苟勿拘於形, 而理會言外, 則可矣. (…) 盖趣者, 固充然若得者也, 餘味在胸中者也, 色味光態之不能下一語者也. 賢輩見此, 想當一笑領會也."

味)라고 할 수 있다.[70] 따라서 취는 경험 대상의 외양에 집착하지 않고 그 뒤에 숨겨진 오묘한 이치를 통찰함으로써 감득될 수 있는 성질의 것이다. 또한 그것은 고조된 감정 상태 안에서 경험대상의 내면화가 이루어지는 정경합일의 경지와 연결된다.

> 내가 예전에 서울 살 때 좋은 계절에 아름다운 날, 날씨는 맑고 새들이 나무에서 지저귀면, 나도 모르게 마음이 움직이어 감정은 경물과 어울려 종이를 펼쳐놓고 붓을 쥐고서 필히 눈앞의 광경을 묘사해 보고자 하였지요. (…) 근래에 집에서 보내 온 편지를 받아 보았네. 백진(伯津, 李明逵의 자)이 때때로 시를 보내오고, 다른 몇몇 사람도 이따금 시를 보내온다네. 그러면 나도 모르게 감정이 움직이고 상상력이 발동하여 하루에도 수십 수의 시를 짓기도 하고, 때로는 시 한 수에 매달려 여러 번 고치기를 반복하기도 한다네.[71]

이학규는 위의 글에서 시인의 창작심리과정을 설명하였다. 그는 자연의 아름다운 경물을 바라볼 때 시인 자신도 모르게 정경합일의 경지에 이른다고 하였다. 또한 그는 정경합일에 이르는 계기를 '나도 모르게 마음이 움직이는 것'이라고 하였다. 그것은 시인의 창작 구상이 자연스럽게 떠올려지는 것을 가리킨다. 즉, 자연 경물을 바라볼 때 시인의 내면 세계로부터 자연스럽게 발동되는 창작의 심리적 계기이다. 그는 이러한 창작의 계기를 같은 글에서 '감정이 움직이고 상상력이 발동하다(情動神往)'라는 말로 설명하였다. '정동(情動)'은 시인의 내적 정감의 발동을 의미하며, '신왕(神往)'은 시인의 상상력적 발휘를 뜻한다. 여기서 상상력(神)은 정경합일에로 이르게 하는, 시인 내부에서 발현된 영묘한 힘이다. 요컨대 이학규가 생각한 문학의 높은 경지는 정경합일의 상태이며, 그것은 시인의 정감의

---

70 周勛初, 《中國文學批評小史》(北京: 長江文藝出版社, 1981), 139면.

71 李學逵, 〈與〉, 《洛下生集》 10책, 《총간》 290, 361면. "僕向在京洛, 每遇良辰美景, 雲物澄鮮, 鳴禽在樹, 則不覺忻然意動, 情與境會. 攤紙把筆, 必欲摹寫一番. (…) 近日見家書, 伯津時時寄詩, □□□數人者, 亦時時寄詩, 不覺情動神往. 或一日作數十詩, 或一詩易數三藁而不知止."

발현과 상상력의 비상을 미적 체험의 본질적 계기로 하여 도달된 문학의 신묘한 영역이다.

또한 이학규는 문학의 심오한 경지를 양파와 따뜻한 물에 비유하여 설명하였다.

> 문장에는 참으로 이러한 경계가 있으니, 겨우 한 겹을 벗겨내면 또 한 겹으로 가려져 있지요. 마치 파를 벗기는 것처럼 벗기면 벗길수록 그 안에 무엇이 있는 것과 같답니다. 이것이야말로 스스로 부족하다고 여기는 곳이며, 실제로는 장차 크게 진보할 곳이지요. (…) 또한 문장 짓는 것은 탕을 데움과 같지요. 따뜻하게 데웠다가 차가워지는 것도 탕이요, 차가워지면 따뜻하게 데우는 것도 탕입니다. 다만 차가워지는 것은 갈수록 차가워지고, 따뜻하게 데우는 것은 갈수록 따뜻해지는 법이지요. 이것이 또한 조금씩 나가는 것과 조금씩 물러나는 것의 차이입니다.[72]

이학규는 문학의 경계를 쉽게 도달하기 어려운 심오한 곳으로 규정하면서, 창작 방법에 있어 선종의 돈오와 같이 경험의 누적을 부정하는 것에 반대하였다. 그는 양파의 껍질을 하나씩 벗겨 나가듯이 문학의 창작 방법에 있어 작가의 오랜 체험과 훈련을 강조하였다. 따라서 경험의 오랜 누적을 통해 도달된 문학의 심오한 경지는 따뜻한 물이라는 점에서 본질적으로 동일하며, 다만 따뜻함의 정도 차이가 있을 뿐이라고 하였다.

그리고 그는 문학의 표현방법에 있어 평상(平常)과 기(奇)의 적절한 균형을 요구하였다.

> 우리들이 어디에서 좋은 시구를 많이 얻어서 번번이 써낼 때마다 남들을 압도할 수 있겠는가? 요즘 사람의 병통은 대체로 좋은 시구를 지어서 입만 열면 앉아 있는 사람을 놀라게하고, 붓만 들면 남들을 압도하고자 하여 자기 역량을 과장하고

72 李學逵, 〈答〉, 《洛下生集》 10책, 《총간》 290, 361면. "文章眞有此境, 纔涉一重, 又隔一重, 如剝蔥頭, 愈剝愈在. 此正自家自欲處, 實亦自家大將進處. (…) 且夫爲文章, 有如煖湯, 煖過而向冷者湯也, 冷過而向煖者湯也. 但向冷者, 愈往愈冷, 向煖者, 愈往愈煖, 此又漸進漸退之別也."

> 힘을 다 소모시키는 데에 있다네. (…) 다만 시는 평이하고 범상함을 추구해야 하지만, 때때로 기이함을 활용해야 한다네. 평이하고 범상하기 때문에 기이함이 더욱 더 기이하게 되며, 기이하기 때문에 평이하고 범상한 것이 많아도 싫증이 나지 않는 법일세.[73]

이학규는 당대인들의 문학적 병폐가 진실한 감정 표현을 고려하지 않고 타인의 이목을 끌기 위하여 표현의 과장이 심한 데 있음을 지적하였다. 이것은 정감의 충실한 표현을 중시한다는 의미에서 시적 진실성과 통한다. 그는 문학의 표현 방법에 있어 지나친 과장과 단조로움을 없애기 위하여 평상(平常)과 기(奇)의 적절한 사용을 주장하였던 것이다. 이 같은 점은 그가 당대 사대부들의 그릇된 병폐로 고질적인 당파심, 공정하지 못한 안목, 공평하지 못한 의론 등을 지적하면서 표현에 있어 공정성을 강조한 것과 일맥 상통한다. 그는 문학의 표현방법에 있어 작가의 진실한 감정 표현을 강조하는 동시에, 작품의 지나친 단조로움을 방지하기 위하여 평상과 기의 적절한 안배를 주장하였다.

이가환의 문학론과의 상통점은 다음 세 가지로 요약된다.

첫째, 문학의 높은 경지는 주관적 심상과 사물의 객관적 형상이 순간적으로 융합된 정경합일의 경지이다.

둘째, 문학의 높은 경지는 창작 주체의 미묘한 정신적 작용을 본질적 계기로 한다.

셋째, 문학의 표현 방법에 있어 과장을 배격하고, 작가의 진실한 감정 표현을 중요하게 생각하였다.

이상의 검토를 토대로 잠정적이나마 이가환의 문학론의 위치와 의의는

73 李學逵, 〈答〉, 《洛下生集》 10책, 《총간》 290, 362면. "吾人何處得許多大好詩句, 番番寫出來, 以壓倒時人耶? 今人病處, 大都必欲作大好詩句, 開口以驚座, 下筆以壓卷, 膽量虛張, 心力浪竭. (…) 第詩不可不求平常, 而亦不可不時時用奇, 以平常, 故奇者愈見其奇. 以見奇, 故平常者, 雖多多而不厭也."

그의 문학적 선배였던 이용휴, 신광수, 신광하 등의 문학론과 그의 문학적 후배이었던 이학규의 문학론을 이어주는 교량 역할을 하였다는 데에서 찾아질 수 있을 것이다.

6. 초정 박제가의 시론

1. 문제 제기

그동안 조선 후기 실학파 문학 및 문학사상에 대한 연구는 많은 진척을 보여 왔다. 여기에서 논의하고자 하는 초정(楚亭) 박제가(朴齊家, 1750-1805)의 경우에도 그의 시세계 및 문학관에 대한 연구가 상당 부분 이루어진 실정이다. 다만 지금까지의 선행 연구에서 소홀하게 취급하고 있는 부분, 즉 박제가의 문학창작론을 뒷받침하고 있는, 외부 세계에 대한 인식 방법(심미적 인식을 포함하여), 그의 문학사상의 핵심 개념 중의 하나인 '미(味)'와 그의 미의식의 상호 관계 등을 밝힘으로써, 박제가의 문학사상의 특징적 면모에 대해 새로이 접근해 보고자 한다.

2. 생의와 제의 문제

박제가는 "학문에는 학문의 덧꺼풀이 있고, 문장에는 문장의 덧꺼풀이 있다"[1]고 하였다. 실용적 학문을 도외시한 채 공리공담에만 힘을 쏟는 당대

1 朴齊家, 〈謏筆〉, 《貞蕤閣文集》 권1, 《총간》 261, 609면. 學問有學問之膜子, 文章有文章之膜子.

지식인들의 허위 의식을 비판하는 한편, 문학에 있어서는 형식화된 규범에 얽매여 의고주의적 문풍에 젖어 있는 당대 문인들의 그릇된 창작 관행을 비판하였다. 선입견의 덧꺼풀을 가지고 사물을 바로 보지 못하는 당대 지식인들의 고루한 관행을 비판하면서 자기의 눈으로 사물을 바라볼 것을 요구하였던 것이다. 그러면 이러한 덧꺼풀을 제거하고 변화자재하는 삼라만상을 제대로 파악하기 위해서는 어떻게 해야 하는가?

이 점과 관련해 박제가는 "사계절의 변화와 만물의 온갖 소리, 그 태깔 · 색 · 소리는 그들 나름대로 존재하고 있다. 어리석은 자는 이를 깨닫지 못하지만 지혜로운 자는 거기에서부터 출발한다"[2]고 하였다. 기존의 그릇된 창작 관행을 극복하기 위해서는 '생의(生意)' 혹은 '생취(生趣)'로 충만된 '자연(自然)' 그 자체를 문학의 무궁한 원천으로 삼아 그것의 생명력과 경이감을 사심 없는 마음으로 대면하는 것이 그의 문학사상의 출발점이라고 할 수 있다.

> 저 허(虛)는 실(實)의 반대이다. 군자는 실을 힘써야 하는데, 어찌 허가 숭상할 만하겠는가? 비록 그렇지만 장자가 말하기를 "사람에게 공허한 마음이 없으면 여섯 구멍(귀, 눈, 입, 코)이 서로 다툰다"고 하였다. 저 산과 물을 보지 못하였는가? 물은 스스로 흐르고, 산은 스스로 높아, 사람과 아무런 상관도 없는 듯하다. 그러나 바야흐로 저녁 산안개가 피고, 봄물이 깊어지면, 바라만 보아도 장엄히 기뻐하고 유연히 부러워하지 않음이 없는 것은 오직 이 마음만이 습속을 고칠 수 있고 욕심을 없앨 수 있게 하기 때문이다. 양허(養虛)의 뜻이 여기에 있다.[3]

위의 글에서 '허(虛)'는 변화자재하는 자연 경물과 직접적으로 대면할

2 朴齊家, 〈炯菴先生詩集序〉, 《貞蕤閣文集》 권1, 《총간》 261, 601면. "四時之變化, 萬籟之嗚呼, 其態色與音節, 自在也. 愚者不察, 智者由之."

3 朴齊家, 〈養虛堂記〉, 《貞蕤閣文集》 권1, 《총간》 261, 606면. "夫虛者, 實之反也. 惟君子實學是務, 何虛之足尙? 雖然而莊生云, 人無空虛, 六鑿相攘. 獨不見夫山水乎? 彼流者自流, 而峙者自峙, 宜若無干於人矣. 方其夕嵐出而春波渙, 則望之莫不森然而喜, 油然而羨之者, 惟此心也, 可以醫俗, 可以寡欲. 養虛之義, 於是乎在矣."

때 시인이 지니게 되는 일종의 심미적 태도이다. '그렇게 되려고 하지 않는데도 그러한' 천(天, 자연)과 '그러함을 알고서 그렇게 행하는' 인(人, 시인) 사이의 심미적 교감을 가능케 하는 것이 바로 '허'인 것이다. 다시 말해 허는 외계 사물과의 심미적 교감을 가능케 하여 시인으로 하여금 무궁한 미적 감흥과 정취를 불러일으키게 하는 전제 조건으로 작용한다.

박제가는 "선입견을 갖지 말고 세속 비방 두려워 말게/늘 깨어 있는 자세로 오묘함 잃지 말게"[4]라고 하였는 바, 이를 허와 연관지어 볼 때 기존의 선입관과 편견으로부터 벗어나 외부 사물을 있는 그대로(사심 없이) 받아들이는 심미 주체의 태도를 강조하고 있음을 알 수 있다.[5] 변화 자재하며 끊임없이 유동하는 사물의 온갖 다채로운 자태를 있는 그대로 직감할 수 있는 전제 조건으로서의 '허'의 심미적 태도는 〈만필〉에서 그가 언급한 '문장의 꺼풀', 즉 기존의 형식화한 규범과 격식 그리고 편견을 벗겨내는 시발점이라고 할 수 있다.

한편 위의 글에서 또 하나 주목할 점은 박제가의 《대학》 해석과 관련된 문제이다. 그는 성의(誠意)를 바로 지선(至善)의 소재로 파악하여 어떤 행동이 '지선'인가의 여부는 '성의' 여부에 따라 결정된다고 생각하였다. 따라서 성의를 벗어나, 성의 이전에 지선의 소재를 알기 위한 공부는 따로 필요없다고 보았다. 문제의 핵심은 실제 일에 접하게 되면 마음이 감응을 일으키게 되고 이때부터 뜻이 정성스러우냐 아니냐에 따라 지선이 결정된다는 것이다. 이러한 생각은 사변적 형이상학을 물리치고 실사(實事)에서

---

4 朴齊家, 〈祭李士敬文〉, 《貞蕤閣文集》 권3, 《총간》 261, 641면. "毋固先入, 毋畏俗撓. 常自惺惺, 毋失其妙."

5 연암 박지원 또한 〈素玩亭記〉에서 '虛而受物, 澹而無私'를 거론하면서 심미 주체의 마음 자세를 이야기한 바 있다. 자신을 비게 해야 사물을 받아 들일 수 있고 마음을 담박하게 해서 사심을 없게 하는 虛의 태도는 연암과 초정의 문학 인식에 있어 중요한 출발점이라고 할 수 있다. 朴趾源, 〈素玩亭記〉, 《燕巖集》, 권3, 《총간》 252, 65면. "今子穴牖而專之於目, 承珠而悟之於心矣. 雖然室牖非虛, 則不能受明, 晶珠非虛, 則不能聚精. 夫明志之道, 固在於虛而受物, 澹而無私. 此其所以素玩也歟."

시비를 판단하여 실천하게 하는 실사구시설로 계승 발전된다고 보았다.[6]

이를 앞서 살핀 허와 관련지어 문학 창작상의 문제로 시각을 옮겨 보면, 기존의 형식화된 문학 전범, 자구 · 성률 · 전고 등의 외재적 형식에 얽매이지 않고 '허'의 심미적 태도로 '각각의 모습이 저마다 다른(態萬不同)'[7] 자연의 '생취(生趣)'를 있는 그대로 직시하여 이를 생동감 있는 언어로 표현해 내는 것이 무엇보다도 중요하다고 하겠다.[8] 실제 일에 접하였을 때 감응이 일어나게 되고 이때부터 성의 여부가 지선을 결정한다고 한 점을 문학사상에 원용해 보면, 창작상의 규격화된 형식과 권위를 벗어던지고 눈앞의 생생한 자연 그 자체를 마음을 비우고 사심 없는 태도로 대면하는 것으로 해석해 볼 수 있을 것이다.

'당송원명은 이미 낡아 빠진 장부요, 산천초목은 표현이 안 된 시구'라는 그의 언명 또한 이와 관련된다.[9] '각각의 모습이 저마다 다른' '자연(自然)' 그 자체가 문학의 풍부한 소재요 창작의 원천인 것이며, 시인은 자연 그 자체를 스승으로 삼아 자연의 다함 없는 생취를 마음을 비우고 거짓됨이 없이 대면해야 하는 것이다.[10]

또한 자연 그 자체의 '생의(生意)'를 여실하게 표현하기 위해서는 심미

---

6 이광호, 〈박제가의 養虛說〉, 《태동고전연구》 10집(한림대 태동고전연구소, 1993) 참조.

7 朴齊家, 〈飮中八仙圖序〉, 《貞蕤閣文集》 권1, 《총간》 261, 604면. "夫鳥集于木, 至相類也, 徐而察之, 態萬不同者, 得乎天也. 乃庸師者, 欲以色色而分之, 形形而異之, 不出十鳥而巧窮矣."

8 여기서 말한 생동감있는 언어 표현이란 '情聲字'의 유기적 결합을 통해 외부 사물의 진면목을 여실하게 드러내는 것을 가리킨다. 그리고 '情聲字'의 관계 방식은 주역에서 말한 '言意象'의 관계 방식과 흡사하다고 할 수 있다. 그리고 주역의 卦를 만든 복희씨의 자연 관찰의 정신을 문학 창작에서도 원용하고 있다. 이처럼 周易의 사유 방식과 초정의 문학사상 사이에 상통하는 측면이 있다고 생각되는데, 앞으로 면밀하게 밝혀야 할 과제이다.

9 朴齊家, 〈祭李士敬文〉, 《貞蕤閣文集》 권3, 《총간》 261, 641면. "唐宋元明, 過去之簿, 山川草木, 不字之句."

10 중국 청나라 초기의 문인이었던 廖燕의 다음 언급이 박제가의 생각과 유사한 측면을 보이고 있다는 점에서 주목할 만하다. 廖燕, 〈答謝小謝書〉, 《中國美學思想彙編(下)》(臺北: 成均出版社, 1982), 375면. "雖然, 燕昔者亦嘗有學矣, 於古人書無所不讀, 然皆古人之糟粕, 無所從入. 退而反之於心, 而有疑焉. 意者其別有學乎, 然後取無字書而讀之. 無字書者, 天地萬物是也. 古人嘗取之不盡, 而尙留於天地之間, 日在目前, 而人不知讀. 燕獨知讀之, 終身不厭."

대상에 대한 고도의 집중이 요구되며, 이러한 허와 집중을 통해 외부 사물과의 혼연한 일체감을 체험할 수 있게 된다.

① 김군은 화원에 가서 꽃에 눈을 집중한 채 종일토록 눈 한번 깜짝거리지도 않고 오뚝하니 그 아래에 누워서 서로 한마디 말도 하지 않았다. 그것을 보는 자들은 반드시 미쳤거나 아니면 벽(癖)이라 하여 비웃고 욕하는 소리가 그치지 않을 것이다. 그렇지만 비웃는 자들의 웃음소리가 그치기도 전에 생의(生意)는 이미 다할 것이다.[11]

② 바야흐로 마음을 고명한 세계에 노닐게 할 때, 세상 잡무에 등한해지며 명리는 뒤엉켜지고, 그윽한 세계에 잠겨 백세의 전인들과 공유하며 만리를 넘어 훨훨 날고, 구름과 안개의 기이한 모습을 살피며 온갖 새들의 신기한 소리에 귀 기울인다. 저 산천과 일월과 별의 유원함과 초목과 벌레와 물고기와 서리와 이슬의 은미함이 날로 변화하되 왜 그러한지를 알지 못하던 것이 삼연히 흉중에서 계합함이 있으니, 말로 그 정감을 다 표현할 수 없고 입으로 그 맛을 비길 수 없어 홀로 체득했으며 남들은 그 즐거움을 모른다고 여겼다.[12]

하루 종일 말 한마디 없이 우두커니 앉아 꽃에다 눈을 집중시키는 행위에 대해 보통 사람들은 미쳤다거나 아니면 벽에 빠졌다고 하겠지만, 박제가가 볼 때 그것은 자연 자체의 생의를 섬세하게 관찰하기 위해 필요한 조건 중의 하나인 것이다. 연암 또한 자연 사물의 섬세한 관찰과 관련하여 "풀 · 꽃 · 짐승 · 벌레 등처럼 아무리 하찮은 것일지라도 모두 지극한 경계가 있으니 조물주와 자연의 오묘함을 볼 수 있다"고 하면서 "하루종일 방에서 나오지도 않기도 하고 혹은 사물에 접해서 눈을 집중하기도 하여 멍

11 朴齊家, 〈百花譜序〉, 《貞蕤閣文集》 권1, 《총간》 261, 605면. "方金君之徑造花園也, 目注於花, 終日不瞬, 兀兀乎寢臥其下, 客主不交一語. 觀之者, 必以爲非狂則癖, 嗤點笑罵之不休矣. 然而笑之者, 笑聲未絕, 而生意已盡."

12 朴齊家, 〈小傳〉, 《貞蕤閣文集》 권3, 《총간》 261, 649면. "方其玩心高明, 遺落世務, 錯綜名理, 沈潛幽渺, 與百世而唯諾, 越萬里而翱翔, 覩雲烟之異態, 聆百鳥之新音, 與夫山川日月星辰之遠, 草木蟲魚霜路之微, 所以日變化, 而莫知然者, 森然契于胸中, 言語不能悉其情, 口舌不足喻其味, 自以爲獨得, 百人莫知其樂也."

하니 말없이 오랫동안 시선을 집중하였다."[13]

이처럼 외부 사물에 대한 허의 심미적 태도와 고도의 집중화의 과정을 통해 시인은 평소에는 '산천과 일월과 별의 유원함과 초목과 벌레와 물고기와 서리와 이슬의 은미함이 날로 변화하되 왜 그러한지를 알지 못하'다가 어느 일순간 가슴속에서 주객이 합일되는 경지에 이르게 된다. 그것은 심미 주체와 심미 대상이 하나로 혼연히 합일되어 깨달을 수 있을 뿐 말로 전달할 수 없는 특수한 미적 경계이다. 사심 없는 마음으로 사물을 대하여 온 정신을 집중할 때 시인은 온갖 속박에서 벗어나 대상과 주체에 대한 직각적 체험에 이름으로써 극도의 자유와 창조력을 획득하게 되는 것이다.

위에서 언급한 사항을 다시 간추려 보면, 외부 사물과의 심미적 교감의 과정은 '허(虛)' → '주목(注目)' → '계우흉중(契于胸中)'으로 요약된다. 기존의 선입관과 편견을 벗어던지고 마음을 비운 채 사물을 받아들이고 그것에 온 정신을 집중할 때 홀연 외부 사물과 혼연한 일치되는 심미적 경계에 도달하는 것이다.[14] 이러한 심미적 경계처를 박제가는 천인(天人)의 대립과 혼융의 지점인 '제(際)'로 표현하였다.

> 대저 그렇게 되려고 하지 않는데도 그러한 것이 자연(天)이요, 그러함을 알고서 그렇게 행하는 것이 人이다. 天과 人 사이에는 반드시 그 나뉨(分)이 있으니, 사이(際)라는 것은 나뉨(分)이요, 안과 밖의 道를 공유하고 있는 것이다. 따라서 그 사이를 얻으면 만물이 길러지고 귀신이 강림하지만 그 사이를 얻지 못하면 멍청하니 자신과 마소도 분별하지 못한다. 하물며 시는 어떠하겠는가?"

---

13 朴宗采, 《過庭錄》 권1. "先君自少時, 頗有文酒跌蕩之事, 人或以喜繁華厭拘檢目之. 然天稟實澹泊於物, 最喜閑居靜坐, 究觀理致. 其在燕峽也, 或終日不下堂, 或遇物注目, 瞪默不言者移時. 嘗言雖物之至微, 如草卉禽蟲, 皆有至境, 可見造物自然之妙. 每臨溪坐石, 微吟緩步, 忽嗒然若忘也. 時有妙契, 必援筆箚記, 細書片紙, 充溢篋箱, 藏之溪堂曰 : "他日更加攷檢, 有條貫, 然後可以成書."

14 김혈조 교수는 연암의 사유양식과 관련해 새로운 인식 과정을 "間(虛) → 約(會心) → 類推"로 설명하였다. 김혈조, 〈연암 박지원의 사유양식과 산문문학〉(성균관대 박사학위논문, 1992) 참조.

종래 '제(際)'에 대한 해석은 시인이 대상의 분(分)을 정확히 인식하고 대상과의 거리를 둠이 없이 안과 밖이 합해지는 경지—안과 밖이 나누어지는 지점이기도 함—에서 대상을 시화할 때 사실적인 시가 된다고 본 것[15]과 시적 자아와 시적 대상이 만나는 예술상의 창작 순간을 포착하는 것[16]으로 나누어 볼 수 있다. '제'의 해석과 관련해 우선 연암의 다음 글을 주목해 보기로 한다.

> 내가 홍명복 군에게 말하기를, "자네는 도를 아는가?" 홍군이 팔짱을 끼고 공손히 말하기를, "예에. 그게 무슨 말씀이신지요?" 내가 말하기를, "도는 알기 어려운 것이 아닐세. 바로 저 강 언덕에 있네." 홍이 말하기를, "이른바 '먼저 저 언덕에 오른다'[17]는 것을 말씀하시는 건가요?" 내가 말하기를, "그걸 말하는 것이 아닐세. 이 강은 두 나라의 경계처로서, 언덕이 아니면 곧 물이네. 무릇 세상 사람들의 윤리와 만물의 법칙은 마치 물이 언덕에 접한 것과 같다네. 도는 다른 데서 구할 것이 아니라, 곧 이 접한 곳(際)에 있다네." 홍이 말하기를, "외람되이 다시 여쭈옵니다. 무얼 말씀하시는 건지요?" 내가 말하기를, "인심은 오직 위태해지고 도심은 오직 미미해질 뿐이지. 저 서양사람들은 기하학에서 한 획을 분별할 때에도 선이라고 말하는 것으로는 그 정미함을 드러내지 못한다고 여겨 '빛이 있고 빛이 없는 사이'라고 한다네. 그리고 불가에서는 '붙지도 않고 떨어지지도 않는다'고 하였네. 그러므로 그 사이(際)에 잘 거처함은 오직 도를 아는 자라야 가능하니, 옛날 정나라 자산 같은 이가 그럴 수 있겠지."[18]

연암 박지원은 "도란 알기 어려운 것이 아니다"고 하면서 "도는 '제'에

---

15 송재소, 〈박제가의 문학관〉, 《한국한문학연구》 5집(한국한문학연구회, 1980) 참조.

16 윤기홍, 〈박지원과 후사가의 문학사상연구〉(연세대 박사학위논문, 1988); 김경미, 〈박제가 시의 연구〉(연세대 박사학위논문, 1991) 참조.

17 《書經》〈大禹謨〉에 나오는 말.

18 朴趾源, 〈渡江錄〉, 《熱河日記》, 《燕巖集》 권12, 《총간》 252, 146면. "余謂洪君命福)曰: '君知道乎?' 洪拱曰: '惡! 是何言也?' 余曰: '道不難知, 惟在彼岸.' 洪曰: '所謂誕先登岸耶?' 余曰: '非此之謂也. 此江乃彼我交界處也, 非岸則水. 凡天下民彝物則, 如水之際岸, 道不他求, 卽在其際.' 洪曰: '敢問何謂也?' 余曰: '人心惟危, 道心惟微. 泰西人辨幾何一畫, 以一線論之, 不足以盡其微, 則曰有光無光之際. 乃佛氏臨之, 曰不卽不離. 故善處其際, 惟知道者能之, 鄭之子產.'"

있다"고 하였다. 도는 피아의 어느 한쪽에 있는 것이 아니라 그것을 넘어선 곳에 있다. 그리고 '제'는 피아가 하나로 혼융되는 지점이라고 할 수 있다.[19]

위의 인용문에서 '제'는 "그렇게 되려고 하지 않는데도 그러한 천(天)"과 "그러함을 알고서 그렇게 행하는 인(人)"이 구분되는 지점이면서 동시에 그것이 혼융되는 지점이기도 하다. 여기에서 '천'은 '각각의 모습이 저마다 다르며' 끊임없이 변화하는 '자연'으로서 문학의 무궁한 원천으로 이해되며, '인'은 그 자연 자체의 생명력과 경이감을 문학 작품 속에 구현하고자 하는 시인으로 이해된다. 이렇게 볼 때 일단 변화자재하는 자연은 시인과 독립해 무관한 것으로 존재한다.[20]

그런 점에서 그 둘은 구분된다고 할 수 있다. 그렇지만 이 둘의 관계는 전혀 무관하게 존재하는 별개의 것이 아니라, 어떤 계기(혹은 조건)에 의해 상호 관련을 맺게 된다. 여기서 어떤 계기 혹은 조건은 앞서 말한 심미 주체의 허와 집중이라고 할 수 있다.[21] 이를 통해 시인은 자연 자체의 생의와 그로부터 감지되는 무궁한 맛을 깨달아 터득함으로써 자연과 혼융되는 심미적 경계에 도달한다.[22] 이때 도달된 심미적 경계처가 바로 초정 박제가가 말한 '제'로 이해된다.

---

19 박희병, 〈연암 사상에 있어 언어와 명심〉, 《한국의 경학과 한문학》(태학사, 1997) 참조.

20 朴齊家, 〈養虛堂記〉, 《貞蕤閣文集》 권1, 《총간》 261, 606면. "獨不見夫山水乎? 彼流者自流, 而峙者自峙, 宜若無干於人矣."

21 朴齊家, 〈養虛堂記〉, 《貞蕤閣文集》 권1, 《총간》 261, 606면. "方其夕嵐出而春波渙, 則望之莫不森然而喜, 油然而羨之者, 惟此心也, 可以醫俗, 可以寡欲. 養虛之義, 於是乎在矣."

22 朴齊家, 〈小傳〉, 《貞蕤閣文集》 권3, 《총간》 261, 649면. "方其玩心高明, 遺落世務, 錯綜名理, 沈潛幽渺, 與百世而唯諾, 越萬里而翱翔, 觀雲烟之異態, 聆百鳥之新音, 與夫山川日月星辰之遠, 草木蟲魚霜路之微, 所以日變化, 而莫知然者, 森然契于胸中, 言語不能悉其情, 口舌不足喩其味, 自以爲獨得, 百人莫知其樂也."

3. 미의 문제

박제가의 문학사상에 있어 중요한 개념 중의 하나는 '미(味)'이다. 여기서는 '미'의 구체적 함의를 분석하면서 이를 통해 박제가가 지향하고자 하는 미의식의 일단을 밝혀 보고자 한다.

> 맛이란 어떤 것인가? 저 구름과 노을, 비단을 보지 않았는가? 잠깐 사이에도 마음과 눈이 함께 옮겨, 지척의 땅에서도 마음이 기뻐지기도 하고 슬퍼지기도 한다. 대강 보면 그 실정을 얻기 어렵지만, 자세히 완상하면 맛이 무궁하다. 무릇 사물의 무궁한 변화가 족히 마음을 움직이고 눈을 기쁘게 할 수 있는 것은 모두가 맛인 것이니, 비단 입에서만 그 맛을 느낀다고 할 수 없다.[23]

박제가에게 있어 '미'는 감각 기관을 통한 생리적 쾌감이라는 차원을 넘어 변화자재하는 자연 경물이 내재하고 있는 심미적 속성이라고 할 수 있다. 이러한 심미적 속성으로서의 미는 자연 경물에 대한 섬세한 관찰을 통해 시인에게 무궁한 정취와 여운을 감지하게 한다.

그런데 초정에게 있어 '미'에 대한 인식의 중요한 일면은 심미 주체의 독특한 개성의 발현을 중시한다는 점이다. 시선집과 관련된 위의 인용문에서 초정은 시를 선별할 때 어떤 특정한 미감에만 치우쳐서는 안 되고, 다양한 미감을 존중해야 한다고 하였다. '온갖 맛이 갖추어져 있는 것(百味俱存)'[24]이 시를 선별할 때 지켜야 할 중요한 원칙인 것이다.

> 대개 허물이 두 가지 있습니다. 학문이 도달하지 못한 것은 실로 저의 잘못이지만, 성품이 같지 않은 것은 저의 잘못이 아닙니다. 음식에 비유컨대, 놓는 위치로

---

23 朴齊家, 〈詩選序〉, 《貞蕤閣文集》 권1, 《총간》 261, 603면. "味者, 何? 不見夫雲霞與錦繡歟? 頃刻之間, 心目俱遷, 咫尺之地, 舒慘異態, 泛觀之, 不足以得其情, 細玩, 則味無窮也. 凡物之變化端倪, 有足以動心悅目者, 皆味也, 非獨在口謂之也."

24 朴齊家, 〈詩選序〉, 《貞蕤閣文集》 권1, 《총간》 261, 603면. "然則選之法何異哉? 百味俱存者何? 選非一焉, 而又各擧其一也."

> 말하면 기장을 앞에 두고 고기를 뒤에 놓습니다. 맛을 가지고 말하면 소금에서 짠맛을 취하고 매실에서 신맛을 취하며 겨자의 매운맛과 차의 쓴맛을 취하는 것입니다. 지금 짜지 않고 시지 않고 맵지 않고 쓰지 않은 것을 가지고 소금과 매실과 겨자와 차를 탓한다면 괜찮습니다. 그러나 만약 소금이 된 것, 매실이 된 것, 겨자와 차가 된 것을 탓하면서 "너는 어째서 기장과 같은 종류가 되지 못했느냐?" 하고, 고깃덩어리에게 "너는 왜 앞에 놓이지 못했는가?"라 질책한다면, 그 덮어쓴 것은 실질을 잃게 되어 천하의 맛이 없어질 것입니다.[25]

문체반정 때 일종의 자송문 형식으로 올린 위의 글에서 박제가는 자신의 성품에 대해 비난하는 자들에 대해 반론을 펴면서, 음식에 비유하고 있다. 식생활에서 짠맛, 신맛, 매운맛, 쓴맛 등이 각기 고유한 맛을 가지고 있으며 이들이 조화되어 일종의 독특한 맛을 형성한다고 할 수 있다. 그런데 어느 한가지 맛이 자기 구미에 맞지 않는다고 질책한다면 이는 '천하의 맛'을 없애는 우둔한 행위라는 것이다. 이것이 물론 문학 창작을 직접적으로 거론한 것은 아니지만, 이를 통해 유추해 볼 수 있는 사실은 박제가가 말한 '미'에는 풍부하고 함축적인 여운으로서의 심미적 속성 이외에 심미 주체의 독자적 개성이라는 함의가 자리하고 있다는 점이다. 이것은 달리 말해, '미외미(味外味)' 등으로 대변되는 문학 작품의 무궁하고 다채로운 함축미라는 측면을 계승하면서, 당대의 시대적 조건과 관련하여 사물 개개의 독자적 미감을 존중하는 측면을 보다 강화하고 있다는 점이다.[26]

---

25 朴齊家, 〈比屋希音頌并引〉, 《貞蕤閣文集》 권1, 《총간》 261, 613면. "夫過有二焉, 學之未至, 固臣之過也, 性之不同, 非臣之過也. 譬之飮食, 以位而言, 則黍稷居先, 羹胾居後. 以味而言, 則資鹹於鹽, 取酸於梅, 進芥之辣, 擢茗之苦. 今以不鹹不酸不辣不苦, 罪其鹽梅芥茗, 則固矣. 必若責其爲鹽爲梅爲芥與茗者, 曰: '爾曷不類黍稷', 而謂羹胾者, 曰: '爾曷不居前'云爾, 則所冒者失實, 而天下之味廢矣. 故樝梨橘柚之包, 蘋蘩薀藻之羞, 齒革羽毛之俎, 莫不適用者, 期於口也. 故曰: '善無常師.'"

26 이러한 독자적 개성미로서의 '味'에 대한 인식이 '지금-여기'라고 하는 구체적 공간에서의 문학창작을 옹호하는 생각으로 이어진다고 할 수 있다.

> 글이란 본래 무심하여 / 물 흐르는 것 같아서 / 땅을 따라 물결지어 갈 뿐 / 어느 게 신기하고 어느 게 평범하리오 / 새들 짹짹거림은 / 그 소리를 내려 마음 먹어서 그런 게 아니며 / 벌레들 톡톡거림은 / 제 매무새 단장하느라 그런 게 아니라네 / 슬퍼지면 우는 것이니 / 어찌 울려고 미리 마음 먹어서 그랬겠으며 / 가려우면 긁는 것이지 / 긁을까 말까 망설이리오 / 우리나라 사람 허술하여 / 손이 있어도 놀릴 줄 몰라 / 신정은 내팽겨치고 / 남의 진흙상만 모방한다네[27]

문학 창작에 있어 정해진 격식이나 틀이 미리 주어져 있는 것이 아니다. 새 울음소리나 벌레 울음소리가 소리를 내려고 마음먹고 짹짹거리는 것이 아니고 매무새를 단장하려고 톡톡거리는 것이 아닌 것처럼, 그리고 슬퍼지면 울고 가려우면 긁는 것처럼, 문학 창작은 자연스럽고 무심하게 이루어지는 것이다. 여기서 '그렇게 되려고 하지 않아도 그러한 자연'은 시 창작의 무궁한 원천일 뿐만 아니라, 시 창작이 지향해야 할 방법적 모델이기도 하다. 자연스럽고 무심하게 물 흐르는 것처럼 창작이 진행될 때, 평범한 것이나 신기한 것이나 제각기 그 독특한 가치를 지니게 되는 것이다. 이를 '자연', '삼라만상'을 문학 창작의 스승으로 한다는 사고와 관련지어 살펴볼 필요가 있다.

도가에서도 '도는 자연을 본받는다(道法自然)'라고 하여 자연을 우주만물의 자연스러운 본성으로서 일체의 인위적 가공이나 수식과는 대립되는 것으로 이해한다. 간단하게 말할 수 있는 성질의 것은 아니지만, 대체로 도가에서 말하는 자연의 경우에는 '허무', '무위', '염담(恬淡)' 등을 자연의 속성으로 규정 · 전제하고 있는 것으로 보인다. 즉 세속으로부터 벗어난 세계, 고답적인 가상의 공간 등에서 간취되는 심미적 정취를 지향한다고 할 수 있다.

그런데 박제가에게 있어 자연과 삼라만상은 그 자신이 발 딛고 살아가

27 朴齊家, 〈祭李士敬文〉, 《貞蕤閣文集》 권3, 《총간》 261, 641면. "文本無心, 如水流行. 隨地淪漪, 孰奇孰平? 鳥之嚶嚶, 非爲音聲. 蟲之趯趯, 非爲容飾. 哀之而哭, 寧有宿構. 痒至而搔, 焉擇去就? 東人鹵莽, 有手莫措. 委厥神精, 倣彼泥塑. 詩不厭活, 如汞走盤."

는 '지금-여기'에서의 구체적 공간이라는 점에 특수한 의미가 있다고 하겠다. "처음부터 옛것을 부러워하지 않고 지금 것을 싫다 하지 않은 것은/ 당당한 이 현실 맞설 수 없어서이니"[28]라고 하거나, "당송원명은 과거의 낡아빠진 장부"[29]라고 하여, 과거의 화석화된 전범에 얽매이지 않고 '당당한 이 현실'을 직접 대면할 때 간취되는 생명력과 경이감을 생동감 있는 언어로 구현하는 것이 무엇보다도 중요하다고 생각하였다.

이렇게 볼 때, 미의 근원은 속(俗)을 떠난 무위의 자족적 공간에 있는 것이 아니라, 바로 지금 현재의 구체적 공간 속에 자리하고 있는 것이다. 개체로서의 자기 감정을 지닌 주체의 개성미가 자리한 세계가 그것이다. 이 점과 관련해 주목할 사항은 독자적 개성미로서의 '미'의 함의와 함께 그의 실학적 사고와 관련된 '미'의 문제이다. 앞서 인용한 글에서 외부 대상이 지닌 심미적 속성으로서의 미를 거론하면서 '비단'을 거론한 바 있다. 그와 관련해 다음 글을 주목해 보기로 한다.

> 내가 연경에서 돌아오니 국내 사람들이 잇달아 와서 중국 이야기를 들려주기를 청하는 것이었다. 나는 일어나면서 "그대는 중국 비단을 못 보았나? 꽃 · 새 · 용 따위의 무늬가 번쩍번쩍하여 살아 있는 듯하며 가까이 보면 기뻐하는 듯 슬퍼하는 듯하는 모습이 순간순간 달라진다. 그것을 보는 자는 다 직조기술이 과연 여기까지 이를 줄은 생각하지 못하였는 바, 우리나라 면포가 날과 씨만으로 짜여 있는 것과 견주어 어떠한가? 중국에는 어떤 물건이든지 그렇지 않은 것이 없다.[30]

박제가는 중국산 비단이라는 선진적 문물을 원용하여 그것의 실용적, 문화적, 문명적 측면을 강조하는 한편, 그것을 완상하는 사람으로 하여금 '무궁한 맛'을 감지케 하는 심미적 측면을 함께 고려하고 있다. 이른바 실

---

28 朴齊家, 〈秋晨病少間衾中記之〉, 《韓客巾衍集》 "初非古羨與今非, 怎敵堂堂現在時."

29 朴齊家, 〈祭李士敬文〉, 《貞蕤閣文集》 권3, 《총간》 261, 641면. "唐宋元明, 過去之簿."

30 朴齊家, 〈北學辨〉, 《北學義》 外篇. "余自燕還, 國之人士, 踵門而請曰, '願聞其俗.' 余作而曰, '子不見夫中國之緞錦者乎? 花鳥龍文, 閃鑠如生, 咫尺之間, 舒慘異態. 見之者, 不謂織之至於斯也, 其與我國之綿布經緯而已者, 何如也? 物莫不然.'"

용적 측면과 심미적 측면의 결합이라는 현실주의적 심미관의 일단을 보여준다고 하겠다.

"벌레도 꽃 속에 사는 것은 날개와 수염에서 향기로운 냄새가 나지만, 더러운 곳에서 사는 것은 꿈틀거리고 숨쉬는 모양이 추하기 짝이 없다. 미물도 이러한데 사람 또한 그러함이 당연하다. 아름답고 좋은 환경에서 자란 사람은 반드시 먼지 구덩이 더러운 곳에서 골몰한 사람과는 다른 데가 있을 것이다. 나는 우리나라 사람들이 꽃 속에서 자란 벌레의 수염과 날개 같은 향기를 지니지 못할까 두렵다"[31]고 하여 문명세계와 미의식을 겸비한 사회를 지향하고자 하는 초정의 실학적 사유에 대해 선행 연구에서 이미 주목한 바 있다.[32]

〈고동서화〉에 인용된, '청산백운(青山白雲)'의 의미에 대해서는 선행 연구에서 언급한 바 있어 생략하고, 다음《북학의》내에 인용된 '기왓조각'과 '거름'은 연암 박지원의 미의식과 관련해 흥미 있는 자료이다.

> 대체로 원의 4분의 1이라면 그 둥근 모양이 심하게 굽지 않았고 또 서로 원앙이 되었으므로 두 사이에 거의 틈이 없다. 회로 붙이면 마침내 돌처럼 되기 때문에 중국 지붕은 새나 쥐가 뚫지 못한다. 혹 담벼락에 통풍도 되며 내다볼 수도 있게 한 곳은, 기와 두 장을 서로 합쳐서 쌓았다. 혹 서로 원앙이 되도록 한 것은 물결무늬처럼 되었다. 넉 장을 제대로 합치면 둥글고, 넉 장을 서로 등지게 하면 노전(魯錢)과 같이 되며, 두 장씩 합쳐서 다섯 개로 벌리면 화판이 되는데, 다만 이 한 가지 기와만으로도 천하의 지극한 문채가 생긴다.[33]

---

31 朴齊家, 〈古董書畫〉, 《北學議》 內篇. "夫青山白雲, 未必皆喫著, 而人愛之也. 若以無關於生民, 而冥頑不知好之, 則其人果何如哉? 故鳥獸蟲魚之名物, 尊罍彝爵之形制, 山川四時書畫之意, 易以之而取象, 詩以之而托興. 豈其無所然而然哉? 盖夫如是, 不足以資其心智, 動盪天機也. 我國之人, 學不出科擧, 目不踰疆域, 藏經之紙, 以爲涴也, 栗色之爐, 以爲汚也, 駸駸然自絕于文明都雅之域. 蟲之生於花者, 翅鬚猶香, 生於穢者, 蠢息多醜. 物固如此, 人亦宜然. 生長于韶華錦繡之中者, 必有異於汩沒於塵埃薄陋之地者. 吾恐我國之人之鬚翅不香也."

32 오수경, 〈초정 박제가의 실학정신과 시〉, 《이조후기 한문학의 재조명》(창작과비평사, 1983) 참조.

33 朴齊家, 〈瓦〉, 《北學議》 內篇. "瓦之大, 非計也. 不用鴛瓦, 亦不妨. 大則規圓灰縫必多. 今瓦上下, 皆實之以土, 故屋極重易傾, 且年久土空而瓦落也. 夫四分圓之一, 其規不甚彎, 又自相爲

주먹만 한 돌들이 물가에 많이 있지만 흐르는 물에 닳아서 둥글고 매끄러워 쓸모가 없다. 돗자리 짜는 끈에 매달아 쓰는 일이 혹 있을 정도요, 하나의 쓸모없는 물건에 지나지 않는다. 중국 사람들은 이것을 뜰의 섬돌 사이에 펴서 낙숫물이 떨어지거나 발이 미끄러워지는 것을 방비한다. 잘게 부수거나 옆으로 뉘인 것이 각기 그 마땅함을 얻어 꽃과 새가 거꾸로 된 모양을 만들었다.[34]

중국에서는 거름을 금같이 아끼며, 재를 길에 버리는 일이 없다. 말이 지나가면 삼태기를 들고서 말 꽁무니를 따라다니며 말똥을 줍는다. 도로 옆에는 사는 백성들은 날마다 광주리와 가래를 들고 나와 모래밭에서 말똥을 가린다. 거름을 쌓아 놓은 것이 네모반듯하며, 혹 삼각형으로, 혹 육각형으로 쌓기도 하였다. 그리고 거름더미 밑에 물골을 파서 거름물이 흘러나가지 못하게 하였다. 똥을 거름으로 쓸 때에도 물을 타서 진한 흙탕 같게 한 다음 바가지로 퍼서 쓰는데, 대개 그 효력을 고르게 하려는 것이었다.[35]

위의 인용문은 연암이《열하일기》에서 '중국은 장관은 기왓조각과 거름에 있다'고 한 사고와 유사한 면모를 보여 주고 있다.[36] 연암은 초정의《북학의》에 붙인 서문에서 '한가지 솜씨에서 나왔다'고 칭찬한 바 있는데, 두 사람의 북학사상의 실제 내용 및 그들이 지향하고자 하는 미의식의 상통점을 엿볼 수 있다고 하겠다. 기와를 잘 활용해 통풍도 하는 한편 꽃 모양

元央, 兩間幾無隙, 黏之以灰, 遂成石. 故中國之屋, 無雀鼠之敢穿. 每於牆壁, 可以通風窺見處, 兩兩相合而積之. 或自相爲元央, 則生波浪之紋, 四合則圜, 四背則如魯錢, 兩合而五列之, 成花瓣, 只此一瓦而天下之至文生焉. 皆我瓦之所不及, 無他, 大而不中規之故也."

34 朴齊家, 〈階砌〉, 《北學議》 內篇. "水磨石如拳者, 水邊多有之, 圓滑不中用. 或係織席之繩, 只一棄物耳. 中國人多鋪階砌間, 以備霤穿足蹋, 纖碎橫竪, 各得其宜, 作花鳥顚倒之勢."

35 朴齊家, 〈糞〉, 《北學議》 外篇. "中國惜糞如金, 道無遺灰. 馬過則擧畚而隨之尾, 以收其糞. 道傍之氓, 日持筐曳鍬, 揀馬矢. 於沙中積糞如正方, 或三稜六稜, 而浚其下, 令水不亂流. 用糞皆和水如濃泥, 以瓢舀用, 盖欲均其力也."

36 朴趾源, 〈馹迅隨筆〉, 《熱河日記》, 《燕巖集》 권12, 《총간》 252, 176면. "余, 下士也. 曰, '壯觀在瓦礫.' 曰, '壯觀在糞壤'. 夫斷瓦, 天下之棄物也. 然而民舍繚垣肩以上, 更以斷瓦兩兩相配, 爲波濤之紋, 四合而成連環之形, 四背而成古魯錢, 嵌空玲瓏, 外內交映. 不棄斷瓦, 而天下之文章斯在矣. 民家門庭, 貧不能鋪甎, 則聚諸色琉璃碎瓦, 及水邊小礫之磨圓者, 錯成花樹鳥獸之形, 以禦泥淖. 不棄碎礫, 而天下之畵圖斯在矣. 糞溷, 至穢之物也. 爲其糞田也, 則惜之如金, 道無遺灰, 拾馬矢者, 奉畚而尾隨. 積庤方正, 或八角或六楞, 或爲樓臺之形. 觀乎糞壤, 而天下之制度斯立矣. 故曰, "瓦礫糞壤, 都是壯觀. 不必城池宮室樓臺市舖寺觀, 牧畜原野之曠漠, 烟樹之奇幻, 然後爲壯觀也!"

등의 아름다운 문양을 만들어 내거나, 둥글고 매끄러워 쓸모없는 조약돌을 정원에 깔아 낙숫물이 떨어지거나 발이 미끄러워지는 것을 방비하는 한편 이를 잘 배치해 아름다운 문양을 만들어 내거나, 거름을 네모 반듯하게 혹은 삼각형, 육각형으로 쌓는다는 것에서 실용성과 미를 결합시키고자 하는 실학적 미의식의 일단을 도출해 내고 있다.[37]

4. 마무리

위에서 살핀 현실주의적 심미관은 앞서 언급한 '미(味)'의 문제와 연관된다. 생명력과 경이감으로 가득한 자연 그 자체는 문학 창작의 소재일 뿐만 아니라, 미(美)의 근원이기도 하다. 사물 개개의 모습, 태깔, 소리 등이 바로 미(美)의 근원처이며, 그것에 즉해 자연의 생취를 생생한 언어로 재현해 낼 때 작품마다 무궁한 정취로 충만하게 될 것이다. 사물 각각이 고유한 미감을 지니고 있듯이, 그것을 구현해 낸 작품 각각 또한 고유한 미적 자질을 갖기 마련이다. 이처럼 문학에서의 독자적 개성미로서의 '미(味)'의 측면을 부각하고, 아울러 그 '미(味)'의 근원처를 먼 옛것이 아닌 눈앞의 현실에서 찾을 때, 실용적 가치와 심미적 가치를 구체적 생활 공간 속에서 통합해 사고하는 것이 가능할 수 있었다.

---

37 《열하일기》가 탈고된 것이 중국 여행을 다녀온 이후 1783년경으로 추정되며, 《북학의》는 1778년에 중국을 첫 여행한 후 3개월여 만에 탈고된 것이다. 이 둘 사이의 시간적 격차를 고려해 위에 인용된 미의식의 일단의 선후 관계를 논할 수 있겠지만, 더욱 중요한 것은 두 사람의 북학사상 및 그로부터 기반한 미의식은 白塔을 중심으로 밤을 새며 토론한 산물이라고 할 수 있다. 백탑을 중심으로 연암과 초정 등의 문학적 교유에 대해서는 안대회, 〈백탑시파의 연구〉(연세대 석사학위논문, 1987) 참조.

7. 이계 홍양호의 시론

1. 문제 제기

이 글은 이계(耳溪) 홍양호(洪良浩, 1724-1802)의 문학론의 특징적 국면을 파악하고 나아가 이를 중심으로 하여 재도론(載道論)과 천기론(天機論)에 대한 기존의 이분법적 이해의 편향성을 바로잡고자 작성되었다.

그동안 조선 시대의 문학 이론을 설명하는 틀로서 재도론과 천기론은 각기 조선 전기와 후기의 문학 의식을 각각 대표하는 것으로 인식되어 왔다. 이 같은 이해의 구도는 일단 조선 시대 문학론의 커다란 흐름을 특징짓는 유용한 설명 방식이라고 할 수 있지만, 재도론과 천기론이 단일한 특징만으로 설명될 수 있는 것이 아니라 각 시기마다의 상이한 요구에 따라 다양한 변화와 굴절, 더 나아가 상호 소통의 과정을 거쳤던 관계로 복잡한 변이 양상을 보이고 있다. 이 점을 고려하지 않고 재도론과 천기론을 단순화, 평면화시켜 이해할 때 문학 이론의 풍부하고 다양한 발전 과정의 양상은 사상될 위험을 갖게 된다. 따라서 우리는 흔히 재도론과 천기론이라고 불리는 조선 전후기의 대표적인 문학론이 특정한 시기마다 각기 어떠한 특징과 성격을 지니고 있으며, 그 둘이 상호 교섭, 상호 공존하며 발전되어 왔던 과정을 보다 면밀하게 이해하게 될 것이다.

이러한 문제 의식에 기반하여 이 글에서는 지금까지의 연구에서 상호 배타적이며, 이질적인 것으로 간주해 왔던 재도론과 천기론이 홍양호의 문학론에 공존하고 있는 점에 유의하면서 논의를 진행하기로 한다.[1]

2. 문학의 본원과 특징

홍양호가 생각했던 문학의 근원적인 문제, 곧 문학의 기원과 형성의 문제를 검토하기로 한다.

> ① 대저 문이라는 것은 기의 정수이며 도의 정화이다. 하늘에서는 상(象)을 이루고, 땅에서는 형체를 이루며 사람에게 있어서는 예악, 언어, 위의를 이루어, 천지 사이에서 가득 충만하고 활발하게 움직이며 뒤섞이고 변화한다. 다종다양하며 기기묘묘한 만물은 모두 다 저절로 그러한 문이 있으니, 그것은 도의 정화가 밖으로 드러난 것이다. 도가 깃든 곳에 문이 있지 않음이 없다.[2]

> ② 아! 문을 어찌 쉽게 말하겠는가? 문이라는 말은 경위(經緯)를 말한다. 날줄은 도요, 씨줄은 기이다. 날줄과 씨줄이 착종하여 자연스럽게 무늬를 이루니, 그것이 이른바 문이다. 그 지극한 경지를 말한다면 하은주 시대에 성인이 지은 글이 해당될 수 있으며, 그 아래로는 진한, 당송의 제가들의 문장이 성인의 남

---

1 洪良浩의 문학론을 다룬 성과로는 다음을 들 수 있다. 최신호, 〈이계 홍양호의 문학론에 있어서의 道氣의 문제〉, 《한국한문학연구》 12(한국한문학회, 1989); 성범중, 〈이계 홍양호의 문학관과 문학활동〉, 《한국문화연구》 2집, 1985; ; 박태성, 〈이계 홍양호의 천기론과 시적 특성 연구〉(연세대 박사학위논문, 1997); 진재교, 〈이계 홍양호의 문학론〉, 《고전문학연구》 14(한국고전문학회, 1999) 최근에는 홍양호의 예술론이나 산문세계를 다룬 논문들이 제출되어 관심의 영역을 확장시켰다. 김현미, 〈이계 홍양호의 육서경위에 관한 연구〉(성균관대 석사학위논문, 1998); 신영주, 〈18, 9세기 홍양호가의 예술 향유와 서예비평〉, 《민족문학사연구》 18(민족문학사학회, 2001); 장지훈, 〈이계 홍양호의 서예관 연구〉(성균관대 석사학위논문, 2002); 정우봉, 〈이계 홍양호 문학의 한 국면 : '관물취상'의 이해를 중심으로〉, 《진단학보》 100(진단학회, 2005) 참조.

2 洪良浩, 〈贈尹侍郞孺文赴燕序〉, 《耳溪洪良浩全書》(민족문화사 영인본, 1982), 213면. "夫文者, 氣之精, 道之華也. 在天成象, 在地成形, 在人爲禮爲樂爲言語爲威儀, 充滿動盪, 錯綜變化. 凡物之棼棼穰穰奇奇詭詭者, 皆有自然之文. 是道之英華, 發揚于外也. 道之所寓, 文無乎不在." 이 글은 한국문집총간본 《耳溪集》(全史字 간행본)에는 수록되어 있지 않다.

> 긴 바를 각기 얻었으니, 그 온전함은 아니지만 모두 도로써 날줄을 삼고 기로써 씨줄을 삼지 않음이 없다. 도에는 치우치고 바른 것이 있으며 기에는 성한 것과 쇠한 것이 있어 문이 이에 따라 고하대소가 생긴다.[3]

위의 글에서 문은 도(道)와 기(氣)의 상호 교착을 통해 나온 산물이다. 그것은 천문(天文)과 지문(地文)뿐만이 아니라 문학을 포괄한 인문(人文)을 총괄적으로 지칭한다. 홍양호는 문을 '실을 짠다'라는 의미로 해석하였는데[4] 천문과 지문 등의 우주 만물의 다양한 현상은 '도'와 '기'가 자연스럽게 짜여져서 산출되는 것이다. 이 점은 인간의 능동적인 자연 개조를 통해 이룩한 '인문'의 경우도 예외는 아니다. 결국 천문, 지문, 인문 등 모든 자연 현상과 사회 현상은 도와 기를 통해 외화된 산물이다. 이때 도가 외화되어 문으로 나타나는 과정은 자연스럽고 필연적인 것[5]이라는 점에 유의할 필요가 있다. 따라서 도가 깃들어 있는 곳에 문이 있지 않음이 없는 것이다.

천문, 지문, 인문에 대한 이러한 관점은 《주역》의 삼재설(三才說)에 그 사상적 연원을 두는 것으로, 조선 초기의 재도론에서도 보인다. 그런데 주목할 점은 문의 근원을 설명함에 있어 도와 기의 자연스러운 착종 변화를 강조하고 있는 것이다. 다시 말해 우주 만물의 자연 현상과 인류 사회의 모든 현상은 도와 기의 착종된 변화 과정을 통해 자연스럽게 산출되는 것(經緯錯綜, 自然成章)[6]이다. 여기서 '자연'이라는 개념에 주목할 필요가 있다. '자연'은 자연계의 자연이 아니라 저절로 그러한 것, 타고난 본성에 합치하는 것을 가리키는 말로서, 노장의 학설에서 빌려 온 개념으로 보인다.

---

3 洪良浩, 〈答申都事文初序〉, 《耳溪集》 권15, 《총간》 241, 256면. "噫! 文豈易言哉? 文之爲言, 經緯之謂也. 經者道也; 緯者氣也. 經緯錯綜, 自然成章, 則所謂文章也. 語其至, 則禹夏商周聖人之書, 可以當之. 下此而秦漢唐宋諸子之文, 各得聖人之緖餘, 非其全也, 而皆莫不以道爲經, 以氣爲緯. 道有偏正, 氣有衰盛, 而文以之高下大小焉."

4 이와 유사한 것으로 《左傳》 昭公 8년의 기사(經緯天地曰文)가 있다. 그리고 《周易》 〈系辭下〉에는 "物相雜, 故曰文"이라는 말이 보인다.

5 洪良浩, 〈六書經緯序〉, 《耳溪集》 권10, 《총간》 241, 174면. "經緯者, 自然之文也."

6 洪良浩, 〈答申都事文初序〉, 《耳溪集》 권15, 《총간》 241, 256면. "經者道也; 緯者氣也. 經緯錯綜, 自然成章."

그는 다른 자료에서 '자연'을 '무위(無爲)'와 연결시키면서 무위의 의미를 유가적 사상에 부합되게 해석하기도 하였으며, 만물의 종극적 근원으로서 '태허(太虛)'의 문제를 재해석하기도 하였다.[7]

이처럼 그는 '자연' 과 '태허'의 개념을 비판적으로 흡수함으로써 도와 문에 관련된 자신의 유가적 논리 체계를 보완하고자 하였다. 그는 노장 사상의 '자연'과 '무위'의 개념을 사용하여 유가적 사상을 보완함으로써 '도'와 '문'의 관계를 새로이 정립하고자 하였으며, 아울러 도의 외화 과정을 자연스럽고 필연적인 과정으로 인식함으로써 도와 문이 분리되어 성률과 자구의 조탁에 힘을 쏟았던 당대의 작위적이며 가식적인 문풍을 비판할 이론적 근거로 삼았다.[8] 그는 문학의 근원을 설명함에 있어 전통적인 재도론의 입장과 달리 '도'와 '기'의 개념을 함께 사용하고 있으며, '자연'의 개념을 끌어들여 설명하고 있다. 그리고 이 문제는 문학의 창작과 연결되어 성률과 자구의 수식에 치중하였던 창작 풍토에 대한 반성적 시각에서 고체시의 창작을 활성화하고자 했던 것과 관련된다.[9]

---

7 洪良浩, 〈答宋德文論書書〉, 《耳溪集》 권15, 《총간》 241, 262면. "來諭曰: 詩道貴於性情; 性情妙於無爲. 無爲者, 無爲而無不爲也. 請以詩道移之筆道.》深哉, 言乎! 可以盡書之妙矣. 然無爲者, 孔與老, 俱言之, 誠難言也. 僕嘗謂老氏之無爲, 藏機而獨運; 孔氏之無爲, 循理而無情. 寔有公與私之分焉. 故余嘗反其言曰 : 老氏無爲, 而無不爲; 聖人無不爲, 而無爲. 聖人之應萬事也, 一循自然之理, 無意於爲而自無不爲, 無所不爲而未嘗有爲也. 其於書, 亦然. 書者, 何? 造化之迹也. 始起於象形, 亦循其自然之理耳. 然所謂理者, 非塊然一圈物而已. 盖有條理文理之燦然者, 行乎陰陽形氣之中." 또한 다음 글도 함께 참고할 필요가 있다. 洪良浩, 〈太虛樓重修記〉, 《耳溪集》 권12, 《총간》 241, 208면. "余應之曰 : 子知夫太虛乎? 萬物皆出於虛, 而入於虛. 虛者, 實之根, 物之終始. 老氏以虛爲無; 佛氏以虛爲滅. 皆非知虛之妙者也. 天虛而雲行焉; 谷虛而風生焉; 淵虛而水湊焉; 地虛而樓興焉; 樓虛而人遊焉. 虛以受之; 實以形之, 一虛一實, 變化生焉."

8 洪良浩, 〈旅菴集序〉, 《耳溪集》 권10, 《총간》 241, 185면. "下至春秋, 異端始起, 九流并騖, 而各以其學文焉, 未嘗爲無實之空言也. 自夫楚之辭漢之賦興, 而夸大靡曼, 不根於理, 文與道遂二."

9 洪良浩, 〈與宋德文論詩書〉, 《耳溪集》 권15, 《총간》 241, 261면. "及夫近體興, 而雕花鏤月, 排紅比白, 較錙銖於聲病, 鬪巧拙於態色, 適足以忒人心敗世教, 詩之道, 於是亡矣. 近體之詩, 始於六朝之末, 盛於李唐, 而嗣後作者, 猶知沿流而溯源. 獨我東俗, 專尙近體, 稍知操觚, 已習騈偶, 開口綴辭, 便學律絕, 不知古風長句之爲何狀."

① 도는 비록 날줄이지만 기로 씨줄을 삼지 않는다면 무늬를 이룰 수 없고, 무늬를 이루지 못하면 도를 실을 수 없다. 그러므로 공자가 말하기를 "말이 문채가 나지 않으면 가도 멀리 가지 못한다"고 하였다.[10]

② 그러므로 문장을 잘하는 사람은 먼저 도를 밝히어 근본을 세우고 다음으로는 기를 배양하여 힘을 기른 다음에 무궁하게 발출하고 움직여도 어긋나지 않아 한번 씨줄과 날줄을 섞으매 변화가 생겨난다.[11]

문의 근원이 되는 도와 기에 있어 도가 우선적인 지위를 갖고 있지만, 기(氣)의 작용에 의해 도가 외부적으로 실현된다는 점에서 그 둘은 상호 의존적인 관계를 형성하고 있다. 이처럼 기가 도를 문이라는 형태로 매개하는 작용 내지 동력으로서 이해하고 문으로 외화되는 과정을 자연적이며 필연적인 것으로 파악할 때 도의 배타적 절대화로 인한 폐단—도의 내향 편중, 규범성, 보편 지향성—은 제거되게 되며, 상대적으로 문의 자율적 가치와 특징을 존중하게 된다.

이 점은 도문일치관(道文一致觀)의 한층 강화된 형태인 '도본문말관(道本文末觀)'을 주창하였던 16세기 사림파와 구별된다. 율곡 이이로 대표되는 16세기 사림파의 도문일치론 역시 형식주의적 문풍에 대한 반성으로 도와 문의 관계를 새로이 제기하였는데, 그들의 경우 도본문말관에 입각하여 도의 절대적 우위를 강조하였으며, 문은 내면적 덕성의 함양이라는 목적에 종속되는 부차적 지위에 머물렀다. 이러한 도에 대한 배타적 절대화가 17세기 이후 한층 강화되면서 문학은 개인적 내면 수양을 표현하는

---

10 洪良浩, 〈再答申文初書〉, 《耳溪集》 권15, 《총간》 241, 257면. "盖道雖爲經, 而非氣以緯之, 不能成章, 不成乎章, 無以載是道矣. 故孔子曰: 言之不文, 行之不遠."

11 洪良浩, 〈答申都事文初書〉, 《耳溪集》 권15, 《총간》 241, 256면. "故善爲文者, 先明乎道, 以立其基, 次養其氣, 以培其力, 然後出之無窮, 動而不括, 一經一緯, 變化生焉. 然所謂道者, 不外乎吾心, 聖人言之備矣. 所謂氣者, 莫詳於孟子. 其言曰: '我善養浩然之氣. 其爲氣也, 配義與道, 無是餒也.' 孟子之文章, 實本於此. 善學孟子者, 莫如韓子, 而其言曰: '氣, 水也, 言, 浮物也. 水大而物之大小畢浮, 氣盛則言之長短皆宜.' 蘇子瞻亦曰: '昌其詩, 不如昌其氣." 此盖古人相傳之訣也.'"

하나의 수단으로 전락하여 갔으며, 인간 감정의 다양한 속성과 질적 차이를 사상시키는 결과를 초래하였다.

이것에 대한 반성으로서 문학의 고유한 특징과 성격에 대한 논의가 17세기 이후 본격적으로 진행되어 왔으며, 개인적 정감의 진실성을 중시하는 새로운 경향이 점차 발전하게 되었다. 홍양호는 바로 이러한 조선 후기에 등장하는 새로운 문학 의식의 성장, 발전을 흡수하면서 도와 문의 관계를 새로이 수립하고자 하였던 것으로 보인다.[12] 앞서도 언급했듯이 도와 기의 자연스러운 착종, 변화의 과정을 중시하게 될 때 문학은 단순하게 개인적 덕성의 함양을 보족하는 수준에 그치지 않고 그 자체의 특성과 가치를 지닌 것으로 파악하게 된다. 문의 필요성과 가치를 입증하기 위해 공자의 말을 빌린 것 역시 이와 관련된다.[13] 요컨대 홍양호는 '기'와 '자연'의 개념을 원용하여 문학 고유의 가치와 특성의 관점에서 '도(道)'와 '문(文)'의 관계를 재정립하고자 하였다.

그러나 이러한 재해석의 시도는 유가적 사상 체계의 테두리 내에서 진행되었으며, 그 역시 유가 학파에서 성인으로 존숭되는 성인의 도에 한정한 채 도에 대한 더 이상의 논의를 진전시키고 있지 못하다. 그가 천기론적 시의식을 계승, 발전시키면서도 도덕적 수양에 의한 교화론적 관점을 절충하고자 한 것 역시 이와 관련된다.

그리고 보다 주목되는 것은 도와 문의 문제로만 국한시켰던 전통적인 도문일치론의 관점과는 달리 기의 문제를 도와 긴밀하게 결합시키고 있다는 사실이다. 위의 자료에서 그는 맹자의 양기설(養氣說) 및 그것에 연원을

---

12 물론 이 경우에 있어서도 정조의 문체반정으로 대표되는 당시 유가적 통치질서의 위기에 대한 대응으로서 道와 文의 재정립이라는 측면 역시 고려되어야 한다.

13 공자의 말을 원용하는 경우에 있어서도, 지나친 추측일 수 있지만, 개인의 내면적 심성 수양의 측면에 중점을 둘 때에는 "有德者, 必有言"을 주로 인용하는 데 반하여, 홍양호에서처럼 상대적으로 문학의 자율적 특징을 강조하게 될 때에는 "言之無文, 行之不遠"을 인용하는 차이점을 보인다. 그리고 홍양호는 공자가 제자를 가르칠 때 '文'을 우선적인 것으로 두었다고 하여 자신의 논리를 적극적으로 내세우고 있다. 〈旅菴集序〉, 《全書》, 225면. "圖書出, 而天地之象形; 書契作, 而人之文肇. 文生於象; 理顯於文. 故孔門敎人, 文居其先, 爰有文學之科."

둔 한유와 소식의 언급을 인용하면서 기의 후천적인 함양 가능성 내지 변개성을 중시하였다. 인용된 세 사람의 기에 대한 해석은 서로 다르지만, 홍양호가 취하고자 하였던 것은 창작 주체의 주관적인 수양의 과정을 통해 선천적으로 품수받은 기를 변개, 함양시킬 수 있다는 점이었다.

① 글을 잘 짓는 사람은 우러러 하늘을 살피고, 굽어 땅을 살피어 가까이로는 자신에게서 취하고 멀리로는 사물에서 취하니 글은 이루 다 쓸 수 없다.[14]

② 하늘이 만들어 낸 것과 땅이 기르는 것은 환하게 빛나 해와 달이 되고, 높이 솟아 산악이 되고, 깊이 갈라져 강과 바다가 되고, 떨치고 펼쳐져 바람과 천둥과 비와 눈이 되고, 흩어져 금수, 초목, 물고기, 벌레가 된다. 모두 천지의 기를 받아 끝없이 생성 변화하니, 무리를 달리하여 서로 비슷한 것이 하나도 없다. 지금 문이라고 하는 것은 천지의 조화를 드러내고 사물의 변화를 남김없이 표현하는 것이다. (…) 이로 말미암아 보건대, 학술의 치우침과 바름, 문장의 장단은 모두 이것은 남겨두고 저것은 없앨 수 있는 것이 아니다.[15]

위의 자료 역시 문학을 포괄한 인문적 현상을 천문, 지문과 관련지어 설명하면서 그 핵심적 개념으로서 기를 사용하고 있다. 여기서 주목할 점은 홍양호의 문학론에 있어 재도론과 천기론이 서로 만나는 지점을 살펴볼 수 있다는 사실이다. 기는 천지 사이에 객관적으로 존재하는 물질적 원소이며, 천지 자연의 모든 현상(天文과 地文)은 이러한 기의 부단한 운동에 의해 생성, 변화하는 것이다.[16] 다시 말해 기는 만물을 구성하는 생명력의 근

---

14 〈贈尹侍郎孺文赴燕序〉, 《全書》, 213면. "善爲文者, 仰以觀乎天; 俯以察乎地, 近取諸身; 遠取諸物, 而文不可勝用矣."

15 〈四部選要序〉, 《全書》, 235면. "夫天之所生, 地之所養, 光而爲日月, 崇而爲山嶽, 深而爲河海, 奮之爲風雷雨雪, 散之爲鳥獸草木魚鱉蟲豸, 皆得天地之氣, 生化不窮, 而分群異類, 莫能相似也. 今夫文者, 所以形造化而盡物變者也. (…) 由是觀之, 學術之偏正, 文章之長短, 皆不可存此而廢彼也."

16 홍양호에게 있어 우주 만물의 종국적인 근원에 대한 언급을 체계적으로 하지 않았다. '天地之氣'가 미분화된 상태로 존재하였던 '混元' '太虛' 등의 개념과 관련하여 그의 사상적, 철학적 기반에 대한 검토가 진행될 필요가 있다.

원으로서, 객관적으로 존재하는 물질적 요소이다.

이러한 기의 운동에 의해서 풍부하고 다채로운 만물(天文, 地文)을 구성하게 되는 것이다. 이 때 기의 상이한 작용으로 말미암아 모든 만물은 서로 다른 개성적 차별상을 노정하게 된다. 봉황과 참새, 기린과 시랑은 서로 다른 성질을 가지고 있지만, '천지의 기운(天地之氣)'에 의해 결정되는 제각기의 타고난 특성을 지니고 있다는 점에서는 동일하다고 할 수 있다. 여기서 천기는 '천지의 기운'에 의해 우주 만물을 생성, 변화하게 하는 '조화의 신묘함'을 의미한다. 이 말은 문학 창작과 관련하여 '인공'과 대립되는 '천진', '자연' 등의 개념으로 사용되거나, 영감과 유사한 창작상의 우연적인 계기로 쓰이기도 한다. 이 점에 대해서는 후술하기로 한다.

'천지의 기운'의 부단한 운동을 통해 상대적 차별상을 지닌, 풍부하고 다채로운 자연 현상을 창출한다는 사실은 문학을 포함한 인문에도 적용된다. 인간 역시 '천지의 기운'을 품수받고 태어난 존재로서, 기의 부단한 운동 과정을 통해 생성, 발전하는 천지 자연의 다양한 변화와 그 속에 깃들어 있는 이치를 밖으로 드러내는 '인문'을 창출하게 되는 것이다.[17] 즉 좁은 범위에서의 '문'(人文)은 자연 현상의 다양한 변화를 관찰함으로써 얻어진 산물이다. 홍양호는 그러한 인문적 활동의 모범적 선례를 유가 사상에서 성인으로 존숭되는 복희씨, 우임금, 문왕, 공자의 저작으로 보았다. 하지만 그들의 저작은 동일한 내용을 반복, 답습한 것이 아니라 제각기의 특성과 가치를 지니고 있는 것이다.

이러한 관점은 문학 창작과 연관지을 때 다음 두 가지의 특징을 보여 준다. 첫째는 '귀고천금관(貴古賤今觀)'에 대한 비판이며, 둘째는 개성적 독창성(自得)의 중시이다.[18]

---

17 洪良浩, 〈四部選要序〉, 《耳溪集》 권10, 《총간》 241, 175면. "今夫文者, 所以形造化而盡物變者也."

18 몇 가지 실례를 들어 본다. "夫天地, 一天地也; 山河, 一山河也. 日月以照之, 雨露以養之, 風雷以震盪之, 人物之生乎其間者, 亘萬世而不變, 何嘗豊於古而薄於今乎?"(〈再答申文初書〉,

3. 시 창작의 핵심

우리는 앞서 문학을 포함한 인문적 활동의 특징이 '천지의 기운'의 부단한 운동 과정을 통해 생성, 변화하는 천지 자연의 다양한 현상과 그 내면에 숨어 있는 이치를 표현하는 것임을 살펴보았다. 그러면 그러한 문학의 본질적 특징은 창작의 과정에서 어떻게 드러나는 것일까? 그리고 그의 창작론은 조선 후기 천기론의 발전 과정에서 어떠한 특징을 보이고 있는가?

홍양호는 "시(詩)는 시(時)다"라고 하여 시에 대한 전통적인 훈고의 방법과는 다른 입장에서 시 창작의 본질적 문제를 규명하고자 하였다. 먼저 시에 대한 훈고적 정의의 기존 이해를 들어 본다.

① 詩言志, 歌永言. 歌永言, 聲依永. (《今文尙書》〈舜典〉)
② 詩者, 志之所之也. 在心爲志, 發言爲詩. (〈毛詩大序〉)
③ 詩負之. (鄭玄注) 詩之言承也. (《禮記》〈內則〉)
④ 正義曰: "詩含神霧云, 詩者持也. 以手維持, 則承奉之義, 謂以手承下而抱負之云." (《禮記》〈內則〉 孔穎達疏)

동양에서 시에 대한 정의의 고전적 설명은 '시언지(詩言志)'이다. 위에서 보듯이 시에 대한 훈고적 정의는 크게 세 가지가 있었으며, 그 중에서 '지(志)'로 풀이하는 것이 일반적이었다. 《모시》〈대서〉의 "시는 뜻이 가는 바이다. 마음에 있는 것이 '지'인데, 그것이 말로 드러나면 시가 된다.(詩者, 志之所之也. 在心爲志, 發言爲詩)"라거나, 《상서》〈순전〉의 "시는 뜻을 말한 것이며, 노래는 말을 길게 늘이는 것이다(詩言志, 歌永言)"에서처럼

《耳溪集》 권15); "噫! 生乎千載之後, 欲追古人之音, 不亦迂且狂乎? 然人心之靈, 天機之妙, 亘萬世而不息不變, 惟在自得之耳."(〈與宋德文論詩書〉, 《耳溪集》 권15); "世之學者, 直取古人之糟粕, 皮膚而影像焉, 罕有能自得而成家者."(〈旅菴集序〉, 《이계집》 권10)

'지(志)'로 풀이하는 것이 일반적이었다. 여기서 '지'는 작가의 사상 감정을 포괄한다.

그 밖에 《예기》〈내칙〉에서는 "시는 맡다, 이어받다(承)"라고 풀이하였으며, 《시위(詩緯)》〈함신무(含神霧)〉에서는 "시는 간직하다, 지키다(持)"라고 풀이하였다. 이들 세 정의(志, 承, 持)는 시가 창작의 교화적 작용을 강조하는 측면에서는 동일한 내용을 가진다. 이러한 정의 방식을 더욱 발전시켜 체계적으로 이론화하여 설명한 사람이 바로 유협이다.

> 시란 지(志)이다. 즉 단정함을 지켜 나간다는 뜻이다. 다시 말해 생각을 바르게 함으로써 인간의 성정을 바르게 하려는 것이 시이다. 《시경》 삼백 편은 한 마디로 간추리면 사악함이 없는 데로 귀결된다. 단정함을 지켜 나간다는 것으로 훈고하는 것도 이와 완전히 부합된다.[19]

중국의 대표적 문예 이론가였던 유협은 《문심조룡》〈명시(明詩)〉 편에서 '시언지(詩言志)'와 '시는 간직하다, 지키다'의 두 정의를 동시에 취하면서 찬미와 풍자의 관점에서 시문 창작의 효용적 가치(詩教說)를 강조하는 한편, 개인적 정감의 발현이라는 관점에서 전대의 연정설(緣情說)을 계승, 발전시켰다. 이러한 그의 입장에 바탕하여 시를 '단정함을 지켜 나간다'는 뜻으로 풀이하게 하였던 것이다. 단정함을 지켜 사악함이 없도록 하는 것, 생각을 바르게 하여 인간의 성정을 바르게 하는 것이 곧 시가 지향해야 할 목표이다.

> 시에 대한 풀이는 세 가지가 있는데, '이어받다(承)', '지니다(持)', '뜻(志)'이 그것이다. 글을 짓는 사람은 임금이 펼치는 정사(政事)의 선악을 이어받아 자신의 뜻을 기술하여 시를 짓는다. 시를 짓는 것은 사람의 행실을 단정하게 지켜 나감으로써 잃지 않도록 하였다. 그러므로 시라는 이름은 한 가지이지만 풀이는 셋

19 劉勰, 〈明詩〉, 《文心雕龍》 "詩者, 持也. 持人情性, 三百之蔽, 義歸無邪, 持之爲訓, 有符焉爾."

인 것이다.[20]

위의 인용글에서 보듯이, 시에 대한 훈고적 풀이는 크게 세 가지로 요약된다. 그런데 이 세 가지 풀이는 실질적으로는 한 가지였다. 작자는 정사(政事)의 선악을 이어받아 자기의 뜻을 기술하여 시를 지으며, 시를 짓는 것은 사람의 행실을 단정하게 지켜 나감으로써 그릇된 곳으로 빠지지 않도록 해야 한다. 공영달이 볼 때 시는 작가와 독자의 창작 및 감상의 과정에 관여하면서 세 가지 풀이로 해석되는 것이다.

물론 '지(志)'에 대한 해석 여하에 따라 각기 상이한 시의식으로 변화, 발전되어 왔지만, 홍양호의 경우에서처럼 '시(時)'로 훈고하는 방법은 특이하다고 할 수 있다. 이 때 '시'는 '때에 맞다'는 의미로서, 창작상의 우연적인 계기에 촉발되어 음률에 맞게 표현된 것이 바로 시인 것이다. 이 점을 구체적으로 보여 주는 자료가 〈시해(詩解)〉이다.

> ① 사람 마음의 신령함이 소리로 나타나며, 소리는 몸 안에 숨어 있다가 우연한 계기(機)에 촉발되어 터져 나온다. 정신이 우연한 계기와 융합하여 운율에 맞춰 문채를 이루게 된다. 하늘이 시인에게 가탁하여 소리가 울려 나오니 마치 여름날에 천둥이 치고 가을 밤에 벌레가 우는 것 같아 누군가 시켜서 하는 것처럼 멈출 줄을 모른다. 그러므로 시라는 말은 때(時)에 맞는다는 의미이고, 시인이 시를 짓는 것은 하늘과 함께 행해진다.[21]

> ② 시는 때에 맞춘 연후에 말한다.[22]

홍양호는 "시(詩)는 시(時)다" 혹은 '시는 때에 맞은 연후에 말한다는 뜻

---

20 孔穎達, 〈詩譜序〉, 《毛詩正義》. "詩有三訓, 承也, 持也, 志也. 作者, 承君政之善惡, 述其志以作詩, 爲詩所以持人之行, 使不失隊. 故一名而三訓也."

21 洪良浩, 〈詩解〉, 《耳溪集》 권17, 《총간》 241, 312면. "人心之靈, 發而爲聲. 聲藏於肉, 機觸而生. 神與機合, 應律成章. 天假之風, 人, 其鳴鏗鏘. 比如雷奮於夏, 蟲吟於秋. 若或命之, 不可得而休焉. 故詩之爲言, 以時而名; 人之爲詩, 與天偕行."

22 洪良浩, 《近取篇》, 《耳溪外集》 권10, 《총간》 242, 322면. "詩者, 時然後言."

이다'(詩者, 時然後言)라고 하여 시에 대한 전통적인 훈고의 방법과는 다른 입장에서 시 창작의 본질적 문제를 규명하고자 하였다. 그는 시에 대한 훈고적 정의가 대체로 창작 주체의 사상 감정의 표현과 이를 통한 사회적 교화에 초점을 두었던 종래의 해석 방식에서 벗어나, 시 창작의 본질적 국면—즉 창작 주체와 창작 객체의 우연적 접촉을 통한 예술적 형상 창조—에 초점을 맞추어 '시란 무엇인가?'라는 근본적 물음에 답하고 있다.

'시(時)'는 '때에 맞다'는 의미로서, 창작상의 우연적인 계기에 촉발되어 음율에 맞게 표현된 것이 바로 시이다. 달리 말해 시란 창작 과정 중에 우연히 촉발되는 어떤 계기를 포착하여 운율에 맞게 표현한 것이다. 이러한 과정은 어떤 우연하고 순간적인 창작상의 계기에 의해 촉발되어 일어나기 때문에, 누군가의 명령을 받아 그칠래야 그칠 수 없는 것과 같아서 인공 혹은 인력으로 미칠 수 있는 것이 아니다. 그러한 점에서 그것은 조화의 신묘한 작용이다. '하늘과 함께 행해진다'는 말은 바로 이 점을 가리킨다. 그렇다고 무의식, 무자각의 상태에서 시가 이루어지는 것은 아니기 때문에, '유의(有意)'와 '무의(無意)' 사이—의도성과 무의도성, 작위성과 무작위성—에 있는 듯 없는 듯한 가운데에서 신묘함이 드러날 수 있다고 보았다.

시 창작 과정상의 핵심은 '정신이 우연한 계기와 융합하여 운율에 맞춰 문채를 이루게 된다(神與機合, 應律成章)'이다. 시인의 정신이 창작상의 어떤 계기를 잘 포착하여 운율에 맞게 표현한 것이 시이다. 여기서 신(神)의 개념, 함의를 살펴볼 필요가 있다. 신은 시인의 주관적 정신인데, 더 구체적으로 말하면 객관 사물의 미묘한 변화상을 예민하게 포착, 감수하는 고도의 정신적 능력이다.

홍양호는 시인의 정신과 창작상의 계기가 서로 합치하는 점에 주목하였다. 시인의 주관적인 정신이 창작상의 계기에 의해 촉발되어 운율에 맞게 표현되는 것은 '도'와 '기'의 상호 결합에 의해 '문'이 자연스럽게 현현하는 것과 상통한다. 다시 말해서 '날줄과 씨줄이 착종하여 자연스럽게 무늬를 이루는 것'은 천문, 지문, 인문을 총칭하는 광의의 '문'이 산출되는 과정을 가리키며, '정신이 우연한 계기와 융합하여 운율에 맞춰 문채를 이루는 것'은 협의의 '문' 가운데 시가 창작되는 과정을 가리킨다. 그 둘의 과정에서 공통되는 특징은 '자연'이며, 이 '자연'을 매개로 하여 재도론과 천기론이 통합되는 논리가 도출되는 것이다.

시인의 정신이 '기(機)'의 촉발에 의해 밖으로 표현되는 과정은 마치 여름날에 우레가 치고 가을에 벌레가 우는 것이 누군가에 의해 명령을 받은 것처럼 그칠래야 그칠 수 없는 것과 같다. 그같은 자연 현상은 어떤 자연스러운 계기에 촉발되어 일어나는 조화의 신묘한 작용이다. 그것이 바로 '천기의 오묘함(天機之妙)'이라고 할 수 있다.

여기서 '기(機)'는 주역에 연원을 둔 개념으로, 사물의 은미한 맹아 상태를 뜻한다. 이러한 상태는 유무(有無)와 동정(動靜) 사이에 있기 때문에 일반 사람들은 관찰하기 어려우며 신묘한 지혜를 갖춘 군자만이 알 수 있다. 달리 말해 어떤 사물이 현재화되기 이전의 조짐, 계기이다. 이를 시 창작론에 적용해 보면, 객관 경물과 접촉하는 과정에서 작가에게 순간적으로 촉발, 발현되는 시 창작상의 우연적 계기에 해당된다. 따라서 시인에게 요구되는 것은 그같은 사물의 변화를 예민하게 감수하는 능력이라고 할 수 있다.

이런 점에서 '신'은 작가의 정신 일반이라기보다 그 같은 사물의 미묘한 변화와 조짐을 순간적으로 예민하게 포착하고 감수하는 고도의 능력을 의미한다. 이 점은 다음 자료에서 보다 분명하게 나타난다.

① 시구를 탐하는 벽이 있지 않지만	性癖非耽句
기이함을 싫어하지 않는다네	文章不厭奇
때에 맞으면 흥을 일으켜	有時聊遣興

입에서 나오는 대로 시가 된다네 開口便成詩
경물이 이르매 신이 도와주고 境到神應助
정감이 이르매 붓이 절로 따른다 情來筆自隨
자기를 알아주는 이 아득하니 峨洋人已遠
묘처는 마음으로만 알 뿐이라네 妙處只心知[23]

② 그러나 사람 마음의 신령함과 천기의 오묘함은 만세토록 쉼이 없고 변함이 없어 스스로 얻을 뿐이다. 맹자가 말하길, "즐기면 인의의 마음이 생기고, 인의의 마음이 생기면 어찌 그만둘 수 있을 것인가? 그만둘 수 없으면 손과 발을 놀리며 춤을 출 것이다"고 하였다. 이것은 천기가 사람 마음속에서 움직인 것이다. 시를 배우는 도 또한 여기에 다 있다.[24]

③ 우는 새는 무엇 때문에 지저귀는 것이겠는가?
나 또한 흥에 따라 시를 짓는다네
천기는 그만둘 수 없는 법
어디에서나 그치지를 않는다네
鳴鳥爲何語, 吾詩亦漫成.
天機不得已, 無處不生生.[25]

위의 자료에서 '천기'는 천지 만물을 생성, 변화케 하는 신묘한 조화의 계기 혹은 동인이다. 그것은 어떤 인위적인 목적과 의도에 의해 수행되는 것이 아니라 자연 그대로의 상태로 존재한다는 점에서 '자연'과도 상통한다. 그러한 천기의 자연스러운 계기를 인간이 포착할 수 있는 것은 인간만이 영묘한 마음을 가지고 있기 때문이다.[26] 인간이 창출한 '인문' 활동의 하나인 문학은 바로 그러한 천기의 자발적이며, 자연스러운 계기를 예민

23 洪良浩, 〈詩解〉, 《耳溪集》 권3, 《耳溪洪良浩全書》(민족문화사 영인본, 1982), 52면.

24 洪良浩, 〈與宋德文論詩書〉, 《耳溪集》 권15, 《총간》 241, 261면. "然人心之靈, 天機之妙, 亘萬世而不息不變, 有在自得之耳. 孟子曰 : 《樂則生, 生則烏可已也, 烏可已, 則不知手之舞之足之蹈之. 此天機之動於人心者也. 學詩之道, 盡於是矣."

25 洪良浩, 〈雨中獨坐〉, 《耳溪集》 권3, 《총간》 241, 43면.

26 洪良浩, 〈書李聖直行錄後〉, 《耳溪集》 권16, 《총간》 241, 279면. "心者, 神靈之物也. 遠而萬里之外, 百世之久, 可坐而燭也. 幽而鬼神之情狀, 陰陽之變化, 可黙而測也."

하게 포착함으로써 이루어진 결과이다.

문학과 관련지어 천기는, 인용된 맹자의 언급에서도 알 수 있듯이, 시인의 억제할 수 없는 내발적 충동을 가리킨다. 그것은 마치 달걀을 품은 닭이나 허물을 벗는 매미에 비유된다.[27] 시인이 억지로 만들 수 있는 것이 아니라 자연스러운 상태에서 이루어진다.[28] 따라서 작위적인 노력과 형적에의 집착—예를 들어 자구나 성률의 조탁—은 배격되어야 하는 것이며, 모방이나 답습이 아닌 '자득'을 통해 이루어져야 한다. 그리고 창작상의 강렬한 욕망이 고조될 때 비로소 풍부하고 생동하는 형상이 도래하게 되는 것이다(天機不得已, 無處不生生). 그러므로 우수한 시 작품을 산출하기 위해서는 창작상의 충동과 욕구가 분출되는 계기를 포착하는 것이 무엇보다도 중요하다. 이 점에서 시는 '시(時)'로 정의될 수 있는 것이다.

> ① 선배들이 전하는 바를 들으니, 공께서는 흥이 이르러 상상력이 발동할 때 문득 문을 닫고 손님을 물리친 채 옷을 풀어헤치고 책상다리를 하고 앉아 온 정신을 집중하다가 흔연히 종이를 펴고 세차게 붓을 휘두르니 손이 미처 멈추기도 전에 한 편이 이미 이루어졌다고 하였다. 대개 지극한 솜씨와 자득의 경지에는 신이 돕는 것이 있어 배워서 능히 할 수 있는 것이 아니다.[29]

> ② 시인묵객들이 산수를 사랑하는 것은 단지 눈과 귀를 즐겁게 하기 위함이 아니다. 아름다운 산수는 천지의 빼어난 기를 타고 났으며 천지조화의 정수를 모아 놓은 것이다. 그런데 속되고 어리석은 무리들은 아름다운 산수를 보고 들어도 그 오묘함과 정취를 알지 못한다. 오직 시인묵객들이 정경이 융합되었을 때 흡족하게 자득하여 언어로 형용할 수 없는 것이 있게 된다. 이에 시와 노래로 표현하여 산수의 오묘함을 드러내고 그들의 감정을 토로한다. 그러나 때로는 외형을 모사하는 데로 국한되어 솜씨 있게 묘사하기는 하지만 천기의 진실함을

27 洪良浩, 〈詩解〉, 《耳溪集》 권17, 《총간》 241, 312면. "如伏卵鷄, 如蛻殼蟬."
28 洪良浩, 〈詩解〉, 《耳溪集》 권17, 《총간》 241, 312면. "釋智忘形, 乃隣自然."
29 洪良浩, 〈五山集跋〉, 《耳溪集》 권16, 《총간》 241, 275면. "竊聞先輩相傳, 公於興到神會之時, 輒閉戶却客, 解衣盤薄, 專精注思, 已而欣然伸紙, 沛然縱筆, 手未停而篇已就云. 蓋其獨至之藝, 自得之境, 殆有神助, 非可學而能也."

얻지 못하면 말단에 불과하다.[30]

③ 의도하는 바가 있어서는 안 되니 (의도하는 바가 있으면) 참에서 떨어지게 되고, 의도하는 바가 없어서도 안 되니 (의도하는 바가 없으면) 정신을 잃을까 두렵다. 있는 것 같기도 하고 없는 것 같기도 하는 그 사이에 신묘함이 있으니, 현묘하고도 미묘하여 말로 전할 수가 없다네. 작품의 핵심 내용(旨)은 문사의 밖(辭表)에 존재하며, 작가의 상상 속의 형상(象)은 외부 경물보다 앞서 있다. 마치 달걀을 품고 있는 닭과 같이, 허물을 벗는 매미와 같이 지혜를 버리고 형체를 잊어 자연스러움을 가까이해야 한다. 감정과 경물이 들러붙게 되면 인위적인 것이지 자연스러운 것이 아니다. 허공의 울림, 달빛, 훌륭한 옥의 광채, 아름다운 꽃의 향기. 뉘 알겠는가? 그것들이 어디로부터 오는지를. 뉘 알겠는가? 그것들을 주재하는 것을. 나에게 묻는다면 무예(無倪)의 옹이라고 하겠다.[31]

'흥이 이르러 상상력이 발동하는 때'는 창작 주체의 감정 상태가 고도로 흥분된 상태이다. 영감이 도래하여 상상력이 용솟음치고 왕성해져서 창작이 진전될 때의 정신 상태이다. 강렬한 감정의 격동이 일어날 때 시인은 억제할 수 없는 창작 욕구를 체험하게 된다. 이러한 활발한 상상력의 도래는 학습의 과정을 통해 획득될 수 있는 것이 아니라 시인 개인의 자득적인 체험 속에서 이루어진다. 그러면 이 같은 정감의 고조, 폭발은 어떻게 이루어지는가?

이 점에 대해 홍양호는 '옷을 풀어헤치고 책상다리를 하고 앉는 것(解衣盤薄)'과 '온 정신을 집중하는 것(專精注思)'으로 설명하고 있다. 전자는《장자》의 〈전자방〉에 나오는 말로, 어디에 구속됨이 없이 자유분방하고 솔직

30 洪良浩, 〈題芝溪屛樵赤裳詩軸後〉, 《耳溪洪良浩全書》(민족문화사 영인본, 1982), 359면. "凡騷人韻士之愛山水者, 非直供耳目之玩也. 蓋佳山好水, 得天地之秀氣, 種造化之精英, 而俗士愚夫, 見之而不知其妙, 聽之而不知其趣. 惟騷人韻士, 境與神會, 怡然自得, 有非言語之所可形者, 則於是發之歌詩, 于以抉其奧而攄我情. 然或局於摸象, 巧於刻畫, 而不得天機之眞, 則末矣."

31 洪良浩, 〈詩解〉, 《耳溪集》 권17, 《총간》 241, 312면. "不可有意, 則離於眞. 不可無意, 恐喪其神. 若有若無, 妙在其間. 玄乎微哉, 言不能傳. 旨在辭表, 象寓境先. 如伏卵鷄, 如蛻殼蟬. 釋智忘形, 乃隣自然. 情與物膠, 人也非天. 虛中之籟, 月中之光. 良玉有輝, 名花生香. 孰知其自, 孰宰其功. 爲我問之, 無倪之翁."

한 심미적 태도를 가리킨다. 이 같은 거리낌없는 심미적 태도에 더하여 객관 사물에 대한 정신의 고도의 집중을 통해 객관사물과의 일치를 이루게 된다.

후자는 예술 대상 이외의 모든 것을 잊고서 온 신경을 그 대상에다 집중하는 것을 뜻한다. 마음을 통일시켜 잡념을 떨쳐 버리는 것으로, 심리적 주체를 철저하게 배제하게 된다. 정신을 대상물에 집중시켜 응집된 상태의 내면 세계는 사물 깊숙이 파고들어 그 정신과 서로 만남으로써 관조자와 대상 사이의 거리감이 해소되고 구획이 없어져 하나가 되는 물화(物化)의 경계를 창출하게 된다. 주객체의 분별이 소멸되어 한 몸으로 동화된 주객합일의 경지에 이르게 된다.

이 점에 대해 세 번째 인용문은 보다 구체적으로 설명해 주고 있다. "달걀을 품고 있는 닭과 같이, 허물을 벗는 매미와 같이 지혜를 버리고 형체를 잊어 자연스러움을 가까이 해야 한다"는 언급은 이 점을 잘 보여 준다. 욕망과 잡념으로부터 벗어나 마음을 고요하게 침잠할 때 일어나는 미적 관조의 상태에 이르게 된다. 몰입과 집중의 과정 속에서 대상과 일체가 되어 자기 스스로의 존재를 망각해 버리는 상태에 이르는 것이다. 자신의 주관적 선입견과 잡념을 배제하고 흙과 나무처럼 대상과 하나로 물화된 상태로 진입하는 것이다. 그것은 작가 자신도 의식하지 못하고 의도적으로 조작할 수 없는 일종의 무의식적인 황홀경의 상태이다. 주체가 모든 관심과 의욕을 초탈하여 순수하게 대상에 몰입하는 무의식상태의 심리 체험이며, 욕망과 잡념으로부터 벗어나 마음의 상태를 고요하게 침잠할 때 일어나는 미적 관조의 상태이다.

이러한 과정을 거쳐 창조하게 된 예술적 형상은 '허공의 울림', '달빛', '훌륭한 옥의 광채', '아름다운 꽃의 향기'로 비유된다. 붙잡을 수도 없는, 논리적으로 설명하거나 분석할 수 없는 예술적 형상이 지닌 특징을 비유한다고 하겠다. 달리 말해 그것은 시인의 주관적 정감이 객관 경물과 결합되어 예술적 형상으로 융해된 후 만들어지는, 함축적이며 은미하며 완곡한 미감을 의미한다.

창작 대상과 창작 주체의 완전한 융합의 경지는 언어로 형용할 수 없는, 예술 창작의 최고의 단계로서, 인위적인 조탁과 꾸밈의 흔적이 제거된 상태(天機之眞)이다. 홍양호가 근체시 창작의 폐단을 지적하고, 고체시 창작을 적극적으로 주장한 것은 이 같은 창작관에 바탕을 둔 것이라고 생각된다.[32]

4. 마무리

이상에서 이계 홍양호의 문학론의 특징적 면모를 검토하였다. 특히 시를 포함한 문학의 본원적 특징에 대한 홍양호의 문학론에 대한 검토를 통해, 우리는 재도론과 천기론이 단순히 대립적, 이질적 성격의 문학론이 아님을 확인할 수 있었다. 재도론과 천기론은 단일한 특징만으로 설명될 수 있는 것이 아니라, 각 시기마다의 상이한 요구에 따라 다양한 변화와 굴절, 더 나아가 상호 소통의 과정을 거쳤던 관계로 복잡한 변이 양상을 보이고 있었으며, 그 점을 우리는 18세기 후반기의 문인이었던 홍양호의 예를 통해 확인하였다. 흔히 재도론과 천기론이라고 불리는 조선 전후기의 대표적인 문학론이 특정한 시기마다 각기 어떠한 특징과 성격을 지니고 있으며, 그 둘이 상호 교섭, 상호 공존하며 발전되어 왔던 과정에 대해 앞으로 보다 면밀한 검토가 필요하다.

32 洪良浩, 〈與宋德文論詩書〉, 《耳溪集》 권15, 《총간》 241, 261면. "及夫近體興, 而雕花鏤月, 排紅比白, 較錙銖於聲病, 鬪巧拙於態色, 適足以忒人心敗世敎, 詩之道, 於是亡矣. 近體之詩, 始於六朝之末, 盛於李唐, 而嗣後作者, 猶知沿流而溯源. 獨我東俗, 專尙近體, 稍知操觚, 已習騈偶, 開口綴辭, 便學律絕, 不知古風長句之爲何狀."

8. 19세기 성령론의 재조명

최성환을 중심으로

1. 문제 제기

이 글은 19세기 시론사에 대한 이해를 넓히기 위한 일환으로 성령론(性靈論)에 주목하고자 한다. 추사 김정희 및 중인층 등에 의해 19세기 중반에 이르러 유행한 성령론에 대해서는 일찍이 이우성 선생에 의해 그것의 반중세적 흐름에 주목한 이후 많은 연구 성과가 제출되었다.[1] 특히 김정희 및 조희룡의 예술 및 문학 세계의 이해와 관련하여, 또한 18세기에서 19세기로 전환, 변화하는 문화적 추이의 동향과 관련하여 주목을 받아 여러 연구 성과가 제출된 바 있다.

이 글에서는 19세기 시론을 대표하는 최성환(崔瑆煥, 1813-1891)의 성령론을 세 가지 측면에서 재조명하고자 한다. 먼저 최성환의 성령론에 대해서는 '독자반응비평'이라는 이론 관점에서 새롭게 이해하고자 하는바, 심미 주체로서의 독자 중심의 해석과 감상의 중요성과 비중을 적극적으로 부각시키고 있는 것이 최성환의 성령론이 지닌 독특한 면모임을 밝히고자 한다. 그리고 시선집 편찬의식의 관점에서 장혼의 《시종(詩宗)》에 나타나 있는 시의식과의 연관성을 주목하고자 한다. 마지막으로 최성환의 성령론

1 이우성, 〈김추사 및 중인층의 성령론〉, 《한국한문학연구》 5집(한국한문학연구회, 1980) 참조.

이해는 그의 사상적 지향과 일정한 관련을 맺고 있는 바, 이 둘 사이의 관련성 검토를 통해 19세기 성령론의 이론 지향을 천기론과 상호 대비해 보도록 한다.

2. 최성환의 성령론에 대한 재조명

최성환은《성령집(性靈集)》을 편찬하고 정지윤의 시집을 편찬하는 등 문학 방면에서의 독특한 자리를 차지하고 있을 뿐 아니라, 지리지를 간행하고 권선서(勸善書)를 편찬·간행하는 등 매우 활발하게 저술과 편찬 활동을 하였다. 앞서 우리는 성령론의 사상 배경으로서 '인간 본심에 대한 이해'에 주목한 바 있으며, 성령론의 이론적 논의의 핵심은 심미 주체의 개체적 자각에 있다고 보았다.

> 옛사람의 성(性)이 곧 나의 성이요, 옛사람의 성이 좋아하는 것이 곧 나의 성이 좋아하는 것이다. 옛사람의 성으로 옛사람이 좋아하는 것을 말하는 것이 다만 이와 같은 것에 지나지 아니하고, 나의 성으로 내가 좋아하는 것을 말하는 것 또한 이와 같은 것에 지나지 않을 뿐이라면, 옛사람이 말한 것이 곧 나의 말인 것이다. 어찌 나의 입에서 나오지 않았다고 해서 나의 마음이 아니라고 할 수 있겠는가? 그렇다면 나의 마음에 맞는 것은 진실로 나의 말이요, 나의 마음에 맞지 않는 것은 나의 말이 아니다. 맞는 말을 취하여 나의 말로 삼는다면, 그 말이 문장으로 표현된 것 또한 나의 문장이다. 누가 그렇지 않다고 말하겠는가? 이것이 내가《성령집》을 편찬한 까닭이다.[2]

2 崔瑆煥, 〈性靈集序〉, 《性靈集》(고려대도서관 소장본) "古人之性, 卽我之性, 古人性之所好, 卽我性之所好. 以古人之性道古人之所好, 直不過如是也; 以我之性道我之所好, 亦直不過如是也. 是古人之所言者, 卽我之言也. 豈可以不經我口, 遂謂之非我之心哉? 然則我心之所合者, 固我之言也; 我心之所不合者, 非我之言也. 取其所合之言, 而以爲我言, 則其言之發爲文章者, 卽亦我之文章也. 其誰曰不然? 此我性靈集之所以撰也."

위 인용문에서 우리가 새롭게 관심을 갖는 부분은 김성탄의 《서상기》 평비에서 보이는 의식과 서로 닮은 부분이 보인다는 것이다. 물론 이러한 지적이 곧바로 최성환이 김성탄의 평비본 《서상기》를 읽고 그 영향을 받았음을 뜻하는 것이 아니다. 그러한 수용의 가능성은 다른 관련 자료를 찾음으로써 향후 밝혀져야 할 사항이라고 생각하며, 여기서 지적하고 싶은 것은 최성환과 김성탄이 문학 작품의 해석과 감상에 대해 지니는 태도와 자세의 유사성이다.[3] 그것을 한마디로 요약한다면, 독자의 '주체적' 감상 및 해석의 중요성과 그 가치에 대한 적극적인 인식이라고 할 수 있다. 그리고 이 점은 서구 문학이론의 '독자반응비평'의 논의와 매우 닮아 있다는 점에서도 흥미롭다.

최성환에 따르면, 내가 나의 성에 따라 좋아하는 것은 고인이 고인의 성에 따라 좋아하는 것과 마찬가지이다. 그렇기 때문에 고인의 성은 곧 나의 성으로 전치되고 고인의 말이 곧 나의 말로 전화하게 될 수 있는 것이다. 이때 고(古)의 절대적 가치와 전범은 상대적인 것으로 격하되며, 이에 따라 과거의 것은 나의 위에 군림하는 것이 아니라 나의 주체적인 자각의 과정을 통해 나의 것으로 전화될 수 있다. 그렇기 때문에 나의 마음에 합치하는 것만이 나의 말이 되며, 나의 입을 거쳐 나왔느냐는 중요한 문제가 되지 않는다. 이를 통해 최성환은 고인의 성을 상대적인 관점에서 파악하면서 그 속에서 나의 성을 발견하고 나아가 고인의 성이 곧 나의 성이라는 인식에까지 이르렀다. 그 과정은 고금을 무차별적으로 융화하려는 것이 아니라, 주체적인 정신에 입각하여 고(古)를 바라보는 '나'라는 개체의 자각적 실천 과정이다.[4]

---

3 일단 두 사람은 모두 문학 작품을 많이 남기지 않았고, 비평가 혹은 시문 선집의 편찬자로서의 역할이 크다는 점에서 외견상 유사한 면을 공유하고 있다. 김성탄은 자신의 인생의 가치를 《수호전》, 《서상기》, 《두시》 등의 비평 작업에서 찾았으며, 최성환 또한 오랜 공력을 들여 《성령집》이라는 매우 방대하며 독특한 성격의 시선집을 편찬 간행하였다. 그 두 사람이 전 시대의 시문을 자기 나름대로 해석, 감상하는 일에 매우 큰 가치와 의미를 부여하고 있음을 알 수 있다.

4 이와 관련하여 崔瑆煥은 《顧問備略》(서강대 인문과학연구소, 1984) 권1 〈都鄙〉에서 "현실 사

나의 마음에 합치하는 것이 곧 나의 말이며 그것이 문장으로 표현될 때 곧 나의 문장이 되는 것이다. 작품을 감상하고 평가하는 데 있어 중요한 것은 작품의 창작 여부의 문제가 아니라 나의 성에 맞는 것—그것이 자신이 직접 창작한 것이든 아니면 다른 사람이 창작한 것이든—을 찾아내는 것에 있었다. 나의 성에 맞는다면 그것이 비록 다른 사람의 시문, 고인의 작품이라 하더라도 문제될 것이 없는 것이다. 문제의 핵심은 나의 성에 적합한가에 있기 때문이다. 그러므로 중국 역대의 시를 모아 편찬하는 이유도 단순히 과거의 문학 작품을 정리, 소개하기 위해서가 아니라 그것이 나의 성에 맞기만 한다면 나의 말, 나의 문장이 될 수 있기 때문이다. 결국 나의 성정, 나의 마음에 합치하는지의 여부가 시 창작과 감상의 결정적 기준이다. 시를 창작하고 감상하는 핵심적 관건이 곧 나의 성정, 나의 마음에 있으므로 나의 마음에 합치하는 말로 이루어진 과거의 문장 역시 고금에 관계없이 나의 문장이 되는 것이다. 따라서 자신이 직접 창작하지 않은 작품도 나의 마음과 성정에 합치한다면 나의 문장이 될 수 있는 것이다.

앞서의 인용문에서 최성환은 "어찌 나의 입에서 나오지 않았다고 해서 나의 마음이 아니라고 할 수 있겠는가? 그렇다면 나의 마음에 맞는 것은 진실로 나의 말이요, 나의 마음에 맞지 않는 것은 나의 말이 아니다. 맞는 말을 취하여 나의 말로 삼는다면, 그 말이 문장으로 표현된 것 또한 나의 문장이다"라고 하여, 문학 작품은 작가의 주관을 표현한 것이지만, 반드시 독자라는 심미 객체와 긴밀한 관련을 맺어야 함을 강조하고 있다. 과거의 무수히 존재하는 '텍스트'는 '나'의 해석과 감상을 통해 텍스트에 참여함으로써 비로소 하나의 '작품'으로서 그 의미를 온존하게 드러내게 되는 것이다.[5] 그렇기 때문에 최성환은 이어지는 대목에서 《성령집》의 기본 성

정에 따라서 마땅한 것을 마련한다"(時宜從時制宜)고 하였는데, 이는 고정된 규범을 문제 삼지 않고, 때에 맞추어 합리적으로 해결한다는 뜻이다. 종래의 유교적 규범이나 원칙을 고수하지 않고, 시대의 변화에 따라 제도 개혁을 추진하고자 하였다.

5 여기서 '텍스트'와 '작품'의 개념은 서구의 독자반응비평의 이론에 따라, 그 의미를 구분하여

격을 총괄하여 "그렇다면 이 시들이 백 대에 걸친 시이지만, 이 선집은 마땅히 나 한 사람의 문집이 되는 것이다"[6]고 하였던 것이다. 비록 수록된 작품들은 전시대의 수많은 시인들에 의해 만들어진 것이지만, 그들을 모아 수록해 놓은 《성령집》은 바로 자기 자신의 문집이라고 하였다. 《성령집》이라는 시선집을 '마땅히 나 한 사람의 문집'이라고 인식한 것은 매우 독특한 비평관이라고 할 수 있으며, 김성탄 또한 이와 비슷한 관점에서 자신의 비평 행위의 의미를 설명해 놓았다.

> 《서상기》는 왕실보라는 한 사람이 지은 것이 아니다. 스스로 마음을 가라앉히고 기를 모아 읽어 보면 바로 내가 방금 스스로 지은 것이다. 한 글자, 한 구절을 직접 살펴보면, 모두 다 내 마음속에서 바로 그렇게 쓰고자 하는 것과 같다. 《서상기》는 바로 이렇게 쓰여진 것이다.[7]

문학작품은 작가의 주관을 표현한 것이지만, 반드시 독자의 심미객체와 긴밀한 관련을 맺어야 함을 주장한다. 작가와 독자가 감정적으로 교유될 때 독자의 공감을 불러일으킬 수 있음, 작자는 마음속의 진지한 감정뿐만 아니라, 사람들의 공통된 감정을 발로시켜야 한다. 김성탄과 다수의 독자가 《서상기》 원작에 대해 예술적 재창조를 진행하였기 때문에, 《서상기》는 왕실보 한 개인의 저작이 아닌 것이다.

이러한 주장에 따르면, 작품은 고정적으로 존재하는 객체가 아니다. 《서상기》라는 특정한 한 작품은 작가의 초심으로서의 《서상기》, 오늘 비

사용하였다. '텍스트'는 작가에 의해 생산된 개념으로 사용하고, '작품'은 독자에 의한 텍스트의 재구성, 즉 감상과 해석의 행위를 통해 '미확정된 자리'가 독자에 의해 채워짐으로써 만들어진 개념으로 사용하였다.

6 崔瑆煥, 〈性靈集序〉, 《性靈集》(고려대도서관 소장본) "然則是詩也, 雖日百代之詩, 而是集也, 宜爲我一人之集也."

7 金聖嘆, 〈讀第六才子書西廂記法〉(73조목), 《第六才子書西廂記》, 霍松林 編, 《西廂彙編》(山東文藝出版社, 1987), 437면. "西廂記, 不是姓王字實父, 此一人所造, 但自平心斂豈讀之, 便是我適來自造. 親見其一字一句, 都是我心裏恰正欲如此寫, 西廂記便如此寫."

로소 본 《서상기》 그리고 전부터 오래도록 보아온 《서상기》 등을 포괄한다. 이 점은 수용미학에서 강조하는 '작품 의미의 개방성' 개념과 상통한다.[8] 그리고 비평과 원작은 모두 미래 독자와의 대화이다. 원저자의 의도에 맞느냐 맞지 않느냐 하는 문제는 긴요하지 않다. 중요한 것은 자기의 발견이 후인에게 공헌할 수 있다는 점이다. 이것은 독자반응비평의 '잠재적 독자' 개념과 상통한다.

문학의 감상활동이 지닌 재창조성을 특별하게 주목하는 '독자반응비평'의 이론 주장에 따르면, 문학텍스트 이해란 그것을 읽고 소화시키는 '독자의 반응'에 의해 이루어지고, 텍스트의 의미 내용은 이에 대한 독자의 반응들이 모인 집합체이며, 이를 근거로 작품 평가도 이루어져야 한다는 것이다.[9] 작가에 의해 창조되어 이 세상에 주어진 '텍스트'는 작가의 산물에 불과하며, 그것이 독자를 만나지 않으면 아직 작품이 될 수 없는 것이다. 오직 독자의 독서행위를 통해서 재구성되어 '작품'(구체화된 텍스트)으로 탄생하는 것이다.

작품은 고정적으로 존재하는 객체가 아니며, 독자의 참여에 의해 비로소 하나의 '작품'으로 재탄생하게 된다고 보았다. 따라서 원저자의 의도에 맞느냐 맞지 않느냐 하는 문제는 중요하지가 않다. 원래의 텍스트는 모두 미래 독자와의 대화를 통해 재생성, 재창조되어야 하기 때문이다. 이러한 각도에서 최성환이 《성령집》의 '범례'에서 밝힌 다음과 같은 점이 주목될 필요가 있다.

> 이 시선집은 1집-5집, 속집, 보유 그리고 속집보유로 이루어져 있는데 그쳤다. 이후에 시를 편찬하는 자들이 이것을 이어받아 계속 편찬해 나간다면, 6집, 7집

---

8 《西廂記》를 서구 문학비평 중 독자반응비평과 관련하여 접근한 논문으로 吳子凌, 〈對話: 金聖嘆的評點與英美新批評〉, 《浙江社會科學》 2001年 2期가 참조된다.

9 독자반응비평에 대한 논의는 차봉희 편저, 《독자반응비평》(고려원, 1993)과 차봉희 편저, 《수용미학》(문학과지성사, 1985)을 주로 참고하였다.

> 등등으로 무궁하게 이어져 갈 수 있을 것이다. 속집을 계속 편찬할 경우에는 재속집, 삼속집 등등으로 무궁하게 이어져 갈 수 있을 것이다. 또한 보유를 계속 편찬할 경우에는 재보유, 삼보유 등등으로 무궁하게 이어져 갈 수 있을 것이다. 속집보유를 계속 편찬할 경우에는 재속집보유, 삼속집보유 등등으로 무궁하게 이어져 갈 수 있을 것이다. 이것이 바로 이 시선집을 1집, 2집, 3집, 4집, 5집, 그리고 속집과 보유, 속집보유로 구분하여 편찬한 이유인 것이다.[10]

위에서 밝힌 범례에 따르면, 최성환이 《성령집》의 체재를 크게 1집에서부터 5집까지와 속집, 보유, 속집보유로 구분한 이유는 후대인들에 의한 참여와 보완이 지속되기를 기대한 것이었다.[11] 곧 시대별로 구분된 1-5집에 이어서 6집, 7집 등으로 끝없이 지속될 수 있고, 시대별 여류 시집인 속집 또한 재속집, 삼속집 등으로 끝없이 지속될 수 있으며, 시대별 적구집(摘句集)인 보유는 재보유, 삼보유 등으로 끝없이 지속될 수 있고, 시대별 여류의 적구집인 속집보유 또한 재속집보유, 삼속집보유 등으로 끝없이 지속될 수 있는 것이다. 이러한 편찬 체재는 여타의 시선집에서 쉽게 확인하기 어려운 매우 독특한 방식이라고 할 수 있다.

여기서 우리가 주목할 것은 이 같은 《성령집》의 편찬 체재의 의도적인 채택은, 앞서 언급한 바 있듯이, 독자의 주체적인 해석과 비평의 행위를 통해 과거의 텍스트는 비로소 하나의 작품을 재창조될 수 있다는 의식에 기반한 것이라는 점이다. 이에 따라 현재 자신이 편찬한 《성령집》은 자신의 '성'에 의해 재창조된 자신의 '문장'이요 자신의 '문집'인 것이며, 그러한

---

10 崔瑆煥, 〈性靈集凡例〉, 《性靈集》(고려대도서관 소장본). "是集成於五集及續集及補遺及續集補遺而止. 後之編詩者, 欲嗣是而續成, 則當編以六集七集, 以至無窮可也. 續集之續成者, 則當曰再續集三續集, 以至無窮亦可也. 補遺之續成者, 則當曰再補遺三補遺, 以至無窮亦可也. 續集補遺之續成者, 則當曰再續集補遺, 三續集補遺, 以至無窮亦可也. 此是集之所以分作一二三四五集, 及續集及補遺及續集補遺也."

11 《성령집》이 채택하고 있는 편찬 체재의 성격에 대해서는 정우봉, 〈19세기 시론 연구〉(고려대 박사학위논문, 1992)에서 크게 다섯 가지로 구분하여 살펴본 바 있다. 여기에서는 그러한 편찬 방식의 특징 가운데 특히 후대인들에게도 지속적으로 증보, 보완될 수 있도록 고려하였다는 점에 주목하여, 그 이면에는 독자 중심의 주체적 해석과 비평을 강조하고 부각시켜려고 하는 최성환의 의식이 자리하고 있음을 밝히고자 하였다.

해석과 비평의 주체적 과정에 의해 재창조되는 것은 미래의 독자들에게도 항상 열려 있는 것이므로 《성령집》의 편찬 체재를 거기에 맞게 고려하였던 것이다. 김성탄 또한 《서상기》를 평비하면서 남긴 〈서상기독법〉 71항목에서 "김성탄이 평비한 《서상기》는 성탄의 글이지, 《서상기》의 글이 아니다.(聖嘆批西廂記, 是聖嘆文字, 不是西廂記文字)"라고 한 바 있다.[12]

한편, 최성환의 성령론에 대한 이해에 있어 새롭게 주목할 필요가 있는 것은 장혼이 편찬한 《시종(詩宗)》과의 연관성이다. 《성령집》과 《시종》은 몇 가지 점에서 유사성을 지닌다. 먼저 조선 후기에 이루어진 대표적인 중국 역대 시선집이라는 점이다. 장혼은 20년의 긴 시간에 걸쳐 26권 13책의 방대한 분량의 중국 시선집을 편찬하였으니, 《시종》은 상고시대로부터 명나라에 이르기까지 총 1,130여 명의 시인들의 작품을 시대별, 시형식별로 수록해 놓았다. 최성환은 《성령집》 또한 방대한 분량의 중국 시선집으로, 한위시대 이래 청나라까지의 시작품을 시대별, 시형식별로 수록해 놓았다. 또한 두 시선집은 모두 이이엄활자(而已广活字)로 간행된 공통점도 갖고 있다. 장혼은 소형필서체 목활자인 이이엄활자를 직접 만들어 각종 서적을 편찬, 간행하였는데, 《시종》도 그 예 중의 하나이다. 장혼이 만든 이이엄활자는 그의 사후에 최성환에게 인수되었으니, 최성환이 편찬한 《성령집》 및 권선서(勸善書)가 이이엄활자로 간행되었다. 여기서 우리가 더욱 주목하는 것은 중국 역대의 시선집인 《시종》과 《성령집》이 상호 공유한 시의식이다.

> 시는 뜻을 말하는 것이니, 무릇 사물에 접하여 마음에 느낀바를 나타낸 것이 시이다. 이른바 호장(豪壯), 침울(沈鬱), 한담(閑澹), 초기(峭奇), 농려(穠麗), 섬치(纖緻) 등이 천만 가지로 다르고 저마다 달리 말하여도, 오묘함을 다하지 않음이 없다.

---

12 《성령집》의 서문과 범례에 나타나 있는 崔瑆煥의 주장과 《西廂記》 평비본에 보이는 金聖嘆의 주장 사이의 유사성, 그리고 상호 영향 관계의 측면에 대해서는 앞으로 보다 면밀한 검토가 필요하다.

마치 소나무, 측백나무, 풀과 꽃이 각각 천성을 지니고 있어 어느 하나를 버릴 수 없는 것과 마찬가지이다.[13]

장혼은《시종》의 편찬 범례를 밝힌 위 인용문에서, 시 작품의 다양한 풍격은 시인 작가의 개성을 반영하고 있기 때문에 특정한 어떤 풍격만을 고집해서는 안 된다고 하였다. 그는 기본적으로 시는 천기에서 표현되는 것이라 생각하였으며, 시인 각자의 개성적 표현을 존중하였다. 장혼 자신이 시론을 체계적으로 서술한 것은 찾기 어렵지만, 다음 단편적인 언급 등을 통해 볼 때 시창작에 있어 시인의 개성을 중시하였음을 엿볼 수 있다. "시는 천기에서 나온 것이니/번잡하고 거친 것을 삭제하지 마오"[14]라고 하거나, "스스로 생각하기를, 아름다운 것을 만나면/매번 독특하게 창의를 내었네"[15]라고 한 발언이 이 점을 뒷받침해 준다.

이러한 그의 생각은 다음 인용문에서도 확인된다.

위진 이후로 시문을 짓는 사람들은 의리를 힘써 강구하지 않고 옛사람의 글귀를 따와 짓는 것이 많았다. 말세에 이르러서는 백가가 저마다 방도를 달리하였지만 모의하고 도습한 것에 지나지 않았고, 신기하고 기괴한 것에 이르지 않음이 없었다. 글자 하나의 공교로움을 다투고, 운자 하나의 기묘함을 따졌으니, 문기(文氣)가 예스럽지 못하였을 뿐만 아니라, 시맥(詩脈) 또한 막히게 되었다.[16]

최성환의《성령집》편찬은 단순히 장혼의 이이엄활자를 물려받는 것에서 그친 것이 아니라, 장혼의 시의식을 일정 부분 수용한 바탕 위에서 진

13 張混,〈詩宗義例〉,《詩宗》閏集(고려대도서관 소장본) "詩之言志也. 凡觸於物, 而感於心, 而發爲詩, 而所稱豪壯也, 沈鬱也, 閑澹也, 峭奇也, 穠麗也, 纖緻也. 千變萬殊, 橫說竪說. 夫莫非臻其妙者, 猶松柏草花之各得其天, 不可偏廢."

14 張混,〈秋懷雜咏寄衍夫〉15수,《而已广集》권6,《총간》270, 454면. "詩是天機出, 繁蕪且莫刪."

15 張混,〈入寺〉,《而已广集》권1,《총간》270, 392면. "自謂遇佳境, 每出別機軸."

16 張混,〈上尹正言鶴山書〉,《而已广集》권13,《총간》270, 572면. "魏晉以還, 業翰墨者, 專不講究義理, 率多尋摘章句. 迄于叔季, 百家殊方, 不過模擬蹈襲, 而牛神蛇怪, 無所不至, 鬪一字之巧, 較一韻之奇, 不但文氣之不古, 詩脈亦從以索矣."

행되었다고 생각된다.

한편 시인의 개성적 표현을 중시하는 최성환의 시선집 편찬 의식은 이보다 조금 앞선 시기에 정조에 의해 편찬이 주도된 《시관(詩觀)》의 그것과 상호 대비된다.[17] 정조는 1792년(정조 16)에 《시경》의 국풍으로부터 명나라 전후칠자에 이르기까지 중국 역대 명가의 시를 두루 선집하여 500여 권의 방대한 책으로 완성하고자 하였다. 《시관》의 기본적인 편찬 취지는 '치세의 소리'를 드러내고자 하는 것이었으며, 이 때문에 당나라의 맹교, 가도, 명나라의 서위, 원굉도, 종성, 담원춘의 네 부류는 풍격이 한수(寒瘦)하고 음운이 초쇄(噍殺)하여 치세의 시가 아니라고 하여 제외시켰다. 그리고 현실에 대한 불평을 토로하거나 불편한 자신의 처지를 호소하거나 개인적 정감의 분출이 심한 시를 부정하였다.[18]

조선 후기 사대부들이 성령 개념에 대해 소극적이거나 혹은 성령 개념이 지닌 진정의 표출, 천재성 등에 대해 일정한 유보의 입장을 갖고 후천적인 학식을 강조하거나 격조를 통한 조정을 강조하는 것은 성령 개념이 지닌 사상적 분방함의 가능성을 염려한 때문이라고 할 수 있다. 이런 맥락에서 성령론의 함의는 주자학적 사유로부터 이탈하여 양명학적 사유의 수용 혹은 불가와 도가 등에로의 다양한 사상사적 모색과 관련하여 그 논의가 보다 활발하게 진행되었다고 할 수 있다. 19세기 성령론의 사상 배경은 여러 측면에서 접근되어야 할 것이다. 여기서는 19세기 성령론의 사상 배

17 張混의 《詩宗》 편찬 의식을 살핌에 있어 정조의 《詩觀》 편찬과 대극적인 관점에서 파악하는 것은 재고의 여지가 있다. 장혼은 《수호전》 등의 패관기서를 배격하였으며, 정조의 서학 정책에 동조하는 글을 남기기도 하였다. 그리고 장혼의 시의식에는 옛 시도의 회복이라는 지향이 깃들어 있다고 생각된다. 이러한 점에서 장혼과 최성환의 시선집 편찬 의식을 정조의 그것과 대척적인 지점에서 파악하는 것은 아니다. 여기서 강조하고 싶은 것은 중인층 내부에서 방대한 규모의 중국 시선집 편찬 작업이 진행되어 왔다는 점, 최성환의 《성령집》 편찬 작업은 장혼의 《시종》 편찬 작업을 시의식의 측면에서 발전적으로 계승하고 있다는 점이다.

18 현재 정조가 쓴 義例와 序文이 남아 있으며, 《詩觀總目》(필사본)이 있다. 정조가 쓴 '義例'에 따르면, 총 77,218수에 560권이었으며, 선발 방식은 시대별로 작가를 간추린 다음, 각 작가의 시를 모두 수록하는 全集의 방식을 택하였다.

경의 한 국면을 살펴보기 위하여 최성환의 성령론과 그의 사상적 지향의 연관성을 살펴보기로 한다.[19]

> 옛사람이 이르기를 선을 행하는 데 의도적인 뜻이 있으면 선을 행하더라도 상을 주지 않으며 악을 행하는 데 무심히 하면 악을 행하더라도 벌을 주지 않는다고 하였다. 그 뜻은 다음과 같다. 사람은 선을 옳다고 하지 않음이 없으니 의도적인 뜻이 있는 선은 귀할 게 못 되며, 또한 악을 경계하지 않음이 없으니 무심히 행한 악은 용서할 수 있다. 그러므로 상이나 벌을 주지 않는다는 논의가 있게 된 것이라고 한다.
>
> 이와 같다고 한다면 사람에게 선을 행하는 길을 막고 악을 즐기는 마음을 열어줄 것이다. 반드시 무심히 행한 선이 진실로 큰 선이지만 의도적인 뜻을 가진 선이 더욱 큰 선이 되며, 의도적인 악은 진실로 큰 악이지만 무심히 행한 악도 또한 악이라고 말해야 할 것이다. 상을 준다면 뜻을 가지고 선을 행한 것에 대한 상이 무심히 선을 행한 것에 대한 상보다 배가 되어야 할 것이며, 벌을 가한다면 무심하게 악을 행한 것에 대한 벌이 뜻을 가지고 악을 행한 것에 대한 벌보다 적어서는 안 될 것이다. 이에 선한 자는 선을 행하기를 구하매 더욱 힘쓸 것이요, 악한 자는 악을 범할까 경계하매 더욱 절실할 것이다. 이것이 천만어가 씌어진 이 책이 권면하고 징계하여 사람들로 하여금 항상 그것을 보고 두려워하게 한 것이다. 사람들이 어찌 이 책의 권면하는 뜻을 기다리지 않겠는가?[20]

---

19 여기서 먼저 한 가지 지적하고 넘어갈 것이 있다. 최성환의 사상적 지향과 관련하여 善書의 이론 주장과 성령론의 이론 주장을 일대일로 등치시켜 그 영향을 일방적으로 강조하려는 것은 아니다. 성령론이 개체의 주체적 자각이라는 사상사적 흐름 속에서 배태되고 성장한 이론이라고 한다면, 우리가 19세기 성령론의 한 축을 형성하고 있는 최성환의 성령론을 이해함에 있어 그의 사상에 주목할 필요가 있으며, 善書는 그러한 연관성을 살피는 하나의 유효한 틀이라고 할 수 있다. 그렇기 때문에 선서의 사상을 성령론 일반과 등치시키려는 것이 아니라, 성령론이라는 하나의 이론이 한 인물에 의해 형성, 확립되는 과정에서 선서에 담긴 사상적 내용이 일정한 영향을 주고 받았음을 밝히려는 것이다. 최성환의 성령론과 그의 사상적 지향, 특히 善書의 관계에 대해서는 장원철, 〈조선 후기 문학사상의 전개와 천기론〉(한국학대학원 석사학위논문, 1982)에서 처음 언급된 바 있다.

20 崔瑆煥, 〈覺世新篇八鑑常目序〉, 《覺世新篇八鑑常目》(고려대도서관 소장본) 권1. "善可勸耶? 人性本善, 何待勸也? 然亦有時而需勸, 以性本之或迷或失也. 今日覺世者, 亦猶是已. 夫以閱萬億世往古來今上天下地之如許之大界, 豈有有一人焉 出而覺之, 如許之大界, 亦豈有受一人之使之覺之? 且其所謂覺之者, 卽不過常行應爲, 取諸身體躬蹈之間而已, 則尤何待乎覺之爲也? 然有不能自爲者. 如烏獲之力焉, 而不能自擧其身; 如離婁之明焉, 而不能自見其睫, 則是必需乎人也. 此覺世八鑑之所以纂也. (…) 古人有云, 有意爲善, 雖善不賞; 無心爲惡, 雖惡不刑. 其意以爲人固無在不是善, 則有意之善, 所不足貴也; 亦固無在不戒惡, 則無心之惡, 容有可

위의 인용문은 권선서의 일종인《각세신편팔감상목(覺世新編八鑑常目)》을 편찬, 간행하면서 붙인 서문이다. 본래 주자학적 윤리관과 심성관에 따르면 인간의 본성은 선하며 그 선한 본성이 때로는 기질에 의해 가려져 있다. 그 가려진 본성을 회복하기 위해서는 끊임없는 수양과 계발이 요구된다. 하지만 선행과 악행을 상벌로써 규정짓는 것과는 다르다. 이처럼 선악의 행동을 상벌로 권면하거나 징계하는 것은 인간의 행위 판단의 기준을 인간 주체에서 찾고자 하는 것이다. 그리고 인간의 선행을 상벌로 권면, 징계하는 것은 낮은 처지에 있는 백성들도 선행을 많이 쌓으면 성인이 될 수 있다는 사고로 연결된다.

선서(善書)는 인간의 주체적인 행위와 실천을 통해 자신의 운명과 화복을 결정한다고 주장한다. 선서는 신의 감찰에 의한 응보를 강조하는 바, 착한 일에는 행복을 가져다주고, 악한 일에는 재앙을 가져다준다는 것이다. 인간의 선악행위에 대해 반드시 신으로부터의 상벌이 있다는 사고이다. 그런데 그 화복이라는 것은 일방적으로 오는 것이 아니라, 인간이 선을 행한 보답으로서 가능하다고 생각한다. 결국 인간의 행위가 자기 자신의 수명이나 화복을 결정하는 것으로 연결되는데, 신이 인간의 선악행위에 대해 상벌을 내릴 때의 기준은 바로 인간 자신의 주체적인 성찰과 인간 자신의 선악의 행위인 것이다. 결과적으로 자기 자신의 선에 대한 노력이 자신의 운명을 변화시킬 수 있게 된다. 선서에서는 낙관적인 태도로 "자신의 운명은 자신에게 달려 있지 하늘에게 있지 않다"고 하여 개인의 주관적 노력을 강조하며, 인간 주체 스스로 자신의 운명을 만들어 나갈 수 있다고 주장한다.

恕也. 是以有不賞不刑之論. 夫如此, 則阻人爲善之路, 啓人玩惡之心也. 其必曰：無心之善固大善, 而有意之善尤爲善; 有意之惡固大惡, 而無心之惡亦爲惡. 以賞則有意爲善之賞, 必倍於無心爲善之賞; 以刑則無心爲惡之刑, 不減於有意爲惡之刑. 於是乎善者求所以爲善, 而求益力; 惡者戒或有犯惡, 而戒益切. 是此書之千言萬語, 勸之懲之, 使人常常目之而恐懼者也. 人其可不待乎是書之勸喩哉?"

성리학적 윤리관에서도 모든 인간이 착한 본성을 타고 났다고 하지만, 기질지성의 차이로 말미암아 그 구분이 생겨난다. 이 때 선한 본성을 계발하고 확충시켜 나가는 것은 주로 지배 계층에 의해 독점되는 것이 중세 사회의 현실이었다. 하지만 이제는 일반 백성들도 자신들의 주체적 자각과 노력에 의해 얼마든지 성인이 될 수 있는 길이 열렸으며 그것에 대한 확신이 있었다. 이 점은 한편으로는 지배 이데올로기로 기능하였던 성리학적 윤리관이 사대부 사회로부터 민중으로 확산되는 현상인 동시에 민중들의 윤리관이 상승된 결과이기도 하다. 인간의 화복은 하늘과 신에 의해 결정되는 것이 아니라, 각각의 행위자 자신으로부터 나오는 것임을 강조하는 데에서 백성의 사회적 지위 향상을 반영하고 있다.[21]

선서는 '인간은 누구나 선을 실천할 수 있는 주체'라고 하는 인간 이해에 기반을 두고 있다. 전통적으로 이와 같은 생각이 존재하였지만 그것은 이념적 성격이 강하였으며 현실적으로는 '선을 실천하고 가르치는 주체'는 제한되어 있었다. 선서의 윤리는 사대부나 관료계층만을 대상으로 한 것이 아니라, 농민, 상인, 공인, 의가, 사졸에 이르기까지 다양한 신분과 직업의 윤리를 제시하고 있으며, 그 이면에는 윤리적 주체에 대한 수평적 인간관이 자리하고 있다.[22]

21 善書가 지니는 민중적(혹은 통속적) 성격과 관련하여 고전국문소설 필사본에 선서의 하나인 《태상감응편》 등이 함께 필사되어 있는 것을 들 수 있다. 선서 편찬의 성격과 관련하여 어느 일방만을 강조할 때 선서 간행을 둘러싼 문제를 편의적으로 해석할 위험이 있다. 즉 민중적 성격을 지나치게 강조하기도 하며 반대로 상층 이데올로기의 침투를 지나치게 부각시키기도 하는 위험으로부터 벗어나는 것이 중요하다. 즉 상층 이데올로기로서의 주자학적 윤리관에 일정 정도 의존하면서도 그 틀로부터 일탈하는 자리에서 민중의 주체적인 윤리적 자각과 그 확립을 모색해 가는 과정으로서의 성격이 강하다고 할 수 있다. 전대의 사상적 체계에 기대면서 그 체계의 한계를 수정, 변화시키는 측면이 있음을 주목해야 할 것이다. 그것이 비록 하나의 독자적인 체계를 갖추고 있지는 못하였으며, 전대의 체계를 상당 정도 온존하고 있다 하더라도 그 변화의 측면을 전혀 무시할 수는 없을 것이다.

22 최혜영, 〈조선 후기 선서의 윤리사상〉(한국교원대 박사학위논문, 1997) 참조. 그리고 陳霞, 《道教勸善書研究》(成都: 巴蜀書局, 1999)에서는 善書의 윤리적 성격을 '도덕적 自律과 他律의 통일성'이라는 관점에서 설명하였다. 종교적 신이 인간의 길흉화복을 주재하고, 결정하지만, 그 주재하고 결정하는 근거는 인간의 행위에 달려 있는 것이다. 그렇기에 인간 스스로의 주관적 노력에 의해 신이 결정한 운명조차도 바꿀 수 있다고 생각하였던 것이다.

이와 관련하여 최성환은 《고문비략(顧問備略)》이라는 책에서 "하늘이 사람에게 성을 부여함에 있어서 원래부터 두터움과 엷음이 없었으니, 어찌 빈천과 멂, 가까움의 구별이 있을 수 있겠는가? 다만 가난한 이들과 먼 지방 사람은 스스로 버려진 사람으로 자처하여 실력을 배양한 적이 없으며 학업을 무용하다고 여기고 경제를 우활하다고 여겨 신분의 향상을 이루지 않고 명예도 희구하지 않는다"[23]고 하여 인재 등용의 공평성과 새로운 직업관을 지적하는 것이 주목된다.[24] 인간에게 부여된 공통의 본성에 대한 최성환의 인식은 신분적 차별과 모순에 대한 비판 및 인재 등용의 공평성이라는 근대적인 의식 지향과 연관되어 있다. 그는 또한 "벼슬에 종사하는 자가 반드시 모두 양반 귀족일 필요가 없으며, 농상, 기술자가 반드시 모두 평민일 필요도 없다. 이렇게 되면 사람들은 모두 항산과 항심이 있게 되고, 양반귀족과 평민이 모두 고통받지 않게 될 것이다"[25]라고 하여 직업에 있어서의 신분귀천의 차별을 없애고자 하였다.

선서에 보이는 윤리적 주체의 자각, 그리고 《고문비략》에 보이는 행정, 경제 전반에 걸친 개혁적 사상, 특히 인재 등용의 평등성과 새로운 직업관의 제시 등은, 비록 봉건적 신분제도의 부정에까지 나가지는 못하였지만, 중세적 인간관으로부터 벗어나 주체적이며 수평적인 인간 이해로의 진전을 반영하고 있다. 그리고 이러한 최성환의 사상적 지향은 다음에서 살필 성령론의 이론 주장과 상호 연계되어 있다고 생각된다.

23 崔瑆煥, 《顧問備略》(서강대 인문과학연구소, 1984) 권4. "天賦人性, 原不厚薄, 豈有貴賤遐邇之別? 但寒族遐人, 自分棄置, 未曾培養, 以學業爲無用, 以經濟爲迂闊, 不作身分, 不圖名譽, 此所以無奇異之才."

24 이 점에 대해서는 이우성, 〈실학사상의 개화사상으로의 전회〉, 《학술원논문집》 37집(대한민국 학술원, 1998) 참조.

25 崔瑆煥, 《顧問備略》 권4. "然則仕宦者, 未必盡貴族, 農商傍岐者, 未必盡寒族也. 於是人皆有恒産有恒心, 貴族寒族, 并無所苦."

3. 19세기 성령론의 이론 지향—천기론과 대비하여

성령론과 천기론은 조선 후기 시론의 새로운 경향을 대표하는 것으로 일찍부터 주목받아 왔다.[26] 그리고 이 두 이론의 공통점이 지적되기도 하였고, 때로는 별 차이가 없는 것으로 인식되기도 하였다. 여기에서는 최성환의 사상적 지향과 성령론의 이론 주장 사이의 상호 연계성에 주목하는 바, 19세기 성령론의 이론 지향을 천기론과의 대비를 통해 밝혀 보고자 한다.

천기론과 성령론은 그 이론이 다루어지는 위상, 사상적 배경 등에 있어 일단은 서로 구분되는 것으로 보인다. 동양의 전통 속에서 문학과 예술은 인간 주체의 행위이면서도 그것을 넘어서 있다고 생각하였다. 그리하여 '천성(天成)', '천뢰(天籟)', '천득(天得)', '천기(天機)', '천공(天工)' 등의 개념을 원용하여, 문학 예술이 단순히 인공, 인위의 산물이 아님을 부각시켰다. 이러한 사고 속에서 형성, 발전되어 온 천기론의 사상적 배경과 관련해서는, 천(天)과 인(人) · 인(人)과 물(物) 연속의 생기론적(生機論的) 세계관을 배경으로 하고 있는 바, 인간의 문학, 예술 창조는 새가 울고 꽃이 피고 해와 별이 빛을 내는 것과 동일 근원에서 발출하는 자연 생기의 한 발동에 다름 아니라는 논리이다. 그리고 천기론은 종래의 성명(性命) 차원에서의 천리(天理) 인식을 통한 세계 화해관에 대조되는 형기(形器) 차원에서의 활의(活意) 간취를 통한 세계 화해관을 새로이 인식하였다는 점에서도 주목된다.[27]

천기론은 문학 예술 방면에 적용되어서는 창작 과정의 무의도성, 무조작성, 자연스러움을 강조하는 방향으로 운용되었다.

---

26 천기론의 이론적 성과를 다룬 논문은 장원철의 〈조선 후기 문학사상의 전개와 천기론〉(한국학대학원 석사학위논문, 1983) 이후 많은 논문이 제출되었다. 이들 성과를 일일이 들지는 않고, 김혜숙, 〈한국한시론에 있어서 천기에 대한 고찰〉, 《한국한시연구》 3(한국한시학회, 1995)에 그간의 성과를 정리해 놓았다.

27 이 점에 대해서는 이동환, 〈조선 후기의 미학사유 천기론과 그 문예 사상적 함의〉, 《한국한문학연구》 28(한국한문학연구회, 2001)를 참조.

> 바야흐로 정신을 집중하고 고요히 생각하며 정경을 묘사하는데 마치 목구멍에 물건이 걸린 듯 캑캑거리며 두려워하다가, 홀연히 솟구쳐 종이를 마주하니 붓과 혀가 하나가 되어 천기와 인공이 서로 교착해 곡절 변화가 이르지 않음이 없다.[28]

위의 인용 자료는 인간의 창조적 행위로서의 예술 창작이 인공의 산물이면서 또한 천기의 산물임을 잘 보여 준다. 대개의 경우 다른 논자들은 인공과 천기의 결합물로서의 예술 창조를 천기의 작동에 의한 것으로 설명하면서 그것의 무조작적, 무의도적 행위를 부각시킨다.

정신을 집중하고 고요히 생각하는 것은 허정의 상태이다. 목구멍에 물건이 걸린 듯 표현하고자 하는 언어와 대상이 명료하게 파악되지 않다가 어느 순간 감흥이 흘러넘쳐 홀연히 정신이 솟구치게 된다. 이리하여 붓과 혀가 하나가 되어 천기와 인공이 교착하게 된다. 붓과 혀가 하나가 된다는 것은 기교를 부렸지만 그 기교 부린 것을 잊고 창조를 하였지만 그 창조하였음을 잊어 사물의 본성과 완전하게 합일된 경지이다.[29] 그것은 달리 말해 천기와 인공의 융합이라고 할 수 있다. 정신을 집중하고 고요히 생각에 잠기어 대상을 표현해 내고자 하는 것이 계속 진행되었을 때 어느 한 순간 자연스럽게 감흥이 일어나 주객이 물화된 경계에 이르는 것이다.

이 점과 관련하여 19세기 성령론의 대표적인 인물 가운데 한 사람인 조희룡은 다음과 같이 언급한 바 있다.

> 소동파가 대나무 그림을 논하여, "가슴속에 대나무가 이루어져 있어야 한다"고 했는데, 이 말을 내가 항상 의심하였다. "가슴속에 대나무가 이루어져 있다고 하더라도 손이 혹 거기에 응하지 못하면 어찌하겠는가?" 나는 생각하기를, 가슴속에도 있지 않고, 손에도 있지 않으며, 천예(天倪)에 맡길 뿐이다. 그 신리(神理)가 이르는 곳에 스스로 그것이 그렇게 된 까닭을 알지 못한다. '산이 높고 달이 작다'

28 李瀰, 〈梧村稿序〉, 《竝世集》(국립중앙도서관 소장) 文卷 2. "方其凝神靜思, 描寫情境, 喀喀鯁鯁, 如物之在喉, 乃忽踊躍臨紙, 筆舌爲一, 而天機人工, 交相組織, 曲折針線, 無所不到."
29 徐復觀, 〈中國藝術精神之呈現〉, 《中國藝術精神》(臺灣 : 學生書局, 1983), 70-75면 참조.

라는 것과 '물이 흐르고 꽃이 핀다'는 것을 시험 삼아 동파공에게 물어본다. 이것들은 가슴속에서 얻어지는 것인가? 아니면 손에서 얻어지는 것인가? 망령되이 한마디 말을 하여 천고의 웃음을 자아낸다.[30]

일련의 창작 과정을 '천예(天倪)'에 맡긴다는 것은 앞서 살펴본 천기론적 창작 의식과 맥락을 같이한다. 조희룡은 소동파의 '흉중성죽론(胸中成竹論)'에 대해 반론을 제기하였다. 그리고 이러한 반론은 조희룡에게 영향을 주었던 청나라 정섭(鄭燮)의 '눈 속의 대나무(眼中之竹)', '가슴속의 대나무(胸中之竹)', '손 안의 대나무(手中之竹)'의 논리를 일정하게 원용하고 있는 것으로 보인다. '눈 속의 대나무'는 화가가 감지한 대나무의 표상이며, '가슴속의 대나무'는 화가의 마음속에서 빚어진 대나무의 형상으로, 주객이 융합된 산물이다. 이 때 심미적 쾌감이 동반된다. '손 안의 대나무'는 그림 속의 대나무로서, 선과 필묵 등의 물리적 현상으로 변한 것이다. 이 같은 정섭의 논리를 원용하여 조희룡은 가슴속에 상이 이루어졌다고 하여 그림이 되는 것도 아니며, 숙련된 손이 있다고 하여 그림이 되는 것도 아니라고 하면서, 천예에 맡김으로써 그림은 이루어지는 것이라고 하였다.

창작을 '천예'에 맡긴다고 하는 것은 마음속의 형상을 손을 통해 구체화하는 일련의 과정을 자연스러운 흐름 속에 둔다는 뜻으로 보인다. 달리 말해 창작 주체가 상상 속에서 형상을 창출·배태한 다음, 일정한 물질적 소재와 기교를 통해 객관적 소산으로서의 작품을 완성하는 일련의 창작 과정을 하나의 자연스러운 흐름으로 파악하는 것이다.

이렇게 볼 때 조희룡의 예술론에서 '수예(手藝)'의 의미를 확대 해석하여 기교적, 감각적, 대중적 취향과 연결시키는 것은 재고해 볼 필요가 있다. 후술하겠지만, 조희룡에 있어 수예는 상상 속의 형상을 외적으로 완성해

---

30 趙熙龍, 《畫鷗盦讕墨》 12항, 실시학사 고전문학회 역주, 《조희룡전집(2)》(한길아트, 1999), 36면. "坡公論畫竹, 胸有成竹, 是說余嘗疑之. 胸雖有成, 手或不應, 奈何? 余則以爲不在胸, 不在手, 任其天倪而已. 其神理所到, 自不知其所以然. 山高月小, 水流花開, 試問公得之胸乎, 得之手乎? 妄下一轉語, 發千秋一笑."

주는 창작 주체의 선천적 능력, 역량으로 이해된다. 그리고 그것은 성령론의 함의와 관련하여 이해될 필요가 있다.[31]

앞서 천기론이 창작 과정상의 무의도성, 무조작성과 관련하여 논의가 진행되었다고 하였다. 이에 비하여 성령론은 창작 주체의 본심, 내적 조건에 대한 이해와 관련되며, 사상사적으로는 인간의 본심, 본성에 대한 이해와 연관된다. 창작 주체는 어떠한 자질과 능력을 갖고 있는가? 창작을 진행할 때 창작 주체는 어떠한 상태에 놓여 있는가? 작품 속에는 창작 주체의 목소리가 제대로 실려 있는가 등을 특히 문제 삼는다.

주지하듯이, 동양에서는 문학 예술을 '인간 내면의 표현'으로 보아 왔다. 인간 내면의 정서, 감정, 의지 등의 표현물로서 예술을 이해하는 것은 매우 오래된 동양의 전통이었으며, '시언지(詩言志)', '연정(緣情)', '음영성정(吟詠性情)' 등의 말들은 많은 자료에서 산견된다. 인간의 '마음'에 대한 논의는 주로 성과 정을 둘러 싸고 다양한 형태로 전개되어 왔다. 그런데 문학 창작에 있어서 성정은 '성'과 '정'을 구분하지 않고 대체로 사상 감정을 뜻하는 용어로 널리 사용되어 왔다. 다만 유가의 사상에 근간을 둔 시론에서 성정은 창작개체의 자유로운 감정의 분출로 이해되기보다, '정감에서 발하되 예의에 머무르다(發於情, 止於禮義)'에서 보듯, 윤리적 · 도덕적 규범에의 순화와 절제를 요구하였다.

더구나 주자학의 인성론의 이해에 바탕을 둔 성정론에 이르러서는 그러한 규범에의 순화와 절제에 대한 요구는 인간 감정의 다양성과 풍부함을 가로막는 형태로 작용하기도 하였다. 율곡 이이의 〈증최립지서(贈崔立之序)〉에서 보듯이, 정(正)에의 합치가 시창작의 관건으로 인식되었으니, 인욕에 덮이지 아니한 본연의 성으로 돌아가는 것, 인욕에 이끌리기 쉬운

31 조희룡의 예술론과 관련해서는 정옥자, 〈조희룡의 시서화론〉, 《한국사론》 19집(서울대 국사학과, 1988) 이후로 미술사학 및 한문학 분야에서 많은 논문들이 제출되었다. 여기서 그 논문들을 모두 밝히지 않는다. 다만 정옥자 교수의 논문에서 조희룡의 '手藝'가 지닌 함의를 해석하는 데에 있어 입장을 달리한다.

정을 다스린 정심(正心)의 경지에 이르는 것이 무엇보다도 중요하게 인식되었다. 여기에서 정(正)은 인욕에 덮이지 아니한 본연의 성에로 돌아감을 의미하였다. 그러므로 성정의 발로를 말하였으나, 궁극적으로 강조하고자 한 것은 인욕에 이끌리기 쉬운 정을 다스린 정심의 경지였으며, 이러한 시관은 시를 통하여 내면의 균형과 완성을 지향하기 마련이었다.[32]

이러한 종래의 성정론에서의 심(心) 이해에서 벗어나고자 하는 움직임이 중세 해체기에 본격적으로 등장하며, 성령에 대한 논의 또한 그 연장선상에 있다.[33]

> ① 무릇 어린아이가 즐거워하고 놀이를 하는 것은 천진 그대로의 것이며, 처녀가 수줍어 하고 숨기는 일은 순수한 진정 그대로이니, 이것이 어지 억지로 힘써 하는 것이겠는가? (…) 대저 한 덩이의 먹을 갈아 세 치쯤 되는 붓을 휘둘러 아름다운 문장을 따 오고 주워모아 화공처럼 흉중에 있는 것을 그려내어, 답답하게 서린 근심을 기쁘게 풀기도 하고 서로 배치된 감정을 합하기도 한다. 휘파람 불고 노래하며 웃고 꾸짖어 산수의 밝고 아름다운 것과 서화의 기이하고 고상한 것과 구름 · 안개 · 눈 · 달의 변화하고 고우며 희고 조촐한 것과, 꽃, 풀, 벌레, 새의 예쁘고 아름답고 부르짖고 날아다니는 모든 것이 붓에서 표현되었다. 다만 그 천성이 강포하지 않아 과격하거나 괴팍하거나 꾸짖고 비방하는 따위의 언사를 쓰지 않으며 또한 스스로 만족하지 않다 하여 문득 찢어 버리지도 아니하고, 그저 갑집, 을집으로 만들고는 붉고 푸른 색깔로 포장하여 표제를 붙이어 권질을 만들고 주머니에 넣어 봉합하여 베고 깔고 휴대하여, 찬송도 하고 외워 노래하기도 하는 등 붕우와 같이 친하고 형제와 같이 사랑하였다. 이것은 모두 스스로의 성령에 자적하는 것으로서 타인의 눈에 보일 만한 것은 못되었다.[34]

32 이에 대해서는 임형택, 〈16세기 사림파의 문예의식〉, 《한국문학사의 시각》(창작과비평사, 1984); 김흥규, 《조선 후기의 시경론과 시의식》(고려대 민족문화연구소, 1982) 참조.

33 명대 性靈說의 함의와 心學과의 관련을 다루어 인간 주체의 심성에 대한 이해의 변화 속에서 성령론이 어떻게 전개되어 갔는지를 다룬 논저로, 左東岺, 《王學與中晩明士人心態》(북경: 인민문학출판사, 2000) 참조.

34 李德懋, 〈嬰處稿自序〉, 《靑莊館全書》 권3, 《총간》 257, 059면. "夫嬰兒之娛弄, 藹然天也, 處女之羞藏, 純然眞也. 玆豈勉强而爲之哉? (…) 夫磨一丸煤, 揮三寸管, 掇菁華, 拾瓊瑤, 其寫胸如畵工, 欣暢鬱悒, 合并暌離, 嘯歌笑罵, 山水之明媚, 書畵之奇古, 雲霞雪月之繁麗皎潔, 花

② 어린 아우 정대의 나이가 아홉 살인데 타고난 성품이 둔하였다. 그가 갑자기 말하기를 "귓속에서 쟁쟁하고 우는 소리가 납니다" 하기에, 내가 묻기를 "그 소리는 무슨 물건과 같으냐?" 하니 대답하기를 "그것은 둥근 별과도 같아서 보일 것도 같고 잡을 것도 같습니다" 하였다. 내가 웃으면서 말하기를 "형상을 가지고 소리에 비유하니 이것은 무의식중에 타고난 혜식(慧識)이다. 예컨대 어린이가 별을 보고 달 가루라 하는 것과 같다. 이런 종류의 말은 예쁘고 고와서 때 묻은 세속을 벗어났으니 속된 사람이 할 수 있는 일은 아니다"라 하였다.[35]

③ 이단전은 여항인이다. (…) 그의 시에는 영묘한 마음과 지혜가 있으며, 때때로 곤궁하고 불평한 말을 드러낸다. 그리하여 성내는 듯, 웃는 듯, 과부가 밤중에 곡을 하고 나그네가 추운 데에서 일어나는 것과 같다. 비록 일가를 이루지는 못했지만 또한 취할 만한 것이 있다.[36]

①과 ②에서 이덕무는 인위·가식과 대립되는 천진·진솔을 강조한다. 그것은 기성의 관념과 지식에 매이지 않는 진솔한 감정의 발현이다. 또한 그것은 '도리문견(道理聞見)'에 의해 가려지지 않은 순진한 어린아이의 마음을 강조하였던 이탁오의 동심설을 연상시킨다. 시인에게는 속된 잡념과 편견에서 벗어나 어린 아이와 처녀와 같은 순수한 진정, 무의식중에 타고난 명민한 분별력(慧識)이 필요하다. 가식이 없이 순수한 마음으로 사물의 참모습을 깊이 성찰함으로써 기성의 관습과 허위의식을 벗어 던지고 사물의 천태(天態)와 진기(眞機)를 표현하게 되는 것이다.[37]

草蟲禽之靚鮮叫翔, 一於是發之. 獨其性不猛厲, 不作乖激憤戾, 狼暴誚謗之語, 亦不以不自滿, 輒壞棄之, 甲之乙之, 丹之綠之, 籤而帙之, 囊而檢之, 枕藉而提携之, 贊頌而諷歌之, 親之如朋友, 愛之如兄弟. 皆自適性靈, 不足照宅人眸."

35 李德懋, 《耳目口心書(1)》, 《靑莊館全書》 권48, 《총간》 258, 354면. "稚弟鼎大方九歲, 性植甚鈍, 忽曰: '耳中鳴錚錚.' 余問: '其聲何似何物?' '團然如星, 若可覩而拾也.' 余笑曰: 以形比聲, 此小兒不言中根天慧識. 古有一小兒見星曰 : 彼月屑也. 此等語姸鮮起脫塵氣, 非酸腐所敢道."

36 南公轍, 〈李君詩序〉, 《金陵集》 권11, 《총간》 272, 200면. "李亶田閭巷人也. (…) 其詩有靈心慧識, 時又發之以困窮不平之言. 故如嗔如笑, 如寡婦之夜哭, 羈人之寒起, 雖未成一家, 而亦自有可取焉."

37 이덕무는 이언진의 〈海覽篇〉을 높이 평가하면서 그의 황홀영롱한 재주와 靈妙慧悟한 이치를 주목하였던 것도 시문 창작에 있어 性靈의 작용에 주목한 것이었다. 李德懋, 《耳目口心書(4)》,

그리하여 성령은 진실한 감정이라는 함의 이외에, 활발하고 영묘한 창조 역량, 그리고 예민한 감수력 등의 타고난 재능의 측면과 관련하여 이해되며, 또한 예전의 규범과 법식에의 존숭이 아니라 창작 주체의 자유로운 개성을 추구하는 경향과 관련하여 이해된다. 그런데 창작 주체는 어떠한 자질과 능력을 갖고 있는가, 창작을 진행할 때 창작 주체는 어떠한 상태에 놓여 있는가, 작품 속에는 창작 주체의 목소리가 제대로 실려 있는가 등의 문제가 성령의 함의와 관련하여 보다 활발하고 다양하게 논의되는 것은 19세기에 이르러서이다.

> ① 무릇 시를 짓는 데 매양 남의 것을 주워 모아 죽 늘어놓는 것을 면치 못하니, 저절로 새로운 생각을 내어 독자적으로 성령을 표출한 자는 몇 사람인가? 안목은 한 세상을 짧게 보면서 옛사람을 넘어서고자 한다. 비유컨대 아수라가 큰 신통력을 갖추고 발을 들어 바다를 잡고 손을 끌어 달을 따려고 했지만, 다만 구담씨가 세상에 나와 사자후를 할까 두려워하는 것과 같다. 이러한 재주와 능력을 지닌 사람이 있어도 오히려 이와 같은데, 하물며 그보다 하등인 사람에 있어서랴. 시를 짓는 어려움이 대개 이와 같은 것이다.[38]

> ② 일찍이 단양을 유람하였는데, 옥순봉, 도담, 사인암, 삼선암 등 여러 빼어난 경치는 우열로 차례를 매길 필요가 없다. 각각 기이한 경치를 갖추어 모두 사람의 뜻에 맞는다. 옛사람의 시문 역시 이와 같아 각자의 솜씨와 안목을 갖추고 있으니 이것으로써 저것을 비교할 필요가 없다. 다만 그 사람의 성령이 있는 바를 살펴보아 나의 시야를 넓히게 할 것이다. 나는 늙었으니 다시 유람을 다니지 못하겠지만 예전에 노닐던 것을 추억하니 산을 보는 방법이 글을 보는 방법과 더불어 두 가지 이치가 아니다.[39]

《青莊館全書》 권51, 《총간》 258, 420면. "涉筆於太史之貨殖, 獲墨於昌黎之南山, 挾之以恍惚玲瓏之才, 透之以靈妙慧悟之理."

38 趙熙龍, 《石友忘年錄》, 143항, 실시학사 고전문학회 역주, 《조희룡전집(1)》(한길아트, 1999), 185면. "凡爲詩, 每未免掇拾, 自出機杼, 獨標性靈者, 凡幾人. 目短一世, 欲度越前人. 譬如阿修羅, 具大神通, 擧足攬海, 引手摘月, 而但恐瞿曇氏出世, 作獅子吼也. 以有此才力之人, 猶復如是, 況其下之哉? 其爲詩之難, 盖如是."

39 趙熙龍, 《石友忘年錄》 74항, 《趙熙龍全集(1)》, 121면. "曾遊丹陽玉筍島潭舍人三仙諸勝, 不必以優劣品第, 各俱奇致, 皆可人意. 古人詩文, 亦復如是, 各俱手眼, 未必以此較彼, 只

③ 옛사람의 유람한 기록은 각각 솜씨와 안목을 갖춰서 산을 본뜨고 물을 모방함에 있어 각각 그 경지를 다한 것으로 일찍이 붓 한번 가벼이 댄 적이 없었다. 옛사람들의 글이 어찌 한정이 있으리요마는 명산을 유람한 기록에 있어서는 그 성정에 좋아하는 바로써 온 힘을 다해 써낸 것이니, 모두 전에도 없었고 뒤에도 없을 의상(意想)을 지닌 것이다. 그러므로 그 기이한 의상이 이른 바에 다른 평범한 문자보다 크게 다른 점이 있다. 옛사람의 성령이 있는 곳을 보고자 한다면 마땅히 이러한 유람기에서 찾아야 할 것이다.[40]

'독자적으로 성령을 표출하다(獨標性靈)'는 시인 개인이 지니고 있는 성령을 독특하게 내세운다는 뜻이다. 성령을 순화하거나 절제하는 측면에서가 아니라 그것을 적극적으로 내세워 시인의 진실한 감정을 독창적으로 표현할 것을 강조함으로써 성령이라는 말에 선명한 개성의 의미가 덧붙여져 사용되었다. 많은 시인들이 자신의 성령을 '독자적으로 표출'하여 일가를 이루지 못하는 중요한 이유는 바로 그들의 안목과 기량이 부족하기 때문이라고 하였다. 우리 마음으로 헤아릴 수 없는 신통력을 지닌 아수라도 부처가 세상에 나와 설법을 할까 두려워하는데 그보다 못한 능력을 가진 경우에는 더욱 심하다고 할 수 있다. 이와 마찬가지로 시인들 역시 각기 지닌 안목과 능력의 정도가 천차만별이라고 할 수 있다. 요컨대 시 창작의 핵심은 창작 주체의 성령을 독창적으로 운용하는 데에 있는데, 그것은 시인 자신이 가지고 있는 능력에 좌우된다는 것이다. 이 점에서 성령은 재력(才力)과 관련되는 것이다. 실제로 조희룡은 다른 자리에서 예술가의 재질과 능력에 관한 언급을 여러 차례 하고 있다.

성령론에서 성령이 지닌 함의의 가장 기본적인 것은 진정이다. 작가의 내면에서 솟아오르는 진실한 감정의 표출이 성령론이 지닌 기본적인

觀其人之性靈所在, 使我眼界寬矣. 余老矣, 不復往遊事. 追億舊遊, 看山之法, 與看文之法無二致, 可與同心人共之."

40 趙熙龍, 《石友忘年錄》 18항, 《趙熙龍全集(1)》, 59면. "古人遊記, 各具手眼. 模山範水, 各極其致, 未嘗輕着一筆. 古人文字何限, 至名山遊記, 以其心性所好, 極力寫出, 皆存空前絕後之想. 故其奇想所到, 大有異於他凡文字, 欲觀古人性靈所在, 當於是書求之."

함의라고 할 수 있다. 이러한 함의에 덧붙여 조희룡은 성령의 개념을 더욱 풍부하게 발전시켰다. 그는 시인 사유의 영민함으로써의 측면, 즉 형상을 신속하게 포착하고 그것을 언어화하는 과정에서의 시인의 천부적인 자질과 역량의 측면을 매우 강조하였다. 이러한 점에서 성령은 시인 예술가의 재기(才氣)의 측면, 특히 선천적이며 천부적인 측면과 밀접한 관련을 가진다. 여기서의 '재기'는 전대 시문의 학습과 수련의 과정에서 필요한 '재기'가 아니라, 구상과 상상의 과정을 거쳐 예술적 형상을 언어화하는 일련의 창작 과정에서 요구되는 예술가의 독특한 창조 능력, 구상 능력을 가리킨다. 그런 점에서 후천적인 학습, 학문 축적 등과는 구별되기 마련이다.

또한 성령론에서는 특히 '아(我)'를 돌출하여 부각시킨다. '아법(我法)'을 강조한 조희룡도 그러하거니와, 방대한 분량의 《성령집》을 편찬한 최성환의 기본 논리 또한 '유아(有我)'의 부각에 있다. 여기서의 '아'는 시인이 지니고 있는 특유의 고유한 기질과 심미적 능력 등의 요소가 창작에 미치는 작용 그리고 예술적 표현의 개성과 독창성을 강조하는 것이다. 요컨대 창작 주체의 개체적 자각이라는 일련의 흐름 속에서 성령론은 그 이론적 함의를 지니고 있다고 하겠다.

이상에서 성령론의 함의 및 문학이론상의 위상과 관련하여 천기론과 대비하여 논의한 결과를 요약하면 다음과 같다.

	전시대 이론과의 연관성	세계관(사상 배경)	논의의 초점
天機論	天理論	生機論的 화해관	창작 과정
性靈論	性情論	인간 본심에 대한 이해(人性論)	창작 주체

4. 마무리

이상에서 최성환의 성령론을 몇 가지 측면에서 새롭게 검토해 보았다. '독자반응비평'이라는 서구의 문학이론을 원용하였는데, 이 과정에서 김성탄의 문학의식과의 유사성을 언급하였다. 또한 조선 후기 시선집 편찬과 관련하여 장혼의 《시종》과 최성환의 《성령집》이 공유하고 있는 시의식에 주목하였는데, 조선 후기 시선집의 간행 및 그 경과에 대한 보다 상세한 검토가 추후 필요하다. 아울러 최성환의 사상적 지향과 성령론의 상호 연관성을 지적하였는데, 이것은 19세기에 들어와 성령론이 일정한 이론 체계가 갖추고 그것이 일군의 문인들에 의해 제창되게 된 배경이 무엇이며 그것이 어떠한 의의를 갖는가를 탐색하는 문제 의식과 연결된다. 그리하여 천기론과 성령론의 문학이론상의 위상에 대한 차이를 통해 성령이라는 문학이론상의 개념의 본격적 등장을 종래의 성리학적 인성관으로부터의 이탈에서 찾았다.

앞으로 19세기 문학사 및 사상사의 동향 등을 면밀하게 검토함으로써 이 시기 성령론이 지니는 이론사적 위상 및 함의를 보다 체계적으로 이해할 수 있을 것으로 기대한다.

보론

1. 이규보의 미학사상

1. 문제 제기

이규보(李奎報, 1168-1241)의 문학론에 대해서는 그동안 많은 연구가 축적되어 있다.[1] 이 글에서는 기존의 연구 성과를 참조하면서, 보다 중점을 두고 탐구하고자 하는 것은 그의 미학사상이다. 미학사상을 새롭게 들고 나오는 이유는 지금까지의 이규보 문학론 및 예술론에 대한 연구가 대체로 각 예술 분과 내에서만 고립적으로 진행되어 온 것에 대한 반성에서 비롯된다.[2]

신의(新意)와 용사(用事)를 둘러싼 문학론 분야에서는 다채로운 논의들이 활발하게 있어 왔지만, 그 논의들은 대체로 문학론 내부의 영역을 크게 벗어나지 못하였다. 이에 따라 각 예술론 분야의 주요 개념과 범주들이 어떻게 서로 연계되고 통합될 수 있는지, 그리고 그것들을 통해 이규보가 지

1 이규보의 문학론에 한정하여도 많은 논저가 제출되었다. 그 대표적인 성과를 간추려 보면 다음과 같다. 김시업, 〈이규보의 신의론과 시의 특질〉, 《한국한문학연구》 3(한국한문학회, 1978); 조동일, 《한국문학사상사시론》(지식산업사, 1978); 박성규, 〈이규보의 문학관〉, 《한국학논집》 8(계명대 한국학연구소, 1981); 박성규, 《이규보 연구》(계명대학교 출판부, 1982); 김진영, 《이규보 문학연구》(집문당, 1984); 김홍규, 〈이규보의 기의론〉, 《3회 동양학 국제학술회의논문집》(성대 대동문화연구원, 1986); 신용호, 《이규보의 문학세계와 문학론 연구》(국학자료원, 1990); 심호택, 《고려중기 문학론 연구》(계명대 한국학연구원, 1991); 조동일, 《문학사와 철학사의 관련 양상》(한샘, 1992) 등을 참조.

2 박희병, 〈이규보의 문예론〉, 《민족문학사연구》 10(민족문학사연구소, 1997)는 도가사상과 연관하여 이규보의 문예론의 주요 특징적 국면을 다루었다.

니고 있던 미적 인식의 틀이 어떠하였는지에 대해서는 크게 주목하지 못하였던 것으로 보인다.

이규보만큼 시론, 산문론, 회화론, 서예론, 음악론 등 예술의 각 방면에 걸쳐 풍부한 이론적 논의를 남긴 인물도 많지 않다. 시와 그림에 대한 평론[3]을 다수 남기고 있을 뿐만 아니라, 서예 작품을 신품, 묘품, 절품으로 품등화하고 신품에 속한 서예가의 작품을 세밀하게 분석하였으며, 거문고를 중심으로 하여 자신의 음악관을 펼쳐 보이기도 하고, 더 나가서는 수레바퀴 달린 정자를 직접 고안하고 그 제작방법을 자세하게 기록해 놓는 등 건축 조경에 대한 관심의 일단도 피력하고 있다. 이처럼 예술의 다방면에 걸쳐 이론적 관심을 보였던 이규보를 대상으로 우리는 그의 미학적 사고를 탐색하고자 한다. 이 글에서는 각 예술론상의 이론들을 상호 연계시킬 수 있는 논의의 틀을 크게 세 층위로 구분하고, 이들 세 층위를 중심으로 하여 이규보의 미학사상에 대해 논의하고자 한다.

2. 이규보 미학사상의 세 층위

(1) 예술적 구상과 외적 표현의 결합—어의쌍미(語意雙美)와 심수상응(心手相應)

이규보의 미학사상에서 우선 중요하게 거론할 수 있는 것은 예술적 구상과 외적 표현의 결합이다. 그는 예술 창작을 크게 두 가지 측면으로 나누어 사고하였다. 즉, 예술가가 내적 관조와 상상력을 동원하여 예술적 형상을 구상하고 배태하는 측면, 그리고 예술적 형상을 적합한 표현 방법과 기교를 동원하여 외재화하는 측면이 그것이다. 이 두 측면은 작가의 내적 관조를 통한 의경의 창출 그리고 이를 예술적 형식으로 전화시키는 문제이

3 이규보의 회화론과 관련해서는 다음 논저가 참고된다. 홍선표, 〈이규보의 회화관〉, 《미술자료》 38(국립중앙박물관, 1987); 홍선표, 《조선시대 회화사론》(일지사, 1999)

다. 이규보는 이 두 방면이 상호 결합했을 때 훌륭한 예술작품이 창조될 수 있다고 생각하였다. 이 문제와 관련하여 아래의 자료는 시, 회화, 서예 방면의 대표적 사례이다.

① 대저 시는 의(意)가 주가 되니, 의(意)를 펼치는 것이 더 어렵고 말을 엮는 것은 그 다음이다. 의는 또한 기(氣)가 주가 되니, 기의 우열에 따라 깊어지기도 하고 얕아지기도 한다. 그러나 기는 하늘에 근본하므로 배워서 얻을 수 없다. 그러므로 기가 저열한 자는 글을 꾸미는 것을 공교로움으로 삼고 의를 앞세우지 못한다. 대개 글을 아로새기고 구절을 채색해 아름답기는 하겠지만 그 안에 함축하여 깊고 두터운 뜻이 없고 보면 처음에는 완상할 만하지만 다시 음미하면 맛이 다하고 만다. (…) 시를 구상할 때, 너무 깊이 들어가 헤어나지 못하면 빠지게 되고, 빠지면 얽매이게 되며, 얽매이면 헤매게 된다. 헤매다 보면 집착하게 되어 통하지 않게 된다. 오직 출입하고 왕래할 때 왼편으로 가기도 하고 오른편으로도 가며, 앞을 보면서도 뒤를 돌아보아 변화가 자재로운 뒤에야 막히는바 없이 원숙하게 된다.[4]

② 시 짓기는 더욱 어려우니/말과 뜻이 모두 아름다워야 하네/함축된 뜻이 참으로 깊어야/음미할수록 더욱 맛이 나네/뜻이 서도 말이 원숙치 못하면/껄끄러워 그 뜻을 펴지 못하네/그 중에 뒤로 돌려야 할 것은/아름답게 아로새기는 일이네/화려하고 고운 것을 배척하랴마는/정신과 생각을 소모하게 된다네/화려함만을 취하고 실질을 버린다면/시의 본지를 잃은 것이라네[5]

③ 기암거사는 대를 그리는 데에 입신에 들었네/한번 실물을 그리면/은연중 자연과 합치되네/손은 마음의 부림을 받아/언제나 마음으로 전하여 주네/마음이 시키고 손이 따르니/사물이 어디로 달아날 수 있으랴/대를 일부러 보고

---

4 李奎報, 〈論詩中微旨略言〉, 《東國李相國集全集》 권22, 《총간》 1, 524면. "夫詩以意爲主, 設意尤難, 綴辭次之. 意亦以氣爲主, 由氣之優劣, 乃有深淺耳. 然氣本乎天, 不可學得. 故氣之劣者, 以雕文爲工, 未嘗以意爲先也. 盖雕鏤其文, 丹靑其句, 信麗矣. 然中無含蓄深厚之意, 則初若可翫, 至再嚼, 則味已窮矣. (…) 方其搆思也, 深入不出則陷, 陷則着, 着則迷, 迷則有所執而不通也. 惟其出入往來, 左之右之, 瞻前顧後, 變化自在, 而後無所礙, 而達于圓熟也."

5 李奎報, 〈論詩〉, 《東國李相國集後集》 권1, 《총간》 2, 135면. "作詩尤所難, 語意得雙美. 含蓄意苟深, 咀嚼味愈粹. 意立語不圓, 澁莫行其意. 就中所可後, 雕刻華艷耳. 華艶豈必排, 頗亦費精思. 攬華遺其實, 所以失詩旨."

있으니/천연 모습 감추지 못하고/마디 하나 잎 하나/온전한 모습 모두 드러났네[6]

④ 술 얼큰하면 다리를 벌리고 앉아/붓 끝에 날개 일어나 훨훨 날아가니/손이 대기 전에 마음이 먼저 집중하여/치솟는 기세 그 얼마나 미친 듯 내닫는가/바닷물이 갑자기 마르자 / 고래와 용이 거대한 곳에서 내달리고 뛰쳐 나온 듯 하고/영산 꼭대기 큰 바람이 일자 / 놀란 난새와 봉황이 날개 펴고 하늘로 치솟는가 여겼네 (…) 스님의 필력 참으로 신명이 내려준 것/구구하게 연습하고 배워서 된 것이 아니라네[7]

⑤ 아침 이슬이 맺히고 저녁 연기가 일어나며 성낸 교룡이 뛰고 신령스런 봉황이 난다. 김생과 왕희지는 몸은 비록 다르나 솜씨는 같았다. 마음과 손이 서로 응하니 하늘에서 전해 주었다. 신묘하고 기이하여 말로 전하기 어렵다.[8]

예술 창작은 여러 계기들로 구성되는 매우 복잡한 정신활동이다. 예술 창작의 심리학적 단계는 크게 4단계로 구분되는 바, 창작적 기분, 구상, 내면적 전개, 외적 완성이 그것이다.[9] 설의(設意)는 이 중에서 2단계와 3단

---

6 李奎報, 〈安處士墨竹贊常自號棄庵居士〉, 《東國李相國集全集》 권19, 《총간》 1, 494면. "棄庵居士, 於竹通仙. 一掃其眞, 暗契自然. 手爲心使, 嘗以心傳. 心指手應, 物何逃焉. 竹故見之, 莫藏其天. 一節一葉, 盡呈其全."

7 李奎報, 〈統軍尙書幕, 觀金上人草書, 公命予走筆賦〉, 《東國李相國集全集》 권12, 《총간》 1, 413면. "酒酣高踞如箕張, 筆頭生翼欻飛揚. 手所未到心先呑, 軒騰奮迅何顚狂. 我疑海水一朝涸, 鯨奔龍走橫脊張牙跳巨壑. 又疑神山之頂風大簸, 鸞驚鳳駭奮翮洒毛向寥廓. (…) 上人之筆信神授, 不是臨池費墨學所成."

8 李奎報, 〈東國諸賢書訣評論序并贊〉, 《東國李相國集後集》 권11, 《총간》 2, 240면. "朝露結兮夕煙霏, 怒虬挐兮靈鳳騫. 金生耶羲之耶, 身雖異兮手則同焉. 心手相應, 付之者天. 神哉異哉, 言所難傳."

9 예술창작의 심리적 단계를 보다 자세히 설명하면 다음과 같다. ① 창작적 기분: 예술가 내면에 존재하는 막연한 감정의 발효상태. 무형태의 소재적 체험내용에서 예술적 형식으로 발버둥쳐 나오려고 모색하는 긴장과 노력으로 충만한 정조. ② 구상: 창작 기분에서부터 작품 전체의 형상이 어슴푸레하지만 떠오르는 단계. 의지를 작동시켜 능동적, 의식적으로 구상을 세우거나 영감에 의해 무의식적으로 이루어진. ③ 내면적 전개: 심리에 배태된 미완성의 심상을 세부에 이르기까지 내면적으로 전개하는 상상의 형성활동을 주요소로 하고, 작중인물에 대한 감정이입이나 각 부분의 배치관계를 안배, 조정하는 사고작용을 보조요소로 삼아 뚜렷한 형태나 질서를 만들어가는 과정. ④ 외적 완성: 내면적 전개에 의해 성숙한 상상형상을 일정한 물질적 소재와 기교에 의해 외적 형상으로 이끌어내어 객관적 소산으로서의 작품을 완성하는 과정. 이에 대해서는 김문환 편, 《미학의 이해》(문예출판사, 1989) 참조.

계에 해당되며, 철사(綴絲)는 4단계에 해당된다. 참고로 ④번 자료에서 '술에 취해 다리를 벌리고 앉으니 붓 끝에 날개가 달린다'고 한 표현은 예술가의 창작 기분이 고조된 상태, 즉 1단계를 가리킨다. 그리고 "손이 대기 전에 마음이 먼저 집중하여/치솟는 기세 그 얼마나 미친 듯 내닫는가"는 2단계에 해당된다.

2단계에서는 순간적인 영감의 도래와 함께 강렬하고 왕성하게 솟아 나오는 창작 욕구를 실감하게 된다. 스스로 억제할 수 없는 창작 충동을 체험하게 된 예술가는 어디에도 구속됨이 없이 자유분방하게 상상의 날개를 펴고 비상을 한다. "바닷물이 갑자기 마르자/고래와 용이 거대한 곳에서 내달리고 뛰쳐 나온 듯하고/영산 꼭대기 큰 바람이 일자/놀란 난새와 봉황이 날개 펴고 하늘로 치솟는가"는 이 같은 예술가의 강렬한 창작 충동을 적절하게 비유한다.

물론 이규보는 예술적 구상 및 내면적 전개가 예술 창작에 있어 우선적 가치를 지님을 강조하였다. 그리고 그는 예술적 구상이 지닌 특징에 대해 자세하게 언급하였다. ①번 자료에서 이 점을 잘 확인해 볼 수 있다.

시인이나 화가가 순간적으로 떠오른 감흥이나 영감에 의지해 예술적 형상을 구상하고 창출하는 과정은 단박에 이루어지기보다는 매우 복잡한 우회적인 과정을 거치게 된다. "시를 구상할 때, 너무 깊이 들어가 헤어나지 못하면 빠지게 되고, 빠지면 얽매이게 되며, 얽매이면 헤매게 된다"는 것은 예술 구상이 어느 한 방면으로만 치우쳐서 제대로 진행되지 못하거나 충분히 성숙되지 못함을 가리킨다. 구상이 제대로 진행되지 않을 때에는 잠시 멈추었다가 다시 시작해 보기도 하고, 예전에 떠올랐던 형상을 다시 재조정해 보기도 하고, 관조했던 것을 다시 되새겨 보기도 해야 한다. 이러한 과정을 통해 복잡하게 얽혀 있던 것들이 하나 둘씩 풀리고, 어렴풋하게 그려졌던 형상이 하나하나 제자리를 찾을 수 있도록 해야 한다.

한편 이규보는 예술가의 창작 구상의 과정에서 대상에 대한 집중 및 대상과의 합일을 요구하였다. 이규보는 당시 친분이 두터웠던 묵죽화가의 대그림에 붙인 제화시에서 다음과 같이 노래한 바 있다.

> 생각건대 그대가 붓을 댈 적에/귀신이 도와주는 듯/고요하게 정신을 집중할 때에는/태산이 무너진들 어찌 돌아보랴/가슴속에 만 척의 기세가/구름 위로 솟구쳤구나[10]

'응신(凝神)'은 정신을 집중하는 것을 말한다. 그것은 비유하자면, '닭이 알을 품고, 매미가 허물을 벗는 것처럼' 대상에 온 정신을 집중하여 대상과 하나가 됨으로써 스스로의 존재를 망각해 버리는 상태이다. 달리 말해 그것은 주체가 모든 관심과 의욕을 초탈하여 순수하게 대상에 몰입하는 무의식상태의 심리 체험이며, 욕망과 잡념으로부터 벗어나 마음의 상태를 고요하게 침잠할 때 일어나는 미적 관조의 상태이다. 이규보가 다른 글에서 "대나무가 어찌 쉽게 붓으로 표현되겠는가/반드시 온몸이 대가 되기를 기다려야 하리/대나무가 곧 그대의 몸이고 그대가 곧 대나무이니/추운 겨울 굳은 절개를 평생토록 지녀왔네"[11]라고 하여, 예술가 자신이 대나무가 되기를 기다린 다음에 붓을 휘둘러야 함을 지적하였다. 대나무와 하나가 되는 물화(物化)의 경지는 대나무가 정신 속에 내재되어 있어 살아서 움직임을 느낄 수 있고, 표현해 낼 수 있음을 말한다. 것은 일종의 무의식적인 황홀경의 상태이며, 《장자》에서 말한, 망아(忘我)의 상태에서 오는 황홀의 도취경이다. 이렇게 표현된 대나무 그림은 마치 살아서 움직이는 듯한 실감을 가져다 준다.

이규보는 예술가의 구상 과정을 통해 예술적 형상을 창출하는 것도 중요시하였지만, 동시에 창출된 형상을 적합한 표현 수단과 기교를 통해 외

---

10 李奎報, 〈次韻丁秘監而安和前所寄詩, 以墨竹影子親訪見贈并序〉, 《東國李相國集後集》 권5, 《총간》 2, 189면. "想子下筆時, 神鬼助軒簸. 方其靜凝神, 寧顧大山墮. 中有萬尺勢, 雲外已迥跨."

11 李奎報, 〈次韻丁秘監寫墨竹四榦, 兼和前詩來贈并序〉, 《東國李相國集後集》 권4, 《총간》 2, 174면. "此君爭肯入毫輕, 必待通身作竹莖. 竹是君身君是竹, 歲寒一節共平生."

재화하는 것을 함께 중시하였다. 이규보의 말을 빌리면, 설의(設意)와 철사(綴辭)의 결합, 이를 통한 어의쌍미(語意雙美)의 완성을 추구하였다.

자료 ③, ④, ⑤에서는 공통적으로 심(心)과 수(手)의 관계를 언급하였다. 전자는 작가의 주관적 인식능력이며, 후자는 적절한 물질 수단을 빌려 표현해 내는 능력이다. 예술가의 마음속에서 형상을 창출하고 성숙시키는 문제, 그리고 그러한 예술적 형상을 숙련된 기교를 통해 외재화하는 문제를 다루었다. 이 둘의 성공적인 결합을 통해 예술가는 자기가 마주한 세상의 이치와 비밀을 숨김 없이 파헤칠 수 있다. ③번 자료의 "마음이 시키고 손이 따르니/사물이 어디로 달아날 수 있으랴"는 그 점을 말해 준다. 그리고 그 둘의 상호 결합은 "참으로 신명이 내려준 것/구구하게 연습하고 배워서 된 것이 아니"며, "하늘에서 전해 주었다"고 하였다. 그것은 이지적, 합리적 학습에 의해서 도달하기 어려운 영역, 혹은 그것을 넘어선 영역임을 말해 준다. 그리고 다른 측면에서 보면, 그것은 이 세상 만물들이 저절로 태어나고 자라게 하는 조화옹의 솜씨로 비유된다.

하지만 예술적 구상 과정에서 창출된 의경을 능숙한 기교를 운용하여 표현해 내는 것은 지난한 일이다. 이규보는 마음속에 떠오르고 보이는 것이 있더라도 그것을 실제로 조작하여 숙련된 기교로 표현해 내는 능력을 갖추고 있지 못하면 성공적인 작품화에 이르지 못한다고 보았다.[12] 앞선 인용문 ②에서 "뜻이 서도 말이 원숙치 못하면/꺼끄러워 그 뜻을 펴지 못하네"라고 한 언급이 이 점을 단적으로 보여 준다. 이와 관련해 문학 방면에서 언어화, 물질화 과정에서의 고심에 대해서 이규보 자신이 여러 차례 언명한 바 있다. 이규보는 실제로 시마(詩魔)와 시벽(詩癖)을 읊은 시작품

---

12 같은 시대의 林椿 또한 이 문제와 관련하여 "마음으로는 그러한 까닭을 알고 있으면서도 입으로는 이것을 표현하지 못하였을 것이다"고 하여, 心手相應 혹은 內外一致의 지난함을 지적한 바 있다. 林椿, 〈畵雁記〉, 《西河集》 권5, 《총간》 1, 254면. "余笑曰, 爲是畫者, 當其畫時, 必先得成形於胸中, 奮筆直遂而後乃得至此, 則心識其所以然, 而口不能言之. 余雖巧說, 若工之所不能言者, 安得而盡之?"

을 많이 남기고 있다.

> "젊은 시절 노래 지어/붓만 잡으면 멈출 줄 몰랐네/스스로 아름다운 옥이라고 여겨/누가 하자를 논할 수 있겠는가/그러나 나중에 찬찬히 살펴 보니/작품마다 좋은 구절 없구나/차마 글상자를 더럽힐 수 없어/밥 짓는 아궁이에 태워버렸네"[13]

> "주인의 시 짓는 버릇은/잠시도 멈춘 적이 없었네/샘물아 불어남을 자랑하지 말아라/벼룻물로 너를 말라 버리게 할 터이니"[14]

위의 두 편의 시는 이규보의 왕성한 창작욕, 자기 작품에 대한 엄격한 검열, 그리고 어의쌍미(語意雙美)의 완성도 높은 작품 창작에의 갈망 등을 잘 보여 주고 있다.

(2) 시중미(詩中味)와 화중취(畵中趣), 그리고 시화일치의 함의

이규보의 미학사상에서 주요한 개념의 하나로 주목할 것은 '미(味)'와 '취(趣)'이다. 그리고 이 두 개념은 시와 그림을 매개시켜 주는 연결 고리이기도 하다. 이규보는 앞서 인용한 ②번 자료에서 "시 짓기는 더욱 어려우니/말과 뜻이 모두 아름다워야 하네/함축된 뜻이 참으로 깊어야/음미할수록 더욱 맛이 나네"라 하여 '미'의 개념을 언급한 바 있다.

그리고 ①번 자료에서는 "글을 아로새기고 구절을 채색해 아름답기는 하겠지만 그 안에 함축하여 깊고 두터운 뜻이 없고 보면 처음에는 완상할 만하지만 다시 음미하면 맛이 다하고 만다"[15]고 하였다. 여기서 '미'는 작품

---

13 李奎報, 〈焚藁〉, 《東國李相國集全集》 권13, 《총간》 1, 428면. "少年著歌詞, 下筆元無疑. 自謂如美玉, 誰敢論瑕疵. 後日復尋繹, 每篇無好辭. 不忍汙箱衍, 焚之付晨炊."

14 李奎報, 〈兩君見和復次韻〉, 《東國李相國集後集》 권4, 《총간》 2, 170면. "主人詩作癖, 未有暫停時. 泉水莫誇漲, 乾子一硯池."

15 李奎報, 〈論詩中微旨略言〉, 《東國李相國集全集》 권22, 《총간》 1, 524면. "盖雕鏤其文, 丹青其句, 信麗矣. 然中無含蓄深厚之意, 則初若可翫, 至再嚼, 則味已窮矣."

상의 내용과 형식의 완정한 결합에 의해 빚어지는 예술적 효과로서의 운치이다. 작품에 내장된 사상, 관점, 이치로서의 '의(意)'가 적절한 언어 형식을 빌려 함축되어 있을수록 독자에게 주는 미감의 효과는 커진다고 하였다. 요컨대 예술적 미감의 효과는, 앞서 살핀, 예술적 구상과 외적 표현의 완정한 결합 정도에 따라 결정되는 것이다.

> 옛날부터 지금까지 수많은 문장가들/제각기 뽐내며 풀과 나무를 노래하였네/구절을 다듬고 조탁하여 스스로 기이하다고 여겼는데/읽는 사람 입맛에는 제각각이라네/장원의 시는 홀로 꽃답고 감미로워/그 맛은 곰 발바닥과 같으니 누가 즐기지 않으랴[16]

위의 시에서 이규보는 음식에 대한 감각을 활용하여 시작품이 주는 미적 효과에 대해 지적하였다. 시인 자신은 기이하다고 여기는 작품이더라도 독자의 눈에는 쓰게 여겨지기도 하고 달게 느껴지기도 한다. 그것은 읽는 독자의 입맛에 따라 달라지게 마련이다. 하지만 손한장(孫翰長)의 작품만큼은 그 시미(詩味)가 곰 발바닥 요리와 같다고 하였다.

> 시를 살펴 음미하고 완상하기를 그림 보듯 한다면/어찌 반드시 푸른 나무를 친히 대하랴[17]

> 서리 맞은 줄풀 맑은 물에 비치는데/그 가운데 한쌍의 해오라기 있었네/옥빛의 다리를 조용히 들고서/한가로이 은빛 날개를 폈었지/시구로 묘사하려고 / 오래도록 끙끙대며 고심했지만/형태만 비슷하게 그렸을 뿐/진경에는 이르지 못했었네/화공은 참으로 솜씨 능란하여/내가 생각하지 못한 것까지 그려 냈으니/눈동자는 살아 있는 듯 활력 있고/우뚝 서서 씩씩하게 앞을 보고 있네/살은 여위었지만 골격이 있고/일어날 듯 먼 곳을 생각하니/그 중에서도 소리는 그리

16 李奎報, 〈孫翰長復和次韻寄之〉, 《東國李相國集全集》 권13, 《총간》 1, 426면. "古今作者雲紛紛, 調戲草木騁豪氣. 磨章琢句自謂奇, 到人牙頰甘苦異. 狀元詩獨窮芳腴, 美如熊掌誰不嗜."

17 李奎報, 〈次韻金承制仁鏡謝規禪師贈歸一上人所畫老檜屛風〉, 《東國李相國集全集》 권16, 《총간》 1, 454면. "看詩諷味如見畫, 何必親對靑童童."

기 어려운데/우는 모습 잘 그렸다네/시 짓는 일 어찌 일 만들기 좋아서이겠는가/그림 속 정취를 묘사하고 싶어서지/그림은 사람마다 소장하기 어렵지만/시는 여기저기 퍼질 수 있거니/시를 보기를 그림 보는 것처럼 한다면/만고에 전하고도 남으리[18]

시작품에 깃들어 있는 시적 운치와 여운의 미감을 음미하고 완성하는 것은 그림에 그려진 정취를 감상하는 것과 동일하다. 첫째 인용문에서 이규보는 시와 그림을 완상하는 미적 체험이 푸른 나무를 직접 눈으로 보는 실생활의 체험에 뒤지지 않거나 오히려 그것을 능가할 수 있음을 지적하였다. 이러한 점에서 시와 회화는 공통된 예술적 속성을 지니고 있다. 두 번째 인용문에서 이규보는 시 창작 행위는 회화 작품에 담긴 정취를 표현하는 것임을 지적하였다. 회화 작품 속 정취는 화면 자체에 존재하는 것이 아니라 화면 바깥에 존재한다. 그러한 점에서 그림 속 정취는 독자를 향해 열려 있는 미적 효과와 운치인 셈이다. 그리고 여기서 말한 그림 속 정취는 객관 사물의 외형 너머의 진경을 그리고 있다는 점, 그리고 그 표현이 매우 사실적이며 생동감 넘친다는 점과 관련된다. 그리고 이 둘은 이규보가 시 창작—특히 영물시—을 통해 구현하고자 하는 목표이기도 하였던 것으로 보인다. 이 점에서 시와 회화는 별개의 예술 장르가 아니라, 공통된 창작 원리와 창작 목표를 공유하는 예술 장르이다.

시화일치(詩畵一致)의 공통성에 대한 인식은 크게 두 방향에서 접근된다. 하나는 객관 세계의 내재된 본질 혹은 참모습을 드러내는 것이며, 다른 하나는 독자들로 하여금 핍진한 느낌을 불러일으키는 사실성 혹은 생동감의 측면이다. 시화일치는 중국 송나라 때 소식의 창안이다. 시와 그림

18 李奎報, 〈朴君玄球家賦雙鷺圖〉, 《東國李相國集全集》 권8, 《총간》 1, 372면. "憶昔江南天, 扁舟泊烟浦. 霜菰映淸淺, 中有雙白鷺. 靜翹綠玉脛, 閑刷白銀羽. 擬將詩句摹, 久作猿吟苦. 寫形雖髣髴, 佳處殊未遇. 畫工眞可人, 到我所未到. 眼活而有力, 聳立勇前顧. 肉瘦而有骨, 未起已遐慕. 就中畫聲難, 解作啼態度. 我詩豈好事, 聊寫畫中趣. 畫難人人蓄, 詩可處處布. 見詩如見畫, 亦足傳萬古."

은 상이한 예술이지만, 예술 속에 감정을 기탁한다는 점은 상통된다. 이러한 사상에 기초하여 소식은 제화(題畵) 형식을 처음으로 창안하여, 시문과 서법을 직접 그림으로 끌어들여 회화 작품의 유기적 구성 부분으로 만들었다. 물론 그 이전에도 그림에 글을 쓰는 경우는 있었지만, 본격적 제화라고 할 수 없었으니 대개 화폭의 내용에 대한 설명에 지나지 않았다.

시화일치의 원리는 고려 무신집권기에 이인로(李仁老) 등에게서도 볼 수 있다. 이인로는 이렇게 언급한 바 있다. "옛사람이 그림을 소리 없는 시라고 하고, 시를 운이 있는 그림이라고 하였다. 대개 만물의 형상을 묘사하여 하늘의 숨긴 바를 드러내려 하니, 그 방법은 기약하지 않아도 서로 같은 것이다"[19] 시와 회화의 공통된 창작 원리는 객관 대상의 내밀한 부분을 효과적으로 드러내는 데에 있다고 본 것이다. 이 같은 인식은 이규보에게서도 보인다.

> 나는 처음에 화공의 의취를 알지 못해/턱을 괴고 벽에 기대 혼자 생각했었네/강호의 기이한 경치를 그렸으면/어찌하여 어부와 사공이 유유히 오가는 것을 그리지 않았는가/백로의 한가로운 모습 그렸으면 / 어찌하여 물고기와 게들이 출몰하며 노니는 것을 그리지 않았는가/가만히 생각하고 묵묵히 추리하여 비로소 알았나니/생각으로 미치지 못한 것을 숨겨 놓았구나/백로가 사람을 보았다면/모래톱 머리에 날개치며 화다닥 놀라 날아갈 것이며/백로가 물고기를 엿볼 때라면/갈대밭 사이에 우뚝 서서 꼼짝 않고 움직이지 않으리/어찌 백로의 한가로운 모습을 / 도리어 참새처럼 깜짝깜짝 놀라게 그리겠는가/이러한 뜻 아는 사람 적기에/노래를 지어 들추어내노라[20]

19 李仁老, 〈題李佃海東耆老圖後〉, 《東文選》 권102. "古之人以畵爲無聲詩, 以詩爲有韻畵. 蓋模寫物象, 披割天慳, 其術固不期而相同也."

20 李奎報, 〈溫上人所蓄獨畫鷺鷥圖〉, 《東國李相國集全集》 권10, 《총간》 1, 401면. "我初未識畫工趣, 支頤倚壁私商量. 既寫江湖奇絕致, 何不畫漁人舟子來往遊倘佯. 既寫鷺鷥得意態, 何不畫遊魚走蟹出沒行洋洋. 潛思默課始自知, 意所未到於焉藏. 白鷺見人處, 拂翼沙頭決爾一起驚飛翔. 白鷺窺魚時, 植足葦間聳然不動難低仰. 那教雪客閑放態, 遣作黃雀多驚忙. 此意識者小, 吾作歌詩始翼揚."

인용문은 해오라기 그림을 보고 지은 위의 제화시는 이규보의 대표적인 한시 작품으로 알려진 〈요화백로(蓼花白鷺)〉[21]와 연관지어 살필 필요가 있다. 기존 연구에서도 지적되었지만, 이규보는 존재의 본질적 속성을 직관해냄으로써 세계의 비밀을 밝히고자 하는 새로운 사고를 추구한 인물이다. 물고기를 노리고 있는 백로의 생태를 밝힘으로써 백로에 대해 지녔던 기왕의 통념을 깨부수고 있다. 평범한 자연 현상의 배후에 드러워진 참모습을 발견해 내려는 시인의 참신한 시각과 발상 및 상상력이 돋보인다. 위의 제화시에서 이규보는 그림에 그려진 의취가 무엇일까 추론하는 과정을 보여 준다. 처음에는 해오라기와 어울리는 것으로 어부와 사공, 물고기와 게들이 그림 속에 보이지 않는 것이 의아해 했다. 그러나 홀로 서 있는 한가로운 모습의 해오라기는 사람의 인기척을 살피며 틈을 보아 물고기를 노려보는 존재로 그려져 있음을 알게 된다. 그러한 모습이 경망스러운 참새와는 다른 해오라기의 생태인 것이다.

① 물은 물고기의 세상이거니/물을 잃으면 솥 안의 생선이라/사람이 물 속의 고기를 그리면서/솥 안에 들어 있는 것처럼 그린다면/헤엄치고 노는 모습을 그리더라도/오히려 물 잃은 것과 같으리/정군은 참으로 신필이라/현묘한 솜씨 하늘에서 받았네/한번 휘두르면 수십 마리가/참치며 전어며 펄펄 뛰어논다네/물 속에 뛰노는 모습 기운차니/하필 잔잔한 물결 그릴손가/지느러미는 힘차게 움직일 듯하고/눈동자는 구슬처럼 반짝이어라/그대는 봉래산의 나그네로서/오랫동안 바다 가운데 신선이었지/물고기를 익숙히 보았기에/손길 따라 자유롭게 솜씨를 부렸구나/손으로 만져 보고 싶지만/뛰어나와 깊은 연못에 숨을까 염려되네/내 시는 기운 약하지만/감히 활어편(活魚篇)을 노래하노라[22]

---

21 李奎報, 〈月師方丈畫簇二詠〉, 《東國李相國集全集》 권2, 《총간》 1, 311면. "前灘富魚蝦, 有意劈波入. 見人忽驚起, 蓼岸還飛集. 翹頸待人歸, 細雨毛衣濕. 心猶在灘魚, 人道忘機立."

22 李奎報, 〈淵首座方丈, 觀鄭得恭所畫魚簇子〉, 《東國李相國集全集》 권13, 《총간》 1, 431면. "水爲魚所家, 失則鼎中鮮. 人畫水中魚, 如向鼎中傳. 雖爲游泳態, 尙類失水然. 鄭君信神筆, 妙手得於天. 一掃數十尾, 發發皆鮪鱣. 得水勢已足, 何必寫漪漣. 鬐鬣欻欲動, 目力珠光旋. 疑君蓬島客, 久作水中仙. 看魚飽且熟, 應手隨所沿. 擧指欲捫觸, 猶恐跳藏淵. 吾詩氣力苶, 敢作活魚篇."

② 사물의 모습을 그리는 데는 핍진함을 귀하게 여기니 / 모자라면 미치지 못하고 남으면 지나치다네 / 공이 간직한 대그림은 완연히 비슷하여 / 손으로 만져 보고 눈으로 보면 진짜인지 가짜인지 구별하기 어려워라 / 대줄기 하나가 솟아올랐는데 높다 하나 그다지 쳐들리지 않았고 / 두어 마디 옆으로 뻗었는데 낮지만 그다지 처지지 않았다네 / 그림이라 생각하면 붓 댄 흔적 없고 / 거울에 비친 것인가 생각하면 그림자이지 그림은 아니라네 / 그림자라 생각하면 병풍이요 거울은 아니니 / 아마도 조화에 통하여 마음대로 변화를 부린 것이로다[23]

첫째 인용문에 나오는 정득공(鄭得恭)은 도화원의 화원화가로, 물고기 그림에 능했다. 이규보는 그가 그린 잉어 그림의 생동감에 대해 칭찬한 바 있다.[24] 마지막 대목에서 우리는 이규보가 그림이 지니는 생동감과 활력을 시의 화면 위로 옮겨 보고픈 충동을 느끼고 있음을 볼 수 있다. 이규보의 시 창작이 지향하고자 하는 방향을 짐작케 해 준다. 그림에 그려진 실물을 손가락으로 만지면 물고기가 뛰쳐나올까 걱정된다는 말에서 그림이 지닌 핍진한 묘사와 활력을 짐작케 한다. 그리고 이러한 회화작품의 생동감의 원천은 화가 자신의 오래 관찰과 경험의 축적에 있음을 함께 지적하였다.

두 번째 인용문에 나오는 정홍진(丁鴻進)은 이규보와 친분이 있었던 당대의 유명한 묵죽 화가였다. 여기서 이규보는 대나무 그림의 핍진성에 대해 언급하였다. 사물을 묘사하는 데 있어 가장 중요한 것은 핍진함이며, 대상과의 핍진함이 모자라면 대상의 참모습에 미치지 못하고, 반대로 외형과 너무 똑같으면 지나친 감이 있게 된다고 하였다. 완연한 비슷함은 거울에 비친 것으로 착각하게 만든다. 대상이 거울에 비친 상과 비슷하면 비슷할수록 그 화면은 사생적(寫生的)이며 생동감 넘친다. 여기서 '사진(似

23 李奎報, 〈崔相國使丁郎中鴻進畫墨竹, 請予作贊二首書屛之左右〉, 《東國李相國集全集》 권19, 《총간》 1, 494면. "狀物之態兮貴似其眞, 劣則不及兮剩亦嫌過. 公蓄墨君兮完然相侔, 手案目寓兮莫辨眞假. 一幹直上兮高不苟抗, 數叢橫側兮低不爲下. 若以爲畫兮了沒筆痕, 疑其透鏡兮影也非畫. 若以爲影兮屛也非鏡, 豈通於造物兮遊戲變化. 公得爾節兮德公之深, 眞付於丁兮贊以歸我."

24 李奎報, 〈畫鯉魚行〉, 《東國李相國全集》 권3, 《총간》 1, 320면. "衆魚局促無伎倆, 衆工下筆頗相類. 鯉魚變化多神奇, 非有神筆描難似."

眞)'의 '진(眞)'은 객관 사물의 외형을 뜻하지 않는다. 객관 대상의 외형이 아니라 그 외형에 내재되어 있는 본질, 개성적 특징을 가리키는 것으로 보인다. 작품에 체현된 예술적 형상과 작품화되기 이전의 객관 경물의 형상 사이에 유사한 특성을 공유할 때 비로소 그 예술적 형상이 살아 움직이는 현실적 실감을 획득할 수 있다. 요컨대 그림은 형상 밖의 정신, 운치를 전해야 하는 한편, 물상 자체의 형태에 충실해야 하는 것이다.

물상 자체의 형태에 충실하면서 그것을 통해 물상 밖의 정신을 전하기 위해서는 사물의 이면을 관찰하는 안목이 요구된다. 이규보는 "늙도록 산에 살아서 솜씨가 익으니/소나무 잣잎의 묘를 깊이 터득했다네[25]"라 하여, 오랜 경험의 축적 위에서 대상의 내면을 투과할 수 있는 안목이 생겼음을 지적하였다. 또한 묵죽화 그림을 감상하고 쓴 제화시에서 이규보는 대나무 소리를 들으려면 마음으로 들어야 한다고 말했다.[26] 그림에 그려진 대나무의 소리는 귀로 들리지 않고 마음을 비운 군자만이 들을 수 있다고 하였다. 정신을 집중하고 고요히 생각하는 허정(虛靜)의 상태에서 독자에게 감지되는 고도의 미적 체험이다. 그렇기 때문에 이규보는 "오묘한 이치 홀로 아나니/평범한 안목으로 알 수 없다네"[27]라고 노래하였다.

(3) 미의 지향처로서의 자연, 그리고 취적(取適)

이규보의 미학사상에 있어 '자연'은 미의 본원인 동시에 지향처로서 기능한다. 천뢰(天籟), 천락(天樂) 등 장자의 개념을 활용하여 '자연의 소리없는 소리'를 최고의 미적 가치로 내세웠다.[28] "지극한 음률은 본디 소리가 없으

---

25 李奎報, 〈次韻金承制仁鏡謝規禪師贈歸一上人所畫老檜屛風〉, 《東國李相國全集》 권16, 《총간》 1, 454면. "白首栖山所以工, 松身柏葉深得妙."

26 李奎報, 〈崔相國使丁郎中鴻進畫墨竹, 請予作贊二首書屛之左右〉, 《東國李相國全集》 권19, 《총간》 1, 494면. "形則是已, 響從何至. 一見蕭洒, 風已颯爾. 徐以心聽, 不必以耳."

27 李奎報, 〈謙上人觀虛軒〉, 《東國李相國後集》 권1, 《총간》 2, 136면. "妙一所獨知, 凡觀安可干."

28 李奎報, 〈草堂三詠〉, 《東國李相國全集》 권3, 《총간》 1, 319면. "天籟初無聲, 散作萬竅鳴. 孤桐本自靜, 假物成摐琤. 我愛素琴上, 一曲流水淸. 不要知音聞, 不忌俗耳聽. 只爲寫我情, 聊弄

니/무엇하러 손 놀려 줄을 타겠는가/지극한 말은 본디 문채가 없으니/무엇하러 조탁하고 아로새기는 데에 힘을 허비하겠는가"[29]라 하여, 인위적 기교와 조작에 의한 인공미를 배격하고 천연의 아름다움을 지향하였다. '자연'을 미학의 비평용어로 활용한 예를 들어본다.

① 기암거사는 대를 그리는 데에 입신에 들었네/한번 실물을 그리면/은연중 자연과 합치되네/손은 마음의 부림을 받아/언제나 마음으로 전하여 주네/마음이 시키고 손이 따르니/사물이 어디로 달아날 수 있으랴[30]

② 아침 해가 구름에서 솟는 것도 그 글씨의 밝고 고움을 비유하기에 부족하고, 난새가 날고 봉황이 나는 것도 그 글씨의 나는 듯함을 비유하기에 부족하다. 더없이 곱지만 그중에는 강함이 있고, 더없이 강하지만 도리어 곱기도 하다. 기골과 풍류를 오직 공이 겸하였으니 하늘과 신명이 내려준 것 자연에서 얻었도다.[31]

③ 왕사 탄연(坦然)의 글씨는 행서에 더욱 뛰어났다. 매양 그 글씨를 보면 정채가 넘쳐서 마치 연꽃이 연못 가운데에서 솟은 것 같고, 굳센 뼈와 윤택한 살이 서로 안배되어 마치 뛰어난 목수가 재목을 잘 배치해 놓은 것과 같이 조화되었고 또한 조탁한 흔적이 없으니, 이 어찌 배워서 된 것이겠는가. 반드시 하늘에서 받은 것이리라.[32]

첫 번째와 두 번째 인용문에서 이규보는 '자연'을 예술 평가의 이상적

一再行." ;〈加耶琴因風自鳴〉,《東國李相國後集》 권4,《총간》 2, 176면. "置琴當北戶, 風過自然鳴. 暗向靜中聽, 依俙天樂聲."

29 李奎報,〈讀陶潛詩〉,《東國李相國全集》 권14,《총간》 1, 439면. "吾愛陶淵明, 吐語淡而粹. 常撫無絃琴, 其詩一如此. 至音本無聲, 何勞絃上指. 至言本無文, 安事彫鑿費. 平和出天然, 久嚼知醇味."

30 李奎報,〈安處士墨竹贊常自號棄庵居士〉,《東國李相國全集》 권19,《총간》 1, 494면. "棄庵居士, 於竹通仙. 一掃其眞, 暗契自然. 手爲心使, 嘗以心傳. 心指手應, 物何逃焉. 竹故見之, 莫藏其天. 一節一葉, 盡呈其全."

31 李奎報,〈東國諸賢書訣評論序并贊〉,《東國李相國後集》 권11,《총간》 2, 240면. "朝日排雲兮不足況其明麗, 鸞騰鳳翥兮未足比其聯翩. 姸莫姸兮中有強, 強莫強兮還有姸. 氣骨風流, 惟公兼焉. 天符神契, 得乎自然."

32 李奎報,〈東國諸賢書訣評論序并贊〉,《東國李相國後集》 권11,《총간》 2, 240면. "王師坦然書, 於行尤所長. 每一披閱, 精彩爛發, 如芙蓉之出池, 中含骨鯁, 掩以瓊肌, 如巧工之施材, 穩當相銜, 亦無彫鑿之痕矣. 此豈學而得之, 必受之天者歟. 然則當以坦然居神品之第二."

표준으로 내세우고 있다. 그렇다면 우리가 앞서 예술 구상을 다루면서 살펴본 고심(苦心), 고사(苦思)와는 어떻게 연결될 수 있는가? 이규보는 스스로 "그 모습을 시구로 묘사하고 싶어/오래도록 웅얼거리며 괴로이 읊조렸지"[33]라고 하거나, 시벽(詩癖) 때문에 괴롭게 읊조리면서 작품을 고치고 다듬기를 되풀이하였다. 이 같은 시작 행위와 위의 인용문에서 말한 '자연'은 상호 모순되는 것인가? 우리는 이규보가 이 둘을 서로 모순된 관계로 생각하지 않았다고 본다. 그는 고심(苦心)과 자연(自然)의 맥락을 둘로 나누어서 사고했던 것으로 보인다.

'자연'이라는 미학 용어는 예술 작품의 가장 이상적인 경지를 뜻하는 말로 사용하였다. 달리 말해 그것은 작품 결과로서의 측면을 두고 한 말이다. 이에 비해 고심과 고사는 예술 창작 과정상의 의도적 행위이다. 예술은 인간의 의도적 행위라는 점에서 인공의 산물이다. 그런데도 천공의 솜씨, 자연의 솜씨, 하늘과 신명이 내려준 것이라고 하는 것은 기교를 부렸으되 그 기교의 흔적이 드러나지 않았기 때문이다. 정홍진의 대 그림에 대해 "그림이라 생각한다면 붓을 댄 흔적 조금도 없는 듯하다"[34]는 평가나, 위의 세 번째 인용문에서 탄연의 글씨에 대해 "조탁한 흔적 없으니 이 어찌 배워서 된 것이겠는가. 반드시 하늘에서 받은 것이리라"는 평가는 이러한 맥락에서 이해될 수 있다. 앞서 검토한 어의쌍미(語意雙美)와 심수상응(心手相應)의 이상적 경지는 기교를 부렸지만 그 기교 부린 것을 잊고, 창조를 하였지만 그 창조하였음을 잊어 사물의 본성과 완전하게 합일된 경지이다.[35] 그런 점에서 자연은 이 둘의 이상적 경지를 가리키는 용어인 셈이다.

---

33 李奎報, 〈朴君玄球家賦雙鷺圖〉, 《東國李相國全集》 권8, 《총간》 1, 372면. "擬將詩句摹, 久作猿吟苦."

34 李奎報, 〈崔相國使丁郎中鴻進畫墨竹, 請予作贊二首書屛之左右〉, 《東國李相國集全集》 권19, 《총간》 1, 494면. "若以爲畫兮了沒筆痕, 疑其透鏡兮影也非畫."

35 徐復觀, 〈中國藝術精神之呈現〉, 《中國藝術精神》(臺灣 : 學生書局, 1983), 70-75면 참조.

또 하나 자연의 미학적 함의와 관련하여 '취적(取適)'의 미(美)를 생각해 볼 필요가 있다.

> 어떤 사람이 말하기를, "정자를 짓는 데 그 아래에 바퀴를 다는 것이 옛날 제도에도 있었는가?" 하기에 이렇게 대답하였다. "뜻에 맞도록 할 뿐이니, 어찌 반드시 옛것이어야 하겠는가? 옛날에 나무 위에 집을 짓고 살았으나 편안히 거처할 수 없었다. 그래서 비로소 기둥 있는 집을 세워서 비바람을 막았다. 후세에 와서는 점차 제도가 증가하였으니, 판(板)을 대어 높이 쌓은 것을 대(臺)라 하고, 난간을 겹으로 한 것을 사(榭)라 하고, 집 위에 지은 것을 누(樓)라 하고, 활연히 툭 트이게 지은 것을 정(亭)이라 하였다. 모두 그때그때 헤아리고 참작하여 뜻에 맞는 것을 취했을 따름이다. 그렇다면 정자 밑에다 바퀴를 달아서 굴려 옮겨다닐 수 있게 하는 것이 어찌 불가하겠는가? 비록 뜻에 맞는 것을 취한다고 하더라도, 또한 어찌 이유가 없겠는가? 밑은 바퀴로 하고 위는 정자로 한 것은 바퀴로 굴러가게 하고 정자로 멈추게 한 것이니, 갈 때가 되면 가고 그칠 때가 되면 그치고자 하는 뜻이다."[36]

〈사륜정기(四輪亭記)〉는 여러모로 특이하다. 짓지도 않은 정자를 대상으로 기문을 지었으며, 이동이 가능하도록 네 바퀴가 달린 정자를 고안한 발상이 기발하다.[37] 고정적으로 설치되어 주변 환경을 수용하는 정자의 기본 틀을 탈피하여 이동성을 추구하였다는 점에서 발상의 전환이 독특하다. 그리고 이규보는 발상에서부터 구체적인 고안과 설계에 이르기까지 2년 동안의 시간을 들여 구체적으로 계획하고 수정하였다. 실제로 실현 가능한지 여부와 실용적인지 여부를 떠나 독특한 발상과 구체적인 구상 및

---

36 李奎報, 〈四輪亭記〉, 《東國李相國全集》 권23, 《총간》 1, 533면. "日: "作亭而輪其下, 有古乎?" 日: "取適而已. 何必古哉? 古者巢居, 不可以處. 故始立棟宇以庇風雨. 至於後世, 轉相增制, 崇板築謂之臺, 複欄檻謂之榭, 構屋於屋謂之樓, 作豁然虛敞者謂之亭. 皆臨機商酌, 取適而已. 然則因亭而輪其下, 以備轉徙, 庸有不可乎? 雖曰取適, 亦豈無謂? 下輪而上亭者, 輪以行之, 亭以停之, 時行則行, 時止則止之義也."

37 '사륜정기'를 대상으로 하여 건축 조경문화적 측면에서 다룬 연구로는 홍형순 외, 〈고려말 누정문화에 시도된 실험정신〉, 《Journal of Korean Institute of Traditional Landscape Architecture》, Vol. 4(한국전통조경학회, 2006); 박언곤 외, 〈사륜정기 고찰에 의한 정자건축 연구〉, 대한건축학회 학술대회논문집, 9권 2호(대한건축학회, 1989) 참조.

세심한 계획이 돋보인다.

아울러 미학사상적 측면에서 고와 금, 법(法)과 아(我)에 대한 이규보의 생각을 읽을 수 있는 흥미로운 자료이기도 하다. 그는 시대의 변화에 따라 집을 짓는 제도가 단순한 것에서 점차 복잡한 것으로 변해 왔음을 주목한다. 시대 변화에 맞게 끊임없이 새로운 것을 만들어 내고 옛것을 바꾸는 것은 필연적이며 당연한 일이다. 따라서 옛것의 전범을 그대로 묵수하고 추숭하는 것은 시대착오적이다. 고와 금, 법과 아의 대립 구도에서 이규보는 후자에 가치를 두고 있다. "그때그때 헤아리고 참작하여 뜻에 맞는 것을 취"하는 것이 필연적 대세이다. 더 나아가 이규보는 밑에 바퀴를 달고 위에 정자를 만든 것에 대해 '갈 때가 되면 가고 그칠 때가 되면 그치고자 하는 뜻'을 상징한다고 하였다. 가고 멈춤에 구속됨이 없이 자기의 본심과 취향에 따라 자유자재로 행동함을 의미한다. 모방과 표절을 반대하고, 기교와 조탁을 배격하는 그의 예술비평의식은 '취적(取適)'의 미적 지향을 바탕으로 삼고 있다.

3. 마무리

이 글은 그동안 이규보의 문학론 및 예술론에 대한 연구가 예술론 상호간의 연계성을 충분히 고려하지 않고 진행되어 왔다는 반성에서 출발하였다. 이에 이규보의 미학사상에 주목하여 예술론 분야의 주요 개념과 범주들이 어떻게 서로 연계되고 통합될 수 있는지, 그리고 그것들을 통해 이규보가 지니고 있던 미적 인식의 틀이 어떠하였는지에 대해서 살펴보고자 하였다. 이를 위해 이규보 예술론상의 주요 논의를 크게 세 층위로 구분하고, 이들 세 층위를 중심으로 하여 이규보의 미학사상을 살펴보았다. 즉, 예술적 구상과 외적 표현의 결합, 시중미(詩中味)와 화중취(畵中趣), 그리고 시화일치(詩畵一致)의 함의, 미(美)의 지향처로서의 자연, 그리고 취적(取適)의 세 층위가 그것이다.

이규보의 미학사상에서 우선 중요하게 거론할 수 있는 것은 예술적 구상과 외적 표현의 결합이다. 그는 예술 창작을 크게 두 가지 측면으로 나누어 사고하였다. 즉, 예술가가 내적 관조와 상상력을 동원하여 예술적 형상을 구상하고 배태하는 측면, 그리고 예술적 형상을 적합한 표현 방법과 기교를 동원하여 외재화하는 측면이 그것이다. 이 두 측면은 작가의 내적 관조를 통한 의경의 창출 그리고 이를 예술적 형식으로 전화시키는 문제이다. 이규보는 이 두 방면의 상호 완정한 결합이 성공적 예술 창조의 조건임을 강조하였다.

또한 이규보의 미학사상에서 주요한 개념의 하나로 주목할 것은 미(味)와 취(趣)이다. 그리고 이 두 개념은 시와 그림을 매개시켜 주는 연결 고리이기도 하다. 시화일치의 논리와 관련해서 이규보에게 있어 중요한 점은 핍진한 묘사와 활력을 강조하는 것이다. 작품에 체현된 예술적 형상과 작품화되기 이전의 객관 경물의 형상이 상호 유사한 특성을 공유할 때 비로소 그 예술적 형상이 살아 움직이는 현실적 실감을 획득할 수 있다고 보았다. 요컨대 형상 밖의 정신과 운치를 전해야 하는 한편, 물상 자체의 형태에 충실해야 하는 것이다. 이규보의 미학사상에 있어 자연은 미(美)의 본원인 동시에 지향처로서 기능한다. 천뢰(天籟), 천락(天樂) 등 장자의 개념을 활용하여 '자연의 소리없는 소리'를 최고의 미적 가치로 내세웠다. 인위적 기교와 조작에 의한 인공미를 배격하고 천연의 아름다움을 지향하였다. 이규보 미학사상에 있어 '자연'이라는 미학 용어는 예술 작품의 미적 지향처를 뜻하는 바, 어의쌍미(語意雙美)와 심수상응(心手相應)의 이상적 경지를 가리킨다.

이규보의 미학사상과 관련해서 그의 사상적 지향과의 연관성을 보다 세밀하게 고찰할 필요가 있다. 육경, 제자백가를 섭렵한 박통(博通)의 소유자이며 유불도에 정통한 그의 사상은 문학작품에 융화되어 있으며, 여기에서 살핀 미학 사유의 근간을 형성하고 있기도 하다. 이에 대해서는 후고를 기다린다.

2. 조선 후기 민족어 문학에 대한 인식과 그 의미

1. 문제 제기

문학은 언어 예술이며, 민족의 언어를 바탕으로 생활 정감을 표현한다. 각 민족의 언어 역량이 최대로 발휘되어 표현되는 것이 바로 해당 민족의 문학의 최고 수준을 증명한다고 하겠다. 시인과 작가는 결국 글을 쓸 당시의 민족이 갖고 있는 언어 역량의 테두리 속에서 작품 활동을 하기 마련이다. 그것을 확대하고 또 넘어서는 일은 수많은 시인과 작가들, 때로는 몇몇 뛰어난 문인에 의해 점진적으로 이루어진다. 한글이 창제된 이후 한국문학의 발전 과정은 그 언어적 역량을 부단하게 확대하고 갱신해 온 역사라고 할 수 있다.

이 논문에서는 조선 후기에 초점을 맞추어 민족어 문학에 대한 인식이 어떻게 본격화되기 시작하였으며 그 이후 어떤 발전과정을 거치는가를 밝혀 보고자 한다. 특히 '앵무새의 말'로 유명한 김만중(金萬重, 1637-1692)의 민족어 문학 선언을 둘러싸고 그동안 많은 성과들이 제출되었는 바, 연구의 시각과 접근 방법 등이 어떻게 다른가를 살펴보고자 한다.[1] 이러한 작

1 김만중 문학에 대해서는 그동안 수많은 연구 성과가 제출되었다. 더구나 김만중의 민족어 문학에 대한 인식에 대해 단편적으로 언급한 논문이나 저서 또한 상당수에 달한다. 모두를 일일

업을 통해 민족어 문학론에 대한 그동안의 성과를 점검해 보고 앞으로의 방향을 새로이 모색해 보고자 한다.

2. 서포 김만중의 민족어문학에 대한 인식

국문문학은 동아시아 한자문화권의 특수성, 즉 한문문학과 국문문학으로 이원화된 구조 속에서 가창에의 요구와 여성 및 일반 민중의 문학적 요구의 확대에 따라 다양한 형태로 발전하였다. 국문시가에 대한 인식은 일찍이 향가에 대한 최행귀(崔行歸)의 언급 이후 조선 전기까지 간헐적으로 진척되어 왔다. 민족어 문학에 대한 뚜렷한 인식을 보여 주는 글로 우선 주목되는 것은 최행귀가 967년(광종 18)에 쓴, 《균여전》 앞에 붙인 서문이다. 이 글에서 최행귀는 향가가 중국의 한시와 비교하여 결코 뒤떨어지지 않으며 향찰식 표기로 되어 있는 향가를 중국에 널리 알리고자 하였다. 한시와 구별되는 향가의 독자적 형식에 대한 최초의 언급을 보여 주는 이 글에서 그는 시(詩)와 가(歌)의 용어를 구별하여 두 서정 갈래의 차이점을 분명하게 변별하였으며, 향가의 수준과 가치를 사부 및 당시와 견줌으로써 향가가 한시와 대등한 가치와 의의를 지니고 있음을 주장하였다.

한시와 시조의 관계에 있어서 시조는 가창에의 욕구, 즉 노래로 부르고자 하는 자연스러운 욕구의 표출과 관련된다.[2] 단일하고 순간적인 정서 체험을 표현하는 데 적합한 시조와 한시의 경우 전자는 노래에의 욕구를 통한 보다 진솔한 경험의 표현을 가능케 하였다. 또한 표현의 미학 측면

이 거론하기 보다, 여기서는 민족어문학론에 대한 검토가 주요 과제이므로, 민족어 문학에 대한 인식을 중심에 삼아 논의한 것만을 검토 대상으로 한다.

2 가창에의 욕구 이외에도 다음과 같은 점이 지적될 수 있다. 삶의 체험을 자연스럽고 진솔하게 표현하기 어렵다는 점, 구체적이며 현실적인 표현이 어렵다는 점, 시상의 광범위한 연결과 지속이 어렵다는 점에서 "삶의 체험을 자연스럽게 표현하기 어렵다는 점"이 국문시가의 창작 욕구로 작용하였다.

에서 시조와 가사는 상보적이다. 시조가 순간적인 정서의 고양과 단일한 정조를 표출하는 데 주력한다면, 가사는 유장한 가락에 실어 다채로운 경험과 욕구 혹은 길고 지속적인 일련의 경험과 지식 등을 표출하거나 교술하는 데 용이하여 보다 구체적이며 사실적이며 실감 있는 표현을 가능케 하였다.

한시와 시조의 변별성에 대한 인식을 잘 보여 주는 글로서 퇴계 이황(1501-1570)의 〈도산십이곡발(陶山十二曲跋)〉을 들 수 있다. 이황은 이 글에서 "지금의 시는 옛날의 시와 달라서 읊조릴 수는 있지만 노래부를 수는 없다. 만약 노래 부르고자 한다면 반드시 우리말로 엮어야 하니, 대개 우리나라의 음악이 그러하지 않을 수 없기 때문이다"고 하였다. '음영'은 소리를 길게 읊조리는 것으로, 높낮이가 그리 심하지 않은 멜로디를 붙여 소리를 다소 길게 끌어 늘어지게 하는 것이다. '음영'이 전문적 수련이 없이도 가능한 것인 데 반하여, '가(歌)'는 장단에 맞추어 리듬을 갖는 것으로 박자가 있고 또한 전문적 수련과 소양을 필요로 한다.

가창을 하기 위해서는 우리말로 엮어야 하는데, 그 이유를 우리나라의 음악의 특성에서 찾고 있다. 여기서 우리나라의 음악이 지닌 기본 특징은 "우리 말과 같이 약하고 짧게 종지한다", 또는 "우리말은 처음을 강하게 내고 끝을 약하게 하기 때문에 음악도 강박으로 시작되고 약박으로 끝맺음하며 하행종지(下行終止)하는 것이 일반적이다"는 점으로 이해된다. 따라서 우리나라 음악이 "약하게 끝남(弱拍, 下行終止)"을 특징으로 하기 때문에, 행의 끝에 위치한 운자(韻字)를 강조하는 한시의 맛을 제대로 살릴 수 없는 것이다. 우리 음악에선 각 음절이 불규칙한 시가(時價)를 가지며 종지는 하강하여 약하고 짧게 이루어지는데, 이러한 특성에 맞추어 노래하기 위해서는, 국어체이든 현토체이든 그 끝을 우리말 어미로 이어야 하는 것이다. 15세기에 일시 성행한 한시현토체 시가도 주로 이러한 사정에 연유하였을 것으로 보인다.

이황의 글은 이 점에 주목하여 국문시가의 창작이 지닌 의의를 가창에의 욕구와 관련하여 이해하고 있다. 다만 국문시가 창작의 효용성과 관련하여 종래 시조 창작과 향유가 보여 준 즉흥적, 오락적 성격에서 벗어나 인간의 정감을 움직여 마음의 순화와 감동을 분발시키는 인격 함양의 작용을 중시하였던 바, 성리학적 사유를 기반으로 한 유심론적 미의식의 면모를 지니고 있다. 이 점은 조선 후기에 이르러 중세적 이념과 미의식으로부터 벗어나 개체적 욕망 및 개성의 존중을 강조하는 방향에서 민족어 문학에 대한 인식이 진전되는 것과 함께 극복되어야 할 부문이었다.

민족어 및 민족어문학에 대한 인식은 중세의 보편주의에 대한 민족적 개별성의 주창이라는 측면에서 민족어를 표현수단으로 하는 기층 민중의 성장을 전제로 하고 있다. 서포 김만중의 민족어문학에 대한 선언의 배경에는 자국 민족의 언어적 표현 수단을 더 한층 확대하고 발전시키고자 하는 문학사적 흐름이 있었다고 하겠다. 이러한 측면에서 '앵무새의 말'로 유명한, 김만중의 민족어 문학에 대한 인식은 매우 혁신적인 면모를 지니고 있다. 다만 이 '선언'을 담고 있는 자료만으로는 해석과 평가가 때로는 과도하게 이루어진 감이 없지 않았다. 이에 따라 유관 자료를 확대하고 그 실상을 보다 정확하게 밝혀내려는 일련의 노력들이 지속되어 왔다.[3]

김만중은 한문과 국문의 표현체계의 차별성에 대한 인식을 통해 가시문부(歌詩文賦)를 대등한 문학양식으로 설정하였다. 노래할 수 없는 한시의 제한성을 보완해 주는 소극적 층위에서의 민족어문학에 대한 인식을 넘어서서 교조적 주자주의와 예교주의에 대한 회의, 상대주의적 사유 등

---

3 조종업, 〈서포의 비평세계〉, 김열규 신동욱 편, 《김만중 연구》(새문사, 1983); 최신호, 〈김만중의 비평세계〉, 김열규 신동욱 편, 《김만중 연구》(새문사, 1983); 홍인표, 〈전이와 수용 : 김만중의 시론 연구〉, 《동방문학비교연구총서 1》(한국동방문학비교연구회, 1985); 조석래, 〈西浦의 개성론적 시론〉, 《한국학논집》 10(한양대 한국학연구소, 1986); 김진영, 〈서포 김만중의 문학관과 비평양상〉, 《진단학보》 74(진단학회, 1992); 김석회, 〈서포의 문학관과 문학적 취향에 대한 소고〉, 《국어교육》 55(한국국어교육연구회, 1998); 김선기, 〈서포 김만중의 우리 시가 옹호론〉, 《한국언어문학》 43(한국언어문학회, 1999) 등.

을 배경으로 하여 민족어 문학에 대한 인식의 지평을 새로운 차원에서 발전시켰다. 아울러 중요한 것은 문자 체계에 따른 표현의 차이로부터 '문학이란 무엇인가'라는 일반론의 층위로 논의의 범위를 확장하였다는 점이다. '절주가 있는 말'(문학)은 각 민족 간의 차이에 관계없이 보편적 감동력을 지닌다는 인식은 중화주의에 대한 대타적 의식이 민중적 언어에 대한 자각으로 연결되고 있음을 보여 준다. 이 점은 앞서 퇴계 이황이 〈도산십이곡발〉에서 국문시가의 존재 의의와 가치를 "가창에의 욕구"에서 찾고 예술의 효용적 관점에서 인간의 정감을 움직여 마음의 순화와 감동을 분발시키는 작용을 중시하였던 것과 뚜렷하게 구별되는 지점이다.

그동안 김만중의 민족어문학론에 대한 연구는 크게 네 가지 방향에서 이루어졌다.

첫째는 김만중의 사상사적 입장, 학문 태도 등과 관련하여 그의 민족어문학론 선언이 지니고 있는 의미와 성격을 밝히는 방향이다.[4] 조동일(1978), 윤호진(1988), 우응순(1993) 등의 연구 성과가 그것으로, 김만중이 주자학의 테두리에서 벗어나 불교 · 양명학 등 당시의 이단적 경향의 학문 분야에까지 다양한 관심을 갖고 있었으며, 이러한 사유의 다양성과 상대성의 바탕 위에서 그의 민족어문학론이 지니고 있는 선진성을 해명하고자 하였다.

조동일은 《한국문학사상사시론》에서 김만중의 사상 속에서 불교를 통해 주자학에 대한 불신과 비판을 전개하고, 중국을 세계의 중심으로 삼는 사고방식에서 벗어나려고 한 점을 부각시키면서, 우리말로 된 문학을 존중하는 민족적 입장에서 민요의 가치를 새롭게 발견하고 국문문학의 의의를 새롭게 인식한 것이 획기적인 전환이었음을 밝히었다. 우응순은 민족

4 조동일, 《한국문학사상사시론》(지식산업사, 1978); 윤호진, 〈김만중의 문학과 사상〉, 《우리문학연구》 6집(우리문학연구회, 1988); 우응순, 〈김만중의 학문태도와 문학론의 성격〉, 정규복 외, 《김만중 문학 연구》(국학자료원, 1993) 등을 참조.

어 문학의 선언에 대한 직접적 분석은 하지 않았지만, 종래 김만중의 사유와 문학론의 성격을 탈주자학적 성향과 개성론으로 평가하는 것에 대한 반성에서 출발하여 주자학의 본령 속에서 김만중의 진전된 면모를 균형있게 설명하고자 하였다.

둘째는 김만중의 자국어문학론의 의미를 민족어 문학에 대한 인식의 역사적, 미학적 관점에서 접근하는 것이다. 민족어문학론의 역사적 전개과정의 흐름에 초점을 맞추어 김만중의 민족어문학론의 선언이 지니는 의의를 규명하고자 하였는 바, 조선 후기의 문학사적 동향과 관련하여, 특히 민족어문학에 대한 인식의 시대적 흐름과의 상호 연관 속에서 그 선언의 실체를 밝히고자 하였다.

고미숙은 문자 체계가 사회경제적 구조 및 이데올로기와 긴밀하게 유착되어 있는 중세에 있어 민족어 및 민족어문학에 대한 인식 자체는 중세적 보편주의에 대한 민족적 개별성의 주창인 동시에 민족어를 표현수단으로 하는 기층 민중의 성장을 전제하고 있다는 점을 부각시키면서 민족어문학론에 대한 탐구가 고전비평사의 특수한 국면을 차지하고 있다는 점을 정당하게 지적하고 있다.[5] 고미숙은 김만중의 비평적 언술을 조선 후기 가집의 민족어문학론과 상호 연계시켜 그 역사적 전개 양상에 초점을 맞추고 있는데, 중화주의에 대한 대타적 의식 및 민중적 언어에 대한 자각과의 관련성 속에서 새로운 문학사적 흐름의 징표를 읽어내고 있다. 송강 정철이 양반관료에 속하였고 그의 작품이 기본적으로 사대부적 사상을 형상한 것이면서도 민족문학사의 발전에 기여한 것과 마찬가지로 김만중의 비평적 사고 또한 계급적 시야에 규정되어 있으면서도, 송강가사를 매개로 하여 민족어문학론의 핵심적 계기들, 즉 민족어의 개별성과 민중적 언어의 생동감을 동시에 간취해 내었다고 평가하였다.

---

5 고미숙, 〈조선 후기 민족어문학론의 전개양상〉, 정규복 외, 《김만중 문학 연구》(국학자료원, 1993) 참조.

이동환은 조선 후기 천기론의 이론적 함의와 그 의의를 밝히는 자리에서 천기론이 우리 민족의 고유의 문화 심리를 새롭게 발전시킨 것으로 해석하였다.[6] 문예 이론에서의 천기 개념을 새로이 규정하였는데, 천기는 "조작적이지 않은 자연태"(眞)와 "규율에 구속받지 않는 자유"(天機自動)를 함의하고 있으며, 그리고 그 지향은 자연생기의 작동에 대한 사변적 추상이 아니라, 구체적인 자연 물상의 생명 동태로 그 자체로 감각하는 데에서 찾았음을 지적하였다. 이러한 천기 개념은 문학 예술의 다양한 방면에서 활발하게 운용되었는 바, "한문 자체의 언어적 한계, 민족 본유의 그것과 기본적으로 다른 중국 문예의 상대적으로 높은 정도의 격식 지향성에의 추종과 이에 따른 만네리즘, 유교 문화의 강한 전례, 규범주의적 성향의 누적이 일정한 한계에 이르렀음"을 드러낸 것으로 파악하였다. 이러한 한계 상황에 다다른 모순을 돌파하고자 발동된 민족 고유의 미학 사유 혹은 문화 심리의 하나로서 천기론의 의미를 규정하였으며, 이러한 조선 후기 문학 예술의 새로운 흐름 속에서 김만중의 자국어 선언 또한 중요한 위상을 차지하고 있음을 지적하였다.

셋째는 김만중의 문학론의 성격을 복고주의적 경향으로 파악하고 그것과의 관련 속에서 민족어문학론의 의미 실질을 새롭게 밝히는 방향이다. 김만중의 자국어문학 선언에 대해 그동안 과도한 평가를 하였다는 데에서 반성을 제기하면서 실제 비평의 양상과 창작 실천 등을 고려하여 김만중의 자국어문학의 선언이 지닌 의미를 재검토하려는 시도이다. 특히 김만중의 비평 자료 및 실제 작품 속에서 17세기의 학문적, 비평사적 풍토로서의 복고주의와 주자학을 그 자양분으로 흡수, 발전시킨 점을 주목하였는데, 최근에 나온 성과들이 이를 대표한다.

안대회는 복고주의 문학론과 주자학의 문학론에서 김만중의 논리가 배

6 이동환, 〈조선 후기의 미학사유 천기론과 그 문예 · 사상사적 함의〉, 한국한문학회 편, 《한국한문학과 미학》(태학사, 2003) 참조.

태되어 나왔음을 강조하였다.[7] 명나라 복고주의 문학론이 민간가요를 중시하는 경향을 갖고 있으며, 주자의 시경론에서 민간 가요를 긍정하는 논리가 그 자양분이 되었음을 지적하였다. 김만중의 학문과 사상을 고학(古學)으로 규정하고, 주자와 명대 복고주의 문학론으로부터 그 자양분을 흡수하여 민족어문학에 대한 인식의 수준을 새롭게 확대함으로써 그 태반이 되었던 복고주의와 주자의 문학론의 한계를 돌파할 수 있었다고 평가하였다. 김만중 비평의 혁신성은 복고주의와 주자의 문학론을 민족어문학에 대한 인식에 적용시켰다는 점에서 찾을 수 있다고 보았다.

정민은 《서포만필》에 산재되어 있는 비평 관점을 '고악부, 문선체의 선호', '품격과 기상의 중시', '개성의 추구' 등으로 요약한 다음, 김창협 계열의 반의고적 성정론보다는 학당풍(學唐風)을 옹호하는 당시풍 추구의 품격비평가 계열에 가깝다는 점을 제시하였다.[8] 이러한 분석을 거쳐 자국어문학에 대한 인식의 혁신성을 일면 동의하면서 복고적 경향의 의고 취향과 공존하고 있는 것이 김만중 비평관의 온당한 모습이 아닐까 추정하고 있다.

마지막으로 김만중의 언술을 정치사적 맥락에서 조명하여 그의 선언을 둘러싼 평가를 다른 각도에서 접근하고자 하는 것이다. 김성규는 서포의 입론이 지닌 역사적, 계급적 한계를 지적하면서, 국문문학 일반에 대한 예찬이 아니라, 송강가사가 지닌 '충신연주지사'의 주제적 측면을 강조하였다.[9] 국문문학의 양적, 질적 확산을 지배층의 독점적 권위에 대한 피지배층의 위협으로 보아 비속하지 않고 참된 국문시가의 전범으로 송강가사를 극찬하였다고 보았는데, 종래의 연구에서 소홀하게 취급되었던 김만중

7 안대회, 〈17세기 비평사의 시각에서 본 김만중의 복고주의 문학론〉, 《민족문학사연구》 20호(민족문학사학회, 2002) 참조.
8 정민, 〈서포만필을 통해 본 김만중의 비평관점〉, 《한국언어문화》 21(한국언어문화학회, 2002) 참조.
9 김성규, 〈서포의 국문문학 예찬론의 성격〉, 《수선론집》 11집(성균관대대학원, 1986) 참조.

의 정치적 이해 관계의 측면을 적극적으로 고려함으로써 김만중의 언술에 대한 과도한 평가 혹은 편향성을 지적하고 있다. 이와는 다른 각도에서 박영주는 서포가 〈관동별곡〉을 '동방의 이소'라고 평가한 이유를 두 가지 측면, 즉 언어성과 주제성의 측면에서 찾았다.[10] 그 결과 우리말의 특성을 십분 살려서 우리 고유의 정서를 생명감 있게 표현하였으며, 토속 신앙의 의례를 유가적 가치와 이념으로 원용하여 표현하였고 '충신연주지사'로서의 주제를 담고 있음을 밝혔다.

3. 18세기 이후 민족어문학론의 전개

김만중 이후 민족어문학에 대한 인식은 더욱 다양한 형태로 진전되었다. 특히 시조집 서발문에 나타나 있는 언급들은 이 점을 잘 보여 주고 있다. 아울러 김만중의 선언 이후 주목되는 언급 중의 하나로 북헌(北軒) 김춘택(金春澤, 1670-1717)을 들 수 있다.

종조부인 김만중으로부터 학문과 문장을 배운 김춘택은 우리나라 말로 지은 시가 작품이 한자로 기록된 가사나 시문보다 더 우수함을 지적하였는데, 그 구분의 분기점이 바로 진(眞)과 가(假)이며, 이것은 김만중이 정철의 가사 작품을 평가하면서 언급한 것과 상통하는 부분이기도 하다. 여기서 진과 가의 대립적 논리 구도는 두 가지 차원에서 그 의미를 해석할 수 있다. 먼저 진은 창작 주체의 자유롭고 활달한 감정과 개성을 중시하는 창작 경향을 의미한다. 이 점은 격식과 체재에 대한 모방과 답습에 치중하던 모의주의적 창작 태도에 대한 거부로 연결된다. 김춘택 자신이 유배의 고통과 울분을 토로한 가사 작품인 〈별사미인곡〉의 창작 동기를 설명하는

---

10 박영주, 〈서포가 송강가사를 '아동지이소'라고 한 것에 대하여〉, 《반교어문연구》 1(반교어문학회, 1988) 참조.

자리에서 마음속에 쌓인 바를 억제하지 못하여 창작하게 되었다고 언급한 사실에서 이 점을 짐작케 한다.

이 같은 의미 층위에서 한 걸음 더 나아가 진과 가의 대립 구도가 가진 두 번째의 의미 층위는 한자와 한글의 표기 수단의 차이와 연관지어 우리말로 창작된 문학 유산에 대한 적극적인 평가로 이어지고 있는 점이다. 중세의 공식적인 문자 체계인 한문으로 기록된 문학과 대비되어 민족어 문학의 우수성과 그 참된 가치를 옹호하는 논리적 근거로서 진과 가의 대립 구도가 그 의미를 갖고 있으며, 이 점은 서포의 그것과 기본적으로 동일하다. 서포는 문자 체계의 차별성에 대한 인식에 바탕하여 민족어 문학의 개별성 문제를 보편적 수준으로 끌어올려 논의를 심화시키고 있는데, 김춘택의 국문시가론은 그것에 상당 부분 힘입고 있다.[11]

김춘택이 서포 김만중의 이른바 '자국어 선언'을 보다 발전적으로 이론화시키는 데까지 나아가지는 못하였지만, 자신이 직접 국문가사 작품을 창작하는 한편 그같은 실천 경험에 비추어 국문가사, 특히 송강 가사에 대한 평가를 보다 풍부하게 진행하고 있다는 점이 주목할 만하다. 즉 자신의 현실적 처지, 정치적 입장과 연관시켜 작품을 통해 서포의 이론적 천명을 구체화시키고 있는 것이다. 아울러 국문시가의 옹호를 떠받치고 있는 근거가 그의 국문소설 옹호에까지 연결되어 하나의 일관된 이해를 보여 주고 있다는 점이 중요하다. 그것은 문자 체계의 차별성에 대한 인식, 국문 작품이 지닌 정서적 감염력에 대한 중시, 그리고 연군과 충정의 주제사상이다.

18세기에 이르면서 시조집 편찬이 활발해지면서 가집 편찬자들은 시조문학의 가치를 주장하는 논리를 내세워 한시와 시조가 대등한 문학적 가치를 지니고 있다는 점에서 국문시가가 한시만큼 문학적 감동과 표현력을

11 본서 II부 김춘택의 시론을 참조.

지니고 있음을 강조하였다.[12] 즉 인간 정감의 자연스러운 표출로서의 예술 행위의 하나임을 주장하였는데, 이러한 논리와 함께 인간 심성의 교화와 사회 풍속의 개선에 도움이 된다는 교화론적 관점이 공존하였다. 시조집 편찬의 당위성을 주장함에 있어 《시경》을 주요 논거로 활용하고 교화론적 논리를 원용하는 것이 당시의 일반적 논법이었다.

이러한 추이 속에서 이정섭(李廷燮, 1688-1744)이 쓴 〈청구영언후발(靑丘永言後跋)〉이 주목된다. 이정섭은 왕족 출신의 문인으로서 시조 3수를 남기었다. 시조의 가치와 존재의의를 긍정하면서도 전반적 논조가 교화론적 시경 이해를 원용한 소극적 정당화에 치중했음에 비해, 적극적으로 시조를 긍정하였고 강조의 초점이 다르다. 김흥규는 18세기 초에 이루어진 《청구영언》(1728) 등 가집의 편찬자들이 《시경》을 원용하여 국문시가 창작의 옹호 논리를 전개하였음을 밝히었다.[13]

특히 정내교(1681-1759)의 《청구영언》 서문이나 김수장(1690-?)의 《해동가요》 서문 등에서 보이듯이, 시조집 편찬의 당위성을 주장함에 있어 《시경》의 권위를 빌어 교화론적 논리를 원용하는 것과 달리, 이정섭은 다른 방향에서 국문시가의 옹호 논리를 찾았다. 그에게 있어 참다운 시는 자연의 진기(眞機)에서 나온 것이며, 그 전범은 《시경》이었다. 이에 비해 한위 시대 이래의 시는 외형적 수식, 성률과 자구의 연마에 치중하여 성정에서 멀어졌다고 보았다. 그는 일체의 인위적인 장식 · 조작이 가해지지 않은, 사람의 본원적 심성 · 성정을 뜻하는 자연의 진기라는 비평 개념을 동원하여 우리말로 된 시정의 노래를 긍정하였으며, 나아가 사설시조를 포함한 시조 작품의 다양한 특질을 높이 평가하였다. 특히 사설시조가 지니고 있는 자유분방한 체험과 감정을 교화론의 관점으로부터 벗어나 성정의

12 정재호, 《한국 시조문학론》(태학사, 1999); 조규익, 〈가집 서발에 나타난 문학의식〉, 《인문과학》 56집(연세대학교, 1987) 참조.
13 김흥규, 《조선 후기의 시경론과 시의식》(고려대 민족문화연구소, 1982) 참조.

진솔하고 자발적인 발로 및 표출로서 적극적으로 긍정하는 논법은 주목된다. 이러한 입장은 중세적 미의식으로부터 벗어나 개체의 감정과 욕구의 표출을 적극적으로 긍정하고 옹호하는 것으로서, 중세 해체기의 미학 사유의 변화된 양상을 대변하고 있다.

이정섭이 〈청구영언후발〉에서 천명한 '솔정이발(率情而發)'의 언급과 관련하여 중국의 공안파, 더 나아가 서양의 낭만주의 문학론과 상호 비교하는 방법도 앞으로 모색될 필요가 있다. 공안파의 대표적 인물이었던 원굉도(袁宏道)는 "대개 성령을 독특하게 표현하여 격식에 얽매이지 않았고, 자신의 가슴 속에서 우러나온 것이 아니면 감히 적지를 않는다"[14] 고 하면서, "오늘날 작품은 오직 거리의 부인과 어린아이들에 의해 불리는 민요뿐"이라고 하였다. 한편, 영국의 낭만주의 문학이론의 대표적 언급인 《서정적 민요집》(1802년 증보판) 서문에서 윌리엄 워즈워스는 "모든 좋은 시는 강렬한 감정의 자연발생적 유출이다. 그러나 이것이 사실이라 할지라도 무슨 주제를 다룬 시이든지 보통 이상의 '유기적 감수성'을 가진 사람이 깊이 오래 생각한 끝에라야 조금이라도 가치를 부여할 수 있는 시를 지을 수 있다"라고 하였다. 힘찬 감정의 저절로 넘쳐 흐름, 강렬한 감정 등을 통해 시골사람의 자연스러운 생활과 자연 풍경을 시골사람들이 실제로 사용하는 말로 나타내는 것이 자기 시의 이상이라고 천명하였던 것이다.[15] 시기적으로는 격차가 있지만, 개체의 감정과 욕망을 적극적으로 긍정하는 방향에서 중세적 미의식과 규범의 제약을 극복하고자 하였다.

14 袁宏道, 곽소우 편, 《中國歷代文論選》 "大都獨抒性靈, 不拘格套, 非從自己胸臆流出, 不肯下筆."
15 이상섭, 《영미비평사 2》(민음사, 1996) 참조.

4. 마무리

김만중의 민족어 문학 선언에 대한 해석을 둘러싸고 그동안 많은 연구성과들이 제출되었다. 방법론적 혁신이 없다면 더 이상 새로운 해석이 나오기 힘들 정도로 그동안 많은 성과들이 축적되어 왔다. 여기서 한 가지 언급할 것은 해석의 시야를 동아시아, 나아가 서양으로 확대하는 작업이 필요하다는 점이다.

김만중과 비교 대상이 될 수 있는 인물로 18세기 초 일본의 오규 소라이(荻生徂徠)를 들 수 있다. 오규 소라이는 "육경은 문장이다. 그러므로 공자를 배우고자 한다면 반드시 문장에서 시작하지 않으면 안 된다. 그러기 위해서는 동시대 혹은 그것과 가까운 시대의 문학과 상호 대조하여 고문으로 고문을 해석하지 않으면 안 된다"고 하였다.[16] 한위 이전의 고문을 연구하였고 당송 이후의 근세 문학자에 대해 고문사를 모르는 사람들이라고 보았다. 그의 경서 연구와 해석의 다양성은 주자학적 사유의 굴레로부터 벗어나 텍스트 그 자체의 해석을 집중적으로 문제 삼았다. 그의 고문사학(古文辭學)은 명대 의고문파에 대한 단순한 추수가 아니라, 상대주의적 사고를 수용·지양하고자 하였다.[17] 오규 소라이를 포함한 에도 시대 일본에서의 동향을 상호 비교해 봄으로써, 더 나아가 서양문학과의 비교, 예컨대 단테의 속어론(俗語論) 등과 서로 견주어 봄으로써 김만중의 사상, 문학론, 민족어문학 선언을 둘러싸고 전개되었던 상이한 입장과 해석들이 한층 진전된 방향으로 한 단계 도약할 수 있지 않을까 기대해 본다.

민족어 문학에 대한 인식의 전개 과정을 규명함에 있어 중요한 표징의 하나는 중세적 미의식 및 규범의 극복이다. 이러한 인식의 진전을 잘 보여

16 아츠시, 《일본한문학사》, 심경호·한예원 공역(소명출판사, 2000), 330면 참조.
17 장원철, 〈한문 산문에서의 미학적 특성〉, 한국한문학회 편, 《한국한문학과 미학》(태학사, 2003), 256-257면 참조.

주는 것이 바로 이정섭의 글이다. 앞서 살핀 김만중의 논의와 연결지어 살펴볼 때, 민족어 문학에 대한 논의를 둘러싼, 조선 후기 미에 대한 인식의 변화를 추적해 보면, 주요 대립 구도의 하나로 '진(眞)'과 '가(假)', '고(古)'와 '금(今)', 아(雅)와 속(俗)을 들 수 있다. 요컨대 민족어문학에 대한 인식에 있어 중요한 개념 혹은 범주를 설정하고 이들을 중심으로 하여 논의를 여타 문학 및 예술로 확대하여 그 미학적 측면에서의 변화상을 규명하는 작업이 앞으로 필요하다고 생각한다.

'옛것을 높이고 지금의 것을 낮추는' 창작 경향에 반발하여 당대의 구체적 현실 속에서의 다채로운 경험과 그 예술적 정서를 중시할 때, 전아하고 법도에 부합하는 고전적 예술 풍격과 미적 감성에 얽매이지 않게 된다. 이렇게 보면, '고'와 '금'의 대립쌍은 '아'와 '속'의 대립쌍과 상호 연계되어 있다고 하겠다. 과거의 예술적 전범과 권위가 부정되고 '지금-여기'에로 심미적 관심이 이동한다면, 설사 비속한 것일지라도, 나아가 비속한 것이기 때문에, 오히려 더욱 가치 있고 아름다운 것이라는 인식의 전환이 나타나게 된다. 하층민의 생활과 정감 그리고 시정 공간의 통속적이고 비속한 문화 예술이 지닌 독자적 가치를 적극적으로 주장하기에 이른 것이다. '진'과 '가', '고'와 '금', '아'와 '속'의 범주를 중심으로 전개된 조선 후기 미학 사유의 변화상 속에서 민족어 문학에 대한 인식의 진전을 상호 관련지어 규명할 필요가 있다.

3. 시와 선의 관계

《창랑시화》를 중심으로

1. 문제 제기

전통적으로 시(詩)와 선(禪)의 상호 관계, 둘의 공통점과 차이점 등에 대해서 많은 사람들이 언급해 왔다. 시선일치(詩禪一致)의 시적 경계를 추구하기도 하고, 선의 용어와 개념을 빌려와 시 창작과 감상의 근본 원리를 해명하고자 하기도 하였다.

이 글은 중국 남송의 대표적인 문예이론가인 엄우(嚴羽, 1197?-1253?)의 《창랑시화(滄浪詩話)》를 중심으로 하여, 동양 시론의 주요한 국면 가운데 하나인 '시와 선의 상호 관계'에 대해 논의하고자 한다. 이를 위해 먼저 동양의 시론에서 시와 선의 상호 관계에 대해 논한 것을 크게 세 가지로 구분하여 설명한 다음, 《창랑시화》에 나타난 묘오(妙悟)의 문제를 언급하고자 한다. 엄우는 《창랑시화》에서 "선은 오직 묘오에 달렸으며, 시 또한 묘오에 달렸다"고 하거나, "오직 깨달음만이 마땅히 할 일이며, 본연의 것이다"고 하여, 선종에서 말하는 깨달음의 개념을 빌려와 시 창작 및 감상 이론의 핵심 개념으로 묘오를 적극 활용하였다. 여기에서는 《창랑시화》를 중심으로, 묘오와 숙참(熟參)의 개념을 통해 시와 선의 관계에 대한 이론적 논의에 대해 알아보고자 한다.

2. 동양 시론에 있어 시와 선의 관계

동양 시론에서 시와 선의 관계에 대한 논의는 크게 보아 세 가지로 나눌 수 있다.[1]

첫째, 시와 선은 서로 다르다는 관점이다. 둘 사이의 관련이 없다고 보는 관점으로, 예를 들어 남송 때의 유극장(劉克莊)은 다음과 같이 말한 바 있다.

> 시인들은 두보를 종주로 삼는데, 두보가 말하기를 '시어가 사람을 놀라게 하지 못하면 죽어서도 그만두지 않겠다'고 하였다. 선을 하는 사람들은 달마를 종주로 삼는데, 달마는 '문자를 세우지 않는다(不立文字)'고 하였다. 선이 시가 될 수 없듯이, 시 또한 선이 될 수 없다. (…) 지극한 말과 오묘한 뜻은 진실로 언어 문자에 깃들어 있지 않다. 그러나 진실된 것을 버리고 허환한 것을 구하며, 절실하고 가까운 것을 싫어하고 아득히 먼 것을 사모하여 오래도록 돌아올 줄 모른다면, 내가 생각하기에 아마도 그대의 선은 진보하겠지만 시는 퇴보할 것이다.[2]

위의 인용문은 어떤 사람이 자신의 집을 '시선방장(詩禪方丈)'이라고 이름붙인 것에 대해 유극장이 반대의사를 표명하면서 언급한 내용이다. 그는 시는 언어를 예술적으로 가공하는 영역인 데 비하여, 선은 '불립문자'로 표명되듯 언어를 초월한 영역이라는 점에서 두 가지가 상호 이질적임을 분명히 하였다. 요컨대 언어문자의 운용이라는 측면에서 시와 선의 대립적 측면을 부각시켰다.

---

1 詩와 禪의 관계를 크게 세 가지로 구분하여 설명한 논법은 李壯鷹, 〈詩與禪〉, 《中國詩學六論》(濟南 : 齊魯書社, 1988)을 참조.

2 劉克莊, 〈題何秀才詩禪方丈〉, 《后村大全集》, 권99. "詩家以少陵爲祖, 其說曰 : 語不驚人死不休. 禪家以達磨爲祖, 其說曰 : 不立文字. 詩之不可爲禪, 猶禪之不可爲詩也. (…) 夫至言妙義, 固不在於言語文字. 然舍眞實而求虛幻, 厭切近而慕闊遠, 久而忘返, 愚恐君之禪進而詩退矣." 郭紹虞는 《滄浪詩話校釋》에서 詩禪說을 설명하면서 詩와 禪의 관련성에 대한 인식의 차이에 대해 언급한 바 있다. 시와 선이 서로 관련성이 없다고 본 인물로 劉克莊을 예시하였고, 시와 선이 밀접한 관련성이 있다고 본 인물로 普荷, 李鄴嗣를 예시한 바 있다.

또 다른 관점으로는 "시는 바로 인생의 일용에 속하는 일이지만, 선이라는 것은 무엇이던가?"(詩乃人生日用中事, 禪何爲者?)[3]라고 하여, 인생사에 있어서의 시의 공능을 중시하는 관점에서 시와 선을 구별짓기도 하였다.

시와 선이 다르다는 논리의 하나로, 시는 시인의 다종다양한 감정의 표출이라는 것을 들 수 있다. 희로애락의 감정을 표출하고, 불평한 마음을 토로하는 것이 시의 본령이라고 하였을 때, 이에 비해 선은 외경(外境)에 대한 반응과 마음의 움직임을 오히려 경계하는 입장에 서 있다. 선이 외부사물에 대한 집착심과 분별심을 경계한다는 점에서, 시 창작에 있어서 다종다양한 감정의 충만한 분출을 중시하는 것과 구별된다.

둘째, 시와 선은 서로 유사하다는 관점이다. 선은 돈오무심(頓悟無心)의 체험으로서, 내가 나를 잊어 나도 없고 물도 없는 자리, 일체의 경계가 모두 허물어진 텅 빈 허공이다. 그것은 온갖 잡념을 떨쳐 버리고 분별적 사유를 떠나 고요한 가운데 진리의 본체에 이르러 나와 우주 등 일체의 존재의 본질을 직관하는 것이다. 시적 영감과 상상을 통해 사물과 인생의 본질을 발견하고 미적 가치를 추구하는 시 창작의 원리는 절대의 세계를 초논리적 직관을 통해 깨닫고자 하는 선의 입장과 상통한다.[4] '시선일여(詩禪一如)', '시선일체(詩禪一體)', '학시여참선(學詩如參禪)', '이선유시(以禪喩詩)' 등이 이와 연관되는 개념이다.

선의 개념과 용어를 차용하여 시 창작의 원리를 해명하고자 한 대표적 사례가 엄우의 《창랑시화》이다. 그런데 정확하게 말한다면 엄우의 관점은 '시선일치'가 아니라 '시선상사(詩禪相似)'라고 할 수 있다. 엄우의 기본 입장은 선의 용어와 이치를 빌려서 시 창작과 감상의 원리를 비유적으로 설명함으로써 시의 본질적 국면을 설명하고자 한 것이었다. 선종의 주요 용

3 潘德輿, 《養一齋詩話》, 권1.
4 入矢義高, 《禪과 문학》, 신규탁 역(장경각, 1993), 79-84면.

어와 개념을 차용해서 시 창작 및 감상의 이론 체계를 정립하고자 하였던 것이다. 그는 이 점에 대해 매우 자신에 찬 어조로 말하였다.

> 제가 쓴 〈시변(詩辨)〉은 결국 오랜 동안의 공안을 끊은 것으로, 참으로 세상을 깜짝 놀라게 하는 담론이며, 지극히 온당하며 하나로 귀결되는 논의입니다. 그 중에서 강서시파의 병폐를 지적한 것은 참으로 심장과 내장을 발라내는 것과 같습니다. 선으로 시를 비유하는 것이 이보다 더 적절하고 적합할 수는 없습니다. 이것은 스스로 창작과 감상을 통해 실제로 검증하고 실제로 터득한 것이며, 나름대로 전문적으로 시의 분야를 파고들어 분석해 낸 것이니, 옆 사람의 울타리에 기대거나 남의 견해를 답습한 것이 아닙니다. 이백과 두보가 다시 태어난다고 하더라도 제 말을 바꾸지 않을 것입니다. 그런데 숙부께서는 한사코 이를 의심하시니, 하물며 다른 사람은 말할 나위가 있겠습니까? 견해의 차이가 이와 같으니, 심히 안타깝습니다.[5]

위의 인용문은 《창랑시화》를 저술한 기본 취지와 배경에 대해 설명해 놓은 일종의 서문 성격의 글이다. 엄우는 이 글에서 "선으로 시를 비유하는 것이 이보다 더 적절하고 적합할 수는 없습니다"고 하여, '선으로써 시를 비유하는(以禪喩詩)' 논리를 통해 시 창작 및 감상의 특징을 매우 적절하게 해명하였음을 강조하였다.

물론 그는 불교 선종의 논리를 빌려와 논의를 펼치는 과정에서, 몇 가지 오류를 범하기도 하였다.[6] 엄우는 불교의 대승과 소승의 교파 및 선종의 종파를 가지고 시학의 수준을 비유하였으며, 중국 역대의 시 작품의 성취

5 嚴羽, 〈答出繼叔臨安吳景僊書〉, 郭紹虞 校釋(臺北：河洛圖書出版社, 1978) "僕之詩辨, 乃斷千百年公案, 誠驚世絕俗之談, 至當歸一之論. 其間說江西詩病, 真取心肝劊子手. 以禪喩詩, 莫此親切. 是自家實證實悟者, 是自家閉門鑿破此片田地, 即非傍人籬壁, 拾人涕唾得來者. 李杜復生, 不易吾言矣, 而吾叔靳靳疑之, 況他人乎? 所見難合固如此, 深可歎也." 번역은 김해명 외 공역한 《창랑시화》(소명출판, 2001)를 참조.

6 여기서 聲聞과 辟支果에 대한 이해에는 오류를 보인다. 讀經을 통해 깨달음을 얻는 聲聞, 師承 없이 스스로 깨달음을 추구하는 辟支果는 모두 小乘에 속한다. 또한 大乘과 小乘으로 포폄을 시도한 것 또한 정당하지 못하며, 남종과 북종을 가지고 시적 수준을 구분하는 것 또한 문제점으로 지적되기도 하였다.

를 평가하는 준거로 사용하기도 하였다.

불교 선종에 대한 일부 그릇된 이해에도 불구하고, 엄우가 선을 가지고 시를 비유하는 주요한 의도는 선종의 용어와 개념을 빌려와 시 창작 및 감상의 기본 원리를 논리적, 체계적으로 정립하는 데에 있었다. 즉, 학문, 이성, 논리에 의거하지 않고 직관적인 사유와 인식의 방법, 반복적인 음미와 심미 체험의 과정에 의거하여 마음속에서 시의 묘처를 깨달아 시의 최고 경지에 이르러야 함을 강조하기 위함이었다. 이 점에서 시와 선의 관계에 대한 엄우의 관점은 다음에 언급하는 셋째 관점과 구별되어야 한다.

셋째, 시와 선은 서로 같다는 관점이다. 하나의 예를 들어 본다.

> 이백과 두보는 모두 세속의 사람들로
> 신선이 있음만을 알았고 부처에 대해서는 등한하였네
> 천고의 시 중에서 만약 선이 없었다면
> 아송은 나타나지 않았고 국풍도 사라졌을 것이네
> 오직 나로부터 국풍이 바로 선임을 알게 되었나니
> 지금 이 시대를 위해 그 가르침을 말해 보리라
> 선이면서 곧바로 선이 아닌 것이 시이며
> 시이면서 시의 모습 갖추지 않은 것이 선이라네
> 이제부터 시를 쓰는 일에 허둥대지 않아
> 이 노승의 시마를 없앨 수 있다면
> 얼굴 메마르고 수염 하얗게 됨을 두려워하랴?[7]

명나라 때의 선승이었던 보하(普荷)는 위의 시에서 "선이면서 곧바로 선이 아닌 것이 시이며, 시이면서 시의 모습 갖추지 않은 것이 선이라네"라 하였다. 전자는 선어(禪語)가 없어도 선적인 풍취가 있으면 시가 된다는 뜻으로 이해되며, 후자는 시구로 표현되지 않았어도 시적 경계를 갖추고 있

7 普荷, 〈詩禪篇〉, 《滔詩拾遺》 권5. "太白子美皆俗子, 知有神仙佛不齒. 千古詩中若無禪, 雅頌無顏國風死. 惟我創知風卽禪, 今爲絕代剖其傳. 禪而無禪便是詩, 詩而無詩禪儼然. 從此作詩莫草草, 老僧要把詩魔掃. 那帕眼枯鬚皓皓, 一生操觚壯而老."

으면 선이 된다는 뜻으로 이해된다.

이 점은 다음 글에 더욱 분명하게 제시된다.

> 가섭은 꽃을 보고 미소를 지었는데, 이것은 바로 존자의 오묘한 깨달음을 담은 문장이니 단지 선이라고만 말할 수 없다. 천축에서 온 달마대사가 제자들에게 '너는 나의 육신을 얻었고 너는 나의 골수를 얻었다'고 했는데, 이것은 바로 서역에서 온 스님이 가르침을 전하는 문장이니 단지 선이라고만 말할 수 없다. 혜능선사가 '보리수는 본디 나무가 아니며 밝은 거울도 본래 경대가 아니다'고 했는데, 이것은 바로 미혹에서 벗어나게 하는 조계(曹溪)의 문장이니 단지 선이라고만 말할 수 없다. 위에서 말한 조사들의 글을 살펴보면 마땅히 세상에서 가장 빼어난 문학작품이라고 해야 할 것이다. 그리고 이것은 당나라 때의 훌륭한 시 중에서 〈유명선사서사난야시(游明禪師西山蘭若詩)〉는 맹호연의 선이니 단지 시라고만 말할 수 없는 것과 같다. (…) 그러므로 시와 선은 한 그릇에 담긴 우유와 물과 같으며, 한 장소에서 연주되는 금과 석으로 된 악기와 같다.[8]

위의 인용문에서 시와 선의 밀접한 상호관련성은 '한 그릇에 담긴 우유와 물, 한 장소에서 연주되는 금과 석으로 된 악기'에 비유되어 설명된다. 선적 체험, 선이 추구하는 경지 등이 시적 체험, 시가 추구하는 시적 경계 등과 서로 동일한 이치로 설명될 수 있는 것이다.

또한 청나라 때의 왕사정(王士禎)은 시선상동(詩禪相同)의 관점에서 신운설(神韻說)을 주창하였다.

> 엄우가 선에다가 시를 비유한 것이 나의 마음에 꼭 들었는데, 오언시가 특히 선에 가깝다. 예컨대 왕유가 배적과 함께 망천에서 노닐면서 지은 〈망천절구(輞川絶句)〉는 글자마다 선이 담겨져 있다. '비에 산열매 떨어지고 등불 아래 풀벌레 우는구나' 등등의 시구는 오묘한 진리를 담고 있는 표현들로서, 석가모니가 꽃을 집어

---

8 李鄴嗣, 〈慰弘禪師集天竺語詩序〉, 《杲堂文鈔》 권2. "迦葉見華破顔, 此卽尊者妙解之文也, 而不得耑謂之禪. 天竺菩提謂諸門人曰: '汝得吾肉, 汝得吾髓', 此卽西來傳宗之文也, 而不得耑謂之禪. 盧行者, 非樹非臺, 此卽曹溪轉句之文也, 而不得耑謂之禪. 試屈從上諸祖作有韻之文, 定當爲世外絕口昌. 卽如唐人妙詩, 若游明禪師西山蘭若詩, 此亦孟襄陽之禪也, 而不得耑謂之詩. (…) 是則詩之於禪, 誠有可投水乳於一盂, 奏金石於一室者也."

> 들자 가섭이 미소를 지은 것과 조금의 차이도 없다. 이러한 것을 이해할 수 있는 사람이라면 상승이라고 할 수 있다.[9]

앞서 예로 들었던 인용문과 위의 인용문을 통해 우리는 시와 선을 동일하다고 보는 관점이 그 근거를 외재적 표현—선어(禪語)와 시구—에서 찾는 것이 아니라, 그 둘의 내재적 근본성에서 찾고 있음을 알 수 있다. 시인의 내심에서 획득된 시적 감수는 선가에서 좌정에 든 심적 상태와 동일한 성질을 지니고 있다는 점이다. 단지 선사는 이러한 내면의 상태를 선어를 사용하여 표현하고, 시인은 시구를 운용하여 표현한다는 차이점만 있을 뿐이다. 이런 점에서 시와 선은 본질상 동일한 것이다.

3. 엄우의《창랑시화》에 있어 묘오와 숙참의 문제

《창랑시화》의 가장 중요한 두 논점은 '흥취설(興趣說)'과 '묘오설(妙悟說)'이다. 이 두 논점은 기본적으로 '시란 무엇인가?', '산문 및 여타 예술 장르와 구별되는 시의 독특한 특징은 무엇인가?' 등의 문제와 관련된다. 먼저 흥취설과 관련된 부분을 들어 본다.

> 대개 시에는 특별한 재능이 있으니 책과 관계 있는 것이 아니다. 시에는 특별한 흥취가 있으니 이치와 관계 있는 것이 아니다. 그러나 책을 많이 읽고 이치를 많이 궁구하지 않으면 시의 지극한 경지에 이를 수 없다. 이른바 이치의 길에 얽매이지 않고 언어의 통발에 빠지지 않는 것이 최상이다. 시는 사람의 성정을 읊는 것이다. 성당의 많은 시인들은 오직 흥취에 힘을 쏟았으니, 영양이 뿔을 나무에 걸어놓은 것처럼 자취를 찾을 수 없다. 그러므로 그들 시의 오묘함은 투철 영롱하지

9 王士禎,《帶經堂詩話》, 권3. "嚴滄浪以禪喻詩, 余心契其說, 而五言尤爲近之. 如王裵輞川絕句, 字字入禪. 他如雨中山果落, 燈下草蟲鳴, 明月松間照, 清泉石上流 (…) 妙諦微言, 與世尊拈花, 迦葉微笑, 等無差別. 通其解者, 可語上乘."

만 가까이서 붙잡을 수 없다. 마치 공중의 소리와 같으며, 외형의 색깔과 같고, 물 속에 비친 달과 거울 속의 형상과 같아서, 언어는 다했어도 의미는 다함이 없다.[10]

'시에는 특별한 재능과 특별한 흥취가 있어야 한다(詩有別材, 詩有別趣)'고 하는 흥취설은 시의 예술적 본질 및 그 특징에 대한 문제를 다루고 있다. "시란 무엇인가?" "뛰어난 시 작품은 어떠한 심미적 특징을 갖추고 있어야 하는가?" 등의 물음을 해결하는 데에 중점이 놓여져 있다.[11]

여기서 별재(別才)는 시인의 특수한 예술적 재능으로서, 외부 세계를 예술적으로 감수, 인식, 표현하는 능력을 말한다. 외부 대상, 세계를 예민하게 느끼고 포착하여 심미적 특징을 갖춘 작품을 창작해 내는 특수한 재능이다. 별취(別趣)는 특수한 정취, 심미적 흥취 혹은 취향 등으로 이해되는 바, 시 작품이 엄밀한 논리, 추론, 의론에 의지하는 저술과 달리 예술적 형상에 기탁된 정취를 통해 독자를 흡인, 감동시켜 미적 감흥을 일으키게 하는 것을 말한다.

이러한 흥취의 특징은 영양이 뿔을 걸어 두어 찾을 수 없다고 하는 불교의 비유에서 찾을 수 있다. 즉, 언어, 사상, 정감, 정취가 하나로 혼연일체가 되어 함축미를 갖춘 것이다. 그것은 특정한 경물과 하나로 합쳐져 경물 속에 용해되어 있는 성정이기 때문에 사물에 따라 변화무상하며 직접적으로 표시되지 않다. 달리 설명한다면, 시의 예술적 형상은 하나의 혼연한 전체로서 존재한다. 사(詞, **언어 형식**), 이(理, **사상 내용**), 의(意, **시의 예술적 형상이 함축하고 있는 풍부한 정취**), 흥(興, **무한한 함축적 여운을 갖춘 예술적 특징 및 예술적 운치**)는 독립적으로 존재할 수 없으며, 반드시 하나의 전체 속에 통

10 嚴羽, 〈詩辨〉, 《滄浪詩話》. "夫詩有別材, 非關書也. 詩有別趣, 非關理也. 然非多讀書, 多窮理, 則不能極其至. 所謂不涉理路, 不落言筌者, 上也. 詩者, 吟詠情性也. 盛唐諸人, 惟在興趣, 羚羊掛角, 無跡可求. 故其妙處, 透徹玲瓏, 不可湊泊, 如空中之音, 相中之色, 水中之月, 鏡中之象, 言有盡而意無窮. 近代諸公, 乃作奇特解會, 遂以文字為詩, 以才學為詩, 以議論為詩. 夫豈不工, 終非古人之詩也. 蓋於一唱三歎之音, 有所歉焉. 且其作多務使事, 不問興致, 用字必有來歷, 押韻必有出處, 讀之反覆終篇, 不知着到何在."

11 顧易生 外, 《宋金元文學批評史(上)》(上海 : 上海古籍出版社, 1996), 379-384면 참조.

합, 융해된 경계에 이르러야 한다.

이러할 때 예술 작품은 "공중의 소리, 물 속에 비친 달(空中之音, 水中之月)"과 같이 드러낸 듯 숨은 듯 하면서 느낄 수 있되 실체를 규명할 수 없는 감각을 사람에게 주어 '말은 다하였으나 뜻은 다함이 없는(言有盡而意無窮)' 예술적 효과를 얻게 한다. "공중의 소리와 같으며, 외형의 색깔과 같고, 물 속에 비친 달과 거울 속의 형상" 등의 비유는 선종의 이치를 가지고 시를 비유한 말로서, 시의 예술적 형상이 통합, 융해된 이후 독자에게 주는 심미적 효과를 가리키는 것이다. 즉, 시인의 감정이 예술적 형상에 융해된 후 산출된, 함축적이며 은미하며 완곡한 미적 특징을 말하는 것이다.

이와 관련해 청나라 때 신운설의 대표적 인물인 왕사정은 다음과 같이 말한 바 있다.

> 엄우가 말한 '거울 속에 비친 꽃', '물 위에 비친 달'과 같은 말은 모두 선종의 이치로 시를 비유한 것이다. 불경에서 말하는 '붙어 있지도 않고 떨어져 있지도 않다', '달라붙지도 않고 떨어져 있지도 않다'는 말과 같은 뜻이며, 조동종에서 말하는 '활구(活句)를 숙참(熟參)하라'는 말에 해당한다.[12]

이상이 엄우가 말한 흥취설의 대강이다. 그러면 흥취와 묘오는 어떤 관계에 있는가?

> 선가의 유파에는 대승과 소승이 있으며, 남종과 북종이 있고, 사도(邪道)와 정도(正道)가 있다. 배우는 사람은 반드시 최상승(最上乘)을 따르며, 정법안(正法眼)을 갖추고, 제일의(第一義)를 깨달아야 한다. 소승선(小乘禪)과 성문(聲聞), 벽지과(辟支果) 등은 모두 올바른 것이 아니다. 시를 논하는 것은 선을 논하는 것과 같다. 한, 위진, 성당의 시는 제일의이다. 대력 연간 이후의 시는 소승선으로, 이미 제이의로 떨어졌다. 만당의 시는 성문, 벽지과이다. 한, 위진과 성당의 시를 배우는 이

---

12 王士禎, 《師友詩傳錄》. "嚴儀卿所謂如鏡中花, 如水中月 (…) 皆以禪理喩詩, 內典所云不卽不離, 不粘不脫, 曹洞宗所云參活句是也." 郭紹虞 校釋, 《滄浪詩話》, 김해명 외 공역(소명출판, 2001), 93면 재인용.

는 임제(臨濟)의 문하이며, 대력 연간 이후의 시를 배우는 이는 조동(曹洞)의 문하이다. 대개 선은 오직 묘오에 달렸으며, 시 또한 묘오에 달렸다. 또한 맹호연은 학문의 수준이 한유보다 훨씬 못하였지만 그의 시만은 한유보다 뛰어난 것은 한결같이 묘오 때문이다. 오직 깨달음만이 마땅히 할 일이며, 본연의 것이다.[13]

시를 창작, 감상하는 활동은 흔히 선승이 득도하는 과정에 비유되곤 하였다. 유한한 문자로 무궁한 의미를 표현하거나 작품의 문면을 통해 작품 밖의 함축적 여운을 체험하는 것은 작가나 독자의 직관력(悟)을 필요로 한다는 점에서 시와 선의 일치를 언급하곤 하였다.

묘오라는 개념은 당송 시대 때 선종에서 항용 사용하던 용어였다. 문학 영역에서는 엄우에 이르러 본격적으로 문학창작과 감상의 핵심 개념으로 사용되었지만, 그 이전에 이미 회화 영역에서 예술창작의 주요 개념으로 사용된 바 있다. 엄우가 이해한 묘오의 개념에는 송나라 때 임제종의 종고선사(宗杲禪師)의 영향이 있다. 엄우는 이렇게 말한 바 있다.

묘희(妙喜)는 스스로 참선에 있어 달인이라고 하였는데, 저 역시 스스로 시 공부의 달인이라고 말하겠습니다. 일찍이 이우산(李友山)에게 고금 시인들에 대해 논한 것을 보여 주었는데, 저의 분석이 치밀한 것을 보고 칭찬해 주셨습니다. 이에 따라 제가 이렇게 말했습니다. '내가 시를 논한 것은 나타태자(那吒太子)가 뼈를 추려 아버지에게 돌려주고 살을 추려 어머니에게 돌려준 것과 같다.' 우산은 내 말에 깊이 공감했다.[14]

묘희는 송나라 임제종의 종고선사(1089-1163)를 가리킨다. 묘오를 크게

---

13 嚴羽, 〈詩辨〉, 《滄浪詩話》. "禪家者流, 乘有小大, 宗有南北, 道有邪正. 學者須從最上乘, 具正法眼, 悟第一義. 若小乘禪, 聲聞辟支果, 皆非正也. 論詩如論禪, 漢魏晉與盛唐之詩, 則第一義也. 大曆以還之詩, 則小乘禪也, 已落第二義矣. 晚唐之詩, 則聲聞辟支果也. 學漢魏晉與盛唐詩者, 臨濟下也. 學大曆以還之詩者, 曹洞下也. 大抵禪道惟在妙悟, 詩道亦在妙悟. 且孟襄陽學力下韓退之遠甚, 而其詩獨出退之之上者, 一味妙悟而已. 惟悟乃為當行, 乃為本色."

14 嚴羽, 〈答出繼叔臨安吳景僊書〉, 《滄浪詩話》. "妙喜自謂參禪精子, 僕亦自謂參詩精子. 嘗謁李友山論古今人詩, 見僕辨析毫芒, 每相激賞, 因謂之曰 : '吾論詩, 若那吒太子, 析骨還父, 析肉還母.' 友山深以爲然."

역설했던 그는 "세간의 문장 기예도 깨달음이 있은 다음에야 정묘함을 얻을 수 있다. 하물며 출세간법에 있어서랴!"[15]라고 말한 바 있다. 묘오에 대한 그의 견해는 엄우의 《창랑시화》에 영향을 준 것으로 생각된다. 문학예술론상에 묘오의 개념을 엄우가 처음 사용한 것이 아니며, 선종에서 빌려온 것이었지만, 엄우는 묘오 개념을 활용하여 새로운 이론 체계를 세웠다고 할 수 있다. 그에게 있어 엄우는 예술 창작과 감상의 가장 근본적 방법이요 통로였으며, 다른 방법과 통로를 통해서는 예술 창작과 감상의 최고 경계에 이를 수 있는 가능성을 배제하였다.[16]

엄우가 말하는 '묘오'는 영감이 아니다. 그것은 육기(陸機)가 말한 '와도 막을 수 없고, 가도 제지할 수 없는(來不可遏, 去不可止) 영감과도 다르고, 유협(劉勰)이 말한 신사(神思)의 개념과도 다르다. 그것은 비이성적 비합리적 심미체험으로, 앞선 시대의 훌륭한 시작품을 오랫동안 감상하고 학습하는 과정에서 자연스럽게 융회관통하는 현상을 말한다.[17] 선의 이치를 빌려 시 창작과 감상의 특징을 설명하는 방식은 엄우의 《창랑시화》 이전에도 물론 있었지만, 엄우에 이르러 체계적이며 완정한 이론 체계 속에서 논의가 이루어졌다.

위의 인용문에서 엄우는 "선은 오직 묘오에 달렸으며, 시 또한 묘오에 달렸다"고 하거나, "오직 깨달음만이 마땅히 할 일이며, 본연의 것이다"라고 하여, 시 창작 및 감상에 있어 묘오가 핵심적 관건의 하나임을 분명하게 밝혔다.

앞서 우리는 《창랑시화》의 이론 체계의 중심 개념으로 흥취와 묘오를 언급한 바 있다. 엄우가 생각한 묘오의 개념 함의는 무엇이며, 묘오와 흥취는 어떤 관계에 있는가? 결론을 먼저 말한다면, 흥취는 시의 예술적 형

---

15 大慧宗杲, 《大慧普覺禪師語錄》, 권 18. "世間文章技藝, 尙要悟門, 然後得其精妙. 況出世間法." 朱良志, 《大音希聲 : 妙悟的審美考察》(南昌: 百花洲文藝出版社, 2005), 9면에서 재인용.

16 朱良志, 《大音希聲 : 妙悟的審美考察》(南昌: 百花洲文藝出版社, 2005), 9-10면.

17 李銳淸, 《滄浪詩話的詩歌理論硏究》(香港: 中文大學出版社, 1992), 118-119면.

상에 함축된 정취, 운치로서, 시인이 추구하여 도달코자 하는 미학 목표이며, 묘오는 시인이 흥취를 파악하는 핵심적 관건으로, 시 창작과 감상의 올바른 길이다. 흥취설이 '산문과 구별되는 시의 본질은 무엇이며, 뛰어난 작품은 어떠한 미적 특징을 갖고 있는가'라는 물음에 초점이 놓여져 있다면, 묘오설은 "어떻게 해야 정확하게 시 창작과 감상의 길을 찾을 수 있는가?"라는 물음에 초점이 놓여져 있다.

여기서 핵심 개념인 묘오는 불교어로서, 마음으로 체득하고 말로 전할 수 없는 깨달음을 말한다. 자신의 사색과 체험을 통해 깨달음을 가리키는데, 교종에서는 점진적 수행을 거친 뒤 득도에 이르는 점수의 방법을, 선종에서는 좌선을 통한 순간적 깨달음을 강조한다. 엄우가 말한 묘오는 이 두 가지의 함의를 다 지니고 있다.

그동안 묘오의 개념에 대해 학자들은 영감, 형상 사유, 예술적 직각 등으로 해석해 왔다. 먼저 묘오는 창작의 측면에서 보았을 때 상상과 연상 등의 과정을 거쳐 예술적 형상과 경계를 창조해 내는 시 창작의 특징을 파악하는 것을 의미한다. 어떻게 예술적 형상을 포착하고 창조해 내는가, 언어와 내용과 흥취를 어떻게 조화시켜 예술적 의경을 창조해 내는가 등이 여기에 해당된다. 다른 한편 묘오는 학습 감상의 측면에서, 언어 문자를 통해 표현된 예술적 형상을 체득하고 음미하는 것, 그리고 그러한 형상을 통해 그 배후에 숨어 있는 함의를 꿰뚫어 체험하는 것을 가리킨다. 더 나아가 앞 시대의 우수한 작품이 도달한 최고 경지를 이해하고 파악하여, 앞 시대의 예술 창작상의 특징과 경험을 장악하는 것까지를 포괄한다.[18]

묘오는 심미적 파악 방식이며, 예술 사유 방식의 최고 층위에 속한다. 시의 흥취와 기타 예술적 특질을 체험하는 것은 참선을 통해 불교의 진리를 깨치는, 일종의 인식상의 비약과 같다. 논리, 추론, 분석 등이 위주가 된 학술 저작 활동과 달리, 시 창작 및 감상에는 직각적 사유의 비이성적

18 顧易生 外, 《宋金元文學批評史(上)》(上海: 上海古籍出版社, 1996), 405-411면 참조.

요소를 동반하기 마련이다. 그러한 점에서는 엄우는 학력(學力)과의 구별 속에서 묘오를 논하고 있다.

엄우는 당나라 때 시인의 한 사람인 맹호연이 한유에 비하여 학문적 역량에서는 뒤졌지만, 시의 예술적 성취에 있어서는 한유를 능가하였다고 평하였다. 그 근거를 엄우는 묘오에서 찾았다. 심오한 철학, 학식이 아니라 눈앞에 펼쳐진 사물에 자신의 마음을 투영하는 풍부한 정서와 그 사물을 마주했을 때 느낀 정서를 선명하게 드러낼 수 있는 특별한 능력과 체험이 중요하다. 학력은 학문을 연구하는 공력으로, 인지에 속하는 이성적 사고의 범주이다. 이에 비해 묘오는 학력의 연속이 아니라, 학력과 오히려 구별되는 특별한 심리활동 방식이다. 이러한 점에서 엄우는 일단 선명하고 분명하게 심미와 인지의 경계를 구획하고 있으며, 시의 흥취를 파악하기 위해서는 묘오와 같은 심리 체험에 의지해야 한다고 주장하였다. 이 점에서 묘오는 창작 주체가 흥취를 파악하는 관건이라고 할 수 있으며, 시 창작 및 감상에 있어 지름길이요 정도라고 엄우는 생각하였다.

여기서 한 가지 더 언급할 점은 묘오와 숙참(熟參)의 관계이다. 엄우는 작품에 대한 숙독과 풍영이라는 심미 체험과의 연계 속에서 묘오를 논하였다. 논리적 이성적 사고의 범주에 속하는 학(學)과 달리, 묘오는 예술 작품에 대한 음미의 과정을 통한 심미적 초월이다. 엄우는 시 창작 및 감상에 있어 돌연한 비약과 체험을 강조하고 있지만, 묘오는 예술 작품을 감상하는 평소 학습과 경험의 축적을 전제로 하고 있다. 엄우는 앞 시대의 우수한 작품을 읽고 감상할 때에 천천히 음미하고 숙독하며 읊조리는 과정을 거쳐야 한다고 생각하였다. 그러한 점에서 묘오는 단시간에 이르는 것이 아니라 오랜 축적 위에 가능하다.

> 시험 삼아 한위 시대의 시를 충분히 참고하고, 다음에 진송(晉宋)의 시를 충분히 참고하며, 다음으로 남북조의 시를 충분히 참고하고, 그 다음에는 심전기, 송지

> 문, 왕발, 양형, 노조린, 낙빈왕, 진습유의 시를 충분히 참고하며, 다음에는 이백과 두보 두 사람만의 시를 충분히 참고하고, 아울러 대력십재자(大曆十才子)의 시를 충분히 참고하고, 원화 연간의 시를 충분히 참고하며, 또한 만당의 여러 작가들의 시를 충분히 참고하고 본조의 소식과 황정견 이하 여러 시인들의 시를 충분히 참고한다면, 참으로 시비는 저절로 드러나게 된다. 만약 이렇게 하였는데도 시비를 보지 못한다면 그것은 바로 야호선(野狐禪)으로, 참된 식견이 가려진 것이니 약으로도 고치지 못하며 끝내 깨닫지 못할 것이다.[19]

묘오의 경지에 이르기 위해서는 평소의 '숙참(熟參)'이 필요하다. 여기서 '참(參)'은 심미 체험을 가리키는 중요한 개념의 하나로, 고요히 생각하며 말 밖의 오묘한 진리를 체득하는 참선의 '참'에서 유래하였다. 독자가 예술 작품에 깊이 침잠하여 미적 특징을 체험하는 것이다. 이러한 심미 체험은 특정 작가의 작품에만 한정되는 것이 아니라, 역대의 각종 문학유파와 중요 작가의 작품을 숙독하고 상호 비교하며 음미하는 과정을 통해 '변식(辨識)' 능력을 기르는 데로 나아간다.

이와 관련하여 엄우는 "무릇 시를 배우고자 하는 사람은 식견을 근본으로 삼아야 하는데, 배움의 시작을 올바르게 하고, 뜻을 높이 세워야 한다. 한, 위진, 성당을 스승으로 삼고, 개원과 천보 이후의 시인을 그 대상으로 하지 않는다"[20]고 말한 바 있다. 여기서 '식(識)'은 식별, 견식을 뜻하는 용어로, 사물에 대한 인식, 이해, 파악 능력을 가리킨다. 엄우는 각 시대 및 시인의 풍격을 변별하여 파악하는 능력을 갖추지 않으면 작품의 우열을 구분할 수 없어 시 창작 및 감상의 올바른 학습의 길을 찾을 수 없다고 생

19 嚴羽, 〈詩辨〉, 《滄浪詩話》. "吾評之非僭也, 辯之非妄也. 天下有可廢之人, 無可廢之言. 詩道如是也. 若以為不然, 則是見詩之不廣, 參詩之不熟耳. 試取漢魏之詩而熟參之, 次取晉宋之詩而熟參之, 次取南北朝之詩而熟參之, 次取沈宋王楊盧駱陳拾遺之詩而熟參之, 次取開元天寶諸家之詩而熟參之, 次獨取李杜二公之詩而熟參之, 又盡取晚唐諸家之詩而熟參之, 又取本朝蘇黃以下諸家之詩而熟參之, 其真是非自有不能隐者. 儻猶於此而無見焉, 則是野狐外道, 蒙蔽其真識, 不可救藥, 終不悟也."

20 嚴羽, 〈詩辨〉, 《滄浪詩話》. "夫學詩者以識為主, 入門須正, 立志須高, 以漢魏晉盛唐為師, 不作開元天寶以下人物."

각하였다. '식'에 대한 강조는 독자들로 하여금 고도의 비평 감상 능력을 갖추도록 요구한다. 작품이 창조한 예술적 경계를 음미하고 완상하는 '숙참'의 심미적 체험이 오래 반복되고 숙성될 때 묘오의 경지에 도달할 수 있다고 엄우는 생각하였다. 묘오는 숙참의 점진적 과정을 통해 획득되는 결과인 셈이다.

4. 마무리

시는 인간 심리의 미묘한 움직임을 포착하고, 삶과 세계의 진실을 통찰한다. 이를 위해 시인에게는 풍부한 상상력과 감수성, 그리고 직관력이 요구된다. 그것은 이성적, 논리적 학습의 과정과 일정 정도 구분되는 영역이다. 선(禪)은 돈오무심의 체험이다. 내가 나를 잊어 나도 없고 물도 없는 자리, 일체의 경계가 모두 허물어지고 난 텅 빈 허공이 바로 선의 세계이다. 그렇기 때문에 선을 수행하는 과정은 온갖 잡념을 떨쳐 버리고 분별적 사유를 떠나 고요한 가운데 진리의 본체에 이르러 나와 우주 등 일체의 존재의 본질을 직관하는 것을 말한다.[21] 시와 선의 이러한 점에 주목할 때 그 둘은 매우 유사한 특징을 공유하고 있다고 할 수 있다.

엄우는 《창랑시화》에서 선종의 용어와 이치를 빌려와 시 창작 및 감상의 기본 원리를 해명하고자 하였다. 그 핵심 개념은 '묘오'와 '숙참(熟參)'이었다. 엄우는 이들 선종의 용어와 개념을 적절히 활용하여 체계적이며 완정한 이론 체계 속에서 시 창작 및 감상의 제반 문제를 설명하였다. 시와 선의 관계에 대한 세 가지 유형 가운데 엄우의 기본 관점은 그 둘의 관계를 비유적 유추로 설명하고자 한 것이었다. 시란 무엇인가? 시는 어떻게 창작, 감상해야 하는가 등등 시 창작 및 감상의 기본 원리와 방법을 이론

21 入矢義高, 《禪과 문학》, 신규탁 역(장경각, 1993), 79-94면 참조.

적으로 설명하기 위한 방편으로서 선종의 용어와 개념을 적절하게 빌려와 활용하였다. 엄우 이전에도 묘오는 사용되었지만, 엄우에 이르러서야 비로소 시 창작 및 감상의 핵심적 본질적 방법 및 통로로서 묘오를 적극적으로 운용하고 있다는 점에서 문예이론사적 의의를 찾을 수 있다.

참고문헌

1. 자료

姜世晃.《豹菴遺稿》. 한국정신문화연구원, 1979.

姜彝天.《重庵稿》. 규장각 소장본.

桂德海.《鳳谷桂察訪遺集》. 규장각 소장본.

權常愼.《西漁遺稿》. 규장각 소장본.

權攇.《震溟集》. 민창문화사, 1994.

《近畿實學淵源諸賢集》. 성균관대 대동문화연구원, 2002.

金鑢.《藫庭遺稿》. 한국문집총간, 289.

金履陽.《金履陽文集》. 국립중앙도서관 소장본.

金萬重.《西浦集》. 경인문화사, 1974.

______.《西浦集》. 한국문집총간, 148.

金錫胄.《息庵遺稿》. 한국문집총간, 145.

金安國.《慕齋集》. 한국문집총간, 20.

金允植.《續陰晴史》. 국사편찬위원회, 1969.

______.《雲養續集》. 한국문집총간, 328.

金履陽.《金履陽文集》. 국립중앙도서관 소장본.

金正喜.《阮堂集》. 한국문집총간, 301.

金祖淳.《楓皐集》. 한국문집총간, 289.

林熒澤 編.《李朝後期 閭巷文學叢書》. 여강출판사, 1986.

金昌協.《農巖集》. 한국문집총간, 162.

金昌翕.《三淵集》. 한국문집총간, 165.

金澤榮.《金澤榮全集》. 아세아문화사, 1978.

______.《韶濩堂文集》. 한국문집총간, 347.

金民澤.《竹軒集》. 한국문집총간속, 62.

金春澤.《蘆山醉筆》. 종로도서관 소장본.

______.《飜諺南征記》. 개인 소장본.

______.《北軒居士集》. 한국문집총간, 185.

______.《北軒遺稿》. 국립중앙도서관 소장본.

______.《靑氈舊業》. 국립중앙도서관 소장본.

南公轍.《金陵集》. 한국문집총간, 272.

盧湛.《關聖帝君聖蹟圖誌全集》. 고려대 소장본.

文漢命 註解.《後歎先生訂正註解 西廂記》. 정용수 역. 국학자료원, 2006.

朴珪壽.《瓛齋集》. 한국문집총간, 312.
朴殷植.《朴殷植全書》. 단국대 동양학연구소, 1975.
朴齊家.《貞蕤閣全集》. 한국문집총간, 261.
朴宗采.《過庭錄》. 한국한문학연구, 6 · 7집
朴趾源.《孔雀館集》. 일본 천리대도서관 소장본.
______.《煙湘閣集》. 후손가 소장본.
______.《燕巖集》. 한국문집총간, 252.
徐榮輔.《竹石館遺集》. 한국문집총간, 269.
______.《秋潭小藁》. 규장각 소장본.
徐有榘.《金華知非集》. 한국문집총간, 288.
______.《毛詩講義》. 日本大阪府立中之島圖書館 소장본.
成大中.《青城集》. 한국문집총간, 248.
成海應.《研經齋全集》. 한국문집총간, 273.
宋伯玉.《東文集成》. 영진문화사, 1992.
宋持養.《朗山文稿》. 규장각 소장본.
申觀浩.《申觀浩詩文集》. 규장각 소장본.
申光洙.《石北集》. 한국문집총간, 231.
申錫愚.《海藏集》. 한국문집총간속, 127.
申緯.《警修堂全藁》. 한국문집총간, 291.
申維翰.《青泉集》. 한국문집총간, 200.
申綽.《石泉遺稿》. 한국문집총간, 279.
申靖夏.《恕菴集》. 한국문집총간, 197.
申佐模.《澹人集》. 규장각 소장본.
申欽.《象村稿》. 한국문집총간, 72.
沈樂洙.《恩坡散稿》. 규장각 소장본.
沈翼雲.《百一集》. 규장각 소장본.
安錫儆.《雪橋集》. 아세아문화사, 1985.
______.《雪橋集》. 한국문집총간, 233.
安鼎福.《順菴文集》. 한국문집총간, 229.
安重觀.《悔窩集》. 한국문집총간속, 65.
吳光運.《藥山漫稿》. 한국문집총간, 210.
吳世昌.《槿域書畵徵》. 아세아문화사, 1981.
元景夏.《蒼霞集》. 한국문집총간속, 76.
魏伯珪.《存齋集》. 한국문집총간, 243.
柳得恭.《泠齋集》. 한국문집총간, 260.
俞晩柱.《通園稿》. 규장각 소장본.
______.《欽英》. 규장각 소장본.
柳夢寅.《於于集》. 한국문집총간, 63.

俞彦鎬.《燕石》. 한국문집총간》247.
俞漢雋.《自著》. 한국문집총간》249.
尹光心 編.《并世集》. 국립중앙도서관 소장본.
李家煥.《詩文艸》. 국립중앙도서관 소장본.
李匡師.《圓嶠集》. 한국문집총간》221.
李圭景.《詩家點燈》. 아세아문화사, 1981.
李奎報.《東國李相國集全集》. 한국문집총간, 1.
李奎象.《一夢稿》.《韓山世稿》. 고려대 소장본.
李德懋.《靑莊館全書》. 한국문집총간, 258.
______.《國譯 靑莊館全書》. 민족문화추진회, 1978.
李晩秀.《屐園遺稿》. 한국문집총간, 268.
李鳳煥.《雨念齋文鈔》. 규장각 소장본.
李睟光.《芝峰類說》. 남만성 역. 을유문화사, 1975.
______.《芝峰集》. 한국문집총간, 66.
李是遠.《沙磯集》. 한국문집총간, 302.
李植.《澤堂集》. 한국문집총간, 88.
李亮淵.《臨淵堂集》. 규장각 소장본.
李彦瑱.《松穆館燼餘稿》. 한국문집총간, 252.
李鈺.《藝林雜佩》. 국립중앙도서관 소장본.
李用休.《惠寰雜著》. 국립중앙도서관 소장본.
______.《惠寰詩集》. 국립중앙도서관 소장본.
______.《惠寰詩鈔》. 국립중앙도서관 소장본.
______.《惠寰集鈔》. 고려대 소장본.
______.《탄만집》. 규장각 소장본.
______.《諸子鈔選》. 장서각 소장본.
李義肅.《頤齋集》. 한국문집총간속, 93.
李珥.《栗谷全書》. 한국문집총간, 44.
李瀷.《星湖全書》. 여강출판사, 1984.
李麟祥.《凌壺集》. 한국문집총간, 225.
李廷燮.《樗村集》. 규장각 소장본.
李定稷.《石亭集》. 고려대 소장본.
李天輔.《晋庵集》. 한국문집총간, 218.
李忠翊.《椒園遺藁》. 한국문집총간, 255.
李夏坤.《頭陀草》. 한국문집총간, 191.
______.《先世遺事》. 국립중앙도서관 소장본.
李學逵.《洛下生集》. 한국문집총간, 290.
______.《洛下生全集》. 아세아문화사, 1985.
李獻慶.《艮翁集》. 한국문집총간, 234.

李賢輔.《聾巖集》. 한국문집총간, 17.
李滉.《退溪集》. 한국문집총간, 29.
林椿.《西河集》. 한국문집총간, 1.
張維.《谿谷集》. 한국문집총간, 92.
____.《而已广集》. 한국문집총간, 270.
____.《詩宗》. 고려대 소장본.
鄭來僑.《浣巖集》. 한국문집총간, 197.
丁範祖.《海左集》. 한국문집총간, 239.
鄭士龍.《湖陰雜稿》. 한국문집총간, 25.
丁若鏞.《與猶堂全書》. 한국문집총간, 281.
鄭元容.《經山集》. 한국문집총간, 300.
鄭寅普.《薝園鄭寅普全集》. 연세대출판부, 1983.
正祖.《弘齋全書》. 한국문집총간, 262.
鄭芝潤.《夏園詩抄》. 한국문집총간, 312.
趙瞰.《荷棲集》. 한국문집총간, 245.
趙龜命.《東谿集》. 한국문집총간, 215.
趙斗淳.《心庵遺稿》. 한국문집총간, 307.
趙冕鎬.《玉垂先生集》. 규장각 소장본.
趙秀三.《秋齋集》. 한국문집총간, 271.
趙榮祏.《觀我齋稿》. 한국정신문화연구원, 1984.
趙寅永.《雲石遺稿》. 한국문집총간, 299.
趙熙龍.《石友忘年錄》. 개인 소장본.
______.《壽鏡齋海外赤牘》. 국립중앙도서관 소장본.
趙熙龍.《趙熙龍全集》. 실시학사 고전문학연구회 역주. 한길아트, 1999.
崔成大.《杜機詩集》.《한국문집총간속》70.
崔瑆煥.《性靈集》. 국립중앙도서관 소장본.
______.《太上感應篇圖說》. 고려대 소장본.
______.《覺世新編八鑑常目》. 고려대 소장본.
______.《顧問備略》. 서강대 인문과학연구소, 1984.
______.《陶水部先生增損當官功過格》. 규장각 소장본.
崔昭.《荊庵文略》. 규장각 소장본.
韓國漢文學研究會 編.《崇文聯芳集》. 탐구당, 1975
許筠.《惺所覆瓿藁》. 한국문집총간, 74.
____.《許筠全書》. 아세아문화사, 1980.
許穆.《記言》. 한국문집총간, 98.
許維.《夢緣錄》. 林明德 編.《韓國漢文小說全集》. 臺北: 中華民國中國文化學院, 1980.
____.《小痴實錄》. 김영호 역. 서문당, 1976.
洪敬謨.《冠巖全書》. 한국문집총간속, 113.

洪敬謨.《始有集》. 규장각 소장본.
______.《耘石山人文選》. 규장각 소장본.
______.《耘石外史》. 규장각 소장본.
洪奭周.《淵泉全書》. 오성사, 1984.
______.《淵泉集》. 한국문집총간, 293.
洪世泰.《柳下集》. 한국문집총간, 167.
洪樂仁.《安窩遺稿》. 한국문집총간속, 99.
洪良浩.《耳溪集》. 한국문집총간, 241.
______.《耳溪洪良浩全書》. 민족문화사, 1982.
洪祐健.《原泉集》. 고려대 소장본.
洪直弼.《梅山集》. 한국문집총간, 295.
洪翰周.《智水拈筆》. 아세아문화사, 1989.
______.《海翁詩文稿》. 규장각 소장본.
洪顯周.《玉壺消夏集》. 고려대 소장본.
黃胤錫.《頤齋遺稿》. 한국문집총간, 246.
黃玹.《梅泉集》. 한국문집총간, 348.

《朝鮮黨爭關係資料集》. 여강출판사, 1983.
《韓國古典批評資料集》. 계명문화사, 1988.
鄭珉 李鍾殷 共編.《韓國歷代詩話類編》. 아세아문화사, 1988.
趙鍾業 編.《韓國詩話叢編》. 동서문화원, 1989.

呂祖謙.《古文關鍵》. 臺北: 鴻學出版事業有限公司, 1989.
方東樹.《昭昧詹言》. 北京: 人民文學出版社, 1984.
馮書耕.《古文通論》. 臺灣: 國立編譯館中華叢書編審委員會, 1979.
金聖嘆.《金聖嘆全集》. 上海: 上海古籍出版社, 1985.
霍松林 編.《西廂彙編》. 山東文藝出版社, 1987.
何文煥 編.《歷代詩話》. 臺北: 藝文印書館, 1956.
郭紹虞 編.《中國歷代文論選》. 上海: 上海古籍出版社, 1981.
______ 校釋.《滄浪詩話》. 北京: 人民文學出版社, 1983.
______ 校釋.《滄浪詩話》. 김해명 이우정 역. 소명출판, 2001.
國立編譯館 編.《中國文學批評資料彙編》. 臺北: 成文出版社, 1978.
臺靜農 編.《百種詩話類編》. 臺北: 藝文印書館, 1974.
北京大學哲學系美學教研室 編.《中國美學史資料選編》. 北京: 中華書局, 1982.
于民 孫通海 選注.《宋元明美學名言名篇選讀》. 長春: 吉林人民出版社, 1991.

2. 논저

강경범. 〈원굉도 상정 연구〉. 《중국문학연구》 24. 한국중문학회, 2002.
강관식. 〈관아재 조영석 화학고(상)〉. 《미술자료》 44. 국립중앙박물관, 1989.
강명관. 〈허균과 명대문학〉. 《민족문학사연구》 13. 민족문학사학회, 1998.
______. 〈이덕무와 공안파〉. 《민족문학사연구》 21. 민족문학사학회, 2002.
______. 〈연암시대의 양명좌파 수용〉. 《대동한문학》 23. 대동한문학회, 2005.
강민구. 〈서암 신정하의 문학론에 대한 연구〉. 《한국한문학연구》 25. 한국한문학회, 2000.
고미숙. 〈조선후기 민족어문학론의 전개양상〉. 정규복 외. 《김만중 문학 연구》. 국학자료원, 1993.
고연희. 《조선후기 산수기행예술연구》. 일지사, 2001.
김경미. 〈박제가 시의 연구〉. 연세대 박사학위논문, 1991.
김길락. 〈한국양명학과 근대정신〉. 《양명학》 2. 한국양명학회, 1998.
______. 〈백암 박은식의 양명학과 근대정신〉. 《양명학》 7. 한국양명학회, 2002.
김동준. 〈이용휴 한시의 이지적 성향과 새로운 시적 형식〉. 《진단학보》 95. 진단학회, 2003.
______. 〈18세기 한시의 실험적 성격에 대한 연구〉. 《민족문학사연구》 27. 민족문학사학회, 2005.
김두종. 《한국고인쇄기술사》. 탐구당, 1974.
김문환 편. 《미학의 이해》. 문예출판사, 1989.
김상호. 〈한대 악부민가 연구〉. 서울대 박사학위논문, 1993.
김석회. 〈서포의 문학관과 문학적 취향에 대한 소고〉. 《국어교육》 55. 한국국어교육연구회, 1998.
김선기. 〈서포 김만중의 우리 시가 옹호론〉. 《한국언어문학》 43. 한국언어문학회, 1999.
김성규. 〈서포의 국문문학 예찬론의 성격〉. 《수선론집》 11집. 성균관대대학원, 1986.
김시업. 〈이규보의 신의론과 시의 특질〉. 《한국한문학연구》 3. 한국한문학회, 1978.
김영주. 〈조선후기 소론계 문학이론의 형성배경(1) : 양명학 수용의 전통을 통해 본 학문 사상의 특징〉. 《동방한문학》. 동방한문학회, 2004.
김영진. 〈스승의 뜻이 담긴 책, 문취〉. 《문헌과 해석》 24. 문헌과 해석사, 2003.
______. 〈조선후기의 명청소품 수용과 소품문의 전개양상〉. 고려대 박사학위논문, 2004.
______. 〈효전 심노숭 문학 연구〉. 고려대 석사학위논문, 1996.
김윤조. 〈저촌 이정섭의 생애와 문학〉. 《한국한문학연구》 14. 한국한문학회, 1991.
김종길. 〈중국 시이론에 있어서의 격의 개념〉. 《아세아연구》 41. 고려대 아세아문제연구소, 1971.
김진영. 〈김창협의 문학이론〉. 《동악한문학논집》 4. 동악한문학회, 1988.
______. 〈서포 김만중의 문학관과 비평양상〉. 《진단학보》 74. 진단학회, 1992.
______. 《이규보 문학연구》. 집문당, 1984.
김학주. 〈조선 말엽간 서상기 주해본에 대하여〉. 《모산학보》 8. 동아인문학회, 1996.
김현미. 〈이계 홍양호의 육법경위에 관한 연구〉. 성균관대 석사학위논문, 1998.
김혈조. 〈연암 박지원의 사유양식과 산문문학〉. 성균관대 박사학위논문, 1992.
______. 《박지원 산문 문학》. 성대 대동문화연구원, 2002.
김혜숙. 〈한국한시론에 있어서 천기에 대한 고찰〉. 《한국한시연구》 3. 한국한시학회, 1995.
김홍규. 《조선후기의 시경론과 시의식》. 고려대 민족문화연구소, 1982.
______. 〈이규보의 기의론〉. 《제3회 동양학 국제학술회의논문집》. 성대 대동문화연구원, 1986.

김흥규. 〈어부사시사에서의 흥의 성격〉. 《한국고전시가작품론(2)》. 집문당, 1992.
루카치. 《미와 변증법》. 여균동 역. 이론과 실천, 1988.
민병수. 〈조선후기 시론 연구〉. 《한국문화》 11. 서울대 한국문화연구소, 1990.
민혜란. 〈김성탄의 서상기 비평 소고〉. 《중국인문과학》 10집. 중국인문학회, 1991.
______. 〈김성탄의 소설기법론에 대하여〉. 《중국학연구》 7. 중국학연구회, 1992.
박무영. 〈해좌 정범조의 기수론적 문학관〉. 《한국한문학연구》 19. 한국한문학회, 1996.
박성규. 〈이규보의 문학관〉. 《한국학논집》 8. 계명대 한국학연구소, 1981.
______. 《이규보 연구》. 계명대학교 출판부, 1982.
박수천. 〈지봉유설 문장부 연구〉. 서울대 박사학위논문, 1994.
박언곤 외. 〈사륜정기 고찰에 의한 정자건축 연구〉. 《대한건축학회 학술대회논문집》, 9권 2호. 대한건축학회, 1989.
박영민. 《한국 한시와 여성 인식의 구도》. 소명출판, 2003.
박영주. 〈서포가 송강가사를 '아동지이소'라고 한 것에 대하여〉. 《반교어문연구》 1. 반교어문학회, 1988.
박용만. 〈이용휴의 시문학 연구〉. 한국정신문화연구원 박사학위논문, 2000.
박정심. 〈근대공간에서 양명학의 역할〉. 《한국철학논집》 13. 한국철학사연구회, 2003.
______. 〈박은식의 사상적 전환에 대한 고찰〉. 《한국사상사학》 12. 한국사상사학회, 1999.
박준호. 〈혜환 이용휴 시문학 연구〉. 성균관대 박사학위논문, 1999.
박준호. 〈혜환 이용휴의 양명학적 사유양태와 시적 형상화〉. 《한문학보》 3. 우리한문학회, 2000.
박태성. 〈이계 홍양호의 천기론과 시적 특성 연구〉. 연세대 박사학위논문, 1997.
박현규. 〈허균이 도입한 이지 저서〉. 《중국어문학》 46. 영남중국어문학회, 2005.
박희병. 〈연암 사상에 있어 언어와 명심〉. 《한국의 경학과 한문학》. 태학사, 1997.
______. 〈이규보의 문예론〉. 《민족문학사연구》 10. 민족문학사연구소, 1997.
백원철. 〈낙하생 이학규의 시 연구〉. 성균관대 박사학위논문, 1991.
백현숙. 〈최성환의 인물과 저작물〉. 《역사학보》 103집. 역사학회, 1984.
볼프강 카이저. 《언어예술작품론》. 김윤섭 역. 대방출판사, 1982.
서경숙. 〈원교 이광사의 양명학〉. 《양명학》 3. 한국양명학회, 1999.
서원섭. 〈사미인곡계 가사의 비교연구〉. 《경북대논문집》 11집. 경북대, 1967.
서인원. 〈이계 홍양호 연구의 현황과 과제〉. 《동국사학》 34. 동국사학회, 2000.
______. 〈이계 홍양호의 북학론〉. 《실학사상연구》 2. 무악실학회, 1991.
______. 〈이계 홍양호의 역사인식〉. 《동국사학》 29. 동국사학회, 1995.
______. 〈이계 홍양호의 실학사상〉. 《한국학논집》 37. 한양대 한국학연구소, 2003.
성범중. 〈이계 홍양호의 북새문학에 대한 일고찰: 삭방풍요, 북새잡요를 중심으로〉. 《관악어문연구》 9. 서울대 국문학과, 1984.
성현경. 《광한루기 역주 연구》. 박이정, 1997.
송석준. 〈한말 전환기 사상과 양명학〉. 《양명학》 5. 한국양명학회, 2001.
송재소. 〈박제가의 문학관〉. 《한국한문학연구》 5. 한국한문학연구회, 1980.

송하경. 〈원교 이광사의 미학사상〉. 《양명학》 13. 한국양명학회, 2005.
송혁기. 〈신정하의 문학 인식〉. 《문헌과 해석》 27. 문헌과해석사, 2004.
______. 《조선후기 산문의 이론과 비평》. 월인, 2006.
신승훈. 〈교산 허균의 문학이론 연구〉. 《동양한문학연구》 19. 동양한문학회, 2004.
신영주. 〈18,9세기 홍양호가의 예술 향유와 서예비평〉. 《민족문학사연구》 18. 민족문학사학회, 2001.
신용호. 《이규보의 문학세계와 문학론 연구》. 국학자료원, 1990.
신은경. 〈흥의 미학〉. 《고전문학연구》 9. 한국고전문학연구회, 1994.
______. 〈흥의 예술적 계층적 시대적 전개〉. 《한국고전연구》 1. 한국고전연구회, 1995.
심경호. 〈강화학파의 문학사상〉. 이성무 외. 《조선후기 당쟁의 종합적 검토》. 한국정신문화연구원, 1992.
______. 《강화학파의 문학과 사상(3)》. 한국정신문화연구원, 1995.
______. 〈강화학의 허가비판론〉. 《대동한문학》 14. 대동한문학회, 2001.
______. 〈조선후기 한문학과 원굉도〉. 《한국한문학연구》 34. 한국한문학회, 2004.
심호택. 《고려중기 문학론 연구》. 계명대 한국학연구원, 1991.
안대회. 〈백탑시파의 연구〉. 연세대 석사학위논문, 1987.
______. 〈17세기 비평사의 시각에서 본 김만중의 복고주의 문학론〉. 《민족문학사연구》 20. 민족문학사학회, 2002.
______. 《18세기 한국 한시사 연구》. 소명출판, 2002.
양순필. 〈북헌 김춘택의 제주유배 한시고〉. 《백록어문》 6. 제주대 국어교육연구회, 1989.
양주동 전집간행위원회 편. 《양주동전집》 8. 동국대출판부, 1998.
양주동. 〈문장론 수칙〉. 《백광》 1집. 1937.
오수경. 〈초정 박제가의 실학정신과 시〉. 송재소 외. 《이조후기 한문학의 재조명》. 창작과비평사, 1983.
오춘택. 〈한국고소설 비평연구〉. 고려대 박사학위논문, 1991.
우응순. 〈김만중의 학문태도와 문학론의 성격〉. 정규복 외. 《김만중 문학 연구》. 국학자료원, 1993.
______. 〈장유의 양명학적 세계관과 시세계〉. 《국제어문》 29. 국제어문학회, 2004.
원유한. 〈이계 홍양호의 화폐경제론〉. 《홍대논총》 16. 홍익대학교, 1984.
유명종. 《한국의 양명학》. 동화출판공사, 1983.
유홍준 · 안영길. 〈한국회화사의 새 자료(3)〉. 《가나아트》. 1991년 11, 12월호.
유홍준. 〈관아재 조영석〉. 《역사비평》. 1993년 봄호.
윤경란. 〈우봉 조희룡의 회화세계〉. 홍익대 석사논문, 1984.
윤기홍. 〈박지원과 후사가의 문학사상연구〉. 연세대 박사학위논문, 1988.
윤병태. 〈이이엄활자 인본고〉. 규장각 5. 서울대 규장각, 1981.
______. 〈평민 장혼의 편찬서와 간행서〉. 《서지학》 10. 서지학회, 1994.
윤재민. 〈홍세태의 문학사상〉. 일정송민호박사 고희기념논총간행위원회 편. 《한국문학사상사》. 계명문화사, 1991.

윤호진. 〈김만중의 문학과 사상〉. 《우리문학연구》 6. 우리문학연구회, 1988.
윤희순. 《조선미술사》. 서울신문사, 1946.
이가원. 《한국한문학사》. 민중서관, 1961.
_____. 〈허균적사상급기문학〉. 《동방학지》 25. 연세대 국학연구원, 1980.
이경돈. 〈취미라는 사적 취향과 문화주체 대중〉. 《대동문화연구》 57. 성균관대 대동문화연구원, 2007.
이광호. 〈박제가의 양허설〉. 《태동고전연구》 10. 한림대 태동고전연구소, 1993.
이군선. 〈관암 홍경모의 시문과 그 성격〉. 성균관대 박사학위논문, 2003.
이내옥. 〈조선후기 풍속화의 기원〉. 《미술자료》 49호. 국립중앙박물관, 1992.
이동환. 〈회재의 도학적 시세계〉. 성균관대 대동문화연구원 편. 《이회재의 사상과 그 세계》. 성균관대 대동문화연구원, 1992.
_____. 〈조선후기의 미학사유 천기론과 그 문예 사상사적 함의〉. 한국한문학회 편. 《한국한문학과 미학》. 태학사, 2003.
_____. 《실학시대의 사상과 문학》. 지식산업사, 2006.
이명학. 〈한문단편 작가로서의 삽교 안석경〉. 송재소 외. 《이조후기 한문학의 재조명》. 창작과비평사, 1982.
이문혁. 〈김성탄 소설비평론 연구〉. 《중국문학연구》 15. 한국중문학회, 1997.
이병기. 〈별사미인곡과 속사미인곡에 대하여〉. 《국어국문학》 15. 국어국문학회, 1956.
이상섭. 《영미비평사 2》. 민음사, 1996.
이상주. 《담헌 이하곤 문학 연구》. 이화문화출판사, 2003.
이상진. 〈이언진의 동호거실고〉. 《한국한문학연구》 12. 한국한문학회, 1989.
이성혜. 〈조희룡 문학 연구〉. 경성대 박사학위논문, 1998.
이우성. 〈김추사 및 중인층의 성령론〉. 《한국한문학연구》 5. 한국한문학연구회, 1980.
_____. 〈실학사상의 개화사상으로의 전회〉. 《학술원논문집(인문사회과학편)》 37. 학술원, 1998.
이우일. 〈원굉도와 박지원의 사상 비교연구〉. 《한문고전연구》 8. 한국한문고전학회, 2004.
이재훈. 〈주자 시경학 연구〉. 서울대 중문학과 박사학위논문, 1994.
이종묵. 《해동강서시파 연구》. 태학사, 1995.
_____. 〈김춘택의 삶과 시〉. 《한국한시작가연구》 14. 한국한시학회, 2010.
이종호. 〈삼연 김창흡의 시론에 관한 연구〉. 성균관대 박사학위논문, 1991.
_____. 〈허균 문예사상의 좌파양명학 성향(I)〉. 《한국사상과 문화》 11. 한국사상문화학회, 2001.
_____. 〈허균 문예사상의 좌파양명학 성향(II)〉. 《한국사상과 문화》 12. 한국사상문화학회, 2001.
이지양. 〈18세기 진 추구론과 성령설〉. 《한국한문학연구》 24. 한국한문학회, 1999.
이태호 유홍준 편. 《조선 후기 그림과 글씨》. 학고재, 1992.
이현진. 〈근대 초 취미의 형성과 의미 분화〉. 《현대문학의 연구》 30. 한국문학연구학회, 2006.
이희목. 〈영재 이건창의 고문론〉. 《부산한문학연구》 6. 부산한문학회, 1991.
_____. 〈영재 이건창의 양명학과 문학〉. 《대동한문학》 14. 대동한문학회, 2001.
임준철. 《조선중기 한시 의상 연구》. 일지사, 2010.

임형택.《한국문학사의 시각》. 창작과비평사, 1984.
_____. 〈박연암의 인식론과 미의식〉.《한국한문학연구》11. 한국한문학회, 1988.
_____.《이조시대 서사시》. 창작과비평사, 1992.
장병한. 〈약산 오광운의 문학론에 관한 연구〉. 성균관대 석사학위논문, 1988.
장원철. 〈조선후기 문학사상의 전개와 천기론〉. 한국정신문화연구원 석사학위논문, 1983.
_____. 〈한문 산문에서의 미학적 특성〉. 한국한문학회 편.《한국한문학과 미학》. 태학사, 2003.
장지훈. 〈이계 홍양호의 서예관 연구〉. 성균관대 석사학위논문, 2002.
전형대 외.《한국고전시학사》. 홍성사, 1979.
정규복. 〈번언남정기고〉.《연민이가원박사육질송수기념논총》. 범학도서, 1977.
정민.《한시미학산책》. 솔, 1998.
___. 〈서포만필을 통해 본 김만중의 비평 관점〉.《한국언어문화》21. 한국언어문화학회, 2002.
정선희. 〈조선후기 문인들의 김성탄 평비본에 대한 독서 담론 연구〉.《동방학지》129. 연세대 국학연구원, 2005.
정양완.《강화학파의 문학과 사상(2)》. 한국정신문화연구원, 1995.
정연봉. 〈계곡 장유의 문학론과 양명학관〉.《어문논집》27. 민족어문학회, 1987.
정옥자. 〈조희룡의 시서화론〉.《한국사론》19집. 서울대 국사학과, 1988.
정우봉. 〈이가환의 문학론과 시세계〉. 고려대 석사학위논문, 1985.
_____. 〈이용휴의 문학론의 일고찰〉.《한국한문학연구》9. 한국한문학회, 1987.
_____. 〈19세기 시론 연구〉. 고려대 박사학위논문, 1992.
_____. 〈김창협 시론의 비평사적 의의〉.《어문논집》31. 민족어문학회, 1992.
_____. 〈북헌 김춘택의 생애와 문학관〉. 정규복 외.《김만중 문학 연구》. 국학자료원, 1993.
_____. 〈조선 후기 문예이론에 있어서의 형과 신의 문제〉.《민족문학사연구》4. 민족문학사연구소, 1993.
_____. 〈조선후기 문예이론에 있어 신의 범주〉.《한국한문학연구》19. 한국한문학회, 1996.
_____. 〈조선후기 시론에 있어 흥과 그 연관 개념〉.《민족문화연구》29. 고려대 민족문화연구소, 1996.
_____. 〈삽교예학록에 나타난 한시비평론〉.《한문교육연구》18호. 한국한문교육학회, 2002.
_____. 〈조선후기 민족어 문학에 대한 인식과 그 의미〉. 인권환 외.《고전문학연구의 쟁점적 과제와 전망(하)》. 월인, 2003.
_____. 〈19세기 성령론의 재조명〉.《한국한문학연구》35. 한국한문학회, 2005.
_____. 〈이계 홍양호 문학의 한 국면〉.《진단학보》100. 진단학회, 2005.
_____. 〈창랑시화에 나타난 시와 선의 관계〉.《불교어문논집》11. 한국불교어문학회, 2007.
_____. 〈이규보의 미학사상〉.《민족문화연구》47. 고려대 민족문화연구원, 2007.
_____. 〈조선후기 문예 이론에 있어 취 개념과 그 의미〉.《한문학보》21. 우리한문학회, 2009.
정재호.《한국 시조 문학론》. 태학사, 1999.
정하영. 〈광한루기 평비 연구〉.《한국고전연구》1. 한국고전연구회, 1995.

조규익. 〈가집 서발에 나타난 문학의식(1)〉. 《인문과학》 56집. 연세대학교, 1987.
조동일. 《한국문학사상사시론》. 지식산업사, 1978.
______. 《문학사와 철학사의 관련양상》. 한샘, 1992.
조석래, 〈서포의 개성론적 시론〉. 《한국학논집》 10, 한양대 한국학연구소, 1986.
조선미. 《한국초상화 연구》. 열화당, 1989.
조숙자. 〈제육재자서 서상기 연구〉. 서울대 중문학과 박사학위논문, 2004.
조종업. 〈농암 시론 연구〉. 《유교학논총》. 동교민태식박사 고희기념논총 발간위원회, 1972.
______. 〈서포의 비평세계〉. 김열규 신동욱 편. 《김만중 연구》. 새문사, 1983.
진재교. 〈이계 홍양호의 문학론〉. 《고전문학연구》 14. 고전문학회, 1999.
______. 〈홍양호의 교유관계와 문학활동에 대하여〉. 《한문교육연구》 13. 한국한문교육학회, 1999.
______. 《이계 홍양호 문학연구》. 성균관대 대동문화연구원, 1999.
차봉희 편. 《수용미학》. 문학과지성사, 1985.
______ 편. 《독자반응비평》. 고려원, 1993.
천정환 · 이용남. 〈근대적 대중문화의 발전과 취미〉. 《민족문학사연구》 30. 민족문학사학회, 2006.
최강현. 〈허하곡의 조천록을 살핌〉. 《한국사상과 문화》 22. 한국사상문화학회, 2003.
최석기. 〈성호 이익의 시경학〉. 성균관대 박사학위논문, 1992.
최신호. 〈김만중의 비평세계〉. 김열규 신동욱 편. 《김만중 연구》. 새문사, 1983.
______. 〈이계 홍양호의 문학론에 있어서의 도기의 문제〉. 《한국한문학연구》 12. 한국한문학회, 1989.
______. 〈이덕무의 문학론에 있어서의 형사와 사의 문제〉. 《고전문학연구》 5. 한국고전문학연구회, 1990.
최열. 《화전: 근대 200년 우리 화가 이야기》. 청년사, 2004.
최재목. 〈박은식과 근대 일본양명학의 관련성〉. 《일본사상》 8. 한국일본사상사학회, 2005.
최혜영. 〈조선후기 선서의 윤리사상〉. 한국교원대 박사학위논문, 1997.
한매. 〈조선후기 김성탄 문학비평의 수용양상 연구〉. 성균관대 박사학위논문, 2002.
한영규. 〈조희룡의 예술정신과 문예성향〉. 성균관대 박사학위논문, 2000.
한혜경. 〈소설평점의 기능에 관한 고찰〉. 《중국어문학지》 2. 중국어문학회, 1995
홍선표. 〈이규보의 회화관〉. 《미술자료》 38. 국립중앙박물관, 1987.
______. 《조선시대 회화사론》. 일지사. 1999.
홍순민. 〈숙종초기의 정치구조와 환국〉. 《한국사론》 15. 서울대 국사학과, 1986.
홍인표. 〈전이와 수용 : 김만중의 시론 연구〉. 《동방문학비교연구총서 1》. 한국동방문학비교연구회, 1985.
홍형순 외. 〈고려말 누정문화에 시도된 실험정신〉. 《Journal of Korean Institute of Traditional Landscape Architecture》 4, 한국전통조경학회, 2006.
황의열. 〈이수광의 시론〉. 《태동고전연구》 3. 한림대 태동고전연구소, 1987.

葛路.《中國繪畫理論史》. 강관식 역. 미진사, 1990.
高樹藩 編.《形音義綜合大字典》. 臺北: 中正書局, 1979.
顧易生 外.《宋金元文學批評史》. 上海: 上海古籍出版社, 1996.
龔鵬程.《晚明思潮》. 商務印書館, 2005.
國立編譯館 編.《明代文學批評資料彙編》. 臺北: 成文出版社, 1979.
潭帆.《中國小說評點硏究》. 華東師範大學出版社, 2001.
劉若愚.《The Art of Chinese Poety》. 이장우 역.《중국시학》. 동화출판공사, 1984.
敏澤.《中國文學理論批評史》. 北京: 人民文學出版社, 1981.
方克立 主編.《中國哲學大辭典》. 北京: 中國社會科學出版社, 1994.
方正耀.《中國小說批評史略》. 홍상훈 역. 을유문화사, 1994.
裵普賢.《詩經硏讀指導》. 臺北: 東大圖書公司, 1977.
北京大學哲學系美學敎硏室 編.《中國美學史資料選編》. 北京: 中華書局, 1981.
徐復觀.《中國文學論集》. 臺北: 學生書局, 1982.
______.《中國藝術精神》. 臺灣: 學生書局, 1983.
孫琴安.《中國評點文學史》. 上海社會科學院出版社, 1999.
黎靖德 編.《朱子語類》. 北京: 中華書局, 1994.
葉郎.《中國美學史綱》. 臺北: 滄浪出版社, 1984.
吳琦幸.〈說'神'〉.《古代文學理論硏究》16집. 上海: 上海古籍出版社, 1992.
吳小林.《柳宗元散文藝術》. 山西: 山西人民出版社, 1989.
吳承學 編.《晚明文學思潮硏究》. 湖北敎育出版社, 2002.
吳子凌.〈對話: 金聖嘆的評點與英美新批評〉.《浙江社會科學》2001年 2期.
王先霈 周偉民.《明淸小說理論批評史》. 花城出版社, 1988.
王英志.《淸人詩論硏究》. 揚州: 江蘇古籍出版社, 1986.
王運熙 楊明.《隋唐五代文學批評史》. 上海: 上海古籍出版社, 1994.
郁元.《中國古典美學初編》. 北京: 長江文藝出版社, 1986.
俞劍華 編.《中國畫論類編》. 北京: 中華書局, 1984.
劉紹瑾.《莊子與中國美學》. 廣東: 廣東高等敎育出版社, 1989.
陸曉光.〈論孔子詩可以興命題的歷史意蘊〉.《古代文學理論硏究》17집. 上海: 上海古籍出版社, 1995.
李銳淸.《滄浪詩話的詩歌理論硏究》. 香港: 中文大學出版社, 1992.
李壯鷹.《中國詩學六論》. 濟南: 齊魯書社, 1988.
______.《中國詩學六論》. 濟南: 齊魯書社, 1988.
林崗.《明淸之際小說評點學之硏究》. 北京大學出版社, 1999.
張連第.〈金聖嘆的人生哲學與他對西廂記的評點〉.《吉林大學社會科學學報》. 4期. 2003. 7.
趙沛霖.《興的源起》. 北京: 中國社會科學出版社, 1987.
鍾林斌.《公安派硏究》. 遼寧大學出版社, 2002.
鍾錫南.《金聖嘆文學批評理論硏究》. 上海古籍出版社, 2006.
左東嶺.《王學與中晚明士人心態》. 北京: 人民文學出版社, 2000.

左東嶺.《李贄與晩明文學思想》. 天津人民出版社, 1997.
周明初.《晩明文士心態及文學個案》. 東方出版社, 1997.
朱良志.《大音希聲: 妙悟的審美考察》. 南昌 : 百花洲文藝出版社, 2005.
周勛初.《中國文學批評小史》. 北京: 長江文藝出版社, 1981.
中國哲學史研究 編輯部 編.《中國哲學史主要範疇概念簡釋》. 浙江人民出版社, 1988.
曾祖蔭.《中國古代美學範疇》. 武昌: 華中工學院出版社, 1986.
陳良運.《中國詩學體系論》. 北京: 中國社會科學出版社, 1992.
陳霞.《道教勸善書研究》. 成都: 巴蜀書局, 1999.
蔡英俊.《比興物色與情景交融》. 臺北: 大安出版社, 1990.
肖燕.〈金聖嘆所批水滸傳與西廂記比較〉.《鄭州大學學報》. 30권 5기. 1997. 9.
胡建次.《歸趣難求: 中國古代文論趣範疇研究》. 百花洲文藝出版社, 2005.
湖北公安派文學研究會 編.《晩明文學革新派公安三袁研究》. 華中師範大學出版社, 1987.

高木重俊.〈庾信の詩について〉.《中國關係論說資料》16책(상). 同刊行會, 1974.
大矢根文次郎.〈六朝の詩における清と麗〉.《早稲田大學教育學部學術研究》(人文科學) 18집. 1969.
島田虔次.《中國における近代思惟の挫折》. 東京: 筑摩書房, 1970.
鈴木虎雄.《中國詩論史》. 洪順隆譯, 臺北: 商務印書館, 1972.
林田慣之助.《中國中世文學評論史》. 東京: 創文社, 1979.
山田英雄.〈何遜の詩風〉.《中國關係論說資料》14책(하). 同刊行會, 1972.
山下龍二.〈袁中郎論〉.《東方學》7집. 日本東方學會, 1953.
沼口勝.〈清新と老成(上)〉.《中國關係論說資料》. 同刊行會 15책(上). 1973.
入矢義高.《禪과 文學》. 신규탁 역. 장경각, 1993.
猪口篤志.《日本漢文學史》. 심경호 · 한예원 공역. 소명출판사, 2000.
竹內敏雄 編.《美學事典》. 東京: 弘文堂, 1983.
荒木見悟 外編.《陽明學入門》. 東京: 明德出版社, 1971.
荒井健 興膳宏.《文學論集》. 東京: 朝日新聞社, 1977.

David Rolston. ed. *How to Read the Chinese Novel*. Princeton: Princeton Univ. Press, 1990.
____________. *Tradional Chinese Fiction and Fiction Commentary*. Stanford Univ. Press, 1997.

찾아보기

가(假) 165, 373
가도 328
가의 183
《각세신편팔감상목》 330
감자법 185
강세황 76
격조 138
격조설 135
결구 221
결맥 226
경(境) 140, 191
고개지 65
《고문비략》 332
〈고시십구수〉 235
공안파 116, 119, 137, 376
공자 13, 34, 35, 306, 377
공취 137
과도 221
광괴 150
〈광한루악부서〉 83
구법 216
구양수 183
《구운몽》 159, 170
권선서 320
권헌 52, 79
귀유광 182
〈귀전원거〉 234
《균여전》 366
《금병매》 60
기(氣) 87, 96, 145, 303, 308, 313
기래 91
기백 220
기상 223
기운 65
김계온 149
김만중 157, 368
김명국 99, 112
김석주 77
김성탄 321
김수장 375
김윤식 132, 134, 140
김이양 147
김장생 162
김정희 16, 128, 130, 138, 151, 319
김진항 53
김집 162
김창협 20, 32, 45, 162, 191
김창흡 23, 25, 48, 69, 92, 117, 119, 162, 195, 201
김춘택 19, 157, 373
김택영 109

남공철 136
남태응 20, 99, 112
노수신 178

담원춘 328
당송파 182
당순지 215
대의 221
대지 221
도(道) 104, 303
도문일치관 305
도본문말관 305
도연명 44, 231
독자반응비평 321

돈오 276, 283
동중서 183
두뇌 221, 232
두보 70, 173, 225
《두시상주》 227
〈등악양루〉 227

맥락 226
맹교 328
맹자 183, 306
맹호연 133, 391
명의 220
묘오 379, 387, 390
묘오설 385
묘품 112
무위 304
무의 270, 312
문세 216
《문심조룡》 310
문질 62
문체반정 295
《문취》 45
물화 317, 350
미(味) 42, 294, 352
미외미 295

박규수 131
박은 20, 178
박제가 116, 123, 286
박종채 131
박지원 131, 292
방동수 229
방효유 215
법(法) 103, 104, 178
법도 103, 112, 220
법품 112
변일휴 120
〈별사미인곡〉 165, 373
별재 386
별취 56, 386
〈병거행〉 225
본지 221
부비흥 13, 233
《북학의》 298
비흥 13

사공도 94
사령 220
사마천 183
〈사미인곡〉 169
《사씨남정기》 157, 170
사혁 66
《삽교예학록》 215
색상지외 262
생의 287
생취 287
서기수 153
《서상기》 60, 321
서영보 132, 140
서우보 94, 147
서위 120, 328
서유구 25, 27, 150
《서포만필》 164, 372
선서 330
설의 348
성대중 133
성령 116, 138, 337
성령론 319
성령설 119, 121
《성령집》 128
성정 193, 249, 256, 257
성해응 133
소동파 335
《소매첨언》 229

소식 68, 73
송렴 181
송시열 162
송지양 153
수미상응 231
《수산광한루기》 84
수예 129, 335
수용미학 324
《수호전》 160
숙참 379, 391
《시경》 13, 14, 34, 92, 236, 375
《시관》 328
시마 351
시벽 351, 360
시선일치 379
시언지 309, 336
시정화의 263
《시종》 319, 326
시화일치 354
식(識) 392
신(神) 62, 80, 87, 89, 104, 140, 265, 278, 312
신경 112, 144, 152, 278
신경설 141
신광수 99, 144, 277
신광하 279
신기 65
신래 91
신사 66, 280, 389
신석우 133
신여경회 91
신운 79, 109, 131, 137, 138
신운설 119, 131, 384
신위 94, 138
신의 345
신정 65, 82
신정하 46, 125, 201
신채 109
신품 111, 112
신화 103, 112
신회 148
신흠 99, 142
심낙수 107
심노숭 60
심덕잠 135
심익운 104

안석경 215
안정복 240
안중관 217
양기설 306
양능 242
양명학 239
양지 242
어맥 226
어세 216
언지설 256
엄계흥 143
엄우 30, 205, 280, 379
여조겸 229
연정 256, 260, 336
연정설 256, 310
《열하일기》 299
영감 197, 202, 316, 389
〈영빈사〉 231
오광운 55
왕사정 119, 131, 384
왕세정 100, 125, 175
왕수인 215
왕신중 182, 215
왕실보 323
왕유 133, 152
왕자유 16
용사 345

운(韻) 42, 87, 150
운취 42
원경하 49
원굉도 120, 328, 376
원매 116, 119, 120, 121
원중도 125
위(僞) 252
위백규 81
위응물 133
유득공 120
유만주 47, 54
유신 266
유아 341
유종원 103, 110, 153
유한준 106
유향 183
유협 310, 389
유희재 232
육상산 243
육유 153
윤두서 20, 76, 112
은번 91
음갱 266
응신 350
의(意) 103
의경 87, 134
의고주의 125
의론 137
의맥 226
의사 78
의재언외 262
의태 82
의흥 14
이가환 255
이규보 345
이규상 76, 82
이덕무 119, 123, 134, 338
이만수 149, 153
이반룡 125, 175
이백 70
이병연 134, 212
이색 215
이서구 135
이수광 30, 100, 101, 142, 239
이시원 29
《이십사시품》 94
이언진 250
이용휴 147, 239, 272
이의현 134
이이 47, 208, 305, 336
이익 71, 74, 240
이인로 355
이인상 131
이잠 245
이정섭 375
이정직 112
이징 112
이천보 17, 201
이충익 125
이치 152
이하곤 20, 71, 212
이학규 36, 41, 266, 280
이헌경 266
이황 16, 202, 367
인문 303
인물기흥 202
인정물태 58, 83
일품 112
입신 263
입제 221

자법 216, 227
자연 287, 304, 358
장법 221, 229

장유 194, 215, 239
〈장유〉 231
《장자》 64, 95, 101, 316, 350
장지완 128
장혼 319, 326
재(才) 178
재격 152
재기 341
재도론 301
재력 340
전겸익 182
전신 79, 131, 264
〈전출새〉 228
절제 137
점수 276
점제 221
정(情) 191, 256
정경 62, 137
정내교 201, 375
정두경 178
정래 91
정선 49
정섭 335
정약용 22
정조 25, 328
정지윤 116, 121, 126
정철 161, 169
정취 40
정홍진 357
제(際) 291, 293
조경 51
조귀명 92
조두순 130
조비 102
조영석 75, 212
조응 221
조직 221
조희룡 116, 117, 126, 334
종성 328
종지 221
주뇌 232
《주역》 96, 303
주의 221
주희 25, 92, 236
죽지사 280
지문 303
지의 221
직치 137
진(眞) 165, 252, 358, 373
진가 62
진기 338, 375
진정 340
진취 40, 58

《창랑시화》 30, 379
《창선감의록》 170
천 200
천공 263, 333
천기 55, 97, 127, 146, 193, 194, 308, 313, 333
천기론 301, 333
천득 333
천락 358
천뢰 333, 358
천문 303
천성 333
천예 335
천진 197, 200
천질 200
천취 58
천태 338
철사 349
청(淸) 265
《청구영언》 375

청신 265
체모 220
체식 221
총뇌 232
최립 215
최성환 116, 126, 319
최행귀 366
축세 221
취(趣) 39, 80, 125, 281, 352
취미 42
취적 361
층차 221

태허 304
통변 62

편장 216
평점 216
포치 221
표제 221
풍골 65
풍신 65
풍운 65
핍진 83

하손 266
《하악영령집》 91
한유 110, 112, 183, 391
《한정록》 46
《해동가요》 375
허(虛) 289
허경 134
허균 30, 46, 119, 239
허실 27, 62
허정 95, 334, 358
혈맥 226, 229
형(形) 62
형사 66, 132, 264
형신 62
혜식 124
혜오 124
호흡 226
홍경모 140, 152
홍석주 25, 35, 137, 201
홍세태 20, 201
홍양호 15, 18, 96, 144, 152, 195, 201, 301
홍한주 134
환자법 185
활취 58
황윤석 33
황현 112
《회남자》 64
〈후출새〉 228
흉중성죽론 335
《흠영》 47, 54
흥(興) 13, 202, 236, 316
흥경 148
흥기 197, 202, 204, 206
흥도 19
흥미 34
흥상 14, 197, 202, 203, 206
흥취 14, 30, 40, 56, 386
흥취설 385
흥회 14, 19, 20, 197, 202, 206

인문사회과학총서 83

조선 후기 시론사의 구도와 전개

초판 발행 2021년 2월 15일
초판 2쇄 2021년 10월 21일

지은이 정우봉
펴낸곳 고려대학교출판문화원
www.kupress.com
kupress@korea.ac.kr
(02841) 서울특별시 성북구 안암로 145
Tel 02-3290-4230, 4232
Fax 02-923-6311
찍은곳 네오프린텍(주)

ISBN 979-11-90205-96-2 93810

값 25,000원